미국
대도시의
죽음과 삶

Death And Life of Great American Cities by Jane Jacobs
Copyright ⓒ 1961, 1989, 1993 by Random House, an imprint of Random House Publishing Group,
a division of Random House, Inc.
All rights reserved. Korean Translation Copyright ⓒ 2010 by GREENBEE PUBLISHING CO.
Korean translation edition published by arrangement with Random House, an imprint of Random House
Publishing Group, a division of Random House, Inc. through Imprima Korea Agency.

크리티컬 컬렉션 011
미국 대도시의 죽음과 삶

초판1쇄 펴냄 2010년 4월 5일
초판12쇄 펴냄 2024년 8월 26일

지은이 제인 제이콥스
옮긴이 유강은
펴낸이 유재건
펴낸곳 (주)그린비출판사
주소 서울시 마포구 와우산로 180, 4층
대표전화 02-702-2717 | **팩스** 02-703-0272
홈페이지 www.greenbee.co.kr
원고투고 및 문의 editor@greenbee.co.kr

편집 이진희, 구세주, 민승환, 성채현 | **디자인** 이은솔, 박예은
물류유통 류경희 | **경영관리** 이선희

이 책의 한국어판 저작권은 임프리마 코리아를 통해 Random House와의 독점계약으로 (주)그린비출판사에 있습니다.
저작권법에 의하여 한국 내에서 보호를 받는 저작물이므로 무단전재와 무단복제를 금합니다.
책값은 뒤표지에 있습니다. 잘못 만들어진 책은 구입처에서 바꿔 드립니다.
ISBN 978-89-7682-734-0 04300 978-89-7682-715-9 (세트)

독자의 학문사변행學問思辨行을 돕는 든든한 가이드 _(주)그린비출판

그린비 크리티컬 컬렉션 11

미국 대도시의 죽음과 삶

제인 제이콥스 지음 | 유강은 옮김

그린비

성공을 좇아 온 내게
보브, 지미, 네드, 메리라는 성공을 안겨준
'뉴욕 시'에게,
그리고 네 사람에게 이 책을 바친다.

1993년판 서문[*]

1958년에 이 책을 처음 쓰기 시작했을 때, 나는 그저 도시 가로[원문의 'street'는 문맥에 따라 '가로'나 '거리'로 옮겼다―옮긴이]의 좋은 삶이 우연히 제공하는 세련되고 유쾌한 서비스들을 기술하려고 했다―그리고 이런 필수적인 서비스와 매력을 북돋는 데 이바지하기는커녕 그것들을 지워 버리는 계획이라는, 일시적 광풍과 건축의 유행을 개탄하려고 했었다. 이 책의 1부의 일부가 여기에 해당된다. 원래 내가 의도한 것은 이게 전부였다.

    그러나 복잡한 도시 공원과 도시 가로에 관해 배우고 생각하면서 나는 예기치 못한 보물찾기에 빠져들기 시작했다. 나는 평범한 풍경 속의 소중한 것들―가로와 공원―이 도시의 다른 특색들에 관한 실마리 및 열쇠와 밀접하게 뒤섞여 있다는 사실을 금세 깨달았다. 이런 식으로 하나의 발견은 다른 발견을 낳았고, 그리고 또 다른 발견으로 이어졌다.……

---

[*] 이 서문은 1961년의 초판을, 1993년 랜덤하우스 출판사(Random House)의 모던라이브러리(Modern Library) 총서로 개정 출간하며 저자가 새로 쓴 것이다.

이런 보물찾기에서 찾아낸 몇 가지가 이 책의 나머지를 채우고 있다. 다른 몇 가지는 또 다른 네 권의 책에 담겨 있다. 분명 이 책은 나에게 영향력을 행사했으며, 내 생애의 후속 작품들을 쓰게 만들었다. 그런데 이 책이 다른 식으로도 영향을 미쳤을까? 나 자신의 평가로는 그렇기도 하고, 아니기도 하다.

어떤 사람들은 근무시간의 볼일을 걷기로 해결하는 쪽을 선호하거나, 만약 그럴 수 있는 곳에 살고 있다면 그렇게 하고 싶다고 생각한다. 다른 사람들은 볼일을 보기 위해 차에 훌쩍 올라타는 쪽을 선호하거나 차만 있으면 그렇게 하고 싶어 한다. 자동차가 없던 예전에는 일부 사람들은 마차나 의자가마를 준비시키는 것을 좋아했고, 많은 이들이 자기도 그럴 수 있기를 바랐다. 하지만 소설이나 전기, 전설 등을 통해 우리가 알고 있는 것과 같이 —시골 산책을 제외하고— 사회적 지위 때문에 탈것에 올라야 했던 일부 사람들은 지나치는 거리 풍경에 탐스러운 눈길을 보내면서 거리의 동료애와 떠들썩한 소동, 놀람과 모험의 기대 등에 뛰어들기를 열망했다.

일종의 약칭으로 우리는 걷기족foot people과 차량족car people에 관해 말할 수 있다. 걷기족은 실제적으로나 희망적으로나 이 책을 단번에 이해했다. 걷기족은 이 책에서 말하는 내용이 자신들의 즐거움과 관심, 경험 등과 일치하며 유달리 놀랄 만한 것도 아니라는 점을 바로 인식했다. 책에 담긴 정보의 대부분은 걷기족을 관찰하고 그들의 말에 귀를 기울인 결과물이기 때문이다. 걷기족은 이 연구의 협력자였다. 그리고 또한 이 책은 걷기족 자신들이 이미 알고 있는 것에 정당성을 부여함으로써 그들과 협력했다.

당시의 전문가들은 걷기족이 이해하고 소중히 여기는 것들을 존중하지 않았다. 그런 것들은 시대에 뒤떨어진 이기적인 것으로 여겨졌다—진보의 톱니바퀴에 낀 모래처럼 성가시기만 한 것이었다. 신뢰받지 못하는 사람들이 신뢰받는 이들에게 대항하기란 쉬운 일이 아니다. 이른바 전문성이란 것이 무지와 어리석음에 기초해 있을 때에는 더더욱 그러하다. 이 책은 이런 전문가들에게 맞서는 데에 유용한 수단임이 입증되었다. 그러나 이런 결과를 '영향'이라고 부르는 것보다는 확증과 협력으로 보는 게 더 정확할 것이다. 반대로 이 책은 차량족과 협력하지도 않았고 또한 그들에게 영향을 미치지도 않았다. 내가 아는 한 지금도 사정은 마찬가지이다.

도시계획 및 건축 분야 학생들의 경우도 비슷하게 잡다하지만 특별히 기이한 점이 있다. 이 책이 출간될 당시에 경험이나 기질상으로 걷기족이든 차량족이든 간에 학생들은 반反도시 및 반反가로 설계가와 계획가로서 엄격하게 훈련을 받고 있었다. 마치 자신들이 광적인 차량족이고 다른 모든 사람들도 그러한 것처럼 훈련을 받았던 것이다. 선생들 역시 그런 방식으로 훈련을 받거나 이론을 주입받았다.

따라서 사실상 도시의 물리적 형식과 관련된 제도권 전체(도시계획과 건축의 관점과 이론을 흡수한 은행가, 개발업자, 정치인을 비롯하여)가 도시생활에 적대적인 형식과 관점을 수호하는 문지기 역할을 했다. 그러나 특히 건축학도들 가운데에는, 그리고 어느 정도는 도시계획학도들 가운데에도 걷기족이 존재했다. 이 학생들에게 이 책은 쉽게 이해되었다. 선생들은 (비록 전부는 아니라 할지라도) 이 책을 쓰레기나 아니면 어느 도시계획가의 말처럼 "카페에서 시간 때우는 읽을거리" 정도로 치부했다. 그러나 이 책은 워낙에 흥미로웠던 까닭에 스스로 필수 또는 선택 도서목록에 올랐다—물론 학생들이 정책 실행자가 되었을 때 맞설 수 있도록 시대에 뒤떨어진 사고에 대한 경각심을 일깨우기 위한 경우도 있었을 것이다. 실제로 어느 대학교수는 내게 직접 그렇게 말했다. 그러나 걷기족 학생들에게 이 책은 전복적인 책이었다. 물론 그러한 전복성이 모두 나 혼자 이룬 것은 결코 아니었다. 다른 저자들과 연구자들——특히 윌리엄 H. 화이트——역시 반도시적 관점들의 실행 불가능성과 황량함을 폭로하고 있었다. 런던에서는 『건축평론』The Architectural Review의 편집자와 필자들이 이미 1950년대 중반에 똑같은 일을 벌이고 있었다.

오늘날 많은 건축가와 젊은 세대의 도시계획가 중 몇몇은 도시 생활을 북돋기 위한 훌륭한 사고——아름답고 독창적인 사고——를 갖고 있다. 이 사람들은 또한 계획을 실행에 옮길 수 있는 기술도 갖고 있다. 이런 사람들은 내가 혹독하게 비판했던 무자비하고 경솔한 도시 조작가^{city} $_{manipulator}$들과는 거리가 멀다.

그러나 이제 조금은 유감스러운 이야기를 해야겠다. 비록 나이 들고 오만한 문지기들은 시간이 흐르면서 힘이 약해졌지만, 문 자체는 또 다른 문제이다. 반反도시계획은 여전히 미국 도시들에 놀랍도록 완강하게 남아 있다. 수많은 규정·조례·법규 속에, 그리고 용인된 관행에 기인하는 관료적 소심성과 제대로 검토되지도 않은 채 시간이 흐르면서 굳어진 대중의 태도 속에 녹아들어 있는 것이다. 따라서 기존과는 다른 새로운 용도를 위해 유용하게 재활용된 오래된 도시 건물들을 볼 수 있는 곳에서나, 마땅히 그래야 하는 곳——보행자들의 왕래가 분주하고 많은 곳——에 보도가 확장되고 차도가 좁아진 곳에서나, 도심의 사무실들이 문을 닫은 뒤에도 황량해지지 않은 곳에서나, 섬세하면서도 새롭게 조합된 가로 이용이 성공적으로 자리를 잡은 곳에서나, 도시 주거 근린의 구멍과 누더기를 깔끔하게 메우기 위해 낡은 건물들 사이사이에 새로운 건물을 솜씨 좋게 끼워 넣어서 거의 눈에 띄지 않을 정도인 곳에서나, 이런 장애물에 직면하여 대단히 세심한 노력이 이루어졌음을 확실히 알 수 있다. 몇몇 외국 도시들은 이런 묘기에 꽤나 익숙해져 있다. 그러나 미국에서 이런 민감한 일을 시도하기 위해서는 내키지 않는 시련을 감내해야 하며 종종 지루하고 고된 노력이 필요하다.

이 책의 19장(「계획단지 구조하기」)에서 나는 도시 내부의 자기고립적인 단지들을 기초부터 근본적으로 지워 버리고 두 가지 목표를 염두에 두고 재구성할 수 있다고 제안했다. 풍부한 연결 가로를 새로 구축하여 이 단지들을 도시에 끼워 맞추는 식으로 정상적인 도시에 단지를 연결하는 것, 이와 동시에 이렇게 덧붙인 가로에다가 다양한 새로운 시설을 추가함으로써 단지 자체를 도시 공간으로 전환시키는 것이 그것이다. 여기서 관건이 되는 문제는 물론 새로운 상업시설이 가짜가 아닌 진정한 유용성의 척도로서 경제적으로 성공을 거두어야 한다는 점이다.

이 책이 출간되고 30여 년이 흐르는 동안 이런 종류의 급진적인 재계획replanning이 ──내가 아는 한── 시도되지 않았다는 사실은 실망스럽기 짝이 없다. 분명 십 년, 이십 년이 지날수록 이 제안을 실행에 옮기는 일은 한층 더 어려워질 것으로 보인다. 반도시 단지anticity project, 특히 대규모 공공주택 단지는 도시 환경을 악화시키는 경향이 있으며, 따라서 시간이 흐름에 따라 하나로 묶을 수 있는 인접한 건강한 도시가 점점 줄어들 것이기 때문이다.

그렇다 하더라도 도시 계획단지들을 도시로 전환할 수 있는 가능성은 여전히 남아 있다. 배움의 기회라는 전제 아래 쉬운 것들부터 시도해 보아야 하며, 쉬운 사례를 시작으로 더 어려운 것들로 나아가는 것을 배우는 일은 모두에게 훌륭한 방법이다. 이런 배움을 어지럽게 뻗은 교외에 시급히 적용해야 할 때가 오고 있다. 무제한으로 계속해서 교외를 확장할 수는 없기 때문이다. 에너지 낭비, 기반시설 낭비, 토지 낭비 등에 따른 비용이 너무나도 크다. 그렇지만 자원을 절약하기 위해 이미 존재하는 무질서한 확장이 더욱 강화된다면, 이런 강화와 연계를——차량족뿐만 아니라 걷기족에게도——매력적이고 즐겁고 안전하고 지속 가능하게끔 만드는 법을 배웠어야 한다.

때로 이 책은 도시 재개발과 슬럼 일소 프로그램을 중단시키는 데 일조한 공로를 인정받아 왔다. 만약 이것이 사실이라면 나는 기꺼이 그 공로를 받아들일 것이다. 그러나 그렇지 않다. 도시 재개발과 슬럼 일소는 이 책이 출간된 뒤에도 오랫동안 기승을 부리다가 실패와 재앙을 거듭한 뒤 제풀에 굴복했을 뿐이다. 지금도 개발업자들에게 대출된 엄청난 자금과 정치적 오만과 공적 보조금의 지원 아래 근거 없는 희망적 사고와 망각이 퍼지기 시작하면 이런 구상이 속속 등장한다. 가령 런던의 황폐한 선창 지역으로 주민들이 아끼는 허물어진 작은 땅이었던 아일오브도그스Isle of Dogs 동네에 고립적으로 들어선, 으리으리하지만 재정적으로는 파산한 카나리워프Canary Wharf 프로젝트가 최근의 한 사례이다.

가로에서 시작하여 잇달아 이어진 보물사냥 이야기로 돌아가 보자. 보물사냥을 하는 길의 어느 곳에선가 나는 내가 도시의 생태를 연구하고 있음을 깨달았다. 얼핏 들으면, 마치 너구리들이 도시 뒷마당의 정원과 쓰레기봉투를 뒤지며 사는 것(내가 사는 도시에서는 도심에도 너구리들이 산다)이나 매가 고층 빌딩 주변의 비둘기 개체 수를 줄일 수 있다는 점 등에 주목하는 것처럼 생각할지도 모른다. 그러나 여기서 말하는 도시의 생태란 야생 연구자들이 이 주제를 다룰 때 쓰는 자연 생태와는 비슷하면서도 약간 다르다. 자연 생태계는 "어떤 규모의 시-공간 단위 내에서 활동하는 물리-화학-생물학적 과정들로 구성된다"고 정의된다. 도시 생태계는 주어진 시점에서 어느 도시와 인접한 종속 지역 내에서 활동하는 물리-경제-윤리적 과정들로 구성된다. 이런 정의는 비유적으로 내가 만들어 낸 것이다.

이 두 종류의 생태계——하나는 자연이 창조한 것이고 하나는 인간이 창조한 것이다——의 근본 원칙은 동일하다. 가령 두 유형의 생태계 모두——불모의 땅이 아니라면——유지를 위해 많은 다양성을 필요로 한다. 두 경우 모두, 시간이 흐르면서 다양성이 유기적으로 발달하며, 다양한 구성요소들은 복잡한 방식으로 상호 의존한다. 두 생태계의 생명체와 생활의 다양성의 틈새가 많을수록, 생명체의 수용력 또한 커진다.

두 유형의 생태계 모두에서 수많은 작고 잘 보이지 않는 구성요소들——피상적인 관찰에서는 간과되기 십상이다——이 규모나 총량에서 차지하는 비중을 훌쩍 뛰어넘어 전체에 대해 극히 중요할 수 있다. 자연 생태계에서는 유전자풀$^{gene\ pool}$이 근본을 이루는 보물이다. 도시 생태계에서는 여러 종류의 일이 근본을 이루는 보물이다. 더욱이 여러 형태의 일은 새롭게 창조되는 확산형 조직들을 통해 자신을 재생산할 뿐만 아니라 전례 없는 종류의 일이라는 잡종과 변이를 만든다. 또한 두 종류의 생태계 모두 구성요소들의 복잡한 상호 의존 때문에 약하고 깨지기 쉬우며 쉽게 교란되고 파괴된다.

그러나 치명적으로 교란되지만 않는다면 두 생태계 모두 끈질기게 되살아난다. 생태계의 과정들이 순조롭게 작동하면 그 생태계는 안정적으로 보인다. 하지만 근본적인 의미에서 안정성은 하나의 환상일 따름이다. 오래전에 그리스의 철학자 헤라클레이토스가 관찰한 것처럼, 자연 세계의 만물은 항상 변화한다. 우리가 정적인 상태를 본다고 생각할 때도 사실은 시작의 과정과 종말의 과정이 동시에 일어나는 것을 보는 셈이다. 정적인 것은 아무것도 없다.

도시의 경우에도 마찬가지이다. 따라서 자연의 생태계나 도시의 생태계를 조사하려면 동일한 종류의 사고가 필요하다. '사물들'에 초점을 맞추고 그것들이 스스로 많은 것을 설명해 주기를 기대하는 것으로는 충분하지 않다. 본질적인 것은 언제나 과정들이다. 사물들은 좋은 쪽으로든 나쁜 쪽으로든 과정의 참여자로서 중요성을 가질 뿐이다.

이런 관찰 방식은 무척 새롭고 신선하며, 따라서 자연이나 도시의 생태계를 이해할 수 있는 지식에 대한 탐구는 무궁무진해 보인다. 알려진 것은 거의 없으며 많은 것을 알아내야 한다.

우리 인류는 세상에서 도시를 건설한 유일한 생물이다. 사회성 곤충의 무리는 발달 방식, 하는 일, 잠재력 등에서 인간의 도시와는 근본적으로 다르다. 어떤 면에서 도시 역시 자연의 생태계이다—우리에게는 말이다. 도시는 일회용품이 아니다. 어느 시대, 어느 사회든 정체하거나 쇠퇴하지 않고 번영하고 번성한 경우에는 언제나 창조적이고 기능적인 도시가 그 중심에 자리 잡고 있었다. 도시는 자기 역할을 십분 다했다. 지금도 마찬가지이다. 도시의 쇠락과 경제의 쇠퇴, 사회 문제의 급등은 언제나 동반하는 현상이다. 이런 조합은 우연의 일치가 아닌 것이다.

인류가 도시의 생태에 관해 가능한 한 많은 것을 이해하는 게 시급하다—도시의 여러 과정 가운데 어디서 시작하든 간에 말이다. 훌륭한 도시 가로와 근린의 매력이 제공하는 변변찮지만 중요한 서비스들이 다른 무엇보다도 좋은 출발점이 될 것이다. 모던라이브러리Modern Library에서는 새로운 세대의 독자들을 위해 이 아름다운 개정판을 내놓았으며, 나는 독자들이 도시의 생태에 관심을 갖고 그것의 경이로움에 주목하며 더 많은 것들을 발견하리라고 기대해마지 않는다.

1992년 10월
캐나다 토론토에서
제인 제이콥스

p.s. 이 책이 그리는 풍경은 모두 우리 자신의 모습이다. 그림을 보려면 현실의 도시들을 자세히 살펴보기 바란다. 도시를 살펴보면서 주변의 소음에 귀를 기울이고, 하릴없이 어슬렁거리고, 눈에 비치는 것들에 관해 생각해 보는 것도 좋을 것이다.

감사의 말

너무나도 많은 이들이 알게 모르게 이 책에 도움을 준 까닭에 나로서는 감사의 뜻을 온전히 전할 도리가 없다. 특히 다음의 이들이 준 정보와 도움, 비평에 감사한다. 솔 알린스키, 노리스 C. 앤드루스, 에드먼드 베이컨, 준 블라이스, 존 데커 버츠너 2세, 헨리 처칠, 그레이디 클레이, 윌리엄 C. 크로, 버넌 드 마스, 몬시녀 존 J. 이건, 찰스 판슬리, 칼 파이스, 로버트 B. 필리, 로자리오 폴리노 여사, 채드본 길패트릭, 빅터 그루언, 프랭크 헤이비, 골디 호프먼, 프랭크 호치키스, 레티샤 켄트, 윌리엄 H. 커크, 조지 코스트리츠키 부처, 제이 랜디스먼, 윌버 C. 리치 목사님, 글레니 M. 리니어, 멜빈 F. 러빈, 에드워드 로그, 엘런 루리, 엘리자베스 맨슨, 로저 몽고메리, 리처드 넬슨, 조지프 퍼소노, 엘런 페리, 로즈 포터, 안셀 로비슨, 제임스 W. 라우즈, 새뮤얼 A. 스피겔, 스탠리 B. 탱글, 잭 볼크먼, 로버트 C. 와인버그, 에릭 웬스버그, 헨리 휘트니, 윌리엄 H. 화이트 2세, 윌리엄 윌콕스, 밀드레드 저커, 베다 쥐커. 물론 이 사람들 가운데 누구도 내가 쓴 내용에 책임이 없다. 사실 어떤 이들은 내심 내 관점에 동의하지 않았지만 그럼에도 너그럽게 나를 도와 주었다.

 연구와 집필을 할 수 있도록 재정적 지원을 해준 록펠러재단과 호의를 베풀어 준 '사회연구를 위한 뉴스쿨', 격려와 인내를 아끼지 않은 『건축포럼』 편집장 더글러스 해스켈에게도 감사한다. 무엇보다도 남편인 로버트 H. 제이콥스 2세에게 감사하고 싶다. 지금까지도 나는 이 책에 담긴 생각 가운데 어떤 게 내 것이고 어떤 게 남편의 것인지 알지 못한다.

차례

1993년판 서문 6
감사의 말 15

서론 21

1부 도시의 독특한 성격 51
　1장 보도의 효용: 안전 53
　2장 보도의 효용: 접촉 88
　3장 보도의 효용: 어린이들의 동화 113
　4장 근린공원의 효용 132
　5장 도시 근린의 효용 162

2부 도시 다양성의 조건들 199
　6장 다양성을 만들어 내는 것들 201
　7장 혼합적인 주요 용도의 필요성 212
　8장 작은 블록의 필요성 246
　9장 오래된 건물의 필요성 257
　10장 집중의 필요성 273
　11장 다양성에 관한 몇 가지 신화 300

3부 쇠퇴와 재생의 힘 323

12장 다양성의 자기파괴 325
13장 경계 공백지대의 저주 345
14장 탈슬럼화와 슬럼화 362
15장 점진적인 돈과 격변을 일으키는 돈 389

4부 다른 전술 423

16장 주거 보조 425
17장 도시의 잠식, 또는 자동차의 소모 445
18장 시각적 질서 : 그 한계와 가능성 488
19장 계획단지 구조하기 514
20장 지구의 관리와 계획 529
21장 도시 문제는 어떤 종류인가 557

옮긴이 후기 583
찾아보기 587
지은이 / 옮긴이 소개 591

| 일러두기 |

1 이 책은 Jane Jacobs, *The Death and Life of Great American Cities*(Random House, 1993)를 완역한 것이다.
2 본문의 각주에는 지은이 주와 옮긴이 주가 있으며, 옮긴이 주는 끝에 '—옮긴이'라고 표시했다. 또 본문에 옮긴이가 추가한 내용은 대괄호([ ]) 안에 두고 '—옮긴이'라고 표시했다.
3 원서에 언급한 문헌 중에 한국어본이 있는 경우 그 서지사항을 밝혀 두었다.
4 단행본, 정기간행물, 장편소설에는 겹낫표(『 』)를, 논문, 신문기사, 단편소설에는 낫표(「 」)를 사용했다.
5 외국 인명이나 지명은 2002년에 〈국립국어원〉에서 펴낸 '외래어 표기법'에 준하여 표기했다.

| The

Death

And Life

Of Great

American

Cities

미국

대도시의

죽음과 삶

최근까지만 해도 내가 문명을 지지하기 위해
생각해 낼 수 있는 가장 좋은 답은,
우주 질서를 맹목적으로 받아들이는 것을 제쳐둔다면,
문명 덕분에 화가, 시인, 철학자, 과학자가 존재할 수 있었다는 것이다.
그렇지만 내 생각에 이것이 가장 대단한 건 아니다.
이제 나는 가장 대단한 것은
우리 모두의 가슴에 직접 와 닿는 문제라고 생각한다.
우리가 살기 위해 생활수단에 너무 지나치게 매여 있다고 사람들이 말할 때,
나는 문명의 주요한 가치는
생활수단을 더욱 복잡하게 만들어 주는 것일 뿐이라고,
문명은 대중의 의식주와 이동을 위한
거대하게 결합된 지적 노력을 요구한다고 대답한다.
지적 노력이 복잡해지고 격렬해질수록
삶은 더 완전하고 풍요롭게 되기 때문이다.
이런 지적 노력은 더 많은 삶을 의미한다.
삶은 그 자체가 목적이며,
그것이 과연 살 만한 것인지에 관한 유일한 질문은
우리에게 충분한 삶이 있는지에 관한 것이다.
한마디만 덧붙이도록 하자.
우리 모두는 절망에 빠지기 일보직전의 상황이다.
우리를 파도 위에 띄우는 것은
설명할 수 없는 가치와 노력의 확실한 결과에 대한 믿음, 희망,
우리 자신이 힘을 발휘했던 경험에서 우러나오는
마음속 깊은 무의식적인 만족감의 복합체이다.

— 올리버 웬델 홈즈 2세 Oliver Wendell Holmes, Jr.

서론

이 책은 현재의 도시계획과 재건축에 대한 하나의 비판이다. 또한 건축 및 도시계획 학교에서부터 일요판 신문 부록 및 여성지에 이르기까지 오늘날 모든 곳에서 가르쳐지는 내용과 다르고 심지어 정반대인 도시계획과 재건축의 새로운 원칙을 소개하려는 시도이다. 나의 비판은 재건축 기법에 관한 궤변이나 최신 설계 유행에 관한 시시콜콜한 논의에 기초한 것이 아니다. 그보다는 현대의 정통 도시계획과 재건축을 모양 짓고 있는 원칙과 목표에 대한 비판이다.

기존의 것과는 다른 원칙을 내놓는 과정에서 나는 주로 흔하고 평범한 것들에 관해 쓸 것이다. 이를테면 어떤 종류의 도시 가로가 안전하고 어떤 것이 그렇지 않은가, 왜 어떤 도시 공원은 훌륭한데 다른 것은 비행과 죽음의 덫인가, 왜 어떤 슬럼은 계속 슬럼으로 남는데 다른 것은 재정과 당국의 저항을 무릅쓰고 생기를 되찾는가, 도심의 중심부가 옮겨 가는 것은 무엇 때문인가, 도시의 근린이란 무엇이며 대도시에서 근린이 하는 역할은 무엇인가 등이 그것이다. 다시 말해, 나는 실제 생활에서 도시가 어떻게 움직이는가에 관해 쓸 것이다. 이것이야말로 계획의 어떤 원칙과 재건축의 어떤 실행이 도시의 사회·경제적 활력을 높일 수 있는가, 그리고 어떤 실행과 원칙이 이런 속성을 죽일 것인가를 알게 되는 유일한 길이기 때문이다.

지출할 수 있는 충분한 돈——그 액수는 보통 수천억 달러이다——만 있으면 10년 안에 슬럼을 일소하고, 엊그제만 해도 교외였던 거대한 잿빛의 음울한 지대들의 쇠퇴를 되돌리고, 정처 없이 떠도는 중산층과 그들의 세금을 정착시키고, 어쩌면 교통 문제까지 해결할 수 있으리라는 희망 섞인 신화가 존재한다.

그러나 이제까지 수십억 달러를 쏟아부어 우리가 건설한 것들을 보라. 저소득층 주택단지는 기존의 슬럼보다도 더 심한 비행과 파괴vandalism와 전반적인 사회적 절망 상태의 중심이 되어 버렸다. 도시 생활의 활기나 활력과는 동떨어진 불가사의한 답답함과 획일성의 표본인 중산층 주택단지. 김빠진 천박함으로 공허를 누그러뜨리려고 애를 쓰는 호화 주택단지. 좋은 서점을 유지하지 못하는 문화센터. 여기저기 돌아다니는 것 말고는 선택의 여지가 없는 부랑자들만 찾는 시민센터. 규격화된 교외 체인점 쇼핑을 흐리멍덩하게 모방한 상업센터. 어디서 시작해서 어디서 끝나는지 알 수 없는, 산책하는 이 하나 없는 산책로. 대도시의 속을 들어내 버린 고속화도로. 이런 건 도시 재건축이 아니라 도시 약탈이다.

표면 아래를 살펴보면 이런 업적은 빈약한 겉모습보다도 더욱 초라하다. 이론상의 가정과는 달리 이것들은 주변의 도시 지역에 도움이 되지 못한다. 이처럼 절단된 지역들은 급성 괴저壞疽를 일으킨다. 이렇게 계획된 방식으로 사람들을 수용하기 위해 인구에 가격표가 붙여지고, 가격표가 붙여진 채 분류된 각각의 인구 집단은 자신들을 에워싼 도시에 대해 의심과 불안을 키우면서 살아간다. 이와 같은 적대적인 섬이 두 개 이상 병치되면 그 결과는 '균형 잡힌 근린'이라고 이름 붙여진다. 홍보계의 거물이 지휘하는 가운데 독점적인 쇼핑센터와 기념비적인 문화센터들이 도시의 친밀하고 일상적인 삶에서 상업과 문화를 빼내는 것을 덮어 감춘다.

    이런 경이로운 업적을 이룩하기 위해, 계획가가 헥스사인[hex sign; 원래는 북아메리카 신대륙 개척 초기에 펜실베이니아에 정착한 독일계 이주민들이 액막이용으로 헛간 등에 그려 넣은 기하학적 문양을 가리킨다 — 옮긴이]으로 표시한 사람들은 마치 정복하는 힘의 대상인 것처럼 내몰리고 몰수당하고 쫓겨난다. 보상의 제스처조차 없이 수천 개의 소상점이 파괴되고, 상점 주인들이 몰락한다. 공동체 전체가 산산조각이 나서 바람 속으로 뿌려지며, 남는 것이라곤 직접 보고 들어야 믿을 수 있는 냉소와 분개, 절망뿐이다. 도시 재건축 계획의 결과에 충격을 받은 시카고의 어느 성직자 집단은 이렇게 물었다.

    욥은 다음과 같이 쓰면서 시카고를 생각했던 것일까?

어떤 사람들은 땅을 뺏으려고 이웃 땅의 경계표를 옮기고……가난한 자를 길에서 몰아내고, 외로운 이들을 짓밟으려고 음모를 꾸민다.

남의 밭에서 곡식을 거두고, 주인에게서 빼앗은 포도밭을 수확하며……

성에서는 사람들이 부르짖고 병든 이들이 신음한다.……

만약 그렇다면 욥은 뉴욕, 필라델피아, 보스턴, 워싱턴, 세인트루이스, 샌프란시스코, 그리고 다른 수많은 곳들 또한 생각했을 것이다. 오늘날 도시 재건축의 경제 원리는 기만이다. 도시 재건축의 경제학은 도시 재개발 이론이 선언하는 것처럼 공적 조세 보조금의 합리적인 투자에만 건전하게 의존하는 것이 아니라 재건축 부지의 무력한 희생자들에게서 짜낸 엄청난 비자발적인 보조금에도 의존한다. 그리고 이런 '투자'의 결과로 도시에 생겨나는, 이 부지들에서 나오는 세금 증가는 일종의 망상이며, 무자비하게 재편된 도시에서 연유하는 해체와 불안정에 맞서 싸우는 데 필요한 공적 자금이 끊임없이 증가하는 사실을 무마하려는 가없는 제스처일 뿐이다. 도시 재건축 계획의 수단은 목적만큼이나 통탄할 만하다.

한편 도시계획의 모든 기술과 과학은 어느 때보다도 더 넓은 도시 구역에서 쇠퇴가 일어나는 것 ─ 그리고 그에 앞서 쇠락이 진행되는 것 ─ 을 저지하는 데 무기력하다. 위안 삼아 이런 쇠퇴를 도시계획 기술을 적용할 기회가 부족했던 탓으로 돌릴 수는 없다. 도시계획 기술이 적용되는지 여부는 거의 중요치 않아 보인다. 가령 뉴욕 시의 모닝사이드하이츠 Morningside Heights 지역을 보라. 도시계획 이론에 따르면, 이곳은 전혀 문제가 일어나지 않아야 마땅하다. 공원, 대학교, 놀이터 등을 비롯한 열린 공간이 무척 많기 때문이다. 이 지역은 잔디밭이 많다. 강변 경치가 뛰어난 높은 지대의 상쾌한 곳이다. 또한 컬럼비아 대학교, 유니언 신학대학원, 줄리어드 음악대학 등 명문 학교들이 즐비한 유명한 교육 중심지이다. 훌륭한 병원과 교회도 많다. 공장은 전혀 없다. 중심가의 거리는 견고하게 지어진 널찍한 중간 및 상층 계급 아파트 지역으로 침입하는 '부적절한 용도'를 막기 위해 구획되어 있다. 그러나 1950년대 초반에 이르면 모닝사이드하이츠는 사람들이 거리를 걷는 것을 두려워할 정도로 험악한 슬럼으로 급변하고 있었고, 이런 상황은 대학들에게 위기를 안겨 주었다. 대학들과 시정부의 도시계획 부서는 머리를 맞대고 더 많은 도시계획 이론을 적용하여 가장 황폐한 지역을 일소하고 그 자리에 쇼핑센터를 완비한 중산층 조합식 주택단지cooperative project와 공공 주택단지를 건설했다. 상쾌한 공기와 햇빛과 풍경에 둘러싸인 곳이었다. 이 결과물은 도시 구제의 위대한 본보기라는 극찬을 받았다. 그러나 그 뒤 모닝사이드하이츠는 훨씬 더 빠르게 내리막길을 걸었다.

이것은 불공정하거나 부적절한 사례가 아니다. 여러 도시에서 도시계획 이론의 관점에서 보자면 적절하지 않은 지역이 쇠퇴하고 있다. 주목을 받지는 못하지만 마찬가지로 중요한 사실로, 여러 도시에서 도시계획 이론의 관점에서 보자면 적절하지 않은 지역이 쇠퇴에 저항하고 있다.

도시는 도시 건설과 설계에서 실패와 성공의 시행착오를 거듭하는 거대한 실험실이다. 이 실험실에서 도시계획은 이론을 배우고 형성하고 시험했어야 했다. 그러나 도시계획이라는 학문 분야(이런 이름을 붙일 수 있다면)의 실행가와 선생들은 실제 현실의 성공과 실패에 관한 연구를 게을리 했고, 예상치 못한 성공의 이유를 궁금해하지 않았으며, 그 대신 도심, 교외, 결핵환자 요양소, 박람회, 상상 속 꿈의 도시 등의 행태와 겉모습에서 끌어낸 원칙을 길잡이로 삼는다―실제 도시에서는 아무것도 배우려 하지 않는 것이다.

도시의 재건축된 부분과 도시 바깥으로 끝없이 뻗어 나가는 새로운 개발 지역이 도시와 시골 모두를 맛도 영양도 없는 묽은 죽으로 만드는 것처럼 보이더라도 이상한 일은 아니다. 이것들은 모두 직·간접적으로 똑같은 옥수수죽을 지적 기반으로 삼아 나온 것이며, 이 옥수수죽에서는 대도시의 특질과 필요성, 장점과 행태가, 다른 활력 없는 정주 유형의 특질과 필요성, 장점 및 행태와 완전히 혼동된다.

오래된 도시가 쇠퇴하는 것이나 새로운 비도시적인 도시화가 이루어지자마자 쇠락하는 것은 경제적·사회적으로 전혀 불가피한 일이 아니다. 오히려 우리의 경제와 사회의 다른 측면 가운데 우리가 지금 얻고 있는 바를 이룩하기 위해 지난 4반세기 동안 의도적으로 조작된 것은 아무것도 없다. 이런 정도의 단조로움과 불모와 천박함을 이룩하기 위해서는 정부의 이례적인 재정적 유인이 필요했다. 전문가들이 수십 년 동안 설교하고 글을 쓰고 권유한 결과 우리와 입법가들은 풀과 같이 먹기만 하면 이와 같은 옥수수죽이 우리 몸에 좋다고 믿게 되었다.

흔히 자동차들이 도시의 해악과 도시계획의 실패 및 무용성의 원인이 되는 악당으로 편리하게 낙인찍히곤 한다. 그러나 자동차의 파괴적 효과는 도시 건설에 관한 우리의 무능력의 원인이라기보다는 징후이다. 물론 엄청난 액수의 돈과 막대한 권한을 쥐고 있는 도로계획가를 비롯한 도시계획가들은 자동차와 도시를 서로 양립시키려고 쩔쩔 맨다. 도시계획가들은 도시에서 자동차를 어떻게 해야 할지 알지 못한다. 기능적이고 활기 있는 도시를 계획하는 법을 알지 못하기 때문이다――자동차가 있든 없든 간에.

자동차의 단순한 요구는 도시의 복잡한 요구에 비해 쉽게 이해되고 충족되며, 점점 더 많은 수의 도시계획가와 설계자들이 교통 문제를 해결하기만 하면 도시의 주요한 문제를 해결하는 것이라고 확신하기에 이르렀다. 도시는 자동차 교통에 비해 경제·사회적으로 훨씬 더 얽히고설킨 이해관계를 갖는다. 도시 자체가 어떻게 움직이는지, 그리고 도시의 거리에 다른 무엇이 필요한지 알기 전에 어떻게 교통 문제를 처리하는 법을 알겠는가? 당연히 알 수 없다.

우리가 너무 무책임해진 나머지 이제는 현실이 어떻게 되어 가는지 신경도 안 쓰고 그저 순간적으로 눈에 띄는 겉모습만 보는지도 모른다. 만약 그렇다면 우리의 도시들이나 어쩌면 우리 사회의 다른 많은 것들에도 희망이 거의 없을 것이다. 그러나 나는 그렇게 생각하지 않는다.

특히 도시계획의 경우에 훌륭하고 성실한 많은 사람들이 도시 건설과 재개발에 깊은 관심을 갖고 있다. 비록 일부 부패가 있기도 하고 남의 포도밭을 호시탐탐 노리는 경우도 있지만, 우리가 만들어 낸 혼란 속으로 발을 들여놓는 이들의 의도는 대부분 본받을 만한 것이다. 도시계획가와 도시 설계 건축가들, 그리고 그들이 신념으로 이끄는 사람들은 현실 인식의 중요성을 의도적으로 무시하지는 않는다. 오히려 그들은 현대 정통 도시계획의 성자와 현인들이 도시가 어떻게 작동**해야 하며** 도시의 사람들과 사업체들에게 무엇이 좋은 것**이어야 하는지**에 관해 말한 바를 배우려고 커다란 노력을 기울여 왔다. 이런 가르침을 너무 진지하게 받아들인 까닭에, 모순적인 현실이 끼어들어서 소중하게 배운 지식이 무너질 위험에 처하는 경우에는 현실을 무시해 버릴 수밖에 없다.

가령 보스턴의 노스엔드North End*라는 구역에 대해 정통 도시계획가들이 보인 반응을 한번 보자. 이곳은 부둣가의 중공업 지대와 통합된, 오래되고 임대료가 싼 지역이며 공식적으로 보스턴 최악의 슬럼가이자 도시의 치부로 여겨진다. 이 구역은 식견 있는 모든 이들이 해악이라고 알고 있는 속성들을 스스로 체현한다. 수많은 현명한 사람들이 그것들을 해악이라고 말해 왔기 때문이다. 노스엔드는 산업 지대와 곧바로 붙어 있을 뿐만 아니라 설상가상으로 온갖 종류의 일터와 상가가 주거 지역과 뒤죽박죽으로 뒤섞여 있다. 보스턴의 어떤 지역보다도 주거 단위로 사용되는 땅의 세대 밀도가 높고, 미국 도시 가운데서도 가장 높은 집중도를 보인다. 공원도 거의 없다. 아이들은 거리에서 논다. 슈퍼블록[superblock ; 간선도로에 의해 분할되지 않은 대규모 주택·상업단지로 신도시나 계획도시의 대

---

* 노스엔드를 기억해 두길 바란다. 이 책에서 자주 등장할 것이다.

표적인 형태—옮긴이], 아니 어지간한 큰 블록 대신 아주 작은 블록들로 이루어져 있으며, 도시계획의 전문 용어로 하자면 "비경제적인 가로들로 쓸데없이 분할되어 있다". 건물들은 낡았다. 노스엔드에서는 생각할 수 있는 모든 것이 잘못되었다. 정통 도시계획의 표현을 빌리자면, 이곳은 타락의 마지막 단계에 들어선 '거대도시'megalopolis의 3차원 교과서이다. 따라서 노스엔드는 매사추세츠 공과대학과 하버드 대학의 도시계획학과와 건축학과 학생들에게 거듭해서 과제로 주어지며, 학생들은 교수의 지도 아래 이론에 맞지 않는 용도의 땅을 쓸어버리고 슈퍼블록과 공원 산책로로 바꿔서 노스엔드를 핀 대가리에 새길 수 있을 정도로 단순한 질서와 우아함의 이상으로 변형시키는 설계 연습을 되풀이한다.

내가 처음 노스엔드를 찾았던 20년 전 이곳의 건물들——플랫형 아파트로 바뀐 갖가지 종류와 규모의 연립주택, 그리고 처음에는 아일랜드 출신의, 이후 동유럽과 마지막으로 시칠리아에서 쏟아져 들어온 이민자들을 수용하기 위해 지어진 4, 5층짜리 공동주택——은 무척 혼잡했고, 전반적으로 큰 타격을 입고 절망적인 가난에 빠진 지역 같은 인상을 풍겼다.

1959년에 노스엔드를 다시 찾은 나는 변화된 모습에 깜짝 놀랐다. 수십 개의 건물이 새롭게 바뀌어 있었다. 창문에 매트리스가 널려 있는 대신 베네치아식 블라인드와 새로 칠한 페인트가 눈에 띄었다. 개조된 수많은 소규모 주택들에는 이제 서너 가족이 아니라 한두 가족만 살고 있었다. 공동주택에 사는 일부 가족들은 (나중에 직접 방문해서 알게 된 것처럼) 오래된 아파트 두 개를 합쳐서 공간을 넓히고 여기에 욕실과 새로운 주방 등을 만들어 놓고 있었다. 나는 적어도 여기서는 예전의 지저분한 노스엔드를 볼 수 있을 거라 생각하면서 좁은 뒷골목을 내려다보았으나 그런 모습은 전혀 보이지 않았다. 문을 여는 순간 음악 소리가 들려왔고, 깔끔하게 새로 단장한 벽돌 외장과 새로 단 블라인드들이 눈에 띄었다. 주차장에 면한 건물 옆면이 그대로 방치되거나 절단되지 않고, 오히려 마치 사람들 눈에 보이기 위한 것인 양 수리되고 깔끔하게 칠해진 도시 구역은 그때까지 본 일이 없었다——지금도 마찬가지이다. 주거용 건물들 사이에는 이루 헤아릴 수 없이 많은 근사한 식품점뿐만 아니라 가구 제조, 금속가공, 목공, 식품가공 등의 가게가 뒤섞여 있었다. 뛰노는 아이들과 쇼핑하는 사람들, 산책하는 사람들과 이야기하는 사람들로 거리에는 생기가 넘쳤다. 1월의 추운 날만 아니었더라면 틀림없이 사람들이 여기저기 앉아 있었을 것이다.

쾌활하고 다정하고 활력 넘치는 거리의 전반적인 분위기에 어느새 젖어든 나는 그저 사람들과 이야기를 나누고 싶어서 길을 묻기 시작했다. 예전에 며칠 동안 이곳저곳 보았던 보스턴은 대부분 몹시 비참했지만, 이번에 본 곳은 도시에서 가장 활력이 넘친다는 안도감을 주었다. 그렇지만 이렇게 도시를 새롭게 꾸민 돈이 어디서 나왔는지 알 수 없었다. 오늘날 미국에서는 임대료가 비싸거나 교외를 모방한 곳이 아닌 도시 구역에서는 상당한 규모의 저당 융자금을 구하기가 거의 불가능하기 때문이다. 나는 궁금증을 해소하기 위해 어느 술집 겸 식당에 들어가서 (사람들이 활기에 가득 차서 낚시 얘기를 하고 있었다) 내가 아는 보스턴의 도시계획가에게 전화를 걸었다.

"도대체 노스엔드에는 웬일이에요?" 그이가 물었다. "돈이요? 글쎄요. 노스엔드에는 돈이고 공사고 투입된 적이 없어요. 거기서는 아무 일도 없어요. 언젠가는 되겠지만 아직은 아니죠. 거긴 슬럼가라고요!"

"제가 보기에는 슬럼가 같지 않던걸요."

"글쎄요. 거긴 보스턴 시에서 최악의 슬럼가예요. 에이커(약 4,000평방미터)당 275세대가 산다니까요! 보스턴에 그런 곳이 있다는 걸 인정하고 싶진 않지만 어쨌든 있긴 있어요."

"거기에 관한 다른 수치는 아는 거 없어요?" 나는 물었다.

"있죠, 좀 재미있어요. 거기가 보스턴에서 청소년 범죄율하고 발병률하고 유아사망률이 제일 낮아요. 소득 대비 임대료 비율도 제일 낮고요. 참나, 그 사람들 횡재하고 있네. 어디 보자……아동 인구는 정확히 보스턴 시 평균치네요. 사망률은 천 명당 8.8명이니까 시 평균 11.2명보다 낮네요. 결핵 사망률은 아주 낮아요, 천 명당 1명 이하인데, 이거 이해가 안 되네, 브룩라인[Brookline; 보스턴 근교의 소도시로 예나 지금이나 중산층이 많이 산다―옮긴이]보다도 낮잖아. 예전에는 노스엔드가 시에서 제일 결핵 환자가 많은 곳이었는데, 다 옛날 얘기네요. 그 사람들 참 튼튼한가 보네요. 그래도 거긴 끔찍한 슬럼가예요."

"여기 같은 슬럼가가 더 많았죠." 내가 말했다. "여기를 쓸어버릴 계획이 있다고 말하지 마세요. 당신 같은 사람이 여기 와서 많은 걸 배워야 해요."

"당신 마음 알아요." 그가 대답했다. "나도 종종 혼자 거기 가서 거리를 걸으면서 흥미진진하고 신나는 거리 생활을 느낀답니다. 글쎄요, 당신이 해야 되는 건요, 지금 재밌다고 생각하면 여름에 다시 와 봐야 돼요. 여름에는 정말 끝내줄 거예요. 그런데 어쨌든 거기는 재건축해야 돼요. 그 사람들을 거리에서 빼내 줘야죠."

그런데 이상한 점이 하나 있었다. 내 친구는 본능적으로 노스엔드가 좋은 곳이라고 생각했고 사회 통계도 그런 평가를 확인해 주었다. 그렇지만 그가 도시계획가로서 사람들과 도시 근린에 무엇이 좋은가에 관해 배운 모든 내용, 즉 그를 전문가로 만들어 준 모든 내용에 따르면 노스엔드는 나쁜 곳이어야 했다.

"권력 구조의 저 꼭대기에 있는 사람"이라면서 친구가 자금 문제에 관해 물어보라고 소개해 준 보스턴의 유력한 저축은행 관계자는 그 사이에 내가 노스엔드 사람들에게서 들은 내용을 확인해 주었다. 돈은 미국의 위대한 은행 시스템의 은총을 통해 들어온 게 아니었다. 미국의 은행 시스템은 이제 도시계획가들만큼 슬럼가에 관해 충분히 알고 있다. "노스엔드에 돈을 대출한다는 건 말도 안 되지요." 은행가의 말이었다. "거긴 슬럼가예요! 아직도 이민자들이 들어오고 있다고요! 더군다나 대공황 시절에는 압류도 엄청나게 많았어요. 좋지 않은 기록이지요." (은행가를 만나기 전에 나 역시 이 일에 관해 들은 적이 있었다. 사람들이 압류된 건물을 다시 사들이기 위해 어떻게 일을 해서 자원을 공동 출자했는지에 관해 말이다.)

대공황 이후 4반세기 동안 15,000명 정도가 거주하는 이 지역에 대부된 가장 큰 액수의 저당 융자금은 3천 달러였다고 은행가는 말했다. "그것도 정말 드문 일이었다"면서. 1천 달러와 2천 달러를 융자한 경우도 몇 번 있었다. 도시를 새 단장하는 작업에 필요한 자금은 모두 지역 내의 상업 및 주거 소득이 재투자된 것이었고, 작업은 주민들과 그 친척들이 숙련 기술을 물물교환 식으로 제공한 결과였다.

이 무렵 나는 주거환경 개선을 위한 돈을 차입하지 못하는 이런 현실이 노스엔드 주민들을 괴롭히는 근심거리임을 알고 있었고, 또 학생들이 꿈꾸는 에덴 같은 도시의 형태로 자신들과 공동체가 일소되는 대가를 치르지 않는 한 이 지역에 새로운 건물이 들어서는 일은 없을 거라는 사실을 걱정하고 있음을 알고 있었다. 주민들도 알고 있듯이 이런 운명은 기우가 아니었다. 이미 사회적으로 비슷한—물리적 규모는 더 넓었다—인근의 웨스트엔드West End 구역이 완전히 짓뭉개졌기 때문이다. 주민들이 걱정한 것은 또한 땜질 식 보수로 영원히 버틸 수는 없음을 알고 있었기 때문이다. "노스엔드에서 건물 신축을 위한 대출을 받을 가능성은 전혀 없나요?" 나는 은행가에게 물었다.

"안 돼요, 절대 안 됩니다!" 아둔한 내 태도를 못 참겠다는 듯한 말투였다. "거긴 슬럼가라고요!"

은행가들 역시 도시계획가처럼 사업 대상인 도시에 대한 이론을 갖고 있다. 도시계획가들과 같은 지적 원천에서 이론을 습득했다. 은행가들과 저당을 보증하는 정부 행정 관리들은 도시계획 이론을 창안하지 않으며, 놀랍게도 도시에 관한 경제적 교의조차 고안해 내지 않는다. 요즘에는 많이 계몽되어, 한 세대 뒤처진 이상가들의 사상을 선택하여 습득한다. 이론적인 도시계획은 한 세대 이상 동안 주요한 새로운 사상을 받아들이지 않았기 때문에 이론적 도시계획가와 금융가, 관료들 모두 지금까지도 그 수준이다.

솔직하게 말하자면, 그들 모두는 의사들이 병을 일으킨다고 믿는 나쁜 체액을 빼내기 위해 방혈放血을 신봉했던 지난 세기 초의 의학과 같은 정교한 미신의 단계에 있다. 이 방혈과 더불어 어떤 증상에 어떤 혈관을 어떤 의식을 통해 열어야 하는지 정확히 아는 데에는 오랜 세월이 소요되었다. 하도 시치미를 뚝 떼고 자세하게 설명하는 까닭에 지금도 거의 그럴듯하게 들리는 기술적으로 복잡한 상부구조가 세워졌다. 그러나 사람들이 현실과 들어맞지 않는 설명에 철저하게 사로잡혀 있을 때에도 여전히 관찰과 독립적인 사고의 힘까지 잃는 경우는 드물기 때문에, 방혈학은 오랫동안 영향력을 행사하기는 했지만 대체로 일정한 상식에 의해 완화되었던 것으로 보인다. 달리 보자면, 여러 나라 가운데서도 신생국 미국에서 기술이 정점에 달할 때까지 완화되었다. 방혈학은 미국에서 기세가 등등해졌다. 미국 혁명과 연방 건설 시기 가장 위대했던 정치가이자 외과의 사로 지금도 존경을 받고 있으며 천재적인 의료 행정가였던 벤저민 러시 Benjamin Rush 박사는 방혈학의 지지자로서 엄청난 영향력을 발휘했다. 모든 일은 러시 박사가 한 것이었다. 때로는 훌륭하고 유용하기도 했던 박사가 한 일 가운데는 이제까지 신중한 태도나 자비 때문에 방혈을 자제했던 경우에도 방혈하는 관행을 개발하고 실행하고 가르치고 확산시킨 것이 있었다. 박사와 제자들은 아주 어린아이나 폐병 환자, 나이든 노인, 또는 박사의 영향력이 미치는 주변에서 불행하게도 병에 걸린 모든 사람에게서 피를 빼냈다. 박사의 극단적인 방혈 시술은 유럽 방혈 외과의사들 사이에서 경악과 공포를 불러일으켰다. 그러나 1851년에 이르러서도 뉴욕 주의회에서 임명한 위원회는 방혈을 철저하게 이용하는 것을 정식으로 옹호했다. 위원회는 대담하게 러시 박사의 학설을 비판하며 "상식과 일반적인 경험, 계몽된 이성과 하느님의 섭리의 명백한 법칙을 거스르면서 병에 걸린 사람의 피를 뽑아내는 관행"이라고 규정한 소책자를 쓴 외과의사 윌리엄 터너William Turner를 가차 없이 조롱하고 검열했다. 병자들의 힘을 뺄 게 아니라 튼튼하게 해줘야 한다고 말한 터너 박사의 입에는 재갈이 물렸다.

  사회적 유기체에 의학의 비유를 적용하는 것은 억지가 되기 십상이며, 포유류의 화학과 도시에서 벌어지는 일을 혼동하는 것은 아무런 의미가 없다. 그러나 진지하고 식견 있는 사람들이 전혀 이해할 수 없는 복잡한 현상에 맞닥뜨려 사이비 과학으로 임시변통을 하려 할 때 그들의 머릿속에서 어떤 일이 벌어지는지에 관한 비유는 의미가 있다. 방혈이라는 사이비 과학의 경우와 마찬가지로 도시 재건설과 계획이라는 사이비 과학에서도 터무니없는 사고를 토대로 하여 수년간의 지식과, 미묘하고 복잡한 교의의 과잉이 생겨나고 있다. 기술의 도구들은 꾸준히 개선되고 있다. 당연히 조만간 강력하고 유능한 사람들, 즉 존경받는 행정가들이 초기의 오류를 흡수하고 여러 도구와 대중의 확신으로 무장한 채 극단적인 최대한의 파괴의 논리를 따라 나아간다. 이제는 신중한 태도와 자비로도 막을 수 없다. 관념적인 당위가 아니라, 눈에 보이는 현상에서 이끌어 낸 현실에 대한 올바른 설명을 하나하나 모으고 이용하고 시험하는 어렵고 복잡한 과정을 택하면서 방혈을 포기할 때까지, 우연한 경우나 규칙을 어길 경우에만 방혈을 통해 병자를 치료할 수 있었다. 도시계획이라는 사이비 과학과 그 동반자인 도시설계는 아직 소망과 익숙한 미신, 과도한 단순화, 상징 등의 허울 좋은 안락함과 단절하지 않은 채, 현실 세계를 탐사하는 모험에 나서지 않고 있다.

따라서 이 책에서는 조촐한 방식으로나마 우리 스스로 현실 세계를 모험하는 것으로 시작하고자 한다. 겉으로 신비롭고 기묘하게 보이는 도시의 행태에서 실제로 무슨 일이 벌어지고 있는지를 아는 방법은 가급적 미리 기대를 품지 말고 평범하기 짝이 없는 풍경과 사건들을 가까이서 들여다보면서 그것들이 무엇을 의미하는지, 그것들 사이에서 어떤 원리의 줄기들이 나타나는지를 살펴보는 것이다. 이 책 1부에서는 이런 노력을 약간 기울여 보고자 한다.

하나의 원리가 여기저기서 눈에 띄고 여러 가지 서로 다른 복잡한 형태로 등장하는데, 이 책 2부에서는 이 원리의 성격에 관심을 기울일 것이며, 이 2부가 내 주장의 고갱이가 될 것이다. 도처에 편재하는 이 원리란 모름지기 도시는 촘촘하고 얽히고설킨 다양한 용도를 필요로 하며, 이런 다양성은 경제·사회적으로 서로를 끊임없이 지탱한다는 것이다. 이런 다양성의 구성요소들은 크게 다를 수 있지만 얼마간 구체적인 방식으로 서로를 보완해야만 한다.

내 생각에 실패한 도시 지역이라 함은 이와 같이 서로를 지탱하는 얽히고설킨 구조가 결여된 지역이며, 도시계획학 및 도시설계학은 실제 도시의 실제 생활에서 이처럼 촘촘하게 움직이는 관계를 촉진시키고 조성하는 학문과 기술이 되어야 한다. 내가 찾아낸 증거에 입각해 보건대, 대도시에서 유용한 다양성을 만들어 내는 데 필요한 기본적인 네 가지 조건이 있으며, 이 네 조건을 의도적으로 유도함으로써 도시계획은 도시에 활력을 불어넣을 수 있다(도시계획가들의 계획이나 도시설계가들의 설계만으로는 결코 이런 활력을 만들 수 없다). 1부가 주로 도시 사람들의 사회적 행태에 관한 내용으로 다음의 논의를 이해하는 데 필요한 거라면, 2부는 주로 도시의 경제적 행태에 관한 내용으로 이 책에서 가장 중요한 부분이다.

도시는 놀랍도록 역동적인 장소이고, 이런 사실은 수많은 사람들의 계획을 위한 비옥한 기반을 제공하는 도시의 성공적인 부분들의 경우에 두드러지게 유효하다. 이 책 3부에서는 도시가 이용되는 방식, 그리고 현실 세계에서 도시와 도시 사람들이 행동하는 방식의 견지에서 쇠퇴와 재생의 몇몇 측면을 검토하도록 하겠다.

마지막 4부에서는 주거, 교통, 설계, 계획, 행정 관행 등에서 몇 가지 변화를 제안하고, 마지막으로 도시가 제기하는 **종류**의 문제 ─ 체계적인 복잡성을 다루는 문제 ─ 를 논의할 것이다.

사물의 외양과 그것이 작동하는 방식은 서로 한데 뒤엉켜 있으며, 도시에서는 다른 어느 곳보다도 더욱 그러하다. 그러나 도시가 어떻게 "보여야 하는지"에만 관심이 있을 뿐 도시가 어떻게 작동하는지에는 관심이 없는 사람들은 이 책을 읽고 실망할 것이다. 도시가 어떤 종류의 내재적이고 기능적인 질서를 갖는지 알지 못한 채 도시의 겉모습을 계획하거나 어떻게 하면 도시에 마음에 드는 질서정연한 외관을 부여할지 골몰하는 것은 쓸모없는 짓이다. 사물의 외양을 일차적인 목적이나 주된 극적 효과로 추구하는 것은 문젯거리만을 양산하기 십상이다.

뉴욕 이스트할렘East Harlem의 어느 주택단지에는 눈에 확 띄는 직사각형 모양의 잔디밭이 있는데, 이 잔디밭은 단지 주민들의 혐오의 대상이 되었다. 단지를 자주 방문하던 어느 사회복지사는 자기 생각에는 불필요할 정도로 사람들이 이 잔디밭을 자주 입에 올리고, 또 끔찍하게 잔디밭을 싫어하면서 그걸 없애 버려야 한다고 목소리를 높이는 걸 보고 깜짝 놀랐다. 이유를 물으면 으레 "저걸 어디에 써요?"라든가 "누가 저게 필요하대요?" 같은 대답이 돌아오곤 했다. 결국 하루는 다른 사람들보다 말을 잘하는 어느 주민이 이렇게 말했다. "어느 누구도 이곳을 지을 때 우리가 뭘 원하는지 관심을 기울이지 않았어요. 그 사람들은 우리 집을 헐어 버리고는 우리는 여기로 밀어 넣고 친구들은 다른 데다 밀어 넣었죠. 여기는 커피 한 잔이나 신문 하나 구할 데도 없고 50센트 빌릴 데도 없어요. 누구 하나 우리에게 뭐가 필요한지 신경도 안 써요. 그런데 높은 사람들이 와서는 잔디밭을 보고 한마디씩 하지요. '참 예쁘군요! 이제 가난한 사람들도 누릴 거 다 누리는군요!'라고요."

이 주민은 도덕론자들이 수천 년 동안 이야기한 바를 말하고 있었다. 거죽보다 마음임을. 번쩍이는 것이 모두 금은 아님을.

또 이런 말도 한 셈이었다. 철저한 추함이나 무질서보다 훨씬 더 나쁜 것이 있는데, 그것은 존재하고 대접받기 위해 분투하는 현실의 질서를 무시하거나 억누름으로써 이루어지는 허울뿐인 질서의 부정직한 가면이라는 사실을.

도시의 기초를 이루는 질서를 설명하기 위해 나는 주로 뉴욕을 사례로 들 것이다. 내가 뉴욕에 살고 있기 때문이다. 그러나 이 책에 담긴 기본적인 사고의 대부분은 다른 도시들에서 처음 깨닫거나 들은 내용에서 나왔다. 가령 도시에서 일정한 종류의 기능의 혼합이 강력한 효과를 발휘한다는 사실에 관해 어렴풋이나마 처음 알게 된 것은 피츠버그를 통해서였고, 거리의 안전에 관해 처음 생각하게 된 것은 필라델피아와 볼티모어를 통해서였으며, 구불구불한 도심을 처음 본 것은 보스턴에서였고, 슬럼가 파괴의 실마리를 처음 접한 것은 시카고를 통해서였다. 이런 숙고의 자료들 대부분은 바로 내 집 문 앞에 있었지만, 이것들을 당연하게 바라보지 않는 곳에서 처음 관찰을 하는 게 아마 가장 쉬운 길일 것이다. 도시의 외견상의 무질서 아래 자리한 얽히고설킨 사회·경제 질서를 이해하는 첫걸음을 뗀다는 기본적인 구상은 나의 것이 아니었다. 뉴욕 이스트할렘의 유니언 사회복지관Union Settlement 회장으로서 나에게 이스트할렘을 보여 줌으로써 다른 동네와 도심을 보는 법을 보여 준 윌리엄 커크William Kirk가 그런 구상을 처음 한 이였다. 나는 각 도시나 장소가 주는 교훈이 그 특별한 사례 바깥에서 얼마나 유의미한지를 알아내기 위해 모든 경우에 대해 한 도시나 동네에서 내가 보거나 들은 것을 다른 것들과 비교해 보고자 했다.

나는 대도시와 그 중심 지역에 논의를 집중했는데, 그 이유는 이것이 도시계획 이론에서 계속 회피한 문제이기 때문이다. 시간이 흐르면 이 논의가 더 폭넓은 유용성을 갖게 되리라고 생각한다. 오늘날 최악의, 그리고 외견상 가장 당혹스러운 문제를 겪고 있는 도시 지역의 대부분은 얼마 전까지만 해도 교외나 품위 있고 조용한 주거 지역이었기 때문이다. 오늘날 최신의 교외나 반半교외 지역의 대다수는 결국에는 도시에 휩쓸려 들어갈 것이며, 그런 조건 아래서 도시 지구로 성공적으로 기능하도록 변용될 수 있는지에 따라 성공하거나 실패할 것이다. 또한 솔직히 말하자면, 나는 조밀한 도시를 좋아하며 그런 도시에 가장 관심이 많다.

그러나 나는 어떤 독자도 나의 관찰 결과를 소읍이나 소도시, 또는 여전히 변두리인 교외의 현실에 대한 길잡이로 전환하려고 하지 않기를 바란다. 소읍과 교외, 심지어 소도시조차도 대도시와는 전혀 다른 유기체이다. 이미 우리는 소읍의 행태와 상상된 행태를 기준 삼아 대도시를 이해하려고 애쓴 결과로 충분히 문제를 겪고 있다. 대도시의 기준으로 소읍을 이해하려고 한다면 혼란만을 가중시킬 것이다.

이 책을 집어든 어떤 독자든 간에 내가 말하는 내용을 도시와 그 행태에 관한 자기 나름의 지식에 비추어 끊임없이 의심을 품고 시험해 보기를 바란다. 나의 관찰이 정확하지 못했거나 추론과 결론에서 잘못을 범했다면 서둘러서 오류를 바로잡기를 기대한다. 요컨대 우리는 가능한 한 시급하게 도시에 관한 참되고 유용한 지식을 많이 배우고 적용할 필요가 있다.

이제까지 나는 정통 도시계획 이론에 관해 매정한 언급을 해왔고, 그럴 필요가 있을 때면 앞으로도 거친 말을 할 것이다. 이제 이런 정통적인 관념은 우리의 민간전승의 일부가 되어 버렸다. 정통 이론은 우리가 그것을 당연시하기 때문에 해를 끼친다. 우리가 어떻게 그것을 받아들였고, 그것이 얼마나 그릇되었는지를 보여 주기 위해 여기서 간략하게나마 정통 현대 도시계획과 도시 건축설계가 진리가 되는 데 이바지한 가장 영향력 있는 사상들을 훑어보고자 한다.*

가장 중요한 영향력의 계보는 영국의 법원 서기로서 부업 삼아 도시계획을 연구했던 에버니저 하워드Ebenzer Howard에서 시작된다. 19세기 후반 런던 빈민들의 주거 조건을 관찰한 하워드는 당연하게도 자신이 보고 듣고 냄새 맡는 것을 좋아하지 않았다. 하워드는 런던이라는 도시의 해악과 오류를 싫어했을 뿐만 아니라 이 도시 자체를 혐오했으며, 그토록 많은 사람들을 하나의 덩어리로 몰아넣은 것은 철저한 악이자 자연에 대한 모독이라고 생각했다. 사람들을 구제하기 위해 하워드가 내놓은 처방은 이

도시를 없애는 것이었다.

　1898년에 하워드가 제안한 계획은 런던의 성장을 중단시키고 새로운 종류의 도시를 건설하여 마을이 줄어들고 있던 시골에 사람들을 다시 거주하게 하는 것이었다――'전원도시'Garden City를 통해 도시 빈민들은 다시 자연 가까이에서 살게 될 것이었다. 도시 빈민들이 생계비를 벌 수 있도록 '전원도시'에 산업 시설을 세울 예정이었다. 하워드는 도시를 계획한 것도, 교외 주택지dormitory suburb를 계획한 것도 아니었다. 하워드의 목표는 자급자족적인 소도시를 만들어 내는 것이었다. 유순하고 자기 나름의 계획이 전혀 없이 독자적인 계획이 전무한 다른 사람들과 함께 삶을 보내는 것을 꺼리지 않는 사람이라면 정말 좋은 도시였다. 모든 유토피아가 으레 그렇듯이 중요한 계획을 가질 권리는 오로지 책임을 맡은 계획가들의 것이었다. '전원도시'는 농업 벨트로 둘러싸일 예정이었다. 산업 시설은 계획된 구역에 자리 잡아야 했고, 학교·주택·잔디밭은 계획된 생활 구역에 자리해야 했으며, 중심부에는 공동의 상업·클럽·문화 공간이 자리할 예정이었다. 하나로 통합된 소도시와 녹색 벨트는 소도시의 개발을 지휘하

---

* 더 풍부한 설명이나 나의 서술과는 달리 동조적인 설명을 원하는 독자는 무척 흥미로운 자료들을 찾아보기 바란다. 특히 에버니저 하워드의 『내일의 전원도시』(Garden Cities of Tomorrow)[『내일의 전원도시』, 권원용·조재성 옮김, 한울, 2006], 루이스 멈퍼드(Lewis Mumford)의 『도시의 문화』(The Culture of Cities), 패트릭 게디스 경(Sir Patrick Geddes)의 『진화하는 도시』(Cities in Evolution), 캐서린 바우어(Catherine Bauer)의 『현대의 주거』(Modern Housing), 클래런스 스타인(Clarence Stein)의 『미국의 새로운 도시를 향하여』(Toward New Towns for America), 레이먼드 언윈 경(Sir Raymond Unwin)의 『과밀로는 아무것도 얻지 못한다』(Nothing Gained by Overcrowding), 르 코르뷔지에(Le Corbusier)의 『내일의 도시와 계획』(The City of Tomorrow and Its Planning)[『도시계획』, 정성현 옮김, 동녘, 2007] 등을 보라. 내가 아는 한 가장 탁월한 간략한 개관은 찰스 M. 하(Charles M. Haar)의 『토지 이용 계획, 도시 토지의 이용·오용·재이용에 관한 사례집』(Land Use Planning, A Casebook on the Use, Misuse, and Re-use of Urban Land)에 수록된 「도시계획의 가정과 목표」(Assumptions and Goals of City Planning)라는 제목의 발췌자료 모음이다.

는 공적 당국이 상시 관리하는데, 이것은 투기나 토지 이용의 불합리한 변경을 방지하고 밀도를 높이려는 유혹을 물리치기 위함이었다——즉 대규모 도시로 확대되는 것을 방지하기 위함이었다. 최대 인구는 3만 명 이내로 억제되어야 했다.

네이선 글레이저Nathan Glazer는 『건축포럼』에서 이런 미래상을 다음과 같이 요약한 바 있다. "그 모습은 영국의 시골 소읍이었다——영주 저택과 사유 정원이 공동체 센터로 바뀌고, 작업을 공급하는 몇몇 공장들이 나무 장막 사이에 숨어 있다는 점이 다를 뿐이었다."

미국에서 이것과 가장 유사한 경우를 꼽으라면 아마 이익분배 제도를 갖추고 일상적인 보호 관리의 정치 생활은 학부모교사협의회Parent-Teacher Association가 책임을 맡는 모범 기업도시가 해당될 것이다. 하워드는 새로운 물리 환경과 사회생활만이 아니라 온정주의적인 정치·경제 사회를 구상했기 때문이다.

그렇지만, 글레이저가 지적한 것처럼, '전원도시'는 "도시의 대안이자 도시 문제에 대한 해법으로 고안되었다. 이러한 점이 그때나 지금이나 그것이 계획 구상으로서 갖는 엄청난 힘의 토대이다." 하워드는 그럭저럭 레치워스Letchworth와 웰윈Welwyn이라는 두 '전원도시'를 건설할 수 있었고, 제2차 세계대전 이래 영국과 스웨덴은 '전원도시'의 원리에 입각해서 수많은 위성도시를 건설했다. 미국에서는 뉴저지 주 래드번Radburn 교외와, 공황을 거치면서 정부의 후원으로 건설된 그린벨트 도시(실제로는 교외)들이 모두 이 구상을 불완전하게 변용한 사례였다. 그러나 말 그대로 하워드가 미친 영향, 즉 그의 계획에 대한 수용은 오늘날 미국의 모든 도시계획의 토대를 이루는 관념에 미친 영향에 비교하면 아무것도 아니었다. 도시계획가와 도시설계가들은 비록 '전원도시'에 아무 관심도 없지만 여전히 그 이론의 토대를 이루는 원리들에 지적으로 철저하게 지배받고 있다.

하워드는 도시를 무너뜨리는 강력한 구상을 풀어놓기 시작했다. 도시의 기능을 다루는 방식이 일정한 단순한 용도 전체를 분류하고 가려내어 이것들 각각을 상대적인 자기억제 속에 배열하는 것이라고 생각했다. 하워드는 핵심적인 문제로서 건강에 좋은 주거의 제공에 초점을 맞추었다. 다른 모든 것은 부차적인 문제였다. 나아가 건강에 좋은 주거를 교외의 물리적인 특질과 소도시의 사회적 특질의 측면에서만 규정했다. 상업은 기계적이고 표준화된 상품 공급의 측면에서, 자기제한적인 시장을 제공하는 것으로서 구상했다. 하워드가 구상한 훌륭한 계획이란 일련의 정적인 행위였다. 각각의 경우에 계획은 필요한 모든 것을 예상해야 했고, 건설된 이후에는 극히 사소한 변화를 제외하고는 어떤 변경도 하지 않아야 했다. 또한 이 계획은 권위주의적이지는 않더라도 본질상 온정주의적인 것이었다. 하워드는 자신의 유토피아에 이바지할 내용을 추출할 수 없는 도시의 다른 측면들에는 관심이 없었다. 특히 대도시의 얽히고설키고 다면적인 문화생활은 아예 고려의 대상에서 제외해 버렸다. 대도시에서 치안을 유지하거나 생각을 교환하거나 정치 활동을 하거나 새로운 경제 질서를 창안하는 방식 같은 문제에는 관심이 없었고, 이런 기능들을 강화하는 방법을 고안하는 문제는 안중에도 두지 않았다. 어쨌든 이런 식의 생활을 위한 구상을 하는 것은 아니었기 때문이다.

하워드가 몰두한 문제든 생략한 문제든 간에 그의 기준으로는 이치에 맞았지만 도시계획의 기준에서 보자면 전혀 그렇지 않았다. 그러나 사실상 현대의 모든 도시계획은 이런 터무니없는 내용을 바탕으로 하여 변용되고 각색되었다.

미국의 도시계획에 하워드가 미친 영향은 두 방향에서 도시로 수렴

되었다. 한쪽에는 도시 및 지역 계획가들이, 다른 쪽에는 건축가들이 있었다. 계획의 길에서는 스코틀랜드의 생물학자이자 철학자인 패트릭 게디스 경이 '전원도시' 구상을 거대도시가 될 운명에 처한 도시의 인구 성장을 흡수하기 위한 우연한 방식이 아니라 한층 웅대하고 포괄적인 패턴의 출발점으로 보았다. 게디스는 지역 전체의 계획이라는 측면에서 도시계획을 숙고했다. 게디스의 구상에 따르면, 지역계획 아래 '전원도시'들은 자연자원에 맞게끔 농지 및 삼림과 균형을 맞춰 넓은 지역 곳곳에 합리적으로 분포됨으로써 광범위한 논리적 전체를 형성하도록 되어 있었다.

하워드와 게디스의 구상은 1920년대에 미국에서 열렬하게 수용되었고, 비범한 능력과 헌신성을 두루 갖춘 일군의 사람들에 의해 한층 더 발전했다——루이스 멈퍼드, 클래런스 스타인, 고故 헨리 라이트Henry Wright, 캐서린 바우어 등이 그들이었다. 이 사람들은 자신들이 지역계획가라고 생각했지만, 최근에 캐서린 바우어는 이 그룹을 '탈집중론자들'Decentrists이라고 지칭했는데 이 명칭이 더 적절하다. 이 사람들이 생각한 것처럼, 지역계획의 주된 결과는 대도시를 탈집중화하고, 솎아내고, 사업체와 인구를 더 작게 나눈 도시나 최선의 경우에는 소도시들로 분산시키는 게 될 것이기 때문이다. 당시에는 미국 인구가 노령화되는 동시에 안정화될 것처럼 보였고, 따라서 이제는 급속하게 증가하는 인구를 수용하는 게 아니라 정적인 인구를 재분산하는 것이 문제인 듯 보였다. 하워드의 경우와 마찬가지로, 이 그룹이 미친 영향은 계획의 직접적인 수용보다는——어느 곳에서도 받아들여지지 않았다——도시계획 및 주거와 주택 공급 재원에 영향을 미치는 입법에 관련된 것이었다. 주로 교외 환경이나 도시 변두리에 지어진 스타인과 라이트의 모델하우스 계획은 멈퍼드와 바우어가 내놓은 저작과 도해, 스케치와 사진 등과 더불어 오늘날 정통 도시계획에서 당연시되는 다음과 같은 사고를 설명하고 대중화했다. 가로는 사람을 위한 환경으로는 좋지 않은 것이며, 주택은 가로를 등지고 안쪽, 즉 안전하게 감춰진 잔디밭을 바라봐야 한다. 많은 가로는 쓸데없는 낭비며, 정면의 폭으로 가치를 측정하는 부동산 투기업자들에게나 유리하다. 도시설계의 기본 단위는 가로가 아니라 블록, 더 정확히는 슈퍼블록이다. 상업은 주거 및 녹지와 분리되어야 한다. 근린의 상품 수요는 '과학적으로' 계산되어야 하며, 딱 그만큼의 상업 공간이 할당되어야 한다. 주민이 아닌 많은 사람들의 존재는 기껏해야 필요악이며, 훌륭한 도시계획은 적어도 고립감이나 교외의 사생활에 대한 환상을 충족시키는 것을 목표로 해야 한다. 탈집중론자들은 또한 계획된 지역 공동체는 독립적인 단위로서 고립되어야 하고, 어떠한 변화도 물리쳐야 하며, 처음부터 계획가가 모든 중요한 세부사항을 통제하고 그것을 고수해야 한다는 하워드의 전제를 거듭 되풀이했다. 다시 말해, 훌륭한 도시계획이란 주택단지 사업 계획이었다.

    새로운 질서의 필요성을 강화하고 극적으로 표현하기 위해 탈집중론자들은 오래된 유해한 도시를 되풀이해서 거론했다. 그들은 대도시가 이룩한 성공들에는 흥미가 없었다. 오로지 실패에만 관심을 기울였다. 모든 것이 실패였다. 멈퍼드의 『도시의 문화』 같은 책은 도시의 해악을 열거한 음침하고 한쪽으로 치우친 내용이 대부분이었다. 대도시great city는 거대도시(Megalopolis ; 메갈로폴리스)이자 폭정도시(Tyrannopolis ; 티라노폴리스)이자 사자死者의 도시(Nekropolis ; 네크로폴리스),* 즉 괴물이자 폭

---

* 멈퍼드는 도시의 발전과 쇠퇴를 여섯 단계로 나눈다. 첫 세 단계인 에오폴리스(Eopolis), 폴리스(Polis), 메트로폴리스(Metropolis)는 농업과 상업의 발전을 통한 공동사회의 발전에 따른 분류이며, 다음의 세 단계인 메갈로폴리스, 티라노폴리스, 네크로폴리스는 자본주의의 발전에 따른 도시의 쇠퇴를 단계적으로 특징짓는다. —옮긴이

정이자 산 죽음이었다. 대도시는 사라져야 했다. 뉴욕의 미드타운은 "응고된 혼돈"(멈퍼드)이었다. 도시의 모양과 외관은 "혼란스러운 사고 현장이자……자기중심적이고 분별없는 수많은 개인들의 우연적이고 상반되는 변덕의 총합"(스타인)에 지나지 않았다. 도시 중심부는 "소음, 먼지, 거지, 기념품, 경쟁적으로 시끄럽게 외쳐 대는 호객 소리의 집합체"(바우어)나 매한가지였다.

그토록 나쁜 대상이 어떻게 이해하려고 노력할 가치가 있었겠는가? 탈집중론자들의 분석, 이런 분석의 동반자이자 파생물인 건축 및 주택 설계, 새로운 시각에 직접적인 영향을 받은 국가 주거 및 주택 공급 지원 입법——이것들 중 어느 하나도 도시를 이해하거나 성공적인 대도시를 육성하는 것과 관련이 없었으며 그럴 생각도 없었다. 이것들은 도시를 내팽개쳐 버리는 이유이자 수단이었고, 탈집중론자들은 이 점을 솔직하게 인정했다.

그러나 도시계획 및 건축 학교들과 연방의회, 주의회 및 시청 등에서도 탈집중론자들의 사고가 점차 대도시 자체를 건설적으로 다루는 기본적인 길잡이로 받아들여졌다. 이것은 유감스러운 전체 이야기에서 가장 놀라운 사건이다. 대도시를 강화하기를 진정으로 원하는 사람들이 결국 대도시의 경제를 서서히 잠식하고 죽이기 위해 노골적으로 고안된 처방을 받아들였던 것이다.

어떻게 하면 이 모든 반反도시계획을 죄악의 성채에 곧바로 도입할지에 관해 가장 극적인 사고를 갖고 있던 이는 유럽의 건축가인 르 코르뷔지에였다. 1920년대에 르 코르뷔지에는 '빛나는 도시'Radiant City라고 이름 붙인 꿈의 도시를 고안했다. 이 도시는 탈집중론자들이 소중히 여긴 저층 빌딩 대신 주로 공원 내의 마천루들로 이루어졌다. "대공원을 거쳐서 도시에 들어선다고 생각해 보라." 르 코르뷔지에는 이렇게 썼다. "우리가 탄 빠른 자동차는 웅대한 마천루들 사이로 난 자동차 전용 고가도로를 탄다. 가까이 접근함에 따라 하늘을 배경으로 선 스물네 개의 마천루가 반복적으로 보인다. 왼쪽과 오른쪽에는 각 개별 구역의 가장자리에 도시 행정 건물들이 있고, 박물관과 대학 건물들이 이 공간을 에워싸고 있다. 도시 전체가 하나의 공원이다." 르 코르뷔지에의 수직 도시에서는 에이커당 보통 1,200명의 주민을 수용하게 되어 있었다. 이것은 터무니없이 높은 도시 밀도였지만 건물이 무척 높았기 때문에 대지의 95퍼센트를 자유롭게 이용할 수 있었다. 마천루들은 대지의 5퍼센트만을 차지한다. 소득이 높은 사람들이 공원 주변의 호화로운 저층 주택에 거주하며, 대지의 85퍼센트는 훤히 트여 있다. 곳곳에 식당과 극장이 있다.

르 코르뷔지에는 물리적 환경만을 계획한 것이 아니었다. 일종의 사회적인 유토피아를 계획했던 것이다. 르 코르뷔지에의 유토피아는 이른바 최대한의 개인 자유를 실현하기 위한 조건이었다. 여기서 자유라 함은 무엇이든 할 수 있는 자유가 아니라 통상의 책임을 면제받는 자유를 뜻하는 듯하다. '빛나는 도시'에서는 이제 누구도 동료 시민의 관리인이 될 필요가 없을 것이다. 이제 누구도 자기 나름의 계획을 위해 분투할 필요가 없을 것이다. 또 누구도 구속받지 않을 것이다.

탈집중론자들을 비롯한 '전원도시'의 충실한 옹호자들은 공원에 고층 건물들이 우뚝 선 르 코르뷔지에의 도시에 기겁을 했고, 그런 사정은 지금도 마찬가지이다. 이 사람들이 '빛나는 도시'에 대해 보인 반응은 진보적인 유아원 교사가 공립 고아원을 대했을 때 보이는 것과 똑같았으며 지금도 그러하다. 그렇지만 아이러니하게도 '빛나는 도시'는 '전원도시'의 직계 후손이나 마찬가지였다. 르 코르뷔지에는 적어도 표면상으로는 '전원도시'의 기본적인 이미지를 받아들였고, 그것을 높은 밀도에 현실적으로 맞게 변경했다. 르 코르뷔지에는 자신의 창조물을 현실적으로 가능한 '전원도시'라고 설명했다. "전원도시는 도깨비불이다"라고 르 코르뷔지에는 말했다. "자연은 도로와 주택의 침략 아래 서서히 사라지고, 한적한 주거의 약속은 혼잡한 주거로 바뀐다. …… 해법은 '수직적인 전원도시'에서 발견될 것이다."

비교적 쉽게 대중에게 수용된 또 다른 의미에서도 르 코르뷔지에의 '빛나는 도시'는 '전원도시'에 의존했다. '전원도시' 계획가들과 끝없이 늘어나는 주택 개량가, 학생, 건축가 등의 추종자들은 슈퍼블록, 근린 주택단지, 변경 불가능한 계획, 그리고 녹지, 녹지, 녹지 등의 사고를 끈질기게 대중화하고 있었다. 나아가 그들은 인간적이고 사회적 책임을 다하는 동시에 기능적이고 고결한 도시계획의 특징 같은 속성들을 성공적으로 확립하고 있었다. 르 코르뷔지에는 사실 인간적이거나 기능적인 측면에서 자신의 전망을 정당화할 필요가 없었다. 도시계획의 원대한 목적이 크리스토퍼 로빈[곰돌이 푸의 친구—옮긴이]이 잔디밭에서 깡충깡충 뛰어다니는 것이라면, 르 코르뷔지에에게 무슨 문제가 있단 말인가? 제도화, 기계화, 탈인격화에 대한 탈집중론자들의 외침은 다른 이들에게는 우스꽝스럽게 분파주의적인 모습으로 비쳤다.

르 코르뷔지에의 꿈의 도시는 우리가 사는 도시에 엄청난 영향을 미쳤다. 꿈의 도시는 건축가들에게서 열광적인 환호를 받았고, 저소득층 공공주택에서부터 업무용 건물 단지에 이르기까지 수많은 프로젝트들에 점차 구현되었다. 조밀한 도시에서 '전원도시'의 원리를 피상적으로나마 실행 가능하게 만든 것은 차치하고라도 르 코르뷔지에의 꿈에는 다른 놀라운 것들도 포함되어 있었다. 르 코르뷔지에는 자동차를 위한 도시계획을 자기 계획의 핵심적인 부분으로 만들려고 노력했는데, 1920년대와 1930년대 초반에 이것은 새롭고 흥미로운 구상이었다. 또 고속 일방통행 교통을 위한 거대한 간선도로를 계획에 포함시켰다. 가로의 수를 줄였는데, 그 이유는 "교차로는 교통의 적이기" 때문이었다. 대형 차량과 배달 차량을 위한 지하 가로를 제안했고, '전원도시' 계획가들과 마찬가지로 보행자들을 가로에서 내몰아 공원으로 집어넣었다. 르 코르뷔지에의 도시는 놀라운 기계 장난감이었다. 게다가 하나의 건축 작품으로서 그의 구상에는 눈부신 투명성과 단순성, 조화가 담겨 있었다. 그것은 무척이나 질서정연하고 눈에 쏙 들어왔으며 이해하기가 쉬웠다. 마치 훌륭한 광고처럼 대번에 모든 것을 말해 주었다. 도시계획가, 주택업자, 설계가, 개발업자, 대부업자, 시장 등은 이 전망과 거기 담긴 대담한 상징성에 도저히 저항할 수 없었다. 르 코르뷔지에의 구상은 '진보적인' 도시구획 설계가들에게 커다란 영향력을 행사하는데, 이 설계가들은 계획과 무관한 건설업자들이 조금이라도 그 꿈을 반영하도록 하기 위해 계산된 규칙을 작성한다. 디자인이 아무리 저속하고 꼴사납더라도, 트인 공간이 아무리 황량하고 쓸모없더라도, 근접 촬영 조망이 아무리 지루하더라도, 르 코르뷔지에의 모조품은 이렇게 소리친다. "내가 만든 걸 보라고!" 이 구상은 마치 거대하고 뚜렷한 자아처럼 누군가의 업적에 관해 말한다. 그러나 도시가 어떻게 작동하는지에 관해서는 '전원도시'와 마찬가지로 거짓말만을 할 뿐이다.

비록 탈집중론자들은 아늑한 도시 생활이라는 이상에 강한 애착을 지닌 탓에 르 코르뷔지에의 전망과 결코 화해할 수 없었지만, 제자들은 대부분 화해를 했다. 요즘은 사실상 모든 세련된 도시설계가들이 다양한 변형 속에서 두 구상을 결합한다. '선별 철거', '지점 재개발', '재개발 계획', '계획적 보존' 등—황폐한 지역 전체를 일소하는 것은 피한다는 의미의──여러 가지 이름으로 알려진 재건축 기법은 대부분 어떻게 하면 많은 노후한 건물을 그냥 놔두면서도 그 지역을 '빛나는 전원도시'의 적당한 버전으로 바꿀 수 있는지를 보여 주는 눈속임이다. 도시구획 설계가, 고속도로 계획가, 입법가, 토지이용 계획가, 공원 및 놀이터 계획가 등──누구 하나 이데올로기의 공백 상태에서 살지 않는다──은 이러한 두 강력한 전망과 더욱 세련된 통합된 전망을 고정된 준거점으로 끊임없이 활용한다. 이 전망들에서 빗나가기도 하고, 타협하기도 하고, 저속하게 변하기도 하지만, 출발점은 언제나 이것들이다.

이제 비중이 다소 떨어지는 정통 도시계획의 또 다른 계보를 간략하게 살펴보자. 이 계보는 하워드가 '전원도시' 구상을 공식화한 시기와 같은 무렵인 1893년 시카고 컬럼버스 박람회$^{Columbian\ Exposition}$와 더불어 시작된다. 시카고 박람회는 시카고에서 등장하기 시작한 흥미진진한 근대 건축을 냉대하고 그 대신 퇴행적인 르네상스 양식 모사를 극적으로 부각시켰다. 박람회장에는 거대하고 육중한 기념 건조물들이 잇따라 세워졌는데, 접시 위에 설탕 뿌린 과자들을 놓은 것 같은 모습은 마치 공원에 고층 건물을 반복적으로 배치한 르 코르뷔지에의 구상을 납작하고 장식적인 모습으로 미리 보여 주는 것 같았다. 이와 같은 부와 기념비의 난잡한 집합은 계획가와 대중 모두의 상상력을 사로잡았다. 이것은 '도시 미화'$^{City\ Beautiful}$라는 이름의 운동을 촉발시켰고, 실제로 박람회장 계획은 주요한 '도시 미화' 계획가가 된 시카고의 대니얼 버넘$^{Daniel\ Burnham}$에 의해 좌지우지되었다.

'도시 미화' 운동의 목표는 '기념비적인 도시'$^{City\ Monumental}$였다. 바로크 양식의 대로 체계를 구축하기 위한 대규모 계획이 구상되었으나 대부분 무위로 끝났다. 이 운동에서 나온 성과는 박람회를 모델로 한 '기념비적 중심부'Center Monumental였다. 여러 도시들이 잇따라 관청가나 문화 중심가를 건설했다. 이 건물들은 필라델피아의 벤저민 프랭클린 파크웨이 Benjamin Franklin Parkway에서는 대로를 따라, 클리블랜드의 거번먼트센터 Government Center에서는 보행자 전용로를 따라 늘어섰고, 세인트루이스의 시빅센터Civic Center 같은 곳에서는 공원과 접하고 있었으며, 샌프란시스코의 시빅센터Civic Center에서는 공원과 함께 흩어져 있었다. 어떻게 배치되었든 간에 중요한 점은 이 기념물들이 도시의 나머지 지역과 구별되고 가능한 한 최대의 효과를 내기 위해 한곳에 모아졌으며, 독립적이고 명확한 방식으로 전체가 하나의 완전한 단위로 간주되었다는 사실이다.

사람들은 이 기념물들을 자랑스럽게 여겼지만 중심부는 성공작이 되지 못했다. 우선 으레 그렇듯 중심부를 둘러싼 평범한 도시가 향상되기는커녕 황폐해졌고, 어울리지 않게도 중심부의 가장자리는 초라한 문신점 tattoo parlor이나 중고 옷가게들이 늘어서거나 아니면 형언할 수 없이 쇠락하곤 했다. 또 사람들은 놀라울 정도로 중심부를 찾지 않았다. 어떤 연유에서인지는 몰라도 박람회가 도시의 일부가 되었을 때 그곳은 박람회같이 작동되지 않았다.

'도시 미화' 중심부의 건축 양식은 유행에 뒤떨어지게 되었다. 그러나 중심부의 배후에 놓인 사고는 의심받지 않았고, 오늘날 그 어느 때보다도 더욱 강력한 힘을 발휘하고 있다. 문화와 공적 기능 일부를 추려내고 도시의 일상 업무와의 관계를 정화淨化한다는 사고는 '전원도시'의 가르침과 기가 막히게 들어맞았다. '전원도시'와 '빛나는 도시'가 융합된 것처럼, 이 구상들 또한 사이좋게 합쳐져서 일종의 '빛나는 전원도시 미화' Radiant Garden City Beautiful를 이루고 있다. 일례로 뉴욕의 거대한 링컨스퀘어[Lincoln Square; 1962년에 완공된 링컨공연예술센터Lincoln Center for the

Performing Arts를 말한다 — 옮긴이] 프로젝트에서는 기념비적인 '도시 미화' 문화센터와 나란히 일련의 '빛나는 도시'와 '빛나는 전원도시' 주택, 쇼핑센터, 대학센터 등이 어깨를 맞대고 있다.

그리고 추려내기 — 및 계획가들의 계획을 제외한 모든 계획을 억압하는 것을 통해 질서를 부과하기 — 의 원리는 비유를 통해 모든 도시 기능 방식에 쉽게 확대되었고, 오늘날에 이르러 대도시를 위한 토지 이용 종합 계획은 주로 교통과 관련된 일련의 수많은 정화된 분류의 배치안의 문제가 되었다.

처음부터 끝까지, 하워드와 버넘에서부터 최근의 도시 재개발 법률 개정까지, 이 모든 조합물은 도시의 작용과는 관계가 없다. 도시는 연구되지도, 존중받지도 못한 채 희생양이 되고 있을 뿐이다.

1부 도시의 독특한 성격

1장_ 보도의 효용 : 안전

도시의 가로는 차량의 이동 외에도 많은 용도에 이용되며, 도시의 보도—가로 중 보행을 위한 부분—는 보행자의 이동 외에도 많은 용도에 이용된다. 이런 효용은 순환과 밀접한 관계가 있지만 그것과 완전히 일치하지는 않으며, 그 자체로 적어도 도시가 적절하게 작동하는 데 순환만큼이나 기본적이다.

 도시의 보도는 그 자체로는 아무것도 아니다. 단지 하나의 추상일 뿐이다. 보도는 건물들과 관련해서만, 그리고 그것과 접하거나 가까이에 있는 다른 보도와 접한 다른 용도와 관련해서만 어떤 의미를 갖는다. 가로에 대해서도 같은 말을 할 수 있다. 바퀴 달린 차량의 이동 말고 다른 용도에도 쓰이기 때문이다. 가로와 보도는 도시의 주요한 공공 공간으로서 도시가 생명을 유지하는 데 절대적으로 필요한 장기臟器이다. 도시를 생각해보라고 하면 머릿속에 무엇이 떠오르는가? 도시의 가로이다. 어느 도시의 가로가 흥미롭게 보인다면, 그 도시는 흥미롭다. 가로가 따분해 보인다면, 그 도시는 따분하다.

 더 나아가면 이제 첫번째 문제에 다가서는데, 어느 도시의 가로가 야만 상태와 공포로부터 안전하다면, 그 도시는 야만 상태와 공포로부터 꽤 안전하다. 사람들이 어느 도시나 도시의 일부분이 위험하다거나 정글 같다고 말할 때, 그것은 주로 보도에서 안전하다고 느끼지 않음을 의미한다.

그러나 보도와 그것을 이용하는 사람들은 안전의 수동적인 수혜자나 위험의 무기력한 희생자가 아니다. 보도 및 그것과 접한 각종 용도와 이용자들은 도시에서 상연되는 문명 대 야만의 드라마의 적극적인 참가자이다. 도시를 안전하게 유지하는 것은 도시 가로와 보도의 기본적인 임무다.

이 일은 소도시나 순수한 교외의 보도와 가로에 요구되는 서비스와는 전혀 다르다. 대도시는 소도시보다 더 클 뿐만 아니라 전혀 다르다. 또 교외보다 더 조밀할 뿐만 아니라 전혀 다르다. 대도시는 기본적인 면에서 소도시 및 교외와 상이하며, 차이점 중 하나는 대도시는 정의상 낯선 사람들로 가득 차 있다는 것이다. 대도시에서는 어떤 사람에게나 아는 사람보다 낯선 사람이 훨씬 많다. 비단 공중이 모이는 장소뿐만 아니라 집 근처에도 낯선 사람들로 가득하다. 가까이에 사는 주민들끼리도 서로 모르기 일쑤이며 또 서로 몰라야 한다. 소규모 지리적 범위에도 많은 수의 사람이 살기 때문이다.

성공적인 도시 지구의 밑바탕이 되는 속성은 그곳에 속한 사람이 이 모든 낯선 사람들 속에서 스스로 안전하고 위험이 없다고 느껴야 한다는 것이다. 낯선 사람들에 의해 자동적으로 위협을 느끼는 일이 없어야 하는 것이다. 이런 점에서 실패한 도시 지구는 다른 면에서도 큰 실패를 겪고 지구 자체로나 도시 전체에 대해서나 첩첩산중의 문제를 초래한다.

오늘날 많은 도시의 거리가 야만 상태에 처해 있거나, 혹은 사람들이 거기에 공포를 느낀다. 결국 같은 얘기지만. 다른 데로 이사를 가려고 알아보고 있는 어느 친구는 내게 이렇게 말한다. "멋지고 조용한 주택가에 살고 있어요. 밤에 신경 쓰이는 소리라곤 이따금 들려오는 강도를 만난 사람의 비명소리뿐이지요." 사람들이 거리를 두려워하게 만드는 데는 도시 거리나 지구에서 많은 폭력 사건이 필요한 게 아니다. 그리고 사람들이 도시를 두려워하면 도시를 덜 이용하게 되고, 그 결과 거리는 훨씬 더 위험해진다.

분명 머릿속에 도깨비들이 뛰어다니는 사람들이 있고, 이런 사람들은 객관적인 환경이 어떠하든 간에 결코 안전하다고 생각하지 않을 것이다. 그러나 단지 상식적으로 어두워진 뒤에는 누구의 눈에도 띄지 않아 도움을 받지도 못한 채 공격당할지도 모르는 거리에 ─ 또는 낮에도 어떤 거리에 ─ 나서는 모험을 감행하지 않을 뿐인 신중하고 참을성 있고 유쾌한 보통 사람들을 괴롭히는 두려움은 이것과 다른 문제이다.

이런 두려움을 낳는 야만 상태와 상상적인 것이 아닌 현실적인 위험을 슬럼가의 문제라고 치부할 수는 없다. 이 문제는 사실 내 친구가 등지고 떠나는 곳 같은 우아해 보이는 '조용한 주택가'에서 가장 심각하다.

또 도시의 오래된 지역의 문제로 치부할 수도 없다. 이 문제는 중산층 주택단지 같이 재건축의 가장 훌륭한 사례로 거론되는 곳들을 비롯한 도시 재개발 지역의 일부 사례들에서 가장 당혹스러운 차원에 다다른다. 전국적으로 (도시계획가와 임대업자들에게서) 극찬을 받는 이런 종류의 주택단지를 관할하는 경찰서장은 최근 주민들에게 어두워진 뒤에는 집 밖을 돌아다니지 말라고 훈계했을 뿐만 아니라 누가 현관문을 두드리더라도 신원을 확인하기 전에는 절대 문을 열어 보지 말라고 권고했다. 이곳의 삶은 무서운 동화 속의 '아기돼지 삼형제'나 '늑대와 일곱 마리 아기 염소'의 삶과 공통점이 많다. 보도와 현관 계단이 안전하지 못한 문제는 뒤떨어진 도시의 경우와 마찬가지로 의식적으로 재개발 노력을 기울이는 도시들에서도 심각하다. 또한 소수 민족이나 빈민, 부랑자 등에게 도시가 위험하게 된 책임을 전가한다고 해서 문제가 해명되는 것은 아니다. 이런 집단들이나 그들이 사는 도시 지역의 문명과 안전의 수준에는 대단히 많은 차이가 존재하기 때문이다. 예컨대 뉴욕 시에서 밤이나 낮이나 가장 안전한 보도는 바로 옆에 가난한 사람들이나 소수 민족이 사는 곳들이다. 그리고 가장 위험한 보도 중 일부는 같은 부류의 사람들이 점령한 거리에 있다. 다른 도시의 경우도 마찬가지이다.

대도시뿐만 아니라 교외와 소도시에서도 비행과 범죄의 이면에는 반드시 뿌리 깊고 복합적인 사회악이 자리 잡고 있다. 이 책에서는 더 깊은 이유까지 고찰하지 않을 것이다. 다만 여기서는 뿌리 깊은 사회 문제를 진단하고 주시할 수 있는 도시 사회를 유지하고자 한다면 어쨌든 안전과 문명을 유지하기 위해 동원 가능한 모든 힘들을 북돋는 것이 출발점이 되어야 한다는 점을 언급하는 것으로 충분하다 ─도시에서 우리는 그런 힘을 갖고 있다. 손쉬운 범죄를 위한 맞춤형 도시 지구를 건설하는 것은 바보 같은 짓이다. 그런데 우리는 지금 바로 그런 일을 하고 있다.

우선 이해해야 할 것은 도시의 공공안전─보도와 거리 안전─은 일차적으로 경찰이 지켜 주지 않는다는 점이다. 물론 경찰이 필요하기는 하지만 말이다. 이 안전은 사람들 스스로 만들고 집행하는 얽히고설킨, 거의 무의식적인 자발적 통제와 규범의 망에 의해 일차적으로 지켜진다. 도시의 일부 지역─매우 높은 인구 회전율을 지닌 오래된 공공 주택단지와 거리가 종종 두드러진 사례가 된다─에서는 공공 보도에서 법과 질서의 유지가 거의 전적으로 경찰과 특별 경비대에게 맡겨진다. 이런 곳은 정글과도 같다. 문명의 정상적이고 일상적인 집행이 무너져 버린 곳에서는 아무리 많은 경찰을 투입해도 문명을 집행할 수 없다.

두번째로 이해해야 할 점은 사람들을 좀더 희박하게 퍼뜨린다고 해서, 즉 도시의 특징을 교외의 특징으로 바꾼다고 해서 불안전의 문제가 해결되지는 않는다는 것이다. 이런 식으로 도시 거리의 위험을 해결할 수 있다면 로스앤젤레스는 안전한 도시여야 마땅하다. 로스앤젤레스는 거의 모든 지역이 교외이기 때문이다. 이 도시에는 조밀한 도시 지역이라고 할 만한 지구가 사실상 전무하다. 그러나 여느 대도시와 마찬가지로 로스앤젤레스 역시 도시인 까닭에 모두가 착하지는 않은 낯선 사람들로 **이루어져 있다**는 사실을 피할 수 없다. 로스앤젤레스의 범죄 수치는 섬뜩 놀랄 정도이다. 인구 백만 명 이상인 표준적인 17개 대도시 지역 가운데 로스앤젤레스는 범죄 분야에서 독보적인 존재인 까닭에 혼자서 하나의 범주를 이루고 있다. 이런 사실은 사람들이 거리를 두려워하게 만드는 범죄인 신체 공격과 관련된 범죄의 경우에 특히 두드러진다.

가령 로스앤젤레스의 강간 사건 발생률은 10만 명당 31.9명으로, 다음 순위인 세인트루이스나 필라델피아보다 두 배 이상 높다. 또 각각 10.1명과 7.4명인 시카고와 뉴욕에 비해 세 배와 네 배이다.

가중 폭행[aggravated assault ; 부녀자 대상이나 치명적 흉기를 사용한 폭행으로 가중 처벌을 받는다―옮긴이]의 경우에 로스앤젤레스가 10만 명당 185명으로, 149.5명인 볼티모어와 139.2명인 세인트루이스(각각 2위와 3위이다), 90.9명인 뉴욕과 79명인 시카고와 대비된다.

로스앤젤레스 전체의 주요 범죄 발생률은 10만 명당 2,507.6명으로 각각 1,634.5명과 1,541.1명으로 뒤를 잇는 세인트루이스와 휴스턴, 그리고 각각 1,145.3명과 943.5명인 뉴욕과 시카고를 크게 앞지른다.

로스앤젤레스의 범죄율이 높은 이유는 분명 복합적이며 적어도 일부분은 명확하게 알 수 없다. 그러나 우리는 이것만은 분명히 말할 수 있다. 도시의 밀도를 낮춘다고 해서 범죄와 그로 인한 공포로부터 안전을 확보

할 수는 없다는 것이다. 이것은 유사 교외pseudosuburb나 노후한 교외가 강간, 강도, 폭행, 권총강도 등의 이상적인 환경이 된 개별 도시들에서도 이끌어 낼 수 있는 결론 가운데 하나이다.

여기서 우리는 모든 도시 거리에 관한 극히 중요한 질문에 맞닥뜨리게 된다. 그 거리는 범죄에 대해 얼마나 많은 손쉬운 기회를 제공하는가라는 질문 말이다. 어느 주어진 도시에 일정한 절대적인 양의 범죄가 존재하며 이것이 어떤 식으로든 표출될 수도 있다(나는 그렇다고 믿지 않지만). 그렇든 그렇지 않든 간에, 각기 다른 종류의 도시 거리는 근본적으로 상이한 정도의 야만 상태와 그것에 대한 두려움을 낳는다.

일부 도시 거리는 야만 상태에 기회를 전혀 주지 않는다. 보스턴 노스엔드의 거리들이 두드러진 예이다. 이 거리들은 아마 이런 점에서 지구상 어느 곳보다도 안전할 것이다. 노스엔드 주민의 대부분이 이탈리아인이거나 그 후손이지만, 이 지역의 거리는 온갖 인종과 출신 배경의 사람들이 끊임없이 분주하게 이용한다. 외부에서 온 낯선 이들 가운데 일부는 이 지역 안이나 근처에서 일한다. 어떤 이들은 쇼핑과 산책을 하러 온다. 또 다른 민족이 버리고 떠난 위험한 지역을 물려받은 소수 민족 성원들을 비롯한 많은 이들은 반드시 노스엔드의 상점에서 봉급 수표를 현금으로 바꿔서 수중의 돈을 채 쓰기도 전에 잃어버리는 일이 없는 이곳의 거리에서 일주일치 생필품을 대량으로 구입한다.

지역 빈민복지 단체인 노스엔드연합North End Union의 대표 프랭크 헤이비Frank Havey는 이렇게 말한다. "내가 28년 동안 노스엔드에 살고 있는데, 이 지역에서 강간이나 강도, 아동 성추행이나 기타 온갖 종류의 거리 범죄가 발생했다는 얘기는 한 번도 들어 본 적이 없다. 그런 일이 일어났더라면 아마 신문에 나기 전에 내 귀에 먼저 들어왔을 것이다." 헤이비의 말에 따르면, 지난 30여 년 동안 대여섯 명이 성추행을 시도하면서 아이를 유인하거나 밤늦게 한 여성을 공격하려고 한 적이 있다. 이 모든 경우에 지나가는 사람이나 창문을 열고 참견하는 사람, 가게 주인 등이 범행 시도를 가로막았다.

한편 교외의 겉모습을 한 보스턴 시내 지역인 록스베리Roxbury의 엘름힐애비뉴Elm Hill Avenue 지역에서는 실제로 거리 범죄가 빈발하고, 또 희생자를 보호하려고 참견하는 사람이 전혀 없는 상황에서 거리 범죄가 증가할 현실적인 가능성이 농후하기 때문에 신중한 사람들은 밤에 보도에 나서기를 꺼린다. 당연하게도 이런 이유와 또 관련된 다른 이유들(무기력하고 활기 없는 동네 분위기) 때문에 록스베리의 대부분 지역은 황폐해지고 있다. 록스베리는 이제 사람들이 떠나는 장소가 되고 있다.

록스베리나 한때 아름답던 엘름힐애비뉴 구역을 취약한 지역으로 특별히 끄집어내려는 게 아니다. 이곳의 무력함과 특히 '활기 없는 극심한 황폐함'Great Blight of Dullness은 다른 도시들에서도 너무나도 흔히 볼 수 있다. 그러나 같은 도시 안에서 이처럼 공공 안전에 차이가 나타나는 것은 주목할 만한 일이다. 엘름힐애비뉴 지역의 기본적인 문제는 범죄자나 차별받는 집단이나 가난한 사람들에 기인하는 것이 아니다. 이곳의 문제는 하나의 도시 구역으로서 물리적으로 안전하게, 그리고 따라서 활기차게 기능할 수 없다는 사실에서 연유한다.

이론상 비슷한 장소의 비슷한 지역에서조차도 공공안전에서는 커다란 차이가 존재한다. 뉴욕의 공공 주택단지인 워싱턴하우스Washington Houses에서 일어난 한 사건은 이 점을 여실히 보여 준다. 이 단지의 어느 세입자 그룹이 설립을 위해 분투하면서 1958년 12월 중순에 몇 차례 야외 행사를 열고 크리스마스트리 세 그루를 세웠다. 제일 큰 트리는 옮기고 세우고 장식을 다는 일이 만만치 않아서 조경 공사를 한 중심 보행자 전용로인 단지 내부의 '거리'로 들여 놓았다. 다른 트리 두 개는 높이가 1.8미터가 채 되지 않아 옮기기가 수월해서 단지 바깥쪽 길모퉁이에 있는 작은 가장자리 땅 두 곳에 세웠다. 구시가의 혼잡한 대로와 활기찬 교차로와 접한 곳이었다. 첫날 밤 큰 트리와 장식품이 모두 사라져 버렸다. 작은 트리 두 그루는 새해 첫날 철거할 때까지 전등과 장식품 모두 고스란히 그 자리에 남아 있었다. "누군가 트리를 훔쳐간 곳은 **이론상** 단지 내에서 가장 안전하고 보호받는 장소이지만 바로 그곳이 사람들, 특히 어린아이들에게는 안전하지 못한 장소이다." 세입자 그룹을 지원해 온 어느 사회복지사의 말이다. "그 보행자 전용로에서는 사람들이 크리스마스트리보다 더 안전하지 못하다. 다른 한편 나머지 두 트리가 안전하게 남아 있던 자리, 즉 단지가 한 모퉁이를 차지하고 있는 사거리는 사람들에게도 안전하다."

사실 이런 점은 누구나 알고 있는 것이다. 사람들이 잘 이용하는 도시 거리가 안전한 거리라는 사실 말이다. 황량한 도시 거리는 안전치 못하기 십상이다. 그런데 정말로 어떻게 이렇게 되는 걸까? 또 어떻게 하여 어떤 도시 거리는 사람들이 잘 이용하고 어떤 곳은 꺼리는 걸까? 매력적으로 가꿔진 워싱턴하우스의 보행자 전용로는 왜 사람들이 외면하는 걸까? 바로 그 서쪽에 있는 구시가의 보도는 왜 사람들이 외면하지 않을까? 일부 시간에는 분주하다가 갑자기 텅 비어 버리는 거리는 왜 그럴까?

낯선 사람들을 수용하고 본래 낯선 사람들의 존재 자체가 안전의 자산이 되도록 만들어진 도시 가로는, 성공적인 도시 근린이 언제나 그러하듯이, 세 가지 주된 특질을 갖춰야 한다.

첫째, 공적 공간과 사적 공간 사이에 분명한 경계선이 존재해야 한다. 교외 환경이나 주택단지에서 으레 그러하듯이, 공적 공간과 사적 공간이 서로 스며들어서는 안 된다.

둘째, 거리를 바라보는 눈이, 거리의 당연한 소유자라고 부를 수 있는 사람들의 눈이 있어야 한다. 낯선 사람들을 수용하고 주민과 낯선 사람들 모두에게 안전을 보장하도록 만들어진 거리의 건물들은 거리를 향해야 한다. 거리에서 등을 돌리거나 거리에 접한 면을 비우고 거리를 내팽개쳐서는 안 된다.

그리고 셋째, 보도에는 이용자들이 끊이지 않아야 한다. 거리를 바라보는 눈의 숫자를 늘리기 위해서나 거리를 따라 늘어선 건물들 안에 있는 사람들로 하여금 보도를 주시하도록 하기 위해서나 말이다. 텅 빈 거리에서는 아무도 현관 앞 계단에 앉아 있거나 창문 밖을 내다보는 일을 즐기지 않는다. 그렇게 하는 사람은 거의 아무도 없다. 많은 사람들이 거리 안팎에서 활발하게 움직이는 거리를 바라보는 걸 즐긴다.

대도시에 비해 작고 소박한 마을에서는 평판, 뒷소문, 찬성, 반대, 제재 등의 망—이 모든 것은 사람들이 서로 알고 말이 도는 곳에서는 강력한 힘을 발휘한다—을 통해 범죄는 아니더라도 수용 가능한 공공장소의 행동에 대한 통제가 어느 정도 성공적으로 이루어지는 듯 보인다. 그러나 도시 사람들뿐만 아니라 뒷소문과 제재에서 벗어나 즐기기 위해 인근 교외와 소도시에서 찾아오는 사람들의 행동까지 통제해야 하는 도시의 거리는 한결 더 직접적인 방식으로 작동해야 한다. 도시들이 그처럼 본질적으로 어려운 문제를 어쨌든 해결하고 있는 것은 불가사의한 일이다. 그러나 많은 도시의 거리는 이 일을 훌륭하게 해내고 있다.

한 장소의 어떤 다른 특징들, 이를테면 안마당이나 사방이 둘러싸인 놀이 공간 같은 곳을 대신 안전하게 만들려고 노력함으로써 불안전한 도시 거리의 문제를 회피하려 하는 것은 쓸데없는 일이다. 다시 말하지만 정의상, 한 도시의 거리가 낯선 사람들을 수용하는 일의 대부분을 해야만 한다. 거리야말로 낯선 사람들이 오고가는 곳이기 때문이다. 거리는 약탈적인 낯선 사람들에 맞서서 도시를 보호해야 할 뿐만 아니라 거리를 이용하는 많고 많은 평화롭고 호의적인 낯선 사람들 또한 거리를 안전하게 지나가도록 보호해야 한다. 게다가 정상적인 사람이라면 인공적인 안식처에서 일생을 보낼 수는 없으며, 어린아이들도 마찬가지이다. 누구나 거리를 이용해야만 한다.

언뜻 보면 이제 몇 가지 단순한 목표가 정해진 것처럼 보인다. 감시가 필요한 지역을 뚜렷하고 실질적으로 제한하기 위해 사적이거나 이도 저도 아닌 공간과 물리적으로 분리되고 또 분명하게 공적인 공공장소로서 거리를 확보하려고 노력하는 것이다. 또 이런 공적인 거리 공간에 가능한 한 계속해서 감시의 눈길을 거두지 않도록 하는 것이다.

그러나 이런 목표, 특히 두번째 목표를 달성하는 것은 그렇게 간단하지가 않다. 사람들이 이용할 이유가 전혀 없는 거리를 이용하게 만들 수는 없는 노릇이다. 감시와 상호 단속을 통한 거리의 안전은 엄격하게 들리지만 현실 세계에서는 엄격하지 못하다. 거리의 안전은 사람들이 도시의 거리를 자발적으로 이용하고 즐길 때, 그리고 당연히 감독과 통제를 받고 있다는 의식을 하지 않을 때 가장 순조롭게, 그리고 반감이나 의심으로 얼룩지지 않은 채 확보된다.

이런 감시를 위한 기본적인 필요조건으로 상당한 수의 상점을 비롯한 공공장소들이 지역의 보도를 따라 드문드문 박혀 있어야 한다. 특히 저녁이나 밤에도 사람들이 이용하는 업체나 공공장소들이 있어야 한다. 무엇보다도 상점과 술집, 식당들은 갖가지 복합적인 방식으로 보도의 안전을 높이도록 기능한다.

첫째, 이런 장소들은 사람들——주민과 외부인 모두——로 하여금 가게가 면한 보도를 이용하게 만드는 구체적인 이유가 된다.

둘째, 이 장소들을 찾는 사람들은 보도를 지나면서 다른 장소들도 거친다. 이곳들은 그 자체로는 사람들이 이용할 만한 곳이 아니지만 이제 다른 곳을 가기 위해 거쳐 가는 경로가 되어 사람들로 북적인다. 이런 영향력은 지리적으로 아주 멀리까지 미치지는 않으며, 따라서 보도에 공공장소가 줄지어 늘어서 있지 않은 거리에까지 보행자가 북적이게 하려면 도시 구역 안에 업체들이 많이 있어야 한다. 게다가 사람들이 길을 사방팔방으로 다니게 만들려면 여러 다양한 종류의 업체들이 있어야 한다.

셋째, 가게 주인을 비롯한 소규모 업체 주인들은 으레 평화와 질서를 강력하게 옹호하는 사람들이다. 이 사람들은 가게 유리창이 깨지거나 권총강도가 침입하는 것을 싫어하며, 고객이 안전에 신경 쓰는 것을 원치 않는다. 충분한 수만 된다면 이 사람들이야말로 탁월한 거리 감시자이자 보도 관리인 노릇을 한다.

넷째, 일을 보러 나온 사람들이나 먹을거리나 마실 것을 찾는 사람들이 만들어 내는 활동은 그 자체가 다른 사람들을 끌어당기는 유혹이다.

도시계획가들과 도시 건축설계가들은 마지막 사실, 즉 사람들의 모습이 다른 사람들을 끌어당긴다는 점을 도무지 이해하지 못하는 듯하다. 이 사람들은 도시 사람들이 텅 빈 풍경과 분명한 질서와 고요의 모습을 찾는다는 전제에 입각해서 일을 한다. 참으로 터무니없는 생각이다. 사람들이 도시의 분주한 활동과 다른 사람들을 보는 것을 즐긴다는 사실은 어느 도시에서나 항상 분명하게 확인된다. 차량이 통행하는 한가운데를 비좁은 중앙 보행자 전용로가 차지하고 있어서 차도가 분리된 뉴욕의 브로드웨이 위쪽에서는 이런 특성이 거의 우스꽝스러울 정도로 극단적으로 나타난다. 북에서 남으로 뻗은 이 긴 보행자 전용로의 교차로들에는 커다란 콘크리트 완충물 뒤에 벤치들이 놓여졌는데, 비바람이 퍼붓는 날씨만 아니면 이 블록 저 블록마다 사람들이 벤치를 가득 차지하고 앉아서 보행자들이 바로 앞의 보행자 전용로를 건너는 것을 지켜보고, 차들이 지나가는 걸 보고, 분주하게 보도를 오가는 사람들을 보고, 서로를 본다. 브로드웨이의 끝에는 컬럼비아 대학과 바너드 여대가 각각 오른쪽과 왼쪽에 자리 잡고 있다. 이제 거리에는 명료한 질서와 고요뿐이다. 가게들도 없고, 가게들이 만들어 내는 분주한 활동도 없으며, 길을 건너는 보행자도 없다—그리고 구경꾼도 없다. 벤치가 있기는 하지만 날씨가 아무리 좋아도 텅 비어 있다. 직접 벤치에 앉아 보니 이유를 알 수 있었다. 거기만큼 지루한 데가 또 있을까. 두 대학의 학생들조차 쓸쓸하게 앉아 있으려고 하지 않는다. 학생들은 분주하게 캠퍼스를 오가는 모습이 내려다보이는 계단에 앉아 빈둥거리고 바깥에서 숙제를 하고 거리를 지켜보고 있다.

다른 어디나 도시 거리의 풍경은 비슷하다. 활기 넘치는 거리에는 언제나 거리를 이용하는 사람들과 구경만 하는 사람들이 모두 있다. 작년 어느 날 맨해튼의 로워이스트사이드Lower East Side에 있는 어느 비슷한 거리에서 버스를 기다린 일이 있다. 그 자리에 겨우 1분도 있지 않았지만 볼일을 보러 가는 사람들과 거리에서 노는 아이들, 현관 앞 계단에서 빈둥거리는 사람들이 거리에서 만들어 내는 분주한 활동에 끼어드는 데는 충분한 시간이었고, 그때 길 건너 공동주택 3층에서 어떤 여자가 창문을 열더니 나를 보고 "이봐요"라고 큰소리로 외쳐서 고개를 돌렸다. 나를 부르는 걸 알아보고 반응을 보였더니 여자가 소리쳤다. "토요일에는 버스 안 다녀요!" 그러고는 고함과 몸짓을 섞어 가며 모퉁이를 돌아가라고 길을 알려 주었다. 이 여자는 무심코 거리를 살피는 뉴욕의 수천, 수만 명 가운데 한 명이었다. 이 사람들은 낯선 이를 알아본다. 주위에서 벌어지는 모든 일을 관찰한다. 그릇된 장소에서 버스를 기다리는 낯선 이에게 길을 가르쳐 주는 일이든 경찰을 부르는 일이든 행동을 취할 필요가 생기면 선뜻 나선다. 분명 행동을 하려면 거리가 자기 것이며, 필요하면 자기도 도움을 받을 것이라는 일정한 확신이 있어야 한다. 이 문제에 대해서는 나중에 검토할 것이다. 그러나 행동보다 훨씬 더 근본적이고 행동에 필요한 것은 지켜보는 행위 그 자체이다.

도시의 모든 사람이 거리를 돌보는 일을 돕는 것은 아니며, 대다수 도시 주민이나 노동자는 자기 동네가 왜 안전한지 알지 못한다. 언젠가 내가 사는 거리에서 생긴 한 사건은 이런 점에서 관심을 불러일으켰다.

우선 밝혀 둬야 할 점은 내가 사는 거리의 블록은 비록 규모는 작지만, 지어진 연도가 다양한 공동주택에서부터, 1층은 상점이고 위층은 저렴한 셋집으로 바뀐 곳이나 우리 집처럼 한 가구용으로 바뀐 3, 4층짜리 주택에 이르기까지 놀랄 만큼 다양한 건물이 있다는 것이다. 길 건너편에는 원래 1층은 상점인 4층짜리 벽돌 공동주택들이 있었다. 그러나 12년 전 블록 모퉁이에서 한가운데까지 건물이 몇 채 헐리고 그 자리에 엘리베이터를 갖춘, 임대료가 비싼 작은 평수의 아파트 건물이 한 채 들어섰다.

내 관심을 끈 사건은 한 남자와 여덟아홉 살 먹은 여자아이 사이에 벌어진 조용한 실랑이였다. 남자가 아이를 데리고 가려고 하는 듯했다. 그는 아이를 구워삶듯 관심을 보이다가 또 이내 짐짓 무관심한 척했다. 아이는, 애들이 저항할 때면 흔히 그러하듯이, 거리 맞은편 공동주택의 담벼락에 기댄 채 뻣뻣하게 서 있었다.

우리 집 2층 창문 밖으로 지켜보면서 적당한 때가 되면 어떻게 끼어들까 마음을 다잡고 있는데, 그럴 필요가 없는 것 같았다. 이미 공동주택 아래의 정육점에서 남편과 함께 정육점을 하는 여자가 나와 있었다. 여자는 남자의 목소리가 들리는 곳에 떡하니 팔짱을 끼고 결연한 표정으로 서 있었다. 바로 그때 사위와 함께 조리식품점을 하는 조 코나키아가 나오더니 반대편에 버티고 섰다. 위쪽 공동주택 창문들에서 몇 사람이 머리를 내밀었는데 그 중 한 머리가 갑자기 사라지더니 잠시 뒤 남자 바로 뒤의 문가에 머리 주인이 나타났다. 정육점 바로 옆에 있는 술집에서는 남자 둘이 문가로 와서 기다렸다. 거리 이쪽 편에는 열쇠점 주인과 과일가게 남자, 세탁소 주인이 이미 가게 밖으로 나와 있었고, 우리 말고도 여러 집 창문에서 고개를 내밀고 있었다. 남자는 알지 못했지만 완전히 포위되어 있었다. 여자애가 누군지는 아무도 몰라도 아이가 끌려가도록 내버려 둘 사람은 아무도 없었다. 알고 보니 결국 여자애가 남자의 딸이었다는 말을 전하자니 유감이다——순전히 극적인 효과를 생각할 때 유감이라는 말이다.

    이 작은 연극이 상연되는 내내, 아마 기껏해야 5분이었을 테지만, 임대료가 비싼 작은 평수의 아파트 건물의 창문에서는 아무도 눈길을 주지 않았다. 한 명도 고개를 내밀지 않은 유일한 건물이었다. 처음 우리 블록으로 이사했을 때, 나는 어쩌면 오래지 않아 그 건물처럼 모든 건물이 재단장될지도 모른다고 행복한 기대를 품곤 했다. 이제는 알 건 알아서 임대료가 비싼 건물에 접한 블록 전면의 나머지 부분만 새로 단장할 예정이라는 최근 소식을 우울하고 불길한 예감으로 기대할 뿐이다. 비싼 임대료를 내는 주민들은 대부분 잠깐씩 머무를 뿐이어서 얼굴도 익히기 쉽지 않은 데다가[*] 누가 거리를 보살피는지, 또는 어떻게 보살피는지에 관해서는 조

---

[*] 가게 주인들 말에 따르면, 몇몇 사람들은 콩과 빵을 먹고 살며 가진 돈을 모두 임대료에 쏟아붓지 않는 살 곳을 찾느라 시간을 보낸다고 한다.

금의 생각도 없다. 우리 동네가 그러하듯이 도시의 동네는 상당히 많은 수의 이런 철새들을 흡수하고 보호할 수 있다. 그러나 동네 자체가 마침내 철새가 **되면**, 철새들은 점점 거리가 안전하지 않다고 느끼고, 거리에 대해 막연한 신비감을 가질 것이며, 상황이 충분히 악화되면 신비롭게도 더 안전한 다른 동네로 떠나 버릴 것이다.

뉴욕의 파크애비뉴Park Avenue 주택가나 5번로Fifth Avenue 위쪽처럼 손수하기 식 감시do-it-yourself surveillance가 거의 없는 일부 도시 부유층 동네에서는 거리 감시자를 고용한다. 가령 파크애비뉴 주택가의 단조로운 보도는 놀랄 정도로 이용하는 사람이 없다. 원래 그곳을 이용할 만한 사람들은 그 대신 흥미로운 상점과 술집과 식당으로 가득한 동쪽과 서쪽의 렉싱턴애비뉴Lexington Avenue와 매디슨애비뉴Madison Avenue의 보도와 이곳으로 연결되는 교차로를 이용한다. 도어맨과 관리인, 배달부 아이와 보모의 네트워크가, 즉 일종의 고용된 이웃들이 파크애비뉴 주택가에서 사람들의 이목이 사라지지 않게 만든다. 밤에는 도어맨들이 성채처럼 보호하는 가운데 개를 산책시키는 사람들이 과감하게 외출을 하면서 도어맨들에게 힘을 보탠다. 그러나 이 거리에는 붙박이 눈이 없고, 또 첫번째 모퉁이가 나오면 꺾어지는 대신 이 거리를 이용하거나 바라볼 구체적인 이유가 없는 까닭에, 도어맨과 엘리베이터맨 같은 다수의 고용된 이웃을 유지할 수 없을 정도로 임대료가 떨어지면 그곳은 틀림없이 대단히 위험한 거리가 될 것이다.

어느 거리가 낯선 사람들을 받아들일 채비가 잘 되어 있다면, 사적 공간과 공적 공간을 가르는 구분이 효과적으로 잘 되어 있고 사람들의 분주한 움직임과 이목을 기본적으로 제공한다면, 낯선 사람들이 많을수록 거리는 더욱 유쾌해진다.

낯선 사람들은 내가 사는 거리의 대단한 자산이자 자극이 되었고, 특히 안전이라는 자산이 가장 필요한 밤에는 더욱 그러하다. 운 좋게도 우리가 사는 거리에는 동네 사람들이 유지시키는 술집이 하나 있고 모퉁이를 돌면 또 하나 있을 뿐만 아니라 이웃 동네나 심지어 도시 바깥에서도 외부 사람들이 떼거리로 몰려오는 이름난 술집도 한 군데 있다. 이곳은 시인 딜런 토머스Dylan Thomas가 자주 들르고 또 글에서 언급을 하기도 해서 유명해졌다. 이 술집은 사실 각기 다른 교대제 형태로 운영된다. 오전과 이른 오후에는 예전부터 늘 그랬던 것처럼 아일랜드계 부두 노동자들을 비롯한 기술자들의 오랜 공동체가 모이는 사교장이다. 그러나 서너 시쯤부터는 문학 칵테일파티와 결합된 맥주를 곁들이는 대학의 자유토론 시간 같은 판이한 활기를 띠고, 이런 활기는 이른 아침 시간까지 이어진다. 추운 겨울밤에 화이트호스White Horse 앞을 지나는데 문이 열려 있을 때면, 사람들의 정담과 활기가 거센 물결처럼 밀려온다. 무척 따뜻하게. 이 술집을 오고가는 사람들 때문에 새벽 세 시까지 동네 거리에는 사람들이 북적이고, 덕분에 이곳은 언제나 귀갓길이 안전한 거리이다. 내가 알기로는 우리 동네 거리에서 폭행 사건이 일어난 건 딱 한 번인데, 화이트호스가 문을 닫고 해가 뜨기 전의 시간에 벌어진 일이었다. 창문을 통해 그 광경을 목격하고 한밤중에도 자신이 거리의 강력한 법과 질서의 망의 일부분임을 무의식적으로 확신한 이웃 한 사람이 끼어들어 구타를 중지시켰다.

내 친구 하나가 거리 윗동네에 살고 있는데, 그 동네에서는 교회의 지역 청소년센터가 야간댄스를 비롯한 여러 활동을 통해 화이트호스 술집이 우리 동네에서 하는 것과 같은 기여를 한다. 정통 도시계획은 사람들이 자유 시간을 어떻게 보내는지에 관해 청교도적이고 유토피아적인 관념에 크게 물들어 있으며, 도시계획에서는 사람들의 사생활에 관한 이런 도덕주의가 도시의 작동에 관한 관념과 크게 혼동되고 있다. 화이트호스 술집과 교회가 후원하는 청소년센터는 분명 서로 다르지만, 도시 거리의 문명을 유지하는 데서는 별반 다르지 않은 거리 교화 기능을 한다. 도시에는 이렇게 취향과 목적, 관심 분야가 다를 여지가 있을 뿐만 아니라, 이렇게 취향과 성향이 다른 모든 사람들이 공존할 필요도 있다. 유토피아주의자들이나 다른 사람들의 여가를 강제로 관리하는 사람들이 합법적 사업을 놓고서 한 종류를 다른 것에 비해 선호하는 것은 도시에 대해 부적절하다 못해 나쁘다. 그런 태도는 해롭다. 합법적인 업체(엄격하게 법적인 의미에서)가 광범위하고 많을수록 도시 거리와 가게들은 거리를 위해서나 도시의 안전과 문명을 위해서나 더 큰 만족을 줄 수 있다.

술집, 아니 사실 모든 상업은 많은 도시 지구에서 악명을 얻고 있다. 이런 곳들은 낯선 사람들을 끌어들이며, 낯선 사람들은 어쨌든 자산으로 작용하지 않는다는 이유에서이다.

이런 서글픈 상황은 활기를 잃은 대도시 회색지대$^{gray\ belt}$나 한때 상류층 지역이거나 적어도 한때 중심적인 주거 지역이었다가 쇠퇴한 곳의 경우에 특히 적용된다. 이 동네들은 너무 위험하고 또 거리는 으레 너무 어두워서, 사람들은 흔히 거리 조명이 불충분한 게 문제라고 생각한다. 제대로 된 조명은 중요하지만, 어둠만이 이런 회색 지역의 뿌리 깊고 기능적인 질병, 즉 '활기 없는 극심한 황폐함'의 원인인 것은 아니다.

활기를 잃은 회색 지역에 대해 밝은 거리 조명이 갖는 가치는 보도를 이용해 외출해야 하거나 그러고 싶지만 밝은 조명이 없어서 외출을 포기하는 사람들에게 주는 안도감에서 생겨난다. 따라서 조명은 이 사람들로 하여금 거리를 유지하는 데 자신들의 눈을 보태도록 유도한다. 게다가 분명히 제대로 된 조명은 사람들의 보는 눈을 늘려 주고, 보는 눈을 더욱 중요하게 만든다. 시야의 범위가 커지기 때문이다. 사람들의 눈이 더해질 때마다, 그리고 보는 범위가 넓어질 때마다 활기 없는 회색 지역에는 그만큼 도움이 된다. 그러나 만약 보는 눈이 없다면, 그리고 그 눈의 배후에 있는 머릿속에 거리가 문명을 지탱하는 버팀목이라는 거의 무의식적인 확신이 없다면, 조명은 아무 도움도 될 수 없다. 실제로 쳐다보는 눈만 없으면 조명이 잘된 지하철역에서도 끔찍한 범죄가 공공연하게 일어날 수 있으며 또 일어난다. 사람과 눈이 많은 어두운 극장에서는 사실 이런 범죄가 결코 일어나지 않는다. 거리의 조명은 듣는 귀가 전혀 없을 때 사막에서 떨어지는 저 유명한 돌과 같을 수 있다. 그 돌이 소리가 나는가? 지켜보는 눈이 없는데 조명이 빛을 비추는가? 실제적인 목적은 아무 쓸모가 없다.

 도시 회색 지역의 거리에 낯선 사람들이 문제를 일으키는 효과를 설명하기 위해서 우선 일종의 비유로 또 다른 예시적인 종류의 가로——'빛나는 도시'의 파생물인 고층 공공 주택단지의 복도——의 특성을 지적하고자 한다. 이 주택단지의 엘리베이터와 복도는 어떤 점에서는 가로이다. 지상의 가로를 제거하기 위해, 그리고 트리를 도둑맞은 워싱턴하우스의 보행자 전용로처럼 지상을 황량한 공원으로 만들기 위해, 공중에 쌓아 올린 가로인 것이다.

 건물의 내부에 있는 이 부분들은 주민들의 왕래에 이용된다는 점에서 가로이다. 주민들 대부분은 서로를 알지 못하거나 누가 주민이고 누가 주민이 아닌지를 반드시 알지 못할 수도 있다. 또한 이것들은 공공장소에 접근할 수 있다는 점에서도 가로이다. 이것들은 도어맨이나 엘리베이터맨을 쓸 만큼 돈이 없는 상류층의 아파트 생활 기준을 모방하여 설계되었다. 누구든지 의심받지 않고 이 건물들에 들어갈 수 있으며, 엘리베이터라는 이동식 가로와 복도라는 보도를 이용할 수 있다. 이 내부 가로는 비록 공중의 이용에 완전히 개방되어 있지만 공중의 시야에는 닫혀 있으며, 따라서 눈으로 단속하는 도시 가로와는 달리 견제와 억제가 결여되어 있다.

내가 아는 바로는 이처럼 눈 없는 거리에서 충분히 입증된 인간에 대한 위험보다는 거리에서 일어나는 자산 파괴 행위에 더 골머리를 앓던 뉴욕 시 주택국New York City Housing Authority은 몇 년 전에 브루클린의 어느 주택단지——가명으로 블레넘하우스Blenheim Houses라고 부르도록 하겠다(실제 이름을 알려서 문젯거리를 더하고 싶지 않기 때문이다)——에서 시야가 개방된 복도를 실험했다.

블레넘하우스의 건물은 16층 높이이기 때문에, 그리고 이런 높이로 인해 사람들이 왕래하지 않는 지상 면적이 넓기 때문에 지상이나 다른 건물로부터 개방된 복도를 바라보는 감시는 심리적 효과에 지나지 않지만, 시선에 대한 이런 심리적 개방성은 어느 정도 효과를 발휘하는 듯 보인다. 더욱 중요하고 효과적인 점은 건물 내부로부터 감시를 유도하도록 복도가 설계되었다는 것이다. 단순한 이동 이외의 용도가 복도에 덧붙여졌다. 복도에는 놀이 공간이 갖춰졌고, 통로뿐만 아니라 좁은 현관으로도 기능하게끔 충분히 넓게 만들어졌다. 이 모든 공간은 활기차고 흥미로워서 세입자들은 제일 선호하게 된 또 다른 용도를 더 만들어 냈다. 피크닉 장소로 사용하기 시작한 것이다——발코니-복도가 피크닉 장소로 쓰이도록 **계획**하지 않았던 관리소 측에서 계속해서 설득하고 위협했지만 소용이 없었다. (계획은 모든 것을 예상하고 어떤 변화도 허용하지 말아야 했다.) 세입자들이 발코니-복도를 끔찍이 아끼며, 많은 사람들이 이용한 결과 발코니는 집중적인 감시를 받게 되었다. 이 특별한 복도에는 범죄 문제라곤 전혀 없고, 파괴 행위 역시 찾아볼 수 없었다. 전구 하나 도둑맞거나 깨지는 일이 없었다. 복도에 사람들의 보는 눈이 없는 비슷한 규모의 주택단지에서는 절도나 파손으로 인한 전구 교체만 보통 한 달에 수천 개에 달하는데 말이다.

여기까지는 그럭저럭 괜찮다.

도시의 감시와 안전 사이의 직접적인 연계를 입증하는 놀라운 사례 아니겠는가!

하지만 그렇다 하더라도 블레넘하우스는 파괴 행위와 소문이 무성한 행태라는 걱정되는 문제를 안고 있다. 관리자 말마따나 "가장 밝고 눈에 띄는 가장 매력적인 광경"인 조명이 켜진 발코니는 브루클린 전역에서 외부인들, 특히 십대들을 끌어모은다. 그러나 환히 보이는 복도에 자석처럼 이끌려 온 이 외부인들은 눈에 보이는 복도에서 멈추지 않는다. 건물의 다른 '거리'들로, 감시의 눈길이 없는 거리들로 들어간다. 엘리베이터라든가 이 경우에 특히 중요한 장소인 비상계단과 층계참이 그런 곳이다. 주택단지의 경비원들은 나쁜 사람들——눈에 띄지 않는 16층 높이의 계단에서 야만적이고 악한 행동을 하는 사람들——을 쫓아 위아래로 뛰어 다니며, 나쁜 사람들은 피해 다닌다. 엘리베이터를 타고 높은 층으로 올라가서 문 틈에 뭔가를 끼워서 내려가지 못하게 만들어 건물과 사람들을 괴롭히는 것은 쉬운 일이다. 이런 문제가 너무 심각하고 언뜻 보기에도 통제 불가능하기 때문에 안전한 복도라는 이점은 거의 무효화된다——적어도 어쩔 줄을 모르는 관리자의 눈에는.

블레넘하우스의 상황은 도시의 활기 없는 회색 지역에서 펼쳐지는 상황과 거의 똑같다. 턱없이 적고 드문드문 떨어져 있는 밝고 활기찬 회색 지역의 작은 공간들은 블레넘하우스의 눈에 잘 띄는 복도와 비슷하다. 이런 곳은 외부인들을 끌어당긴다. 그러나 이런 곳에서 뻗어 나간, 상대적으로 황량하고 활기 없고 잘 보이지 않는 거리는 블레넘하우스의 비상계단과 비슷하다. 이 거리는 외부인을 수용할 채비가 되어 있지 않으며, 이런 거리에서는 외부인의 존재가 자동적으로 위협이 된다.

이런 경우에 흔히 발코니에 책임을 돌리기 십상이다 — 또는 자석 역할을 하는 상업이나 술집에 책임을 돌린다. 현재 시카고에서 공사가 진행되고 있는 하이드파크-켄우드Hyde Park-Kenwood 재개발 단지는 전형적인 사고의 흐름을 보여 준다. 시카고 대학에 인접한 이 회색 지역에는 근사한 주택과 운동장이 여럿 있지만, 30년 동안 끔찍한 거리 범죄 문제에 시달리면서 최근에는 물리적으로 상당히 쇠락하고 있다. 방혈 외과의의 후예인 도시계획가들은 하이드파크-켄우드가 쇠퇴한 '원인'을 '황폐 지역'의 존재 탓으로 돌렸다. 여기서 황폐 지역이라 말하는 것은 대학 교수를 비롯한 많은 중산층 가구가 활기 없고 위험한 이 지역을 꾸준히 등지며, 종종 당연하게도 생활공간을 선택할 경제적·사회적 여지가 거의 없는 이들이 그곳을 차지하기 때문이다. 재개발 계획은 황폐 지역을 지정·철거하고, 으레 그렇듯이 가로 이용을 최소화하도록 설계된 '빛나는 전원도시'의 구역들로 그 자리를 채운다. 이 계획은 또한 곳곳에 훨씬 많은 공터를 추가하고, 사적 공간과 공적 공간을 가르는 이미 빈약한 구분을 한층 더 흐리게 만들며, 기존의 상업을 잘라내 버린다. 이런 조치는 놀랄 일이 아니다. 재개발을 위한 초기 계획에는 비교적 규모가 큰 교외를 모방한 상점가가 포함되어 있었다. 그러나 이 구상은 현실을 어렴풋이나마 상기시키고 계획 과정의 추이에 대한 희미한 인식을 일깨웠다. 재개발 지구 자체의 주민들의 일반적인 쇼핑 수요를 충족시키기 위해 필요한 것보다 더 큰 대규모 상점가는, 어느 건축 계획가의 말마따나 "연고가 없는 사람들을 지역에 끌어들일 수" 있었다. 따라서 소규모 상점가에 의견이 모아졌다. 규모의 대소는 문제가 되지는 않는다.

모든 도시 지구가 그렇듯이 하이드파크-켄우드 역시 현실에서는 '연고가 없는' 사람들에 둘러싸여 있기 때문이다. 이 지역은 시카고에 포함된 일부이다. 엄연한 위치를 떨쳐 버릴 수는 없다. 오래전에 사라져 버린 한때의 반교외semisuburbia 상태로 돌아갈 수도 없다. 그렇게 될 수 있는 것처럼 계획하고 지역의 뿌리 깊은 기능 부전을 피하려면 둘 중 한 가지 결과를 예상할 수 있을 뿐이다.

우선 연고가 없는 사람들이 계속해서 마음대로 지역에 들어온다면 거기에는 전혀 점잖지 않은 외부인도 일부 있을 것이다. 안전에 관한 한, 공터가 늘어남으로써 거리 범죄의 기회가 좀더 많아지는 것을 제외하고는 어떤 변화도 없을 것이다. 또는 계획과 나란히 연고가 없는 사람들이 지역에 들어오지 않도록 하기 위한 단호하고 특별한 수단을 쓸 수도 있다. 현재 진행 중인 재개발 계획을 주창했던 인접한 시카고 대학이, 언론에 보도된 것처럼, 밤마다 캠퍼스를 순찰하면서 도시가 아닌 이 위험한 내부의 성채에 들어온 사람은 누구든지 몰아세우도록 경찰견을 풀어놓은 것처럼 말이다. 하이드파크-켄우드의 경계에 새 단지에 의해 형성된 울타리에 특별 치안을 더하면 연고가 없는 사람의 왕래를 충분히 효과적으로 막을 수 있을지도 모른다. 그렇게 된다면 그 대가로 그곳을 에워싼 도시에서는 적대감을 가질 것이고 성채 내에서는 훨씬 더한 포위감을 느낄 것이다. 그리고 성채 안에 거주하는 수천 명의 사람들 모두가 어두운 거리에서 믿을 만한 사람인지 누가 확신할 수 있는가?

다시 말하지만, 나는 한 지역이나 한 계획을 특별히 무례한 곳으로 골라내고 싶지는 않다. 하이드파크-켄우드가 중요한 까닭은 이 계획의 문제점 진단과 교정 수단이 전국 각지의 도시에서 진행되는 회색 지역 재개발 실험을 위해 구상되는 계획의 전형 ─단지 좀더 야심적일 뿐이다─ 이기 때문이다. 이 계획이야말로 지역의 고집 같은 탈선이 전혀 없이 도처에 정통의 각인이 찍혀 있는 '도시계획'이다.

안전하지 못한 도시를 건설하고 계획적으로 재건축하는 일을 계속한다고 가정해 보자. 어떻게 이렇게 불안하게 살겠는가? 지금까지 찾은 증거로 보건대 그렇게 사는 방식은 세 가지가 있는 듯하다. 아마 시간이 흐르면 다른 방식들이 발명될 테지만, 내 생각에는 이 세 가지가 더 발전될 것이다―발전이 적절한 단어인지는 모르겠지만.

첫번째 방식은 위험이 지배하도록 내버려 두고 위험에 빠질 정도로 불행한 사람들은 그 결과를 감수하도록 내버려 두는 것이다. 이것은 대다수 저소득층 주택단지와 여러 중산층 주택단지에서 채택하는 정책이다.

두번째 방식은 차량을 안식처로 삼는 것이다. 이것은 아프리카의 야생동물 보호구역에서 실행된 기법인데, 이 경우에 관광객들은 숙소에 도착할 때까지는 절대로 차량에서 내려서는 안 된다고 경고를 받는다. 로스앤젤레스에서도 이 기법이 실행되고 있다. 이 도시를 찾는 놀란 방문객들은 베벌리힐스의 경찰이 자신들을 불러 세워 걸어 다니는 이유를 밝히라고 요구하고, 걸어 다니면 위험하다고 경고했던 경험에 관해 끊임없이 이야기한다. 범죄율에서 알 수 있듯이, 이런 치안 유지 기법은 로스앤젤레스에서 대단히 효과를 발휘하는 것 같지는 않지만, 시간이 흐르면 효과를 발휘할지도 모른다. 그리고 로스앤젤레스라는 광대하고 보는 눈 없는 보호구역에서 금속 껍데기가 없는 더 많은 사람들이 무기력해지면 범죄 수치가 어떻게 될지 한번 생각해 보라.

다른 도시의 위험한 지역을 찾는 사람들도 물론 종종 자동차를 보호용으로 사용하거나 시험해 본다. 『뉴욕포스트』 편집자에게 편지를 보낸 어떤 이는 다음과 같이 묻는다. "저는 브루클린의 유티카애비뉴^{Utica Avenue}

에서 좀 떨어진 어두운 거리에 살고 있어서 늦은 시간이 아니더라도 택시를 타고 집에 가기로 했습니다. 택시 운전사는 어두운 거리로 가고 싶지 않다면서 유티카 모퉁에서 내리라고 하더군요. 어두운 거리를 걸어갈 생각이었다면 왜 택시를 탔겠습니까?"

하이드파크-켄우드를 논의하면서 이미 암시한 바 있는 세번째 방식은 갱단들이 개발한 것으로 도시 재개발에서 개발업자들이 널리 채택하고 있다. 이 방식은 '구역'Turf의 제도화를 육성하는 것이다.

역사적인 '구역' 시스템 아래서 갱단은 일정한 거리나 주택단지나 공원—흔히 세 곳을 모두 합쳐서—을 자신의 영역으로 전유한다. 다른 갱단의 성원들은 이 '구역'을 소유한 집단의 허락 없이는 '구역'에 들어갈 수 없으며, 만약 허락 없이 들어가면 두들겨 맞거나 쫓겨나게 된다. 1956년, 갱단끼리 벌이는 전쟁을 막기 위해 기를 쓰던 뉴욕 시 청소년위원회 New York City Youth Board는 청소년 갱단을 담당하는 사회복지사들을 통해 전쟁을 벌이는 갱단 사이에서 일련의 휴전을 이끌어 냈다. 이 휴전은 다른 여러 조항 가운데서도 관련 갱단들 사이에 '구역'의 경계선에 대한 상호 인정과 침입하지 않겠다는 합의를 명문화한 것으로 보도되었다.

그러자 뉴욕 시 경찰국장 스티븐 P. 케네디Stephen P. Kennedy는 '구역'을 존중하기로 한 합의에 대해 분노를 표명했다. 경찰은 누구든지 도시의 어떤 지역이든 안전하고 무사하게 걸을 수 있는 권리를 기본적인 권리로서 보호하는 것을 목표로 한다고 국장은 말했다. '구역'에 관한 협정은 공공의 권리와 공공안전 모두를 파괴하는 용납할 수 없는 것이었다.

나는 케네디 국장의 말이 지당하다고 생각한다. 그러나 우리는 청소년위원회의 사회복지사들이 맞닥뜨린 문제를 곰곰이 생각해 보아야 한다. 그것은 현실적인 문제였고, 사회복지사들은 가능한 모든 경험적 수단을 동원해 그 문제에 최선의 대처를 하기 위해 노력하고 있었다. 이 갱단들이 지배하는 실패한 거리와 공원과 주택단지에서는 공공의 이동의 권리와 자유를 궁극적으로 뒷받침하는 도시의 안전을 찾아볼 수 없었다. 이런 상황에서 도시의 자유는 이론적인 이상에 지나지 않았다.

이제 도시의 재개발 단지를 검토해 보자. "도시 속의 섬", "도시 안의 도시", "새로운 개념의 도시 생활" 같은 광고문구처럼, 예전에 많은 블록이었던 도시의 넓은 에이커를 차지한 채 자체의 운동장과 거리를 거느린 중산층 및 상류층 주택들 말이다. 여기서 쓰인 기법 역시 '구역'을 지정하고 다른 갱단의 출입을 막는 것이다. 처음에는 울타리가 전혀 보이지 않았다. 순찰 경비원만으로도 경계선을 넘지 못하게 하는 데 충분했다. 그러나 지난 몇 년 동안 말 그대로 울타리가 세워졌다.

아마 볼티모어의 존스홉킨스 병원에 인접한 '빛나는 전원도시' 주택단지 주변에 높이 세워진 철망 울타리가 첫번째였을 것이다(유감스럽지만 대규모 교육기관들은 '구역' 장치를 고안해 내는 솜씨가 대단한 것 같다). 혹시나 울타리의 의미를 모르는 사람이 있을까봐 단지 거리에 세워진 표지판에는 "출입금지. 출입하지 마시오"라고 씌어 있다.

민간 도시에서 이처럼 장벽이 둘러쳐진 동네를 보는 것은 으스스한 일이다. 이 광경은 철저하게 추할 뿐만 아니라 초현실적이다. 단지 교회의 게시판에는 "그리스도의 사랑이야말로 최고의 강장제입니다"라는 메시지가 써 있지만, 이 단지가 이웃과 어떤 관계에 있는지는 충분히 상상할 수 있다.

뉴욕은 볼티모어의 교훈을 나름의 방식으로 재빨리 베끼고 있다. 사실 로워이스트사이드의 어맬거메이티드하우스Amalgamated Houses 뒤편에서는 뉴욕이 한 걸음 더 나아가고 있다. 단지의 공원 격인 중앙 보행자 전용로의 북쪽 끝에는 쇠창살문에 자물쇠가 굳게 잠겨 있고, 철망뿐만 아니라 철조망까지 씌워져 있다. 그런데 이렇게 방비된 산책로가 타락한 옛 대도시에서 끝날까? 결코 그렇지 않다. 그 이웃에는 공중 놀이터가 있고, 이 너머에는 각기 다른 소득계층을 위한 주택단지가 있다.

재개발된 도시에서 균형 잡힌 근린을 만들기 위해서는 많은 울타리가 필요하다. 각기 다른 가격표가 붙은 두 인구집단 사이의 '교차점'은, 다시 재개발된 로워이스트사이드의 예를 들자면 중산층 조합식 아파트인 콜리어스훅Corlears Hook과 저소득층 단지인 블래덱하우스Vladeck Houses 사이의 경계선은 특히 정교하다. 콜리어스훅은 슈퍼블록이 접한 면 전체를 차지하는 넓은 주차장으로 바로 옆의 이웃에 대해 자기 '구역'을 보호하며, 그 바로 옆에는 껑충한 산울타리와 1.8미터 높이의 철망 울타리가 있고, 또 그 옆에는 더러운 종이쪼가리만 날리는 가운데 의도적으로 길을 막아 놓은 폭 9미터 정도 되는, 울타리로 완벽하게 둘러싸인 무인지대가 있다. 여기서부터 블래덱의 '구역'이 시작된다.

마찬가지로 어퍼웨스트사이드Upper West Side에서는 파크웨스트빌리지Park West Village의 임대업체인 '뉴욕 중심부의 당신만의 세계'Your Own World in the Heart of New York에 내가 집을 구하는 행세를 했더니 다음과 같이 말하면서 안심시켰다. "부인, 상점가가 완공되는 대로 대지 전체에 울타리를 칠 겁니다."

"철망 울타리요?"

"맞습니다, 부인. 그리고 결국"——자기 영역을 둘러싸고 있는 도시에 손을 흔들면서——"저것들은 모두 사라질 겁니다. 저 사람들도 사라질 거고요. 우리가 이곳의 개척자들이지요."

개척자들이 자기 문명의 안전을 확대하기 위해 일한다는 점만 빼면,

방책으로 둘러싸인 마을의 개척자 생활과 흡사하다.

　새로운 '구역'을 차지한 갱단의 일부 성원들은 이런 생활방식이 쉽지 않음을 깨닫는다. 1959년에 『뉴욕포스트』에 편지를 보낸 이가 그런 경우였다. "요전 날 처음으로 뉴욕 시 스타이버슨트타운Stuyvesant Town의 주민이라는 자부심이 분노와 수치심에 자리를 내주었습니다. 열두 살 정도 되는 남자애 둘이 스타이버슨트타운의 벤치에 앉아 있더군요. 두 아이는 대화에 몰두해 있었는데, 조용하고 행실이 좋았습니다——푸에르토리코 애들이었지요. 갑자기 스타이버슨트타운 경비원 둘이 다가가더군요——한 명은 북쪽 방향에서, 한 명은 남쪽 방향에서. 한 명이 다른 이에게 두 아이를 가리키면서 신호를 보냈습니다. 한 명이 아이들에게 다가가서는 양쪽 다 조용하게 몇 마디 이야기를 나누더니 아이들이 일어나서 자리를 떴습니다. 아이들은 개의치 않은 듯한 표정을 지으려고 애를 쓰더군요. …… 성인이 되기도 전에 존엄과 자존감을 빼앗긴 사람들이 어떻게 그런 품성을 가질 수 있겠습니까? 두 아이와 벤치 하나 같이 쓰지 못하는 스타이버슨트타운과 뉴욕 시의 우리 또한 얼마나 가난한 사람들입니까?"

　독자의 편지 담당 편집자는 이 편지에 "너희 구역을 벗어나지 마라"라는 제목을 붙였다.

　그러나 대체로 사람들은 상징적인 것이든 말 그대로의 것이든 간에 울타리가 둘러쳐진 '구역'에 사는 데 재빨리 익숙해지며, 전에는 울타리 없이 어떻게 살았는지 궁금해하는 것 같다. 『뉴요커』New Yorker에서는 뉴욕에 '구역' 울타리가 도입되기 전에 울타리 쳐진 도시가 아니라 울타리 쳐진 소도시와 관련하여 이런 현상을 설명한 바 있다. 전쟁이 끝난 뒤 테네시 주 오크리지Oak Ridge가 민간 도시가 되자[오크리지는 원래 1940년대 초반에 원자탄 개발 계획인 맨해튼 프로젝트를 위한 기지로 세워진 도시였다—옮긴이] 군사화와 함께 만들어진 울타리가 없어진다는 점을 우려한 많은 주민들이 열렬한 항의시위를 벌였고 흥분이 고조된 가운데 시 대표자 회의가 열렸다. 오크리지의 사람들은 사실 몇 년 전만 해도 울타리라곤 찾아볼 수 없는 대도시나 소도시에서 살다가 온 사람들이었지만, 이제 방책 생활이 정상이 되어 울타리가 없으면 안전을 걱정하는 처지가 되어 있었다.

마찬가지로 '도시 안의 도시'인 스타이버슨트타운에서 태어나 자란, 이제 열 살 된 내 조카 데이비드는 우리 문 밖의 거리를 누구든지 걸어도 되는지 궁금해하며 이렇게 말한다.

"사람들이 이 거리에 대해 임대료를 내는지 누가 계산을 해두나요?" 조카의 질문이다. "여기 사람이 아니면 누가 내쫓아요?"

도시를 '구역'으로 분할하는 기법은 뉴욕의 해법만이 아니다. 그것은 '미국 재건축 도시'Rebuilt American City 일반의 해법이다. 1959년의 하버드 설계회의Harvard Design Conference에서 도시 건축설계가들이 숙고한 주제 중 하나가 '구역'이라는 당혹스러운 문제였다. 비록 그런 표현을 사용하지는 않았지만 말이다. 우연찮게도 논의된 사례들은 시카고의 레이크메도즈Lake Meadows 중산층 단지와 디트로이트의 라파예트파크Lafayette Park 고소득 단지였다. 보는 눈이 없이 자유롭게 출입할 수 있는 이곳에서 도시의 나머지 지역을 분리해야 할까? 얼마나 어렵고 불쾌할까? 도시의 나머지 지역을 끌어들여야 할까? 얼마나 어렵고 불가능할까?

청소년위원회 사회복지사들과 마찬가지로, '빛나는 도시'와 '빛나는 전원도시', '빛나는 전원도시 미화'의 개발업자들과 주민들은 실제적인 난관에 처해 있으며, 손에 잡히는 경험적인 수단을 가지고서 최선의 노력을 기울여야 한다. 거의 선택의 여지가 없다. 재개발된 도시가 세워지는 곳마다 '구역'이라는 야만적인 구상이 뒤따라야만 한다. 재개발된 도시는 도시 가로의 기본적인 기능과 더불어 필연적으로 도시의 자유를 내팽개쳐 버렸기 때문이다.

오래된 도시가 제대로 기능을 하는 곳이라면 어디나 외견상의 무질서 아래에는 거리의 안전과 도시의 자유를 유지하기 위한 불가사의한 질서가 존재한다. 그것은 복잡한 질서이다. 이 질서의 본질은 끊임없는 얽히고설킨 보도 이용과 그 결과물인 끊임없는 보는 눈의 연속이다. 이 질서는 이동과 변화로 이루어지며, 비록 그것은 예술이 아니라 생활이지만 우리는 그것에 도시의 예술 형식이라는 공상적인 이름을 붙이고 춤에 비유할 수도 있다——모두 동시에 발을 내뻗으면서 일제히 회전하고 한꺼번에 인사를 하는 단순한 라인 댄스가 아니라, 각각의 무용수와 무용단 전체가 불가사의하게 서로에게 기운을 불어넣으면서 질서정연한 전체를 이루는 서로 구별되는 역할을 갖는 복합적인 발레 말이다. 훌륭한 도시 보도의 발레는 결코 이곳저곳에서 되풀이되지 않으며, 어느 장소든 간에 항상 새로운 즉흥 공연으로 가득 차 있다.

내가 사는 허드슨스트리트Hudson Street에서는 매일 얽히고설킨 보도 발레의 장면이 펼쳐진다. 나는 여덟 시가 조금 넘어서 쓰레기통을 내놓으면서 처음 무대에 등장하는데, 이것은 확실히 단조로운 일이지만, 어슬렁거리는 중학생 무리가 사탕 껍데기를 버리면서 무대 중앙을 걸어갈 때 나는 내 역할을, 쨍그렁하는 작은 소리를 즐긴다. (이른 아침부터 웬 사탕을 저렇게 많이 먹을까?)

포장지를 쓸어 버리면서 나는 아침의 다른 의례들을 지켜본다. 핼퍼트 씨는 지하실 문에 묶어 두었던 세탁소 손수레를 풀고, 조 코나키아의 사위는 조리식품점에서 빈 나무상자를 꺼내 쌓고 있으며, 이발사는 보도에 접이식 의자를 내놓고, 골드스타인 씨는 철물점 문을 열었다는 표시로 둘둘 말린 철사를 펼쳐 놓고 있으며, 공동주택 관리인의 아내는 땅딸막한 세 살짜리 아이에게 장난감 만돌린을 쥐어 준 채 현관 계단에 내려놓는데, 이 자리는 아이가 어머니는 할 줄 모르는 영어를 배우기 좋은 곳이다.

이제 초등학생들이 세인트루크St. Luke's 학교 방향인 남쪽으로 종종걸음을 재촉한다. 세인트베로니카St. Veronica 학교에 다니는 아이들은 서쪽으로, 제41 공립초등학교P.S. 41에 다니는 아이들은 동쪽으로 향해 간다. 무대 옆에서는 두 차례에 걸쳐 새로운 등장인물들이 나온다. 잘 차려입은 우아한 여자들과 서류가방을 든 남자들이 현관과 골목에서 모습을 드러낸다. 이 사람들은 대부분 버스나 지하철을 타러 가고 있지만 일부는 거리에서 서성거리다가 때마침 기적적으로 나타난 택시를 불러 세운다. 택시는 아침 의례의 일부분이기 때문이다. 미드타운에서 태운 승객을 시내 금융지구에 내려놓고 온 택시들은 이제 시내 사람들을 미드타운으로 태우고 오고 있다. 이와 동시에 실내복을 입은 수많은 여자들이 나타나는데, 동분서주하다가 서로 마주치면 잠시 멈춰 서서 짧은 대화를 나누며 으레 박장대소를 하거나 공분을 나타낸다. 어중간한 대화란 없다.

이제 나도 출근을 서두를 시간이고, 로파로 씨와 의례적인 인사를 나눈다. 땅딸막하고 단단한 체구에 흰 앞치마를 둘러맨 과일가게 주인 로파로 씨는 거리 위쪽의 자기 집 현관 앞에 나와 있는데, 팔짱을 낀 채 두 다리로 떡하니 버티고 선 모습이 마치 대지만큼이나 단단해 보인다. 우리는 서로를 향해 고개를 끄덕인다. 둘 다 재빨리 거리를 위아래로 훑어보고는 이내 서로를 돌아보면서 미소를 짓는다. 이미 10년 동안 아침마다 수도 없이 이런 인사를 하고 있는 우리는 그것이 무슨 의미인지 안다. 별일 없다는 뜻이다.

나는 한낮의 발레는 거의 본 적이 없다. 그 발레의 성격 자체가 거기 사는 직장 있는 사람들은 대부분 자리를 비우고 다른 곳의 보도에서 외부인의 역할을 하는 것이기 때문이다. 그러나 쉬는 날에 본 게 있는 까닭에 한낮의 발레는 점점 더 얽히고설킨 작품이 된다는 사실을 알고 있다.

그날 일을 쉬는 부두 노동자들은 맥주를 마시며 대화를 나누려고 화이트호스나 아이디얼Ideal이나 인터내셔널International 같은 술집에 모인다. 바로 서쪽에 있는 사업체들의 중역들이나 업무상 점심식사를 하러 나온 사람들은 도진Dorgene 레스토랑과 라이온스헤드Lion's Head 커피숍으로 우르르 몰려가고, 우시장 노동자들과 통신과학자들은 제과점의 간이식당을 메운다.

양 어깨에 낡은 구두끈을 걸친 이상한 노인, 앞머리고 뒷머리고 할 것 없이 머리를 길게 기른 여자 친구를 뒤에 태운 덥수룩한 턱수염의 스쿠터 운전자들, 중절모협회의 권고에 따라 외출할 때면 언제나 협회에서 인정하지도 않는 중절모를 쓰고 나오는 주정뱅이들 같은 인상적인 댄서들이 등장한다. 열쇠점 주인인 레이시 씨는 잠시 가게 문을 닫고 담배가게의 슬루브 씨와 낮시간을 맞바꾸러 간다.

양복점 주인 쿠차기안 씨는 창문가의 울창한 밀림 같은 화초에 물을 주고는 바깥으로 나와 꼼꼼히 살펴보고, 행인 두 명에게서 화분 참 좋다는 말을 들으며, 우리 집 앞에 있는 플라타너스 나무 이파리를 손가락으로 가리키면서 사려 깊은 정원사 같은 표정을 짓더니, 뭘 좀 먹으러 아이디얼에 가려고 길을 건넌다. 아이디얼에서는 건너편 자기 가게에 오는 손님들을 주시하면서 손짓으로 지금 간다고 알릴 수가 있다. 유모차들이 나오고, 인형을 안고 아장아장 걷는 애들부터 과제물을 든 십대들까지 현관 앞 계단에 모여 있다.

일을 끝내고 집에 올 즈음이면 발레는 크레셴도로 치닫고 있다. 이제는 롤러스케이트와 죽마(竹馬)와 세발자전거들의 시간이며, 현관 앞 계단 밑에 숨어서 병뚜껑과 플라스틱 카우보이 인형을 가지고 노는 시간이다. 또 우르르 몰려다니며 약국에서 과일가게까지 갔다가 다시 정육점까지 지그재그로 달리며 노는 시간이다. 한껏 빼입은 십대들이 가던 길을 멈추고 슬립이 비치는지, 또는 옷깃이 제대로 돼 있는지 서로 묻는 시간이며, 아리따운 아가씨들이 MG 스포츠카에서 내리는 시간이다. 또 소방차가 통과하는 시간이자, 허드슨스트리트 주변에 당신이 아는 어떤 사람이든 지나가는 시간이다.

어둠이 짙어지고 핼퍼트 씨가 세탁소 손수레를 다시 지하실 문에 묶을 즈음이면, 이제 불빛 아래 계속되는 발레는 곳곳에서 소용돌이치지만 조(Joe)의 피자 노점, 술집, 조리식품점, 레스토랑, 약국 등 밝은 곳을 중심으로 강렬하게 펼쳐진다. 밤일하는 노동자들은 조리식품점에 들러 살라미소시지와 우유병을 집어 든다. 차분한 저녁시간이 찾아오지만 거리와 발레는 멈출 줄을 모른다.

나는 한밤중의 발레도 알고 있는데, 자정이 한참 지난 시각에 잠에서 깬 아기를 재우러 일어나서 어둠 속에 앉아 그림자들을 바라보면서 보도의 소리에 귀를 기울일 때가 최고의 순간이다. 대부분 끝없이 재잘대는 파티장의 대화 소리인데, 새벽 세 시쯤이면 기가 막히게 부르는 노랫소리도 들려온다. 때로는 날카로운 성난 목소리나 슬프기 짝이 없는 울음소리, 끊어진 구슬 끈을 찾는 소동 소리도 들린다. 어느 날 밤에는 젊은 남자 하나가 여자 둘을 태우고 온 것 같은데, 뭔가 마음에 들지 않자 여자들한테 끔찍한 말을 퍼부으며 고래고래 소리를 질러 댔다. 집집마다 문이 열리더니 사람들이 어느 정도 거리를 두고 그 남자를 용의주도하게 둘러싼 채 경찰이 올 때까지 주시했다. 또 허드슨스트리트를 따라 사람들이 머리를 내밀고 의견을 내놓기도 했다. "취한······미친······교외에서 온 거친 놈이네."*

　한밤중에는 백파이프 소리 때문에 사람들이 모이지 않는 이상 거리에 얼마나 많은 사람들이 있는지 거의 알지 못한다. 누가 백파이프를 불었는지, 왜 우리 거리에서 불었는지 나는 전혀 알지 못한다. 2월 어느 날 밤에 백파이프 소리가 울려 퍼졌고, 그 소리가 무슨 신호라도 되는 양 점점 줄어들면서 제멋대로 움직이던 보도의 흐름이 한 방향을 향했다. 신속하고 조용하게, 거의 마술처럼 작은 군중이 생겨났는데, 하이랜드플링[Highland fling ; 스코틀랜드 고지의 민속춤—옮긴이]을 추는 사람들 주위를 빙 둘러 서 있었다. 어둑한 보도 위에 사람들이 보이고, 춤추는 사람들도 보였지만 백파이프를 부는 이는 거의 보이지 않았다. 그의 위세는 그의 음악에 모두 담겨 있기 때문이었다. 그이는 평범한 갈색 외투를 걸친 짱딸막한 남자였다. 연주를 끝내고 자취를 감추자 춤꾼과 구경꾼들은 박수를 쳤고, 허드슨스트리트에 있는 백여 개의 창문 가운데 열려 있던 대여섯 곳의 구경꾼들도 박수를 보냈다. 이내 창문들이 닫혔고, 작은 군중은 다시 밤거리를 무작위로 오가는 움직임으로 흩어졌다.

　허드슨스트리트의 낯선 사람들, 자신들의 눈을 통해 토박이인 우리들이 거리의 평화를 유지하는 것을 돕는 동맹자들은 너무 많아서 매일 다른 사람들인 것처럼 보인다. 그러나 그런 것은 중요하지 않다. 겉으로 보이는 것처럼 언제나 다른 수많은 사람들인지 아닌지 나는 알지 못한다. 아마 그럴 것이다. 지미 로건이 (드잡이하는 친구들을 떼어 놓다가) 판유리창

---

* 알고 보니 정말 교외에서 온 거친 놈이었다. 허드슨스트리트에 사는 우리는 이따금 교외가 아이들을 키우기가 참으로 어려운 곳이라고 믿기도 한다.

을 뚫고 넘어져 팔을 잃을 뻔했을 때, 아이디얼 술집에서 낡은 티셔츠를 걸친 낯선 사람이 나타나 신속하게 전문적인 지혈을 해주었고, 병원 응급실 직원의 말에 따르면 지미의 생명을 구해 주었다고 한다. 아무도 전에 그 남자를 본 적이 없었고 그 이후로 본 사람도 없다. 병원에 전화를 건 건 이런 식이었다. 사고 현장 바로 옆 계단에 앉아 있던 여자가 버스정류장으로 달려가서는 버스요금 15센트를 손에 쥐고 버스를 기다리고 있던 낯선 사람의 손에서 10센트짜리를 말도 없이 낚아채서는 아이디얼의 전화기로 냅다 달려갔다. 낯선 사람은 5센트 동전도 마저 주려고 여자 뒤를 쫓아갔다. 아무도 전에 그 남자를 본 적이 없었고 그 이후로 본 사람도 없다. 허드슨스트리트에서 낯선 사람을 서너 번 마주치면 그때부터는 고갯짓을 하기 시작한다. 거의 이런 식으로 아는 사이가 되고 다른 사람들에게도 알려지게 된다.

허드슨스트리트에서 매일 펼쳐지는 발레를 실제보다 좀더 열광적으로 그린 것 같다. 글로 쓰게 되면 아무래도 압축적이기 때문이다. 실제 생활에서는 그런 식은 아니다. 실제 생활에서는 확실히 항상 어떤 일이든 일어나고 발레는 결코 멈추지 않지만, 전반적인 느낌은 평화롭고 분위기는 심지어 한가롭기까지 하다. 이런 활기찬 도시 거리를 잘 아는 사람들은 어떤 모습인지 알 것이다. 그런 거리를 알지 못하는 사람들이 언제나 약간 잘못된 생각을 갖게 될까봐 걱정스럽다―여행자의 묘사에 따라 그려진 옛날의 코뿔소 판화처럼 말이다.

보스턴의 노스엔드나 대도시의 다른 활기찬 동네의 경우처럼, 허드슨스트리트에 사는 우리가 보는 눈이 없는 도시에서 '구역'의 적대적인 휴전에 의지해 살려고 애쓰는 사람들에 비해 보도를 안전하게 유지하는 데 선천적으로 더 뛰어난 능력이 있는 것은 아니다. 우리는 운 좋게도 거리에 보는 눈이 많아서 평화를 유지하는 게 상대적으로 간단한 도시 질서를 갖고 있을 뿐이다. 그러나 이런 질서 자체는 결코 간단한 것이 아니며 그 안에는 당혹스러울 만큼 많은 구성요소들이 들어 있다. 이런 구성요소들 대부분은 이런저런 방식으로 분화된다. 이 요소들은 보도에 미치는 공동의 효과 속에서 결합되는데, 이 효과는 결코 분화되지 않는다. 이것이야말로 질서의 힘이다.

2장_ 보도의 효용 : 접촉

오래전부터 개혁가들은 행인들이 분주히 오가는 모퉁이에서 사람들이 어슬렁거리면서 과자가게나 술집에서 하릴없이 시간을 보내고 건물 앞 계단에서 청량음료를 마시는 모습을 관찰해 왔으며, 이제 판결을 내리고 있다. 그 요지는 이렇다. "개탄할 만한 일이다! 이 사람들에게 번듯한 집이 있고 좀더 내밀하거나 나무 그늘이 있는 마당 같은 게 있다면, 이렇게 거리에 나오지 않을 것이다!"

이런 판결은 도시에 대한 심대한 오해를 대표적으로 보여 준다. 이런 주장은 우연히 어느 호텔에서 열리는 연회에 들렀다가 이 사람들이 요리할 줄 아는 부인이 있다면 집에서 파티를 열었을 것이라고 말하는 것이나 마찬가지로 말이 안 된다.

연회나 도시 보도의 사회생활이나 요점은 그것이 공공적인 성격을 띤다는 사실이다. 두 가지 모두 서로 친밀하고 사적인 사회적 방식으로 서로를 알지 못하며 대부분의 경우에 그런 식으로 서로를 알고 싶어 하지 않는 사람들을 한데 모은다.

대도시에서는 누구도 자기 집 문을 활짝 열어 놓고 아무나 들이지 않는다. 누구도 그런 것을 원하지 않는다. 그러나 도시 사람들 사이의 흥미롭고 유용하고 중요한 접촉이 사적 생활에 어울리는 지인들로만 국한된다면, 도시는 무의미하게 된다. 도시는 당신이나 나나 다른 어떤 개인의 관점에서든 간에 어느 정도 접촉하는 게 유용하거나 재미있는 사람들로 가득 차 있다. 다만 그 사람들이 당신을 괴롭히는 것을 원치 않을 뿐이다. 그 사람들 또한 당신이 자기를 괴롭히는 것을 원치 않는다.

도시 보도의 안전에 관해 이야기하면서 나는 위급한 때에—가령 한 시민이 야만 행위에 맞서 싸우거나 낯선 사람들을 보호하는 책임을 떠맡아야 하는지 아니면 포기해야 하는지 선택을 해야 할 때—거리를 바라보는 눈의 배후에 있는 머릿속에 거리가 문명을 지탱하는 버팀목이라는 거의 무의식적인 가정이 존재하는 것이 얼마나 필요한지 언급했다. 이런 버팀목에 관한 가정을 한 단어로 표현하면 신뢰이다. 도시 거리의 신뢰는 공공 보도에서 이루어지는 작은 접촉들이 시간의 흐름 속에서 쌓이고 쌓이면서 형성된다. 이런 신뢰는 맥주 한 잔 하러 술집에 들르고, 식품점 주인에게 조언을 듣고, 신문 판매점 주인에게 조언을 해주고, 제과점의 다른 손님들과 의견을 견줘 보면서 입구 계단에서 청량음료를 마시는 남자애 둘에게 인사를 건네고, 저녁 먹으라는 소리를 기다리면서 여자애들을 유심히 쳐다보고, 아이들을 따끔히 가르치고, 철물점 주인에게서 어떤 일에 관해 들으면서 약국 주인에게 1달러를 빌리고, 새로 태어난 아기들을 칭찬하면서 외투가 색이 바랬다고 입을 모으는 사람들에게서 생겨난다. 대화 주제는 다양하다. 어떤 동네에서는 사람들이 자기가 기르는 개에 관한 정보를 교환하고, 다른 동네 사람들은 집주인에 관해 의견을 나눈다.

이런 접촉의 대부분은 외견상 아주 사소하지만 모두 합치면 전혀 사소하지 않다. 지역 차원의 사람들 사이의 이런 일상적인 접촉—대부분은 예기치 않게 이뤄지고, 대부분은 볼일과 연관되며, 모두 다른 누가 떠

맡기는 게 아니라 관련된 당사자가 가늠하는 것이다──이 합쳐지면 사람들 사이에 공적 정체성의 정서와 공적 존중과 신뢰의 망이 생겨나며 개인이나 이웃이 위급할 때 요긴한 자원이 된다. 어느 도시 거리에 이런 신뢰가 없다면 그것은 재앙이나 다름없다. 이런 신뢰의 육성은 제도로 만들어질 수 없다. 그리고 무엇보다 **그것은 사적인 헌신을 전혀 함축하지 않는다.**

나는 대략 동일한 소득과 같은 인종의 주민들로 구성된 이스트할렘의 넓은 거리의 양쪽 편에서 사람들 사이의 일상적인 신뢰가 있고 없고의 사이에 놀라운 차이가 존재함을 보아 왔다. 사람들이 어슬렁거리는 보도와 공공장소로 가득 찬 까닭에 다른 사람들의 여가를 관리하는 유토피아론자들이 그토록 한탄하던 구시가 쪽에서는 아이들이 보호를 잘 받고 있었다. 건너편 거리의 주택단지 쪽에서는 아이들이 노는 장소 옆에 있는 소화전을 열어서 창문이 열린 집들에 물세례를 퍼붓고, 멋모르고 단지 쪽 거리로 걷는 어른들에게 물을 뿌리고, 지나가는 자동차 창문에도 물을 쏘는 등 남들에게 피해를 주는 행동을 하고 있었다. 아무도 감히 아이들을 막으려고 하지 않았다. 이 아이들은 익명의 어린이들이었고, 아이들의 정체는 아무도 몰랐다. 아이들을 꾸짖거나 제지하면 어떻게 될까? 보는 눈이 없는 '구역'인 그곳에서 누가 당신을 도와줄까? 그 대신 복수를 당하지 않을까? 그런 일에는 끼지 않는 편이 낫다. 비인격적인 도시 거리는 익명의 사람들을 만들어 내는데, 이것은 미적인 특성의 문제가 아니며 건축 규모의 신비한 정서적 효과도 아니다. 그것은 보도에 실제로 존재하는 가게가 어떤 종류인지의 문제이며, 따라서 사람들이 일상생활에서 실제로 보도를 사용하는가의 문제이다.

도시 보도의 일상적 공중 생활은 다른 유형의 공중 생활과 직접적으로 연결되는데, 끝없이 다양한 사례들 가운데 하나만 언급해 보기로 하자.

도시계획가들과 심지어 일부 사회복지사들조차 흔히 지역 도시 조직의 형식적인 유형이 모임의 발표와 모임방의 존재, 그리고 분명한 대중적인 관심을 끄는 문제의 존재로부터 직접적·상식적으로 성장한다고 가정한다. 아마 교외와 소도시에서는 그렇게 성장할 것이다. 그러나 도시에서는 그렇지 않다.

도시의 형식적인 공적 조직들은 그 밑에 존재하면서 조직들과 도시 사람들의 사생활 사이를 중재하는 비공식적인 공중 생활을 필요로 한다. 이번에도 '공중의 보도 생활'public sidewalk life이 존재하는 도시 지역과 그런 생활이 없는 도시 지역을 비교해 봄으로써 무슨 일이 벌어지고 있는지 알아보도록 하자. 뉴욕 시 어느 구역의 공립학교에 관한 문제를 연구하고 있던 사회복지관의 사회연구원의 보고서를 보라.

W선생님[어느 초등학교 교장]에게 J하우스가 학교에 미친 영향과 학교 주변의 공동체가 뿌리째 뽑힌 데 대해 물어 보았다. 선생님은 많은 영향이 있었고 그 대부분은 부정적인 것이라고 생각했다. 선생님은 이 주택단지가 사교 시설을 여럿 무너뜨렸다고 언급했다. 지금의 단지 분위기는 단지가 건설되기 전의 쾌활한 거리와는 조금도 비슷하지 않았다. 선생님은 사람들이 모일 만한 장소가 줄어든 탓에 대체로 거리에 사람들이 없는 것 같다고 지적했다. 또 단지가 세워지기 전에는 학부모회가 아주 튼튼했는데 지금은 적극적인 회원들이 극소수에 불과하다고 주장했다.

W선생님은 한 가지 면에서 틀렸다. 적극적인 사교를 위해 의도적으로 계획된 장소를 세어 본다면, 단지 안에 사람들이 모일 만한 장소가 줄어든 것은 아니었다. 물론 단지 안에 술집이나 과자가게, 옹색한 잡화점이

나 레스토랑 같은 것은 전혀 없었다. 그러나 이 단지에는 모임방과 공예·미술·게임방, 야외 벤치, 산책로 등의 모범적인 보완물이 많아서 '전원도시' 옹호론자들의 가슴까지 흡족하게 만들 정도였다.

이용자를 유인하기 위한──그리고 유인한 뒤에는 이용자에 대한 통제를 유지하기 위한──확고한 노력과 지출이 없으면 왜 이런 장소들은 황량한 무용지물이 되어 버리는 것일까? 공중 보도와 그곳의 가게들은 이런 계획된 모임 장소들이 제공하지 못하는 어떤 서비스를 충족시켜 주는 걸까? 그리고 그 이유는 무엇일까? 비공식적인 공중 보도의 생활은 어떻게 좀더 공식적이고 조직적인 공중 생활을 떠받치는 것일까?

이런 문제들을 이해하려면,──건물 입구 계단에서 청량음료를 마시는 것과 게임방에서 청량음료를 마시는 것이 왜 다른지, 식품점 주인이나 바텐더에게 조언을 받는 것과 옆집 이웃이나 시설 주인과 공모할지도 모르는 시설 여성에게서 조언을 받는 것이 왜 다른지를 이해하려면──도시의 사생활 문제를 검토해 보아야 한다.

도시에서는 사생활이 소중하다. 사생활은 절대적으로 필요하다. 아마 어디에서나 소중하고 절대적으로 필요하겠지만, 대부분의 장소에서는 사생활을 누릴 수 없다. 소규모 사회복지관에서는 모두가 서로의 사정을 훤히 안다. 도시에서는 아무도 서로의 사정을 모른다──오직 당신이 택해서 말해 준 사람들만이 당신에 관해 많은 것을 알게 될 것이다. 소득이 많든 적든, 백인이든 유색인이든, 오래 산 주민이든 새로 이사 온 사람이든 간에 이런 점이야말로 대다수 도시 사람들이 소중히 여기는 도시의 속성 중 하나이며, 끔찍이 아끼고 소중하게 지키는 대도시 생활의 선물이다.

건축 및 도시계획 문헌들은 창문, 경관, 시선 등의 측면에서 사생활을 다룬다. 외부에 있는 사람이 당신이 사는 곳을 들여다볼 수 없으면──짜

잔, 그것이 사생활이라는 식이다. 단순한 생각이다. 창문을 통한 사생활은 세상에서 제일 얻기 쉬운 상품이다. 차양을 내리거나 블라인드를 조정하기만 하면 된다. 그러나 개인의 사적인 문제를 자기가 선택한 사람들에게만 공개하는 사생활, 누가 언제 당신의 시간에 끼어들어도 되는지를 적당히 통제하는 사생활은 이 세상의 대부분에서 보기 드문 상품이며, 창문의 방향과는 아무 관계가 없다.

『푸에르토리코 출신』Up from Puerto Rico의 저자인 인류학자 엘레나 파디야Elena Padilla는 뉴욕의 가난하고 지저분한 지역에 사는 푸에르토리코인들의 삶을 서술하면서 얼마나 많은 사람들이 서로에 대해 아는지,—누구를 믿어도 되고 누구는 믿을 수 없는지, 누가 법에 도전적이고 누가 법을 신봉하는지, 누가 능력 있고 지식이 많으며 누가 무능하고 무식한지—그리고 이런 사실들이 보도와 거기에 연결된 가게들의 공중 생활을 통해 알게 된 것인지를 말해 준다. 이런 것들은 공적인 성격의 문제이다. 그러나 파디야는 또한 아무 때나 커피 한 잔 마시러 부엌에 들를 수 있는 이들이 얼마나 선택된 이들인지, 이런 유대가 얼마나 강력한지, 개인의 사적인 삶과 문제를 터놓고 이야기할 수 있는 진정한 친구가 얼마나 소수인지 등에 관해서도 말해 준다. 또 어찌하여 모두가 서로의 문제를 아는 것이 당당한 일로 여겨지지 않는지에 관해서도 설명한다. 사람들 앞에 보여주는 다른 이의 얼굴 뒤를 시시콜콜히 캐는 것도 당당한 일로 여겨지지 않는다. 그런 짓은 한 사람의 사생활과 권리를 침해하는 처사이다. 이런 점에서 파디야가 묘사하는 사람들은 내가 사는 여러 인종이 뒤섞인 미국화된 도시 거리의 사람들과 본질적으로 동일하며 고소득층 아파트나 고급 빌라town house에 사는 사람들과도 동일하다.

모름지기 좋은 도시 거리 동네는 필수적인 사생활에 대한 사람들의 결정과 또 동시에 주변 사람들과 각기 다른 정도의 접촉이나 향락, 도움을 나누고 싶다는 소망 사이에 놀라운 균형을 이룩한다. 이런 균형은 대체로 무심코 실천하고 수용하는 까닭에 거의 당연한 것으로 여겨지는 작고 민감한 세세한 일들로 이루어진다.

아마 뉴욕에서 흔한 관습으로 사람들이 친구를 위해 열쇠를 맡겨 놓는 상점을 통해 이런 미묘하면서도 중요한 균형을 가장 잘 설명할 수 있을 것이다. 가령 우리 집에서는 우리가 주말에 집을 비우고 놀러가거나 우연히 하루 종일 집이 비게 될 때 어떤 친구가 우리 집을 쓰고 싶어 하거나 기다리게 만들고 싶지 않은 손님이 하룻밤을 자고 갈 예정이면, 그 친구나 손님에게 길 건너 조리식품점에서 열쇠를 찾아가라고 말해 준다. 조리식품점을 하는 조 코나키아는 보통 십여 개의 열쇠를 이런 식으로 내주기 위해 보관하고 있다. 이런 열쇠를 넣어 두는 서랍도 따로 있다.

그런데 나를 비롯한 많은 사람들은 왜 조를 당연히 열쇠를 맡아 주는 사람으로 택했을까? 우선 믿고 맡길 만한 사람으로 조를 신뢰하기 때문이지만, 또한 조가 호의를 갖고 있을 뿐만 아니라 우리의 사적인 문제에 대해 개인적인 책임감을 전혀 갖고 있지 않다는 점을 우리가 알고 있기 때문이다. 조는 우리가 누구를 집에 들이는지, 왜 들이는지에 대해 아무 관심이 없다.

우리 블록의 옆쪽에 사는 사람들은 스페인 식품점에 열쇠를 맡긴다. 조네 블록 옆쪽의 사람들은 과자가게에 열쇠를 맡긴다. 한 블록 아래쪽 사람들은 커피숍에 맡기고, 거기서 모퉁이를 돌아 7, 80미터 아래쪽에 사는 사람들은 이발소에 맡긴다. 빌라와 아파트로 이루어진 최신식 블록 두 곳을 지나 모퉁이를 돌면 그곳 사람들은 정육점과 서점에 열쇠를 맡기고, 모퉁이를 하나 더 돌면 거기 사람들은 세탁소와 약국에 열쇠를 맡긴다. 유행에 뒤떨어진 이스트할렘에서는 적어도 꽃집 한 곳, 빵집 여러 곳, 간이식당 여러 곳, 스페인과 이탈리아 식품점 여러 곳 등에 열쇠를 맡긴다.

어디에 맡기든 간에 중요한 것은 그 가게가 제공하는 외견상의 서비스가 어떤 종류인가가 아니라 가게 주인이 어떤 사람인가 하는 점이다.

이런 서비스는 공식화할 수 없다. 신원 확인……질문……불행한 사태에 대한 보증 등등. 제도화를 하게 되면 공적 서비스와 사생활 사이에 그어진 극히 중요한 선을 넘어서는 일이 생길 것이다. 제정신을 가진 사람이라면 그런 곳에 자기 집 열쇠를 맡기지 않을 것이다. 이런 서비스는 한 사람의 열쇠와 그 사람의 사적 생활 사이의 차이를 확고부동하게 이해하는 누군가가 호의로 제공하는 경우가 아니라면 아예 있을 수가 없다.

우리 블록 모퉁이에 있는 과자가게의 재피 씨가 그어 놓은 선을 한번 생각해 보자──과자가게 손님들뿐만 아니라 다른 가게 주인들까지도 이 선을 아주 잘 이해해서 그 선 안에서 평생을 살면서도 한 번도 그것에 대해 의식한 적이 없다. 작년 겨울 어느 평범한 날 아침, 사업상 공식 이름은 버니인 재피 씨와 역시 사업상 공식 이름은 앤인 부인은 제41 공립초등학교로 가는 길의 모퉁이를 건너는 어린아이들을 인도했다. 그럴 필요가 있기 때문에 늘 하는 일이었다. 그러고는 한 손님에게 우산을 빌려 주고 다른 손님에게는 1달러를 빌려 줬으며, 열쇠 두 개를 받아서 넣어 놓고, 담배를 사러 온 젊은이 둘에게 잔소리를 늘어놓고, 길을 묻는 사람들에게 방향을 알려 주고, 길 건너 시계점이 문을 열면 맡겨 달라는 시계를 하나 맡아두고, 아파트를 구하는 어떤 사람에게 동네 집세가 어느 정도인지 귀띔을 해주고, 집안의 어려운 일에 관한 이야기를 듣고는 힘내라고 말을 해주고, 난리법석을 떠는 몇 사람에게 행실거지를 똑바로 하지 않으면 다시는 이 거리에 오지 못할 거라고 일러두고, 잡동사니를 사러 들른 손님들이 서로 이야기를 나누는 자리를 대여섯 차례 마련하고, 새로 나온 신문과 잡지를 정기적으로 사 가는 손님을 위해 몇 부 따로 챙겨 두고, 생일 선물을 사러 온 한 엄마에게 모형 배 조립세트는 사지 말라고, 이미 다른 아이가 그 선물을 샀다고 일러두고, 신문 배달업자가 들르면 회수해 가는 전날 신문 남은 것 가운데 한 부(이건 나를 위한 것이다)를 챙겨 두었다.

장사와는 무관한 이런 다양한 서비스를 두루 살펴본 뒤 나는 버니에게 물었다. "손님들을 서로 소개해 준 적도 있나요?"

버니는 이런 질문에 놀란 듯, 심지어는 당황한 듯 보였다. "아뇨." 생각 끝에 나온 대답이었다. "그런 건 현명한 처사가 아닐 겁니다. 이따금 동시에 가게에 들어온 손님 둘이 서로 관심사가 비슷한 걸 알면 그 주제를 일부러 꺼내서 두 사람이 원하면 계속 대화를 하게 내버려 두는 일은 있지요. 그렇지만 소개시켜 주지는 않는답니다."

교외에 사는 한 지인에게 이 이야기를 해주었더니 그이는 곧바로 재피 씨가 손님들끼리 소개를 시켜 주는 것을 자신의 사회계급을 넘어서는 일로 생각하는 것 같다고 추측했다. 전혀 '아니올시다'이다. 우리 동네에서는 재피 씨 부부 같은 가게 주인들이 사업가처럼 남부럽지 않은 사회적 지위를 누린다. 소득으로 따지면 가게 손님들의 전반적인 수준과 비슷하기 십상이고, 독립성의 측면에서 보자면 더 낫다. 손님들은 상식과 경험을 두루 갖춘 가게 주인들의 조언을 기꺼이 구하고 또 존중한다. 가게 주인들은 알려지지 않은 계급적 상징이라기보다는 유명한 개인들이다. 다시 한번 아니올시다, 이다. 재피 씨의 이런 대답은 도시의 공적 세계와 사생활의 세계 사이에 그어진 선, 거의 무의식적으로 실행되고 균형을 잃지 않는 선을 보여 준다.

누구하고든 어색함을 느끼지 않고서도 이 선을 유지할 수 있다. 보도에 늘어선 가게들에서 사람들과 접촉할 기회가 대단히 많고, 보도 자체에도 사람들이 내키는 대로 이리저리 어슬렁거리기 때문이다. 또 사람들을 이끄는 사회자, 이를테면 아무 조건도 없이 시간을 때우거나 아무 때고 불쑥불쑥 들락거릴 수 있는 버니네 가게 같은 모임 장소의 주인들이 많이 있기 때문이다.

　이런 질서가 지배하는 도시 거리의 동네에서는 원치 않는 이런저런 관계에 빠져들지 않고서도, 지루함을 느끼거나, 변명을 늘어놓거나, 일일이 해명을 하거나, 상대방의 기분을 상하게 하지나 않을까 염려하거나, 사람 좋게 나섰다가 덜컥 일을 떠맡거나 뭔가를 약속하는 당혹스러운 일을 겪거나, 조심성이 덜한 관계에 따를 수 있는 번잡한 속박들에 얽매이지 않고서도 온갖 사람들을 만날 수 있다. 자신과 무척 다른 사람들과 보도에서 아주 친근한 관계를 맺을 수 있고, 심지어 시간이 흐름에 따라 공공연하게 친하게 지낼 수도 있다. 이런 관계가 몇 년, 몇십 년 동안 이어질 수 있고 실제로 그러기도 한다. 앞에서 말한 것과 같은 선이 없었다면 이런 관계는 결코 형성되지 않았을 것이고, 또 절대로 이어지지 않을 것이다. 이런 관계가 형성되는 이유는 다름이 아니라 그것이 사람들의 일상적인 외출에서 우연히 이루어지는 것이기 때문이다.

　'공생'togetherness은 도시계획 이론의 오랜 이상에 꼭 맞는 역겨운 이름이다. 이 이상은 사람들이 어떤 것이든 공유한다면 많은 것을 공유해야 한다는 것이다. 언뜻 보기에 새로운 교외의 정신적 자원인 '공생'은 도시에서는 파괴적으로 작용한다. 많은 것을 공유해야 한다는 요구는 도시 사람들을 서로 갈라놓는다.

　도시의 어느 지역에 보도 생활이 없다면, 거기 사는 사람들은 이웃과의 접촉과 비슷한 무언가를 얻기 위해 사적인 생활을 확대해야만 한다. 보

2장_보도의 효용 : 접촉　97

도의 생활에 비해 더 많은 것을 공유하는 일정한 형태의 '공생'을 받아들이거나 아니면 접촉 없는 삶을 감수해야 하는 것이다. 불가피하게도 결과는 둘 중 하나이다. 그럴 수밖에 없지만 어느 쪽이든 비참한 결과이다.

사람들이 많은 것을 공유하는 첫번째 결과의 경우에 사람들은 이웃이 어떤 사람인지, 또는 누구와 사귈지에 관해 지나치게 까다롭게 된다. 그렇게 될 수밖에 없다. 내 친구인 페니 코스트리츠키는 볼티모어의 어느 거리에서 자기도 모르는 사이에 마지못해 이런 궁지에 빠져 있다. 거의 주택뿐인 지역에 푹 박혀 있는 주택뿐인 거리인 친구의 동네는 최근에 매력적인 보도 공원을 실험적으로 만들었다. 보도를 확장하고 걷고 싶은 마음이 절로 들도록 포장을 새로 했고, 도로 폭을 줄여서 자동차의 왕래를 막았으며, 나무와 꽃을 심었고 앞으로 놀이조각을 세울 예정이다. 여기까지는 이 모든 것이 훌륭한 구상이다.

그러나 가게는 하나도 없다. 근처 블록에서 어린아이들을 데리고 와서 다른 사람들과 잠깐 이야기나 나누려는 엄마들은 겨울에 몸을 녹이거나, 전화를 하거나, 기저귀를 갈려고 화장실을 이용하려면 마지못해 거리에 있는 아는 사람 집을 찾아 들어가야 한다. 커피를 마실 만한 곳이 달리 없기 때문에 집주인은 커피를 대접하고, 공원 주변에서는 이런 식의 상당한 사교생활이 자연스럽게 생겨난다. 많은 것이 공유된다.

어린애 둘을 키우며 찾기 쉬운 집에 살고 있는 내 친구 코스트리츠키 부인은 이처럼 답답하고 우발적인 사교생활의 한가운데에 자리 잡고 있다. "도시에 사는 장점이란 게 없어요." 친구의 말이다. "그렇다고 교외에 사는 장점이 있는 것도 아니고 말이에요." 더더욱 괴로운 점은 소득이나 인종, 교육 수준이 다른 엄마들이 아이를 데리고 거리 공원에 오면, 다른 사람들이 그 엄마와 아이들을 대놓고 무례하게 배척한다는 것이다. 그런 사람들은 도시 보도 생활이 없이 생겨난 교외 식 사적 생활의 공유에 어울리기에는 어색하기 때문이다. 공원에는 의도적으로 벤치를 없앴다. 어울리지 않는 사람들을 초대하는 것으로 해석될 수 있기 때문에 '공생'을 추구하는 사람들이 벤치를 설치하지 않기로 결정한 것이다.

"거리에 가게 몇 개만 있으면 좋겠어요." 코스트리츠키 부인이 유감스럽게 말한다. "식품점이든 약국이든 간이식당이든 하나 있으면 좋겠다고요. 그러면 전화 걸고 몸 녹이고 사람들끼리 모이는 걸 거리에서 자연스럽게 할 수 있고, 또 누구든지 여기 있을 권리가 있으니까 서로서로 좀더 점잖게 행동하게 되겠지요."

가령 유명한 '전원도시' 계획 모델인 피츠버그의 채텀빌리지Chatham Village 같은 중산층 주택단지와 거리에서도 도시의 공중 생활이 없는 이 보도 공원에서 일어나는 것과 똑같은 일이 이따금 벌어진다.

이곳의 집들은 서로 공유하는 안쪽 잔디밭과 놀이 공간을 둘러싼 주택군에 옹기종기 모여 있는데, 단지 전체에는 파티, 무도회, 친목회 등을 열고, 브리지 게임과 바느질 파티 같은 부인들의 활동을 뒷받침하고 어린이를 위한 무도회와 파티를 여는 주민 클럽 같은 폐쇄적인 공유를 위한 다른 장치들이 갖춰져 있다. 이곳에는 도시라는 의미의 공중 생활은 전혀 없다. 각기 정도가 다른 사적 생활의 연장이 있을 뿐이다.

채텀빌리지가 많은 것을 공유하는 '모범적인' 동네로 성공하기 위해서는 주민들이 생활수준과 관심, 출신배경의 면에서 서로 비슷해야만 했다. 대체로 주민들은 중산층 전문직과 그 가족들이다.* 또 주민들이 단지를

---

* 이 글을 쓰는 지금 한 대표적인 건물에는 변호사 네 명, 의사 두 명, 엔지니어 두 명, 치과의사 한 명, 세일즈맨 한 명, 은행가 한 명, 철도 중역 한 명, 기획 담당 중역 한 명이 살고 있다.

둘러싼 도시의 다른 사람들과 자신들을 뚜렷하게 차별화해야 했다. 다른 사람들 역시 대부분 중산층이지만 하위 중산층이고, 이런 차이는 채텀빌리지의 이웃 관계에 수반되는 정도의 친밀감을 얻기에는 너무 현격하다.

채텀빌리지가 불가피하게 갖는 편협성(과 동질성)은 현실적인 결과를 낳는다. 한 예를 들자면, 이 지역의 중학교는 모든 학교가 그렇듯이 문제를 안고 있다. 채텀빌리지는 동네 아이들이 다니는 초등학교를 좌지우지할 정도로 규모가 크며, 따라서 이 학교의 문제를 해결하는 데 적극적으로 나선다. 그러나 중학교의 문제를 다루려면 채텀빌리지 사람들은 전혀 다른 동네들과 협조해야만 한다. 그렇지만 필요한 사람들과 공적인 면식이나 사람들 사이의 일상적인 신뢰의 토대나 서로 교차하는 연계 등이 전혀 없다—도시 공중 생활에서 사람들이 으레 이용하는 사소한 방법을 적용하는 관례도 없고 쉽지도 않다. 난감할 수밖에 없는 채텀빌리지의 일부 가족은 아이들이 중학교에 입학할 나이가 되면 이사를 간다. 다른 가족들은 아이들을 사립학교에 보낼 궁리를 한다. 아이러니하게도 정통 도시 계획에서는 도시에 중산층의 안정화 효과와 인재가 필요하다는 특별한 이유를 들먹이며 채텀빌리지 같은 고립된 동네를 장려한다. 아마 삼투 효과에 의해 이런 특질이 스며 나오는 것 같다.

이런 동네에 잘 들어맞지 않는 사람들은 결국 나가고, 조만간 관리소 측은 입주 신청자 가운데 어떤 사람이 잘 맞는지를 귀신 같이 알아채게 된다. 생활수준, 가치관, 출신배경의 기본적인 유사성과 더불어 이런 환경은 굉장한 수준의 자제심과 예민한 감각을 요구하는 듯 보인다.

이웃 사이의 접촉을 위해 이런 종류의 개인적 공유에 의존하면서 그런 공유를 장려하는 도시 주거계획은 다소 협소하기는 하지만 **상류 중산층을 자처하는 사람들의** 사회생활에 대해서는 종종 훌륭하게 작동한다. 이런 계획은 안락한 주민들을 위해 손쉬운 문제들을 해결해 준다. 그렇지만 내가 아는 한 **다른 주민들에 대해서는** 자체의 기준으로 보더라도 제대로 기능하지 못한다.

많은 것을 공유할지 아니면 아무것도 공유하지 않을지 사람들이 선택해야만 하는 도시에서 흔한 결과는 으레 아무것도 공유하지 않는 쪽이다. 자연스럽고 일상적인 공중 생활이 존재하지 않는 도시 지역에서는 주민들이 터무니없을 정도로 서로 고립되는 일이 다반사이다. 이웃과의 단순한 접촉으로 당신이 이웃의 사생활에 휘말리거나 이웃이 당신의 사생활에 얽혀 들게 된다면, 또 당신이 상류 중산층을 자처하는 사람들처럼 이웃이 어떤 사람인지를 주의 깊게 살필 수 없다면, 논리적인 해결책은 이웃과의 친교나 일상적인 도움을 주고받는 일을 무조건 피하는 것이다. 철저하게 거리를 두는 게 차라리 나은 것이다. 그 결과, 개인이 약간이라도 솔선해야 하거나 제한된 공통의 목적을 위해 사람들이 단합해야 하는, ─ 아이를 돌보는 일 같은 ─ 사람들을 상대하는 평범한 일자리가 방치되고 있다. 이 때문에 생겨난 심연은 거의 상상도 못할 정도이다.

가령 ─ 정통 도시 주거계획이 으레 그렇듯이 ─ 많은 것을 공유하거나 아무것도 공유하지 않도록 설계된 뉴욕 시의 어느 단지에 사는 대단히 사교적인 한 여자는 의식적인 노력을 기울인 결과로 같은 건물에 사는 90가구의 모든 엄마들을 알게 되었다고 자랑했다. 이 여자는 모든 집을 방문해서 문 앞이나 현관에서 긴 이야기를 나누었다. 또 벤치 옆자리에 앉은 사람들과 말문을 텄다.

어느 날 이 여자의 여덟 살짜리 아들이 엘리베이터에 갇혀서 두 시간이 넘도록 아무 도움도 받지 못하고 방치되는 일이 벌어졌다. 아이는 울며불며 소리를 지르고 엘리베이터 문을 사정없이 두들겼다. 다음날 여자는

90명의 아는 사람 중 한 명에게 당혹감을 나타냈다. "아, 그게 **당신** 아들이었어요?" 다른 여자가 말했다. "저는 그게 누구네 아인지 몰랐어요. **당신** 아들인 줄 알았다면 도와줬을 텐데요."

예전에 살던 북적이는 거리에서는 그처럼 비상식적으로 냉담하게 행동하지 않았던 이 여자는—그나저나 그때도 사람들을 만나러 계속 전에 살던 동네로 가곤 했다—쉽게 해결되지 않을 수도 있는 성가신 일에 휘말릴까봐 염려했다.

많은 것을 공유하든지 아무것도 공유하지 않든지 둘 중의 하나를 선택해야 하는 곳에서는 이처럼 방어적인 행동의 사례를 수십 가지나 발견할 수 있다. 이스트할렘의 사회복지사인 엘런 루리Ellen Lurie는 그곳의 저소득층 주택단지의 생활에 대해 철저하고 자세하게 서술한 보고서에서 다음과 같이 말한다.

상당히 복잡한 여러 이유로 인해 많은 성인이 이웃과 친교 관계에 휘말리기를 원치 않거나, 설령 일정한 사교의 필요성에 굴복하더라도 한두 명에만 엄격하게 국한할 뿐 그 이상은 사귀지 않는다는 사실을 인식하는 게 무척 중요하다. 부인들은 거듭거듭 자기 남편의 경고를 되풀이했다.
"나는 어떤 사람과도 지나치게 친해지지 않을 겁니다. 내 남편은 그런 관계를 믿지 않아요."
"사람들이 너무 뒤에서 수군거리기를 좋아하는 탓에 이런저런 문제에 휘말리기 십상이지요."
"자기 앞가림이나 잘하는 게 제일이에요."
에이브러햄 부인이라는 여자는 정문 주변에 서 있는 사람들과 부딪히기 싫어서 언제나 뒷문으로 외출한다. 또 다른 한 남자, 콜런 씨는……부인이 단지 안에서 친구를 사귀지 못하게 한다. 이곳 사람들을 신뢰하지 않기 때문이다. 여덟 살짜리부터 열네 살짜리까지 아이가 넷 있지만, 아이들 혼자서 아래층으로 내려가지 못하게 한다. 누군가가 아이들을 해칠까 봐 염려하기 때문이다.* 그리하여 많은 가족들이 자기보호를 확실히 하기 위한 온갖 종류의 장벽을 구축하고 있는 중이다. 신뢰할 수 없는 이웃으로부터 아이들을 보호하기 위하여 부부는 아이들을 아파트에 가둬 둔다. 그리고 자기 자신을 보호하기 위해 몇 안 되는 친구만 사귄다. 어떤 이들은 친구가 화가 나거나 질투를 한 나머지 이야기를 꾸며내 관리소에 신고해서 큰 문제를 일으킬지도 모른다고 염려한다. 남편이 보너스를 받아(이 사실에 대해 알리지 않기로 한다) 부인이 커튼을 새로 사면 집을 찾아온 친구들이 그걸 보고 관리소에 말할지도 모르고, 관리소 측에서는 사정을 조사해 임대료 인상을 통고할 수도 있다. 의심과 말썽에 대한 염려가 이웃끼리의 조언과 도움의 필요성을 압도하는 일이 다반사이다. 이런 가족들에게 사생활에 대한 인식은 이미 크게 침해되고 있다. 관리소뿐만 아니라 종종 복지부 같은 공공기관까지도 가장 내밀한 비밀, 즉 가족의 모든 윤곽까지 샅샅이 알고 있다. 남아 있는 마지막 사생활을 보존하기 위해 사람들은 다른 이들과 가까운 관계를 피하는 쪽을 택한다. 계획과 무관한 슬럼가 주택에서도 비록 정도는 훨씬 덜할지라도 이와 동일한 현상이 발견될 수 있다. 이유는 다르겠지만 이곳에서도 종종 이런 형태의 자기보호를 강화할 필요가 있기 때문이다. 그러나 이렇게 타인들의 사회로부터 움츠러드는 것은 확실히 계획에 따라 건설된 주택단지에서 훨씬 더 광범위한 것이 사실이다. 영국에서도 계획도시에 대한 연구에서

---

* 뉴욕의 공공 주택단지에서는 아주 흔한 일이다.

이와 같은 이웃에 대한 의심과, 그에 따른 무관심이 발견되었다. 어쩌면 이러한 양상은 순응해야 하는 외부의 압력이 지나치게 많은 상태에서 내적인 존엄성을 보호하고 보존하기 위한 정교한 집단적 기제에 다름 아닐 것이다.

그렇지만 이런 곳에서도 아무것도 공유하지 않는 태도와 나란히 상당한 '공생'을 발견할 수 있다. 루리 부인은 이런 유형의 관계에 관해 보고한다.

종종 서로 다른 건물에서 나온 여자 둘이 세탁실에서 만나 서로를 알아보곤 한다. 두 여자는 99번가에서는 서로 한 마디 말도 나눠 본 적이 없지만, 세탁실에서는 갑자기 '제일 친한 친구'가 된다. 둘 중 한 명이 이미 자기가 사는 건물에 친구 한두 명이 있다면, 상대방이 그쪽에 끌려 들어가기 십상이고 자기 층에 사는 여자들이 아니라 친구네 건물에 사는 여자들과 사귀기 시작한다.
이런 친교는 끝없이 확대되는 집단으로 이어지지는 않는다. 단지 안에는 사람들이 잘 다니는 길이 한정되어 있고, 얼마쯤 시간이 지나면 새로운 사람들끼리 만나는 일은 좀처럼 없다.

이스트할렘의 지역사회 조직에서 일하면서 대단한 성공을 거둔 루리 부인은 주택단지에서 세입자 조직을 만들기 위한 오랜 시도의 역사를 관찰한 바 있다. 그는 '공생' 자체가 이런 식의 조직을 어렵게 만드는 여러 요인 중 하나라고 내게 말했다. "이런 단지에는 자연스러운 지도자가 없다." 루리 부인의 말이다. "진짜 능력이 있는 사람들이 있고, 또 그들 대다수는 굉장한 사람들이지만, 조직의 과정에서 지도자들이 서로를 발견하고 서로의 사회생활에 관여하게 되지만 결국 자기들끼리만 이야기를 나누게 되는 게 전형적인 결과이다. 지도자들은 추종자를 발견하지 못한다. 마치 당연한 과정인 것처럼 모든 게 비효율적인 파벌로 퇴화하는 경향이 있다. 정상적인 공중 생활은 전혀 존재하지 않는다. 그만큼 사람들이 지금 무슨 일이 벌어지고 있는지 파악하기가 무척 어렵다. 이 모든 상황 때문에 이런 사람들이 가장 단순한 사회적 이득을 누리는 것조차 굉장히 어렵다."

근린 상업·보도 생활이 결여된, 계획과 무관한 도시 주거지역의 주민들 또한 이따금 많은 것을 공유하거나 아무것도 공유하지 않거나 하는 선택에 직면한 공공 주택단지 주민들과 동일한 경로를 따르는 것처럼 보인다. 따라서 디트로이트의 활기 없는 회색 지역의 사회구조의 비밀을 추적하는 연구자들은 그곳에는 사회구조가 전혀 존재하지 않는다는 예상치 못한 결론에 다다랐다.

보도 생활의 사회구조는 이른바 '공적 인물'public character을 자임하는 사람들에게 부분적으로 좌우된다. 공적 인물이란 폭넓은 집단의 사람들과 자주 접촉하고 스스로 공적 인물이 되는 데 충분히 관심을 갖는 사람이다. 공적 인물은 자기 기능을 다하기 위해 특별한 재능이나 지혜를 갖출 필요는 없다―대개 그런 사람들이기는 하지만. 그저 자신과 충분한 수의 상대방이 있기만 하면 된다. 공적 인물의 주요한 자격은 **대중적인 사람**이라는 점, 즉 서로 다른 많은 사람들과 이야기를 나눈다는 점이다. 보도에서 관심을 끄는 소식은 이런 식으로 전해진다.

보도의 공적 인물들은 대부분 공공장소에 꾸준히 자리를 잡고 있다. 가게나 술집 주인 같은 이들이 그런 사람들이다. 이런 사람들이 기본적인 공적 인물들이다. 도시 보도의 다른 공적 인물들은 모두 이 사람들에게 의존한다—이런 가게와 주인들에게 연결되는 보도의 존재 때문에 간접적으로이긴 하지만.

다소 공식화된 유형의 공적 인물인 사회복지관 일꾼과 목사들은 상점들을 중추로 하는 거리의 풍문 체계에 의존한다. 가령 뉴욕 로워이스트사이드의 사회복지관 관장은 정기적으로 상점들을 돌아다닌다. 식품점 주인에게서 드래곤파Dragons가 모종의 일을 꾸미고 있으니 관심을 가질 필요가 있다는 말을 듣고, 과자가게 주인으로부터는 여자애 둘이 스포츠맨파Sportsmen를 부추겨 패싸움을 일으키려 한다는 소식을 듣는다. 가장 중요한 정보습득 장소 중 하나는 리빙턴가Rivington Street에 있는 안 쓰는 빵 상자이다. 즉 그 상자는 빵을 보관하는 용도로 사용되지 않는다. 식품점 앞에 세워 둔 이 상자는 사회복지관과 과자가게, 당구장 사이에 앉아 빈둥거리며 시간을 보내는 데 사용된다. 여기서 몇 블록 떨어진 곳에 사는 십대에게 전한 말도 놀랍도록 빠르고 정확하게 관장의 귀에 들어오며, 풍문의 반대편 흐름 역시 마찬가지로 빵 상자로 여러 소식을 신속하게 전달한다.

이스트할렘의 유니언 사회복지관 음악학교 교장 블레이크 홉스 씨는 오래된 분주한 거리가 있는 동네의 한 블록에서 학생을 처음 받으면 적어도 서너 명 이상, 때로는 그 블록의 거의 모든 아이가 속속 학교에 들어온다고 말한다. 그러나—대개 공립학교나 놀이터에서 아이들과 대화를 나누면서 권유해서—근처 주택단지에서 아이를 학교로 데려오면, 그 직접적인 결과로 또 다른 아이가 들어오는 경우는 거의 없다. 공적 인물과 보도 생활이 없는 곳에서는 말이 돌지를 않는 것이다.

보도에 터를 잡고 있는 공적 인물들과, 거리를 돌아다니면 알아보는 사람이 많은 공적 인물들 말고도 도시 보도에는 여러 다양한 전문 분야의 공적 인물들이 있게 마련이다. 이런 사람들 중 일부는 재밌는 방식으로 자기 자신뿐만 아니라 다른 사람들의 정체성을 확립하는 일도 도와준다. 샌프란시스코의 어느 뉴스 기사는 은퇴한 어느 테너 가수가 레스토랑이나 보치[bocce ; 로마 제국 시절부터 행해진 볼링 비슷한 야외 경기로 이탈리아인들이 미국에서 대중화했다—옮긴이] 코트 같은 보도의 시설물을 오가는 일상생활을 묘사하면서 이렇게 지적한다. "멜로니 씨의 열정과 인상적인 태도, 그리고 평생에 걸친 음악에 대한 관심 때문에 그이는 많은 친구들에게 몸소 대신해서 중요한 일을 하고 있다는 느낌을 전달해 준다." 정확한 설명이다.

전문 분야의 보도의 인물이 되기 위해 그런 사람과 같은 예술적 능력이나 인격을 갖출 필요는 없다—일정한 종류의 적절한 전문적 능력만 있으면 된다. 이런 능력은 어려운 게 아니다. 나는 우리 동네 거리에서 전문 분야의 그저 그런 공적 인물인데, 이것은 물론 기본적으로 터를 잡고 있는 공적 인물들이 존재하기 때문이다. 내가 전문 분야의 공적 인물이 된 데에는 내가 사는 그리니치빌리지Greenwich Village에 있는 주요 공원이 고속화도로 건설에 의해 양분되는 것을 막기 위해 벌어진 지루하고 끔찍한 싸움이 계기가 되었다. 이 싸움이 벌어지던 중에 나는 그리니치빌리지의 다른 쪽에서 활동하던 지역사회 조직가의 간절한 부탁을 받아 우리 거리의 몇몇 블록에 있는 상점들에 도로 건설안에 항의하는 민원서를 맡기는 일을 떠안게 되었다. 손님들이 가게에 들렀다가 민원서에 서명을 했고, 나는 가끔 들러서 민원서를 챙겼다.* 이런 배달 업무에 참여한 결과로 그 뒤부터 나는 자동적으로 민원 전략에 관한 보도의 공적 인물이 되었다. 가

---

* 이런 방식은 가가호호 방문하는 엄청난 노력을 기울여야 하는 일을 약간의 수고로 달성하게 해준 효율적인 장치였다. 이 방식은 또 가가호호 방문에 비해 사람들 사이의 대화와 여론을 더 많이 만들어 냈다.

령 얼마 뒤 주류판매점에 술을 사러 갔을 때 주인인 폭스 씨는 내가 산 술을 포장하면서 어떻게 하면 가게 모퉁이 근처에 있는, 오래전부터 폐쇄된 채 방치되어 눈에 거슬리고 위험한 공중화장실을 시에서 없애 버리게 할 수 있는지에 관해 의견을 물었다. 폭스 씨는 내가 민원서를 작성하고 그것을 시청에 전달하는 효과적인 방도를 찾는 일을 맡는다면, 자신과 친구들이 민원서를 인쇄하고 배포하고 수거하는 일을 맡겠다고 제안했다. 곧바로 근처의 상점들에 공중화장실 철거 민원서가 마련되었다. 이제 우리 동네에는 아이들을 비롯해서 민원 전술에 관한 공적 전문가들이 여럿 있다.

공적 인물들은 이를테면 소매로 소식을 퍼뜨리고 소식을 듣기만 하지 않는다. 이 사람들은 서로 연락하며 따라서 도매로, 즉 효과적으로 말을 퍼뜨린다.

내가 아는 한 보도 생활은 이런저런 유형의 사람들 가운데 그런 생활에 대한 신비로운 자질이나 재능이 있는 사람들로부터 생겨나는 게 아니다. 보도 생활은 거기에 필요한 구체적이고 확실한 시설이 존재할 때만 생겨난다. 공교롭게도 이런 시설은 보도의 안전을 강화하는 데 필요한 것과 동일한 시설, 즉 똑같이 어디에나 많이 있는 시설이다. 그런 시설이 없다면, 보도에서 사람들 사이에 이뤄지는 접촉 또한 존재하지 않는다.

부유한 사람들은 요구를 충족시키는 여러 방법이 있지만, 가난한 사람들은—일자리에 관한 소식을 듣는 것에서부터 수석 웨이터의 인정을 받는 것까지—보도 생활에 많은 것을 의존한다. 그렇다 하더라도 도시의 부자나 부자에 가까운 사람들의 대다수 역시 다른 사람들만큼이나 보도 생활을 절실히 느끼는 듯하다. 어쨌든 이런 사람들도 활력이 넘치는 다채로운 보도 생활이 있는 지역으로 이사하기 위해 엄청난 집세를 지불한다. 실제로 부자들은 뉴욕의 요크빌Yorkville이나 그리니치빌리지, 샌프란시스코 노스비치North Beach 거리에서 조금 떨어진 텔레그래프힐Telegraph Hill 같은 활기찬 지역에서 중산층과 가난한 사람들을 몰아낸다. 기껏해야 불과 몇십 년 뒤 유행이 지나가면 부자들은 '조용한 주거 지역'의 단조로운 거리를 변덕스럽게 저버리고 이곳을 불운한 사람들에게 남겨 준다. 워싱턴D.C. 조지타운Georgetown의 주민들과 말을 해보면, 두세 마디 나누자마자 매력적인 레스토랑들, 즉 "이 도시의 다른 모든 지역에 있는 것보다 더 좋은 레스토랑들"과 독특하고 친절한 가게들, 다음 모퉁이에 볼일을 보러 가면서 사람들을 만나는 즐거움—그리고 조지타운이 도시 전체에서 특별한 쇼핑지구가 되었다는 사실에 대한 자부심 등에 관한 열광적인 이야기를 듣게 된다. 부자 동네든, 가난한 동네든, 중산층 동네든 간에 흥미로운 보도 생활과 보도의 수많은 접촉에 의해 피해를 입는 도시 지역은 아직 찾을 수 없다.

 보도의 공적 인물들에게 지나친 부담이 가해지면 그 사람들이 발휘할 수 있는 능력이 크게 떨어지게 된다. 가령 어떤 가게든 일정한 시점에 이르면 사람들의 접촉이나 잠재적 접촉이 줄어들기 시작할 수 있다. 접촉의 규모가 커지고 피상적으로 바뀌는 까닭에 사교적 유용성이 없어져 버리는 것이다. 뉴욕 로워이스트사이드의 조합식 아파트 콜리어스훅 소유인 과자·신문 가게에서 이런 사례를 볼 수 있다. 계획단지의 이 가게는 이 단지 부지와 인접한 부지에서 (소유자에 대한 보상도 없이) 철거된 약 40곳의 비슷한 가게들을 대신했다. 이 가게는 마치 공장 같다. 점원들은 잔돈을 거슬러 주는 한편 밖에서 시끄럽게 떠드는 사람들에게 쓸데없는 저주를 퍼붓느라 바빠서 "저거 주세요"라는 말밖에는 귀에 들어오지 않는다. 쇼핑센터 건설 계획이나 억압적인 지구 설정으로 도시 근린에 상업적 독점이 획책되는 곳에서는 이런 순전한 무관심이 으레 지배적인 분위기가 된다. 이와 같은 가게는 경쟁 상대가 있으면 경제적으로 실패할 것이다. 그러나 독점은 계획된 대로 경제적 성공을 보장해 주지만 도시의 사회생활에는 나쁜 영향을 미친다.

보도에서 이루어지는 사람들의 접촉과 공공의 안전은 우리나라의 가장 심각한 사회 문제——인종 분리와 차별——와 직접적인 관련이 있다.

도시의 계획과 설계, 또는 도시의 거리와 거리 생활의 유형을 통해 자동적으로 인종 분리와 차별을 극복할 수 있다는 말이 아니다. 이런 불의를 바로잡기 위해서는 다른 식의 노력도 무척 많이 필요하다.

그러나 사람들이 많은 것을 공유하거나 아니면 아무것도 공유하지 않는 선택을 받아들여야 할뿐더러 보도가 안전하지 못한 대도시를 건설하고 재건축한다면 미국 도시들이 아무리 많은 노력을 기울여도 인종 차별을 극복하기가 **훨씬 더 어려워질 수 있다.**

인종 차별에 동반하면서 차별을 강화하는 편견과 공포가 대단히 크다는 점을 감안하면, 어쨌든 사람들이 보도에서 불안감을 느끼는 한 주거 차별을 극복하는 것 역시 그만큼 어렵다. 사람들이 기본적으로 품위 있게 걸으면서 문명화된 공중 생활을 유지하고, 혼자 걸으면서 사적 생활을 이어갈 수 있는 수단이 없는 곳에서 주거 차별을 극복하기란 난망한 일이다.

분명 공중 생활의 부재와 위험이라는 불리한 조건이 붙은 상징적인 인종 통합 주거 모델 계획을 곳곳에 이룩할 수 있다——대단한 노력을 기울이는 동시에 새로운 이웃 사이의 비정상적인(도시에서는 비정상적인) 까다로운 태도를 감수함으로써 가능하다. 그러나 이런 계획은 우리 앞에 놓인 과제가 엄청나게 크고 시급하다는 사실을 회피하는 처사이다.

관용, 즉 도시 생활에서는 가능하고 정상적이지만 교외나 유사 교외에서는 너무나도 낯선, 이웃들 사이의 커다란 차이——종종 피부색의 차이보다도 훨씬 더 심대한 차이 ──를 용인할 수 있는 여지는, 대도시의 거리가 낯선 이들에게 문명화된, 그러나 본질적으로 품위 있고 서로 일정한 거리를 두는 상태에서 평화롭게 거주할 수 있는 장치를 마련해 줄 때만 가능하고 정상적일 수 있다.

보도에서 이루어지는 접촉은 그것이 아무리 초라하고 무의미하고 우연적으로 보일지라도 한 도시의 풍부한 공중 생활이 자라날 수 있는 작은 변화이다.

로스앤젤레스는 공중 생활이 거의 없이 그 대신 주로 사적인 사회적 성격의 접촉에 의존하는 대도시의 극단적인 사례이다. 가령 비행기에서 만나 알게 된 로스앤젤레스에 사는 어떤 사람은 자신이 10년 동안 그 도시에서 살고 있고 거기에 멕시코인들이 많이 산다는 것을 알고 있지만, 한 번도 멕시코인이나 멕시코 문화가 담긴 물건에 눈길을 준 적이 없으며 멕시코인과 말 한 마디 나눈 적이 없다고 말한다. 또 다른 비행기에서 만난 오손 웰즈Orson Welles는 할리우드가 연극적인 술집을 만들어 내지 못한 세계에서 유일한 연극의 중심지라고 쓴 바 있다.

그리고 또 다른 비행기에서 만난 로스앤젤레스에서 가장 유력한 사업가 중 한 명은 이 정도 규모의 다른 도시에서라면 상상할 수 없는 홍보의 공백을 발견한다. 이 사업가는 로스앤젤레스가 "문화적으로 뒤처졌다"고 묻지도 않은 설명을 하면서 자신은 이런 현상을 치유하기 위해 일한다고 말했다. 사업가는 일류 미술관을 건립하기 위한 기금 조성 위원회에 참석하는 길이었다. 얼마 뒤 그이가 자신이 지도자의 일원으로 참여하고 있는 로스앤젤레스 사업가들의 클럽 생활에 관해 이야기한 다음, 나는 할리우드 사람들은 어디서 어떻게 같은 식으로 모이는지 물어보았다. 사업가는 이 질문에 대답하지 못했다. 그러고는 자신은 영화 산업과 관련된 사람들은 전혀 알지 못하고, 또 그런 사람들을 아는 사람도 모른다고 덧붙였다. "이상하게 들릴 거라는 거 알아요." 사업가의 말이다. "우리는 여기에 영화 산업이 있어서 기분 좋지만 그 산업과 관련된 사람들은 사교를 통해 알게 되는 이들이 아니에요."

　이번에도 역시 '공생' 아니면 아무것도 공유하지 않는 선택뿐이다. 이 사람이 대도시 미술관을 설립하려고 노력하는 과정에서 마주치게 될 불리한 조건을 생각해 보라. 사업가로서는 위원회에서 최고의 조직 대상자로 삼는 몇몇 사람들에게 쉽게 접근할 길이 없다.

　경제·정치·문화계의 상류층 사이에서 로스앤젤레스는 볼티모어의 보도 공원의 거리나 피츠버그 채텀빌리지의 경우와 마찬가지로 사회적 고립성이라는 편협한 가정에 따라 움직인다. 이와 같은 대도시에는 필요한 구상과 열정과 돈을 한데 모을 수 있는 수단이 존재하지 않는다. 로스앤젤레스는 기묘한 실험을 시작하고 있다. 주택단지나 회색 지역만이 아니라 대도시 전체를 '공생' 아니면 아무것도 공유하지 않는 양자택일의 원리에 따라 운영하려 하는 것이다. 내 생각에 이런 시도는 사람들의 일상적인 생활과 노동에서 도시의 공중 생활이 결여된 대도시에서 피할 수 없는 결과이다.

3장_ 보도의 효용 : 어린이들의 동화

도시계획과 주택 건설의 미신 가운데 하나는 어린이들의 변화에 관한 환상이다. 말하자면 이런 식이다. 어린이들은 도시 거리에서 놀 수밖에 없는 운명이다. 창백하고 허약한 이 어린이들은 도덕적으로 나쁜 환경 속에서 서로 성性에 관한 속설을 이야기하면서 사악하게 킬킬거리고 마치 소년원에 있는 아이들처럼 새로운 타락을 쉽게 배운다. 이런 상황은 "우리 청소년들이 거리에서 치르는 도덕적·육체적 희생"이라고 불리며 때로는 그저 '시궁창'이라고 불린다.

    이런 불우한 아이들을 거리에서 몰아내 운동할 수 있는 시설과 뛰어놀 공간과 기백을 키울 잔디가 있는 공원과 놀이터로 보낼 수만 있다면! 건전한 환경에 부응하는 아이들의 웃음소리로 가득 찬 깔끔하고 즐거운 장소들. 환상은 이 정도로 끝내자.

    세인트루이스의 다큐멘터리 영화감독 찰스 구겐하임Charles Guggenheim이 발견한 실제 세계의 이야기를 한번 생각해 보자. 구겐하임은 세인트루이스에 있는 어느 탁아소의 활동을 그리는 영화를 만들고 있었다. 구겐하임은 오후가 끝날 무렵이 되면 절반 정도 되는 아이들이 마지못해 남는 것을 알아챘다.

구겐하임은 호기심을 가지고 조사를 하게 되었다. 마지못해 남는 아이들은 하나같이 다 근처 주택단지의 아이들이었다. 또 자진해서 남는 애들은 하나같이 근처의 오래된 '슬럼가'에 사는 아이들이었다. 구겐하임은 이런 수수께끼의 비밀이 아주 단순하다는 것을 발견했다. 놀이터와 잔디밭이 많은 주택단지로 돌아가는 아이들은 주머니를 까 보이게 만들거나 몰매를 놓거나 때로는 둘 다를 하는 골목대장 아이들을 만나야 했다. 이 어린아이들은 끔찍이도 무서워하는 시련을 견디지 않고서는 하루도 집에 갈 수 없었다. 반면 구겐하임이 관찰한 바로는 오래된 동네로 돌아가는 아이들은 돈을 뺏기는 일이 없었다. 이 아이들은 여러 길 중에 선택할 수 있었고, 기민하게 제일 안전한 길을 택했다. "어떤 애든 간에 길을 고르면, 거기에는 언제나 달려갈 수 있는 가게 주인이나 도우러 올 수 있는 누군가가 있었다." 구겐하임의 말이다. "아이들은 또 누군가 숨어서 기다리고 있으면 재빨리 도망칠 수 있는 각기 다른 여러 경로를 알고 있었다. 이 아이들은 안전한 길을 당당하게 걸으면서 집으로 가는 여정을 한껏 즐겼다." 또 이와 관련하여 구겐하임은 조경 공사를 한 주택단지의 뜰과 놀이터가 얼마나 지루한지, 사람들로부터 얼마나 외면당하는지, 그리고 이와 대조적으로 근처의 오래된 거리는 카메라를 위해서나 상상력을 위해서나 흥미롭고 다양한 재료가 얼마나 풍부한지 목격했다.

실제 세계의 또 다른 이야기로 1959년 여름에 뉴욕에서 청소년 갱단 사이에 벌어진 싸움을 살펴보자. 이 싸움은 열다섯 살짜리 여자애가 싸움과 전혀 관계없이 단지 자기가 사는 주택단지의 마당에 서 있다가 죽은 사건에서 정점에 달했다. 『뉴욕포스트』는 그후 재판이 벌어지는 동안 이 날의 마지막 비극으로 이어진 사건과 장소를 보도했다.

첫번째 싸움은 정오 무렵에 스포츠맨 패거리가 새라 딜라노 루스벨트 공원Sara Delano Roosevelt Park에 있는 포사이스스트리트 보이즈Forsyth St. Boys 패거리의 구역에 들어가면서 시작되었다.*……오후 동안 포사이스스트리트 보이즈 패거리는 최후의 무기, 즉 소총과 화염병을 사용하기로 결정했다. ……새라 딜라노 루스벨트 공원에서 싸움이 벌어지는 와중에……포사이스스트리트 패거리의 열네 살짜리 소년이 칼에 찔려 치명상을 입었고 열한 살짜리를 비롯한 다른 두 명이 중상을 입었다. ……밤 9시 무렵에 [포사이스스트리트 패거리 예닐곱 명이] 갑자기 릴리언월드Lillian Wald 주택단지 근처에 있는 스포츠맨 패거리의 소굴을 덮쳤고, 크루스가 몸을 웅크리고 소총을 쏘는 동안 D애비뉴Avenue D[단지 뜰의 경계이다]의 무인지대에서 무리에게 화염병을 던졌다.

이 세 싸움은 어디서 일어났을까? 공원과 주택단지의 공원 같은 뜰에서 일어났다. 이런 식의 소요가 벌어진 뒤 사람들이 으레 소리 높여 부르짖는 처방 가운데 하나는 공원과 놀이터를 더 많이 만들라는 것이다. 우리는 상징들의 소리에 곤혹스러울 수밖에 없다.

'거리 갱단'들은 주로 공원과 놀이터에서 '거리 싸움'을 한다. 1959년 9월에 『뉴욕타임스』에서 지난 10년 동안 뉴욕에서 일어난 최악의 청소년

---

* 포사이스스트리트는 여러 블록에 걸쳐 있는 새라 딜라노 루스벨트 공원에 접해 있다. 『뉴욕타임스』에 따르면, 공원 가장자리에 있는 교회의 제리 오니키(Jerry Oniki) 목사는 공원이 아이들에게 미치는 영향에 대해 이렇게 말했다고 한다. "당신이 생각할 수 있는 모든 종류의 비행이 그 공원 안에서 이루어지고 있습니다." 그렇지만 이 공원은 한때 전문가의 극찬을 받기도 했다. 1942년에 로버트 모지스(Robert Moses)가 쓴, 파리를 새롭게 건설한 오스만 남작(Baron Haussmann)에 관한 글에 실린 삽화들 가운데는 당시 새로 건설된 새라 딜라노 루스벨트 공원을 파리의 리볼리 가[Rue de Rivoli ; 제2제정 시대에 오스만 남작의 파리 정비 계획에 따라 생미셸, 세바스토폴, 도메닐, 라스파유 등과 더불어 만들어진 대표적인 대로—옮긴이]에 맞먹는 업적으로 진지하게 다룬 것도 있다.

3장_ 보도의 효용 : 어린이들의 동화   115

갱단 소요를 정리해 보도했을 때, 기사는 모든 싸움을 공원에서 일어난 것으로 표시했다. 게다가 뉴욕뿐만 아니라 다른 도시들에서도 이런 끔찍한 사건에 연루되는 아이들이 슈퍼블록 단지에 사는 경우가 다반사이다. 이런 곳의 거리에서는 일상적인 놀이가 사라지고 있다(거리 자체가 대부분 사라지고 있다). 앞에서 서술한 갱단 전쟁이 벌어진 뉴욕 로워이스트사이드에서 청소년 비행율이 가장 높은 벨트는 공공 주택단지의 공원과 유사한 벨트와 정확히 일치한다. 브루클린에서 가장 무시무시한 두 갱단은 제일 오래된 주택단지에 뿌리를 두고 있다. 『뉴욕타임스』의 보도에 따르면, 뉴욕 시 청소년위원회 위원장 랠프 웰런Ralph Whelan은 새로운 주택단지가 건설되는 곳마다 "청소년 비행율이 높아진다"고 밝히고 있다. 필라델피아의 최악의 소녀 갱단은 이 도시에서 두번째로 오래된 주택단지의 뜰에서 성장했으며, 이 도시에서 청소년 비행율이 가장 높은 벨트는 주요 주택단지 벨트와 일치한다. 세인트루이스에서는 구겐하임이 돈 뺏는 것을 목격한 단지가 도시 최대의 단지와 비교하면 상대적으로 안전한 곳으로 여겨진다. 대부분 잔디밭으로 놀이터가 점점이 박혀 있고 도시 거리는 전혀 없는 23헥타르(약 6만 9천 평)에 달하는 이 최대 규모의 단지는 세인트루이스에서 청소년 비행의 온상이다.* 이런 단지들은 다른 무엇보다도 아이들을 거리에서 떼어놓으려는 의도의 사례이다. 이것들은 어느 정도는 바로 이런 목적을 위해 설계되었다.

    그 결과가 실망스러운 것은 조금도 이상한 일이 아니다. 어른들에게 적용되는 것과 동일한 도시 안전과 도시 공중 생활의 규칙이 어린이에게

---

* 이 단지 역시 전문가의 칭찬을 받은 적이 있다. 1954~56년에 단지가 건설될 때 이곳은 주택 건축계에서 경탄의 대상이었고 이례적으로 훌륭한 주택의 본보기로 널리 선전되었다.

도 적용된다. 어린이들이 성인에 비해 위험과 야만 상태에 훨씬 더 취약하다는 점을 제외하고는 말이다.

실제 생활에서 어린이들이 활기찬 도시 거리에서 평범한 공원이나 공중 놀이터, 단지 내 놀이터로 옮겨지면 어떤 중요한 변화가 **일어날까?**

대부분의 경우에(다행히도 항상 그렇지는 않다) 가장 중요한 변화는 이런 식이다. 아이들이 상대적으로 비율이 높은 어른의 눈이 있는 곳에서 어른의 비율이 낮거나 심지어 전혀 없는 장소로 이동하는 것이다. 이런 변화가 도시 아동 양육 환경의 개선을 나타낸다는 생각은 순전히 백일몽일 뿐이다.

도시 아이들 자신이 이런 사실을 잘 알고 있다. 여러 세대에 걸쳐 아이들은 아는 것이다. "반사회적인 행동을 하고 싶을 때면 우리는 언제나 린디 공원Lindy Park으로 향하곤 했어요. 거기 가면 우리를 보는 어른들이 아무도 없었기 때문이죠." 브루클린에서 자란 화가 제시 라이첵Jesse Reichek의 말이다. "대부분은 거리에서 놀았는데, 거리에서는 들키지 않고 할 수 있는 일이 별로 없었어요."

사람 사는 게 예나 지금이나 마찬가지이다. 내 아들은 애들 네 명이 덮치는데 어떻게 도망쳤는지 얘기하면서 이렇게 말한다. "놀이터를 가로지를 수밖에 없었을 때는 잡힐까봐 겁이 났어요. 거기서 잡히면 끝장이거든요!"

맨해튼 웨스트사이드 미드타운에 있는 놀이터에서 열여섯 살짜리 남자애 둘이 살해되고 며칠 뒤 나는 우울한 기분으로 그 지역을 찾았다. 근처의 거리들은 일상으로 돌아간 게 분명했다. 보도를 이용하는 어른들과 창문을 내다보는 어른들의 무수한 눈길이 지켜보는 가운데 수백 명의 아이들이 길에서 하는 온갖 종류의 놀이를 즐기며 떠들썩하게 뛰어다니고 있었다. 보도는 지저분했고, 이용하는 사람의 숫자를 감당하기에는 너무 비좁았으며, 햇볕을 피할 곳도 없었다. 그러나 이곳에서는 방화나 무차별적인 폭력이나 위험한 무기를 휘둘러대는 모습은 전혀 보이지 않았다. 악몽 같은 살인 사건이 발생한 놀이터도 겉으로는 일상으로 돌아간 듯 보였다. 어린 남자애 셋이 나무 벤치 아래에 불을 피우고 있었다. 다른 아이 하나는 콘크리트에 부딪히고 있었다. 관리인은 천천히 엄숙하게 미국 국기를 끌어내리는 데 열중하고 있었다.

    집에 돌아오는 길에 우리 동네 근처에 있는 상대적으로 우아한 놀이터를 지나치면서 나는 엄마들과 관리인이 사라지고 없는 늦은 오후에 놀이터에는 스케이트로 꼬마 여자애를 후려치겠다고 을러대는 어린 남자애 둘과, 정신을 차리고 머리를 흔들어 대면서 그러면 안 된다고 중얼거리는 알코올중독자 한 명뿐임을 눈치챘다.

    저 멀리 거리 아래쪽 푸에르토리코 이민자들이 많이 사는 블록에서는 대조적인 광경이 눈에 띄었다. 사탕 한 봉지를 둘러싼 말다툼을 넘어서는 정도의 심각한 사건이나 폭력, 방화 등이 전혀 없이 온갖 또래의 아이들이 보도에서 놀고 있었다. 아이들은 주로 공공장소를 찾는 어른들의 무심한 감시 아래 놓여 있었다. 이런 감시는 겉으로만 무심해 보였을 뿐이다. 사탕 때문에 말다툼이 벌어지고 나서 평화와 정의가 다시 자리를 찾았을 때 드러난 것처럼 말이다. 어른들의 정체는 계속 바뀌었다. 각기 다른 어른들이 창문 밖으로 머리를 내밀었고, 또 다른 어른들이 볼일을 보러 들락거리거나 지나치거나 잠시 서성거렸기 때문이다. 그러나 내가 보는 한 시간 동안 거리에 있는 어른들의 수는—여덟에서 열한 명 사이로—꾸준하게 유지되었다. 집에 도착하자마자 나는 우리 블록의 끝에, 즉 아파트와 양복점, 우리 집, 세탁소, 피자점, 과일가게 앞 보도에서 어른 열네 명이 보는 가운데 애들 열두 명이 놀고 있는 것을 눈치챘다.

분명 모든 도시 보도가 이런 식으로 감시를 받지는 않으며, 이런 사실은 도시계획을 통해 적절히 바로잡아야 하는 도시의 문제점 가운데 하나이다. 이용이 뜸한 보도에는 아이를 기르는 데 적합한 감시가 부족하다. 또 보도를 맞대고 사는 사람들이 계속해서 빠르게 주거지를 옮긴다면—도시계획에서 시급히 풀어야 할 또 다른 문제이다—보는 눈이 있다 하더라도 그 보도는 안전하지 못할 것이다. 그러나 이런 거리 근처에 있는 놀이터와 공원은 훨씬 더 건전하지 못하다.

다음 장에서 살펴보겠지만, 모든 놀이터와 공원이 안전하지 않거나 감시가 부족한 것은 아니다. 그러나 건전한 놀이터와 공원은 으레 거리가 활기차고 안전하며 문명화된 공중 보도 생활의 강력한 분위기가 지배하는 동네에 있게 마련이다. 어느 지역의 놀이터와 보도 사이에 안전성과 건전성에서 어떤 차이가 있든 간에, 적어도 내가 아는 한 그런 차이조차 언제나 많은 비난을 받는 거리에 이익이 된다.

도시에서 아이를 키우는 책임을 이론상으로가 아니라 실제로 맡고 있는 사람들은 흔히 이런 점을 잘 알고 있다. 도시의 엄마들은 이렇게 말한다. "밖에 나가면 안 된다. 보도에서만 놀아야 돼." 나도 아이들에게 이런 말을 한다. 이 말이 단지 "자동차가 다니는 거리로 나가면 안 된다"라는 의미만은 아니다.

『뉴욕타임스』는—역시 어느 공원에서—정체를 알 수 없는 가해자에 떠밀려 하수구에 빠진 아홉 살짜리 소년이 기적적으로 구조된 사건을 설명하면서 이렇게 보도했다. "아이 어머니는 그날 낮에 애들에게 하이브리지 공원High Bridge Park에서 놀지 말라고 일러두었었다.…… 결국 맞는 말을 한 셈이었다." 겁에 질린 아이 친구들은 재빨리 공원에서 빠져나와

3장_보도의 효용: 어린이들의 동화 119

사악한 거리로 향했고 그곳에서 신속하게 도움을 구할 수 있었다.

보스턴 노스엔드의 사회복지관 대표 프랭크 헤이비는 부모들이 이런 문제로 몇 번이고 자신을 찾는다고 말한다. "아이들한테 저녁 먹고 나서는 보도에서 놀라고 말합니다. 그런데 아이들이 거리에서 놀면 안 된다고들 합니다. 제가 잘못하는 건가요?" 헤이비는 부모들에게 제대로 하고 있는 거라고 말해 준다. 헤이비에 따르면, 노스엔드에서 청소년 비행률이 낮은 것은 주로 지역 사회가 가장 강력한 곳에서—즉 보도에서—노는 아이들에 대해 지역 사람들이 훌륭하게 감시하기 때문이다.

거리를 혐오한 '전원도시' 계획가들은 아이들을 거리에서 몰아내고 건전한 감시 아래에 두기 위한 해결책이 슈퍼블록 중심부에 아이들을 위한 내부 고립공간enclave을 건설하는 것이라고 생각했다. '빛나는 전원도시'의 설계가들은 이러한 정책을 물려받고 있다. 오늘날 많은 대규모 재개발 지역이 블록 내부의 폐쇄된 공원 고립공간의 원리에 따라 재계획되고 있다.

피츠버그의 채텀빌리지나 로스앤젤레스의 볼드윈힐즈빌리지Baldwin Hills Village, 그리고 뉴욕과 볼티모어의 소규모 안뜰 거리 같은 기존의 사례에서 이미 볼 수 있는 것처럼, 이 계획의 문제점은 모험심과 도전정신이 있는 아이라면 여섯 살만 넘어도 그렇게 지루한 장소에서만 놀려고 하질 않는다는 점이다. 대부분은 일찍부터 밖으로 나가고 싶어 한다. 이렇게 보호되는 '공생'의 세계는 여러 면에서 아이의 삶에서 제일 다루기 쉬운 4년 정도에나 어울리고, 실제로도 서너 살짜리가 주로 이용한다. 이런 장소에 사는 성인 주민들도 안전하게 보호되는 안뜰에서 더 큰 애들이 노는 것을 원치 않는다. 채텀빌리지와 볼드윈힐즈빌리지에서는 큰 애들이 안뜰에서 노는 것을 분명하게 금지한다. 어린 꼬마들은 보기도 좋고 비교적 순하지만, 더 큰 애들은 시끄럽게 뛰어다니는 데다가 환경에 적응하기는커녕 자기들이 환경을 바꾸려고 한다. 환경이 이미 '완벽하기' 때문에 바꾸는 것은 바람직하지 않다. 게다가 기존의 사례나 건설 계획에서 볼 수 있는 것처럼, 이런 유형의 계획은 건물들이 내부 고립공간을 향할 것을 요구한다. 그렇지 않으면 사람들이 아름다운 고립공간을 좀처럼 이용하지 않고 손쉬운 감시와 접근성이 없는 채로 방치될 것이기 때문이다. 따라서 상대적으로 출입구가 없는 건물의 후면이나 휑한 양쪽 끝 벽이 거리를 향하게 된다. 그리하여 일반적인 보도의 안전과 일부 사람들——어린이——을 위해 특화된 형태의 안전이 맞교환된다. 언젠가 반드시 그러하겠지만 아이들이 위험을 무릅쓰고 밖으로 나갈 때면, 다른 모든 이들과 마찬가지로 형편없는 대접을 받는다.

    이제까지 도시에서 아이를 키우는 부정적인 측면에 대해 길게 이야기했다. 보호——백치 상태인 아이들의 보호, 사악한 어른들로부터의 보호, 아이들 서로로부터의 보호——라는 요인이 그것이다. 길게 이야기한 이유는 가장 쉽게 이해할 수 있는 문제들을 통해 놀이터와 공원이 자동적으로 아이들에게 좋은 장소이고 거리는 자동적으로 좋은 장소가 아니라는 환상이 얼마나 터무니없는 것인지를 보여 주고자 했기 때문이다.

    그러나 활기찬 보도는 도시 아이들이 놀기에 긍정적인 측면도 있으며, 이런 점은 적어도 안전과 보호만큼이나 중요하다.

    도시의 아이들에게는 뛰어놀고 배울 수 있는 다양한 장소가 필요하다. 아이들에게는 다른 무엇보다도 온갖 종류의 스포츠와 운동과 신체 기술을 익힐 수 있는 기회가 필요하다——대부분의 경우에 지금 누리고 있는 것보다 더 쉽게 접할 수 있는 더 많은 기회가. 그러나 이와 동시에, 근거지로 삼아 놀고 주변에서 어슬렁거리면서 세계에 대한 관념을 형성하는 데 도움을 받을 수 있는 야외의 일반적인 장소도 필요하다.

보도가 제공하는 것은 바로 이런 형태의 특화되지 않은 놀이이다— 그리고 도시의 활기찬 보도는 여기에 훌륭하게 이바지한다. 이런 근거지 놀이home-base play가 놀이터와 공원으로 옮겨질 때, 그것은 안전하지 않게 제공될 뿐만 아니라 유급 인력과 장비, 공간 등이 스케이트장, 수영장, 보트장 등을 비롯한 다양하고 특화된 야외 용도에 충당되는 대신 허비되고 만다. 일반화된 빈약한 놀이 용도가 특화된 훌륭한 놀이에 사용될 수 있는 자원을 먹어 치우는 것이다.

활기찬 보도에 통상적으로 존재하는 어른들을 헛되이 낭비하고 그 대신 (아무리 이상적일지라도) 돈 주고 산 대체물에 의지하는 것은 지극히 경솔한 처사이다. 비단 사회적으로만이 아니라 경제적으로도 경솔하다. 도시에는 놀이터보다 더 흥미로운 야외 용도를 위한 자금과 인력—및 아이들의 생활의 다른 측면을 위한 자금과 인력—이 크게 부족하기 때문이다. 예컨대 오늘날 도시 학교 체계는 학급당 학생 수가 30명에서 40명 사이이고—때로는 더 많다— 영어 문맹에서부터 정서 불안에 이르기까지 온갖 문제를 지닌 학생도 일반 학급에 포함된다. 도시 학교는 심각한 문제를 다루는 동시에 통상적인 학급 정원을 더 나은 교육에 적합한 수준으로 줄이기 위해 교사 수를 50퍼센트 늘리는 등의 대책이 필요하다. 1959년에 뉴욕의 시립 병원들에서는 전문 간호사 자리의 58퍼센트가 채워지지 않았고, 다른 여러 도시에서도 간호사 부족 사태가 급박해졌다. 도서관뿐만 아니라 박물관도 이용 시간을 축소하는데, 특히 어린이 이용 시간을 축소하고 있다. 새로운 슬럼가와 도시의 새로운 주택단지에서 시급하게 필요한 사회복지관 수를 확대하기 위한 자금 역시 부족하다. 기존의 사회복지관들조차 프로그램 확대와 변화, 즉 인력 확충에 필요한 자금이 부족하다. 이와 같은 요구가 공공·박애 자금에 대해 우선권을 가져야 마땅하다──지금처럼 턱없이 부족한 수준의 자금뿐만 아니라 크게 증가된 자금에 대해서도.

다른 일과 직무가 있고 또 필요한 훈련을 받지 않은 도시 사람들이 교사나 공인 간호사, 사서나 박물관 경비원, 사회복지사 같은 일을 맡을 수는 없다. 그러나 적어도 아이들이 흔히 하는 놀이를 감독하고 아이들을 도시 사회에 동화하는 일을 할 수는 있으며, 활기차고 다양한 보도에서는 실제로 그렇게 한다. 그것도 **자신들이 하던 다른 일을 계속 하면서** 할 수 있다.

계획가들은 흔히 하는 놀이에서 아이들을 키우는 데 얼마나 높은 비율의 어른들이 필요한지 깨닫지 못하는 듯싶다. 또 장소와 설비가 아이들을 키우는 게 아님을 이해하지도 못하는 것 같다. 장소와 설비는 유용한 부속물일 수 있지만 오직 사람만이 아이들을 키우고 문명사회에 동화시킬 수 있다.

아동 양육에 필요한 이런 통상적이고 일상적인 인력을 낭비하고, 이런 필수적인 일을 지나치게 방치하거나──그리하여 끔찍한 결과를 초래하거나──돈을 주고 대체물을 살 수밖에 없도록 만드는 식으로 도시를 건설하는 것은 어리석은 일이다. 놀이터와 잔디밭, 돈을 주고 고용한 경비원이나 관리인은 원래가 아이들에게 유익하고, 평범한 사람들로 가득한 도시 거리는 원래 아이들에게 나쁘다는 신화는 결국 보통 사람들에 대한 깊은 경멸이나 다름없다.

실생활에서 아이들은 오로지 도시 보도의 평범한 어른들을 통해서만 성공적인 도시 생활의 기본 원리를 배운다──어쨌든 배운다고 한다면 말이다. 사람들은 서로 아무 관계가 없더라도 서로에 대한 공적 책임을 조금이라도 떠맡아야 한다. 이런 교훈은 말로 들어서 배우는 게 아니다. **당**

신의 가족이나 친한 친구가 아니거나 당신에 대해 공식적 책임이 없는 타인이 당신을 위해 조금이라도 공적 책임을 떠맡는 경험을 통해 배우는 것이다. 열쇠점 주인 레이시 씨가 우리 아들이 찻길로 뛰어나가는 것을 보고 호통을 치고 나중에 남편이 열쇠점을 지나칠 때 애가 무단횡단을 했다고 알려 줄 때, 우리 아들은 안전과 질서 준수에 대한 명백한 교훈 이상을 얻는다. 아들은 또 거리 가까이에 산다는 것 말고는 아무 관계도 없는 레이시 씨가 자신에 대해 어느 정도 책임감을 느낀다는 교훈을 간접적으로 얻게 된다. '공생' 아니면 아무것도 공유하지 않는 양자택일의 단지에서 엘리베이터에 꼼짝없이 갇혔던 아이는 자신의 경험으로부터 정반대의 교훈을 배운다. 아파트 창문과 행인에게 물을 뿌리고도 익명의 공터에서 노는 익명의 아이들이기 때문에 꾸지람받지 않는 단지 아이들 또한 그런 식의 교훈을 배운다.

 동네의 공중 생활을 누리는 보도의 아이들은 도시 거주자들이 도시 거리에서 벌어지는 일에 대해 책임을 떠안아야 한다는 교훈을 거듭해서 배운다. 아이들은 놀라우리만치 일찍부터 그런 교훈을 흡수한다. 아이들은 자신들 역시 관리자의 일부라는 점을 당연히 받아들임으로써 교훈을 흡수했음을 보여 준다. 아이들은 (묻기도 전에) 자진해서 길 잃은 사람에게 길을 알려 주고, 주차하려는 사람에게 거기 주차하면 딱지를 떼인다고 말해 주며, 건물 관리인에게 얼음을 없애려면 도끼 대신 염화나트륨을 쓰라고 나서서 충고한다. 도시 아이들이 이런 식으로 으스대는 모습이 있는지 없는지를 통해 우리는 보도와 보도를 이용하는 아이들에 대해 어른들이 책임감 있는 행동을 하는지 안 하는지를 꽤 정확히 가늠해 볼 수 있다. 아이들은 어른들의 태도를 고스란히 흉내 낸다. 이런 것은 소득과는 아무 관계가 없다. 도시에서 가장 가난한 일부 지역의 아이들이 이런 점에서는 최고이다. 또 일부 지역에서는 최악이다.

이런 것은 아이들을 돌보도록 돈을 주고 고용한 사람들이 가르쳐 줄 수 없는 도시 생활의 지침이다. 이런 책임의 본질은 보수를 받지 않고서 그런 행동을 한다는 데 있기 때문이다. 이것은 부모들 혼자서 가르칠 수 없는 교훈이다. 어느 사회에서 부모가 낯선 사람이나 이웃에 대해 사소한 공적 책임을 떠맡지만 다른 사람들은 전혀 그렇게 하지 않는다면, 그것은 부모가 다른 사람들과 달리 성가시고 간섭하기 좋아한다는 뜻이지 이런 게 적절한 행동이라는 뜻이 아니다. 이런 가르침은 사회 자체로부터 나와야 하며, 만약 도시에서 배운다고 한다면 거의 전적으로 아이들이 보도에서 일상적으로 놀면서 보내는 시간에서 배워야 한다.

활기차고 다양한 보도에서 노는 것은 오늘날 미국 어린이들에게 주어진 다른 모든 일상적인 놀이와 다르다. 모계제에서 지도되지 않는 놀이인 것이다.

도시 건축설계가와 계획가는 대부분 남성이다. 이상하게도 그들은 사람들이 사는 모든 곳에서 통상적인 낮 시간에 남자의 존재를 배제하는 쪽으로 계획하고 설계한다. 그들은 주거 생활을 계획하면서 믿기 힘들 정도로 할 일 없는 가정주부와 취학 전 아동의 일상적 요구를 가정해 놓고 그런 요구를 충족시키는 것을 목표로 삼는다. 다시 말해 그들은 모계제 사회를 위해 도시를 계획한다.

모계제라는 이상은 주거가 생활의 다른 부분과 고립되는 도시계획을 불가피하게 수반한다. 또한 아이들의 일상적인 놀이를 자체의 보호 구역에 분리하는 계획을 수반한다. 성인 사회가 무엇을 수반하든 간에 그런 계획에 영향을 받는 어린이들의 일상생활은 모계제여야 한다. 채텀빌리지, 즉 피츠버그의 '전원도시' 생활의 모델은 최신 교외 주택지만큼이나 구상과 운영이 철저하게 모계제이다. 모든 주택단지가 그러하다.

'전원도시' 이론에 의해 만들어진 전통에서 일터와 상가를 주거지 근처에 배치하면서도 완충 지대를 설정하는 것은 주거지가 일터와 남성들로부터 몇 마일이나 떨어진 것처럼 완전히 모계제적인 배치이다. 남자들은 추상 개념이 아니다. 실물로 주변에 존재하거나 존재하지 않는다. 가령 허드슨스트리트나 그 근처에서 일하는 이들 같은 남자들──여자들을 대신하거나 여자들의 일을 흉내 내면서 이따금 놀이터에 얼굴을 내미는 남자들과 반대되는 의미의, 통상적인 일상생활의 일부인 남자들──이 일상생활에서 도시 어린이들 주변에 존재하려면 일터와 상가가 주거지와 곧바로 뒤섞여 있어야 한다.

남성과 여성 모두로 이루어진 일상 세계에서 놀면서 자라날 수 있는 기회(현대인의 생활에서 이것은 기회가 아닌 특권이 되고 있다)는 활기차고 다양한 도시 보도에서 노는 아이들에게 흔히 주어질 수 있다. 도대체 왜 이런 배치가 도시계획과 구획 설정에 의해 억제되어야 하는지 이해할 수가 없다. 오히려 일터와 상가를 주거지와 뒤섞고 한데 모으도록 자극하는 조건을 검토함으로써 이런 배치를 장려해야 마땅하다. 이 주제에 관해서는 나중에 다시 이야기하도록 하겠다.

레크리에이션 전문가들은 오래전부터 거리 생활이 도시 어린이들에게 주는 매력을 주목해 왔지만 으레 반대하는 쪽이었다. 일찍이 1928년에 뉴욕의 지역계획협회Regional Plan Association는 오늘날까지도 미국 대도시의 레크리에이션에 관한 철저한 연구로 평가되는 보고서에서 다음과 같이 말했다.

많은 도시의 여러 광범위한 조건에 처해 있는 놀이터들의 반경 4분의 1

마일 이내를 주의 깊게 조사해 보면, 5세에서 15세 사이의 아동 인구 중 약 7분의 1이 이곳에서 발견될 것이다. ······거리의 유혹은 강력한 경쟁자이다. ······ 활력과 모험으로 가득한 도시 거리와의 경쟁에서 성공하기 위해서는 잘 관리되는 놀이터여야만 한다. 어린이들을 거리로부터 끌어당기고 어린이들의 관심을 매일 묶어 둘 만큼 놀이터의 활동을 매력적으로 만드는 능력은 놀이 지도에서 보기 드문 재능으로서 높은 수준의 인간적 매력과 기술적 수완이 결합되어야 한다.

계속해서 보고서는 "인정받은 놀이"(누구한테 인정받았다는 말인가?)를 하는 대신 "어슬렁거리며 시간을 보내는" 어린이들의 고치기 힘든 경향을 개탄한다. 일상적인 놀이를 유폐하려는 사람들의 조직아동[Organization Child ; 미국의 사회학자 윌리엄 H. 화이트 William H. Whyte가 1956년 저서 『조직인간』 *Organization Man*에서 만들어 낸 말로, 주체성을 잃고 조직에 순응하는 현대 사회의 인간형을 가리키는 '조직인간'에 빗댄 표현으로 보인다—옮긴이]에 대한 이러한 갈망과, 활력과 모험으로 가득한 도시 거리에서 어슬렁거리며 시간을 보내기를 좋아하는 어린이들의 고치기 힘든 경향은 둘 다 1928년이나 지금이나 특징적이다.

"그리니치빌리지는 손바닥처럼 훤해요." 둘째 아들은 뻐기듯 말하면서 지하철 계단을 내려가 다른 계단으로 올라가는 거리 아래서 자기가 발견한 '비밀 통로'와 두 건물 사이에 있는 20센티미터 정도 너비의 비밀 보관소 등을 보여 준다. 비밀 보관소에는 등굣길에 사람들이 쓰레기 수거 차량이 가져가게 내놓은 걸 봐 두었다가 하굣길에 챙긴 보물들을 숨겨 둔다. (나도 둘째 아들 나이 때 똑같은 목적으로 사용하는 그런 보관소가 있었는데, 내 경우는 두 건물 사이의 틈이 아니라 등굣길에 있던 절벽에 난 틈이었다. 또,

아들은 나보다 진기한 보물이 더 많다.)

도대체 아이들은 왜 흔히 뒤뜰이나 놀이터보다 활기찬 도시 보도를 거니는 게 더 재미있다고 생각하는 걸까? 왜냐하면 보도가 더 재미있기 때문이다. 마찬가지로 엉터리 같은 질문을 던져 보자. 도대체 왜 어른들은 놀이터보다 활기찬 거리가 더 흥미롭다고 생각하는 걸까?

도시 보도가 제공하는 놀라운 편의는 아이들에게도 중요한 자산이다. 아이들은 노인을 제외하면 다른 누구보다도 편의에 좌우된다. 어린이들이 옥외에서 하는 놀이의 상당 부분은, 특히 학교에 다니기 시작하면서부터, 또 (스포츠, 예술, 수공예, 또는 아이들이 흥미를 느끼고 지역에서 접할 수 있는 기회가 있는 것은 어느 것이든 간에) 일정한 수의 조직 활동을 알게 되면서부터는 남는 시간에 하게 되어 중간에 끼게 된다. 어린이들이 옥외생활을 하는 것은 대부분 자투리 시간이다. 점심 먹고 잠깐 남는 시간이 되기도 하고, 학교가 파한 뒤 뭘 할지 생각하고 누가 나타날지 궁금해하는 동안일 수도 있다. 저녁 먹으라고 부르기를 기다리는 동안이 될 수도 있다. 또 저녁을 먹고 나서 숙제하기 전이나 숙제하고 나서 잠자리에 들기 전의 잠깐의 짬이 되기도 한다.

이런 시간에 아이들은 몸을 움직이면서 재미있게 노는 온갖 방법을 알고 있고 그런 방법을 사용한다. 아이들은 흙탕물이 고인 곳을 저벅저벅 걷고, 분필로 낙서를 하고, 줄넘기를 하고, 롤러스케이트를 타고, 공기놀이를 하고, 자기 물건을 자랑하고, 서로 떠들고, 딱지를 맞바꾸고, 계단야구[stoop ball ; 1차대전 이후 뉴욕 브루클린 등의 도심에서 아이들이 즐겨 한 일종의 길거리 야구이다. 공격자가 건물 앞 계단에 공을 던져 계단을 맞고 튀어나오는 공의 거리나 방향에 따라 안타인지, 아웃인지 결정된다—옮긴이]를 하고, 죽마를 타고, 비누상자 스쿠터를 꾸미고, 낡은 유모차를 분해해 보고, 난간을 기어오르고, 여기저기 뛰어다닌다. 이런 활동을 과대평가하는 것은 이치에 맞지 않는다. 또 공식적인 계획에 따라 이런 놀이를 하려고 어딘가로 가는 것도 이치에 맞지 않는다. 이런 활동이 매력적인 것은 보도를 이리저리 거닐면서 자유를 느끼기 때문인데, 이것은 보호 구역에 갇히는 것과는 다른 문제이다. 이런 일을 아무 때나 편리하게 할 수 없으면 좀처럼 하지 않을 것이다.

아이들이 자람에 따라 이와 같은 아무 때나 하는 옥외 활동——즉 밥 먹으라고 부르기를 기다리면서 하는 놀이 ——은 신체를 뽐내는 일이 줄어들고, 친구들과 어슬렁거리면서 지나는 사람들을 평가하고, 시시덕거리고, 이야기를 하고, 밀고, 밀어붙이고, 야단법석을 떠는 것으로 바뀐다. 청소년들은 언제나 이런 식으로 어슬렁거린다고 비난을 받지만, 그렇게 하지 않고서는 어른이 될 수 없다. 문제는 그렇게 어슬렁거리는 것이 사회 안에서가 아니라 불법적인 생활의 형태로 이루어질 때이다.

이와 같이 아무 때나 다양한 놀이를 하기 위한 필요조건은 대단한 시설이나 장비가 아니라 언제든 재미있게 이용할 수 있는 장소나 공간이다. 아이들의 수에 비해 보도가 너무 비좁으면 다른 데로 나가서 논다. 특히 보도에 접한 건물의 선이 조금 불규칙한 곳이 없으면 다른 데서 논다. 길을 걷는 보행자들의 흐름에서 비껴나 있는 보도의 작은 틈새에서 많은 수가 어슬렁거리고 논다.

보도를 여러 다양한 다른 목적으로 이용하고 또 여러 다양한 다른 사람들이 이용하지 않는다면, 보도에서 노는 것은 아무런 의미가 없다. 적절한 감시와 활력 있는 공중 생활과 전반적인 흥미를 위해 이런 용도는 서로에게 필요하다. 활기찬 거리의 보도가 충분히 넓다면, 다른 용도와 더불어 놀이가 대단히 활발하게 이루어지게 마련이다. 보도가 비좁으면 줄넘기

놀이가 우선 희생양이 된다. 롤러스케이트, 세발자전거, 자전거 등을 타고 노는 게 그 다음으로 희생양이 된다. 보도가 협소할수록 앉아서 하는 놀이가 더 많아진다. 또한 사람들의 왕래가 많을수록 아이들이 이따금 차도로 몰려나가는 일이 많아진다.

폭이 9미터에서 10미터 정도 되는 보도는 아무 때나 하는 놀이의 수요를 사실상 모두 수용할 수 있다——활동하기 좋게 그늘을 제공하는 나무가 있고, 보행자가 왕래할 수 있는 충분한 공간도 있으며, 보도에서 생활하고 어슬렁거리는 어른들도 있다. 이렇게 사치스러울 정도로 넓은 보도는 거의 찾아보기 힘들다. 어디서나 차량의 폭을 위해 보도의 폭이 희생된다. 도시 보도는 으레 보행자가 이동하고 건물로 접근하는 공간으로만 여겨질 뿐, 도시의 안전과 공중 생활, 아동 양육을 위한 중요하고 대체할 수 없는 기관으로 인정과 존중을 받지 못한다.

보통 줄넘기를 하기는 힘들지만 롤러스케이트나 자전거 정도는 탈 수 있는 폭이 6미터 정도 되는 보도는 아직도 찾아볼 수 있다——비록 해가 갈수록 가로 확장자들이 (종종 외진 보행자 전용로와 '산책로'가 건설적인 대체물이라고 믿으면서) 보도를 갉아먹고는 있지만. 보도가 활기차고 북적일수록, 보도를 이용하는 사람들이 다양하고 많을수록, 보도가 그 용도에 맞게 쾌적하게 이바지하는 데 필요한 폭은 더 넓어진다.

그러나 적절한 공간이 부족하더라도 편리한 위치와 거리의 흥미가 아이들에게 무척 중요하기 때문에——그리고 감시하기 편한 위치가 부모들에게 무척 중요하기 때문에——아이들은 부족한 보도의 공간에 적응하게 마련이다. 아이들이 쉽게 적응하는 것을 파렴치하게 이용하는 것이 옳은 일이라는 말이 아니다. 사실 우리는 아이들과 도시 모두에 해를 끼치고 있다.

일부 도시 보도는 분명 아이들을 키우기에 나쁜 곳이다. 이런 곳은 어느 누구에게나 나쁘다. 이런 동네에서는 도시 거리의 안전과 활기와 안정성을 강화하는 특성과 시설을 장려할 필요가 있다. 이것은 간단한 문제가 아니며, 도시계획의 중심적인 문제이다. 결함이 있는 도시 동네에서 아이들을 공원과 놀이터로 내모는 것은 거리 문제의 해법으로서나 어린이 문제의 해법으로서나 소용이 없을 뿐만 아니라 해롭다.

가능한 한에서 도시 거리를 없애고 도시 생활에서 거리가 차지하는 사회·경제적 역할을 약화하고 최소화한다는 관념은 정통 도시계획에서 가장 유해하고 파괴적인 사고이다. 도시에서 아이를 키우는 문제에 관한 공허한 환상의 이름 아래 이러한 관념이 종종 실행에 옮겨진다는 사실은 참으로 신랄한 아이러니가 아닐 수 없다.

4장_근린공원의 효용

전통적으로 근린공원이나 공원 같은 공지空地는 도시의 불우한 사람들에게 주어진 혜택으로 여겨진다. 이런 생각을 뒤집어서 도시 공원이 활력과 감상의 혜택을 받을 필요가 있는 불우한 장소라고 생각해 보라. 사실 이런 생각이 현실과 더 일치한다. 왜냐하면 사람들이 공원을 이용함으로써 공원을 성공으로 이끌기 때문이다──그렇지 않으면 공원을 이용하지 않아서 공원을 버림받고 실패한 나락으로 떨어뜨린다.

모름지기 공원은 변하기 쉬운 장소이다. 공원들은 인기의 양 극단을 오가는 경향이 있다. 공원의 행태는 전혀 단순하지가 않다. 공원은 도시 지구의 쾌적하고 인기 있는 장소가 될 수 있고 주변 지역의 경제적 자산이 될 수도 있지만, 유감스럽게도 그런 경우는 거의 없다. 해가 거듭될수록 공원이 더 사랑받고 소중한 곳이 될 수도 있지만, 유감스럽게도 이렇게 지속적인 힘을 보여 주는 공원은 거의 없다. 필라델피아의 리튼하우스스퀘어Rittenhouse Square나 뉴욕의 록펠러플라자Rockefeller Plaza와 워싱턴스퀘어Washington Square, 보스턴 광장Boston Common, 또는 다른 도시에도 사람들이 애용하는 공원이 있지만, 주변까지 노후하고, 이용하는 사람도 거의 없고, 아무도 아끼지 않는 이른바 공원이라고 하는 도시의 무기력한 공백지대가 훨씬 더 많다. 시 광장을 좋아하느냐는 질문을 받은 인디애나 주의 어느 여성은 이렇게 말했다. "거기는 담배에 찌든 누런 침이나 뱉으면서 여자들 치마 속이나 들여다보려는 더러운 노인네들 말고는 아무도 없어요."

정통 도시계획에서는 마치 미개인들이 마법적 물신을 받들어 모시듯이 근린 공지를 놀랍도록 무비판적으로 숭배한다.* 주택단지 계획가에게 그가 계획한 근린이 오래된 도시를 어떻게 개선하는지 한번 물어보라. 그러면 '공지 확대'More Open Space라는 자명한 덕목을 거론할 것이다. 도시 구획 설계가를 붙잡고 일련번호 부여를 통해 개선된 점에 관해 물어 보라. 이번에도 역시 자명한 덕목인 '공지 확대'를 장려했다는 말을 들을 것이다. 도시계획가와 활기 없는 동네를 한번 걸어 보라. 동네가 이미 버려진 공원들 때문에 지저분하고 휴지로 만든 오래된 꽃줄이 풍경을 장식하고 있어도 도시계획가는 '공지 확대'라는 미래를 꿈꿀 것이다.

무엇을 위한 '공지 확대'인가? 강도를 위해서? 건물들 사이의 황량한 공터를 위해서? 아니면 그곳을 이용하고 누릴 평범한 사람들을 위해서? 그러나 단지 공터가 존재하고 도시계획가와 설계가들이 이용을 원한다고 해서 사람들이 도시의 공터를 이용하지는 않는다.

도시 공원의 행태의 어떤 특성에서 볼 때, 모든 도시 공원은 하나하나가 독자적인 사례로서 일반화를 거부한다. 게다가 필라델피아의 페어마운트 공원Fairmount Park이나 뉴욕의 센트럴파크Central Park · 브롱크스 공원Bronx Park · 프로스펙트 공원Prospect Park, 세인트루이스의 포리스트 공원Forest Park, 샌프란시스코의 골든게이트 공원Golden Gate Park, 시카고의 그랜

---

* 예를 들어 다음을 보라. "모지스 씨는 일부 새로운 주택이 '추하고, 집단적이고, 무미건조하고, 획일적이고, 천편일률적이고, 개성이 없을' 수도 있다고 인정했다. 그러나 이런 주택을 공원으로 둘러쌀 수 있다고 제안했다."(1961년 1월 『뉴욕타임스』 기사)

트 공원Grant Park —— 그리고 훨씬 작은 보스턴 광장 —— 같은 대규모 공원들은 자체 안에서도 부분마다 크게 다르며, 또 공원이 접한 도시의 각기 다른 부분으로부터 서로 다른 영향을 받는다. 대도시의 대규모 공원의 행태를 규정하는 몇몇 요인들은 이 책 1부에서 다루기에는 너무나도 복잡하기 때문에 13장 「경계 공백지대의 저주」에서 다시 논의하도록 하겠다.

그러나 비록 두 도시 공원을 실제로나 잠재적으로나 서로의 복제판이라고 여기거나, 또는 일반화를 통해 어떤 공원의 특성을 모두 철저하게 설명할 수 있다고 믿는 것이 실제를 오도할 여지가 있다 하더라도, 사실상 모든 근린공원에 심대한 영향을 미치는 몇 가지 기본적인 원리에 관해 일반화를 하는 것은 가능하다. 게다가 이런 원리를 이해하는 것은 온갖 종류의 도시 공원 —— 거리의 확장으로 기능하는 작은 규모의 야외 로비에서부터 동물원, 연못, 숲, 박물관 같이 대도시에서 사람들을 끌어모으는 매력거리를 갖춘 대규모 공원에 이르기까지 —— 에 미치는 영향들을 이해하는 데도 다소 도움이 된다.

근린공원이 특화된 공원에 비해 공원의 행태에 관한 몇몇 일반적인 원칙을 더 뚜렷하게 보여 주는 까닭은 근린공원이 우리가 가진 도시 공원 가운데 가장 일반화된 형태이기 때문이다. 근린공원은 대개 지역 사람들의 마당으로서 일반적이고 일상적인 이용을 위한 것이다—그곳이 주로 업무 지역이든 주거 지역이든, 그 두 가지가 완전히 혼합된 곳이든 간에 말이다. 대부분의 도시 광장은 일반적인 공중마당public-yard 용도의 범주에 해당된다. 대다수 주택단지 부지도 마찬가지이고, 강둑이나 언덕마루 같은 자연적 특성을 활용하는 많은 도시 풍치 지구도 마찬가지이다.

도시와 도시 공원이 서로 어떻게 영향을 미치는지를 이해하는 데 우선 필요한 것은 이용의 실제와 신화—가령 공원이 '도시의 허파'라는 공상과학 식의 터무니없는 사고——사이의 혼동을 제거하는 것이다. 사람 네 명이 숨 쉬고 요리하고 난방을 하면서 발산하는 양의 이산화탄소를 흡수하기 위해서는 약 1.2헥타르의 숲이 필요하다. 도시가 질식하지 않도록 막아 주는 것은 공원이 아니라 우리 주변을 순환하는 막대한 공기이다.*

또한 일정한 면적의 녹지가 그에 상응하는 면적의 거리에 비해 더 많은 공기를 도시에 방출하는 것도 아니다. 가로를 줄이고 그 면적을 공원이나 주택단지 보행자 전용로에 합치는 것은 도시에 유입되는 신선한 공기의 양과는 무관하다. 공기는 잔디에 대한 물신숭배 따위는 알지 못하며 그런 물신숭배에 따라 스스로 선택하고 고르지도 못한다.

공원의 행태를 이해하기 위해서는 또한 공원이 부동산을 안정시키고 지역사회의 버팀목 역할을 한다는 그릇된 확신을 버릴 필요가 있다. 공원이 자동적으로 무언가가 되지는 않으며, 특히 이처럼 변하기 쉬운 요인이 가치나 동네와 지역을 안정시키는 장치가 될 리는 만무하다.

필라델피아는 이런 점에 관한 거의 통제된 실험을 제공한다. 이 도시를 계획할 때 펜[William Penn; 필라델피아를 비롯한 펜실베이니아 주를 개

---

*미국의 어느 도시보다도 허파의 도움을 필요로 하는 로스앤젤레스는 또한 공교롭게도 다른 어떤 대도시보다도 공지가 많이 있다. 로스앤젤레스의 스모그는 어느 정도는 지역의 막대한 공기의 순환이 원활하지 못한 데서 기인하지만, 또한 어느 정도는 도시에 공지가 풍부하게 산재되어 있다는 점에서도 기인한다. 공지의 산재로 인해 자동차의 이동 거리가 엄청나게 되고, 이로 인한 자동차의 배기가스는 다시 도시 스모그를 이루는 화학물질의 거의 3분의 2를 차지한다. 로스앤젤레스에 등록된 차량 3백만 대가 매일 뿜어내는 대기오염 화학물질 수천 톤 가운데 약 6백 톤이 탄화수소인데, 이것은 차량에 배기가스 재연소 장치 장착을 의무화하면 결국 대부분 제거할 수 있다. 그러나 약 4백 톤은 질소 산화물이고, 이 글을 쓰는 지금 배기가스의 이 성분을 줄이는 장치에 관한 연구는 아직 시작조차 되지 않고 있다. 분명 일시적인 역설은 아닌, 공기와 공지의 역설은 이러하다. 현대 도시에서 공지의 풍부한 산재는 대기오염에 맞서 싸우기는커녕 오염을 조장한다는 것이다. 에버니저 하워드는 이런 효과를 예측할 수 없었다. 그러나 이제 예측은 필요하지 않다. 때늦은 지혜만 있으면 된다.

척한 퀘이커교 지도자 윌리엄 펜(1644~1718)을 가리킨다—옮긴이]은 중심부에 지금의 시청이 자리한 광장을 두었고, 이 중심부에서 같은 거리에 네 개의 정방형 주거 구획을 두었다. 건설 연도와 규모, 원래의 용도, 그리고 위치상 이점까지도 거의 동일한 이 네 구획은 그 뒤 어떻게 되었을까?

각각의 운명은 크게 달랐다.

펜이 만든 네 구획 중 가장 유명한 리튼하우스스퀘어는 현재 필라델피아 최고의 자산으로서 사람들이 아끼고 자주 이용하는 성공작이자 최신 유행을 자랑하는 동네의 중심부이다—사실 필라델피아의 오래된 동네 가운데 주변을 계속 활성화하는 동시에 부동산 가치를 높이는 유일한 곳이다.

펜의 작은 공원 중 두번째인 프랭클린스퀘어Franklin Square는 여인숙, 값싼 호텔, 사회복지관, 구제 옷가게, 휴게실, 전당포, 직업소개소, 문신점, 스트립쇼 클럽, 간이식당 등이 둘러싼 가운데 노숙자와 실업자, 할 일 없는 사람들이 모이는 '하층계급'Skid Row 공원이다. 이 공원이나 공원 이용자들이나 모습은 초라하지만, 위험하고 범죄가 들끓는 공원은 아니다. 그렇지만 공원이 부동산 가치나 사회적 안정의 버팀목 역할을 하지는 못한다. 인근 동네는 대규모 철거가 예정되어 있다.

세번째인 워싱턴스퀘어는 한때 시내 중심부였던 지역의 한가운데이지만 지금은 대규모 업무 중심지—보험회사, 출판사, 광고회사—로 새롭게 특화되었다. 몇십 년 전에 워싱턴스퀘어는 필라델피아의 성도착자들이 모이는 공원이 되어 회사원들도 공원에서 점심 도시락 먹기를 꺼리고 공원 직원들과 경찰조차 어찌하기 힘든 범죄와 비행의 소굴이었다. 그러다가 1950년대 중반에 공원을 철거하여 1년 넘게 폐쇄하고 다시 설계했다. 그 과정에서 예상한 대로 이용자들이 뿔뿔이 흩어졌다. 오늘날에는 날씨 좋은 날 점심시간을 제외하고는 텅 빈, 잠깐씩 드문드문 이용하는 공원이다. 워싱턴스퀘어 인근 지역은 프랭클린스퀘어와 마찬가지로 자체적으로 가치를 높이기는커녕 유지하는 데도 실패했다. 띠처럼 둘러 서 있는 사무용 건물들을 제외하고는 현재 대규모 도시 재개발 지구로 지정된 상태이다.

펜이 만든 네번째 구획은 점점 규모가 줄어들어 벤저민 프랭클린 대로Benjamin Franklin Boulevard에 있는 작은 교통섬으로서 '도시 미화' 계획의 본보기가 된 로건서클Logan Circle이 되었다. 이 원형 안전지대는 높이 치솟는 분수와 아름답게 관리되는 조경으로 꾸며져 있다. 걸어서는 가기가 쉽지 않고 또 주로 빠른 속도로 휙 지나치는 이들을 위한 세련된 시설이기는 하지만, 날씨가 좋은 날에는 사람들이 조금씩 모여든다. 이 안전지대가 포함된 기념비적인 문화센터에 인접한 지역은 크게 쇠퇴했고, 이미 슬럼가를 일소하고 '빛나는 도시'로 전환되고 있다.

이 구획들——특히 여전히 구획으로 남아 있는 세 곳——의 각기 다른 운명은 도시 공원의 특징인 '쉽게 변한다는 점'을 여실히 보여 준다. 이 구획들은 또 공교롭게도 공원의 행태의 기본적인 원리들에 관해 많은 것을 보여 주는데, 이런 원리와 그 교훈에 관해서는 곧 다시 논의하도록 하겠다.

공원 및 공원과 인접한 동네의 쉽게 변하는 행태는 극단적일 수도 있다. 미국 도시에서 찾아볼 수 있는 가장 매력적이고 독특한 작은 공원 가운데 하나인 로스앤젤레스의 플라자Plaza는 커다란 목련 나무들에 빙 둘러싸인, 그늘과 역사를 자랑하는 아름다운 곳인데, 오늘날 이곳은 어울리지 않게도 삼면에 버려진 유령 같은 건물들이 즐비하고 불결하기가 이루 말할 수 없어서 악취가 보도까지 풍겨 나온다. (나머지 한 면은 멕시코 관광시장으로 깨끗하다.) 연립주택 동네의 주택가 잔디 광장인 보스턴의 매디슨 공원Madison Park은 요즘 흔히 볼 수 있는 세련된 재개발 계획마다 단골로 등장하는 종류의 공원으로서 마치 폭격당한 것처럼 보이는 동네의 중심지이다. 주변의 주택들은 ─ 필라델피아 리튼하우스스퀘어 동네의 외곽에서 인기가 있는 주택들과 본질적으로 전혀 다르지 않은데 ─ 가치가 떨어져서 허물어지고 있으며 그 결과로 방치되고 있다. 줄지어 늘어선 집들 중 하나가 금이 가면 그 집은 철거되고 옆집에 살던 가족들은 안전을 위해 집을 옮긴다. 몇 달 뒤 그 집도 사라지고 옆집이 비어 버린다. 황폐한 땅의 한가운데에 이론적으로는 훌륭한 주거 지역이 될 수 있는 작은 유령 공원과 더불어 갈라진 틈과 잡석더미가 의도치 않게 방치된 것은 계획에 따른 게 아니다. 볼티모어의 페더럴힐Federal Hill은 더없이 아름답고 고요한 공원으로 여기서 바라보는 도시와 만灣의 경치가 참 좋다. 근처 동네는 훌륭한 곳이기는 하지만 공원과 마찬가지로 적적하다. 여러 세대에 걸쳐 이 지역은 새로운 주민들이 제 발로 들어오게 하지 못했다. 주택단지 건설의 역사에서 가장 실망스러운 결과 중 하나는 공원과 공지가 인접한 곳의 가치를 높이는 데 실패하고 주변 동네를 개선하기는커녕 안정시키는 데도 실패했다는 점이다. 도시 공원이나 시민 광장, 주택단지 내 공원지구 등 아무 곳이나 그 주변 둘레를 한번 살펴보라. 도시 공지를 둘러싼 띠 모양 지역이 사람들을 끌어들이는 매력이나 공원 내에 거주하는 안정 효과를 지속적으로 발휘하는 경우가 얼마나 드문가.

　또 볼티모어의 아름다운 페더럴힐의 경우와 마찬가지로 대부분의 시간 동안 아무도 찾지 않는 공원들을 생각해 보라. 강이 내려다보이는 신시내티의 더없이 아름다운 공원 두 곳에서 어느 근사한 9월의 더운 날에 나는 오후 내내 다섯 명(십대 소녀 셋과 젊은 커플 한 쌍)밖에 보지 못했다. 한편 신시내티의 거리 곳곳에는 한가한 사람들이 가득했는데, 도시를 쾌적하게 즐기거나 그늘의 혜택을 누리는 이는 거의 없었다. 그날처럼 섭씨 32도가 넘는 어느 오후, 맨해튼의 인구 밀집 지역인 로워이스트사이드에서 조경이 잘된 상쾌한 강변의 오아시스인 콜리어스훅 공원에는 열여덟 명밖에 없었는데, 대부분은 혼자 공원을 찾은 가난한 몰골의 남자들이었다.*어린아이들은 없었다. 제정신인 어머니라면 그곳에 아이를 혼자 보내지는 않을 테고, 로워이스트사이드의 어머니들은 정신 나간 이들이 아니었다. 맨해튼 섬을 한 바퀴 도는 보트 유람을 해보면 이 도시가 주로 공원으로 이루어져 있다―그리고 사람이 거의 살지 않는다―는 그릇된 인상을 받게 된다. 왜 공원이 있는 곳에는 사람들이 없고 사람들이 있는 곳에는 공원이 없는 일이 다반사인 걸까?

사람들에게 인기가 없는 공원은 그것이 낭비이고 다른 기회를 날리기 때문만이 아니라 종종 부정적인 효과를 낳기 때문에도 문젯거리가 된다. 이런 공원은 사람들의 보는 눈이 없는 거리와 동일한 문제를 야기하고 그런 위험이 주변 지역에까지 영향을 미치기 때문에, 이런 공원을 따라 난 거리 역시 위험한 장소로 알려지고 사람들이 피하게 된다.

게다가 사람들이 이용하지 않는 공원과 그 시설물은 파괴 행위의 대상이 되는데, 이것은 이용에 따른 파손과는 전혀 다른 문제이다. 뉴욕 시 공원국 국장 스튜어트 콘스터블Stuart Constable은 공원에 텔레비전을 설치한다는 런던의 안을 어떻게 생각하느냐는 언론의 질문을 받았을 때 이런

---

* 우연의 일치겠지만, 집에 도착했을 때 나는 우리 집 바로 옆의 공동주택 앞 계단에 공원에 있던 사람들과 같은 열여덟 명(남녀노소)이 모여 있는 것을 발견했다. 여기서는 가장 중요한 한 가지―한가로움과 서로의 존재와 눈앞의 도시가 주는 즐거움―를 제외하고는 공원의 쾌적함이라곤 찾을 수 없었다.

사실을 완곡하게 인정했다. 텔레비전이 공원의 용도에는 적합하지 않다고 설명한 뒤 콘스터블은 이런 말을 덧붙였다. "아마 30분도 안 가서 [텔레비전이] 사라져 버릴 겁니다."

청명한 여름밤이면 이스트할렘의 오래된 분주한 보도에 사람들이 텔레비전을 내다 놓고 보는 광경을 흔히 접할 수 있다. 연장 코드를 가게의 콘센트에서 보도까지 이어 놓은 텔레비전들은 하나하나가 관심사가 갈린 십여 명의 남자들과 돌보는 아이들, 맥주 깡통, 서로의 의견, 지나가는 이들의 인사가 결집하는 비공식적인 본부 역할을 한다. 낯선 사람들도 마음이 내키면 멈춰 서서 함께 텔레비전을 본다. 아무도 텔레비전이 위태롭게 될 것을 걱정하지 않는다. 그러나 공원국 관할구역에서 텔레비전이 안전하지 못할 것이라는 콘스터블의 염려는 충분히 정당한 것이었다. 훌륭한 몇몇 공원과 더불어 인기 없고 위험하고 악용되는 수많은 공원을 감독해 온 경험 많은 사람의 말인 것이다.

사람들은 도시 공원에 너무 많은 것을 기대한다. 그러나 근린공원은 주위 환경의 본질적인 특성을 변형시키거나 주변 동네를 자동적으로 향상시키기는커녕 그것 자체가 동네의 작용에 의해 직접적이고 철저하게 영향을 받는다.

도시는 철저하게 물리적인 장소이다. 도시의 행태를 이해하려는 과정에서 우리는 형이상학적인 공상의 나래를 펼치는 대신 손에 잡히는 물리적 변화를 관찰함으로써 유용한 정보를 얻는다. 펜이 설계한 펜실베이니아의 광장 세 곳은 평범하고 기본적인 도시 공원의 유형이다. 이 공원들이 자신들과 주변 동네의 평범한 물리적 상호작용에 관해 무엇을 말해 주는지 살펴보도록 하자.

성공작인 리튼하우스스퀘어는 다양한 테두리 지역과 다양한 근린 후배지를 갖고 있다. 이 글을 쓰는 지금, 공원 가장자리에는 순서대로 레스토랑과 화랑을 갖춘 미술회관, 음악학교, 육군 빌딩, 아파트, 회관, 오래된 약방, 한때 호텔이었던 해군 빌딩, 아파트 여러 채, 교회, 가톨릭 교구 부속학교, 아파트 여러 채, 공립도서관 분관, 아파트 여러 채, 아파트 건설을 위해 연립주택이 철거된 공지, 문화협회, 아파트 여러 채, 연립주택 건설 예정인 공지, 또 다른 연립주택, 아파트 여러 채 등이 있다. 공원 가장자리 바로 너머에서 직각으로 시작되는 거리들과 공원과 평행을 이루는 그 뒤의 거리들에는 온갖 종류의 가게와 업체들이 있고, 오래된 주택과 새로 지은 아파트들이 다양한 사무실과 뒤섞여 있다.

주변 동네의 이런 물리적 환경이 공원에 물리적인 영향을 미칠까? 당연히 영향을 미친다. 이처럼 다양한 용도의 건물이 섞여 있는 까닭에 다양한 사람들이 각기 다른 시간에 공원을 드나들게 된다. 하루 일정이 서로 다르기 때문에 서로 다른 시간에 공원을 이용하는 것이다. 따라서 공원은 이용과 이용자의 복잡한 연쇄를 갖게 된다.

리튼하우스스퀘어에 살면서 공원의 발레를 보는 것을 즐기는 필라델피아의 신문기자인 조지프 게스$^{Joseph\ Guess}$는 공원이 이런 연쇄를 갖고 있다고 말한다. "우선 공원 옆에 사는 부지런한 산책자들이 기운찬 산책을 한다. 곧바로 이 지역 바깥으로 일하러 가는 주민들이 공원을 가로지르느라 산책자들의 대열에 합류한다. 그 다음에는 지역 바깥에 사는 사람들이 이 근처로 일하러 가느라 공원을 가로지른다. 이 사람들이 공원을 떠나자마자 볼일 보러 가는 사람들이 들이닥치는데, 많은 이들이 공원을 어슬렁거린다. 오전 중간쯤에는 어린아이와 엄마들이 들어오고, 그와 나란히 쇼핑객의 수도 늘어난다. 엄마와 아이들은 정오 전에 공원을 뜨지만, 점심을 먹으러 나온 직원들과 미술회관을 비롯한 주변 식당에서 점심을 먹으러 다른 데서 오는 사람들 때문에 사람들 수는 계속 늘어난다. 오후에는 엄마와 아이들이 다시 모습을 보이고, 쇼핑객과 볼일 보러 나온 사람들은 더 오래 어슬렁거리며, 마지막으로 학생들이 합류한다. 늦은 오후에는 엄마들이 자리를 뜨지만 집으로 향하는 노동자들이 공원을 통과한다—처음에는 동네를 벗어나는 이들이, 그 다음에는 동네로 돌아오는 이들이. 몇몇 노동자들은 공원에서 하릴없이 어슬렁거린다. 그때부터 저녁까지 공원은 데이트를 하러 온 젊은이들로 북적인다. 일부는 근처에 외식을 하러 온 이들이고, 일부는 인근에 사는 이들이며, 또 일부는 활기찬 곳에서 한가로운 시간을 보내려고 온 것처럼 보이는 이들이다. 하루 종일 시간이 남는 노인들과 가난한 사람들, 정체를 알 수 없는 다양한 유형의 게으름뱅이들이 드문드문 공원을 찾아든다."

요컨대 리튼하우스스퀘어는 사람들이 활기찬 보도를 끊임없이 이용하는 것과 같은 이유—서로 인접한 용도들이 만들어 내는 기능적인 물리적 다양성과 그 결과 나타나는 이용자들과 그들의 일정의 다양성—에서 끊임없이 분주하다.

필라델피아의 워싱턴스퀘어—성도착자들의 공원이 된 곳—는 이런 점에서 극단적인 대조를 보여 준다. 이 공원을 빙 둘러싼 주변은 거대한 사무용 건물들이 장악하고 있고, 인접한 후배지에서는 리튼하우스스퀘어 같은 다양성—다양한 편의 시설, 레스토랑, 문화 시설—을 전혀 찾아볼 수 없다. 후배지 동네는 주거 밀도가 낮다. 그리하여 워싱턴스퀘어는 최근 몇십 년 동안 잠재적인 지역 이용자—사무직 노동자—만이 이용하고 있다.

이런 사실이 공원에 물리적인 영향을 미칠까? 당연히 그렇다. 이와 같은 주요한 이용자들은 모두 거의 동일한 일상의 시간표에 따라 움직인다. 이 사람들은 모두 동시에 그 지역에 들어온다. 그러고는 점심시간까지 오전 내내 유폐되며 점심시간 뒤에 다시 유폐된다. 근무시간 뒤에는 사라져 버린다. 따라서 워싱턴스퀘어는 당연히 대부분의 낮 시간과 저녁에 공백지대가 된다. 도시의 공백지대가 으레 그렇듯이 이 공원도 이내 어두운 그림자로 뒤덮였다.

이런 점에서 도시에 관한 통상적인 믿음——저급한 용도가 고상한 용도를 밀어낸다는——에 이의를 제기할 필요가 있다. 도시는 이런 식으로 움직이지 않으며, 이런 믿음은 (황폐화와 싸우자!) 원인을 무시한 채 증상에만 대처하는 많은 에너지를 쓸데없는 것으로 만든다. 가용할 수 있는 돈이 더 많거나 더 큰 책임을 맡는(신용 사회에서 이 두 가지는 종종 결합된다) 사람들과 그들의 용도가 가난하거나 신분이 낮은 사람들과 용도를 손쉽게 대체하는데, 인기를 누리는 도시 동네에서는 으레 그런 식이다. 반대의 경우는 찾아보기 힘들다. 가용할 수 있는 돈이 적고 선택의 여지도 별로 없고 공공연한 존중을 받지 못하는 사람들이나 그들의 용도는 이미 약화된 도시 지역으로 옮겨진다. 이런 동네는 선택의 여지가 풍부한 사람들의 눈길을 받지 못하고, 부정한 돈이나 착취를 노리는 돈, 고리대금업자의 돈에 재원을 의지하는 수밖에 없다. 그 결과 새로 이사오는 사람들은 이런저런 이유로, 아니 여러 이유가 복잡하게 뒤엉킨 탓으로 이미 사람들에게 인기를 잃은 곳을 감수해야 한다. 인구 과밀, 노후화, 범죄, 기타 여러 가지 황폐화는 이 지역의 근원적인 경제적·기능적 실패의 표면적인 징후다.

몇십 년 동안 필라델피아의 워싱턴스퀘어를 완전히 장악한 성도착자들은 이런 도시 행태가 축소판으로 드러난 것이었다. 성도착자들이 죽여 버린 것은 사람들이 소중히 여기는 생기가 넘치는 공원이 아니었다. 성도착자들이 훌륭한 이용자들을 몰아낸 것도 아니다. 단지 버려진 장소에 옮겨와서 자리를 잡았을 뿐이다. 이 글을 쓰는 지금, 달갑지 않은 이용자들이 다른 공백지대로 쫓겨나고 있지만, 이런 조치로도 환영받는 이용자들이 충분히 줄을 잇지는 않고 있다.

한때 워싱턴스퀘어는 상당히 많은 이용자가 있었다. 그러나 공원은 '예전 그대로'이건만, 주변 환경이 바뀌면서 공원의 용도와 본질이 완전히 바뀌었다. 여느 근린공원과 마찬가지로, 이 공원 역시 주변 환경의 피조물이자 **주변 환경이 다양한 용도와 상호 지원을 창출하거나 창출하지 못하는 방식의 피조물이다.**

이 공원의 이용자를 줄이는 데 사무직 노동이 필요했던 것은 아니다. 용도가 단일하거나 한 용도가 지배적이어서 이용자들이 제한된 시간에만 이용하는 경우에는 어찌됐든 비슷한 결과가 야기되었을 것이다. 주변 동네의 용도가 주거가 압도적인 공원에서도 이와 기본적으로 동일한 상황이 나타난다. 이 경우에 매일 잠재적으로 이용하는 성인 이용자의 최대 단일 집단은 어머니들이다. 사무직 노동자의 경우처럼 어머니들만으로는 도시 공원이나 놀이터를 계속해서 채울 수 없다. 상대적으로 단순한 시간대별 양상에 따라 공원을 이용하는 어머니들은 최대 다섯 시간 정도 공원을 채울 수 있다. 대략 오전에 두 시간, 오후에 세 시간인데 이것도 다양한 계층의 어머니들이 섞여 있을 경우이다.* 하루에 어머니들이 공원을 차지하는 시간은 비교적 짧을 뿐만 아니라, 식사 준비라든가, 집안일, 아이의 낮잠, 그리고 매우 민감한 날씨 등에 따라 시간 선택이 제한된다.

---

* 가령 블루칼라 가정은 화이트칼라 가정에 비해 저녁을 일찍 먹는다. 낮 근무를 하는 경우에 남편의 노동시간이 더 일찍 시작되고 일찍 끝나기 때문이다. 따라서 내가 사는 동네의 놀이터에서는 블루칼라 가정의 어머니들이 네 시 전에 자리를 뜬다. 화이트칼라 가정의 어머니들은 더 늦게 나와서 다섯 시 전에 집에 들어간다.

어떤 형태로든 간에 주변 환경의 기능적 단조로움에 묶여 있는 일반적인 근린공원은 불가피하게 하루의 중요한 일정 시간에 공백지대가 된다. 그리고 바로 여기서 악순환이 시작된다. 설령 다양한 형태의 황폐화로부터 이 공백을 지켜낸다 하더라도 제한된 수의 잠재적인 이용자들이 공백지대를 선뜻 찾아오기는 쉽지 않다. 공백지대는 사람들을 끔찍하게 지루하게 만든다. 정체 상태는 지루하기 때문이다. 도시에서 활기와 다양성은 더 많은 활기를 끌어당기며, 무기력과 단조로움은 활력을 몰아낸다. 이러한 사실은 도시가 사회적으로 움직이는 방식뿐만 아니라 경제적으로 움직이는 방식에도 중요한 원리이다.

그렇지만 근린공원을 하루 종일 사람이 북적이고 활기차게 만들려면 이용자들의 폭넓은 기능적 혼합이 필요하다는 규칙에는 한 가지 중요한 예외가 존재한다. 자체적으로 공원을 오랫동안 향유하고 북적이게 만들 수 있는 한 집단이 있다─이 사람들이 다른 유형의 이용자들을 끌어들이는 경우는 드물지만 말이다. 이 집단은 완전히 한가로운 사람들, 즉 책임질 가정조차 없는 사람들이며, 필라델피아에서 이 집단은 펜의 세번째 작품이자 '하층계급' 공원인 프랭클린스퀘어의 사람들이다.

사람들은 '하층계급' 공원에 대해 심한 혐오감을 갖는데, 당연한 이치이다. 이처럼 커다란 인간적 실패라는 알약을 물에 타지도 않고 삼키기란 쉽지 않기 때문이다. 또한 이런 공원과 우범지대 공원이 무척 다름에도 흔히 두 가지를 거의 구분하지 않는다. (물론 원래는 주택가 공원이었으나 결국 공원과 인근 동네가 사람들에게 선택을 받지 못하면서 '하층계급' 공원으로 바뀐 프랭클린스퀘어의 경우처럼, 시간이 흐르면서 서로 바뀔 수 있다.)

프랭클린스퀘어 같은 좋은 '하층계급' 공원에 대해서는 할 말이 있다. 우연히 수요와 공급이 일치되었고, 스스로나 환경에 의해 권리를 빼앗긴 사람들은 이런 우연의 일치를 뚜렷하게 인식하고 있다. 프랭클린스퀘어에서는 날씨만 좋으면 하루 종일 야외 연회가 열린다. 연회의 중심부에 자리한 벤치들은 가득 차고, 서 있는 사람들이 주변에 넘쳐 난다. 대화를 나누는 집단이 끊임없이 형성되고 해체된다. 손님들은 서로 공손하게 행동하고 중뿔나게 끼어드는 사람들에게도 예의를 지킨다. 시계바늘이 움직이는 것처럼 거의 눈치 채지 못하는 가운데 이 잡다한 사람들의 연회는 공원 중심부의 원형 연못 주변으로 옮겨 간다. 실제로도 시계바늘의 움직임과 같다. 따뜻한 온기를 받으려고 태양을 따라 움직이는 것이기 때문이다. 해가 지면 시계는 멈춘다. 연회는 내일을 기약하면서 끝난다.*

    모든 도시에 잘 개발된 '하층계급' 공원이 있는 것은 아니다. 예컨대 뉴욕에는 주로 부랑자들이 이용하는 소규모 공원과 놀이터가 많이 있고, 악명 높은 새라 딜라노 루스벨트 공원에는 부랑자들이 우글거린다. 아마 미국 최대의 '하층계급' 공원은 ― 프랭클린스퀘어와 비교하면 찾는 사람의 수가 엄청난 ― 로스앤젤레스의 주요 도심 공원인 퍼싱스퀘어Pershing Square일 것이다. 이런 사실은 또한 주변 환경에 관한 흥미로운 무언가를 우리에게 말해 준다. 로스앤젤레스의 중심 기능은 무척 분산되고 탈집중화되어 있어서 대도시다운 규모와 집중을 갖춘 도심의 유일한 요소는 한가로운 가난한 사람들뿐이다. 퍼싱스퀘어는 연회장보다는 토론마당에 가깝다. 각각 주요한 독점적 연사나 사회자가 있는 수많은 공개 토론회로 이루어진 토론마당 말이다. 담소는 벤치와 벽이 있는 광장 가장자리까지 확대되고 모퉁이에 이르면서 점점 고조에 달한다. 일부 벤치에는 '여성 전

---

* 이 공원은 아침이면 주정뱅이들이 술병 옆에 널브러져 있는 그런 곳이 아니다. 주정뱅이들은 인지할 수 있는 사회 집단은 전혀 찾지 않는, '하층계급'조차도 꺼리는 새로운 공백지대인 거대한 인디펜던스몰(Independence Mall)에 주로 서식한다.

용'이라는 글씨가 새겨져 있는데, 이런 까다로운 요구도 잘 지켜진다. 로스앤젤레스는 철거된 도심의 공백지대를 약탈자들이 차지한 게 아니라 비교적 흉하지 않은 번성하는 '하층계급'이 채우고 있다는 점에서 운이 좋은 곳이다.

그러나 모든 도시의 인기 없는 공원을 구해 내기 위해 정중한 '하층계급'에게 의존할 수는 없는 노릇이다. 한가로운 가난한 사람들의 본거지가 아닌 일반적인 근린공원은 생활과 기능의 온갖 활동적인 흐름이 하나로 모이는 곳에 매우 가깝게 위치하는 경우에만 자연스럽고 일상적으로 사람들이 모일 수 있다. 도심일 경우에는 시내에서 일하는 노동자뿐만 아니라 쇼핑객과 방문자와 산책자들을 끌어모아야 한다. 도심이 아닐 경우에는 도시가 제공할 수 있는 온갖 활기가 소용돌이치는 곳——노동, 문화, 주거, 상업 등의 갖가지 활동이 존재하는 곳——이어야 한다. 결국 근린공원 계획의 가장 큰 문제는 공원을 이용하고 지탱할 수 있는 다양한 동네를 조성하는 것이어야 한다.

그렇지만 많은 도시 지역에 이미 이처럼 무시되는 생활의 중심점이 존재하며 이곳들은 인접한 근린공원이나 공공광장을 필요로 한다. 이와 같은 지역 생활과 활동의 중심지를 확인하기는 어렵지 않다. 전단을 배포하려는 사람들이 (경찰이 허용하기만 한다면) 선택하는 곳이기 때문이다.

그렇지만 공원을 사람들이 있는 곳으로 옮기는 것은 아무 의미가 없다. 그 과정에서 사람들이 그곳에 있는 **이유들**이 사라져 버리고, 공원이 그 이유들을 **대체**한다면 말이다. 이러한 점이야말로 주택단지와 시민센터, 문화센터 설계에서 흔히 범하는 기본적인 오류 가운데 하나이다. 근린공원은 어쨌든 도시의 풍부한 다양성을 대체하지 못한다. 성공적인 근린공원은 결코 자신을 둘러싼 도시의 복잡한 기능을 차단하는 장벽 역할을 하지 않는다. 오히려 이런 공원은 주변의 다양한 기능들을 연결시키는 쾌적한 시설을 제공함으로써 그런 기능들을 하나로 엮는 데 이바지한다. 이 과정에서 공원은 다양성에 또 다른 소중한 요소를 덧붙이고 주변 환경에 무언가를 되돌려 준다. 리튼하우스스퀘어 같은 훌륭한 공원이 그러는 것처럼 말이다.

당신은 근린공원에 거짓말을 할 수 없으며 근린공원과 논의할 수도 없다. '예술가의 착상'과 설득력 있는 표현은 생활의 **그림**을 근린공원이나 공원 산책로 계획안에 집어넣을 수 있고, 이론적인 설명은 그런 그림을 감상해야 하는 이용자들을 상상 속에서 만들어 낼 수 있지만, 실제 세계에서는 오로지 다양한 주변 환경만이 자연스럽게 이어지는 활기와 이용의 흐름을 유도하는 실질적인 힘을 가질 수 있다. 표면상의 건축적 변화가 다양성처럼 보일 수도 있지만, 오로지 진정한 사회·경제적 다양성의 내용만이 사람들에게 각기 다른 시간표를 안겨 줌으로써 공원에 유의미한 활기를 부여할 수 있다.

위치상의 이점을 감안할 때, 평범한 근린공원은 풍부한 자산을 이용할 수 있지만 또한 그런 자산을 허비해 버릴 수도 있다. 확실히 교도소 구내 같은 모습의 장소는 이용자를 끌어당기지도 못할뿐더러 오아시스 같은 모습의 장소와 같은 식으로 주위 환경과 상호작용을 하지도 못할 것이다. 그러나 오아시스도 온갖 종류가 있으며, 성공의 요인이 되는 두드러진 특징 가운데 일부는 그렇게 분명하지 않다.

눈에 띄게 성공적인 근린공원은 다른 공지와 크게 경쟁을 하는 경우가 거의 없다. 그럴 만도 한 것이 도시 사람들은 온갖 다른 관심사와 할 일이 있는 까닭에 무제한으로 많은 지역의 일반적인 공원들을 활기차게 할 수는 없기 때문이다. 가령 전형적인 '빛나는 전원도시' 계획에서 제안하고 공식적인 도시 재개발에서 높은 비율의 대지를 공터로 남겨 두어야 한다는 엄격한 요건에 따라 강요하는 수많은 보행자 전용로와 산책로, 놀이터, 공원, 용도가 불분명한 습지 등을 정당화하려면 도시 사람들이 마치 일을 하는 것처럼 (또는 한가로운 가난한 사람들처럼) 공원 이용에 몰두해야 할 것이다.

이미 우리는 뉴욕의 모닝사이드하이츠나 할렘 같이 일반적인 공원이 비교적 많은 도시 지역이, 지역사회의 초점을 공원에 맞추거나 공원에 큰 애정을 갖지 않는다는 사실을 알고 있다. 보스턴 노스엔드의 사람들이 작은 프라도^{Prado} 공원에 대해, 그리니치빌리지 사람들이 워싱턴스퀘어에 대해, 또는 리튼하우스스퀘어 지역 사람들이 그들의 공원에 대해 애정을 갖는 것과는 달리 말이다. 큰 사랑을 받는 근린공원은 어느 정도 희소가치의 득을 본다.

어느 근린공원이 열렬한 애착을 자극하느냐 아니면 정반대로 무관심만을 유발하느냐는 지역 주민들의 소득이나 직업과는 거의 또는 전혀 관계가 없는 것 같다. 소득, 직업, 문화가 크게 다른 집단들이 뉴욕의 워싱턴스퀘어 같은 공원에 동시에 깊은 애착을 갖는다는 사실에서 이런 결론을 끌어낼 수 있다. 또 때로는 시간이 흐르면서 순차적으로 상이한 소득 집단이 긍정적으로든 부정적으로든 한 공원과 관계를 갖는 것을 관찰할 수 있다. 여러 해 동안 보스턴 노스엔드 사람들의 경제 상태는 뚜렷하게 향상되어 왔다. 가난한 시절에나 번창한 시절에나 작지만 중심을 차지하는 공원인 프라도는 이 동네의 심장부 역할을 해왔다. 뉴욕의 할렘은 정반대의 일관된 행태를 보여 주는 사례이다. 여러 해가 흐르는 동안 할렘은 최신 유행의 상류 중산층 주거지구에서 하위 중산층 지구를 거쳐 가난한 사람들과 차별받는 사람들이 압도적 다수를 차지하는 지구로 변해 왔다. 이처럼 각기 다른 주민들이 순차적으로 거쳐 가는 동안, 가령 그리니치빌리지와 비교할 때 지역 공원이 무척 많았던 할렘에서는 공원이 지역사회의 생활과 정체성의 중요한 초점이 되었던 적이 한 번도 없다. 모닝사이드하이츠의 경우에도 이와 동일한 상황을 목격할 수 있다. 또한 주택단지의 마당은 아무리 세심하게 설계한 곳이라도 대개 이와 비슷하다.

　동네나 지역이 근린공원에 애착 — 과 그로 인한 대단한 상징의 힘 — 을 갖지 못하는 것은 내가 생각하기에는 부정적인 요인들이 결합된 때문이다. 첫째, 잠재적인 후보가 되는 공원들이 인접한 주변 환경의 다양성이 부족한 탓에 지루하다는 단점을 갖고 있다. 그리고 둘째, 다양성과 활기를 접할 수 있는 장소가 서로 비슷한 취지로 세워진 너무 많은 각기 다른 공원들에 분산되어 있다.

　설계상의 일정한 특징 또한 분명히 영향을 미칠 수 있다. 일반적인 평범한 근린공원의 목적이 각기 다른 일정과 관심, 목적에 따라 움직이는 서로 다른 종류의 사람들을 가능한 한 많이 끌어당기는 것이라면, 공원의 설계가 엇갈리는 방향으로 작용하기보다는 일반적인 단골을 장려해야 하는 것은 분명하다. 일반적인 공중 마당처럼 많은 사람들이 이용하는 공원의 설계는 내가 복잡성intricacy, 집중centering, 햇볕sun, 울타리enclosure라고 이름 붙인 네 가지 요소를 갖는 경향이 있다.

　복잡성은 사람들이 근린공원을 찾는 다양한 이유와 관계가 있다. 같은 사람이라도 때에 따라 여러 가지 다른 이유로 공원을 찾는다. 때로는 피곤해서 앉았다 가려고, 때로는 게임을 하거나 구경하려고, 때로는 책을 읽거나 일을 하려고, 때로는 뭔가를 자랑해 보이려고, 때로는 사랑에 빠지려고, 때로는 약속 때문에, 때로는 조용히 도시의 북적거림을 감상하려고, 때로는 아는 사람을 만나지나 않을까 하고, 때로는 자연에 조금이라도 가까이 가려고, 때로는 아이를 놀게 하려고, 때로는 그저 구경하려고, 그리고 거의 언제나 다른 사람들을 구경하는 즐거움을 누리려고 말이다.

잘 그린 포스터처럼 한눈에 모든 광경이 쏙 들어온다면, 그리고 공원 안의 장소가 서로 비슷해 보이고 또 바깥의 다른 곳들과 똑같게 느껴진다면 공원은 이런 서로 다른 용도와 분위기에 거의 자극을 주지 못할 것이다. 또한 그런 공원을 몇 번이고 계속 찾을 이유가 없을 것이다.

리튼하우스스퀘어 옆에 사는 어느 지적이고 능력 있는 여성은 이렇게 말한다. "15년 동안 거의 매일 공원을 이용하고 있지만, 요전 날 밤에 기억을 끄집어내서 약도를 그리려다가 실패했어요. 나한테는 너무 복잡한 곳이랍니다." 뉴욕의 워싱턴스퀘어의 경우도 마찬가지이다. 고속화도로 건설에 맞서 공원을 지키기 위해 지역사회가 싸우는 과정에서 전략가들은 종종 회의 중에 장소를 보여 주기 위해 공원의 대략적인 스케치를 그리려고 했다. 무척 어려운 일이었다.

그러나 이 공원들 중 어느 것도 도면이 그렇게 복잡하지는 않다. 유의미한 복잡성은 주로 눈에 보이는 수준의 복잡성으로서 지면 높이의 변화라든가 나무들의 배치, 다양한 중심점으로 이어지는 공지 —즉 미묘한 차이의 표현들이다. 배치의 미묘한 차이는 그것들 사이에서 생겨나는 이용상의 차이에 의해 더욱 두드러지게 된다. 성공적인 공원은 언제나 비어있을 때보다 이용될 때 훨씬 더 복잡해 보인다.

심지어 아주 작은 광장조차도 성공적인 경우는 이용자들에게 제공하는 무대 장치에 종종 풍부한 독창적인 변형을 집어넣는다. 록펠러센터 Rockefeller Center는 네 단계의 변화를 통해 드라마를 만들어 냄으로써 그와 같은 변형을 제공한다. 샌프란시스코 도심에 있는 유니언스퀘어 Union Square는 도면으로 볼 때나 높은 건물에서 볼 때는 무척이나 지루하게 보이는 평면도에 따라 건설되었다. 하지만 달리의 축 늘어진 시계 그림 같이 지면의 변화에 따라 굽어져 있기 때문에 무척 다채로워 보인다. (이것은 물론 샌프란시스코의 규칙적이고 쭉 뻗은 격자형 도로 패턴이 언덕을 오르내릴 때 생겨나는 것과 동일한, 규모만 작아진 변화이다.) 광장과 공원의 설계도면은 눈을 속이기 쉽다—때로 설계도면은 눈높이 아래에 있기 때문에 거의 아무 의미도 없거나 너무 자주 반복되기 때문에 눈이 무시해 버리는 뚜렷한 차이들로 가득 차 있다.

복잡성에서 가장 중요한 요소는 아마 집중일 것이다. 훌륭한 소규모 공원에는 으레 사람들이 중심부로 여기는 장소가 있게 마련이다—최소한 주요한 갈림길이나 잠시 발길이 멈추는 곳, 어떤 정점이 있는 것이다. 어떤 소규모 공원이나 광장은 사실상 그 자체가 중심이 되며 주변의 작은 차이들로부터 복잡성을 얻는다.

사람들은 온갖 역경을 무릅쓰고라도 공원에 중심지와 정점을 만들어 내기 위해 열심히 애를 쓴다. 때로는 이런 것이 불가능할 때도 있다. 뉴욕의 황량한 새라 딜라노 루스벨트 공원이나 여러 강변 공원 같이 좁고 길게 뻗은 공원은 종종 형판으로 찍어 누른 것처럼 설계된다. 새라 딜라노 루스벨트 공원에는 벽돌로 된 똑같은 모양의 '레크리에이션' 건물 네 개가 일정한 간격을 두고 서 있다. 이용자들이 이것을 어떻게 생각할까? 아무리 이리저리 움직여 봐도 같은 자리에 있게 된다. 쳇바퀴 위를 걷는 것과 마찬가지이다. 이런 점 역시 주택단지 설계에서 흔히 볼 수 있는 결점이며 거의 피할 수가 없다. 왜냐하면 대부분의 주택단지는 본질적으로 형판식 기능을 위한 형판식 설계이기 때문이다.

사람들은 공원 중심지를 창의적으로 이용할 수 있다. 뉴욕 사람들은 워싱턴스퀘어의 분수대를 창의적으로 왕성하게 이용한다. 기억도 가물가

물한 오래전에 이 분수대 한가운데에는 철제 장식물이 있었다. 지금은 연중 대부분 말라 있는 원형의 움푹 들어간 콘크리트 분수대만 남아 있는데, 둘레에는 지면보다 6, 70센티미터 높은 바깥 테를 형성하는 갓돌로 올라설 수 있는 계단이 네 개 있다. 사실상 이 분수대는 원형 마당, 즉 둥그런 모양의 극장이고, 따라서 사람들은 누가 관객이고 누가 구경거리인지 혼란스럽기 짝이 없는 가운데 이곳을 이용한다. 모든 사람이 관객이자 구경거리이지만 어떤 사람들은 더욱 그렇다. 기타 치는 사람, 노래하는 사람, 다트놀이를 하는 아이들, 즉흥적으로 춤을 추는 사람, 일광욕하는 사람, 이야기를 나누는 사람, 자기를 과시하는 사람, 사진 찍는 사람, 관광객, 그리고 예상 외로 그 속에 드문드문 섞여 있는 책에 흠뻑 빠진 사람──선택의 여지가 없어서 그곳에 있는 게 아니다. 동쪽에 조용한 벤치들이 반쯤 비어 있기 때문이다──등등.

시 관리들은 공원 안의 이 중심부에 잔디와 꽃을 심고 울타리를 친다는 개선 계획을 정기적으로 만들어 낸다. 이런 계획을 설명하는 변함없는 문구는 "대지를 공원 용도로 복원한다"는 것이다.

물론 이런 공원 용도는 이런저런 곳에서 타당할 수 있다. 그러나 근린공원의 경우에 가장 훌륭한 중심지는 사람들을 위한 무대 장치이다.

햇볕은 확실히 여름에 그늘을 만들기 때문에 사람들에게 공원 환경의 일부가 된다. 공원 남쪽에서 햇빛이 비치는 각도를 효과적으로 차단하는 고층건물은 공원의 상당 부분을 무력화할 수 있다. 리튼하우스스퀘어는 여러 가지 장점이 있음에도 불구하고 이런 점에서는 운이 나쁘다. 가령 10월의 어느 청명한 오후에 광장의 거의 3분의 1이 완전히 비어 있다. 신축 아파트에서 광장을 가로지르는 큰 건물의 그림자가 사람들을 내쫓기 때문이다.

건물들이 ─ 전면적인 이용을 장려하는 게 목적이라면 ─ 공원의 햇볕을 차단해서는 안 되지만, 공원 주변의 건물의 존재는 설계상 중요하다. 건물들은 공원을 에워싼다. 건물들은 공간에 명확한 형태를 부여하며, 따라서 그 공간은 하잘것없는 자투리가 아니라 도시의 풍경에서 중요한 사건이자 긍정적인 특징으로 나타난다. 사람들은 건물들 주변에서 새어 나오는 무정형의 자투리땅에 이끌리기는커녕 튕겨 나오는 것처럼 행동한다. 심지어 길을 걷다가 그런 공간을 맞닥뜨리면 길을 건너 버리는데, 가령 주택단지가 분주한 거리로 끼어드는 곳에서는 항상 이런 현상을 볼 수 있다. 도시 사람들의 행태를 경제적 가치의 단서로서 관찰하는 시카고의 부동산 분석가 리처드 넬슨Richard Nelson은 다음과 같이 보고한다. "9월의 어느 따스한 오후에 피츠버그 시내의 멜런스퀘어Mellon Square에는 셀 수 없이 많은 이용자가 있었다. 그러나 같은 날 오후에 두 시간 동안 시내 게이트웨이센터Gateway Center의 공원을 이용한 사람은 단 세 명 ─ 뜨개질하는 할머니 한 명, 부랑자 한 명, 신문지로 얼굴을 덮고 잠든 정체불명의 사람 한 명 ─ 뿐이었다."

　게이트웨이센터는 공지 여기저기에 건물들을 세운 '빛나는 도시'의 사무용 건물 및 호텔 단지이다. 이곳에는 멜런스퀘어 주변과 같은 수준의 다양성은 없지만, 날씨 좋은 오후 한창때에 네 명(넬슨 본인까지 포함해서)만이 이용할 정도로 다양성이 부족하지는 않다. 도시의 공원 이용자들은 단지 건물들을 위한 배치를 원하지 않을 뿐이다. 사람들은 자신들을 위한 배치를 찾는다. 사람들에게는 공원이 전경이고 건물들이 배경이지 그 반대는 아니다.

　도시는 비록 주변 지역이 아무리 활기차더라도 정당화될 수 없는 일반적인 공원으로 가득하다. 일부 공원은 위치로 보나 규모나 모양으로 보나 이제까지 논의한 공중 마당 같은 방식으로 성공적으로 기능하는 데 기본적으로 부적합하기 때문이다. 또한 대부분의 공원은 대도시의 주요 공원이 되기에는 규모가 적합하지 않거나 다양한 풍경이 결여되어 있다. 이런 공원을 어떻게 해야 할까?

그 가운데 일부는 규모만 충분히 작다면 다른 역할을 잘 할 수 있다. 단순히 눈을 즐겁게 하는 것 말이다. 샌프란시스코는 이런 점에서 훌륭하다. 대부분의 도시에서는 아스팔트로 평평하게 포장하거나 장벽을 설치하고 벤치 몇 개를 놓아 먼지만 자욱한 빈터가 되는 교차로의 작은 삼각형 자투리땅을 샌프란시스코에서는 울타리를 친 미니어처 세계로 만들어 놓았다. 이국적인 숲에 물이 졸졸 흐르는, 깊이 파묻힌 시원한 이 세계에는 새들이 모여든다. 사람들이 직접 들어갈 수는 없다. 그럴 필요도 없는 것이 눈길을 던지기만 하면 발을 들여놓는 것보다 더 깊숙이 이 세계에 들어갈 수 있기 때문이다. 샌프란시스코는 도시의 냉혹함에서 벗어난 푸릇푸릇한 생기와 휴식의 인상을 준다. 그러나 샌프란시스코는 과밀한 도시이고, 이런 인상을 전달하기 위해 이용되는 대지는 거의 없다. 이런 효과는 주로 소규모의 집약적인 경작에 기인하며, 샌프란시스코의 푸른 녹지의 대부분이 수직적 모양을 이루고 있기 때문에 그 효과는 더욱 두드러진다—창가용 화초 상자, 나무, 덩굴, '황폐한' 경사면의 작은 구획을 뒤덮은 지피식물 등이 그것이다.

뉴욕의 그러머시 공원Gramercy Park은 눈을 즐겁게 하는 것으로 어색한 상황을 극복하게 해준다. 이 공원은 공교롭게도 공공장소에 자리한 울타리 쳐진 개인 소유 마당이다. 공원의 소유권은 공원을 둘러싼 거리 건너편에 있는 주거용 건물들에 있다. 공원은 열쇠가 있어야만 들어갈 수 있다. 멋진 나무들이 훌륭하게 보존되어 신비로운 분위기를 풍기는 까닭에 이 공원은 지나가는 사람들에게 눈을 즐겁게 하는 장소를 제공하며, 일반 사람들에게는 이런 점만으로도 공원의 존재 이유가 충분하다.

그러나 다른 용도와 결합되지 않은 채 주로 눈을 즐겁게 하기 위한 공원은 그것 자체가 정의상 눈으로 보는 것이다. 또한 역시 정의상 그런 공원은 무척 작다. 자신의 직무를 다하기 위해서는 대충대충 하는 게 아니라 아름답고 철저하게 해야 하기 때문이다.

가장 문제가 많은 공원은 사람들이 전혀 지나다니지 않고 앞으로도 결코 지나다닐 것 같지 않은 곳에 자리해 있다. 이런 막다른 곳에 자리한 도시 공원은 규모가 상당하다는 결점(이 경우에 이것은 결점이다)을 갖고 있으며, 비유하자면 경제적 입지가 나쁜 곳에 자리한 대규모 상점과 같은 처지이다. 이런 상점을 보호하고 정당화할 수 있으려면, '충동구매'에 의존하는 대신 상인들이 말하는 이른바 '수요 창출 상품'에 주력해야 할 것이다. 수요 창출 상품들이 충분한 고객을 끌어들인다면, 충동구매에 따른 눈먼 돈은 저절로 들어올 것이다.

공원의 입장에서 보자면 무엇이 수요 창출 상품일까?

이와 같은 문젯거리 공원 몇 개를 살펴보면 힌트를 얻을 수 있다. 이스트할렘의 제퍼슨 공원Jefferson Park이 한 예이다. 이 공원은 수많은 부분으로 이루어져 있는데, 외견상 주요한 부분은 일반적인 근린 용도를 위한 것이다―마케팅 용어로 하자면 판매를 자극하기 위한 것이다. 그러나 공원을 둘러싼 모든 것이 이런 목적을 방해한다. 공원의 위치는 지역의 가장 먼 끄트머리에 있고, 한쪽은 강을 접하고 있다. 또한 폭이 넓고 교통량도 많은 차도에 의해 고립되어 있다. 공원 내부 계획은 눈에 띄는 중심이 없이 길게 고립된 산책로로 되어 있다. 바깥에 있는 사람들에게 공원은 섬뜩할 정도로 황량해 보인다. 안에 있는 사람들에게 공원은 동네의 갈등과 폭력과 공포의 중심지이다. 1958년 어느 날 저녁에 관광객이 십대들에 의해 야만적으로 살해된 뒤 사람들은 어느 때보다도 더 공원을 멀리했다.

그러나 제퍼슨 공원의 여러 독립된 구역 가운데 한 곳은 훌륭하게 되살아나고 있다. 충분히 크지는 않지만 그래도 꽤 큰 야외 수영장이 그곳이다. 어떤 때는 물보다 사람이 더 많다.

이스트 강East River 풍치 지구의 일부로서 날씨 좋은 어느 날 잔디밭과 벤치를 통틀어 열여덟 명밖에 볼 수 없었던 콜리어스훅을 한번 생각해 보라. 콜리어스훅에는 한쪽 옆에 특별할 것 없는 야구장이 하나 있는데, 같은 날 공원의 활기는 대부분 그 야구장에서 찾을 수 있었다. 콜리어스훅에는 또 아무 의미 없는 넓은 잔디밭 가운데 야외 음악당이 있다. 1년에 여섯 차례 여름 저녁에 열리는 연속 콘서트를 보러 로워이스트사이드에서 수천 명의 사람들이 몰려든다. 콜리어스훅 공원은 모두 합해 1년에 18시간 정도 생기를 띠고 많은 사람들이 그곳을 즐긴다.

여기서 우리는 비록 양적인 면에서 명백하게 제한적이고 시간으로 볼 때 너무 단편적이라 할지라도 수요 창출 상품이 효과를 발휘하는 모습을 본다. 그렇지만 사람들이 비록 일반적이거나 충동적인 공원 이용을 위해 오지는 않는다 하더라도 어떤 특별한 수요 창출 상품을 위해 이 공원들에 오는 것은 분명하다. 즉 인근에 집중된 자연스러운 다양성에서 생겨나는 이용으로 일반적인 도시 공원을 지탱할 수 없다면 그 공원은 일반적인 공원에서 특별한 공원으로 전환되어야 한다. 다양한 이용자를 계속해서 계획적으로 끌어모으는 실제적인 이용의 다양성이 공원 자체에 계획적으로 도입되어야 하는 것이다.

특정한 문젯거리 공원에 대해 어떤 다양한 활동의 조합이 수요 창출 상품으로 효과적으로 작용할 수 있는지는 오직 경험과 시행착오를 통해서만 알 수 있다. 그러나 그런 구성요소들에 관해 몇 가지 유용한 일반적인 추측을 해볼 수는 있다. 첫째, 부정적인 일반화의 경우, 근사한 조망과 화려한 경치는 수요 창출 상품으로 작용하지 못한다. 원래는 그렇게 작용 '해야 마땅하'지만 현실은 분명히 그렇지 않다. 조망과 경치는 보조적인 역할만을 할 뿐이다.

다른 한편 수영은 수요 창출 상품으로 작용한다. 낚시 역시 그러한데, 특히 미끼를 사고 배를 탈 수 있으면 더욱 좋다. 운동경기장도 마찬가지이다. 축제나 그와 비슷한 활동도 역시 마찬가지이다.*

* * *

음악(레코드 음악 포함)과 연극 또한 수요 창출 상품으로 기능한다. 각종 공원에 음악 및 연극과 관련된 설비가 상대적으로 적은 것은 이상한 일이다. 문화생활의 일상적인 소개야말로 역사적으로 도시가 담당해 온 임무의 일부이기 때문이다. 『뉴요커』가 1958년에 센트럴파크에서 개최한 무료 셰익스피어 시즌에 관한 다음의 논평에서 언급한 것처럼, 이것은 지금도 전력을 기울일 수 있는 임무이다.

---

* 토피카(Topeka)의 메닝거 정신과 병원(Menninger Psychiatric Clinic) 원장 칼 메닝거(Karl Menninger) 박사는 1958년에 열린 도시 문제에 관한 한 회의에서 연설을 하면서 파괴의지에 맞서 싸우는 것처럼 보이는 활동의 유형을 설명했다. 박사는 이런 유형을 ①다수의 타인과 만나는 풍부한 접촉 ②고된 일까지 포함한 일 ③격렬한 놀이로 정리했다. 박사는 도시가 격렬한 놀이를 할 수 있는 기회를 거의 제공하지 못한다고 굳게 믿는다. 박사가 유용성이 입증된 것으로 꼽는 유형은 활동적인 야외 스포츠와 볼링, 실내사격 등이었는데, 이런 것들은 축제나 놀이공원에서 볼 수 있지만 도시에서는 간혹(가령 타임스스퀘어에서나) 눈에 띨 뿐이다.

주변 분위기, 날씨, 색채와 빛, 단순한 호기심 등이 사람들을 불러 모았다. 어떤 이들은 그런 유의 연극을 생전 처음 보는 것이었다. 수백 명이 몇 번이고 다시 왔다. 우리가 아는 어떤 친구가 만난 흑인 아이들은 「로미오와 줄리엣」을 다섯 번 봤다고 그 친구에게 말했다. 이와 같은 많은 개종자들의 삶은 확장되고 풍요로워지고 있으며, 미래의 미국 연극 관객도 확대되고 있다. 그러나 연극에 익숙하지 않은 그와 같은 구경꾼들은 즐겁다는 사실조차 알지 못하는 경험을 하기 위해 1, 2달러를 손에 들고 나타나려 하지 않을 이들이다.

이런 사실은 첫째로 연극학과(와 으레 그렇듯이 주변에 활기 없는 문젯거리 공원)가 있는 대학들이 대학 '구역'을 보호하는 적대적인 정책을 장려하기보다는 이것저것 따져 보는 시도를 해보는 편이 좋음을 시사한다. 뉴욕의 컬럼비아 대학은 수십 년 동안 사람들이 꺼리고 무서워하는 곳이었던 모닝사이드 공원Morning Side Park에 ——대학과 인근 동네 모두를 위한—— 스포츠 시설 건립을 계획하는 건설적인 단계에 착수하고 있다. 여기에 음악이나 공연 같은 몇몇 다른 활동을 추가하면 인근 동네의 꺼림칙한 장소가 눈에 띄는 자산으로 바뀔 수 있을 것이다.

도시에는 소소한 '수요 창출 상품'으로 기능할 수 있는 공원의 소소한 활동이 부족하다. 사람들이 몰래 할 수 있을 때 어떤 일을 하는지를 관찰해 보면 몇 가지를 알아낼 수 있다. 가령 몬트리올 인근의 어느 쇼핑센터의 지배인은 매일 아침 까닭 모르게 관상용 연못이 더러워져 있는 것을 발견했다. 폐장 시간 이후에 몰래 감시를 한 지배인은 아이들이 몰래 들어와서 연못물에 자전거를 닦고 광을 내는 것을 보았다. 자전거를 닦을 수 있는 곳(사람들이 자전거를 갖고 있는 경우), 자전거를 빌려 탈 수 있는 곳, 땅을 파고 놀 수 있는 곳, 오래된 목재로 금방 허물어질 오두막과 통나무집을 지을 수 있는 곳 등은 대개 도시에서 밀려나고 있다. 요즘 우리나라 도시에 온 푸에르토리코인들은 개인 소유 마당이 아니면 야외에서 돼지를 구울 수 있는 장소를 찾을 수 없는데, 야외 통돼지 구이를 겸한 파티는, 많은 도시 거주자들이 좋아하게 된 이탈리아인들의 거리 축제만큼이나 흥미로울 것이다. 연날리기는 소소한 활동이지만 그것을 좋아하는 사람들이 존재하고, 따라서 연 만드는 재료까지 팔고 연을 날리기 편한 완만한 계단 모양의 광장이 있는 연날리기 장소가 필요하다. 북부 도시들에서 야외 스케이트장이 밀려나기 전까지만 해도 여러 곳에서 사람들이 스케이트를 즐겨 타곤 했다. 뉴욕의 5번로에는 31번가와 98번가 사이에 최신 유행의 야외 스케이트장이 다섯 곳이나 있었는데, 그 중 하나는 현재 록펠러 플라자에 있는 실내 링크에서 겨우 네 블록 떨어진 곳에 있었다. 인공 링크는 우리 시대에 도시에서 스케이트를 재발견하도록 해주었고, 뉴욕, 클리블랜드, 디트로이트, 시카고 등과 같은 위도상에 있는 도시들에서는 인공 링크 덕분에 1년의 거의 절반이 스케이트 시즌이 되었다. 모든 도시 지역에서 야외 공원에 아이스링크만 있으면 사람들이 즐겨 이용할 것이고 넋 놓고 구경하는 사람들도 많아질 것이다. 사실 더 많은 곳에 상대적으로 규모가 작은 링크가 여럿 있는 것이 거대한 집중적 링크가 몇 개 존재하는 것보다 더 문명화되고 즐거운 일이다.

 이 모든 것에는 돈이 필요하다. 그러나 오늘날 미국의 도시들은 공지라면 자동적으로 좋은 것이고 질 대신 양으로도 충분하다는 환상에 빠져서 지나치게 크고, 많고, 겉만 번드르하고, 위치가 좋지 않고, 따라서 사람들이 이용하기에는 지나치게 지루하거나 불편한 공원과 놀이터, 단지 내 습지 등에 돈을 허비하고 있다.

보도가 추상 개념이 아닌 것과 마찬가지로 도시 공원 또한 추상 개념이나 미덕과 정신 앙양의 자동 저장소가 아니다. 사람들이 실제로 직접 이용하지 않는 도시 공원은 아무 의미도 없는 것이며, 따라서 도시 구역이 공원에 미치는 직접적인 효과——긍정적인 것이든 부정적인 것이든——나 공원에 영향을 미치는 이용과 분리된다면 그런 공원은 아무 의미도 없는 것이다.

인근 동네에서 사람들이 다종다양한 다른 활동에 매력을 느끼는 경우에 일반적인 공원은 동네에 커다란 매력을 더해 줄 수 있으며 실제로 그렇게 한다. 또한 인근 동네에서 사람들이 여러 다양한 다른 활동에 매력을 느끼지 못하면 공원은 그 동네의 활력을 더욱 떨어뜨린다. 이런 곳에서는 공원의 존재로 인해 황량함과 위험과 공허함이 더욱 커지기 때문이다. 어느 도시가 예사로 이용하는 보도에서 일상적인 이용과 이용자들의 다양성을 더욱 성공적으로 뒤섞을수록, 그곳 사람들은 위치가 좋은 공원을 더욱 성공적이고 일상적으로 (그리고 경제적으로) 활기차게 유지하게 되며, 이런 공원은 인근 동네에 공허가 아니라 아름다움과 기쁨을 되돌려 준다.

5장_도시 근린의 효용

근린[원문의 'neighborhood'는 문맥에 따라 '근린'이나 '동네'로 옮겼다—옮긴이]은 이제 마치 밸런타인 같이 들리는 단어가 되었다. 감상적인 관념인 '근린'은 도시계획에 해롭다. 이와 같은 '근린'은 결국 도시 생활을 소도시나 교외의 생활에 대한 모방으로 변형시키려는 시도로 이어진다. 감상성은 분별력 대신에 달콤한 의도와 놀아난다.

성공적인 도시 근린은 자신이 안고 있는 문제점을 충분히 따라잡아서 그러한 문제에 의해 파괴되지 않는 곳이다. 성공적이지 못한 근린은 자신이 가진 결점과 문제점에 압도되고 시간이 갈수록 점점 더 그런 문제들에 무기력해지는 곳이다. 우리의 도시는 온갖 수준의 성공과 실패를 보여준다. 그러나 전체적으로 보면, 한편으로는 거대한 회색지대에서 오랫동안 실패가 축적되고 다른 한편으로는 재개발된 도시가 여러 '구역'들로 나뉘는 데에서 알 수 있듯이, 우리 미국인들은 도시 근린을 다루는 데 서투르다.

쾌적한 생활의 몇몇 시금석들이 쾌적한 근린을 만들어 낼 것이라고 가정하는 것, 이것이 요즘의 최신 유행이다 — 학교와 공원, 깨끗한 주택 등이 그런 예이다. 만약 그렇게만 된다면 얼마나 안락한 생활이 도래하겠는가! 복잡하고 까다로운 사회에 단순한 물리적 장치를 부여함으로써 그 사회를 통제한다니, 이 얼마나 매력적인가. 그렇지만 실제 세계에서는 원인과 결과가 그렇게 단순하지만은 않다. 그리하여 피츠버그의 한 연구는 주거 개선과 사회 상태 향상 사이에 뚜렷한 상관관계가 존재함을 보여 주기 위해 아직 일소되지 않은 슬럼가와 새로운 주택단지의 범죄 기록을 비교하였다.

그런데 당혹스럽게도 개선된 주거지역의 범죄율이 더 높았다. 이런 결과는 주거 환경 개선이 범죄를 증가시킨다는 것을 의미할까? 당연히 그렇지는 않다. 그렇지만 이 결과는 주거보다 다른 것들이 더 중요할 수 있음을 의미하며, 또한 훌륭한 주거와 훌륭한 품행 사이에 직접적이고 단순한 관계가 존재하는 것은 아님을 의미한다. 이것은 서구 세계의 역사 전체와 우리의 문학 전체, 그리고 우리 누구나가 할 수 있는 관찰의 축적 전체를 통해 오래전부터 명백하게 드러난 사실이다. 좋은 주거는 기본적으로는 유용한 재화이다. 그렇지만 좋은 주거가 사회나 가정에 기적을 일으킬 것이라는 과장된 이유에 입각해서 그것을 정당화하려 한다면 그것은 자신을 우롱하는 처사가 될 것이다. 일찍이 라인홀드 니버Reinhold Niebuhr는 이러한 특정한 자기기만을 "벽돌에 의한 구원의 교리"라고 이름붙인 바 있다.

학교의 경우도 마찬가지이다. 아무리 좋은 학교가 중요하다고 하더라도 열악한 동네를 구제하고 좋은 동네를 만드는 데 학교에만 전적으로 의지할 수는 없다. 또 좋은 학교 건물이 좋은 교육을 보장해 주는 것도 아니다. 공원과 마찬가지로 학교 역시 인근 동네에 따라 변하기 쉬운 피조물이다(또한 더 원대한 정책의 피조물이기도 하다). 열악한 동네에서는 학교가 물리적·사회적으로 황폐해지는 반면, 번창하는 동네는 학교를 위해 노력함으로써 학교를 개선한다.*

또한 중산층 가족이나 상류층 가족들이 좋은 동네를 건설하는 반면 가난한 가족들은 그러지 못한다고 결론을 내릴 수도 없다. 가령 보스턴의 노스엔드나 웨스트그리니치빌리지West Greenwich Village의 부둣가 동네, 또는 시카고의 도살장 지구(공교롭게도 이 세 지역은 도시계획가들에 의해 가망 없는 곳으로 치부되어 아예 고려의 대상에서 제외된 곳이다) 같이 가난한 곳에서 좋은 동네가 만들어졌다. 시간이 흐르면서 내부 문제가 커지기는커녕 오히려 줄어든 것이다. 한편 볼티모어의 아름다운 유토플레이스Eutaw Place 같은 한때 상류층의 우아하고 평온했던 동네나 보스턴의 사우스엔드South End 같은 예전 상류층의 견실한 동네, 또는 뉴욕의 모닝사이드하이츠 같은 문화적 특권 지역이나 몇 마일에 걸친 활기 없고 모양새 좋은 중산층의 회색 지역에서 열악한 동네가 생겨났다. 시간이 흐를수록 무관심과 내적인 실패가 줄어들기는커녕 더욱 커졌던 것이다.

높은 수준의 물리적 시설이나 이른바 능력 있고 문제없는 주민, 또는 소도시 생활의 향수 어린 기억 속에서 도시 근린의 성공의 기준을 찾는 것은 시간 낭비일 뿐이다. 이런 시도는 문제의 핵심, 즉 도시 자체에서 사회·경제적으로 유용할 수 있는 도시 근린이 무엇을 하는가, 그리고 어떻게 하는가라는 문제를 회피한다. 도시 근린을 세속적인 자치 기관으로 생각한다면 우리에게는 숙고할 수 있는 확실한 무언가가 있다. 도시 근린과 관련

---

* 사회적 해체와 더불어 무자비한 불도저 작업과 주택단지 건설, 사람들에 대한 이주 압력 등이 동반되고 있는 심각한 실패 지역인 맨해튼의 어퍼웨스트사이드에서는 1959~60년에 연간 학생 전학률이 50퍼센트 이상이었다. 16개 학교에서는 전학률이 평균 92퍼센트에 달했다. 이와 같이 불안이 극에 달한 동네에서 공식적이든 비공식적이든 많은 노력을 기울여서 그럭저럭 다닐 만한 학교를 만들 수 있다고 생각한다면 웃음만 살 것이다. 학생 전학률이 높은 불안정한 동네에 좋은 학교가 있을 수는 없으며, 좋은 주택이 있는 불안정한 동네 **또한** 마찬가지이다.

된 우리의 실패는 결국 지역화된 자치의 실패이다. 여기서 내가 말하는 자치란 사회의 비공식적·공식적 자기관리$^{self-management}$ 모두를 뜻하는 광범위한 의미이다. 대도시의 자치 요구와 거기에 필요한 기법은 규모가 작은 장소의 요구와 기법과는 사뭇 다르다. 예컨대 수많은 낯선 사람들이라는 문제가 존재한다. 도시 근린을 도시의 자치나 자기관리 기관으로 생각하기 위해서는 우선 소규모 정주지의 공동체에는 적용될지 몰라도 도시에는 적용되지 않는, 근린에 관한 몇몇 정통적이지만 부적절한 통념을 버려야 한다. 무엇보다도 자체로 완결되거나 내향적인 단위라는 근린의 이상을 떨쳐 버려야 한다.

유감스럽게도 정통 도시계획 이론은 이른바 아늑하고 내향적인 도시 근린의 이상에 깊이 몰두하고 있다. 순수한 형태의 이상은 초등학교 하나를 채우고 쇼핑센터와 지역 문화회관을 지탱하기에 충분한 규모인 7천 명 정도로 이루어진 동네이다. 나아가 이 단위는 어린이들의 놀이와 관리 및 가정주부들의 한담에 적합한 규모의 작은 그룹으로 합리적으로 세분화된다. 이런 '이상'이 말 그대로 재생산되는 경우는 드물지만, 거의 모든 근린 재개발 계획과 현대의 대부분의 구획 설계 및 오늘날의 건축-도시계획 전공 학생들──이 학생들이 훗날 자신들의 개작물을 도시에 적용할 것이다──의 실습 작업이 이 이상을 출발점으로 삼는다. 1959년 당시 뉴욕 시 한 곳만 해도 50만이 넘는 사람들이 이미 이와 같은 근린 계획 구상의 개작물에서 살고 있었다. 자기 내부를 향하는 하나의 섬인 이러한 도시 근린의 '이상'은 오늘날 우리의 삶에서 중요한 요소이다.

이것이 왜 어리석고 도시에 해롭기까지 한 '이상'인지를 알려면 도시에 이식된 조합물과 소도시 생활 사이의 기본적인 차이를 인식해야 한다. 주민이 5천 명에서 1만 명 사이인 소도시에서는 중심가(계획에 따라 건설된 근린의 통합된 상업시설이나 문화회관에 해당)에 가면, 직장에서 아는 사람이나 학교 동문, 교회에서 만난 사람, 아이의 선생님, 전문가나 숙련공의 일을 당신에게 판매하거나 제공한 사람, 우연히 아는 사람의 친구, 소문으로 들어 아는 사람 등을 마주치게 된다. 소도시나 마을의 경계 안에서는 사람들 사이의 연계가 서로 교차 내지 중복 교차되며, 이런 연계는 주민이 7천 명보다 훨씬 많은 소도시나 또는 좀더 큰 도시에서도 실질적이고 응집력 있는 공동체를 만들어 낼 수 있다. 그러나 대도시에 사는 5천이나 1만 명의 주민에게는 아주 특별한 경우가 아니라면 그 같은 자연스러운 교차 연계가 전혀 존재하지 않는다. 또한 대도시의 근린 계획은 그 취지상 아무리 아늑하더라도 이런 사실을 뒤바꾸지 못한다. 그렇게 되려면 도시를 파괴해서 그것을 한 무더기의 소도시로 전환하는 대가를 치러야 할 것이다. 그러나 실상은 그릇된 목표를 시도하고 성공조차 하지 못하는 대가로 도시가 서로 의심하고 적대하는 한 무더기의 '구역'으로 전환되는 게 현실이다. 계획에 따라 건설된 근린의 이러한 '이상'과 그것의 다양한 개작물에는 다른 결함도 많이 존재한다.*

---

*이상적인 주민 수를 7천 명 정도——초등학교 한 곳을 채우는 데 충분한 수——로 정한 오래된 전제조차도 그것을 대도시에 적용하는 순간 우스꽝스러운 것이 되어 버린다. "어떤 학교인가"라는 질문을 한번 떠올려 보라. 미국의 여러 도시에서는 교구 부속학교 재학생 수가 공립학교 재학생 수와 맞먹거나 후자를 능가한다. 이것은 이른바 근린의 접착제로서 학교가 두 개 있어야 한다거나 인구가 두 배로 늘어나야 함을 의미할까? 아니면 인구는 그대로 두고 학교를 절반으로 줄여야 할까? 또한 왜 하필 초등학교일까? 학교가 규모의 기준이 되어야 한다면, 우리의 도시에서 흔히 초등학교보다 훨씬 더 큰 문젯거리인 중학교가 그 기준이 되어야 하지 않을까? "어떤 학교인가?"라는 질문은 결코 제기되지 않는다. 이 전망은 근린의 다른 구성요소의 경우도 그렇지만 학교에 관한 현실주의적 이론에 입각한 것이 아니기 때문이다. 학교는 상상적인 도시에 관한 꿈에서 등장하는 단위의 **일정한** 규모를 정의하기 위한 그럴듯한, 그리고 대개 추상적인 구실일 뿐이다. 학교는 도시설계가들을 지적 혼란으로부터 보호하기 위한 형식적 틀로 필요할 뿐, 다른 존재 이유는 전혀 없다. 에버니저 하워드의 모델 도시가 이런 구상의 선조인 것은 분명하지만, 그것이 지속되는 이유는 지적 공백을 메우기 위한 필요에서 기인한다.

최근 하버드의 레지널드 아이작스Reginald Isaacs를 필두로 한 몇몇 도시 계획가가 대도시에서 근린이라는 구상이 과연 의미를 가질 수 있는지 대담하게 의문을 제기하기 시작했다. 아이작스는 도시 사람들이 유동적임을 지적한다. 도시 사람들은 일자리, 치과의사, 오락, 친구 등에서부터 물건 사는 가게, 유흥, 또 심지어는 아이들이 다니는 학교에 이르기까지 도시 전체에서 모든 것을 고르고 선택할 수 있으며 실제로 그렇게 한다. 아이작스의 말인즉, 도시 사람들은 근린의 편협성에 묶여 있지 않으며 그럴 이유도 없다. 폭넓은 선택과 풍부한 기회야말로 도시의 목적이 아니던가?

사실 이런 것이야말로 도시의 목적이다. 더 나아가 도시 사람들의 이용과 선택의 이러한 유동성이야말로 도시의 대다수 문화 활동과 온갖 종류의 독특한 상점의 근간을 이루는 기초이다. 풍부한 자원으로부터 기술이나 재료, 고객, 단골 등을 끌어모을 수 있기 때문에 이런 활동과 상점이 이례적으로 다양하게 존재할 수 있고, 비단 도심뿐만 아니라 독자적으로 특성과 특질을 발전시키는 다른 도시 지구에서도 존재할 수 있다. 그리고 이와 같이 도시의 풍부한 자원에 의존함으로써 도시의 상점들은 도시 사람들에게 일자리와 상품, 오락, 지식, 접촉, 서비스 등에 대한 선택의 폭을 늘려 준다.

도시 근린이 무엇이든 간에, 또 도시 근린의 진정한 유용성이 무엇이든 간에, 자신이 속한 도시를 경제적으로 약화하지 않은 채 도시 근린의 특징이 도시의 **효용**의 철저한 기동성과 유동성에 엇갈리게 작용할 수는 없다. 경제적이거나 사회적인 자기봉쇄의 결여는 도시 근린에 자연스럽고 필요한 것이다.—도시 근린 역시 도시의 일부이기 때문이다. 도시의 근린이라는 착상 자체가 무의미하다는 아이작스의 암시는 옳다—우리가 근린을 소읍 동네를 모델로 하는, 어느 정도 중대하게 자기봉쇄된 단위로 생각하는 한 말이다.

그러나 도시 근린의 선천적인 외향성에도 불구하고 도시 사람들이 동네 없이도 살 수 있다는 허무맹랑한 결론이 나오지는 않는다. 가장 도회적인 시민조차도 자신이 사는 거리와 지역의 분위기에 관심을 갖게 마련이다. 동네 바깥에 아무리 선택의 폭이 넓더라도 말이다. 또한 도시 사람들의 일반적인 동선은 그들이 영위하는 일상적인 생활을 위해 자기 동네에 크게 의존한다.

(흔히 그렇듯이) 도시 이웃들이 지리적인 땅 쪼가리를 공유하는 것 말고는 서로 근본적인 공통점이 전혀 없다고 한번 가정해 보자. 설사 그렇다 하더라도 그런 땅 쪼가리를 제대로 관리하지 못한다면 그 쪼가리는 열악해질 것이다. 지역화된 자기관리를 인계받고 대체하는, 놀랄 정도로 정력적이고 전지전능한 '그들'이란 존재하지 않는다. 도시의 근린은 사람들에게 인공적인 소읍 생활이나 마을 생활을 제공할 필요가 없으며, 이런 것을 목표로 삼는 것은 어리석을 뿐만 아니라 파괴적이다. 그러나 도시의 근린은 문명화된 자치를 위한 일정한 수단을 제공할 필요가 있다. 이것이 문제이다.

자치 기관으로서의 도시 근린을 살펴보면서 나는 세 종류의 근린만이 유용하다는 증거를 볼 수 있다. ①전체로서의 도시 ②거리 동네 ③대도시의 경우에 10만 명 또는 그 이상의 사람들로 이루어진 대규모 하위도시^{subcity} 크기의 지구 등이 그것이다.

이 각각의 종류의 근린은 서로 다른 기능을 갖지만 복잡한 방식으로 서로를 보완한다. 하나가 다른 것에 비해 더 중요하다고 말하기는 불가능하다. 어느 곳에서든 간에 지속적인 성공을 유지하려면 세 가지가 모두 필요하다. 그렇지만 내 생각에 이 세 가지를 제외한 다른 근린들은 방해만

될 뿐이며 성공적인 자치를 어렵게 하거나 불가능하게 만든다.

셋 중 가장 명백한 것은, 비록 근린이라고 불리는 일은 거의 없지만, 전체로서의 도시이다. 도시의 작은 부분들을 생각할 때 이러한 모체를 절대 망각하거나 경시해서는 안 된다. 전체로서의 도시는 대부분의 공공자금이 흘러나오는 원천이다——비록 그것이 결국은 연방 정부나 주 정부의 금고에서 나오는 것이라 할지라도 말이다. 또한 전체로서의 도시는 좋든 나쁘든 간에 대부분의 행정 및 정책 결정이 이루어지는 곳이다. 또 전반적인 복지가 공개적으로든 비공개적으로든 간에 불법적이거나 기타 파괴적인 이해관계와 극단적인 충돌에 빠져드는 곳이다.

더욱이 이곳에서 우리는 중요한 특수한 관심을 가진 공동체와 압력집단을 발견한다. 전체 도시의 근린은 연극이나 음악을 비롯한 예술에 특히 관심이 있는 사람들이 어디에 살든 관계없이 서로를 발견하고 모이는 곳이다. 또한 특수한 전문직이나 사업에 몰두하거나 특별한 문제에 관심이 있는 사람들이 생각을 교환하고 때로는 행동을 개시하는 곳이다. 영국의 도시경제학 전문가인 P. 사전트 플로렌스P. Sargant Florence 교수는 이렇게 쓴 바 있다. "나 자신의 경험으로 보건대, 옥스퍼드나 캠브리지 같은 특별한 지식인들의 근거지를 제외하면, 내가 필요로 하는 관심이 비슷한 친구 2, 30명을 찾으려면 백만 명 규모의 도시가 필요하다!" 이 말은 확실히 다소 오만하게 들리지만, 플로렌스 교수는 중요한 진실을 말하고 있다. 아마 교수는 자기가 하는 말을 알아듣는 친구들을 좋아할 것이다. 뉴욕 시에서 서로 몇 킬로미터 떨어진 유니언 사회복지관의 윌리엄 커크와 헨리스트리트 사회복지관Henry Street Settlement의 헬렌 홀Helen Hall이 저소득층 주택단지에서 고리대금업자들의 방문 권유에 의해 야기된 개인 및 공동체의 파산을 검토하기 위해 역시 몇 킬로미터 떨어진 곳에 사무실이 위치한 잡지인 『소비자연합』Consumers' Union과 컬럼비아 대학의 연구자들, 또 어느 재단의 이사들과 한 자리에 모일 때, 그들은 서로가 말하는 내용을 알며, 또한 문제점을 더 자세히 파악하고 맞서 싸울 수 있는 방법을 찾기 위해 자신들이 가진 특별한 종류의 지식과 특별한 종류의 돈을 결합시킬 수 있다. 가정주부인 내 언니 베티가 자기 아이가 다니는 맨해튼 공립학교에서 영어를 아는 학부모들이 부모가 영어를 모르는 아이들이 숙제하는 것을 도와주는 계획을 마련하는 일을 도울 때, 이런 지식은 전체로서의 도시의 특수한 관심을 가진 근린으로 스며든다. 그 결과 어느 날 저녁 베티 언니는 브루클린의 베드퍼드-스타이버슨트Bedford-Stuyvesant 지역까지 가서 그곳 학부모교사협의회 회장 10명을 모아 놓고 이 계획이 어떻게 실행되고 있는지를 말해 주고 또 자신은 새로운 사실을 배우곤 한다.

여러 관심사를 가진 집단의 사람들을 한데 모으는 도시의 총체성이야말로 도시가 갖는 가장 커다란 자산일 것이다. 그리고 도시 지구가 필요로 하는 자산 가운데 하나는 전체로서의 도시의 정치 및 행정, 그리고 특수한 관심을 가진 공동체에 접근할 수 있는 사람들이다.

대부분의 대도시에서 우리 미국인들은 전체 도시에 속하는 유용한 근린을 만들어 내는 데 꽤 유능하다. 서로 보완해 주는 비슷한 관심을 가진 사람들은 서로를 꽤 잘 찾아낸다. 사실 대도시야말로 이런 식으로 사람을 찾는 데 가장 효과적이다(이런 점에서 초라한 로스앤젤레스와 극히 불충분한 보스턴을 제외한다면). 게다가 대도시의 시 정부는, 『포천』Fortune의 시모어 프리드굿Seymour Freedgood이 『폭발하는 대도시』The Exploding Metropolis에서 탁월하게 설명한 것처럼, 그 도시의 끝없이 이어진 열악한 동네에서 사회·경제 상황을 보면서 추측하는 것에 비해 여러 면에서 훨씬 더 유능하고 정력적이다. 우리가 가진 파국적인 약점이 무엇이든 간에, 전체로서의 도시에서 근린을 형성하는 데 완전히 무능력하지는 않다.

도시 근린 분류 단계의 다른 쪽 끝에는 도시의 거리와, 우리 동네인 허드슨스트리트 같이 거리가 형성하는 작은 동네가 있다.

이 책의 처음 몇 장에서 나는 도시 거리의 자치 기능에 관해 길게 논의한 바 있다. 공적 감시의 망을 엮음으로써 자신들뿐만 아니라 낯선 이들까지 보호하고, 소규모 일상적인 공중 생활의 네트워크를 형성하고 그 결과로 신뢰와 사회통제의 네트워크를 만들며, 어린이들로 하여금 책임감 있고 관용적인 도시 생활에 동화하도록 돕는 것 등이 그것이다.

그렇지만 도시의 거리 동네는 또 다른 중요한 자치 기능을 갖는다. 거리 동네는 거리가 감당하기에는 너무 큰 문제가 발생할 때 효과적으로 도움에 의존해야 한다. 때로 이러한 도움은 단계의 다른 쪽 끝에 있는 전체로서의 도시에서 나와야 한다. 이 문제는 미결로 남겨 놓겠지만 독자 여러분은 기억해 두길 바란다.

거리의 자치 기능은 비록 변변찮지만 무척 요긴하다. 계획을 통한 것이든 무계획적인 것이든 수많은 실험을 했음에도 활기찬 거리를 대체할 수 있는 것은 아무것도 없다.

도시의 거리 동네가 유능하게 기능하려면 규모가 얼마나 되어야 할까? 실제 세계에서 성공적으로 기능하는 거리-동네 네트워크를 살펴보면 이런 질문이 무의미함을 알게 된다. 거리 동네가 순조롭게 기능하는 곳이라면 어디나 그렇겠지만, 어디서부터 어디까지라는 뚜렷한 단위로 구분되지 않는다. 같은 장소에 있는 사람들에 따라 규모가 서로 다르다. 어떤 사람들은 다른 이들에 비해 더 멀리까지 돌아다니거나 어슬렁거리거나 또 더 멀리까지 거리를 알기 때문이다. 사실 이런 거리의 동네가 성공을 거두는 요인의 상당 부분은 서로 겹치고 얽히고설키고 모퉁이를 도는 데 의존한다. 이런 수단을 통해 거리 동네는 이용자들에게 경제적이고 시각적으로 변화를 줄 수 있게 된다. 뉴욕의 파크애비뉴 주택가는 단조로운 동네의 극단적인 사례인 것처럼 보이는데, 그곳이 고립된 길쭉한 모양의 거리 동네일 뿐이라면 그러할 것이다. 그러나 파크애비뉴 주민의 거리 동네는 파크에서 시작될 뿐, 파크에서 떨어진 모퉁이를 돌고 곧바로 또 모퉁이를 돈다. 길쭉한 거리가 아니라 무척 다양하게 서로 얽히고설킨 동네들의 한 부분인 것이다.

물론 경계선이 뚜렷한, 고립된 거리 동네도 많이 있다. 이런 동네는 으레 긴 블록과 (따라서 사람들의 왕래가 적은 거리와) 관련된다. 긴 블록은 거의 언제나 물리적으로 자기고립되는 경향이 있기 때문이다. 뚜렷하게 분리된 거리 동네는 결코 목표로 삼을 만한 것이 못된다. 그런 동네는 보통 전형적인 실패의 사례이다. 뉴욕 대학 인간관계연구소Center for Human Relations Studies의 댄 W. 닷슨Dan W. Dodson 박사는 맨해튼 웨스트사이드에 있는 길고 단조롭고 자기고립된 블록들로 이루어진 지역의 문제점을 설명하면서 이렇게 말한다. "각 거리는 분리된 문화를 지닌 독자적으로 분리된 세계인 것처럼 보인다. 인터뷰를 한 많은 사람들은 자기가 거주하는 곳을 거리라고 생각할 뿐, 동네라는 관념은 전혀 갖고 있지 않았다."

이 지역의 무능력을 요약하면서 닷슨 박사는 이렇게 평한다. "이 동네의 현재 상태를 보면 이곳 사람들이 집단행동을 할 수 있는 능력을 상실했거나 아니면 지역사회 생활의 몇 가지 문제를 바로잡도록 시 정부와 사회 기관들에 오랫동안 압력을 가하게 될 것임을 알 수 있다." 거리의 고립과 무능력에 관한 닷슨 박사의 이러한 관찰은 서로 밀접한 관련을 갖는다.

요컨대 성공적인 거리 동네는 분리된 단위가 아니다. 이런 동네들은 물리·사회·경제적 연속체이다—분명 소규모이지만 밧줄을 이루는 실의 길이가 짧다는 의미에서 소규모일 뿐이다.

　우리 도시의 거리가 거리의 공중 생활의 연속성을 촉진할 만큼 충분히 빈번한 상업과 전반적인 활기, 이용, 관심을 누릴 때, 우리 미국인들은 거리의 자치를 훌륭하게 유지할 수 있다. 이런 능력은 현재 가난하거나 한때 가난했던 사람들이 사는 지역에서 가장 자주 주목받고 언급된다. 그러나 순조롭게 기능하는 일상적인 거리 동네는 또한 이를테면 맨해튼 이스트사이드^{East Side}의 50번가에서 80번가까지나 필라델피아의 리튼하우스 스퀘어 지구 같이——단명하는 식이 아니라——지속적인 인기를 유지하는 고소득층 지역의 특징이기도 하다.

　확실히 우리의 도시에는 도시 생활에 맞게 만들어진 충분한 거리가 부족하다. 그 대신에 '활기 없는 극심한 황폐함'이 지배하는 지역이 너무 많다. 그러나 수많은 도시 거리들이 자신의 비천한 임무를 훌륭하게 수행하며 충성을 받고 있다. 자신들이 감당하기에는 너무 큰 도시 문제에 의해 충격을 받거나, 전체로서의 도시에 의해서만 제공될 수 있는 시설이 너무 오랫동안 제공되지 않거나, 동네 사람들로서는 물리칠 수 없는 의도적인 계획 정책을 강요받아 파괴되지만 않는다면 말이다.

　이제 자치에 유용한 도시 근린의 세번째 종류, 즉 지구^{district}를 말할 차례이다. 내 생각에 지구야말로 우리가 가장 취약하고 또 가장 파국적인 실패를 겪는 곳이다. 우리에게는 명목상의 도시 지구가 무수히 많다. 그렇지만 제대로 기능하는 지구는 거의 없다. 성공적인 지구의 주요한 기능은 절대 필요하지만 본래 정치적으로는 무력한 거리 동네와 본래 강력한 전체로서의 도시 사이를 중재하는 것이다.

　상층에서 도시를 책임지는 사람들에게는 많은 무지가 존재한다. 아무리 유리한 지점에서 보더라도,——설령 그 지점이 가장 꼭대기라 할지라도——또는 어떤 인간이 보더라도 대도시는 상세하게 이해하기에 너무 복잡하고 크기 때문에 이런 무지는 불가피한 것이다. 그러나 세부야말로 가장 중요하다. 이스트할렘의 어느 지구 시민 그룹은 시장 및 그 밑의 국장들과 약속한 회의를 기대하면서 먼 곳에서 내려진 결정(물론 그 대부분은 선의에 따른 것이었다)에 의해 지구가 황폐해지게 된 사정을 설명하는 문서를 준비했는데, 이런 논평을 덧붙였다. "이스트할렘에 살거나 여기서 일하는 우리는 매일같이 이스트할렘과 접촉하면서……일터로 가는 길에 차를 타고 지나치거나 신문에서 이곳에 관해 읽는 사람들이나 또는 시내 책상에 앉아 이곳에 관한 결정을 내리는 사람들과는 무척 다르게 이곳을 바라본다는 사실을 종종 깨닫곤 한다는 점을 언급해야 하겠다." 나는 보스턴과 시카고, 신시내티와 세인트루이스에서 이와 거의 똑같은 말을 들은 적이 있다. 우리의 모든 대도시에서 거듭해서 메아리치는 불평인 것이다.

지구는 도시의 자원을 그것을 필요로 하는 거리 동네에 내려보내는 데 조력해야 하며, 거리 동네라는 실제 세계의 경험을 전체로서의 도시의 정책과 목표로 전환시키는 데 힘을 보태야 한다. 또한 그곳에 사는 주민들뿐만 아니라 도시 전체에서 온 다른 이용자들——노동자, 고객, 방문객——도 문명화된 방식으로 이용할 수 있는 지역을 유지하는 데 보탬이 되어야 한다.

유능한 지구라면 이런 기능을 수행하기 위해 도시 전체의 생활에서 하나의 세력이 될 수 있을 만큼 충분히 규모가 커야 한다. 도시계획 이론에서 '이상적인' 근린은 그런 역할에는 아무 쓸모가 없다. 지구는 시청에 맞서 싸울 수 있을 만큼 규모가 크고 힘이 세야 한다. 작은 지구는 전혀 쓸모가 없다. 물론 시청에 맞서 싸우는 것이 지구의 유일한 역할은 아니며 반드시 가장 중요한 일도 아니다. 그렇지만 기능적인 측면에서 보자면 이것이 훌륭한 규모의 정의이다. 왜냐하면 지구는 때때로 바로 이런 일을 해야 하기 때문이며, 또한 주민들이 심각한 위협을 느낄 때 시청에 맞서 싸울 수 있는—그리고 승리할 수 있는—힘과 의지가 없는 지구는 다른 심각한 문제에 맞설 수 있는 힘과 의지를 갖지 못하게 마련이기 때문이다.

잠시 거리 동네로 돌아가서 어중간한 상태로 남겨 두었던 미해결 문제를 살펴보도록 하자. 훌륭한 거리 동네에 주어진, 너무 큰 문제가 닥쳤을 때 도움을 구하는 일 말이다.

도시 거리의 문제가 그 권한을 넘어설 때 도시 거리 혼자서는 무기력하기 짝이 없다. 한 예로 1955년에 맨해튼 웨스트사이드 주택지구의 어느 거리에서 일어난 마약 밀매 사건과 관련하여 무슨 일이 벌어졌는지를 한번 생각해 보라. 이 사건이 발생한 거리에는 도시 전역에서 일을 하고 그 거리뿐만 아니라 다른 지역에도 친구와 지인들이 있는 주민들이 있었다. 거리 자체에는 건물 앞 계단을 중심으로 꽤나 활발한 공중 생활이 존재했지만, 동네 상점이나 통상적인 공적 인물은 전혀 없었다. 주민들은 또한 지구 근린과 아무 연계도 갖고 있지 않았다. 사실 그 지역에는 이름뿐인 것을 제외하고는 그런 연계가 전혀 없었다.

아파트 한 곳에서 헤로인을 팔기 시작하자 마약중독자들이 줄을 이어 거리로 들어왔다—거기서 살려는 게 아니라 연결고리를 만들기 위해서였다. 마약을 사기 위해서는 돈이 필요했다. 거리에서 유행처럼 권총강도와 강도짓을 벌이는 게 하나의 해결책이었다. 사람들은 금요일에 주급을 들고 집에 오는 일이 두려워지게 되었다. 이따금 밤에 끔찍한 비명소리 때문에 주민들이 공포에 질리곤 했다. 주민들은 친구들이 찾아오는 것을 부끄럽게 여겼다. 거리의 청소년들 가운데도 중독자가 있었고, 그 수는 점점 늘어났다.

대부분 양심적이고 훌륭한 시민이었던 주민들은 자신들이 할 수 있는 일을 했다. 여러 차례 경찰에 신고했다. 어떤 이들은 몸소 나서서 단속 책임이 있는 마약단속반에 이야기를 해야 한다고 주장했다. 주민들은 단속반 형사들에게 어디서, 누가, 언제 헤로인을 파는지, 그리고 언제쯤 마약 공급이 이뤄질지 이야기해 주었다.

그러나 사태가 악화되기만 했을 뿐, 아무 조치도 취해지지 않았다.

무기력한 작은 거리 한 곳이 대도시의 가장 심각한 문제에 맞서 싸우는 경우에 큰 성과를 거두기는 난망한 일이다.

경찰이 매수를 당했던 것일까? 누가 알겠는가?

지구 근린도 없고, 이 장소의 이 문제에 신경을 쓰고 영향력을 행사할 수 있는 다른 사람도 알지 못하는 주민들은 갈 수 있는 데까지 가 보았다. 왜 주민들은 최소한 주 의회 하원의원에게 전화를 하거나 정치 클럽과 접촉하지 않았을까? 이 거리에 사는 사람 가운데 그런 사람을 알거나(주 의회 하원의원은 약 115,000명의 유권자를 대표한다) 그런 사람을 아는 사람을 아는 이는 하나도 없었다. 다시 말해 이 거리는 효율적인 지구 근린과의 효율적인 관계는 고사하고 지구 근린과 어떤 관계도 없었다. 지구 근린을 관리할 수 있는 사람들은 거리의 상황이 어쩔 도리가 없는 게 분명해지자 이사를 가 버렸다. 거리는 혼란과 야만 상태로 빠져들었다.

사태가 이렇게 진행되는 동안 뉴욕에는 유능하고 정력적인 경찰국장이 있었지만, 모든 사람이 경찰국장을 만날 수는 없었다. 거리의 효율적인 정보와 지구로부터의 압력이 없다면 경찰국장 또한 어느 정도는 무기력해질 수밖에 없다. 이런 간극 때문에 상층부의 의도가 아무리 좋더라도 아래쪽까지 효과를 발휘하기는 힘들며, 그 역도 마찬가지이다.

때로 도시는 거리의 잠재적인 조력자가 아니라 적대자이지만, 이번에도 역시 거리에 특별히 영향력 있는 시민이 없다면 그 거리 혼자서는 대개 무기력할 뿐이다. 최근 허드슨스트리트에서 우리는 이런 문제를 겪었다. 맨해튼 구^Manhattan Borough의 기술자들이 우리 지역의 보도 폭을 3미터 줄이기로 결정한 것이다. 이 결정은 도시 차원의 판에 박힌 무분별한 차도 확장 계획의 일부였다.

거리에 사는 우리는 우리가 할 수 있는 일을 했다. 인쇄업자는 인쇄기를 멈추고 최종 기한이 얼마 남지 않은 작업을 중단한 채 토요일 아침에 긴급 민원서를 인쇄했다. 학교를 파한 아이들의 도움을 받아 배포를 하기 위해서였다. 거리에 면한 인근 동네 사람들도 민원서를 받아서 멀리까지 배포했다. 성공회와 가톨릭의 교구 부속학교 두 곳은 아이들을 통해 민원서를 가정으로 보냈다. 우리는 허드슨스트리트와 인근 지역에서 천 명 정도의 서명을 확보했는데, 이 서명은 직접 영향을 받는 성인 대다수를 대표하는 게 틀림없었다. 여러 사업가와 주민들이 편지를 보냈고, 선출직 책임자인 구청장을 방문하기 위한 대표단도 만들어졌다.

그러나 우리들만으로는 아마 성과를 거둘 수 없었을 것이다. 우리는 거리의 처리에 관한 신성화된 일반적 정책에 맞서고 있었고, 누군가에게 큰돈이 될 건설 작업에 반대하고 있었다. 또 때는 이미 많은 준비가 진척된 상태였다. 우리는 순전히 운이 좋아서 보도 해체 직전에 계획을 알 수 있었다. 공청회도 필요 없었다. 기술적으로 볼 때 이 작업은 보도 연석을 조정하는 일에 불과했기 때문이다.

처음에 우리는 계획이 변경되지 않을 것이라는 말을 들었다. 보도가 없어져야 한다는 것이었다. 우리의 보잘것없는 항의를 뒷받침해 줄 힘이 필요했다. 이 힘은 우리 지구—그리니치빌리지—에서 나왔다. 사실 우리가 조직한 민원의 주된 목적은, 비록 겉으로 내세우지는 않았지만, 하나의 쟁점이 터져 나왔음을 지구 일반에 극적으로 보여 주는 것이었다. 지구 차원의 조직들이 신속하게 통과시킨 각종 결의안이 거리-동네의 여론 표출보다 우리에게 더욱 중요했다. 우리 대표단의 구청장 면담 약속을 잡아 준 사람인 시민단체 그리니치빌리지협회Greenwich Village Association의 회장 앤서니 다폴리토Anthony Dapolito와, 자기 지위를 이용해 영향력을 행사한 대표단의 사람들은 모두 우리 거리가 아니라 다른 거리에 사는 이들이었다. 일부는 지구 반대편에 사는 이들이었다. 이 사람들이 영향력을 행사할 수 있었던 것은 그들이 지구 차원에서 여론을 대표하는 여론 형성자들이었기 때문이다. 이 사람들의 도움 덕분에 우리는 승리했다.

이런 지원을 받을 수 없다면, 대부분의 도시 거리는 반격을 시도하기도 힘들다——거리가 직면한 문제가 시청에서 연유한 것이든 아니면 인간 조건의 다른 결점에서 기인하는 것이든 간에. 쓸데없는 일을 나서서 하기를 좋아하는 사람은 아무도 없다.

물론 우리가 받은 도움 때문에 우리 거리에 사는 몇몇 개인들은 다른 곳에서 도움을 요청할 때 다른 거리를 돕거나 지구 전반의 대의에 조력해야 할 의무를 갖게 된다. 우리가 이를 무시하면 다음번에 도움을 필요로 할 때 도움을 받지 못할 것이다.

거리에서 모은 정보를 위쪽으로 전달하는 데 유능한 지구는 때로 그런 정보를 도시 정책으로 전환시키는 데 힘을 보태기도 한다. 이런 사례를 들자면 끝이 없겠지만 다음과 같은 한 예로도 충분할 것이다. 이 글을 쓰는 지금, 뉴욕 시는 마약 중독자에 대한 치료를 다소 개선한다고 하며, 이와 동시에 시청은 치료를 확대·개선하고 해외로부터의 마약 밀수를 봉쇄하려는 노력을 증대하기 위해 연방 정부에 압력을 가하고 있다. 이런 움직임을 추진하는 데 조력한 연구와 여론 조성 활동은 신비로운 '그들'에게서 시작된 게 아니다. 치료 개선과 확대를 위한 최초의 여론 조성 활동은 관리들이 아니라 이스트할렘이나 그리니치빌리지 같은 지구의 압력단체들이 먼저 나선 것이다. 마약 판매상들이 아무 거리낌 없이 공공연하게 활동하는 반면, 희생자들로 연행자 명단이 채워지는 불명예스러운 상황을 폭로하고 널리 알린 것은 관리들이나 경찰이 아니라 바로 이런 압력단체들이었다. 이 압력단체들은 문제를 연구하고 변화를 위한 압력을 가하고 있으며 앞으로도 계속 이런 활동을 할 것이다. 거리 동네의 경험과 직접적인 접촉을 유지하고 있기 때문이다. 다른 한편 어퍼웨스트사이드의 거리 같은 버림받은 거리의 경험은 아무것도 가르쳐 주지 않는다―빨리 나가 버려야 한다는 교훈 말고는.

흔히 서로 분리된 동네들이 연합해서 지구를 형성할 수 있다고 생각하기 쉽다. 뉴욕의 로워이스트사이드는 요즘 이런 방식으로 효과적인 지구를 형성하려 하고 있으며, 이런 취지로 많은 보조금을 받았다. 병원 신설을 위해 압력을 가하는 경우 같이 사실상 모든 사람이 뜻을 모은 목적에 대해서는 공식화된 연합 체제가 꽤 순조롭게 작동하는 듯하다. 그러나 국지적인 도시 생활의 여러 중요한 문제들은 언제나 논쟁적이다. 예컨대 이 글을 쓰는 지금, 로워이스트사이드 연합 지구의 조직 구조에는 불도저의 철거에 맞서 자신들의 집과 동네를 지키려고 애쓰는 사람들이 포함되어 있으며, 또한 정부의 수용 선고 권한을 이용해서 이 주민들을 몰아내고 싶어 하는 조합식 주택단지 개발업자를 비롯한 여러 사업 관계자들도 있다―육식동물과 먹이 사이의 오래된 갈등이 내재되어 있는 것이다. 자구 노력을 기울이는 사람들은 자신들의 주된 적이 포함된 이사회를 통해 결의안을 채택하고 의견서를 승인받기 위해 쓸데없는 노력을 기울이느라 많은 시간을 허비한다!

지역의 중요한 문제를 둘러싸고 뜨거운 싸움을 벌이는 양쪽 모두 자신들이 만들기를 원하는 도시 정책이나 영향력을 행사하고자 하는 결정에 대해 전면적이고 공고한 지구 차원의 힘(이 정도 힘이 아니면 효과를 발휘하지 못한다)을 행사할 필요가 있다. 양쪽은 효과적인 결정이 내려지는 단계에서 상대방 및 관리들과 끝까지 싸워야 한다. 이런 싸움이야말로 승리하는 관건이기 때문이다. 정부의 책임 있는 결정 권한이 전혀 없는 효력 없는 각종 위계와 위원회의 '의사결정' 발의를 거침으로써 이런 경쟁자들의 힘을 분산시키고 노력을 약화시키는 것은 그것이 무엇이든 간에 정치 생활과 시민의 능력과 자치를 손상시킨다. 이런 과정은 실질적인 자치가 아니라 자치의 유희가 된다.

　가령 그리니치빌리지가 지역 공원인 워싱턴스퀘어가 고속화도로에 의해 양분되는 것을 막기 위해 싸웠을 때, 주민 대다수는 고속화도로에 압도적으로 반대하는 의견이었다. 그러나 물론 만장일치는 아니었다. 고속화도로에 찬성하는 이들 가운데는 지구의 작은 구역에서 지도적 위치에 있는 많은 두드러진 인물들이 있었다. 당연히 이 사람들은 구역 조직 차원에서 싸움을 계속하려고 했고, 시 정부도 마찬가지였다. 이런 전술이 통했다면 아마 다수 의견이 승리하기는커녕 저절로 힘을 잃었을 것이다. 실제로 레이먼드 루비노Raymond Rubinow가 이런 사실을 지적할 때까지 다수 의견은 제풀에 약해지고 있었다. 이 지구에 살지는 않지만 여기서 일하는 사람이었던 루비노는 여러 조직을 아우르는 진정한 지구 조직인 **공동**비상대책위원회Joint Emergency Committee를 결성하는 데 힘을 보탰다. 유능한 지구는 자연스러운 '사물'처럼 움직이며, 특히 논쟁적인 문제에 관해서 서로 의견이 일치하는 시민들이 지구 차원에서 함께 행동해야 할 때는 그렇게 움직여야지, 그렇지 않으면 아무 성과도 얻지 못한다. 지구는 연합해서 움직이는 작은 공국들의 집단이 아니다. 지구가 움직인다면, 중요성을 가질 수 있을 만큼의 규모로 힘과 의견이 통합된 단위로서 움직이는 것이다.

우리의 도시들에는 지구로서 작동하기에는 너무 규모가 작은 섬 같은 동네들이 많이 있는데, 도시계획에 의해 만들어진 주택단지 동네뿐만 아니라 계획과 무관한 많은 동네도 여기에 포함된다. 도시계획과 무관한, 너무 작은 이런 단위들은 역사를 통해 성장해 온 곳으로서 독특한 민족 집단의 고립된 지역인 경우가 많다. 이런 곳들은 종종 거리의 근린 기능을 훌륭하고 강력하게 수행하며, 따라서 내부로부터 생겨나는 동네의 사회적 문제와 쇠퇴를 믿기 어려울 정도로 제어한다. 그러나 또한 이처럼 너무 작은 동네는 외부로부터 생겨나는 문제와 쇠퇴에 대해서는 거리와 마찬가지로 무기력하다. 이런 동네는 힘이 없기 때문에 공공시설 개선과 서비스에서 무시를 당한다. 또 저당 대부업자들이 작성한 지역 신용 평가 블랙리스트에서 내려진 임종 선언——이것은 지구 차원의 힘이 대단한 경우에도 맞서 싸우기가 무척 힘든 문제이다——을 뒤집기에도 무기력하다. 인근 동네의 사람들과 갈등이 생기는 경우에 양쪽 모두 쉽게 관계를 개선하지 못할 공산이 크다. 사실 고립된 탓에 이런 관계가 더욱 악화되게 마련이다.

하나의 지구로 기능하기에는 너무 작은 동네가 이례적으로 영향력 있는 시민이나 중요한 기관을 보유함으로써 권력의 혜택을 받는 경우가 분명 이따금 있다. 그러나 동네 사람들의 이해와 '거물'Papa Bigwheel이나 '거물 기관'Papa Institution의 이해가 맞부딪히는 일이 생기면 권력이 준 '공짜' 선물의 대가를 치르게 된다. 사람들은 정책 결정이 이루어지는 정부 관청에 있는 '거물'을 물리칠 힘이 없으며, **따라서 '거물'을 가르치거나 '거물'에게 영향력을 행사할 수 없다.** 가령 대학을 포함하는 동네의 시민들은 이런 어쩔 수 없는 궁지에 빠지는 경우가 많다.

충분한 잠재력을 가진 지구가 효율적이고 유용한 민주적 자치의 기관이 되는지 여부는 거기 속한 너무 작은 동네들의 고립성이 극복되는지에 달려 있다. 이것은 대체로 한 지구와 그 안의 경쟁자들에게 사회·정치적인 문제이지만 또한 물리적인 문제이기도 하다. 지구 규모보다 작은 분리된 도시 근린이 훌륭한 이상이라는 전제에 입각해서 의도적으로 물리적인 계획을 세우는 것은 자치를 파괴하는 것이다. 동기가 아무리 감상적이고 온정적이더라도 전혀 도움이 되지 않는다. 주민들에게 가격표를 붙이는 주택단지의 경우처럼 노골적인 사회적 구별을 통해 너무 작은 동네의 물리적인 고립을 부추긴다면, 그러한 정책은 도시 내의 효율적인 자치와 자기관리를 야만적으로 파괴하는 처사이다.

실질절인 힘을 휘두르는 도시 지구의 가치(그렇지만 그 속에서 거리 동네가 극미한 단위로 사라지지는 않는다)는 내가 발견해 낸 것이 전혀 아니다. 지구의 가치는 거듭해서 재발견되고 경험적으로 입증된다. 거의 모든 대도시에는 그처럼 효율적인 지구가 적어도 하나는 존재한다. 또 훨씬 많은 지역이 위기의 시기에 지구로 기능하기 위해 이따금 분투하고 있다.

당연한 얘기지만 꽤 효율적인 지구는 대개 시간이 흐르면서 저절로 상당한 정치적 힘을 얻게 된다. 또한 이런 지구는 결국 거리 차원과 지구 차원에서, 그리고 지구 차원과 도시 전체의 동네에서 동시에 움직일 수 있는 일련의 개인들을 만들어 낸다.

기능적인 지구를 발전시키지 못한 우리의 전반적인 실패를 바로잡는 것은 대부분 도시 행정을 변화시키는 문제인데, 여기서 이 문제를 검토할 필요는 없다. 그렇지만 특히 도시 근린에 관한 전통적인 도시계획의 사고를 버릴 필요는 있다. 도시계획 및 구획 설계 이론에서 '이상적인' 근린은 거리 동네로서 경쟁력이나 의미를 갖기에는 규모가 너무 크며, 또한 동시에 하나의 지구로서 기능하기에는 규모가 너무 작다. 이런 근린은 어떤 것에도 적합하지 않다. 심지어 출발점으로도 기능하지 못할 것이다. 의학적 방혈에 대한 믿음과 마찬가지로, 이것은 이해의 추구에서 그릇된 방향 전환이었다.

실제 세계의 자치에서 유용한 기능을 입증한 유일한 종류의 도시 근린이 전체로서의 도시와 거리, 지구뿐이라면, 도시를 위한 효과적인 근린의 물리적 계획은 다음과 같은 목표를 추구해야 한다.

첫째, 활기차고 흥미로운 거리를 조성해야 한다.

둘째, 이러한 거리의 구조가 가능한 한 잠재적인 하위도시의 규모와 힘을 가진 지구 **전체에 걸치도록** 그 구조를 연속적인 네트워크로 만들어야 한다.

셋째, 공원, 광장과 공공건물을 이러한 거리 구조의 일부로 활용해야 한다. 또한 이것들을 활용해서 거리 구조의 복잡성과 다양한 용도를 강화하고 결합해야 한다. 각기 다른 용도들을 서로 고립시키거나 하위지구 근린을 고립시키는 쪽으로 공원과 광장과 공공건물을 이용해서는 안 된다.

넷째, 지구로서 작동할 만큼 충분히 규모가 큰 지역의 기능적 정체성을 강조해야 한다.

앞의 세 가지 목표를 잘 추구한다면, 네번째 목표는 저절로 달성될 것이다. 그 이유는 다음과 같다. 종이 지도상의 세계에 살지 않는 한, 지구라고 불리는 추상 개념에 일체감을 갖거나 거기에 많은 관심을 쏟는 사람은 거의 없다. 우리 대부분이 도시의 한 장소에 대해 일체감을 갖는 이유는 우리가 그곳을 이용하고 또 상당히 친밀하게 알게 되기 때문이다. 우리는 두 다리를 이용해서 그곳을 돌아다니면서 의지하게 된다. 누구든 간에 이렇게 많이 움직이는 유일한 이유는 서로 가까이 있는 유용하거나 흥미롭거나 편리한 차이가 매력을 발휘하기 때문이다.

아무리 물리적인 힘이 별로 들지 않는다 하더라도 똑같은 곳이나 반복되는 곳을 일부러 돌아다니는 사람은 거의 없다.*

복제가 아닌 차이가 교차이용cross-use을 강화하며, 그 결과로 자기가 사는 거리의 망을 넘어선 더 넓은 지역에 대한 일체감도 강화한다. 단조로움은 교차이용과 더 나아가 기능적 통합의 적이다. '구역'의 경우에 그것이 계획된 것이든 계획되지 않은 것이든 간에, '구역' 바깥에 있는 사람은 그 장소나 거기 포함된 것들에 대해 자연스러운 이해의 일체감을 느낄 수 없다.

공원에서 소규모의 이용 중심지들이 생겨나는 것과 마찬가지로 활기차고 다양한 지구에서는 이용 중심지가 자라나며, 이런 중심지에 그 장소와 나아가 지구를 어느 정도 상징적으로 대표하게 되는 랜드마크landmark까지 포함된다면 그곳은 지구의 일체화에서 특히 중요해진다. 그러나 중심지 혼자서 지구 일체화의 책임을 질 수는 없다. 각기 다른 상업 및 문화 시설과 다른 모습의 풍경이 보여야 하는 것이다. 이런 구조 속에서 거대한

---

* 이스트할렘의 제퍼슨하우스(Jefferson Houses)에서 4년 동안 산 많은 사람들이 문화회관에 한 번도 눈길을 주지 않은 이유도 이 때문이었다. 문화회관은 단지의 막다른 골목에 자리해 있다(그 너머에 공원만 있을 뿐 도시 생활이 없다는 의미에서 막다른 골목이다). 주택단지의 다른 곳에 사는 사람들은 거기까지 굳이 갈 이유가 없었을 뿐만 아니라 가지 않을 이유는 무수히 많았다. 저 멀리서 보면 별반 다를 것이 없었다. 로워이스트사이드 그랜드스트리트 사회복지관(Grand Street Settlement)의 관장인 도라 태넌바움(Dora Tannenbaum)은 인접한 단지의 각기 다른 건물군에 사는 사람들에 관해 이렇게 말한다. "이 사람들은 서로 공통점이 있다는 생각을 하지 못하는 것 같다. 주택단지의 다른 부분이 마치 서로 다른 행성에 있는 것처럼 행동한다." 시각적으로 이 단지들은 하나의 단일체이다. 그러나 기능적으로는 전혀 그렇지 않다. 겉모습이 거짓말을 하는 것이다.

교통 간선이나 너무 큰 공원, 대규모로 군집한 공공시설 같은 물리적 장벽은 기능적으로 유해하다. 교차이용을 가로막기 때문이다.

지구가 효율적이려면 절대적인 의미에서 얼마나 규모가 커야 할까? 내가 아는 기능적인 규모의 정의는 이렇다. 시청에 맞서 싸울 수 있을 만큼 커야 하지만, 거리 동네가 중요성을 갖지 못하고 지구의 관심을 끌지 못할 정도로 커서는 안 된다.

절대적인 의미에서 이것은 서로 다른 도시에서 규모가 각기 다르다는 것을 의미한다. 도시 전체의 규모에 따라 어느 정도 차이가 나는 것이다. 보스턴의 경우에 노스엔드의 인구가 3만 명이 넘었을 때 지구의 힘이 강했다. 지금은 인구가 그 절반 정도로 줄었는데, 사람들이 슬럼을 벗어나면서 주거 과밀이 해소되는 건전한 과정 때문이기도 하고 또 새로 건설된 고속화도로에 의해 무자비하게 잘려 나가는 불건전한 과정 때문이기도 하다. 노스엔드가 응집력이 있기는 하지만 지구의 힘이 상당히 줄어들었다. 보스턴이나 피츠버그, 또는 어쩌면 필라델피아 같은 도시에서도 3만 명 정도의 사람이면 하나의 지구를 형성하기에 충분할 것이다. 그렇지만 뉴욕이나 시카고에서는 3만 명 정도밖에 되지 않는 지구는 아무런 의미가 없다.

시카고에서 가장 유력한 지구인 백오브더야즈Back-of-the-Yards는, 지구 의회 의장의 말에 따르면, 현재 약 10만 명의 주민을 아우르며 그 수가 점점 늘어나고 있다. 뉴욕에서는 그리니치빌리지가 유력한 지구로서는 좀 작은 편이긴 하지만 성장 가능성이 높다. 여러 가지 다른 장점으로 규모의 약점을 벌충할 수 있기 때문이다. 그리니치빌리지는 주민이 8만 명 정도이며 노동 인구(아마 그 중 6분의 1은 동일 인물일 것이다)는 약 12만 5천 명이다. 유력한 지구를 만들어 내기 위해 노력하고 있는 뉴욕의 이스트할렘과 로워이스트사이드는 각각 20만 명 정도의 주민을 아우르며 그들을 필요로 한다.

물론 지구의 역량에서는 단순한 인구 규모가 아닌 다른 특질이 중요하다—특히 훌륭한 의사소통과 사기가 중요하다. 그렇지만 인구 규모 역시 중요하다. 거의 언제나 암시적일 뿐이기는 하지만 유권자의 표를 대표하기 때문이다. 미국의 도시를 모양 짓고 이끌어 나가는 궁극적인 공중의 힘은 두 가지, 즉 표와 돈 통제권뿐이다. 어감 때문에 '여론'과 '자금 지출'이라는 이름을 붙일 수도 있지만 그렇더라도 여전히 표와 돈이다. 유력한 지구—와 그것의 중개를 통한 거리 동네—는 이런 힘 가운데 하나, 즉 표의 힘을 갖고 있다. 이 힘을 통해, 오로지 이 힘을 통해서만 지구는 공공 자금에 의해 자신에게 가해지는 힘에 대해 좋든 나쁘든 효과적으로 영향을 미칠 수 있다.

일을 해내는 천재성이 대부분 이런 사실을 이해하는 데 있었던 로버트 모지스는 공공 자금 통제권을 활용해서 유권자들이 선출하고 종종 서로 대립되는 이해를 대변하도록 의지하는 사람들에게 자신의 의지를 관철시키는 탁월한 기술을 보여 주었다. 이것은 물론 다른 가면을 쓴 민주적인 정부의 오랜 슬픈 이야기이다. 순전히 사적인 이익을 추구하는 부정직한 대표자들만큼이나 정직한 공공 행정가들 또한 돈의 힘을 가지고 표의 힘을 무효로 만드는 기술을 효과적으로 실행할 수 있다. 유권자들이 무기력한 권력 단위로 파편화되어 있다면, 피선출자들을 유혹하거나 타도하는 것은 어느 쪽이든 무척 쉽다.

최대 규모로 보자면, 20만 명 이상으로 하나의 지구처럼 움직이는 지구는 존재하지 않는다. 어쨌든 간에 지리적 규모가 경험적인 인구 한계를 부과한다. 실제 세계에서 자연스럽게 발전된 유력한 지구의 최대 규모는

3.9평방킬로미터 정도인 것 같다.* 아마 규모가 더 크면 지역 차원의 충분한 교차이용과 지구의 정치적 정체성의 기초를 이루는 기능적 정체성이 너무 불편하게 되기 때문일 것이다. 따라서 거대한 도시에서는 성공적인 지구를 형성하기 위해 사람들이 밀집해야 한다. 그렇지 못할 경우 충분한 정치적 힘과 생명력 있는 지리적 일체감이 조화를 이루지 못할 것이다.

지리적 규모에 관한 이런 문제는 도시를 1평방마일 정도의 구획들로 설계하고 구획들을 경계선으로 구분하며 그에 따라 지구들이 활기를 띨 수 있음을 의미하지는 않는다. 지구를 만드는 것은 경계선이 아니라 교차이용과 활기이다. 지구의 물리적 규모와 한계를 고찰하는 의의는 다음과 같다. 자연적인 것이든 인공적인 것이든 간에 손쉬운 교차이용을 가로막는 물리적 장벽을 형성하는 물체가 어딘가 있어야 한다는 것이다. 이런 물체가 지구의 연속성을 차단하는 자리에 위치하는 것보다는 지구로 작동할 만큼 충분히 넓은 지역의 가장자리에 있는 것이 낫다. 지구의 진실은 그것이 내적으로 무엇인가, 그리고 그것이 이용되는 내적인 연속성 및 겹침에 있는 것이지, 지구가 끝나는 길이나 항공사진에서 어떻게 보이는지에 있는 것이 아니다. 실제로 많은 경우에 매우 인기 있는 도시 지구는 물리적 장벽에 의해 가로막히지만 않으면 자동적으로 경계를 확장한다. 또한 지구를 너무 철저하게 보호할 경우에 도시의 다른 지역에서 찾아오는 경제적 자극을 주는 방문자들을 잃을 위험이 있다.

형식주의적인 경계선이 아니라 촘촘한 구조와 활기와 자신이 만들어내는 얽히고설킨 교차이용에 의해서만 유의미하게 규정되는 근린 계획

---

*내가 아는 한 시카고의 백오브더야즈가 유일하게 이런 규칙의 중대한 예외이다. 이곳은 몇몇 경우에 유용한 함의를 가진 예외인데, 여기서 우리가 관심을 가질 필요는 없지만, 뒤에서 하나의 행정적 문제로서 다루도록 하겠다.

단위는 물론 정통 도시계획의 관념과는 어울리지 않는다. 이 둘이 다른 점은 자신의 운명을 모양 지을 능력이 있는 살아 있는 복잡한 유기체를 다루는 것과 단지 자기에게 주어진 것을 관리하는 능력밖에 없는 고정되고 생명력 없는 정주지를 다루는 것의 차이이다.

지구의 필요성을 길게 논하면서 나는 유력한 도시 지구가 경제적으로나, 사회·정치적으로나 자체로 완결된 것이라는 인상을 주고 싶지 않다. 물론 실제로 그렇지 않고 그럴 수도 없다. 거리가 그럴 수 없는 것처럼 말이다. 또한 각각의 지구는 서로를 똑같이 복제할 수도 없다. 지구마다 무척 다르고 또 달라야만 한다. 도시는 소읍들이 반복되는 곳이 아니다. 흥미로운 지구는 자기만의 특징과 특색을 갖고 있다. 이런 지구는 외부로부터 이용자들을 끌어들이며(그렇지 못한다면 진정으로 도시적인 경제적 다양성을 갖지 못한 곳이다), 그곳 사람들은 밖으로 나간다.

또한 지구가 자기 완결성을 가질 필요도 없다. 시카고의 백오브더야즈의 경우에 1940년대까지만 해도 가족의 생계를 책임지는 사람들은 대부분 지구 안의 도살장에서 일했다. 이 경우에는 이런 사실이 지구 형성과 관계가 있었다. 여기서는 지구 조직이 노동조합 조직의 결과물이었기 때문이다. 그러나 주민들과 아이들이 도살장 직업을 그만두면서 더 넓은 도시의 노동 생활과 공중 생활로 옮겨 가고 있다. 방과 후에 아르바이트로 일하는 십대를 제외하면 대부분의 사람들은 이제 지구 바깥에서 일을 한다. 이런 이동 때문에 지구가 약화되지는 않으며, 오히려 이와 동시에 더욱 강해지고 있다.

한편 이 과정에서 영향을 준 건설적인 요인은 시간이다. 도시에서 시간은 자기 완결성의 대체물이다. 도시에서 시간은 필수 불가결하다.

지구가 하나의 '생물'처럼 기능할 수 있게 해주는 교차결합 cross-links

은 모호하지도, 신비롭지도 않다. 교차결합은 지리적 단편을 공유한다는 것 말고는 다른 공통점이 별로 없는 특정한 사람들 사이에 작동하는 관계로 구성된다.

도시 지역에서 형성되는 첫번째 관계는, 동네가 안정된 상태라면, 거리 동네에서 만들어지는 관계와 서로 뭔가 공통점이 있고 조직——교회, 학부모교사협의회, 사업가 협회, 정치 클럽, 지역 시민연맹, 보건 캠페인을 비롯한 공익적 목적을 위한 기금 조성 위원회, 이런저런 마을 사람들(한때 이탈리아인들 사이에 많았고 지금은 푸에르토리코인들 사이에서 흔한 클럽), 집주인 협회, 구역 개선 협회, 불의에 저항하는 사람들, 그밖에 무수한 조직들——에 속해 있는 사람들 사이의 관계이다.

대도시에서 비교적 안정된 지역을 자세히 들여다보면 머리가 어지러울 정도로 많은 조직——대부분 작은 조직이다——을 발견하게 된다. 필라델피아 재개발 담당청의 위원 중 한 명인 골디 호프먼Goldie Hoffman 여사는 재개발을 앞두고 있는 인구 1만 명 가량의 소중한 작은 지역에 있는 조직과 기관들을 조사하는 실험을 해보기로 결정했다. 놀랍게도 열아홉 개나 발견할 수 있었다. 우리의 도시에서는 소규모 조직과 특수이해 조직들이 마치 나무에 이파리가 달리듯이 자라며, 나름의 방식으로 삶의 영속성과 집요함을 무섭도록 보여 준다.

그러나 유력한 지구의 형성에서 결정적인 단계는 이런 조직을 훨씬 넘어선다. 한데 섞이지만 각기 다른 일련의 관계가 자라나야만 한다. 거리의 동네와 특정한 조직이나 기관을 넘어서 지역의 공적 생활을 확대하고 완전히 다른 지역에 뿌리와 배경을 가진 사람들과 관계를 형성하는 사람들, 대개 지도자들 사이에서 작동하는 관계가 이런 것이다. 도시의 이런 뜀뛰기 관계hop-and-skip relationships는 자기 완결적인 정주지 내의 각기 다른 소규모 집단의 사람들 사이에 존재하는 이와 비슷한 반강제적인 뜀뛰기 연결에 비해 우연적이다. 우리가 지구를 형성하는 것보다 도시 전체 차원의 이해 근린을 형성하는 데 더 앞서 있기 때문에, 뜀뛰기 지구 관계는 도시 전체의 특수이해 근린에서 만나서 이런 관계를 자신들의 지구로 가져가는 사람들 사이에서 우연스럽게 생겨나곤 한다. 가령 뉴욕의 많은 지구 네트워크는 이런 식으로 시작된다.

한 지구를 진짜 '생물'로 결합시키는 데는 전체 인구에 비해 놀랍도록 적은 수의 뜀뛰기 사람들만 있으면 된다. 백 명 정도만 있으면 천 배 규모, 즉 10만 명의 인구를 지닌 지구에서 그런 일을 할 수 있다. 그러나 이 사람들이 서로를 찾아내고 편리한 협력을 시험해 볼 시간이 있어야 한다――또한 여러 다양한 소규모 동네나 특수이해 근린에 뿌리를 내릴 시간도 있어야 한다.

언니와 내가 소도시에서 처음 뉴욕에 왔을 때, 우리는 '메시지'라고 이름 붙인 게임을 하며 놀곤 했다. 우리가 갇혀 있던 고치를 벗어나 만나게 된 거대하고 어리둥절한 세상을 어렴풋하게나마 파악하려고 노력했던 것 같다. 전혀 공통점이 없는 두 사람을 골라서――이를테면 솔로몬 제도의 식인종과 일리노이 주 록아일랜드Rock Island의 신기료장수를 골라서――한 사람이 다른 사람에게 구두로 메시지를 전달해야 한다고 가정하는 식이다. 그러고 나서 우리는 각자 입을 다물고 메시지를 전달할 수 있는 사람들의 그럴듯한, 적어도 가능한 연쇄를 궁리했다. 가장 짧은 그럴듯한 메시지 전달자들의 연쇄를 만들어 내는 이가 게임의 승자가 되었다. 식인종이 마을 추장에게 말을 하면, 추장은 코프라[copra; 말린 야자]를 사러 온 상인에게 말을 하고, 상인은 오스트레일리아 순경이 들렀을 때 그에게 말을 하며, 순경은 휴가를 받아 멜버른으로 떠날 예정인 사람에게 말을 한다는 식이다. 한편 다른 쪽에서는 신기료장수가 목사에게 소식을 듣는데, 목사는 시장에게서 소식을 들었고, 시장은 주 상원의원에게서 들었으며, 주 상원의원은 주지사에게서 들었다는 식이다. 우리는 얼마 되지 않아 우리가 떠올릴 수 있는 거의 모든 사람들에 대해 이와 같이 정확한 메시지 전달자들의 순서를 만들 수 있었지만, 루스벨트 여사를 활용하기 전까지는 긴 연쇄의 중간에서 혼란에 빠지곤 했다. 루스벨트 여사 덕분에 중간 연결의 연쇄 전체를 갑자기 뛰어넘을 수 있었다. 루스벨트 여사는 거의 모든 사람을 알고 있었다. 세계가 현저하게 줄어들었다. 그 덕분에 우리는 이제 너무 틀에 박히게 된 게임에서 빠져나왔다.

도시 지구에는 일정한 몫의 자체적인 루스벨트 여사들이 필요하다──거의 모든 사람을 알기 때문에 연락을 위한 긴 연쇄(실제 세계에서는 물론 아예 연락을 하지 않겠지만)가 필요 없게 만드는 사람들 말이다.

흔히 사회복지관 관장이 이와 같은 지구의 뜀뛰기 연결 시스템을 시작하는 사람들이지만, 관장들은 단지 이런 시스템을 시작하고 또 이를 확장하기 위해 적절한 방식으로 일할 수 있을 뿐이다. 모든 책임을 다할 수는 없는 것이다. 이런 연결을 위해서는 신뢰의 증대, 즉 적어도 처음에는 우발적이고 임시적이게 마련인 협력의 확대가 필요하다. 또한 상당한 자신감이나 지역의 공적인 문제에 관한 충분한 관심을 가진 사람들이 필요하다. 끔찍한 혼란과 인구 유출 이후 커다란 역경을 무릅쓰고 유력한 지구가 다시 서서히 만들어지고 있는 이스트할렘에서는 시장과 그 휘하의 위원 14명에게 지구가 원하는 것을 말하기 위해 열린 1960년의 긴급회의에 52개 조직이 참여했다. 이런 조직에는 학부모교사협의회, 교회, 사회복지관, 복지단체, 시민클럽, 세입자 협회, 사업가 협회, 정치 클럽, 지역 연방 하원의원·주 하원의원·시 의원 등이 포함되었다. 회의를 준비하고 정책을 수립하는 특별한 책임을 맡은 것은 58명의 개인이었다. 여기에는 온갖 종류의 재능과 직업을 가진 사람들이 포함되었고 민족적으로도 무척 광범위했다——흑인, 이탈리아인, 푸에르토리코인 및 그밖에 정의를 내릴 수 없는 사람들이 있었다. 이것은 수많은 뜀뛰기 지구 연결을 나타낸다. 이 정도로 많은 네트워크를 만들어 내기 위해서는 대여섯 명의 사람들이 오랜 세월 동안 능숙한 솜씨를 발휘해야 했고, 이 과정은 효력을 발휘하는 단계에 이르는 출발점일 뿐이다.

도시 지구에서 이와 같이 훌륭하고 강력한 뜀뛰기 연결의 네트워크가 작동하게 되면, 네트워크는 비교적 신속하게 확대되고 온갖 종류의 탄력적이고 새로운 양태를 만들어 낼 수 있다. 지구 차원의 조직이면서도 일시적인, 특별한 목적을 위해 형성된 새로운 종류의 조직이 성장하는 것은 이러한 징후이다.* 그러나 지구 네트워크가 작동하기 위해서는 다음과 같은 세 가지 조건이 필요하다. 일정한 출발점, 충분한 사람들이 이용자로서 일체감을 가질 수 있는 물리적 지역, '시간'이 그것이다.

거리와 특수이해 조직에서 작은 연결을 형성하는 사람들 같이 뜀뛰기 연결을 형성하는 사람들은 도시계획과 주거계획에서 사람들을 대표하는 것으로 추정되는 통계가 전혀 아니다. 통계상의 사람들은 여러 가지 이유에서 하나의 허구이다. 그런 이유 중 하나는 사람들이 무한정 대체 가능

---

* 그리니치빌리지에서는 종종 길고 명시적인 이름으로 등장한다. 긴급 차량 이외의 워싱턴스퀘어 공원 이용을 금지하기 위한 공동비상대책위원회(Joint Emergency Committee to Close Washington Square Park to All but Emergency Traffic), 지하세입자 비상대책위원회(Cellar Dwellers' Tenant Emergency Committee), 제퍼슨마켓 법원청사 시계 재작동을 위한 주민위원회(Committee of Neighbors to Get the Clock on Jefferson Market Courthouse Started), 웨스트빌리지 안을 무효화하고 적절한 안을 획득하기 위한 마을공동위원회(Joint Village Committee to Defeat the West Village Proposal and Get a Proper One) 등이 그것이다.

한 것처럼 다뤄진다는 것이다. 실제 세계의 사람들은 유일무이하고, 오랜 세월에 걸쳐 다른 유일무이한 사람들과 중요한 관계를 이뤄 왔으며, 조금도 대체 가능하지 않다. 사람들은 자신의 관계로부터 단절되면 유효한 사회적 존재로서 무력화된다——때로는 잠시 동안, 때로는 영원히.**

거리든 지구든 간에 도시 동네에서는 서서히 자라 온 수많은 공적 관계가 일시에 두절될 경우에 온갖 종류의 파괴가 일어날 수 있다——파괴와 불안정, 무기력이 너무나도 커서 때로는 시간이 아무런 효과도 발휘하지 못할 것처럼 보이기도 한다.

해리슨 솔즈베리는 『뉴욕타임스』의 연재 논설 「동요하는 세대」 "The Shook-Up Generation"에서 도시의 관계와 그 관계의 두절에 관한 이와 같이 중요한 점을 훌륭하게 지적한다.

"게토조차도 [솔즈베리는 목사의 말을 인용한다] 일정한 기간 동안 게토로 남아 있으면 나름의 사회구조를 구축하며, 이런 구조는 공적인 문제의 해결을 돕는 안정과 지도력, 힘의 확대에 이바지한다."

그러나 한 지역에서 슬럼 일소가 시작되면 [솔즈베리의 말이 계속된다] 단정치 못한 집들을 벗겨내는 데 그치지 않는다. 슬럼 일소는 사람들까지 몰아낸다. 또 교회를 뜯어낸다. 지역 사업가들도 몰락시킨다. 또한 동네 변호사를 도심의 새로운 사무실로 보내며, 지역사회의 친교와 집단 관계의 실타래를 돌이킬 수 없게 결딴낸다.

** 겉보기에는 대체 가능한 통계처럼 행동하고 다른 사람들이 비운 자리를 채울 수 있는 사람들이 존재하지만, 그들 또한 윌리엄 H. 화이트 2세가 『조직인간』에서 설명한 것처럼, 비트족(Beatniks)이나 정규군 장교 및 가족, 교외를 돌아다니는 하급 중역 가족과 같은 꽤나 균질적이고 내부에서 자라난 유목 사회에 속해야 한다.

슬럼 일소는 시대에 뒤진 사람들을 부서진 아파트나 소박한 집에서 몰아내고, 새롭고 낯선 지역에서 살 집을 찾게 만든다. 또한 한 동네에 수십만 명의 새로운 얼굴들을 쏟아붓는다. ……

주로 건물을 구제하고 부수적으로 일부 주민을 구제하는 한편 지역의 나머지 주민들은 흐트러뜨리는 것을 목표로 하는 재개발 계획 역시 똑같은 결과를 낳는다. 안정된 도시 근린에 의해 창출된 높은 가치에 대한 수요에 편승하는 지나치게 집중된 개인 소유 건물 또한 마찬가지이다. 뉴욕의 요크빌에서는 1951년에서 1960년 사이에 15,000가구 정도가 이런 식으로 쫓겨났다. 사실상 모든 이들이 마지못해 그곳을 떠났다. 그리니치 빌리지에서도 같은 일이 벌어지고 있다. 사실 우리의 도시들에 제대로 기능하는 지구가 너무 적은 게 아니라, 그런 지구가 하나라도 있다는 것이 기적 같은 일이다. 우선 요행히도 교차이용과 일체감을 갖춘 지구를 형성하기에 물리적으로 적합한 도시 지역이 상대적으로 거의 없다. 그리고 이런 곳에서도 그릇된 계획 정책 때문에 이제 막 모양을 갖추는 지구나 너무 허약한 지구가 끊임없이 절단되고 양분되고 전체적으로 흔들리고 있다. 계획에 의한 붕괴에 맞서 스스로 방어할 능력이 있는 지구는 결국 보기 드문 이런 사회적 보물에서 한몫을 챙기려고 하는 이들의 무계획적인 골드러시에 의해 짓밟히게 된다.

분명 살기 좋은 도시 동네는 새로운 주민—스스로 선택해서 이사 온 주민이든, 편의상 정착하는 이민자든 간에—을 흡수할 수 있으며, 또 상당한 규모의 일시 체류 인구를 보호할 수 있다. 그러나 이러한 인구 증가나 대체는 점진적으로 이뤄져야 한다. 적절한 자치가 작동하려면, 인구 이동의 근저에 동네 네트워크를 만들어 내는 사람들의 연속성이 있어야만 한다. 이런 네트워크는 대체할 수 없는 도시의 사회적 자본이다. 어떤 이유에서든 간에 이 자본이 사라지면 거기서 나오는 소득 또한 사라지며, 새로운 자본이 서서히 불안정하게 축적될 때까지 결코 돌아오지 않는다.

몇몇 도시 생활 관찰자들은 튼튼한 도시 근린이 민족 공동체—특히 이탈리아인, 폴란드인, 유대인, 아일랜드인 공동체—인 경우가 많다는 사실에 주목하면서 도시 근린이 하나의 사회적 단위로 작동하기 위해서는 응집력 있는 민족 기반이 필요하다고 추측하고 있다. 사실 이런 사고는 외국계 미국인들만이 대도시에서 지역 자치를 할 능력이 있다는 말과 같다. 터무니없는 생각일 뿐이다.

우선 이처럼 민족적 응집력이 있는 공동체가 언제나 외부인들이 보는 것처럼 자연스럽게 응집력을 갖게 된 것은 아니다. 다시 백오브더야즈의 예를 들자면, 이곳의 중추를 이루는 주민들은 대부분 동유럽계이지만 온갖 종류의 동유럽인들이다. 가령 민족별 교회만도 수십 개가 있다. 이 집단들 사이의 전통적인 반감과 경쟁이야말로 가장 극심한 장애물이었다. 그리니치빌리지의 세 주요 지역은 각각 이탈리아인 공동체와 아일랜드인 공동체, 헨리 제임스Henry James 시대의 귀족 공동체에서 연유한다. 민족적 응집력이 이 구역들의 형성에서 일정한 역할을 했겠지만, 지구의 교차연결을 결합시키는 데는 아무 도움도 되지 않았다—이 일은 훌륭한 사회복지관 관장인 메리 K. 심코비치Mary K. Simkhovich가 오래전에 시작했다. 오늘날 이 오래된 민족 공동체들의 많은 거리는 거의 전세계로부터 온 엄청나게 다양한 민족을 자기 동네에 동화하고 있다. 이 거리들은 또한 여러 종류의 중산층 전문직과 그 가족들을 동화하고 있다. 중산층 사람들이 유사 교외의 '공생' 같은 철저히 보호하는 섬을 필요로 한다는 도시계획의 신화에도 불구하고 이 사람들은 도시 거리와 지구 생활을 훌륭하게 해나

가고 있다. 로워이스트사이드에서 (그곳이 일소되기 전에) 가장 잘 기능했던 거리 가운데 일부는 막연하게 '유대인' 거리라고 불렸지만, 거리 동네에 실제로 사는 사람들은 40여 개의 서로 다른 민족 출신이었다. 뉴욕에서 가장 유력한 동네 가운데 하나로 경이로운 내적 소통이 이루어지는 곳은 고소득층이 압도적으로 많은 미드타운인 이스트사이드인데, 이 사람들은 미국인이라고밖에 정의를 내릴 수 없다.

둘째로, 민족적 응집력이 있는 동네가 발전하고 안정된 곳은 어디든지 민족적 일체감 이외의 다른 특질을 갖고 있다. 이런 동네에는 그대로 머물러 사는 많은 개인들이 있다. 내 생각에는 순전한 민족적 일체감보다도 이런 것이 더 중요한 요인이다. 시간이 효과를 발휘하고 주민들이 안정되고 유력한 동네를 가지려면 이런 집단이 정착한 뒤에도 오랜 세월이 필요하다.

여기에 외견상의 역설이 존재한다. 한 동네에 그대로 머물러 사는 충분한 수의 사람들을 유지하려면, 이 장 앞에서 언급한 것처럼, 도시는 레지널드 아이작스가 동네가 도시에 중요한 의미를 가질 수 있는지 숙고하면서 지적한 것 같은 효용의 유동성과 기동성을 가져야 하는 것이다.

많은 사람들이 때때로 직장과 직장의 위치를 바꾸고, 외부의 친교와 관심을 옮기거나 확대하고, 가족 규모를 변화시키고, 소득을 높이거나 낮추고, 심지어는 취향까지도 바꾼다. 즉 사람들은 대부분 그냥 존재하는 게 아니라 삶을 살아간다. 단조로운 지구가 아닌 다양한 지구—특히 수많은 세부적인 물리적 변화에 끊임없이 적응할 수 있는 지구—에 살고 또 그곳을 좋아한다면, 사람들은 그 장소가 바뀌고 직업이나 관심이 달라지더라도 거기에 그대로 머물러 살 수 있다. 소득과 여가 활동이 바뀜에 따라 하위 중산층 교외에서 중류 중산층 교외로, 또 상류 중산층 교외로 옮겨 가야 하는 사람들과는 달리(그렇게 하지 않으면 별종이 된다) 도시 사람들은 그런 이유로 이사를 갈 필요가 없다.

도시에 온갖 종류의 기회가 존재하고 이런 기회와 선택의 자유를 이용할 수 있는 유동성이야말로 도시-동네의 안정성을—해치기는커녕—드높이는 자산이다.

그렇지만 사람들이 이런 자산을 이용해야 한다. 지구가 천편일률적인 단점이 있고 그 때문에 협소한 범위의 소득과 취향과 가족 상황에만 적합하다면 그런 자산은 아무 소용이 없다. 고정되고 형체 없는 통계상의 사람들을 위한 근린 시설은 불안정을 위한 시설이다. 통계상의 시설 속 사람들은 언제나 똑같은 모습일 수 있다. 그러나 실제 세계의 사람들은 다르다. 이런 장소는 언제나 스치고 지나는 중간역일 뿐이다.

*　*　*

여기서 마무리하는 이 책의 1부에서 나는 대도시에 특유한 자산과 힘을 강조했고, 또한 특유한 약점도 강조했다. 도시는 여느 것과 마찬가지로 자신이 가진 자산을 최대한 활용할 때에만 성공을 거둘 수 있다. 이제까지 나는 이처럼 자산을 최대한 활용하는 도시의 장소들의 종류와 그것들이 작동하는 방식을 지적하려고 애썼다. 그렇지만 우리가 도시 생활의 단편으로서 힘을 보여 주고 성공을 거둔 거리와 지구를 판에 박힌 표면적인 방식으로 재현하려고 노력해야 한다고 생각하지는 않는다. 이렇게 하는 것은 불가능하며, 이런 노력은 때로는 건축 골동품 애호에 지나지 않을 것이다. 게다가 가장 살기 좋은 거리와 지구도 개선, 특히 쾌적함에 저항할 수 있다.

그러나 도시의 행태 이면에 놓인 원리를 이해한다면, 잠재적인 자산과 힘에 엇갈리게 행동하는 대신 그에 입각해서 건설할 수 있다. 우선 우리가 어떤 전체적인 결과를 원하는지 알아야 한다——도시의 생활이 어떻게 움직이는지를 알기 때문에 안다. 가령 우리는 우리가 활기차고 많은 사람들이 이용하는 거리와 기타 공공장소를 원한다는 사실을, 그리고 그런 곳을 원하는 이유를 알아야 한다. 그러나 무엇을 원하는지 아는 것은 비록 첫번째 단계이기는 하지만 결코 충분하지 않다. 두번째 단계는 또 다른 수준에서 도시의 작동을 일부 검토하는 것이다. 도시 이용자들에게 이러한 활기찬 거리와 지구를 낳는 경제적 작동 말이다.

2부 **도시 다양성**의 조건들

6장_다양성을 만들어 내는 것들

직업별 전화번호부는 도시에 관해 가장 중요한 한 가지 사실을 말해 준다. 도시를 구성하는 부분들의 엄청난 수와 이런 부분들의 엄청난 다양성에 관해 말이다. 다양성은 대도시의 자연스러운 특징이다.

1791년에 제임스 보즈웰[James Boswell(1740~95); 영국의 전기 작가·법률가—옮긴이]은 이렇게 썼다. "나는 종종 각기 다른 사람들에게 런던이 얼마나 다른 장소인지를 생각하면서 즐거워한 적이 있다. 가뜩이나 편협한 마음이 어떤 한 가지 일만 생각하느라 더욱 오그라든 사람들은 오직 그 일을 매개로 해서만 런던을 본다.······그러나 지적인 사람은 그 모든 다양한 인간의 삶 전체를 이해하면서 런던에 이끌리며 그러한 숙고는 끝없이 이어진다."

보즈웰은 도시에 대한 훌륭한 정의를 제시했을 뿐만 아니라 도시를 다루는 데서 주요한 문제 가운데 하나를 지적했다. 범주별로 한 번에 하나씩 도시의 효용을 고찰하는 덫에 빠지기란 너무나도 쉽다. 사실 이러한 것, 즉 용도별로 도시를 분석하는 것이 도시계획의 관습적인 수단이 되고 있다. 그리고 나서 다양한 범주의 용도에 대한 연구 결과가 '광범위하고 전체적인 그림'으로 모아진다.

이러한 방법으로 만들어 낸 전체적인 그림은 옛날에 장님들이 각자 코끼리를 더듬어서 알아 낸 사실을 모은 그림 정도만큼 유용하다. 코끼리는 자기를 보고 나뭇잎이라는 둥, 뱀이라는 둥, 벽이라는 둥, 나무줄기라는 둥, 밧줄이라는 둥 어쨌든 하나로 모아지는 의견에 아랑곳하지 않고 쿵쿵거리며 걸었다. 우리가 인위적으로 만들어 낸 도시는 진지한 난센스를 견딜 수가 없다.

도시를 이해하기 위해서는 따로 분리된 용도가 아니라 여러 용도의 결합이나 혼합을 본질적인 현상으로 철저하게 다뤄야 한다. 이미 근린공원의 사례를 통해 이러한 사실의 중요성을 살펴본 바 있다. 사람들은 공원을 쉽게——너무나도 쉽게——독립적인 현상으로 간주하고 이를테면 인구 몇천 명당 면적 비율이 적당한가 부적당한가 하는 식으로 설명하곤 한다. 이런 식의 접근은 도시계획가들의 방법에 관해서는 뭔가를 말해 주지만, 근린공원의 행태나 가치에 관해서는 쓸모 있는 내용을 전혀 말해 주지 않는다.

용도의 혼합이 도시의 안전과 공중의 접촉, 교차이용을 지탱할 만큼 충분히 복합적이려면 여러 요소들의 엄청난 다양성이 필요하다. 따라서 도시계획에 관한 첫번째 질문——이자 내 생각에 가장 중요한 질문——은 이런 것이 되어야 한다. 어떻게 하면 도시가 자신의 문명을 지탱하기 위해 충분한 영역 전체에서 여러 용도들의 충분한 혼합——충분한 다양성——을 만들어 낼 수 있는가?

'활기 없는 극심한 황폐함'을 혹평하고 왜 그것이 도시 생활에 파괴적인지를 이해하는 것은 좋지만, 이런 판단만으로는 더 나아가지 못한다. 2장에서 언급한, 볼티모어의 작은 보도 공원이 있는 거리에서 제기되는 문제를 생각해 보라. 이 거리에 사는 친구인 코스트리츠키 부인은 이용자들의 편의를 위해 거리에 가게가 좀 있어야 된다는 지극히 당연한 결론을 내렸다. 그리고 쉽게 예상할 수 있는 것처럼, 여기서 불편과 공중의 거리 생활의 결여는 단조로운 주거의 부산물 가운데 두 가지일 뿐이다. 위험이 또 다른 부산물이다──어두워진 뒤의 거리에 대한 두려움 말이다. 어떤 사람들은 낮 시간에 두 차례 심각한 폭행 사건이 일어난 뒤로 낮에 집안에 있는 것도 두려워한다. 게다가 이곳에는 문화 시설뿐만 아니라 마땅히 골라 이용할 만한 상업 시설도 없다. 이곳의 단조로움이 얼마나 치명적인지 잘 알 수 있다.

그러나 이런 말을 하고 나면 어쩌란 말인가? 이 지역이 다양성과 편의, 흥미와 활력을 필요로 한다고 해서 없던 것들이 갑자기 생겨나지는 않는다. 가령 여기서 소매점을 개업하려는 사람은 어리석은 이가 분명하다. 먹고 살기도 힘들 것이다. 활력 있는 도시 생활이 싹틀 것이라는 기대는 백일몽과도 같다. 이곳은 경제적인 사막 지대이다.

황량한 회색지대, 또는 주택단지나 시민센터를 보면서 쉽게 믿기는 어렵지만, 대도시는 자연스럽게 다양성을 만들어 내는 발전기이자 온갖 종류의 새로운 사업체와 아이디어를 낳는 인큐베이터**이다**. 또한 대도시는 엄청난 수와 범위의 소규모 사업체들이 태어난 경제적 고향이다.

도시 사업체의 다양성과 규모에 대한 주요한 연구는 대부분 제조업에 관한 연구인데, 특히 『대도시의 해부』*Anatomy of a Metropolis*의 저자인 레이먼드 버넌Raymond Vernon과 미국과 영국에서 도시가 제조업에 미친 영향을 검토한 P. 사전트 플로렌스의 연구가 두드러진다.

도시가 클수록 제조업의 다양성도 커지며, 또한 소규모 제조업체들의 수와 비중도 커진다. 이렇게 되는 이유는 대규모 사업체가 소규모 업체에 비해 자급자족 능력이 더 크고, 필요한 기술과 장비의 대부분을 자체적으로 유지할 수 있으며, 자체 창고를 보유할 수 있고, 어디에 있든지 간에 넓은 시장을 찾아서 물건을 팔 수 있기 때문이다. 대규모 업체는 도시에 있을 필요가 없으며, 때로는 도시에 위치하는 것이 유리하기도 하지만 대부분의 경우에는 그렇지 않다.

그러나 소규모 제조업체의 경우에는 모든 것이 정반대이다. 소규모 업체는 대개 외부에 존재하는 여러 다양한 공급품과 기술에 의존해야 하고, 시장이 존재하는 바로 그곳에서 좁은 시장에 상품을 공급해야 하며, 이 시장의 변화에 신속하고 민감하게 반응해야 한다. 이런 소규모 제조업체들은 도시가 없으면 존재할 수가 없다. 이 소규모 업체들은 엄청나게 다양한 도시의 다른 업체들에 의존하기 때문에 이런 식의 다양성을 더욱 확대할 수 있다. 이런 점이야말로 우리가 기억해 두어야 할 중요한 사실이다. 도시의 다양성은 그 자체로 더 많은 다양성을 가능하게 하고 또한 자극한다.

제조업 이외의 여러 활동의 경우에도 상황은 비슷하다. 한 예로, 코네티컷제너럴 생명보험사Connecticut General Life Insurance Company가 하트퍼드 Hartford 외곽의 시골에 새로운 본부를 건설한 것은—일반적인 일하는 공간과 휴게실, 의료실 등과 더불어—대규모 잡화점, 미용실, 볼링장, 카페테리아, 극장, 그밖에 다양한 놀이 공간을 만들고 나서야 가능한 일이었다. 이 시설들은 본래 비효율적이며 대부분의 시간을 헛되이 보내는 곳이다. 이 시설들은 보조금을 필요로 한다. 필연적으로 적자를 보는 종류의 업체들이기 때문이 아니라 이용하는 사람이 제한되어 있기 때문이다. 그렇지만 노동력을 끌어들이기 위해 경쟁하고 붙잡아 두기 위해서는 필요한 것이었다. 규모가 큰 기업은 이와 같이 고유한 비효율의 사치를 흡수하고 자신이 추구하는 다른 장점과 균형을 맞출 수 있다. 그러나 작은 회사는 그렇게 할 수 없다. 비슷하거나 더 좋은 조건으로 노동력을 놓고 경쟁하려면, 직원들이 원하고 필요로 하는 광범위한 보조 편의 시설과 선택권을 찾을 수 있는 활기찬 도시에 자리를 잡고 있어야 한다.

사실 2차 세계대전 뒤에 대규모 회사들이 속속 도시에서 탈출할 것이라는 많은 이들의 예상이 말로만 그친 것은, 여러 이유가 있겠지만, 노동자 1인당 필요한 도시 기반 시설 공간이 엄청나게 넓어서 토지와 공간 비용의 차이가 상쇄되어 버리기 때문이다. 도시에서는 이런 시설을 기업주가 제공할 필요도 없고 또 노동자나 소비자 집단이 따로 필요하지도 않는다. 소규모 회사들과 나란히 대규모 업체가 도시에 머무른 또 다른 이유는 직원, 특히 중역들의 대다수가 회사 바깥의 사람들——소기업의 사람들을 포함한——과 가까이 얼굴을 맞대는 접촉과 소통을 유지할 필요가 있기 때문이었다.

도시가 소규모smallness에 제공하는 혜택은 소매업과 문화 시설, 오락 등에서도 마찬가지로 특징적이다. 도시 인구가 이러한 분야에서 광범위한 다양성과 선택의 여지를 떠받칠 만큼 충분히 많기 때문이다. 또한 작은 정주지에서도 대규모bigness가 모든 우위를 점하는 것을 발견한다. 가령 소도시와 교외는 식품점의 경우에 대규모 슈퍼마켓들과 기타 소규모 가게들의 자연스러운 본거지이며, 극장의 경우에 대형 영화관이나 자동차 극장과 기타 소규모 극장의 자연스러운 본거지이다. 더 다양한 것들이 있다면 이용할 사람들이 있기는 하지만(너무 적은 수이다), 그런 다양성을 떠받칠 만큼 충분한 사람들이 존재하지 않는다. 그러나 도시는 슈퍼마켓과 일반적인 영화관**뿐만 아니라** 조리식품점과 비엔나 빵집, 외국 식품점, 예술 영화 등등의 자연스러운 본거지이며, 일반적인 것과 생소한 것, 규모가 큰 것과 작은 것이 모두 공존할 수 있다. 활기차고 인기 있는 도시 구역이 발견되는 곳은 어디든 간에 작은 것들이 큰 것들보다 훨씬 많다.* 소규모 제조업체들과 마찬가지로, 이런 소규모 업체들은 다른 곳, 즉 도시가 부재하는 곳에서는 존재하지 못할 것이다. 도시가 없으면 이런 업체들도 사라질 것이다.

어떤 종류의 것이든 간에 도시가 만들어 내는 다양성은 도시에서는 무척 많은 사람들이 서로 무척 가깝게 생활하며, 그들 가운데는 무척 많은 서로 다른 취향과 기술, 욕구, 공급, 골똘한 생각도 존재한다는 사실에 의존한다.

활기찬 도시 지구에서는 주인과 점원 둘뿐인 철물점, 약방, 과자가게, 술집 같은 일반적이지만 작은 가게들조차 이례적인 수가 광범위하게 번창할 수 있고 실제로 번창한다. 들르기 편하게 가까이에 여럿이 있어도 유지가 될 정도로 충분히 많은 사람들이 이 가게들을 이용하고, 또 반대로 이런 편리함과 동네의 인간적인 특질이 이런 가게들이 거래하는 물건의 큰 부분을 차지하기 때문이다. 가까이에 여러 가게가 유지되지 못할 경우에 이내 이런 장점을 잃게 된다. 주어진 지리적 범위 내에서 사람이 반으로 줄어들면 가게 수를 절반으로 줄여도 가게 간 거리가 넓어져서 유지가

---

*소매 거래에서 이런 경향이 점점 강해지고 있다. 시카고의 부동산 분석가인 리처드 넬슨은 2차 세계대전 이후 20여 개 도시의 도심에서 나타난 소매 판매 경향을 검토하면서 대규모 백화점들이 대체로 매상이 줄어든 반면, 연쇄 잡화점은 현상을 유지하고, 소규모 전문 상점은 사업을 확장하고 또한 대체로 숫자도 늘어난 사실을 발견한 바 있다. 도시 바깥에서는 이런 소규모 다양한 도시 사업을 둘러싼 경쟁이 사실상 전무하다. 그러나 도시 바깥의 자연스러운 본거지에 있는 대규모 표준화된 업체들이 도시 안에 있는 대규모 표준화된 업체들과 경쟁하기는 비교적 쉽다. 공교롭게도 내가 사는 동네에서도 바로 이런 일이 벌어지고 있다. 전에 그리니치빌리지에 있었던 대규모 백화점인 워너메이커스(Wanamaker's)는 이곳 매장을 폐업하고 대신 교외에 새로 자리를 잡았는데, 이와 동시에 예전 백화점 자리에 바로 인접한 소규모 전문 상점들의 수가 늘어나고 크게 번창하고 있다.

되지 않을 것이다. 거리상의 불편함이 생기면 소규모와 다양성과 인간적 특성 등의 장점이 사라져 버리는 것이다.

농촌 소읍 중심 나라에서 도시 중심 나라로 바뀜에 따라 상거래 업체 수가 절대적인 규모뿐만 아니라 비율의 면에서도 늘어났다. 1900년에는 미국 전체 인구에서 1천 명당 비농업 독립 사업체가 21개 존재했다. 1959년에는, 그 사이에 거대 기업체가 막대하게 성장했음에도 불구하고, 인구 1천 명당 26.5개의 비농업 독립 사업체가 존재했다. 도시화와 더불어 대규모 기업체는 더욱 커졌지만 소규모 업체 또한 그 수가 더욱 많아졌다.

물론 소규모와 다양성은 동의어가 아니다. 도시 업체의 다양성에는 온갖 등급의 규모가 망라되지만, 고도의 다양성은 작은 요소들이 큰 비중을 차지함을 의미한다. 활기찬 도시 풍경은 대체로 작은 요소들이 엄청나게 모여 있기 때문에 가능한 것이다.

또한 도시 지구에 중요한 의미를 갖는 다양성은 이윤을 추구하는 업체와 소매 거래에만 국한되지 않으며, 이런 까닭에 내가 소매 거래를 부당하게 강조한 것처럼 보일 수도 있다. 하지만 나는 그렇게 생각하지 않는다. 상업의 다양성은 본래가 경제적으로나 사회적으로나 도시에 중요한 의미를 갖는다. 이 책 1부에서 길게 논한 다양성의 효용은 대부분 풍부하고 편리하고 다양한 도시 상거래의 존재에 직·간접적으로 의존한다. 그러나 이런 점보다도, 다양하고 풍부한 상업을 가진 도시 지구를 발견하는 경우에, 사람들은 그곳에 다양한 문화적 기회나 다양한 풍경, 무척 다양한 사람들과 다른 이용자들 같이 상당히 많은 다른 종류의 다양성도 있음을 발견하기 쉽다. 이런 것은 우연의 일치만이 아니다. 다양한 상업을 만들어 내는 바로 그 물리적·경제적 조건이 다른 종류의 도시 다양성의 창출이나 존재와 밀접한 관련을 갖는 것이다.

그러나 비록 도시가 자연스럽고 경제적인 다양성의 발생기이자 새로운 업체들의 자연스럽고 경제적인 배양기라고 불릴 수 있다고 해도, 그렇다고 이 말이 도시의 존재만으로 **자동적으로** 다양성이 만들어짐을 의미하지는 않는다. 도시가 다양성을 만들어 내는 것은 다양한 용도를 효율적이고 경제적으로 모아 놓기 때문이다. 이러한 용도의 집합을 형성하지 못한다면, 도시는 다양성을 만들어 내는 데서 소규모 정주지보다도 별반 나을 게 없다. 그리고 소규모 정주지와 달리 도시가 사회적으로 다양성을 필요로 한다는 사실은 차이가 없다. 여기서 우리가 주목해야 할 가장 인상적인 사실은 도시들이 다양성을 만들어 내는 정도가 대단히 불균등하다는 것이다.

가령 한편으로 보스턴의 노스엔드나 뉴욕의 어퍼이스트사이드, 샌프란시스코의 노스비치-텔레그래프힐에서 일하고 사는 사람들은 상당한 정도의 다양성과 활력을 이용하고 향유할 수 있다. 방문자들이 큰 도움이 된다. 그러나 방문자들이 이런 지역의 다양성의 토대를 만든 것은 아니며, 대도시에 때로는 전혀 예기치 못하게 여기저기 흩어져 있는, 다양성과 경제적 효율성을 갖춘 많은 고립된 지역에서도 마찬가지이다. 방문자들은 어디에 활발한 뭔가가 이미 존재하는지를 눈치채고 그것을 공유하러 오며 이를 통해 활기를 북돋는다.

한편 다른 극단에는 정체와, 결국은 장소에 대한 파멸적인 불만 말고는 아무것도 낳지 못하는 도시의 거대한 정주지가 존재한다. 그곳 사람들이 유독 활력이 없거나 활기와 다양성을 알지 못하기 때문에 그런 것이 아니다. 종종 이 사람들 가운데에도 어디서든지 이런 속성을 찾아내려고 애쓰는 무리들이 있다. 그보다는 그 지구에 뭔가 잘못된 점이 있다. 경제적으로 상호작용하고 효과적인 용도의 집합을 형성하는 데 기여하는 지구 주민들의 능력에 촉매 작용을 할 수 있는 뭔가가 결여되어 있는 것이다.

분명히 한 도시에서 도시 주민으로서의 잠재력을 이렇게 허비할 수 있는 사람들의 수에는 한계가 전혀 없다. 가령 뉴욕의 자치구로 150만 명 정도가 사는 브롱크스를 생각해 보라. 브롱크스는 비참할 정도로 도시의 활력과 다양성, 매력이 부족하다. 물론 이곳에도 충성스러운 주민들——대부분은 '오래된 동네' 이곳저곳에 존재하는 거리 생활의 작은 번영에 애착을 가진다——이 있지만 충분하지는 않다.

흥미로운 레스토랑 같은 도시의 쾌적함과 다양성이라는 간단한 문제에서도 브롱크스의 150만 주민은 내놓을 만한 게 없다. 『뉴욕의 명소와 즐길 거리』 New York Places and Pleasures라는 안내서의 저자인 케이트 사이먼Kate Simon은 특히 흔히 예상하기 힘든 외딴 도시 지역에 있는 수백 곳의 레스토랑과 기타 상업 시설을 소개한다. 사이먼은 속물적으로 거드름을 피우지 않으며, 자신이 찾아낸 저렴한 곳들을 독자들에게 소개하는 것을 끔찍이 좋아한다. 그러나 사이먼 양이 아무리 열심히 애를 써도 브롱크스라는 대규모 정주지는 값이 얼마든 변변찮은 곳으로 포기할 수밖에 없다. 대도시의 확실한 인기거리인 브롱크스 구의 동물원과 식물원에 경의를 표한 뒤, 사이먼은 동물원 근처에 밥을 먹을 만한 식당 하나를 추천하지 못한다. 한 가지 가능한 안이 있다면서 이런 변명을 늘어놓는다. "유감스럽게도 이 동네는 무인지대로 전락하고 있고 레스토랑은 보수 공사 중일 테지만, 당신 주위에 온통 브롱크스 최고의 의료진이 둘러앉아 있다는 사실을 ······알면 위안이 될 것이다."

브롱크스가 이런 곳이라니, 유감스러울 뿐이다. 지금 거기 살고 있는 사람들에게나 경제적 선택의 기회가 없는 탓에 장래에 그곳을 물려받을 사람들에게나, 도시 전체에게나 유감스럽기만 하다.

그리고 만약 브롱크스가 지금처럼 도시의 잠재력을 유감스럽게 허비하는 곳이라면, 모든 도시가, 모든 대도시 지역이 도시의 다양성과 선택의 여지가 보잘것없이 적은 채로도 존재할 수 있다는, 훨씬 더 유감스러운 사실을 생각해 보라. 디트로이트의 경우에는 사실상 도시 전체가 브롱크스만큼이나 활력과 다양성이 미약하다. 이 도시는 고리 모양의 실패한 회색 지대를 여럿 겹쳐 놓은 것 같다. 디트로이트의 도심 자체도 상당한 정도의 다양성을 낳지 못한다. 무기력하고 활기가 없으며 저녁 일곱 시만 돼도 거의 황량하다.

물론 도시의 다양성이 사고와 혼란을 의미할 뿐이라고 생각하는 데 만족하는 한 일정하지 않은 다양성의 생성은 수수께끼처럼 보일 뿐이다.

다양성이 번성하는 장소들을 관찰하고 이런 장소에 왜 다양성이 풍부한가 하는 경제적 이유를 탐구하기만 하면 도시의 다양성을 만들어 내는 조건을 쉽게 찾아 낼 수 있다. 비록 그 결과가 복잡하고 다양성을 만들어 내는 요소들이 가지각색일지라도 이런 복잡성은 뚜렷한 경제적 관계에 그 토대를 두며, 그런 관계는 원칙적으로 자신이 가능케 하는 도시의 복잡한 혼합 상태에 비해 훨씬 단순하다.

도시 거리와 지구에서 풍부한 다양성을 만들어 내기 위해서는 네 가지 조건이 필수적이다.

1. 지구와 그 내부의 가능한 한 많은 지역이 하나 이상, 가급적이면 둘 이상의 주요 기능에 이바지해야 한다. 이로써 각기 다른 일정으로 외출을 하고 서로 다른 목적으로 그 장소에 있지만 많은 시설을 공통으로 이용할 수 있는 사람들이 언제나 확실하게 존재할 수 있다.

2. 대부분의 블록이 짧아야 한다. 즉 모퉁이를 돌 기회와 거리가 많이 있어야 한다.

3. 경제적 수익이 다양하도록 하기 위해 상당한 비중의 오래된 건물을 비롯하여 햇수와 상태가 각기 다른 여러 건물이 지구에 섞여 있어야 한다. 꽤 촘촘하게 섞여 있을수록 좋다.

4. 어떤 이유로든 간에 사람들이 충분히 오밀조밀 집중되어 있어야 한다. 단순히 주거 때문에 거기에 있는 사람들의 경우에도 마찬가지이다.

이 네 가지 조건의 필요성이야말로 이 책에서 펼치고자 하는 가장 중요한 논점이다. 이 조건들은 서로 결합하여 효율적이고 경제적인 용도의 집합을 창출한다. 이 네 조건이 주어진다고 해서 모든 도시 지구가 서로 동등한 다양성을 만들어 내지는 않을 것이다. 각기 다른 지구의 잠재력은 여러 가지 이유로 해서 서로 다르다. 그러나 이 네 조건의 발전이 주어진다면(또는 실제 세계에서 실현될 수 있는 최대한의 발전에 근사한 정도), 도시 지구는 어디에 있든 간에 최고의 잠재력을 실현할 수 있을 것이다. 이를 가로막는 장애물이 제거될 것이기 때문이다. 그 범위가 아프리카 조각이나 연극 학교, 루마니아 찻집까지 뻗치지는 않겠지만, 식품점, 도예 학교, 영화관, 과자가게, 꽃가게, 미술 전시회, 이민자 클럽, 철물점, 식당 등등은 최고의 가능성을 누리게 될 것이다. 그리고 이와 더불어 도시 생활 역시 최고의 가능성을 누리게 될 것이다.

다음 네 장에서는 다양성을 만들어 내는 이 네 가지를 하나씩 논의하도록 하겠다. 한 번에 하나씩 논의하는 것은 순전히 설명상의 편의를 위한 것이지, 필수 조건 가운데 하나라도——또는 세 가지라도——그 자체로 유효하기 때문은 아니다. 도시의 다양성을 만들어 내기 위해서는 네 가지 모두가 결합되어야 한다. 넷 중 하나라도 없으면 지구의 잠재력은 실현될 수 없다.

7장_혼합적인 주요 용도의 필요성

조건 1 지구와 그 내부의 가능한 한 많은 지역이 하나 이상, 가급적이면 둘 이상의 주요 기능에 이바지해야 한다. 이로써 각기 다른 일정으로 외출을 하고 서로 다른 목적으로 그 장소에 있지만 많은 시설을 공통으로 이용할 수 있는 사람들이 언제나 확실하게 존재할 수 있다.

성공적인 도시 거리에서는 사람들이 서로 다른 시간에 나타나야 한다. 이것은 하루의 매시간에 따라 소규모로 고려된 시간이다. 거리의 안전과 또 근린공원에 관해 논하면서 사회적인 측면에서 이것의 필요성을 이미 설명한 바 있다. 이제는 경제적인 효과를 지적하도록 하겠다.

  기억하겠지만 근린공원은 서로 다른 목적으로 근처에 오게 된 사람들을 필요로 한다. 그렇지 않으면 사람들이 간헐적으로만 공원을 이용하게 될 것이다.

  대부분의 소매 업체는 공원만큼이나 하루 종일 왕래하는 사람들에게 의존하지만, 다음과 같은 차이점이 있다. 공원이 텅 비어 있으면 공원으로서나 인근 동네로서나 좋지 않지만 그렇다고 공원 자체가 없어지지는 않는다. 반면 소매 업체는 하루에 많은 시간 동안 텅 비어 있으면 이내 없어질 것이다. 또는 좀더 정확히 말하자면, 대부분 그런 경우에 아예 처음부터 업체가 생기지 않는다. 공원과 마찬가지로 상점 역시 이용자를 필요로 한다.

하루 종일 사람들이 오락가락하는 것이 어떤 경제적 효과를 낳는지에 관한 사소한 예로 어느 도시 보도의 풍경을 떠올려 보라고 권하고 싶다. 허드슨스트리트의 발레 말이다. 이런 움직임의 연속(거리에 안전을 제공하는)은 기본적인 혼합된 용도라는 경제적 토대에 의존한다. 연구소, 식육가공 공장, 창고 등에서 일하는 노동자들에다가 온갖 소규모 제조업체와 인쇄소 및 기타 소규모 산업과 사무실의 노동자들까지 한낮에 모든 식당과 다른 상업 시설 대부분을 지탱해 준다. 거리와 거기에 딸린 순수 주거 지역에 사는 우리 같은 주민들도 작게나마 상업을 지원할 수 있고 실제로도 그렇게 하지만 상대적으로 미미하다. 우리는 타고난 권리로 '누릴 만한' 정도보다 더 많은 편의와 활기와 다양성을 선택할 수 있는 여지를 갖는다. 이 동네에서 일하는 사람들 또한 주민들 덕분에 타고난 권리로 '누릴 만한' 정도보다 더 많은 다양성을 얻는다. 우리는 무의식중에 경제적으로 협력함으로써 이러한 것들을 함께 지원한다. 동네가 산업을 잃게 된다면 우리 주민들은 큰 타격을 입게 될 것이다. 주민들의 거래에 의존해서만도 존립할 수 있는 많은 업체들도 사라질 것이다. 또는 산업들이 우리 주민들을 잃게 된다면, 노동자들에게 의존해서만도 존립할 수 있는 업체들이 사라지게 될 것이다.*

그러나 실상 노동자와 주민들이 힘을 합하면 우리 두 부분의 총합보

---

* 그렇지만 하루 종일 이용자가 끊이지 않아야 한다는 이런 요소는 다양성을 만들어 내는 데 필요한 네 가지 요소 가운데 하나일 뿐임을 기억하기 바란다. 이 요소가 아무리 본질적인 것이라도 그 자체로 모든 것을 설명해 준다고 생각해서는 안 된다.

다 **더 많은** 것을 만들어 낼 수 있다. 우리가 지탱할 수 있는 업체들은 그곳이 문을 닫았을 때에 비해 훨씬 많은 주민들을 저녁에 보도로 끌어낸다. 또한 지역 주민이나 노동자들뿐만 아니라 다른 사람들까지도 적정한 수를 끌어들인다. 우리가 우리 동네와 다른 색다른 곳을 원하듯이 새로운 곳을 원하는 사람들을 끌어들이는 것이다. 이런 유인을 통해 우리의 상업은 훨씬 더 많고 다양한 사람들에게 노출될 수 있으며, 다시 그 결과 각기 다른 비율로 **세** 종류의 인구 모두에 의존하는 상업이 한층 더 성장하고 범위가 확대된다. 인쇄물을 파는 거리 아래의 상점, 다이빙 장비를 대여하는 가게, 최고급 피자집, 쾌적한 커피점 등등 말이다.

도시 거리를 이용하는 사람들의 단순한 숫자와 이 사람들이 하루 시간대를 골고루 이용하는 방식은 서로 다른 문제이다. 단순한 숫자에 관해서는 다른 장에서 다루도록 하겠다. 여기서는 숫자 자체와 하루 시간대에 사람들이 얼마나 고르게 이용하는가와는 다른 문제임을 이해하는 게 중요하다.

고른 시간대 이용의 중요성은 특히 맨해튼의 도심 끝에서 뚜렷하게 볼 수 있다. 이 지구야말로 이용자들의 이용 시간대가 극단적인 불균형을 보이기 때문이다. 월스트리트와 인근 법률 및 보험 단지, 시 관청, 연방 및 주 관청, 화물·선적 회사 사무실 등을 비롯한 회사 단지를 포함하는 이 지구에는 40만 명 정도가 일하고 있다. 근무시간 동안 정확한 수는 알 수 없지만 상당히 많은 다른 사람들이 사무실이나 정부 청사를 방문하러 이곳에 온다.

한쪽에서 다른 쪽까지 걸어서 얼마든지 갈 수 있을 정도로 아담한 지역치고는 이용자가 굉장히 많다. 이 이용자들 때문에 문화 서비스는 말할 것도 없고 음식을 비롯한 상품에 대한 하루 수요가 엄청나게 많다.

그러나 이 지구는 수요에 맞는 서비스와 시설을 제대로 제공하지 못한다. 식당과 의류점은 수요를 감당하기에는 그 수가 턱없이 부족하고 다양하지도 못하다. 이 지구에는 한때 뉴욕에서 가장 좋은 축에 속하는 철물점이 있었지만, 수지가 맞지 않아서 몇 년 전에 문을 닫았다. 또 뉴욕에서 가장 좋고 규모가 크고 오래된 전문 식품점도 한 곳 있었는데 역시 최근에 문을 닫았다. 한때 이 지구에는 영화관이 몇 곳 있었지만 한가한 빈민들이 잠자는 장소로 바뀌어 결국은 사라졌다. 이제 이 지구에서 문화를 향유할 기회는 전혀 없다.

이 모든 부재가 겉으로는 별 거 아닌 듯 보이더라도 불리한 조건이다. 회사들이 하나둘씩 다목적 용도의 맨해튼 미드타운으로 옮겨 가고 있다(이제 이곳이 뉴욕의 주요 도심이 되고 있다). 어느 부동산 중개인의 말처럼, 회사를 옮기지 않으면 인사과에서 '몰리브덴'의 철자를 제대로 쓸 줄 아는 사람을 구하거나 붙잡아 둘 수가 없다고 한다. 이처럼 회사들이 사라지자 한때 사업상의 대면 접촉이 가장 편리한 곳이었던 이 지구의 명성은 크게 손상되었고, 그 결과 이제 법률회사와 은행들도 이미 옮겨 간 고객들에게 가까이 가기 위해 이곳을 벗어나고 있다. 이 지구는 자신의 명성과 유용함의 기초이며 존재 이유인 ─ 경영 본부를 제공한다는 ─ 기능 자체에서 이류가 되어 가고 있다.

한편 로워맨해튼의 경이적인 스카이라인을 이루는 거대한 빌딩들 바깥 정체와 쇠퇴, 공터와 흔적만 남은 공장들이 빙 둘러싸고 있다. 이런 역설을 생각해 보라. 여기 많은 사람들, 즉 도시 다양성을 원하고 끔찍이도 소중히 여기는 탓에 다양성을 얻기 위해 다른 곳으로 몰려가는 것을 막는 게 어렵거나 때로는 불가능한 사람들이 있다. 그리고 여기에 이러한 요구와 나란히 다양성이 자라나기에 알맞은 텅 빈 장소들이 많이 있다. 무엇이 잘못될 수 있을까?

　잘못된 것을 보려면 평범한 아무 가게나 들러서 점심시간의 와글와글한 풍경과 다른 시간의 활기 없는 풍경의 대조적인 모습을 보기만 하면 된다. 평일 5시 30분 이후와 토요일과 일요일 하루 종일 이 지구에 찾아드는 죽음 같은 고요함을 관찰하기만 하면 되는 것이다.

　"사람들이 물밀듯이 옵니다." 어느 의류점 판매원의 말을 인용한 『뉴욕타임스』의 기사이다. "정오가 몇 분 남지 않은 걸 항상 알지요." "정오부터 1시 직전까지 첫 무리의 사람들이 몰려옵니다." 이어지는 기자의 설명이다. "그러고 나면 한숨 돌릴 시간이다. 1시 몇 분 뒤에는 두번째 무리의 사람들이 쏟아져 들어온다." 그러고는, 비록 신문에 그런 말은 없지만, 오후 두시 몇 분 전부터 가게가 죽은 듯이 조용해진다.

　여기서 소비자 대상 업체가 하는 장사는 주로 하루에 두세 시간 정도, 또는 일주일에 10~15시간에 집중된다. 이 정도로 저조한 이용도는 어떤 공장이든 간에 터무니없이 비효율적인 것이다. 일정한 수의 업체들은 한낮에 집중된 영업을 철저하게 활용하여 경비를 메우고 이익을 볼 수 있다. 그러나 각 업체가 그 시간에 최대한의 사람들을 받아들일 수 있을 정도로 충분히 적은 수가 있어야 한다. 레스토랑들 또한 만약 극히 짧은 황금시간대에 고객 회전율을 최대로 높일 수 있을 만큼 적은 수가 존재한다면, 점심과 저녁 대신 점심과 커피시간에 의지해서 유지될 수 있다. 이러한 것이 어떻게 40만 노동자들의 전반적인 편의와 쾌적함에 도움이 될까? 전혀 도움이 되지 않는다.

　다른 어느 곳보다도 이 지구로부터 뉴욕 공립도서관New York Public Library에 ─ 물론 점심시간에 ─ "이곳에는 도서관 지점이 어디 있습니까? 도무지 찾을 수가 없네요"라고 성난 목소리로 묻는 전화가 많이 걸려

오는 것도 전혀 우연이 아니다. 예상되는 바와 같이 여기에는 도서관 지점이 전혀 없다. 만약 지점이 있다면 점심시간과 다섯 시에 길게 늘어서는 줄을 감당할 만큼 충분히 크지 못했을 것이고, 또 나머지 시간에 찾는 사람들이 이용할 만큼 충분히 작지 못했을 것이다.

사람들이 와글거리는 모습의 업체들을 제외하면, 다른 소매 서비스업은 경비를 비정상적으로 낮춰야만 유지가 될 수 있다. 흥미롭고 세련되고 보기 드문 장소들은 대부분 이런 식으로 아직 문을 닫지 않고 가까스로 유지되며, 또 이곳들이 유독 낡아 빠지고 쓰러져 가는 건물에 세 들어 있는 이유는 이 때문이다.

로워맨해튼을 대표하는 경영 및 금융 집단은 오래전부터 뉴욕 시와 협력하여 이 지역을 혁신하기 위한 계획을 마련하고 사업을 시작하기 위해 열심히 노력하고 있다. 이들은 정통 도시계획의 신념과 원칙에 따라 일을 진행해 왔다.

이 사람들의 추론의 첫번째 단계는 훌륭하다. 현실적인 문제뿐만 아니라 그 문제의 전반적인 성격까지도 직시한다. 다운타운-로워맨해튼협회Downtown-Lower Manhattan Association에서 마련한 도시계획 소책자에는 다음과 같이 쓰어 있다. "로워맨해튼의 경제적 번영을 위협하는 요인들을 무시한다면 오랜 역사를 지닌 사업체들이 더 나은 활동 조건과 직원들에게 더 쾌적하고 편리한 환경을 찾아 다른 지역으로 계속해서 탈출하는 사태를 받아들이는 셈이 된다."

또한 소책자는 사람들이 하루의 여러 시간대에 거리를 이용해야 한다는 사실을 어렴풋하게나마 이해하고 있음을 보여 준다. "주거 인구는 쇼핑 시설, 레스토랑, 오락장, 주차 시설 등의 발전을 자극할 것이고, 노동 인구 역시 낮 시간에 이런 시설을 기꺼이 이용하고 싶어 할 것이다."

그러나 이것은 빈약한 이해일 뿐이고, 계획 자체는 질병에 맞지 않는 치료에 불과하다.

물론 계획안에는 주거 인구가 들어 있다. 주택단지 건물, 주차장, 공지 등의 형태로 주거 인구가 넓은 땅을 차지할 것이지만, ─소책자의 표현을 그대로 빌리자면─사람들 속에서 주거 인구는 낮 시간 인구 전체 가운데 겨우 1퍼센트에 불과할 것이다. 이 작은 무리가 얼마나 거대한 경제력을 발휘하는가! 주거 인구가 "노동 인구 역시 낮 시간에 기꺼이 이용하고 싶어 할……쇼핑 시설, 레스토랑, 오락장 등의 발전"을 지탱하려면 얼마나 놀라운 향락 생활을 즐겨야 하는가!

물론 새로운 주거 인구는 이 계획의 일부일 뿐이다. 다른 부분들은 현재의 문제를 더욱 확대할 것이다. 두 가지 방식을 통해서 말이다. 첫째, 이것들은 훨씬 더 많은 낮 시간의 업무 용도─제조업, 국제무역 사무실, 거대한 새로운 연방청사 건물 등─를 도입하는 것을 목표로 한다. 둘째, 이런 추가적인 업무 장소와 주택단지 및 이와 결합된 고속화도로를 위해 계획된 토지 정리는─빈 건물 및 쇠퇴한 업무 용도와 더불어─노동 인구를 대상으로 이제까지 존재하는 저렴한 비용의 서비스 및 상업을 대부분 일소할 것이다. 노동 인구가 이용하기에 이미 거리로나 (숫자로나) 불충분한 시설이 **더 많은** 노동 인구와 아무 의미 없는 주민 수를 추가하는 것의 부산물로서 더욱 줄어들 것이다. 이미 불편한 상태는 참을 수 없는 지경이 될 것이다. 게다가 이 계획은 적절한 서비스가 개발될 가능성 자체를 차단할 것이다. 새로운 업체가 생겨날 만한 경제적인 임대료를 가진 공간이 아예 없어질 것이기 때문이다.

로워맨해튼은 정말 심각한 문제에 빠져 있고, 정통 도시계획의 판에 박힌 추론과 처방은 이 문제를 악화시킬 뿐이다. 문제의 근원인 이용자들의 극심한 이용 시간 불균형을 **효과적으로** 개선하려면 어떻게 해야 할까?

주거는 어떤 식으로 도입되든 간에 효과적인 도움이 되지 못한다. 낮 시간의 지구 이용이 매우 집약적인 탓에 주민들은 아무리 주거 밀도가 높더라도 언제나 비례적인 수로 따지면 턱없이 적고, 또 자신들이 할 수 있는 경제적인 기여에 전혀 비례하지 않는 규모의 땅을 먼저 차지한다.

새로운 잠재적 이용의 확대를 계획하는 첫번째 단계는 이러한 확대로 지구의 근원적인 문제를 극복하려면 어떤 것을 달성해야 하는지에 관한 현실적인 구상을 하는 것이다.

이러한 확대는 지구가 시간 불균형을 해결하기 위해 사람들을 필요로 하는 시간대 ── 오후(2시에서 5시 사이), 저녁, 토요일과 일요일 ── 에 최대한 많은 수의 사람들이 존재하는 결과로 이어져야 한다. 효과를 볼 만큼 충분히 규모가 큰 집중은 이런 시간대에 많은 수의 방문자가 있을 때 가능하며, 이것은 다시 여행객과 도시 자체의 많은 사람들이 여가 시간에 거듭해서 찾아서 서로 뒤섞이는 것을 의미해야 한다.

이와 같이 새로운 사람들을 끌어당기는 것은 무엇이든지 간에 또한 그 지구에서 일하는 사람들에게도 매력적일 게 분명하다. 적어도 그것의 존재는 노동 인구를 지루하게 만들거나 쫓아 버릴 수 없다.

더군다나 이와 같이 추정된 새로운 이용(또는 이용들)은 새로운 자생적인 업체와 시설들이 사람들의 새로운 이용 시간 분산에 자극받아 자신들이 필요로 하는 자유와 편의의 유연성과 함께 성장할 수 있는 건물과 땅 자체를 대규모로 대체할 수 없다.

그리고 마지막으로, 이 새로운 이용(또는 이용들)은 지구의 특성과 조화를 이루어야지, 대립되어서는 안 된다. 집약적이고 흥미롭고 극적인 것이야말로 로워맨해튼의 특성이며 가장 커다란 자산이다. 물에 둘러싸인 마법의 성처럼 구름 위로 갑자기 솟아난 로워맨해튼에 어지럽게 널린 고층빌딩들보다 더 극적이고 심지어 낭만적이기까지 한 것은 무엇일까? 로워맨해튼의 들쑥날쑥한 톱니 모양과 높이 솟은 협곡은 이곳이 지닌 장대한 아름다움이다. 단조롭고 천편일률적인 편제로 이러한 장대한 도시의 풍채를 희석시킨다면 그것은 문화 파괴일 뿐이다(현재의 주택단지 계획이 바로 그러하다!).

남는 시간에, 이를테면 주말에 방문객들을 이곳으로 끌어들일 수 있는 게 무엇일까? 유감스럽게도 방문객들에게 독특한 매력을 지닌 거의 모든 것이 지난 몇 년 동안 이 지구에서 계획에 의해 뿌리 뽑히고 있다. 맨해튼 섬 끝단에 있는 배터리파크^{Battery Park}에 자리하여 공원의 가장 큰 인기 거리였던 수족관이 철거되어 코니아일랜드^{Coney Island}——수족관이 전혀 필요 없는 곳이다——에 다시 지어졌다. 기묘하면서도 활력이 넘치는 작은 아르메니아인 동네(독특한 모습으로 관광객과 방문객의 흥미를 끄는 중요한 주거지가 **있었다**)는 터널 접근로를 건설하기 위해 완전히 뿌리가 뽑혔고, 이제 각종 안내 책자와 신문의 여성독자 면은 옮겨 간 잔존물과 이색적인 상점을 찾는 방문객들에게 브루클린으로 가 보라고 권하고 있다. 「자유의 여신상」을 돌아보는 유람선은 슈퍼마켓의 계산대 줄보다도 매력이 떨어지게 되었다. 배터리파크에 있는 공원관리국의 간이식당은 학교 카페테리아 정도의 흥미만 끌 뿐이다. 항구로 들어가는 배처럼 뉴욕에서 가장 번화한 위치에 있는 배터리파크 자체는 노인들이 사는 집의 뜰처럼 바뀌고 있다. 이제까지 이 지구에서 계획의 영향을 받은 모든 것(과 계획에서 제안된 더 많은 것)은 사람들에게 분명하게 말한다. "저리 가시오! 날 내버려 두라고요!" "이리 오세요!"라고 말하는 것은 아무것도 없다.

그렇게 많은 일이 행해질 수 있었다.

부두는 그 자체로 한가로운 사람들을 끌어당길 수 있는 첫번째 버려진 자산이다. 이 지구의 부두 일부는 거대한 해양 박물관이 되어야 한다──어디든 구경하고 직접 타 볼 수 있는 최고의 소장품인 표본과 골동품 선박을 영구 정박시켜 놓는 것이다. 이렇게 하면 오후에는 지구 관광객들이, 주말과 휴일에는 관광객과 도시 사람들 모두가 몰려오게 될 테고, 여름철에는 저녁시간에 대단한 구경거리가 될 것이다. 해안선의 다른 지형들은 항구와 섬 주변의 유람 항해의 출항지가 되어야 한다. 이 출항지들은 예술적 기교를 발휘한 것처럼 매력적이고 자극적인 곳이 되어야 한다. 만일 그렇게 해도 새로운 해산물 요리 레스토랑 같은 것들이 근처에 우후 죽순처럼 생기지 않는다면, 나는 바닷가재를 껍데기까지 다 먹을 것이다.

해안선이 아니라 약간 안쪽에 거리를 기반으로 해서 방문객들이 쉽게 다가갈 수 있는 관련된 인기거리attractions들이 있어야 한다. 가령 새로운 수족관을 지어야 하고, 코니아일랜드에 있는 것과 달리 무료로 입장할 수 있어야 한다. 거의 8백만 명이 사는 도시라면 수족관 두 개 정도는 유지할 수 있고 물고기를 무료로 보여 줄 수도 있다. 사람들이 무척이나 필요로 했던 공립 도서관 지점도 건설해야 하며, 그것은 흔한 대출도서관일 뿐만 아니라 해양 및 금융 지식을 망라한 특화된 도서관이어야 한다.

저녁과 주말에는 이 모든 인기거리에 기초한 특별 행사가 집중되어야 한다. 저렴한 연극과 오페라가 추가되어야 한다. 출판업자이자 도시 연구자로서 로워맨해튼에 도움이 되는 실마리를 찾기 위해 유럽 여러 도시의 실험을 주의 깊게 고찰한 제이슨 엡스타인Jason Epstein은 파리의 사례와 같은 상설 서커스를 제안한다. 황량한 제조업 공장을 더 지어서 공간만 차지하고 지구의 힘을 유지하는 데는 아무 보탬도 되지 않는 것보다(그리고 실제로 제조업 공장을 필요로 하는 도시의 다른 지역에 공장 신설을 막는 것보다), 제대로 하기만 하면 서커스가 이 지구의 장기적인 사업 가치를 경제적으로 뒷받침하는 데 한층 더 효과적일 것이다.

이 지구가 저녁시간과 주말에 활기를 띠게 되면 새로운 주거 용도가 자생적으로 생겨나는 것을 기대할 수 있을 것이다. 로워맨해튼에는 낡았지만 흥미를 자아내는 수많은 오래된 집들이 있는데, 활기를 되찾은 다른 곳에서는 이런 집들이 새롭게 이용되고 있다. 오랜 세월을 살아남은 독특한 것을 찾는 사람들은 이런 집들을 찾아다닐 것이다. 그러나 이런 지역에서 사는 것은 대의명분 때문이 아니라 지구의 활력이 표출되는 것이어야 한다.

남는 시간을 끌어당기는 데 기초한 추가적인 용도에 관한 나의 제안이 경솔하고 사치스럽게 보이는가?

그렇다면 다운타운-로워맨해튼협회와 시 당국에서 일터, 주택단지와 주차장, 고속화도로 등을 통해 단지의 사람들을 주말에 지구 바깥으로 끌어내기 위해 마련한 계획의 예상 비용을 한번 생각해 보라.

계획가들의 추정에 따르면, 이런 것들을 마련하는 데 공공 자금과 민간 자금 **10억 달러**가 소요될 것이다!

지금처럼 시간대에 따라 로워맨해튼을 이용하는 사람들이 극심한 불균형을 보이는 상황은 다른 도시 지구에도 마찬가지로 적용할 수 있는 여러 가지 타당한 원칙을 보여 준다.

아무리 안정적이고 유명하고 부유한 곳이라 할지라도 어떤 동네나 지구든 간에 다양성 창출의 잠재력을 훼손시키지 않고서 여러 시간대에 사람들이 고루 이용할 필요성을 가볍게 보아 넘길 수는 없다.

게다가 업무나 다른 한 가지 기능을 충족시키기 위해 완벽하게 계산되고 외견상 그런 기능에 필요한 모든 것을 갖춘 동네나 지구라 할지라도 만약 그 한 기능에 국한된다면 필요한 모든 것을 실제로 제공할 수 없는 것처럼 보인다.

여러 시간대에 사람들이 고루 이용하지 않는 지구에 대해 계획을 세울 때 만약 문제의 원인을 파악하지 못한다면, 기껏해야 예전의 정체 대신 새로운 정체가 나타나는 결과를 야기할 것이다. 잠시 동안은 더 깨끗해 보일지도 모르지만, 이런 결과를 위해 엄청난 돈을 들일 수는 없다.

이제 내가 서로 다른 두 종류의 다양성을 논하고 있음이 분명해졌을 것이다. 첫째, 주요 용도는 정박지 역할을 하기 때문에 그 자체로 사람들을 특정한 장소로 끌어당기는 다양성이다. 사무실과 공장은 주요 용도이다. 주거 또한 마찬가지이다. 일정한 유흥, 교육, 레크리에이션 장소들 역시 주요 용도이다. 많은 박물관과 도서관, 미술관 역시 어느 정도는 (즉 이용자의 상당 부분에게는) 주요 용도이지만 모두 그런 것은 아니다.

때로 주요 용도가 이례적인 경우도 있다. 루이빌^{Louisville}에서는 2차대전 이후 한 거리의 네 블록에 모여든 30곳 정도의 상점을 중심으로 샘플 신발 할인 시장이 점점 성장하고 있다.『루이빌 쿠리어저널』$^{Louisville\ Courier-Jounal}$의 부동산 담당 편집자이자 도시 설계 및 계획 분야의 일류 평론가인 그레이디 클레이$^{Grady\ Clay}$는 이 상점들의 진열장과 창고에 신발이 50만 켤레 정도 있다고 말한다. "이곳은 도심 회색지대에 있습니다." 내게 보낸 편지에서 클레이 씨가 한 말이다. "하지만 말이 돌기가 무섭게 여기저기서 손님들이 몰려드는 탓에 인디애나폴리스, 내시빌, 신시내티에서 온 사람들뿐만 아니라 고급 캐딜락을 타고 온 소매업자도 볼 수 있어요. 이 점에 관해 곰곰이 생각중인데요. 어느 누구도 이런 성장을 계획할 수 없었어요. 이렇게 성장하도록 장려한 사람도 전혀 없고요. 사실 제일 큰 위협은 대각선으로 가로지르게 될 고속화도로입니다. 그런데 시청 사람들은 아무도 관심을 기울이는 것 같지 않아요. 관심을 좀 불러일으키길 바랍니다……"

이 사례에서 볼 수 있는 것처럼, 겉으로 보이는 인상이나 중요하다고 추정되는 여러 징후를 가지고 어떤 주요 용도가 사람들을 끌어당기는 유인으로서 얼마나 효과를 발휘할지 알 수는 없다. 겉으로 보이는 **인상**이 아무리 강렬해도 실제로는 효과가 전혀 없는 경우가 있다. 가령 기념비적인 문화센터 사이에 끼어 있는 필라델피아 공립도서관 본관은 세 지점보다도 이용자가 적다(지점 중 한곳은 체스트넛스트리트Chestnut Street의 도심 상점들 사이에 폭 파묻힌 매력적이지만 수수한 건물이다). 여느 문화시설과 마찬가지로 도서관은 주요 용도와 편의 용도가 결합된 곳이며, 이런 두 가지 속성이 결합될 때 어느 쪽으로든 훌륭하게 기능한다. 규모와 외양, 보유장서 면에서 보면 본관이 더욱 중요하다. 그렇지만 도시 이용의 한 요소로서 도서관이 갖는 역할의 면에서 보자면, 외양과는 달리 작은 지점이 더 중요하다. 주요 용도의 혼합이 어떻게 작용하는지를 이해하려면 항상 이용자의 측면에서 실제 기능에 관해 생각하는 게 필요하다.

주요 용도는 그것이 어떤 것이든 간에 그 자체로는 도시 다양성을 만들어 내는 요인으로서 상대적으로 효과적이지 못하다. 만약 그것이 똑같은 시간에 사람들을 드나들게 하고 거리를 찾도록 하는 다른 주요 용도와 결합된다면, 아무것도 이루어지지 못할 것이다. 현실적으로 이런 서로 다른 주요 용도를 불러낼 수도 없다. 그렇지만 하나의 주요 용도가 사람들을 각기 다른 시간에 거리로 끌어들이는 다른 주요 용도와 효과적으로 결합된다면, 그 효과는 경제적 자극을 불러일으킬 수 있다. 부차적인 다양성을 조성할 수 있는 비옥한 환경이 되는 것이다.

부차적인 다양성은 주요 용도가 끌어들이는 사람들의 요구를 충족시키기 위해 주요 용도의 존재에 대응하여 증가하는 상점들의 이름이다.

만약 이런 부차적 다양성이 하나의 주요 용도에만 이바지한다면, 그 용도가 어떤 유형이든 간에 그 자체로 비효율적일 것이다.* 그러나 혼합된 여러 주요 용도에 이바지한다면 이런 다양성은 그 자체로 효율적일 수 있으며 — 다양성을 창출하는 다른 세 조건 또한 유리하다면 — 활력이 넘칠 것이다.

이와 같은 거리 용도의 확장이 소비자의 수요나 취향의 다양성을 모든 시간대로 확장시키면, 모든 종류의 독특한 도시 서비스와 전문 서비스 및 상점이 번성할 수 있고, 이런 과정은 스스로 성장해 나간다. 잠재적 이용자 집단이 더욱 복잡하게 뒤섞이고 더욱 효율적일수록, 그곳에 있는 서비스와 상점들은 모든 종류의 고객을 가려낼 수 있으며 그 결과 더 많은 사람들을 끌어들이게 된다. 따라서 여기서 또 다른 구분을 하는 것이 필요하다.

부차적 다양성이 충분히 꽃을 피워서 색다르거나 독특한 것을 충분히 담게 되면, 언뜻 보면 그런 축적 과정을 통해 그것이 주요 용도 자체가 될 수 있고 또 그렇게 되기도 한다. 사람들이 바로 그 부차적 다양성 때문에 그곳을 찾는 것이다. 훌륭한 쇼핑지구나, 부족하나마 허드슨스트리트가 바로 이런 경우이다. 이런 경우를 가볍게 보려는 것은 아니다. 이것은 도시 거리와 지구, 그리고 전체로서의 도시 자체의 경제적 건강성에 무척 중요하다. 또 도시 이용의 유동성과 다양한 선택의 기회, 거리와 지구의

---

* 가령 '주거'라는 주요 용도만을 위한 쇼핑센터들은 로워맨해튼과 비슷한 문제를 안고 있다. 다만 시간이 정반대일 뿐이다. 따라서 이런 쇼핑센터들은 오전에 문을 닫고 저녁 내내 영업을 한다. 『뉴욕타임스』에서 인용한 어느 쇼핑센터 간부의 말을 들어 보라. "요즘은 사정이 이러하니 어떤 쇼핑센터든 간에 대낮에는 대포를 쏴도 사람 하나 맞을 일이 없다." 상품 회전율이 높은 표준화된 업체들을 제외한 다른 업체를 유지할 수 있는 쇼핑센터가 이렇게 부족한 (다른 여러 이유와 결합된) 한 가지 이유는 단일한 주요 용도에 고유한 비효율성이다.

흥미롭고 유용한 특징적 차이 등에도 무척 중요하다.

그렇지만 부차적 다양성이 "당연히" 주요 용도가 되는 경우는 거의 없다. 부차적 다양성이 안정된 지구력과 성장하고 변화할 수 있는 생명력을 가지려면, 혼합된 주요 용도라는 기본적인 토대를 갖고 있어야 한다——뚜렷하게 정해진 이유 때문에 모든 시간대에 사람들이 있어야 하는 것이다. 다른 여러 혼합된 주요 용도 때문에 존재하고 이런 용도들이 심각하게 균형을 잃으면 (서서히) 쇠퇴하는 시내 쇼핑의 경우에도 이런 사정은 마찬가지이다.

이제까지 나는 주요 용도의 혼합이 다양성을 만들어 내려면 우선 **효율적**이어야 한다고 몇 차례 지나가면서 언급한 바 있다. 주요 용도들을 효율적으로 만드는 것은 무엇일까? 물론 주요 용도가 다양성을 자극하는 다른 세 조건과 결합되어야 한다. 그러나 아울러 주요 용도의 혼합 자체가 효율적으로 기능해야 한다.

무엇보다도 우선 효율성은 각기 다른 시간에 거리를 이용하는 사람들이 실제로 **같은** 거리를 이용해야 한다는 것을 의미한다. 서로 각기 다른 경로를 통해 거리에 오거나 그 사이에 완충물이 있다면, 사실상 전혀 혼합이 생겨나지 않는다. 도시-가로 경제학city-street economics의 면에서 보자면, 차이들 간의 상호 지원은 일종의 허구이거나 아니면 지도상의 의미를 제외하고는 아무 의미도 없는 인접한 각기 다른 용도들의 추상물에 불과한 것으로 보이는 어떤 것이다.

둘째, 효율성은 각기 다른 시간에 같은 거리를 이용하는 사람들 가운데 같은 시설을 일부 이용하는 사람들이 있어야 함을 의미한다. 온갖 종류의 사람들이 모습을 드러낼 수 있지만, 한 번에 한 가지 이유로 나타나는 사람들과 또 다른 이유로 나타나는 이들을 완전히 호환되지 않는 방식으로 구별해서는 안 된다. 극단적인 예를 들자면, 뉴욕 메트로폴리탄 오페라단Metropolitan Opera의 새로운 근거지가 길 건너편에 있는 저소득층 공공 주택단지와 거리를 공유하고 있는 경우에 인접성은 아무 의미가 없다——여기에 상호 지원하는 다양성이 자라날 장소가 있다고 할지라도 말이다. 이런 식의 가망 없는 경제적 불행이 도시에서 자연적으로 나타나는 일은 드물지만, 계획에 의해 도입되는 경우는 다반사이다.

그리고 마지막으로, 효율성이란 어느 시간에 거리에 뒤섞인 사람들의 존재가 다른 시간에 그곳에 있는 사람들과 일정한 비례적 관계를 가진다는 것을 의미한다. 앞서 로워맨해튼 끝단에 대한 계획을 논의하면서 이 점을 이야기한 바 있다. 활기찬 도심에는 대개 바로 옆에 붙은 주거지역이 있고, 이곳에 사는 주민들이 직접 누리면서, 동시에 지탱하는 데 일조하고 있는 야간 용도가 있다는 사실이 흔히 관찰된다. 이것은 정확한 관찰이며, 여러 도시가 이런 교훈에 의지하여 로워맨해튼 계획의 방식에 따라 도심 주택단지를 기반으로 기적을 일구기를 기대하고 있다. 그러나 현실 세계에서 이런 조합이 활력을 갖는 것은 주민들이 적당하게 균형을 이루면서 낮과 밤, 주중과 주말에 도심을 이용하는 매우 복합적인 집단의 일부인 경우이다.

이와 마찬가지로, 수만 또는 수십만 명의 주민들 사이에 노동자 몇천 명이 섞여 있다면, 총수에서나 어떤 특정한 장소에서나 의미심장한 가시적인 균형을 전혀 이루지 못한다. 또는 극장들이 여러 개 모여 있는 곳에 사무용 빌딩 하나가 외롭게 있다면, 실제적인 면에서 거의 또는 전혀 영향을 미치지 못한다. 요컨대, 주요 용도의 혼합을 통해 일상적인 평범한 기능을 하는 가운데 사람들이 뒤섞이고 경제적 상호 지원을 주고받는 게 중요하다. 바로 이것이 관건이며, 이것은 모호한 '분위기'의 효과가 아니라 명백하고 구체적인 경제적 문제이다.

　이제까지 도심에 관해 이야기해 보았는데, 도시의 다른 곳에서는 주요 용도의 혼합이 불필요하기 때문이 아니다. 주요 용도의 혼합은 오히려 다른 곳에서도 필요하며, 도심(또는 어떤 이름으로 불리든 간에 도시에서 가장 집약적인 부분)에서 혼합이 성공하는지 여부는 도시 다른 지역에서 혼합이 가능한지와 관련이 있다.

　도심에 관해 이야기하는 것은 특히 두 가지 이유 때문이다. 첫째, 주요 용도의 불충분한 혼합이야말로 우리의 도심에서 나타나는 주요한 결함이며 종종 유일하게 파괴적인 기본적 결함이다. 대부분의 대도시 도심은 다양성을 만들어 내는 데 필요한 네 가지 조건을 모두 충족시킨다—또는 과거에 충족시켰다. 바로 그런 이유 때문에 도심이 될 수 있었다. 오늘날 전형적인 도심은 여전히 세 가지 조건을 충족시킨다. 그러나 업무에만 압도적으로 치중된 나머지(그 이유에 관해서는 12장에서 논의하도록 하겠다) 업무시간 이후에는 도심에 사람들이 지나치게 없다. 이런 상황은 도시계획 분야에서 일종의 은어로 공식화되었다. 이제 도시계획가들은 '도심'에 관해 말하는 대신 '중심업무지구'Central Business District의 약칭인 'CBD'에 관해 말하고 있는 것이다. 그 이름으로 정확하게 묘사되고 있고 또 그 이름에 어울리는 '중심업무지구'는 일종의 실패작이다. 도심 가운데 로워맨해튼 끝단만큼 심각한 불균형에 이른 곳은 (아직까지는) 거의 없다. 대부분의 도심에는 그곳에서 일하는 사람들뿐만 아니라 업무시간과 토요일 낮 시간에 쇼핑객들이 상당히 많다. 그러나 대다수의 도심은 이런 불균형으로 향하고 있는 중이고, 로워맨해튼에 비해 스스로 부활할 수 있는 잠재적 자산이 부족하다.

　주요 용도가 혼합된 도심을 강조하는 두번째 이유는 그것이 도시의 다른 지역에 직접적으로 미치는 효과 때문이다. 아마 누구든지 도시가 그 중심부에 전반적으로 의존하고 있음을 잘 알고 있을 것이다. 도시 중심부가 활기를 잃거나 해체되면, 사회적 근린으로서의 전체 도시가 고통을 받기 시작한다. 쇠약해지는 중심 활동을 통해 서로 어울려야 하는 사람들이 어울리지 못하게 되는 것이다. 서로 만나야 하는, 그것도 흔히 중심적인 활력의 장소에서 우연히 만나곤 하는 생각과 돈이 만나지를 못한다. 도시 공중 생활의 네트워크는 이것들이 감당할 수 없는 틈을 만들어 낸다. 튼튼하고 **포괄적인** 중심부가 없다면, 도시는 서로 고립된 갖가지 이해관계의 집합체가 되어 버린다. 그런 도시는 분리된 각 부분의 총계를 넘어서는 사회·문화·경제적인 결과물을 만들어 내지 못한다.

이 모든 고려 사항이 중요하지만, 여기서 내가 염두에 두는 것은 튼튼한 도시 중심부가 다른 지구에 미치는 더욱 구체적인 경제 효과이다.

앞서 지적한 것처럼, 도시가 인큐베이터 기능에 제공하는 독특한 이익은 도시 이용이 가장 복잡한 형태를 이루는 곳에서 가장 효율적이고 확실하게 작용한다. 이런 사업 인큐베이터들로부터 경제적 묘목이 생겨나는데, 이 묘목들은 나중에 자기의 힘을 도시의 다른 지역에 옮겨 줄 것이다—그리고 실제로 그렇게 된다.

위스콘신 대학의 토지경제학 전공 교수인 리처드 래트클리프[Richard Ratcliff]가 이런 움직임을 잘 설명한 바 있다. "탈집중화는, 그것이 공백을 남겨 놓을 뿐이라면 쇠퇴와 퇴락의 징후"라고 래트클리프는 말한다. "탈집중화가 중앙집중적인 힘의 소산이라면 그런 탈집중화는 건강하다. 일부 도시 기능이 외부로 이동하는 것은 대부분 외부 장소로 향하는 인력에 부응한 결과라기보다는 중심부에서 밀려난 결과이다."

건강한 도시에서는 더욱 집약적인 이용이 덜 집약적인 이용을 끊임없이 대체한다고 래트클리프 교수는 지적한다.* "인위적으로 유도된 분산은 또 다른 문제이다. 이런 경우는 전체적인 효율성과 생산성을 잃을 위험이 있다."

레이먼드 버넌이 『대도시의 해부』에서 지적한 것처럼, 뉴욕에서는 맨해튼 섬 지역이 화이트칼라 업무를 위해 집약적으로 개발됨으로써 제조업자들을 다른 자치구로 밀어내고 있다. (시 제조업자들이 충분히 덩치가 커지거나 자급자족의 능력이 생기면 교외나 소도시로 갈 수도 있다. 이곳들 역시 이런 놀랍도록 생산적인 장소들, 즉 집약적인 대도시의 강력한 인큐베이터 효과에 경제적으로 의존한다.)

다양성과 진취적인 사업의 인큐베이터들 바깥으로 밀려나오는 이용은 도시의 다른 다양성과 마찬가지로 두 종류이다. 주요 용도의 혼합에 이끌린 사람들이 이용하는 부차적인 다양성이 바깥으로 밀려난 경우에 그것은 자신이 번창할 수 있는 다른 장소——다른 요소들과 더불어 주요 용도가 혼합된 장소——를 찾아야 한다. 그렇지 못하면 아마 점점 약해지다가 소멸해 버릴 것이다. 만약 알맞은 장소를 찾을 수 있다면 이러한 이동은 도시에 기회가 될 수도 있다. 이렇게 밀려난 이용은 더욱 복잡한 도시의 형성을 강화하고 재촉하는 데 기여한다. 허드슨 스트리트 바깥에서 우리에게 영향을 미치고 있는 것도 이러한 경우이다. 스킨다이버 장비점 사람들과 사진관 사람들, 조각가 등이 우리 동네로 와서 빈 가게를 차지하고 있는 것이다. 이런 가게들은 더욱 집약적인 다양성의 창조자들로부터 거품처럼 끓어오른다.

---

* 이 과정이 극단으로 치달아 자멸로 이어질 수도 있지만 그것은 문제의 또 다른 측면이며, 여기에 관해서는 이 책 3부에서 다룰 것이다. 당분간은 이 점은 무시할 수 있다.

이런 이동이 소중하기는 하지만(경제적으로 충분히 비옥한 토양이 부족한 탓에 헛되이 사라지지만 않는다면), 집약적인 중심부에서 밀려나는 주요 용도의 다양성의 이동보다는 중요성이 덜하고 근본적이지 않다. 왜냐하면 제조업 같은 주요 용도가 그것이 만들어 내는 모든 것을 더는 담을 수 없도록 이용 기반을 넘어 끓어 넘치는 경우, 그것은 주요한 업무 이용이 시급한 장소들에서 주요한 혼합의 요소들이 될 수 있다. 이런 것들의 존재는 새로운 혼합된 주요 용도의 기반을 창출하는 데 보탬이 될 수 있는 것이다.

토지이용 경제학자인 래리 스미스Larry Smith는 업무용 건물을 체스 말에 적절하게 비유했다. "당신은 이미 체스 말들을 다 써 버렸습니다." 새로운 업무용 건물들을 위한 공상 같은 계획으로 수많은 장소들을 부흥시키려고 애를 쓰는 어느 계획가에게 스미스가 이렇게 말했다고 한다. 모든 주요 용도는 그것이 사무실이든, 주거용 건물이거나 콘서트홀이든 간에 도시의 체스 말과 같다. 많은 성과를 내기 위해서는 서로 다르게 움직이는 것들을 **조화롭게** 사용해야 한다. 그리고 체스와 마찬가지로 졸을 여왕과 바꿀 수도 있다. 그러나 도시 건설이 체스와 다른 점도 있다. 말의 수가 규칙에 의해 정해져 있지 않다는 점이다. 또 배치만 잘하면 말이 저절로 늘어나기도 한다.

도심에 대해 공공 정책으로 업무 시간 이후에 사람들을 대상으로 하면서 그 장소에 활기를 불어넣는 민간 업체들을 직접 투입할 수는 없다. 또한 공공 정책으로 어떤 식의 명령을 통해서든 도심에서 이런 이용을 유지시킬 수도 없다. 그러나 공공 정책은 자체적인 체스 말과 공공의 압력에 민감한 체스 말을 적절한 장소에 일종의 도화선으로 활용함으로써 간접적으로 이런 업체의 성장을 장려할 수 있다.

뉴욕 웨스트 57번가West 57th Street에 있는 카네기홀Carnegie Hall이 이런 도화선의 두드러진 예이다. 카네기홀은 주변 블록이 지나치게 길다는 심각한 결점에도 불구하고 거리에 놀라운 기여를 하고 있다. 밤에 많은 사람들이 거리를 이용하게 만드는 카네기홀의 존재는 야간 장사를 필요로 하는 또 다른 용도의 존재를 제때 만들어 냈다——영화관이 두 곳 생긴 것이다. 또 카네기홀은 음악시설이기 때문에 소규모의 음악, 춤, 연극 연습장과 리사이틀 장소를 많이 만들어 냈다.

이 모든 장소들이 주거 지역과 뒤섞이고 얽혀 있다——근처에 있는 호텔 두 곳과 수많은 아파트에는 온갖 종류의 주민들이 있지만 상당수가 음악가와 음악 교사들이다. 낮 시간에는 소규모 업무용 건물들과 동쪽과 서쪽의 대규모 업무용 건물들 덕분에 거리가 활발하고, 또 2교대 이용이 부차적인 다양성을 지탱해 준 덕분에 제때에 사람들을 끌어들일 수 있다. 시간대별로 이용자들이 고루 존재하기 때문에 레스토랑들도 장사가 잘되어서 이곳에는 온갖 종류의 식당이 있다. 훌륭한 이탈리아 레스토랑 한 곳, 매력적인 러시아 레스토랑 한 곳, 해산물 레스토랑 한 곳, 에스프레소 커피점 한 곳, 자동판매 식당[Automat; 자동판매기에서 음식을 빼서 먹는 패스트푸드 식당. 20세기 초에 유럽에서 미국으로 전파되어 유행했으나 1950년대에 교외가 발달하고 새로운 패스트푸드 식당이 확산되면서 서서히 사라졌다——옮긴이] 한 곳, 소다수 판매점 두어 곳, 햄버거집 한 곳 등이 있다. 식당들 사이사이에서는 희귀 동전이나 오래된 보석, 새 책이나 헌책, 아주 좋은 신발, 미술 도구와 재료, 무척 공들여 만든 모자, 꽃, 고급 식료품, 건강식품, 수입 초콜릿 등을 살 수 있다. 두세 번 입은 크리스찬 디올 드레스나 작년 밍크 옷을 사거나 팔 수 있고, 영국제 스포츠카를 빌릴 수도 있다.

이 경우에 카네기홀은 없어서는 안 될 체스 말로서 다른 체스 말들과 조화를 이루면서 작용한다. 이 동네 전체에 대해 가장 파괴적인 계획은 카네기홀을 철거하고 그것을 다른 업무용 건물로 대체하는 게 될 것이다. 뉴욕 시가 가장 인상적이거나 그럴 잠재력이 큰 문화 시설 체스 말들을 모두 빼내서 링컨공연예술센터라는 이름의 계획 지구 안에 격리시키기로 결정함에 따라 바로 이런 일이 벌어지려 하고 있었다. 카네기홀은 시민들이 완고하게 정치적 압력을 행사한 덕분에 간신히 살아남았다. 그렇지만 이제 뉴욕필하모닉New York Philharmonic의 전용관 노릇을 할 수는 없다. 뉴욕필하모닉이 평범한 도시에서 벗어나 스스로 정화하려 하기 때문이다.

참으로 가련한 계획이 아닐 수 없다. 아무 생각 없이 새로운 꿈을 밀어붙이는 결과로 도시의 기존 잠재적 이용 기반을 맹목적으로 파괴하고 정체라는 새로운 문제를 자동적으로 조장할 것이 분명하기 때문이다. 체스 말들──과 공공 정책이나 공공의 압력에 의해 배치될 수 있는 야간 이용을 위한 도심의 체스 말들──은 기존의 생명력을 강화하고 확장하도록, 그리고 또 전략적인 장소들에서 기존의 시간 불균형을 바로잡는 데 도움이 되도록 배치되어야 한다. 뉴욕의 미드타운에는 낮 시간에는 많은 사람이 이용하나 밤에는 오싹할 정도로 조용해지는 장소들이 여럿 있는데, 바로 이런 곳들에 링컨센터에서 체스 말을 빼내 놓아둘 필요가 있다. 그랜드센트럴Grand Central 역과 59번가 사이의 파크애비뉴를 중심으로 한 새로운 업무용 건물의 연장선이 바로 이런 지역이다. 그랜드센트럴 역 바로 남쪽 지역도 마찬가지이다. 34번가를 중심으로 한 쇼핑지구도 그런 경우이다. 한때는 활기찬 지구였던 많은 곳들이 사람들을 끌어당기는 매력과 인기, 높은 경제 가치를 안겨 준 주요 용도의 혼합이 사라진 뒤부터 유감스럽게도 쇠퇴하고 있다.

문화센터나 시민센터 같은 계획단지들이 대부분 그 자체로 끔찍하게 균형이 없을뿐더러 도시에 미치는 효과에서도 비극적인 것은 바로 이 때문이다. 이런 센터들은 도시의 다른 지역으로부터 사람들의 이용을 고립시킨다——또한 밤 시간의 많은 사람들의 이용도 고립시킨다. 이렇게 이용하는 사람이 없으면 도시는 병들 수밖에 없다.

보스턴은 오염되지 않은 순수한 문화 지구를 자체적으로 계획한 미국 최초의 도시이다. 1859년에 기관위원회 Committee of Institutes가 '문화 보존'을 요구하면서 한 지역을 "교육, 과학, 예술적 성격의 기관들에 전적으로" 할애하도록 했는데, 이런 조치는 보스턴이 미국 도시들 가운데 살아 있는 문화 지도자로서 서서히 쇠퇴하는 과정의 시작이었다. 그것이 수많은 문화 기관들을 일상의 평범한 도시와 삶에서 의도적으로 분리하고 제거한 결과인지, 아니면 단지 이미 다른 원인들 때문에 불가피했던 쇠미의 징후에 불과한 것인지 나는 알지 못한다. 그렇지만 한 가지는 확실하다. 보스턴의 도심은 주요 용도의 훌륭한 혼합, 특히 야간 이용과 (단지 박물관의 유물이나 옛날 옛적의 것이 아닌) 살아 있는 문화 이용의 훌륭한 혼합이 사라진 탓에 심각한 고통을 겪고 있다.

대규모 문화 사업을 위해 돈을 모으는 문제를 겪고 있는 사람들은 부자들이 도시의 모체에 단독으로 박혀 있는 문화 건물들보다 도시의 오염으로부터 벗어난 대규모 기념비적 건물군에 훨씬 더 많은 돈을 기부하게 마련이라고 말들을 한다. 뉴욕 링컨공연예술센터 건설 계획으로 이어진 합리화가 한 예였다. 기금 조성에 관한 이런 말이 사실인지는 모르겠다. 그렇지만 계몽된 부자들 역시 오래전부터 계획단지 건물만이 가치 있는 도시의 건축물이라는 전문가들의 말을 들어 왔던 터라 이런 계획에 선뜻 돈을 낸다고 해도 놀랄 일은 아니다.

도심 계획가들과 그들과 함께 일하는 사업가 집단들에게는 미국인들이 모두 밤에는 집에서 텔레비전을 보거나 아니면 학부모교사협의회 모임에 참석한다는 신화(또는 알리바이)가 존재한다. 밤이면 죽은 듯이 고요하고 낮에도 반쯤 살아 움직이는 신시내티 도심에 관해 질문을 할 때 그 사람들이 하는 말이 바로 이것이다. 그러나 신시내티 사람 연 50만 명 정도가 강 건너 켄터키 주의 커빙턴Covington—이곳에도 나름의 병적인 불균형이 존재한다—으로 가서 값비싼 밤의 유흥을 즐긴다. 피츠버그에서도 도심이 죽은 듯이 고요한 이유를 설명하기 위해 "사람들이 외출하지 않는다"는 알리바이가 사용된다.*

피츠버그 주차관리국의 공영 주차장은 저녁 8시만 되면 10에서 20퍼센트만 운영을 한다. 주변 호텔에서 무슨 행사를 할 때 50퍼센트 정도가 차는 중심부의 멜런스퀘어Mellon Square 주차장만이 예외이다. (공원과 상점이 그렇듯이, 주차 및 교통 시설 역시 고른 시간대에 이용하는 사람들이 없으면 원래 비효율적인 낭비이다.) 한편 도심에서 5킬로미터 떨어진 오클랜드Oakland라는 구역에서는 주차 문제가 심각하다.

"한 무리의 자동차가 빠져나가는 즉시 또 다른 무리가 밀려와요." 주차관리국의 한 관리의 설명이다. "아주 두통거립니다."

이런 현실 역시 쉽게 이해가 간다. 오클랜드에는 피츠버그 교향악단과 시민 오페레타 악단, 소극장 그룹, 최신 유행 레스토랑, 피츠버그체육협회Pittsburgh Athletic Association, 다른 두 대규모 협회, 카네기 도서관 본관, 박물관과 미술관, 향토사박물관Historical Society, 납골당Shriners' Mosque, 멜런대학

---

* 사업가들이 비교적 자랑스럽게 언급하는 다른 알리바이는 "우리에게는 월스트리트 같은 도심이 있다"는 것이다. 이 사업가들은 월스트리트 동네가 난관을 겪고 있다는 소식을 듣지 못한 게 분명하다.

[Mellon Institute ; 1967년에 카네기공과대학과 통합하여 오늘날의 카네기멜런대학으로 바뀌었다—옮긴이], 파티가 자주 열리는 호텔 한 곳, 히브리청년협회^{YMHA}, 교육위원회 본부, 그리고 온갖 주요 병원들이 있다.

오클랜드에서 업무 이후에 여가 시간을 보내는 이용자들이 무척 많기 때문에 이곳 역시 균형을 잃었으며, 피츠버그에는 오클랜드 구역이나 도심 업무 지역이나 주요 대도시에 어울리는 부차적 다양성을 집약적으로 창출할 수 있는 좋은 장소가 전혀 없다. 도심에는 일반적인 상점들과 저급한 다양성만이 있을 뿐이다. 고급스러운 상업의 다양성이 존재하는 까닭에 겉으로 보기에는 오클랜드가 둘 중에서 더 나은 곳으로 선택되었다. 그러나 오클랜드는 대도시 중심부가 마땅히 가져야 하는 효율적인 잠재적 이용 기반에 미치지 못하기 때문에 사실은 창백한 주변 지역에 불과하다.

피츠버그가 이런 이중의 불균형으로 치닫도록 만든 사람은 부동산 중개인인 고^{故} 프랭크 니콜라$^{Frank\ Nicola}$였다. 50년 전 '도시 미화'의 시대에 니콜라는 젖소를 키우던 야생의 초원에 문화센터를 건설하기 시작했다. 출발은 좋았다. 카네기 도서관과 미술센터가 셴리^{Schenley} 부동산재단[피츠버그의 박애주의자 메리 셴리가 도시에 기부하는 부동산을 관리한 재단—옮긴이]에서 기부한 대지를 이미 받아들였기 때문이다. 그 당시 피츠버그 도심은 어느 모로 보나 이런 시설들에게 매력적인 장소가 아니었다. 연기와 검댕이 자욱한 음침하기 짝이 없는 곳이었다.

하지만 지금은 사업가들의 앨러게니협회$^{Allegheny\ Conference}$에서 주도한 대규모 정리 사업 덕분에 피츠버그 도심이 여가 활동을 끌어당기는 잠재력을 갖고 있다. 그리고 이론상으로 보면, 시민 공회당과 더 나아가 심포니홀과 아파트를 도심 바로 옆에 지어서 1교대만이 있는 도심의 불균형을 조만간 어느 정도 치유하게 될 것이다. 그러나 여전히 도시에 의해 오염되지 않은 젖소농장과 문화의 정신이 지배하고 있다. 모든 장치—간선도로, 공원 벨트, 주차장—가 이 계획 사업들을 도심 업무지구와 갈라놓으며, 따라서 이러한 연결은 여전히 각기 다른 시간대에 동일한 거리에 사람들이 북적이는 살아 있는 경제 현실이 아니라 지도상의 추상적 기호로만 남을 것이다.

미국의 도심이 쇠퇴하는 것은 어떤 불가사의한 이유 때문이거나 이용자들이 자동차에 빨려 들어가기 때문이 아니라 시대착오적이기 때문이다. 업무 용도와 여가 용도를 분리하는 것이 질서정연한 도시계획이라는 그릇된 관념 아래 이런 의도적인 정책이 진행됨에 따라 도심이 분별없이 망쳐지고 있다.

물론 사람들을 시간대별로 배치할 필요성만 고려하고 각 용도의 특수한 요구—어디가 **그것의** 좋은 입지가 될 것인지—는 무시한 채 한 도시 이곳저곳에 주요 용도 체스 말들을 흩뿌려 놓을 수는 없다.

그렇지만 이런 자의성은 불필요하다. 이제까지 나는 가끔 도시의 기초를 이루는 얽히고설킨 질서에 관해 감탄하는 말을 해왔다. 혼합 자체의 성공과 혼합을 이루는 독특하고 구체적인 요소들의 성공이 모순이 아니라 조화를 이루기 쉽다는 점이 이런 질서의 아름다움을 구성한다. 이런 이해의 동일성(또는 일치)에 관해서는 이 장 앞에서 이미 몇 가지 사례를 들었고 다른 사례도 암시적으로 다루었다. 가령 로워맨해튼에 대해 계획된 새로운 업무 용도는 그 지구의 근본적인 문제를 키울 뿐만 아니라 동시에 새로운 직원들과 공무원들에게 경제적인 활기가 없고 불편한 도시 환경이라는 짐을 떠안길 것이다. 이제 이런 도시 생명력의 내재적인 질서를 무시할 때 생겨날 수 있는 매우 복잡한 부정적인 효과에 관해 예를 들어 보도록 하겠다.

　이런 걸 법원과 오페라하우스의 경우라고 이름 붙일 수 있겠다. 5년 전, 샌프란시스코는 시민센터를 짓기 시작했는데, 이 센터는 그 이래로 줄곧 문제투성이이다. 도심 근처에 자리해 도심을 자기 쪽으로 끌어당기려는 의도로 건설된 이 센터는 당연하게도 오히려 활기를 몰아냈고, 센터 주변은 이런 활기 없고 인위적인 장소가 으레 그렇듯이 황량하기만 했다. 센터는 부지 안에 오페라하우스, 시청, 공립 도서관, 기타 다양한 시 관공서들을 아우른다.

　이제 오페라하우스와 도서관을 체스 말이라고 간주했을 때, 어떻게 하면 이 건물들이 도시에 가장 도움이 될 수 있을까? 아마 각 건물은 따로 고도로 집중된 도심 사무실 및 상점들과 **밀접한** 관련을 맺고서 이용되었을 것이다. 이런 사실과 또 두 건물이 정착시키는 데 도움이 된 부차적인 다양성 **또한** 이 두 건물 각각에 좀더 쾌적한 환경이 되었을 것이다. 현재의 오페라하우스는 주변의 어떤 시설과도 무관할 뿐이다. 그나마 가장 가까운 시설인 시청 뒤에 있는 공무원 채용 대기실을 드나드는 사람들이 간간이 이용할 뿐이다. 그리고 도서관은 현재 상태로는 '하층계급'이 기대는 벽이다.

　공교롭게도 이런 종류의 문제에서는 한 번의 실수가 계속 이어진다. 1958년, 형사법원 건물의 부지를 골라야 했다. 논리적으로 따지자면 변호사 사무실과 그 근처에 있는 각종 서비스의 편의를 위해 다른 관공서들과 가까운 곳이 적당한 장소였다. 하지만 법원 건물 근처에 보석 보증 대서소와 구식 술집 같은 부차적 다양성이 생겨날 것임은 주지의 사실이었다. 어떻게 해야 할까? 함께 일할 필요가 있는 건물들 근처에 자리하도록 법원을 시민센터 옆이나 안에 두어야 할까? 하지만 형사법원이 주변에 있는 환경은 오페라하우스 근처에 권장할 만한 것이 아니다. 이루 말할 수 없이 초라한 근처의 환경으로도 이미 충분히 부적절하다.

이런 우스운 딜레마에 대한 다른 해결책은 모두 빈약한 게 틀림없다. 선택된 해법은 법원을 불편할 정도로 먼 거리에 두는 것이었지만, 오페라하우스는 '시민적'——이게 무슨 뜻이든 간에——이지 않은 활기에 의해 오염되는 사태를 피했다.

이런 지루한 혼란은 하나의 유기체인 도시의 요구와 다양한 특정한 용도의 요구 사이의 모순에서 생겨나는 것이 결코 아니며, 또한 대다수 도시계획이 맞닥뜨리는 혼란이 이런 모순에서 생겨나는 것도 아니다. 이런 혼란은 주로 도시의 질서와 개별 용도의 요구 **양자 모두**와 자의적인 모순에 처해 있는 이론들에서 생겨나는 것이다.

이처럼 어울리지 않는 이론——이 경우에 미학 이론——이라는 문제는 도시의 적절한 주요 용도의 혼합에 대해 너무나도 중요하고 이런저런 형태로 끊임없이 좌절을 일으키기 때문에 여기서 약간 더 이 문제의 함의를 추적해 보도록 하겠다.

워싱턴D.C.에 있는 예술위원회Fine Arts Commission에서 일관되게 소수의견을 주장하는 회원이었던 건축가 엘버트 피츠Elbert Peets는 이런 충돌에 대해 잘 말한 바 있다. 피츠는 워싱턴에 관해 말했지만 그의 언급은 샌프란시스코를 비롯한 다른 여러 곳의 이런 문제에도 적용된다.

내가 보기에는 잘못된 원칙들이 [현재 워싱턴 도시계획의] 중요한 측면을 움직이는 듯하다. 이 원칙들은 역사 속에서 발전되어 왔으며, 습관과 기득권의 많은 지지를 받는 까닭에 워싱턴 건축의 성장을 이끄느라 분주한 사람들은 아무 의문 없이 그것들을 받아들인다——그렇지만 우리는 그렇게 해서는 안 된다.

간단히 말해 지금 이런 일이 벌어지고 있다. 정부 자본이 도시를 외면하고, 정부 건물들이 한데 집중되어 도시의 건축물들로부터 분리된다. 랑팡[Pierre Charles L'Enfant(1754~1825); 프랑스 출신의 건축가로 워싱턴 D.C.를 설계했다—옮긴이]의 구상은 이런 게 아니었다. 오히려 랑팡은 정부 건물과 일반 건물을 융합하고 서로 도움이 되도록 하기 위해 갖은 노력을 다했다. 랑팡은 모든 지역이 국가의 수도라는 인상을 풍기려고 작정이라도 한 듯 정부 건물, 시장, 각종 전국협회 본부, 학회, 국가 기념물 등을 도시 곳곳의 요지에 골고루 배치했다. 좋은 취지였고 건축학적으로도 좋은 판단이었다.

1893년의 시카고 박람회 때부터 도시를 비속하고 난잡한 '시골' 지역과 단절된 기념비적인 '영광의 정원'[court of honor ; 프랑스어 'Cour d'Honneur'에서 유래한 말로 베르사유 궁전의 경우처럼 본관을 중심으로 한 U자형 건물로 둘러싸인 안뜰을 가리킨다—옮긴이]으로 간주하는 건축 이데올로기가 등장했다. ······ 이 과정에서 도시를 하나의 유기체로, 즉 기념 건조물을 가질 가치가 있고 그런 기념물과 어울리는 모체로 생각한다는 증거는 전혀 없다. ······ 이로 인한 손실은 미학적일 뿐만 아니라 사회적인 손실이기도 하다. ······

어떤 이는 곧바로 이렇게 말할지도 모른다. 여기 서로 대립되는 두 개의 미학적 관점이 있는데, 누가 취향의 문제를 가지고 싸울 수 있겠는가? 하고 말이다. 그러나 이것은 취향보다 더 근원적인 문제이다. 이 관점 가운데 하나—구별되는 '영광의 정원'—는 도시와 도시의 구체적인 용도의 기능적·경제적 요구와 모순된다. 다른 관점—일상의 모체에 친밀하게 둘러싸인 개별 중심 건축물들이 뒤섞인 도시──은 도시의 경제적·기능적 행태와 조화를 이룬다.*

모든 도시의 주요 용도는 기념비적이고 특별한 모습으로 나타나든 그렇지 않든 간에 훌륭하게 기능하기 위해서는 '비속한' 도시라는 친밀한 모체를 필요로 한다. 샌프란시스코의 법원 건물들에는 부차적인 다양성을 지닌 한 종류의 모체가 필요하다. 또 오페라하우스에게는 부차적인 다양성을 지닌 다른 종류의 모체가 필요하다. 그리고 도시의 모체들은 이런 용도들 자체를 필요로 한다. 이런 용도들의 존재가 미치는 영향이 도시의 모체들을 형성하는 데 기여하기 때문이다. 나아가 한 도시의 모체는 특별히 눈길을 끌지는 않는 내적인 뒤섞임(어리석은 사람들에게는 '뒤죽박죽'으로 보이겠지만)을 필요로 한다. 그렇지 않으면 그것은 모체가 아니라 주택단지처럼 '비속한' 천편일률에 불과하며, 샌프란시스코의 경우처럼 시민센터의 '성스러운' 천편일률만큼이나 분별 있게 기능하지 않는다.

분명 원칙이 실제로 어떻게 작동하는지를 이해하지 못하는 사람들은 어떤 원칙이든 마음대로 파괴적으로 적용할 수 있다. 경제적 관계나 기타 필요한 관계를 고려하지 않은 채 주요 용도──특히 기념비적인 외관을 가진 주요 용도──를 분산시킴으로써 주위를 둘러싼 도시의 일상적인 모체와 서로 의존하는 중심점들에 관한 랑팡의 미학 이론을 적용할 수도 있다. 그러나 랑팡의 이론은 훌륭하다. 기능과 분리된 추상적인 시각적 상품으로서가 아니라 실제 도시의 실제 시설들의 요구와 조화를 이루면서 적용하고 변형할 수 있다는 점에서 말이다. 이런 기능적 요구를 고려하고 존

---

* 5번로와 42번가가 만나는 곳에 자리한 뉴욕 공립도서관은 이런 중심 건축물의 한 예이다. 그리니치빌리지 중심부에 있는 옛 제퍼슨마켓 법원청사(Jefferson Market Courthouse) 건물 또한 그런 예이다. 아마 어떤 독자든 간에 도시 모체에 자리한 개별 기념비적 중심지에 익숙할 것이다.

중한다면, 다른 것과 구별되는 고립된 이용을 '신성'하거나 '속된' 것으로 미화하는 미학 이론을 적용하기는 불가능하다.

주거 용도가 압도적이거나 지배적인 도시 지구에서도 도심과 마찬가지로 주요 용도의 복잡성과 다양성이 더욱 조성될수록 더 좋아진다. 그러나 이런 지구에서 가장 필요한 체스 말은 업무라는 주요 용도이다. 허드슨 스트리트나 리튼하우스스퀘어 공원의 사례에서 본 것처럼, 이 두 주요 용도는 서로 꼭 들어맞을 수 있다. 주거 지역이 한산한 한낮에는 노동자들로 거리가 활기를 띠고 업무 지역이 한산한 저녁에는 주거 지역에서 나온 사람들로 활기를 띠는 것이다.

이제까지 우리는 주거를 업무와 분리하는 게 바람직하다는 말을 하도 많이 들어서 실제 세계를 살펴보면서 업무와 분리된 도시의 주거지구가 잘 굴러가지 않는다는 사실을 관찰하려면 어느 정도 노력이 필요하다. 『뉴욕헤럴드트리뷴』에 해리 S. 애시모어 Harry S. Ashmore가 쓴 흑인 게토에 관한 기사에는 할렘의 어느 정치 지도자가 한 말이 인용되어 있다. "백인들은 여기서 편안히 지내기 쉽고, 우리에게서 할렘을 앗아간다. 결국 할렘은 지역 전체에서 가장 매력적인 부동산 물건이다. 여기에는 언덕이 있고 두 강[이스트 강과 허드슨 강—옮긴이]이 모두 내려다보이며, 교통도 좋은 데다가 공장이 전혀 없는 도심에서 가까운 유일한 지역이다."

오직 도시계획 이론에서만 이런 이유 때문에 할렘이 "매력적인 부동산 물건"이 된다. 백인 중산층과 상류층이 주로 살던 초창기부터 할렘은 결코 활력 있고 경제적으로 활발한 주거지구가 아니었으며, 다른 물리적인 개선이 이루어지는 것과 더불어 주거 지역 옆이나 사이사이에 건전하고 건강한 업무 지역이 뒤섞이지 않는다면 아마 어떤 사람들이 살든 간에 앞으로도 결코 활력을 얻지 못할 것이다.

단지 바란다고 해서 주거지구 안에 주요 업무 용도를 만들어 낼 수는 없다. 부차적 다양성 역시 마찬가지이다. 공공 정책을 통해 도시에 부족하고 필요한 곳에 업무 용도를 끼워 넣는 적극적인 역할을 하기는 힘들고 간접적으로 장려하고 **허용**하는 정도이다.

그러나 어떤 경우든 간에 적극적인 유인 시도가 가장 절실하게 필요한 것은 아니며, 또 활력을 필요로 하는 회색지대에 노력을 투여하는 가장 효과적인 방식도 아니다. 첫번째 문제는 실패한 주거지구에 이미 존재하는 업무나 기타 주요 용도 체스 말들을 최대한 활용하는 것이다. 루이빌의 샘플 신발 시장은 비록 이상한 얘기기는 하지만 이런 낙관주의의 필요성을 역설한다. 브루클린 자치구의 대부분 지역과 브롱크스 일부 지역, 그리고 사실 거의 모든 대도시의 도심 회색 지역 역시 마찬가지이다.

여러분은 기존 업무 장소들의 존재를 어떻게 낙관적으로 활용하고 이것을 기초로 건설하는가? 잠재적 가로 이용 기반 확대에 이바지하기 위하여 이런 장소들을 주거와 어떻게 결합시키는가? 여기서 우리는 전형적인 도심과 곤경에 처한 통상적인 주거지구를 구별해야만 한다. 도심에서는 대체로 주요 용도의 충분한 혼합이 부족한 것이 가장 심각한 기본적인 결함이다. 대다수 주거지구, 그리고 특히 대부분의 회색 지역에서는 주요 용도의 혼합의 결여가 대개 하나의 결함일 뿐이며 때로는 가장 심각한 결함이 아니다. 사실 업무와 주거가 뒤섞여 있으면서도 다양성이나 활기를 만들어 내는 데는 별 도움이 되지 않는 사례를 찾기는 쉽다. 그 이유는 대다수 도시 주거지구가 블록이 지나치게 크거나, 한꺼번에 지어지고 나서 건물들이 노후한 뒤에도 원래의 결함을 극복하지 못했거나, 또는 흔히 그런 것처럼 주민의 수 자체가 충분하지 못하기 때문이다. 요컨대, 다양성을 만들어 내는 데 필요한 네 가지 조건 가운데 몇 개가 부족한 것이다.

충분한 업무 용도를 어디서 끌어올 것인가를 걱정하기 전에 우선 첫 번째 문제는 주거지구의 경우에 그런 업무 용도가 어디에 존재하는지, 그리고 주요 용도의 한 요소로서 허비되고 있는지를 확인해야 한다. 도시에서는 더 많은 자산을 만들기 위해 기존 자산을 기반으로 삼아 구축해야 한다. 이미 존재하거나 생겨날 가능성이 있는 업무와 주거의 혼합을 최대한 활용하는 방법을 생각하기 위해서는 다양성을 만들어 내는 다른 세 가지가 하는 역할 또한 이해하는 게 필요하다.

그렇지만 이 점에 관해서는 다음 세 장에서 논의하도록 하겠다. 다양성을 만들어 내는 네 가지 가운데 둘은 회색 지역의 문제를 치유하는 데서 다루는 쉬운 문제들을 나타낸다——오래된 건물은 이미 자기가 맡은 잠재적인 몫을 하기 위해 존재하며, 필요한 거리는 어렵지 않게 추가로 만들 수 있다. (우리가 이제까지 돈을 낭비하도록 배워 온 대규모 토지 정리에 비하면 사소한 문제이다.)

그러나 필요한 다른 두 조건——주요 용도의 다양성의 혼합과 충분한 주거 집중——이 없는 경우에는 새로 만들어 내기가 더 어렵다. 이 두 조건 가운데 적어도 **하나가** 이미 존재하거나 비교적 쉽게 조성될 수 있는 곳에서 시작하는 게 현명한 처사이다.

토대가 되는 업무의 주입이 결여되어 있고 또한 주거 밀도도 높지 않은 주거 회색 지역이 가장 다루기 어려운 도시 지구일 것이다. 쇠퇴 중이거나 이미 쇠퇴한 도시 지역의 문제는 해당 지역에 무엇이 있기 때문(뭔가가 있다면 그것은 항상 새롭게 구축하는 토대가 될 수 있다)이라기보다는 없기 때문이다. 가장 심각하고 채우기 힘든 결여를 지닌 회색 지역은 적어도 주요 용도의 혼합을 향해 발을 내딛은 다른 회색 지역 지구가 육성되지 않는 한, 그리고 고른 시간대에 이용자가 생겨나서 도심이 다시 활기를 띠지 않는 한 도움을 받기 힘들다. 물론 한 도시가 그 안의 어떤 곳에든 간에 더 많은 다양성과 활기를 만들어 낼수록 결국 다른 곳에서도 성공을 거둘 가능성이 높아진다——가장 비관적인 곳도 포함해서.

주요 용도가 훌륭하게 뒤섞여 있고 도시 다양성을 만들어 내는 데 성공을 한 거리나 지구를 소중하게 여겨야 함은 말할 나위도 없다. 이것저것 뒤섞여 있다고 백안시하고 구성요소들을 서로 골라내기 위해 파괴해서는 안 되는 것이다. 그러나 유감스럽게도 전통적인 도시계획가들은 이처럼 인기 있고 매력적인 장소들을 두고서 정통 도시계획의 파괴적이고 단순한 목적을 들이밀고 싶다는 견딜 수 없는 유혹만을 느끼는 듯 보인다. 연방 정부의 자금과 권력만 충분히 주어진다면, 도시계획가들은 계획되지 않은 지구에서 주요 용도의 혼합이 생겨나는 것보다 더 빨리 이런 혼합을 쉽게 파괴할 수 있다. 그 결과 기본적인 주요 용도의 혼합이 점점 줄어든다. 실제로 오늘날 바로 이런 일이 벌어지고 있다.

8장_작은 블록의 필요성

조건 2 대부분의 블록이 짧아야 한다. 즉 모퉁이를 돌 기회와 거리가 많이 있어야 한다.

짧은 블록의 장점은 간단하다. 가령 맨해튼의 센트럴파크웨스트$^{Central\ Park}$ ^{West}와 컬럼버스애비뉴$^{Columbus\ Avenue}$ 사이에 있는 웨스트 88번가$^{West\ 88th}$ ^{Street} 같이 긴 거리 블록에 어떤 사람이 살고 있는 상황을 생각해 보라. 이 사람은 컬럼버스애비뉴에 있는 가게에 가거나 버스를 타기 위해 240미터 길이의 블록을 따라 서쪽으로 가거나, 또는 공원을 가거나 지하철이나 다른 버스를 타기 위해 동쪽으로 간다. 이 사람은 아마 87번가나 89번가에 있는 인접한 블록에 한 번도 가 본 적이 없을 것이다.

　이런 상황은 더욱 심각한 문제를 야기한다. 이미 우리는 띄엄띄엄 고립된 거리 동네들이 사회적으로 무력하기 쉽다는 사실을 살펴보았다. 이 사람으로서는 87번가와 89번가, 그리고 거기에 사는 사람들이 자기와 어떤 관련이 있다는 점을 믿지 않을 이유가 허다하다. 그런 관련을 믿으려면 자신의 일상생활에서 늘 마주치는 증거를 넘어서 나아가야만 한다.

　이 사람의 동네에 관한 한, 이런 자기고립적인 거리의 **경제적 효과** 역

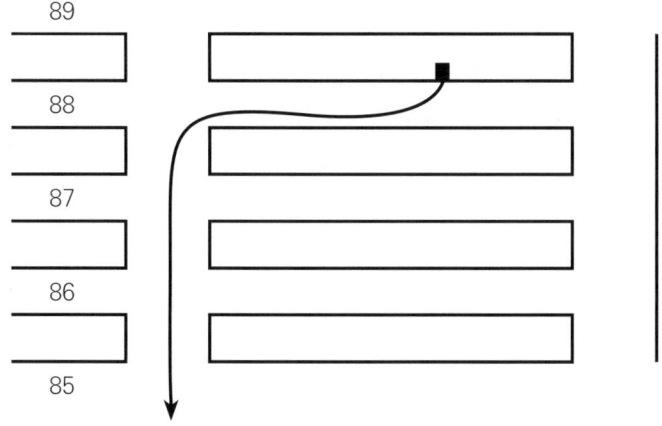

시 마찬가지로 압축적이다. 이 거리에 사는 사람들과 인접한 몇몇 거리에 사는 사람들은 서로 분리된 긴 통행로가 하나의 흐름 속에 만나서 모이는 곳에서만 경제적 이용 기반을 형성할 수 있다. 이 경우에 이렇게 합류할 수 있는 가장 가까운 장소는 컬럼버스애비뉴이다.

그리고 인근에서는 컬럼버스애비뉴가 이런 길고 정체되고 외진 블록들에서 나온 수만 명의 사람들이 만나서 이용 기반을 형성할 수 있는 유일한 장소이기 때문에 이곳은 나름의 단조로움을 갖고 있다—끝없이 이어지는 상점들과 상업적 표준화의 압도적인 지배가 그것이다. 이 동네에는 상업이 의지할 수 있는 거리와 접한 건물 정면의 공간이 무척 적어서 상업이 필요로 하는 지원의 규모나 상업에 당연히 있어야 하는 편의의 규모, 또는 유형에 상관 없이 모두 통합되어야 한다. 쭉 뻗은 길 주변은 단조롭고 어두운 황량함이 길게 이어져 있다—'활기 없는 극심한 황폐함' 속에 띄엄띄엄 갑자기 화려한 틈이 나타난다. 실패한 도시 지역에서 흔히 볼 수 있는 풍경이다.

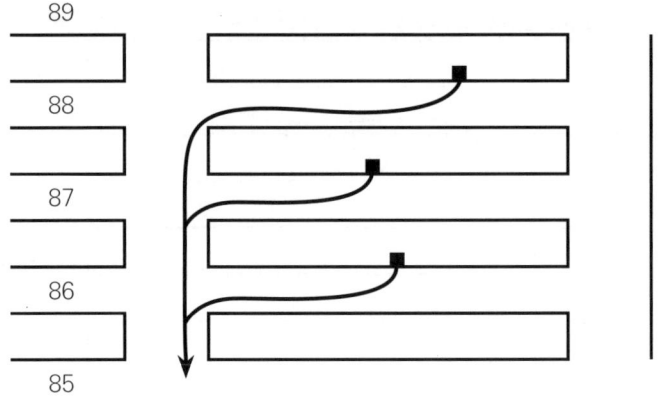

　한 거리를 항상 이용하는 사람들과 그 옆의 거리를 항상 이용하는 사람들을 가르는 이런 엄격한 분리는 물론 외부 방문객들에게도 적용된다. 가령 나는 15년 넘게 컬럼버스애비뉴 바로 옆에 있는 웨스트 86번가에 위치한 치과에 다니고 있다. 그런데 여태까지 컬럼버스애비뉴와 센트럴파크웨스트를 남북으로 돌아다니긴 했어도 웨스트 85번가나 웨스트 87번가는 한 번도 가 본 적이 없다. 가기도 불편할뿐더러 가 보았자 볼 것도 없기 때문이다. 치과에 들른 뒤 아이와 함께 컬럼버스애비뉴와 센트럴파크웨스트 사이의 웨스트 81번가에 있는 천문관에 가려면, 직선 경로는 하나밖에 없다. 컬럼버스애비뉴를 따라가다가 81번가로 꺾어지는 것이다.
　그런데 동서로 길게 뻗은 이 블록들 사이에 틈을 내고 길을 추가로 만든 상황을 생각해 보라——슈퍼블록 단지에 많이 있는 것과 같은 단조로운 '산책로'가 아니라 경제적으로 생존 가능한 곳에서 사업을 시작하고 성장할 수 있는 건물들이 있는 거리 말이다. 거리가 추가로 생겨난다면, 앞서 말한 88번가의 사람은 이제 어느 지점까지 가기 위해 단조롭고 항상

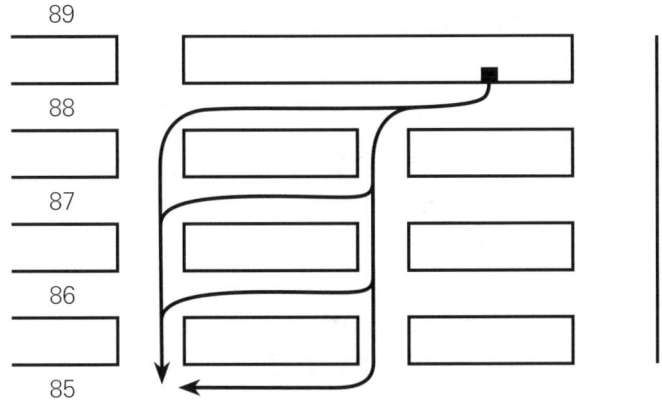

똑같은 길을 걷지 않아도 된다. 여러 다른 길 가운데 선택을 할 수 있을 것이다. 이 경우에 동네는 말 그대로 이 사람에게 활짝 열린 곳이 될 것이다.

다른 거리에 사는 사람들, 그리고 컬럼버스애비뉴에 더 가까운 곳에서 공원의 어느 지점이나 지하철 쪽으로 이동하는 사람들의 경우에도 마찬가지이다. 이제 이 경로들은 상호 고립되는 대신 서로 혼합되고 한데 뒤섞일 것이다.

장사가 가능한 지점들 역시 상당히 많이 생겨날 것이고, 그런 장소들의 배치와 편의도 증대될 수 있다. 웨스트 88번가에 사는 사람들 가운데 우리 동네 모퉁이에 있는 버니네 가게처럼 신문이나 동네 잡동사니를 파는 곳을 유지할 수 있을 정도로 충분한 제3의 사람들이 존재한다면, 또 87번가와 89번가의 경우도 마찬가지라면, 새로 생기는 모퉁이 근처에도 충분한 사람들이 있을 공산이 크다. 이 사람들이 단 하나의 흐름을 벗어나 근처에서도 가게를 유지할 수 없는 한, 이와 같은 서비스와 경제적 기회와 공중 생활의 분포는 불가능하다.

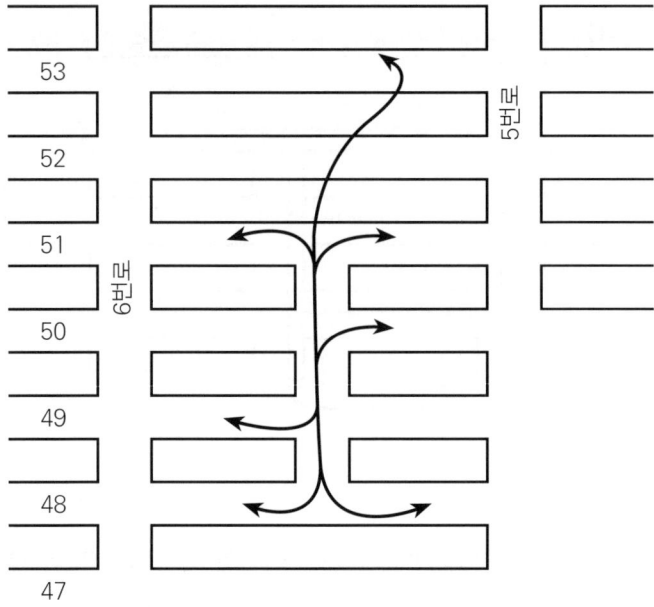

    이런 긴 블록들의 경우에 동일한 주요 용도 때문에 이 동네에 존재하는 사람들조차 서로 너무 떨어져 있는 탓에 상당히 얽히고설킨 도시의 교차이용 기반을 형성할 수 없다. 각기 다른 주요 용도가 있는 경우에도 마찬가지로 긴 블록이 효과적인 혼합을 방해하기 십상이다. 긴 블록은 자동적으로 사람들을 드물게 만나는 여러 경로로 갈라놓으며, 그 결과 지리적으로는 서로 매우 가까운 각기 다른 용도들이 실제로는 말 그대로 서로 차단된다.

    이런 긴 블록들의 정체停滯를 길을 추가로 만들어서 창출할 수 있는 이용의 유동성과 대조하는 것은 무리한 추측이 아니다. 5번로와 6번로 사이의 긴 블록 세 개를 차지하고 있는 록펠러센터에서 이런 변형의 예를 볼 수 있다. 록펠러센터에는 이와 같은 추가된 거리가 있다.

록펠러센터를 잘 아는 독자라면, 남북으로 추가로 낸 길, 즉 록펠러플라자Rockefeller Plaza가 없는 모습을 한 번 머릿속에 떠올려 보라. 만약 이 센터의 건물들이 5번로에서 6번로까지 스트리트를 따라 쭉 이어져 있다면, 센터는 이제 이용의 중심이 되지 못할 것이다. 그럴 수가 없다. 그저 5번로와 6번로에서만 하나로 모이는 자기 고립된 스트리트들의 집합일 것이다. 다른 측면을 아무리 예술적으로 설계해도 센터를 하나로 묶을 수는 없다. 업무용 근린이든 주거용 근린이든 간에 어떤 도시 근린을 도시 이용의 집합적 기반으로 결합시키는 것은 건축의 균질성이 아니라 이용의 유동성과 경로의 혼합이기 때문이다.

북쪽으로 가면서 록펠러센터 스트리트의 유동성이 53번가까지도 줄어든 형태로 이어진다. 사람들이 스트리트의 연장으로 이용하는 아케이드와 블록을 관통하는 로비 때문이다. 남쪽으로는 이용의 집합으로서의 유동성이 48번가를 따라 갑자기 멈춰 버린다. 바로 밑에 있는 스트리트인 47번가는 자기고립되어 있다. 이 거리는 대체로 도매상 거리(보석 도매의 중심지)인데, 뉴욕에서 가장 많은 사람이 몰리는 곳 바로 옆에 위치한 거리로서는 놀라울 정도로 주변적인 용도이다. 그러나 87번가와 88번가의 이용자들과 마찬가지로, 47번가와 48번가 이용자들은 상대방 거리에 한 번도 섞여 들어가지 않은 채 오랫동안 살 수 있다.

긴 블록은 그 본성상 도시가 계획과 실험, 작거나 특별한 여러 사업에 제공하는 잠재적인 이점을 위협한다. 이런 것들은 지나가는 수많은 사람들 가운데 손님이나 고객을 끌어들여야 하기 때문이다. 긴 블록은 또한 도시의 혼합적 이용이 지도상의 가설 이상이 되려면 각기 다른 사람들이 서로 다른 시간에 다른 목적으로 **같은** 거리를 이용해야 한다는 원칙을 위협한다.

맨해튼에 있는 수백 개의 긴 블록 가운데 시간이 흐르면서 자생적으로 활기를 띠거나 사람들을 끌어당기는 곳은 여덟아홉 곳 정도이다.

그리니치빌리지의 다양성과 인기가 어디서 넘쳐흐르고 어디서 멈춰 서는지를 살펴보면 많은 도움이 된다. 그리니치빌리지는 임대료가 꾸준히 오르고 있는데, 예언가들은 적어도 25년 동안 툭하면 바로 북쪽에 있는, 한때 유행의 선두에 섰던 첼시^{Chelsea}가 부흥할 것이라고 예언해 왔다. 첼시의 입지로 따지자면 이런 예언은 논리적으로 타당해 보일 수도 있다. 이곳에 있는 건물의 혼합 정도와 유형, 에이커당 주거단위 밀도가 그리니치빌리지와 거의 동일하고, 또 업무와 주거가 혼합되어 있기 때문이다. 그러나 첼시가 부흥하는 일은 결코 일어나지 않았다. 오히려 첼시는 자기고립적인 긴 블록들의 장벽 뒤에서 활기를 잃으면서 대부분의 블록이 복구되는 것보다 빠른 속도로 쇠퇴하고 있다. 오늘날 첼시는 대대적인 슬럼 일소 작업을 거치고 있으며, 그 과정에서 더욱 거대하고 단조로운 블록들이 생겨나고 있다. (도시계획이라는 유사과학은 실패의 경험은 그대로 흉내 내고 성공의 경험은 무시하는 확고한 태도를 거의 노이로제처럼 갖고 있는 듯하다.) 한편 그리니치빌리지는 짧은 블록과 유동적인 거리 이용이라는 방향을 확고하게 따라 산업 집결지 사이의 작은 병목 지역을 통해 외부로 영향을 미치면서 그 규모와 다양성과 인기를 동쪽 멀리까지 확대하고 있다. 비록 그 방향에 있는 건물들이 첼시의 건물들처럼 그렇게 매력적이고 어울리는 겉모습은 아니지만 말이다. 이처럼 한 방향은 움직이고 다른 방향은 멈춰 선 것은 변덕스러운 일도 신비로운 일도 아니며 '혼란스러운 사고'도 아니다. 도시 다양성에 경제적으로 순기능을 하는 것과 그렇지 못한 것에 대한 실제적인 대응인 것이다.

뉴욕에서 제기되는 또 다른 영원한 '수수께끼'는 웨스트사이드의 6

번로에 있는 고가 철로가 철거된 뒤에도 왜 별다른 변화가 일어나지 않고 사람들이 찾지도 않는지, 그리고 이스트사이드의 3번로에 있는 고가 철로가 철거된 뒤에는 왜 많은 변화가 일어나고 사람들이 대단히 많이 찾는지 하는 것이다. 그런데 긴 블록은 웨스트사이드를 경제적인 괴물로 만들고 있다. 기회만 생긴다면 웨스트사이드에서 가장 유력한 이용 기반을 형성해야 하는 곳인 맨해튼 섬의 중앙으로 갈수록 긴 블록이 많아지기 때문에 더욱 그러하다. 이스트사이드에서는 가장 유력한 이용 기반이 스스로 형성되고 확대될 수 있는 기회가 가장 많은 곳인 섬의 중앙으로 갈수록 짧은 블록이 존재한다.*

　이론상으로는 이스트사이드에 있는 60, 70, 80번대의 짧은 사이드 스트리트들은 거의 모두 주거 전용 지역이다. 그런데 항상 그런 것은 아니지만 흔히 모퉁이 근처에 서점이나 양장점, 레스토랑 같은 특별한 상점들이 종종 근사하게 자리 잡고 있는 것을 보면 많은 생각을 하게 된다. 반대편인 웨스트사이드에는 서점이 버티질 못하며 예전에도 그랬던 적이 한 번도 없다. 이곳에 불만을 품고 떠나는 주민들이 모두 책 읽는 것을 혐오하거나 책을 살 형편이 되지 않기 때문이 아니다. 오히려 웨스트사이드에는 예나 지금이나 지식인이 많이 산다. 이곳은 아마 그리니치빌리지만큼이나 훌륭한 '당연한' 책 시장일 테고, 또 어쩌면 이스트사이드보다 더 나

---

* 5번로에서 서쪽으로 가다 보면, 브로드웨이가 비스듬하게 교차하는 곳을 제외하고는 처음 세 블록, 어떤 곳에서는 네 블록이 길이가 240미터이다. 반면 5번로에서 동쪽 방향에 있는 처음 네 블록의 길이는 121미터에서 128미터 사이이다. 센트럴파크가 섬의 양쪽을 가르는 지점을 임의로 골라 보면, 70번가에서 센트럴파크웨스트(Central Park West)와 웨스트엔드애비뉴(West End Avenue) 사이에 일직선으로 730미터 늘어선 건물군을 교차하는 애비뉴는 두 개뿐이다. 동쪽에는 같은 길이의 건물군이 5번로에서부터 2번로를 약간 지난 곳까지 뻗어 있는데 다섯 개의 애비뉴가 교차한다. 다섯 개의 애비뉴가 교차하는 이스트사이드의 직선로가 두 애비뉴가 교차하는 웨스트사이드에 비해 사람들이 훨씬 많이 북적인다.

은 '당연한' 시장일 것이다. 그런데 긴 블록이라는 물리적 단점 때문에 웨스트사이드는 도시의 다양성을 지탱하는 데 필요한 유동적인 거리 이용이라는 얽히고설킨 기반을 형성할 수 없었다.

『뉴요커』의 어느 기자는 5번로와 6번로 사이의 지나치게 긴 블록들에서 남북을 연결하는 다른 통로를 찾으려 **애쓰는** 사람들을 보면서 33번가에서 록펠러센터까지 블록 중간에 임시 통로를 만들 수 있는지 알아본 적이 있다. 기자는 블록을 관통하는 상점과 로비, 그리고 42번가의 공립도서관 뒤에 있는 브라이언트파크Bryant Park 덕분에 블록 아홉 개를 통과해 가로지르는, 직선은 아니지만 적당한 경로를 찾아냈다. 그러나 블록 네 개를 통과하기 위해서는 울타리 사이에 몸을 우겨 넣거나 창문을 기어오르거나 관리인을 꼬드겨야 했고, 두 블록의 경우에는 지하도를 통과하는 수밖에 없었다.

사람들을 끌어당기는 성공적인 도시 지구에서는 거리가 사라지는 법이 절대 없다. 오히려 정반대이다. 가능한 곳에서는 거리가 계속 늘어난다. 그리하여 필라델피아의 리튼하우스스퀘어 지구와 워싱턴D.C.의 조지타운에서는 한때 블록 중심부 아래쪽의 뒷골목이었던 곳들이 건물을 정면에 두고 이용자들이 북적이는 거리가 되고 있다. 필라델피아에서는 이런 거리에 상업도 발달하곤 한다.

뉴욕과 마찬가지로 다른 도시들에서도 긴 블록에 어떤 장점이 있는 것은 아니다. 필라델피아에는 도심과 주요 공공 주택단지 벨트 사이 지역에 소유주들이 붕괴하는 건물을 그냥 방치해 두는 동네가 있다. 이 동네가 절망적인 상태에 이른 데는 사회적 분열과 위험이 만연한 도시 재건축 지역과 가깝다는 점 등 여러 가지 이유가 있지만, 동네 자체의 물리적 구조가 도움이 되지 않은 것은 분명하다. 필라델피아의 전형적인 블록은 변의 길이가 120미터이다(가장 성공적인 도시 지역에서는 거리로 바뀐 뒷골목에 의해 블록이 반으로 나뉜다). 몰락하는 이 동네에서는 원래 가로 설계에서 이와 같은 '거리 낭비'를 일부 제거했다. 이 동네는 블록의 길이가 210미터이다. 물론 이 동네는 처음 공사를 할 때부터 침체했다. '쓸데없는 거리'와 교차이용의 유동성으로 경이롭게 가득 찬 보스턴의 노스엔드는 공공당국의 무관심과 금융권의 반대에 맞서 스스로 나서서 영웅적으로 슬럼을 일소하고 있다.

정통 도시계획에서 신봉하는 진리 가운데 하나인, 도시에 가로가 많은 것은 '낭비'라는 신화는 물론 '전원도시'와 '빛나는 도시' 이론가들에게서 나온 것이다. 이 이론가들은 토지를 가로에 이용하는 것을 비난하고 그 대신 그 땅을 단지의 녹지에 통합하고 싶어 했기 때문이다. 이 신화가 특히 파괴적인 것은 많은 정체와 실패를 가져온 가장 단순하고 가장 불필요하며 가장 쉽게 바로잡을 수 있는 이유 가운데 하나를 볼 수 있는 우리의 능력을 지적으로 가로막기 때문이다.

슈퍼블록 단지는 긴 블록이 갖게 마련인 모든 장애를 종종 확대된 형태로 가지기 쉬우며, 단지에 산책로와 보행자 전용로가 있어서 이론상 사람들이 적당한 간격을 따라 걸을 수 있는 거리가 있는 경우에도 마찬가지이다. 이 거리들은 아무 의미가 없다. 사람들이 거리를 이용하기 위해 이리저리 건너다닐 적극적인 이유가 거의 없기 때문이다. 소극적인 측면에서 보더라도 이쪽에서 저쪽으로 가는 데 단순히 선택할 수 있는 여러 풍경의 변화로서도 이 길들은 의미가 없다. 그 풍경이 모두 본질적으로 똑같기 때문이다. 『뉴요커』 기자가 5번로와 6번로 사이의 블록에서 목격한 것과 정반대의 상황이다. 그곳에서 사람들은 필요하지만 보이지 않는 거리를 찾아 헤매느라 애를 쓴다. 주택 단지에서 사람들은 보행자 전용로를 피해

가기 십상이다. 바로 앞에 있긴 하지만 별로 걷고 싶지 않기 때문이다.

내가 이 문제를 제기하는 것은 주택단지 계획의 비정상적인 결과를 비난하기 위해서가 아니라 촘촘한 가로와 짧은 블록이 소중함을 지적하기 위해서이다. 도시 근린 이용자들에게 얽히고설킨 교차이용의 구조를 제공하기 때문이다. 촘촘한 가로 자체가 달성해야 할 목표는 아니다. 하나의 목표를 이루기 위한 수단일 뿐이다. 그런 목표 ─ 다양성을 만들어 내고 도시계획가뿐만 아니라 많은 사람들에게 계획을 촉진시키는 것 ─ 가 지나치게 억압적인 구획 설정이나 다양성의 유연한 성장을 가로막는 통제된 건축에 의해 방해를 받으면, 짧은 블록으로도 의미심장한 성과를 거둘 수가 없다. 주요 용도의 혼합과 마찬가지로, 촘촘한 가로는 **그것이 작동하는 방식을 통해서만** 다양성을 만들어 내는 데 효과적인 기여를 한다. 가로가 작동하는 방법(가로를 따라 잡다한 이용자들을 끌어당기는 것)과 가로가 기여하는 결과(다양성의 증대)는 서로 뗄 수 없는 관계 속에 있다. 그 관계는 상보적이다.

9장_오래된 건물의 필요성

조건 3 경제적 수익이 다양하도록 하기 위해 상당한 비중의 오래된 건물을 비롯하여 햇수와 상태가 각기 다른 여러 건물이 지구에 섞여 있어야 한다. 꽤 촘촘하게 섞여 있을수록 좋다.

도시에는 반드시 오래된 건물들이 있어야 한다. 오래된 건물이 없다면 아마도 활기찬 거리는 물론이고 지구의 성장도 불가능할 것이다. 여기서 오래된 건물이라 함은 박물관급의 건물, 즉 많은 돈을 들여서 복원한 훌륭한 건물이 아니라——물론 이런 건물들도 좋은 구성요소가 되기는 한다——낡아 빠진 노후한 건물까지 포함한 평범하고 흔한 별 가치 없는 건물들을 의미한다.

    만약 어느 도시 지역에 새로운 건물들만 있다면, 거기 자리할 수 있는 업체는 높은 건물 신축 비용을 감당할 수 있는 것들로만 국한된다. 신축 건물을 차지하는 데 드는 이런 높은 비용은 임대료의 형태로 부과될 수도 있고, 또는 신축 자본 비용에 대한 소유주의 이자 지불 및 분할 상환의 형태로 부과될 수도 있다. 그러나 어쨌든 간에 그 비용은 지불되어야 하고 실제로도 지불된다. 그리고 이런 이유 때문에 신축 비용을 감당할 수 있는 업체는 상대적으로 높은——오래된 건물에 반드시 필요한 비용에 비해 높은——간접비를 지출할 능력이 있어야 한다. 이런 높은 간접비를 감당하려면 업체는 ①높은 수익을 올리거나 ②충분한 보조금을 받아야 한다.

주변을 둘러보면 자리를 잘 잡거나 높은 수익을 올리거나 표준화되거나 많은 보조금을 받는 업체만이 보통 신축 비용을 감당할 수 있음을 알게 될 것이다. 대개 체인점, 체인 레스토랑, 은행 등이 신축 건물에 들어간다. 그러나 동네 술집이나 외국 음식 식당, 전당포 등은 오래된 건물에 들어간다. 슈퍼마켓과 제화점은 종종 신축 건물에 들어가지만, 좋은 서점과 골동품 가게는 그런 경우가 드물다. 충분한 보조금을 받는 오페라극장과 미술관은 대개 신축 건물로 들어간다. 그러나 비공식적으로 예술을 장려하는 장소들——스튜디오, 갤러리, 악기점, 미술용품점, 테이블 하나와 의자 하나뿐인 낮은 수익 능력 덕분에 비경제적인 토론을 흡수할 수 있는 뒷방——은 오래된 건물로 들어간다. 아마 더욱 중요한 점은, 거리와 동네의 안전과 공중 생활에 필요하며 편의성과 인간적인 질 때문에 소중히 여겨지는 수백 개의 평범한 가게들이 오래된 건물에서는 성공적으로 유지될 수 있지만, 신축 건물의 높은 간접비는 이런 가게들을 무자비하게 쓸어버린다는 사실일 것이다.

사실상 어떤 새로운 구상이라도——그 중 일부가 결국 수익성이 있거나 다른 방식으로 성공을 거둘 수 있다고 할지라도——간접비용이 높은 신축 건물의 경제에서는 그와 같은 불확실한 시도와 시행착오를 해볼 여지가 전혀 없다. 오래된 구상이 때로 새로운 건물을 사용할 수도 있다. 하지만 새로운 구상들은 오래된 건물을 사용해야 한다.

도시의 신축 비용을 감당할 수 있는 업체들조차 가까운 곳에 오래된 건축물이 있어야 한다. 그렇지 않으면 경제적으로 지나치게 제한된 획일적인 환경의 일부분이 되어 버린다——따라서 기능적으로 너무 제한되어서 활기차고 흥미롭고 편리한 곳이 되지 못한다. 도시에서 다양성이 꽃을 피우는 곳은 높은 수익을 내는 업체와 중간 정도 수익을 내는 업체, 아예 수익을 내지 못하는 업체 등이 한데 뒤섞여 있는 곳이다.

오래된 건물이 도시 지구나 거리에 미치는 유일한 해악은 결국은 그것이 오래되었다는 점 말고는 **아무것도 없다**——오래돼서 노후해지는 모든 것이 갖는 해악 말이다. 그러나 이런 상황에 처한 도시 지역이 모두 오래되었기 때문에 실패작인 것은 아니다. 오히려 그 반대이다. 이 지역은 실패작이기 때문에 모두 노후한 것이다. 몇몇 다른 이유 때문에 또는 여러 이유가 결합 작용하여, 이곳에 있는 업체와 사람들 모두 신축 비용을 감당할 수 없다. 아마 이 지역은 신축이나 개축을 감당할 정도로 성공을 거둔 주민이나 업체들을 잡아두는 데 실패할 것이다. 이렇게 성공을 거둔 주민이나 업체들은 지역을 떠나게 마련이다. 이 지역은 또한 신중한 사람들을 새로 끌어들이는 데도 실패하고 있다. 이곳에서 가능성이나 매력을 발견하지 못하기 때문이다. 그리고 어떤 경우에는 이런 지역의 경제가 황폐화된 나머지 다른 곳에서는 성공을 거두거나 입주할 건물을 짓거나 개축할 수 있는 업체들이 이곳에서는 그럴 만한 돈을 벌지 못하기가 쉽다.[*]

건축에 관한 한 성공적인 도시 지구는 항상 끊임이 없는 공급원이 된다. 해마다 오래된 건물 몇 개가 새로운 건물로 대체된다——또는 대체와

---

[*] 이런 것은 모두 자체의 뿌리 깊은 불리한 조건과 관련 있는 이유들이다. 그렇지만 일부 도시 지구가 끊임없이 노후하는 데는 또 다른 이유가 있으며, 이 다른 이유는 자체의 내적인 결함과는 아무 관계가 없다. 보스턴의 노스엔드가 그랬던 것처럼, 저당 대부업자들이 뜻을 모아 이 지구를 블랙리스트에 올렸을 수도 있다. 한 동네에 가차 없이 몰락을 선고하는 이런 수단은 흔한 일이면서도 파괴적이다. 그러나 지금은 다양성과 내구력을 만들어 내는 도시의 한 지역에 고유한 경제적 능력에 영향을 미치는 조건들을 주로 다루도록 하겠다.

맞먹는 정도로 개축된다. 따라서 해를 거듭할수록 다양한 연수^{年數}와 종류의 건물들이 뒤섞이게 된다. 이것은 물론 역동적인 과정이다. 혼합 속에서 한때 새로웠던 건물이 오래된 건물이 되는 과정인 것이다.

주요 용도의 혼합의 경우와 마찬가지로, 여기서 우리는 다시 시간의 경제적 효과 문제를 다루게 된다. 그러나 이번에는 하루의 시간대에 따른 시간의 경제학이 아니라 수십 년 단위의 시간의 경제학을 다루는 것이다.

한 세대의 높은 건축 비용은 시간이 흐름에 따라 다음 세대에게 헐값이 된다. 시간은 애초의 자본비용을 탕감해 주며, 이런 감가상각은 건물이 필요로 하는 수익에 반영될 수 있다. 시간이 흐르면서 어떤 업체들에게는 일정한 건축물이 시대에 뒤진 것이 되고, 그러면 다른 업체들이 그 건물을 이용할 수 있다. 또 시간의 흐름에 따라 한 세대에게는 효율적이었던 공간이 다음 세대에게는 공간의 낭비가 된다. 한 세기에는 진부하기 짝이 없는 건물이 다음 세기에는 상궤를 벗어난 유용한 건물이 된다.

오래된 건물과 새 건물이 뒤섞여야 할 경제적 필요성은 2차 세계대전 이후, 특히 1950년대 전반의 건축비의 가파른 상승과 연결된 특이한 요구가 아니다. 분명 전후^{戰後}의 건물이 가져다주는 수익과 대공황 이전 건물이 가져다주는 수익은 크게 차이가 난다. 오래된 건물이 신축 건물보다 더 잘 지어졌다 할지라도, 그리고 오래된 건물을 포함한 모든 건물의 유지비가 상승하고 있다 할지라도 상업적인 공간에서 평방미터당 적재비용의 차이는 100퍼센트나 200퍼센트에 육박할 수 있다. 일찍이 1920년대와 1890년대에 오래된 건물들은 도시의 필수 구성요소였다. 지금의 새로운 건물이 오래된 건물로 바뀔 때에도 오래된 건물은 여전히 필수적인 요소일 것이다. 이런 사정은 건축비용이 변동하든, 일정하든 간에 예나 지금이나 그랬고, 미래에도 마찬가지일 것이다. 시간이 흘러 가치가 떨어진 건물은 자본비용을 아직 탕감하지 못한 건물에 비해 아무래도 수입이 적어도 되기 때문이다. 오래된 건물의 필요성은 꾸준히 상승하는 건축비용 때문에 한층 두드러진다. 건축비용의 상승은 거리나 지구 전체의 혼합에서 오래된 건물의 **비율**을 더 높이기도 한다. 신축 비용을 감당하는 데 필요한 경제적인 성공의 문턱을 전반적으로 높이기 때문이다.

 몇 년 전에 나는 도시 설계에 관한 회의에서 도시에서 상업적 다양성이 사회적으로 필요한 이유에 관해 강연을 한 적이 있다. 이내 도시설계가와 도시계획가, 학생들이 슬로건(분명 내가 만들어 낸 것은 아니다)의 형태로 내 말을 그대로 돌려주기 시작했다. "모퉁이의 식료품점을 위한 공간을 남겨 두어야 한다!"

 처음에 나는 이 슬로건이 부분으로 전체를 상징하는 비유적 표현이라고 생각했다. 그러나 이내 내 우편함에는 말 그대로 적당한 간격을 두고 이곳저곳에 모퉁이의 식료품점을 위한 공간을 남겨 놓은 사업 계획과 재건축 지역 설계도면이 답지하기 시작했다. 이 계획들에는 다음과 같은 말이 담긴 편지가 들어 있었다. "봐요, 우리는 당신이 한 말을 가슴 깊이 새겼어요!"

 모퉁이의 식료품점이라는 이런 장치는 지난 세기의 마을에나 어울리지 오늘날의 활기 넘치는 도시 지구에는 어울릴 법하지 않은, 빈약하게 생색을 내는 도시 다양성의 구상이다. 사실 도시에 외로이 박혀 있는 조그마한 식료품점은 대체로 형편없다. 이런 식료품점은 으레 침체되고 다양하지 못한 회색 지역의 상징과도 같다.

 그렇지만 이렇게 상냥하게 무의미한 일을 하는 도시설계가들이 단순히 외고집을 부리는 것은 아니었다. 이 사람들은 아마 자신에게 주어진 경제적 조건 아래서 최선의 노력을 기울이고 있었을 것이다. 주택단지의 일정한 장소에 교외식 쇼핑센터를 두거나 이처럼 모퉁이 식료품점을 무의미하게 배치하는 것이 바랄 수 있는 최선의 결과일 것이었다. 왜냐하면 계획된 사업은 대대적으로 건물을 신축하거나 신축 건물과 더불어 넓은 지역을 리모델링하는 것이었기 때문이다. 높은 간접비용 때문에 활발하고 폭넓은 다양성은 미리 배제되었다. (주요 용도의 혼합이 불충분하고 따라서 손님들이 고른 시간대에 퍼져 있지 않기 때문에 가능성은 더욱 줄어든다.)

설령 식료품점이 하나 외따로 지어진다 할지라도* 설계가들이 상상한 안락한 가게가 될 리는 만무하다. 높은 간접비용을 감당하려면 ①보조금을 받거나——누가 무슨 이유로 보조금을 주겠는가?—— ②판에 박힌, 높은 수익을 내는 공장으로 바뀌어야 한다.

한번에 지어지는 대규모 건축 부지는 그 자체가 문화, 인구, 업무의 폭넓은 다양성을 담아내기에는 불충분하다. 이런 곳은 심지어 폭넓은 상업적 다양성을 감당하기에도 불충분하다. 뉴욕 스타이버슨트타운 같은 곳이 전형적인 예이다. 스타이버슨트타운의 상업 공간을 이루는, 거리에 면한 32개의 상점이 영업을 시작한 지 10여 년 뒤인 1959년, 7곳이 비거나 비경제적인 용도(창고, 진열창 광고용 등등)로 사용되고 있었다. 거리 전면의 22퍼센트가 아예 사용되지 않거나 일부만 사용되고 있는 것이다. 한편 상태와 지어진 연도가 다양한 건물들이 뒤섞여 있는 인접한 거리 건너편에는 거리에 면한 140개 상점 가운데 11개가 비어 있거나 비경제적으로 사용되고 있었다. 아예 사용되지 않거나 일부만 사용되는 비율이 7퍼센트에 불과한 것이다. 실제로는 이런 수치보다 불균형이 더욱 크다. 오래

---

* 임대료라는 경제적 현실에 직면해야 할 때, 식료품점은 대개 계획에서 기각되거나 무기한 뒤로 미뤄진다.

된 거리의 빈 전면 공간은 대부분 규모가 작고 직선거리로는 7퍼센트가 채 되지 않기 때문이다. 반면 계획단지 상점들은 사정이 정반대이다. 사업에 유리한 거리는 신구 건물이 뒤섞여 있는 쪽이다. 비록 손님의 절대 다수가 스타이버슨트타운 사람들이고, 따라서 그 거리에 가려면 위험한 간선도로를 건너야 하지만 말이다. 체인점과 슈퍼마켓들도 이런 현실을 인정하여 계획단지의 비어 있는 건물 정면에 입주하는 대신 오래된 건물이 섞여 있는 곳에 새로운 지점을 짓고 있다.

오늘날 도시 지역의 단일 연령 건축one-age construction은 때로 더욱 효율적이고 신속하게 대응하는 상업적 경쟁의 위험으로부터 보호를 받는다. 도시계획가들은 이런 보호──상업적 독점에 다름 아니다──를 매우 '진보적인' 것으로 간주한다. 필라델피아의 소사이어티힐Society Hill 재개발 계획은 구획 설정을 통해 도시 지구 전체에서 지역 개발업자가 짓는 쇼핑센터들에 대한 경쟁을 방지할 것이다. 필라델피아의 도시계획가들은 또한 이 지역에 대한 '먹거리 계획'food plan을 만들어 냈는데, 지구 전체에 대해 단일 레스토랑 체인에 독점 영업권을 준다는 것이었다. 다른 식당의 음식은 절대로 들어올 수가 없는 것이다! 시카고의 하이드파크-켄우드 재개발 지구는 교외 식 쇼핑센터가 이 계획의 주요 개발업자의 자산이 되도록 거의 모든 상업에 대해 독점권을 유보해 두고 있다. 워싱턴의 사우스웨스트Southwest 재개발 지구의 경우, 주요 주택 개발업자가 자신과의 경쟁을 완전히 없애는 정도로까지 나아가고 있는 듯하다. 원래 이 계획의 설계에서는 중심부에 교외 식 쇼핑센터를 두고 드문드문 편의점──우리의 오랜 친구인 모퉁이의 식료품점 같은 장치이다──을 배치하는 안을 고려했다. 그런데 어느 쇼핑센터 경제학자는 이 편의점들 때문에 주요 교외 식 쇼핑센터의 영업이 감소할 수도 있다고 예상했다. 쇼핑센터는 높은 간접비용을 감당해야 한다. 쇼핑센터를 보호하기 위해 편의점이 계획에서 빠졌다. 관례화된 독점적 대체 도시 패키지는 이런 식으로 '계획된 쇼핑'으로 가장하여 선전된다.

독점 계획은 이같이 애초에 비효율적이고 정체된 단일 연령 사업 기반에서 경제적 성공을 이끌어 낼 수 있다. 하지만 어떤 마술적인 방식으로 도시 다양성에 상응하는 것을 창출할 수는 없다. 또한 신구 건물이 뒤섞인 지역의 고유한 효율성과 그에 따른 다양한 간접비용을 대체할 수도 없다.

건물의 연령은 유용성이나 매력과 비교해 볼 때 극히 상대적인 것이다. 활기찬 도시 지구에서는 선택의 여지가 있는 사람들이 어떤 건물이 너무 오래되어서 이용하지 않는 경우는 없다―또는 오래된 건물의 자리를 새로운 건물이 차지하는 경우도 없다. 그리고 오래된 건물의 이런 유용성은 단순히 건축상의 우수성이나 매력의 문제가 아니다. 시카고 백오브더야즈의 경우에, 비바람에 시달린 평범하고 황폐한, 거의 폐물이 된 목조주택에 사는 사람들도 건물이 낡았다고 생각해 예금을 털고 대출을 받으려고 하지 않는다―이곳은 사람들이 충분한 성공을 거두어 선택의 여지가 많이 생기더라도 떠나지 않는 동네이기 때문이다. 그리니치빌리지에서는 활기찬 지구에 있는 매물을 찾아 돌아다니는 중산층 가족이나 황금알을 찾는 건물 개조 전문가들이 오래된 건물이라고 해서 콧방귀를 뀌는 경우는 없다. 성공적인 지구에는 오래된 건물들이 '흘러넘친다'.

반대의 극단적인 예를 보자. 새로운 것이 만병통치약 취급을 받는 마이애미비치Miami Beach에서는 사람들이 10년 된 호텔을 노후한 것으로 여기고 다른 새 건물을 찾아 지나쳐 버린다. 새로움과 거기에 담긴 피상적인 행복의 광채는 퇴색하기 쉬운 하나의 상품일 뿐이다.

많은 도시 거주자와 업체들에게는 신축 건물이 전혀 필요 없다. 이 책을 쓰고 있는 건물의 같은 층에는 헬스클럽, 교회 실내장식 업체, 과격한 민주당 개혁 클럽, 자유당[1944년에 창당한 뉴욕 주 자유당을 말하는 듯하다―옮긴이] 정치 클럽, 음악협회, 아코디언 연주자 협회, 우편으로 마테차茶를 판매하는 전직 수입업자, 종이를 판매하면서 마테차 운송도 맡고 있는 남자, 치기공사, 수채화 강습소, 인조 장신구 제조업자 등이 있다. 내가 들어오기 직전에 여기 있다가 나간 세입자들 중에는 턱시도 대여업자와 노동조합 지부, 아이티 댄스단 등이 있었다. 신축 건물에는 우리 같은 사람들이 비집고 들어갈 자리가 없다. 그리고 우리 역시 굳이 신축 건물에 들어갈 필요가 없다.* 우리뿐만 아니라 많은 사람들에게 필요한 것은 활기 찬 지구에 있는 오래된 건물이며, 우리는 이 지구를 더욱 활기차게 만들 수 있다.

또한 도시의 신축 주거용 건물이 순수하게 좋은 것만도 아니다. 도시의 신축 주거용 건물에는 많은 결점이 수반되며, 서로 다른 사람들은 다양한 이점에 가치를 두거나 일부 결점에 무게를 두면서 각기 다르게 평가하기 마련이다. 가령 어떤 사람들은 약식 식탁세트 신품보다는 그 돈으로 공간을 더 늘리는 쪽(또는 좀더 싼 같은 넓이의 공간)을 선호한다. 어떤 사람들은 옆집 소리가 들리지 않는 벽을 좋아한다. 방 하나에 월세가 14달러인 공공주택이든, 95달러인 호화주택이든 간에, 이런 점이야말로 신축 아파트에서는 찾기 힘든 오래된 건물의 이점이다.** 어떤 사람들은 일정한 비용

---

* 아니, 엄밀하게 말하자면, 우리는 누군가 유토피아적 꿈의 도시에서 보조금을 받는 구역에 들어갈 만한 자격이 있는지 우리를 온정주의적으로 재 보는 것을 원치 않는다.

** 뉴욕의 값비싼 재개발 단지에 항의하는 세입자들이 펴낸 만화 속의 부인은 이렇게 묻는다. "여보, 그 스토브가 우리가 워싱턴스퀘어빌리지(Washington Square Village)에 살아야 하는 쉰다섯 가지의 흥미진진한 이유 중에 하나가 맞아요?" 남편이 대답한다. "좀 크게 말해요. 옆집 사람이 방금 화장실 물 내렸다고."

9장_오래된 건물의 필요성

을 들여 무차별적으로 생활조건을 개선하는 것보다는 가장 필요한 몇 군데를 골라 약간의 수고와 아이디어를 쏟아 개선하는 쪽을 선호하게 마련이다. 사람들이 스스로 선택해서 살고 있는 슬럼가를 자발적으로 개선하는 경우에는 많은 평범한 시민들이 후미지거나 황량한 공간을 상쾌하고 유용한 장소로 바꾸기 위해 색깔이나 조명, 가구 장치에 관해 이야기를 듣고, 욕실 공기 조절과 창문 일체형 환풍기에 관해 듣고, 칸막이벽을 제거하는 문제에 대해 배우고, 또 심지어 지나치게 협소한 아파트 두 개를 하나로 합치는 문제에 대해서도 배운다. 오래된 건물이 뒤섞여 있어서 각기 다른 생활비와 취향이 혼재되어 있는 것이야말로 상업의 다양성뿐만 아니라 주거 인구의 다양성과 안정성을 위한 필수적인 조건이다.

대도시의 보도에서 볼 수 있는 가장 놀랍고 흥미진진한 광경은 오래된 지구가 새로운 지구에 맞게끔 창의적으로 변신하는 모습이다. 장인의 진열실로 바뀐 연립주택 거실, 주택으로 바뀐 마구간, 이민자 클럽으로 변신한 지하실, 극장으로 변신한 차고나 양조장, 복층 아파트의 지층으로 변신한 미장원, 중국음식 공장으로 변신한 창고, 소책자 인쇄소로 변신한 댄스교습소, 유리창을 예쁘게 칠한—가난한 사람들의 스테인드글라스이다—교회로 변신한 구두수선집, 레스토랑으로 변신한 정육점 등등. 이러한 변신이야말로 인간의 요구에 부응하는 활력 있는 도시 지구에서 끊임없이 벌어지는 사소한 변화이다.

루이빌예술협회Arts in Louisville Association에서 최근에 극장, 음악실, 갤러리, 도서관, 술집, 레스토랑 등 다용도로 개조한 공간의 역사를 한번 생각해 보라. 이곳은 처음에 최신 유행의 체육클럽으로 출발해서 학교로 바뀌었다가 낙농회사에서 우리로 사용했고, 그 뒤 계속해서 승마학교, 젊은 여성들을 위한 교양학교 겸 댄스교습소, 또 다른 체육클럽, 어느 화가의 작업실, 다시 학교, 철공소, 공장, 창고 등으로 쓰였다가 지금은 북적거리는 예술센터로 쓰인다. 어느 누가 이 공간이 그렇게 계속해서 기대와 계획을 누리리라고 예상하거나 이 공간에 그런 기대와 계획을 제공할 수 있었겠는가? 오직 상상력이라곤 눈곱만큼도 없는 사람만이 그럴 수 있다고 생각하리라. 또 오직 교만한 사람만이 그러기를 바라리라.

오직 현학적인 사람들만이 오래된 도시 건물들에서 나타나는 이런 끊임없는 변화와 변신을 미봉책으로 여길 것이다. 그러나 오히려 적재적소에 일종의 원료가 있는 것이다. 그 덕분에 생각지도 못한 여러 가지 방식으로 이용되고 있는 것이고.

도시 다양성이 금지된 모습이야말로 일시적이고 유감스러운 일이다. 브롱크스의 넓은 중산층 단지인 파크체스터^{Parkchester}는 (각각 빈 정면 공간을 차지한) 표준화된 천편일률적인 상업을 승인되지 않은 경쟁으로부터 보호하고 있는데, 단지 바깥에서 우리는 이곳 주민들이 단지에서 내쫓긴 혼잡스러운 가게들을 먹여 살리는 모습을 볼 수 있다. 단지 모퉁이 너머 주유소에서 이어진 울퉁불퉁한 아스팔트길에는 단지 사람들이 필요로 하는 다른 가게들이 예상외로 많이 모여 있다. 전당포, 악기점, 중고 카메라 전문점, 중국음식점, 할인 의류점 등이 그것이다. 그밖에도 얼마나 많은 수요가 충족되지 않고 있을까? 다양한 연령의 건물이 혼합된 지역에 일률적으로 신축 건물이 들어서면, 경제적으로 사후강직이 일어나서 고유한 비효율성이 대두되고 그에 따라 여러 형태의 '보호주의'가 필요하게 되는데, 이런 논의는 이론상의 문제가 된다.

도시에는 이차적 다양성뿐만 아니라 일차적 다양성의 혼합을 장려하는 오래된 건물들이 섞여 있어야 한다. 특히 새로운 일차적 다양성을 부화하는 데 오래된 건물이 필요하다.

이런 부화가 성공을 거둔다면, 건물들의 수익이 증대될 수 있고 종종 그런 일이 벌어진다. 그레이디 클레이는 루이빌의 샘플 신발 시장에서 이런 사례를 이미 볼 수 있다고 전한다. "시장이 쇼핑객들을 끌어당기기 시작했을 때는 임대료가 무척 낮았다. ……가로, 세로 각각 6미터, 12미터인 상점의 경우에 월 25달러에서 50달러 정도였다. 그런데 지금은 75달러 정도로 올랐다." 중요한 경제적 자산이 된 도시의 많은 업체들이 처음에는 소규모로 초라하게 출발해서 결국에는 건물 개조나 신축 비용을 감당할 수 있을 정도가 된다. 그러나 처음 출발할 수 있는, 수익이 낮은 공간이 적재적소에 있지 않으면 이 과정이 진행될 수가 없다.

한 지역에 일차적인 다양성을 적절하게 혼합하려면 오래된 건물에 크게 의존해야 하며, 특히 처음부터 다양성을 조성하기 위한 의식적인 노력을 기울여야 한다. 한 예로, 뉴욕 브루클린에서 원하는 수준의 다양성과 어느 정도의 매력과 활기를 조성하려면, 주거와 업무의 결합에 따른 이점을 최대한 활용해야 한다. 이러한 일차적 결합이 효과적이고 집중적인 비율로 이뤄지지 않는다면, 이차적 다양성을 낳을 수 있는 잠재력을 발휘하는 발걸음을 내딛는 모습을 보기 힘들 것이다.

브루클린은 부지를 찾는 대규모 안정된 제조업체를 끌어들이는 데서 교외와 경쟁을 할 수 없다. 적어도 지금으로서는 브루클린이 **교외 지역의 조건**에 맞춰 그들과 경쟁해서 이길 수는 없다. 브루클린은 무척 다른 자산을 갖고 있다. 브루클린이 업무와 주거의 일차적 혼합이라는 조건을 최대한 활용하려면, 주로 사업체를 길러내고 가급적 오랫동안 붙잡아 두는 데에 의존해야 한다. 또 사업체가 있는 동안 그 존재를 최대한 활용하기 위해 충분히 많이 집중된 주거 인구 및 짧은 블록들과 그 업체들을 결합해야 한다. 사업체의 존재를 더 많이 활용할수록 업무 용도를 더욱 확고하게 붙잡아 두기 쉽다.

그러나 이런 업무 용도를 길러내기 위해서는 오래된 건물이 필요하다. 오래된 건물들이 하는 바로 그 역할 때문이다. 브루클린은 인큐베이터 노릇만을 할 뿐이다. 해마다 다른 곳에서 브루클린으로 옮겨 오는 업체보다 브루클린을 떠나는 업체가 더 많다. 그러나 브루클린에 있는 공장의 수는 꾸준히 늘어나고 있다. 브루클린에 있는 프랫 인스티튜트Pratt Institute의 세 학생[*]이 작성한 논문은 이와 같은 역설을 잘 설명해 준다.

비밀은 브루클린이 산업의 인큐베이터라는 점에 있다. 그곳에서는 지금도 소규모 업체들이 꾸준히 생겨나고 있다. 아마 기계공 두세 명이 다른 사람 밑에서 일하는 게 지겨워지면 차고 뒤편에 사업체를 하나 차릴 것이다. 사업은 번창하고 성장할 것이고, 얼마 지나지 않아 규모가 커져서 차고를 벗어나 건물 2층을 임대해 나갈 것이다. 또 나중에는 건물 한 채를 사들일 것이다. 사업 규모가 더욱 커져서 그 건물이 좁아지면 직접 건물을 지어야 하는데, 퀸즈Queens나 나소Nassau, 뉴저지 등으로 옮겨 갈 공산이 크다. 그러나 그 동안에 이미 비슷한 업체들이 스무 개나 쉰 개, 아니 백 개 정도 생겨나 있을 것이다.

직접 건물을 지을 때가 되면 왜 옮겨 가는 걸까? 우선 브루클린은 신규 산업이 필요로 하는 것 — 소규모 업체가 필요로 하는 광범위한 기술 및 공급품에 대한 근접성과 오래된 건물 — 말고는 별다른 매력을 주지 못한다. 또한 업무상의 요구에 대한 계획이 거의 또는 전혀 이루어진 바가

---

[*] 스튜어트 코언(Stuart Cohen), 스탠리 코건(Stanley Kogan), 프랭크 마셀리노(Frank Marcellino).

없다——이를테면 도시에 진출입하는 개인 자동차로 고속도로가 꽉 막히는 문제를 해결하기 위해서는 막대한 액수의 돈이 사용되는 반면, 도시의 오래된 건물과 부두, 철로 등을 이용하는 제조업체들을 위한 트럭 운송 고속화도로에 대해서는 별다른 검토나 예산 책정이 이루어지지 않는다.*

브루클린에는 미국의 쇠퇴하는 도시 지역 대다수와 마찬가지로 필요한 것보다 더 많은 오래된 건물이 있다. 다른 말로 하자면, 브루클린의 많은 동네에서는 오랫동안 신축 건물이 꾸준히 생겨나지 않았다. 그러나 브루클린이 자신의 고유한 자산과 이점에 의지하려면——이것이야말로 성공적인 도시 건설의 유일한 방도이다——골고루 분포되어 있는 많은 오래된 건물들이 이 과정에서 무척 중요한 역할을 할 것이다. 개선을 하려면 사라진 다양성을 만들어 내는 조건을 제공하는 것을 통해 해야지, 오래된 건물을 깡그리 쓸어버리는 식으로 해서는 안 된다.

계획단지 건설 이전부터 우리 주변에서는 한꺼번에 지어진 도시 근린이 쇠퇴하는 사례를 많이 볼 수 있다. 이런 동네는 흔히 처음에 상류층 지역으로 시작된 곳이며, 때로는 중산층에 확고한 기반을 두고 시작된 곳도 있다. 모든 도시마다 이와 같이 물리적으로 균질적인 동네가 있다.

이런 동네는 다양성 창출의 면에서 대개 여러 모로 단점을 갖고 있다.

---

* 전통적으로 오늘날 도시에서 사업 확장을 위한 건축을 가로막는 중요한 기제로 여겨지는 토지 비용은 건축 비용을 비롯한 다른 모든 비용에 비해 꾸준히 감소하고 있다. 가령 타임사(Time Inc.)가 맨해튼 변두리 근처의 훨씬 싼 땅 대신 중심부 바로 옆의 값비싼 부지에 사옥을 짓기로 결정했을 때, 그런 결정의 밑바탕에는 여러 이유가 있었는데 직원들이 업무상 이동할 때 교통이 불편한 장소에서 회사로 돌아오는 택시비만 따져도 토지 소유 비용의 차액보다 더 크다는 사실도 그 중 하나였다! 『건축포럼』의 스티븐 G. 톰슨(Stephen G. Thompson)은 재개발 보조금 덕분에 종종 도시 토지 비용이 건물에 카펫을 까는 비용보다도 덜 든다고 (미출간 논문에서) 지적한 바 있다. 카펫 비용보다 높은 토지 비용을 정당화하려면 도시는 기계나 사막이 아니라 **도시**여야 한다.

이런 동네가 내구력이 약해 쉽게 활기를 잃고 침체에 빠지는 것을 두고 뻔히 보이는 결점, 즉 한꺼번에 지어졌다는 사실만을 탓할 수는 없다. 그렇지만 이런 사실은 이와 같은 동네의 결점 중 하나이며, 유감스럽게도 건물들이 나이를 먹어도 그 효과는 오래 지속된다.

이런 지역은 새로 생겼을 때에도 도시 다양성에 경제적인 가능성을 전혀 제공하지 못한다. 이런 동네는 처음부터 이런저런 이유로 인해 활기를 잃을 수밖에 없다. 떠나고 싶은 동네가 되는 것이다. 건물들이 실제로 노후할 무렵이면, 도시에 유일하게 유용한 속성은 값이 저렴하다는 사실인데, 이제 그것 자체로는 충분하지 않다.

한꺼번에 지어진 동네는 대체로 시간이 흘러도 물리적으로 거의 바뀌지 않는다. 물리적 변화가 거의 없다는 것은 좋지 않은 일이다—서서히 황폐화되면서 무작위로 몇 군데만 초라하게 새로 이용될 뿐이다. 사람들은 몇 안 되는 고르지 못한 차이를 보면서 그것을 철저한 변화의 증거로, 변화가 필요한 이유로 간주한다. 황폐화에 맞서 싸워라! 사람들은 그 동네가 바뀐 것을 아쉬워한다. 그러나 사실은 물리적으로는 놀라울 만치 조금밖에 바뀌지 않았다. 오히려 사람들의 느낌이 바뀐 것이다. 이 동네는 스스로 새롭게 하거나 활기를 띠거나 생기를 되찾거나 새로운 세대가 스스로 선택해서 찾기에는 이상할 만큼 무능함을 보여 준다. 죽어 버린 동네인 것이다. 사실 이 동네는 탄생할 때부터 죽은 상태였지만, 시체에서 썩은 냄새가 풍길 때까지 아무도 이런 사실을 눈치채지 못했을 뿐이다.

황폐화를 바로잡고 그에 맞서 싸우라는 권고가 실패로 돌아간 뒤, 마침내 지역 전체를 쓸어버리고 새로운 순환을 시작하자는 결정이 내려진다. 아마 오래된 건물 가운데 '개조'해서 신축 건물과 비슷한 경제적 가치를 가질 수 있는 일부는 남겨질 것이다. 새로운 시체가 펼쳐진다. 아직 썩는 냄새는 나지 않지만, 똑같이 죽은 상태이며 생명 과정을 이루는 끊임없는 조정, 적응, 변경을 감당할 능력이 없다.

이와 같이 황량한 운명이 예정된 순환을 고스란히 되풀이할 이유는 전혀 없다. 이런 지역에 다양성을 창출하는 다른 세 가지 조건이 빠져 있는지를 검토해 보면, 그리고 빠진 조건들을 가능한 한 바로잡는다면, 오래된 건물 가운데 일부는 없애야 한다. 추가로 가로를 만들어야 하고, 사람들의 집중을 증대해야 하며, 공공 공간이든 사적 공간이든 간에 새로운 주요 용도를 위한 공간을 찾아야 한다. 그러나 오래된 건물들이 혼재된 상태를 잘 유지해야 하며, 그렇게 유지된다면 그것은 단순한 노후화나 과거에 겪은 실패의 증거가 아닌 다른 어떤 역할을 할 것이다. 적당히 섞여 있는 오래된 건물들은 그 지구에 필요한 소중한 안식처로서 여러 수준의 수익률을 지닌 다양성의 기반이 된다. 도시에서 신축 건물의 경제적 가치는 대체 가능하다. 더 많은 건축비를 지출하면 된다. 그러나 오래된 건물의 경제적 가치는 마음대로 대체할 수 없다. 이 가치는 시간에 의해 만들어지는 것이다. 다양성에 필요한 이러한 경제적 조건은 활기 있는 도시 근린이 과거로부터 물려받아 흐르는 세월 속에서 유지할 수 있을 뿐인 것이다.

10장_집중의 필요성

조건 4 어떤 이유로든 간에 사람들이 충분히 오밀조밀 집중되어 있어야 한다. 단순히 주거 때문에 거기에 있는 사람들의 경우에도 마찬가지이다.

여러 세기 동안, 도시에 관해 생각해 본 사람이라면 누구든지 사람들의 집중과 사람들이 떠받칠 수 있는 전문성 사이에 모종의 연관성이 있음을 알아챘을 것이다. 한 예로 일찍이 1785년에 새뮤얼 존슨[Samuel Johnson ; 영국의 시인 겸 평론가—옮긴이]이 이 관계에 관해 언급한 바 있다. 존슨은 보즈웰에게 이렇게 말했다. "사람들은 이리저리 흩어져 있어도 그럭저럭 변통할 수 있지만, 많은 것이 없이 서툴게 변통할 뿐이지.…… 편리함을 낳는 것은 집중이라네."

많은 관찰자들이 새로운 시간과 장소에서 이런 관계를 끊임없이 재발견하고 있다. 그리하여 1959년에 애리조나 대학 경영학과 교수인 존 H. 덴턴 John H. Denton은 미국의 교외와 영국의 '신도시'new town를 연구한 뒤 이런 장소들이 문화적 기회를 확보하기 위해서는 도시에 대한 접근성에 의존해야 한다는 결론에 다다랐다. 『뉴욕타임스』의 보도에 따르면, "덴턴 교수는 문화시설을 유지할 수 있는 충분한 인구밀도의 부족에 의거해서 이런 연구 결과를 내놓았다. 교수의 말인즉슨…… 탈집중화 때문에 이와 같이 인구가 희박하게 분산된 결과, 교외에서는 다수의 수요만이 유효한 경제 수요로 존재할 수 있다고 한다. 다수가 필요로 하는 것만이 접할 수 있는 유일한 상품과 문화 활동이 될 것이라는 얘기다."

그러나 존슨과 덴턴 교수는 희박하게 분산된 인구로부터 막연하게 더해진 숫자에 관해서가 아니라 많은 수의 사람들이 미치는 경제적 효과에 관해 언급한 것이었다. 두 사람의 주장은 사람들이 얼마나 희박하게 또는 얼마나 빽빽하게 집중되어 있는지가 무척 중요하다는 것이었다. 요즘 말로 하면 고밀도와 저밀도의 효과를 비교한 셈이었다.

사람들은 집중──또는 고밀도──이 도심에 적용될 때 그것이 편리를 비롯한 여러 종류의 다양성에 대해 갖는 관계를 대체로 잘 이해한다. 누구든지 도심에 엄청난 수의 사람들이 집중되어 있음을 알고 있으며, 그렇게 집중되지 않으면 제대로 된 도심──적어도 많은 다양성을 갖춘 도심──이 형성되지 않음을 안다.

그러나 주거가 주요 용도인 도시 지구의 경우에는 집중과 다양성 사이의 이런 관계가 거의 고려되지 않는다. 하지만 주거야말로 대다수 도시 지구의 많은 부분을 이룬다. 한 지구에 사는 사람들은 또한 대체로 그 장소에 있는 거리와 공원과 업체를 이용하는 사람들 가운데 많은 비중을 차지한다. 그곳에 사는 사람들이 집중을 통해 도움을 주지 않으면, 사람들이 살면서 필요로 하는 곳에 편의나 다양성이 거의 없을 것이다.

7장에서 설명한 경제적인 이유 때문에 한 지구에 고른 시간대에 사람들이 거리를 이용하려면 다른 주요 용도들이 (다른 모든 토지 이용과 마찬가지로) 주거를 보충할 필요가 있다. 집중에 효과적으로 기여하려면 이런 다른 용도들(업무, 유흥 등등)은 도시 토지를 집약적으로 이용해야 한다. 물리적인 공간만 차지하고 사람들을 끌어들이지 못한다면, 다양성이나 활기에 거의 또는 전혀 기여하지 못할 것이다. 이런 점에 대해서는 길게 이야기할 필요가 없을 것이다.

하지만 이 점은 주거에 관해서도 마찬가지로 중요하다. 도시 주거 역시 집약적으로 토지를 이용해야 한다. 토지 비용보다 훨씬 심원한 이유들 때문이다. 다른 한편, 그렇다고 해서 모든 사람이 엘리베이터가 있는 아파트——또는 다른 한두 가지 유형의 주거——에 살 수 있다거나 살아야 하는 것은 아니다. 이런 식의 해법은 또 다른 방향에서 다양성을 가로막음으로써 다양성을 죽여 버린다.

주거 밀도는 대다수 도시 지구와 그것들의 향후 발전에 무척 중요하며 이제까지 활력의 요소로서 고려된 바가 별로 없기 때문에, 이 장 전체에서 도시 집중의 이러한 측면에 관해 논의하도록 하겠다.

정통 도시계획과 주거 이론에서는 높은 주거 밀도를 좋게 보지 않는다. 높은 주거 밀도는 온갖 종류의 곤란과 실패를 낳는 것으로 여겨진다.

그러나 적어도 우리의 도시에서는 고밀과 성가신 문제, 또는 고밀과 슬럼 사이에 상정된 이러한 상관관계가 들어맞지 않는다. 잠시 눈을 돌려 실제 도시들을 살펴보면 누구나 알 수 있을 것이다. 여기 몇 가지 실례가 있다.

샌프란시스코에서 주거 밀도가 가장 높은 지구(이자 또한 주거용 토지의 건폐율이 가장 높은 지구)는 노스비치-텔레그래프힐이다. 이곳은 대공황과 2차세계대전 이래 자생적으로 꾸준히 슬럼에서 탈피한 인기 있는 지구이다. 한편 샌프란시스코의 주요한 슬럼가는 웨스턴애디션Western Addition이라는 이름의 지구인데, 계속해서 쇠퇴해 온 이곳은 이제 대대적으로 철거되고 있다. 웨스턴애디션은 (과거에 새로 만들어졌을 때는 남부럽지 않은 동네였는데) 노스비치-텔레그래프힐보다 주거 단위 밀도가 상당히 낮으며, 아직도 상류층 동네인 러시안힐Russian Hill이나 노브힐Nob Hill보다도 낮다.

필라델피아에서는 리튼하우스스퀘어가 자생적으로 개선되고 경계선을 확장하는 유일한 지구이며, 도심 지역 가운데 재개발이나 철거 지정이 되지 않은 유일한 곳이다. 이곳은 필라델피아에서 주거 밀도가 가장 높다. 현재 노스필라델피아North Philadelphia의 슬럼가는 이 도시에서 가장 심각한 사회 문제 가운데 일부를 보여 준다. 이 슬럼가는 평균 주거 밀도가 리튼하우스스퀘어에 비해 기껏해야 절반 정도밖에 되지 않는다. 필라델피아에서 쇠퇴와 사회적 무질서에 시달리는 다른 넓은 지역들도 주거 밀도가 리튼하우스스퀘어의 절반도 되지 않는다.

뉴욕 브루클린에서 많은 사람들이 감탄하는, 꾸준히 개선되고 인기 있는 동네는 브루클린하이츠Brooklyn Heights이다. 이곳 역시 브루클린에서 주거 밀도가 가장 높다. 실패와 쇠퇴를 겪는 브루클린의 광범위한 회색지대는 대부분 주거 밀도가 브루클린하이츠의 절반 이하이다.

맨해튼에서는 미드타운인 이스트사이드의 최신 유행 지역과 그리니치빌리지의 최신 유행 지역이 브루클린하이츠 중심부와 비슷한 높은 주거 밀도를 나타낸다. 그러나 흥미로운 차이점도 찾아볼 수 있다. 맨해튼에서는 높은 수준의 활기와 다양성을 특징으로 하는 인기 지역이 이런 최신 유행 지역을 둘러싸고 있다. 이와 달리 브루클린하이츠에서는 주거 단위 밀도가 떨어지는 동네들이 최신 유행 지역을 에워싸고 있다. 활기와 인기 역시 떨어진다.

이 책 서론에서 이미 언급한 것처럼, 보스턴의 노스엔드는 스스로 슬럼에서 탈피해 도시에서 가장 건강한 지역 가운데 하나가 되었다. 한 세대

동안 서서히 쇠퇴해 온 록스베리 지구는 주거 밀도가 노스엔드의 9분의 1 정도에 불과하다.*

도시계획 문헌에 나오는 과밀한 슬럼가는 주거 밀도가 높은, 사람들이 붐비는 지역이다. 그러나 현실 세계에서 미국의 과밀한 슬럼가는 점점 주거 밀도가 낮은 황량한 지역으로 대표된다. 캘리포니아 주 오클랜드의 경우, 규모가 가장 큰 최악의 슬럼가는 한두 세대만 사는 주택들이 띄엄띄엄 떨어져 있는 200블록 정도의 지역인데, 이런 곳에서는 도시 밀도라고 할 만한 조밀성을 따질 수도 없다. 클리블랜드 최악의 슬럼가 역시 이와

---

* 이 사례들의 주거 밀도 수치는 다음과 같다. 주거용 토지 에이커당 주거 단위 수치로, 두 숫자는 해당 지역의 평균 범위를 나타낸다(보통 이런 식으로 데이터가 표나 지도로 정리되어 있다). 샌프란시스코의 경우: 노스비치-텔레그래프힐 80~140. 러시안힐과 노브힐도 비슷하지만, 노스비치-텔레그래프힐이 주거 부지에 건물이 더 많다. 웨스턴애디션 55~60. 필라델피아의 경우: 리튼하우스스퀘어 80~100. 노스필라델피아의 슬럼가 약 40. 문제가 많은 연립주택 동네는 대체로 30~45. 브루클린의 경우: 브루클린하이츠 중심부는 125~174, 나머지 대부분 지역은 75~124. 낙후 지역은 45~74. 쇠퇴하거나 문젯거리인 브루클린 지역의 사례로 베드퍼드-스타이버슨트는 절반 정도는 75~124, 나머지 절반은 45~74. 레드훅(Red Hook)은 대부분 45~74. 브루클린의 일부 쇠락한 지역은 15~24. 맨해튼의 경우: 미드타운의 이스트사이드의 최신 유행 지역은 124~174이고 요크빌은 175~254, 그리니치빌리지의 최신 유행 지역은 124~174이고 나머지 지역은 175~254, 오래되고 안정된 탈슬럼 지역인 이탈리아인 동네를 포함한 나머지 지역은 255 이상. 보스턴의 경우: 노스엔드 275, 록스베리 21~40.
보스턴과 뉴욕의 수치는 도시계획 위원회의 측정과 일람표에 따른 것이며, 샌프란시스코와 필라델피아의 경우는 도시계획이나 재개발 담당 직원들의 추정치이다.
모든 도시가 단지 계획에서 최소 밀도 분석을 맹목적으로 숭배하고 있지만, 놀랍게도 계획단지 이외 지역의 밀도에 관한 정확한 데이터를 많이 보유한 곳은 무척 드물다. (어느 도시계획 책임자는 계획단지가 아닌 곳을 철거할 때 이전移轉 문제가 어느 정도가 될지를 가늠하는 경우를 제외하고는 이런 지역의 밀도에 관해 연구할 필요를 전혀 느끼지 못한다고 내게 말했다!) 내가 아는 도시 가운데 성공적이고 인기 있는 동네에서 국지적인 건물별 밀도 차이가 평균 밀도에서 어느 정도 비중을 차지하는지를 연구한 예는 전무하다. 어느 도시계획 책임자는 내가 그 도시에서 가장 성공적인 지구의 구체적인 밀도 차이에 관해 묻자 불만을 토로했다. "그와 같은 지구들에 관해 일반화하기는 무척 어렵습니다." 그런 지구들의 배치는 '일반화'나 표준화가 되어 있지 않기 때문에 일반화하기가 어렵거나 불가능하다. 구성요소들이 이처럼 변덕스럽고 다양한 점이야말로 성공적인 지구의 평균 밀도에 관해 가장 중요하면서도 가장 무시되어 온 사실이다.

비슷한 1평방마일 정도의 지역이다. 오늘날의 디트로이트는 대부분 저밀도 실패 지역이 끝없이 펼쳐져 있다. 뉴욕 이스트브롱크스East Bronx는 도시의 가망 없는 회색지대의 상징 같은 곳이 되었는데, 뉴욕에서 밀도가 낮은 편에 속한다. 이스트브롱크스의 대부분 지역은 밀도가 도시 전체 평균에 한참 못 미친다(뉴욕의 평균 주거 밀도는 주거용 토지 1에이커당 55단위다).

그렇지만 여기서 바로 도시에서 주거 밀도가 높은 모든 지역이 성공적이라는 결론을 내리는 것은 바람직하지 않다. 그렇지 않은 경우도 있으며, 이것이 '유일한' 해답이라고 가정하는 것은 터무니없이 단순화시키는 처사이다. 맨해튼의 예를 들자면, 심각하게 실패한 업타운인 웨스트사이드의 대부분과 할렘의 대부분 지역은 주거 밀도가 그리니치빌리지나 요크빌, 미드타운인 이스트사이드와 비슷한 범위를 나타낸다. 한때 최첨단 유행을 달렸으나 지금은 골칫거리 신세가 된 리버사이드드라이브Riverside Drive는 주거 밀도가 훨씬 높다.

만약 인구의 집중과 다양성의 창출 사이의 관계를 단순하고 직선적인 수학의 문제라고 생각한다면 고밀도와 저밀도가 미치는 효과를 이해할 수 없다. 다른 요소들 역시 이런 관계의 결과(존슨 박사와 덴턴 교수 모두 이에 관해 단순하고 소박한 형태로 이야기했다)에 막대한 영향을 미친다. 앞선 세 장에서 그 중 세 가지를 이야기했다.

주민이 아무리 집중되어 있다 할지라도 다른 요소가 불충분해서 다양성이 억눌리거나 방해를 받는다면 그런 집중은 결코 '충분하지' 않다. 극단적인 예를 들자면, 일률적으로 편제된 단지에서는 주민이 아무리 집중되어 있다 할지라도 다양성을 만들어 낼 만큼 '충분하지' 못하다. 어쨌든 이런 곳에서는 다양성이 통제되기 때문이다. 그리고 다른 이유 때문이긴 하지만 계획되지 않은 도시 근린에서도 이와 동일한 효과가 나타날 수 있다. 건물이 지나치게 표준화되어 있거나 블록이 지나치게 길 경우, 또는 주거 이외의 다른 주요 용도가 전혀 섞여 있지 않은 경우가 그러하다.

그렇지만 인구의 조밀한 집중이 도시의 다양성을 촉진시키는 데 필요한 여러 조건 가운데 **하나**임은 분명한 사실이다. 그리고 사람들이 거주하는 지구의 경우에 주거용으로 정해진 부지에 주거가 조밀하게 집중되어 있어야 한다. 충분히 많은 인구가 존재하지 않는다면, 어디에 얼마나 많은 다양성이 만들어지는지에 영향을 미치는 다른 요소들은 별다른 역할을 하지 못할 것이다.

사실에 입각한 정당화 과정을 거치지도 않은 채 전통적으로 도시의 저밀도를 좋게 평가하고 고밀도를 나쁘게 평가한 것은 흔히 주거의 고밀과 과밀을 혼동한 때문이다. 고밀은 에이커당 주거의 수가 많음을 의미한다. 과밀은 한 집에 있는 방의 숫자에 비해 사람이 지나치게 많은 것을 의미한다. 인구조사에서는 방 하나당 1.5명 이상을 과밀로 정의한다. 이것은 해당 지역의 주거의 숫자와는 아무 상관이 없으며, 마찬가지로 현실 세계에서 고밀은 과밀과 아무 상관이 없다.

고밀과 과밀에 대한 이런 혼동은 '전원도시' 계획에서 물려받은 또 다른 혼란이다. 이런 혼동이 밀도의 역할에 대한 이해를 가로막기 때문에 간략하게 검토해 보도록 하겠다. '전원도시' 계획가들과 그 제자들은 한 부지에 많은 주거 단위가 있으며(고밀) 동시에 개별 주거 안에 지나치게 많은 사람들이 있는(과밀) 슬럼을 보았고, 방이 과밀하다는 사실과 부지에 건물이 조밀하게 지어졌다는 완전히 다른 사실을 구별하지 못했다. 이 사람들은 어쨌든 둘 다 똑같이 혐오하면서 햄과 계란처럼 한통속으로 짝을 지었고, 그 결과 오늘날에 이르기까지 주택설계가와 계획가들은 마치 한 단어라도 되는 것처럼 '고밀과과밀'이라는 말을 불쑥 내뱉는다.

주택단지 개혁 운동을 지원하기 위해 개혁가들이 많이 사용하는 기괴한 통계수치 — 에이커당 인구라는 수치 자체 — 가 이런 혼동에 덧붙여진다. 이런 위협적인 수치는 해당 에이커에 얼마나 많은 주거나 방이 있는지는 전혀 말해 주지 않으며, 문제가 심각한 지역에 이런 수치가 제시되는 경우에 — 거의 언제나 그렇듯이 — 사람들은 자동적으로 이렇게 인구가 집중되어 있으면 분명히 뭔가 끔찍한 일이 있다는 생각을 하게 된다. 사람들이 한 방에 네 명꼴로 살고 있거나 갖가지 모습의 비참 속에 살고 있을지도 모른다는 사실은 거의 관계없는 일이 된다. 주거용지 에이커당 963명이 사는 보스턴 노스엔드의 사망률은 (1956년 현재) 천 명당 8.8명이고 결핵 사망률은 만 명당 0.6명이다. 한편 주거용지 에이커당 361명이 사는 보스턴 사우스엔드의 사망률은 천 명당 21.6명이고 결핵 사망률은 만 명당 12명이다. 사우스엔드의 이런 뭔가 심각한 징후가 1에이커의 주거 면적당 거의 1천 명이 아니라 361명이 살기 때문이라고 말한다면 우스꽝스러운 일이 될 것이다. 실제 사실은 더욱 복잡하다. 한편 1에이커에 1천 명의 비참한 사람들이 사는 사례를 들어 이 수치가 지독하다고 말하는 것도 마찬가지로 우스꽝스러운 처사일 것이다.

위대한 '전원도시' 계획가들 가운데 한 명인 레이먼드 언윈 경이 과밀과 아무 상관이 없고 오히려 저밀도 주거의 슈퍼블록 배치에 관련된 소논문에 '과밀로는 아무것도 얻지 못한다'라는 제목을 붙인 것은 고밀과 과밀에 관한 이런 혼동을 보여 주는 전형적인 예이다. 1930년대에 이르러 사람들로 인한 주거의 과밀과 건물로 인한 토지의 이른바 '과밀'(즉 도시 주거의 밀집 상태와 건폐율)이 그 의미와 결과가 사실상 동일한 것으로 받아들여졌다. 양자의 차이를 생각하기는 했지만 말이다. 루이스 멈퍼드와 캐서린 바우어 같은 관찰자들은 도시에서 큰 성공을 거둔 일부 지역이 주거 밀도와 건폐율은 높지만 한 주택이나 방에 지나치게 많은 사람이 살지는 않는다는 사실을 외면할 수 없게 되자 이 인기 있는 장소에서 편안하게 사는 운 좋은 사람들이 슬럼가에 살면서도 지나치게 둔감해서 그런 사실을 알지 못하거나 불쾌하게 여기지 못한다는 결론을 내렸다(멈퍼드는 지금도 이런 결론을 고집한다).

주거 과밀과 주거 고밀은 항상 따로따로 발견된다. 노스엔드와 그리니치빌리지, 리튼하우스스퀘어와 브루클린하이츠는 전체 도시에 비해 고밀 지역이지만, 드문 예외가 있기는 하나 주거가 과밀하지는 않다. 사우스엔드와 노스필라델피아와 베드퍼드-스타이버슨트는 훨씬 저밀한 지역이지만, 주거 단위당 사람 수가 지나치게 많은 과밀인 경우가 다반사이다. 오늘날 고밀 지역보다 저밀 지역에서 과밀 현상이 더 많이 눈에 띈다.

또한 우리 도시에서 흔히 볼 수 있는 슬럼 일소는 대체로 과밀 문제를 해결하는 것과 별 관계가 없다. 오히려 슬럼 일소와 재개발은 흔히 과밀 문제를 악화시킨다. 오래된 건물들 대신 새로운 계획단지가 들어서면, 주거 밀도가 예전보다 낮아지고 따라서 전에 비해 한 지구의 주택 수는 적어진다. 설령 주거 밀도가 같은 수준으로 유지되거나 약간 높아지더라도 내쫓긴 사람보다 더 적은 수의 사람들이 새로 들어온다. 쫓겨난 사람들이 대개 과밀했기 때문이다. 그 결과로 다른 곳에서 과밀이 증가한다. 특히 다른 곳에서 살 지역을 찾기 쉽지 않은 유색인들이 쫓겨난 경우에는 더욱 그러하다. 모든 도시는 과밀을 방지한다는 법률을 갖고 있지만, 도시 자체의 재건축 계획이 새로운 장소에 과밀을 강요할 때 이런 법률을 강제할 수는 없다.

이론상으로 따져 보면, 도시 근린에서 다양성을 창출하는 데 이바지하는 조밀하게 집중된 인구는 주거 밀도가 충분히 높은 곳이든 과밀하게 낮은 곳이든 상관없이 살 수 있다. 주어진 어느 지역에 사는 사람의 수는 이 두 조건 아래서 같을 수 있다. 그러나 현실 세계에서 그 결과는 다르다. 충분한 주거에 충분한 사람이 사는 경우에, 자체의 파괴적인 힘 ─ 한 방에 지나치게 많은 사람이 사는 가운데 주거가 과밀한 것 ─ 이 엇갈리는 방향으로 작용하지 않고서도 다양성이 생겨날 수 있고 사람들이 자기 동네의 독특한 혼합에 대해 애착과 충성심을 만들어 나갈 수 있다. 충분한 사람들을 위한 충분한 주거가 있는 경우에는 다양성과 그것이 지닌 매력이 참을 만한 생활조건과 결합되며, 따라서 선택의 여지가 늘어난 사람들이 그대로 머무는 일이 많아진다.

미국에서 단위 주거나 방이 과밀하다 함은 거의 언제나 가난이나 차별의 징후이며, 극빈층과 주거 차별의 희생자들을 분노케 하고 낙담시키는 많은 불리한 조건 가운데 하나(그러나 단지 하나일 뿐)이다. 사실 저밀 속의 과밀이 고밀 속의 과밀보다 훨씬 더 억압적이고 파괴적일 수 있다. 밀도가 낮은 곳에서는 기분전환과 도피처 역할을 하고 또한 불의와 무시에 대해 정치적 반격을 가하기 위한 수단의 역할을 하는 공중 생활이 상대적으로 부족하기 때문이다.

누구나 과밀을 싫어하고 과밀을 감내해야 하는 사람들은 더더욱 그러하다. 과밀을 스스로 선택하는 사람은 거의 없다. 그러나 사람들은 종종 스스로 선택해서 고밀도의 근린에 들어가 산다. 과밀한 근린은 저밀이든 고밀이든 간에 대개 사람들이 스스로 들어와서 과밀하지 않게 살았을 때에도 제대로 기능하지 못한 곳이다. 선택의 여지가 있는 사람들은 이 동네를 떠났다. 시간이 흐르면서 과밀이 해소되거나 몇 세대에 걸쳐 비과밀 상태를 유지해 온 근린은 제대로 기능하는 곳이자 선택의 여지가 있는 사람들의 충성심을 유지하고 끌어당기는 곳이기 십상이다. 우리의 도시들을 둘러싼 채 쇠퇴하면서 버려지거나 쇠퇴하면서 과밀해지는, 상대적으로 밀도가 낮은 거대한 회색지대는 대도시의 **낮은** 밀도가 야기하는 전형적인 실패의 의미심장한 징후이다.

도시 주거에 적절한 밀도는 과연 어떤 것일까?

이에 대한 답은 "사람의 다리는 얼마나 길어야 할까?"라는 질문에 대해 링컨이 한 대답과 비슷하다. 링컨의 말인즉슨, 땅에 닿을 만큼만 길면 된다는 것이었다.

이와 마찬가지로, 적절한 도시 주거 밀도는 실제 기능의 문제이다. 이러저러한 수의 사람들(다루기 쉬운 상상 속의 사회에 사는)에게 이상적으로 할당되어야 하는 토지의 양에 관한 추상에 기초해서 적절한 밀도를 계산할 수는 없다.

밀도가 지나치게 낮거나 높은 것은 그것이 도시 다양성을 북돋우기보다 좌절시키는 경우이다. 실제 기능상의 이런 결함이야말로 밀도가 지나치게 낮거나 높은 **이유**이다. 칼로리나 비타민을 바라보는 것과 똑같은 방식으로 밀도를 바라보아야 하는 것이다. 적정량이 적정량인 까닭은 그래야만 제대로 기능하기 때문이다. 그리고 적정량의 기준은 구체적인 사례에 따라 다르다.

똑같은 밀도가 한 장소에서는 훌륭하게 기능하고 다른 곳에서는 제대로 기능하지 않는 이유를 이해하기 위해 밀도가 가장 낮은 쪽부터 먼저 살펴보자.

밀도가 매우 낮은 경우, 즉 에이커당 단위 주거가 6개 이하인 경우에 교외에서는 훌륭하게 기능할 수 있다. 이와 같은 밀도의 부지는 이를테면 한 구획당 평균 21×30미터 이상이다. 물론 일부 교외는 밀도가 더 높다. 에이커당 단위 주거가 10개인 경우는 부지 한 구획당 이를테면 15×27미터 이하인데, 이 규모는 교외 생활에는 비좁은 편이지만 단지 계획과 설계를 요령 있게 하고 교외 입지를 잘 살린다면 교외나 상당히 비슷한 복제판을 만들어 낼 수 있다.

에이커당 단위 주거가 10~20개인 경우는 일종의 반#교외를 만들어 내는데,* 이곳은 손수건만 한 땅에 단독 주택이나 2가구 주택이 자리하거나 비교적 넓은 안마당이나 잔디밭을 갖춘 꽤 넓은 연립주택으로 이루어진다. 이런 곳은 지루해지기 쉽긴 하지만 도시 생활로부터 분리된다면, 가령 대도시의 바깥쪽 테두리에 자리한다면 생명력이 있고 안전할 수 있다. 이런 곳은 도시의 활기나 공중 생활을 만들어 내지 못하며——인구가 너무 희박하다——도시 보도의 안전을 유지하는 데 이바지하지도 못한다. 하지만 아예 그럴 필요가 없을지도 모른다.

그러나 도시 주변을 에워싸는 이런 종류의 밀도는 장기적으로 보면 가망성이 없으며 회색 지역이 될 게 뻔하다. 도시가 계속 성장함에 따라 이런 반교외를 적당히 매력적이고 기능적이게 만드는 특성이 사라진다. 반교외가 도시에 휩쓸려 들어가 깊숙이 자리 잡게 되면 진정한 교외나 시골에 가까운 지리적 근접성 역시 사라진다. 그러나 무엇보다도 경제적으로나 사회적으로 서로의 사생활에 '어울리지' 않는 사람들로부터 보호받지 못하게 되며, 도시 생활에 특유한 문제들로부터 초연하지 못하게 된다. 반교외 지역에는 도시와 도시의 통상적 문제들에 휩쓸리는 경우에 이런 문제들과 맞서 싸울 수 있는 도시의 활력이 전혀 없다.

요컨대, 어느 지역의 주거와 근린이 대도시의 일상적 부분에 포함되지 않는 한, 에이커당 평균 20주거 이하의 밀도가 정당화되며 그것을 뒷받

---

*엄격한 '전원도시' 계획의 고전적인 이상 역시 에이커당 12주거로서 이 범위에 속한다.

침하는 타당한 이유도 있을 수 있다.

그런데 이런 반교외의 밀도를 넘어서면, 잠시라도 도시 생활의 현실을 피하기가 불가능하다.

도시(여러분이 떠올리는 도시는 소읍의 자기봉쇄와 거리가 멀 것이다)에서 에이커당 20주거 이상이라는 밀도는 지리적으로 가까이에 사는 많은 사람들이 서로에게 낯선 이들이고 언제나 그러할 것임을 의미한다. 그뿐 아니라 다른 곳에서 온 낯선 사람들 역시 쉽게 모습을 보인다. 밀도가 같거나 더 높은 다른 동네가 가깝기 때문이다.

다소 갑작스럽게 반교외의 밀도를 초과하거나 교외의 입지가 도시에 휩쓸리게 되면, 완전히 다른 종류의 도시 취락이 존재하게 된다——이 취락은 이제 다른 종류의 일상적인 업무를 다른 방식으로 처리해야 하는데, 한 종류의 자산은 없지만 다른 종류의 자산은 잠재적으로 갖게 된다. 바로 이 지점에서부터 도시 취락은 도시의 활력과 다양성을 필요로 한다.

그렇지만 유감스럽게도 도시에 내재적인 문제를 야기할 정도로 밀도가 높다고 해서 반드시 도시의 활기와 안전, 편의와 흥미를 창출하는 데 제 몫을 하는 것은 아니다. 그리하여 반교외의 특성과 기능이 사라지는 지점과 활기찬 다양성과 공중 생활이 생겨날 수 있는 지점 사이에 내가 '어중간한'in-between 밀도라고 부르는 범위의 대도시 밀도가 자리한다. 이 밀도는 교외 생활이나 도시 생활에 모두 적합하지 않다. 어디에도 맞지 않으며 문제만 일으킬 뿐이다.

정의상 이런 '어중간한' 밀도는 진정한 도시 생활이 번창하고 건설적인 힘들이 기능하기 시작하는 지점까지 이어진다. 이 지점은 다양하다. 도시마다 다르고, 같은 도시 안에서도 다른 일차적인 용도들이 주거에 얼마나 많은 도움을 주는가, 그리고 지구 바깥으로부터 활기나 독특함에 이끌려 온 이용자들이 얼마나 많은 도움을 주는가에 따라 다르다.

　　필라델피아의 리튼하우스스퀘어나 샌프란시스코의 노스비치-텔레그래프힐 같은 지구는 둘 다 다양한 이용이 혼합되고 외부 이용자들을 끌어당기는 매력이 있는 등 큰 행운을 누리는 곳인데 에이커당 약 100주거의 밀도일 때 활력을 유지할 수 있다. 다른 한편, 브루클린하이츠의 경우는 이 정도로 충분하지 않다. 평균 밀도가 에이커당 100주거 아래로 떨어지는 곳에서는 활력도 떨어진다.*

　　내가 아는 한 에이커당 주거 단위가 100개에 한참 못 미치면서도 활력이 있는 도시 지구는 시카고의 백오브더야즈가 유일하다. 이 지구가 예외가 될 수 있었던 건 이곳이 보통 조밀한 집중을 통해서만 얻을 수 있는 혜택을 정치적으로 받기 때문이다. 이곳은 '어중간한' 밀도이면서도 대도시에서 영향력을 행사할 수 있는 충분한 사람들이 있다. 지구의 기능 세력권이 다른 지구들이 명목상으로만 유지하는 것보다 지리적으로 훨씬 멀리까지 뻗치며, 또 자신이 필요로 하는 바를 이루기 위해 이례적인 기술과 힘을 동원하여 이런 정치적 무게를 충분히 활용하기 때문이다. 그러나 백오브더야즈조차도 '어중간한' 밀도에 으레 수반되는 시각적인 단조로움

---

*일부 도시계획 이론가들은 도시의 다양성과 활기를 요구하면서 동시에 '어중간한' 밀도를 권한다. 예를 들어, 루이스 멈퍼드는 『경관』(*Landscape*) 1960~61년 겨울호에서 이렇게 말한다. "이제 도시의 커다란 기능은……모든 개인, 계급, 집단의 만남과 조우, 도전의 잠재적인 최대치를 허용하는 것, 아니 장려하고 자극하는 것이다. 이를테면 배우와 관객이 차례대로 서로 역할을 바꾸면서 사회생활의 드라마를 상연하는 무대를 제공하는 것이다." 그렇지만 다음 문단에서 멈퍼드는 에이커당 200에서 500명의 **사람**이 있는 밀도의 도시 지역을 혹평하며, "에이커당 100명을 넘지 않는, 또는 자녀가 없는 사람들을 위한 구역에서는 125명의 **사람**을 넘지 않는, 공원과 정원을 설계에서 필수 불가결한 부분으로 허용하는 주택 공급"을 권고한다.(강조는 인용자) 에이커당 **사람** 100명이라는 밀도는 에이커당 25~50 범위의 주거 단위 밀도를 의미한다. 도시 생활(urbanity)과 이런 '어중간한' 밀도의 결합은 이론상으로만 가능하다. 도시 다양성 창출의 경제학 때문에 이 두 가지는 양립할 수 없다.

과 소규모의 일상적인 불편함, 낯설게 보이는 이방인들에 대한 두려움 등의 위험에 어느 정도 노출되어 있다. 백오브더야즈는 주민의 수가 자연스럽게 증가함에 따라 점차 밀도가 높아지고 있다. 이곳에서 현재 이루어지는 것처럼 점차 밀도가 증가하는 것은 결코 이 지구의 사회·경제적 자산을 약화시키지 않는다. 오히려 자산을 강화시키는 결과를 낳는다.

'어중간한' 밀도가 어디에서 끝나는지에 대한 함수상의 해답을 찾기 위해, 한 지구에서 주거 전용 토지가 일차적 다양성을 훌륭하게 만들어 내서 도시의 이차적 다양성과 활력을 꽃피우는 데 이바지하는 때, '어중간한' 밀도에서 벗어난다고 말할 수 있다. 그런데 한 장소에서 이런 목표를 달성하는 밀도 수치가 다른 곳에서는 지나치게 낮을 수 있다.

수치상의 답은 함수상의 답보다 의미하는 바가 적다(그리고 유감스럽게도 교조적인 사람들로 하여금 실제 생활에서 나오는 더 진실하고 미묘한 보고들에 대해 눈멀게 만들 수도 있다). 그러나 다양성을 창출하는 데 **모든 면에서 가장 유리한** 조건 아래서 수치상으로 '어중간한' 밀도에서 벗어나는 것은 아마 에이커당 100주거 정도라고 판단할 수 있을 것이다. 일반적으로 에이커당 100주거라면 지나치게 낮게 여겨질 것이다.

문제를 야기하는 '어중간한' 밀도에서 벗어났다고 가정하면, 생명력 있는 도시 밀도에 관한 문제로 다시 돌아가 보자. 도시의 주거 밀도는 얼마나 '높아야' 할까? 얼마나 높아질 수 있을까?

당연한 얘기겠지만, 활력 있는 도시 생활을 목표로 한다면, 한 지구의 잠재적인 다양성의 최대치를 자극하는 데 필요한 만큼 주거 밀도를 높여야 한다. 흥미롭고 활기찬 도시 생활을 창출할 수 있는 도시 지구와 인구의 잠재력을 왜 허비하는가?

그렇지만 밀도가 지나치게 높아져서 다양성을 자극하기보다 오히려 억압하는 지점에 다다를 수도 있다. 바로 이런 일이 생길 수 있으며, 이것이야말로 어느 정도가 지나치게 높은 밀도인지를 고려하는 데 중요한 점이다.

주거 밀도가 지나치게 높아져서 다양성을 억압하는 이유는 다음과 같다. 어느 지점에 이르면, 부지에 많은 주거를 수용하기 위해 건물의 규격화가 도입되어야 한다. 규격화는 치명적인 결과를 낳는다. 건물의 연령과 유형의 커다란 다양성이야말로 주민의 다양성, 업체와 풍경의 다양성과 직접적이고 뚜렷한 관계를 갖기 때문이다.

한 도시의 온갖 다양한 종류의 건물(오래된 건물이든 신축 건물이든) 가운데, 어떤 종류는 일정한 토지에 더 많은 주거를 만들어 내는 데 항상 효율성이 떨어진다. 일정한 면적의 땅이 주어졌을 때 3층짜리 건물은 5층짜리 건물에 비해 단위 주거가 더 적으며, 5층짜리 건물은 10층짜리 건물에 비해 더 적다. 충분히 높이 올라가기를 원한다면 주어진 부지에 만들 수 있는 주거의 숫자는 엄청나다 ── 르 코르뷔지에가 공원 안에 마천루가 잇달아 선 도시를 위한 계획에서 보여 준 것처럼 말이다.

그러나 이와 같이 주어진 에이커의 땅에 주거를 채워 넣는 과정에서 지나친 효율을 얻는 것은 도움이 되지 않으며, 그런 적도 없었다. 건물들 사이에 다양성을 위한 여지가 있어야 한다. 최대한의 효율성에 미치지 못하는 이 모든 변종들은 밀려난다. 최대한의 효율성이나 거기에 가까운 모든 것은 규격화를 의미한다.

규제와 기술, 재정이 주어진 특정한 시간과 장소에 따라 일정한 땅에 주거를 채워 넣는 어떤 특정한 방식이 가장 효율적이기 쉽다. 가령 어떤 시간과 장소에서는 폭이 좁은 3층짜리 연립주택이 부지에 도시 주거를 최대한 효율적으로 배치하기 위한 해답이었다. 이런 주택들이 다른 모든 주거 유형을 밀어낸 곳은 단조로운 장막이 드리워졌다. 또 다른 시기에는 폭이 넓은 5층이나 6층짜리 저층 아파트가 가장 효율적이었다. 맨해튼의 리버사이드드라이브가 개발될 당시, 12층과 14층짜리 고층 아파트가 최대한의 효율성을 위한 분명한 해답이었고, 이런 특정한 규격화를 토대로 하여 맨해튼에서 가장 주거 밀도가 높은 지대가 만들어지고 있다.

고층 아파트는 오늘날 주어진 건축 부지에 주거를 채워 넣는 가장 효율적인 방식이다. 그리고 이 유형 안에 저속 엘리베이터용 최고층 아파트(현재는 대개 12층)와 강화 콘크리트를 이용한 가장 경제적인 높이의 아파트 등과 같은 가장 효율적인 몇몇 하위 유형들이 있다. (이런 층고는 기중기 기술의 향상에 의존하며 따라서 이 수치는 몇 년마다 높아진다. 이 글을 쓰는 지금은 22층이다.) 고층 아파트가 주어진 부지에 사람을 채워 넣는 가장 효율적인 수단인 것만은 아니다. 수많은 저소득층 주택단지의 경험에서 볼 수 있는 것처럼, 열악한 상황에서는 또한 가장 위험한 수단이 될 수도 있다. 어떤 경우에는 훌륭하게 기능하다.

3층짜리 주택이 자체의 효력으로 규격화를 창출하지 않는 것처럼 고층 아파트 역시 자체의 효력으로 규격화를 창출하지 않는다. 그러나 고층 아파트가 근린 주거의 거의 유일한 수단인 경우에 그것은 규격화를 창출한다─3층짜리 주택이 근린 주거의 거의 유일한 수단인 경우에 단조로운 규격화가 창출되는 것처럼 말이다.

도시 근린 주거에 어느 한 가지 수단이 좋은 것은 아니다. 두세 가지 수단밖에 없는 것도 좋지 않다. 변화가 많으면 많을수록 더 좋다. 건물의 변이의 범위와 숫자가 줄어드는 즉시, 인구와 사업체의 다양성 역시 증가하는 대신 정체하거나 쇠퇴한다.

높은 밀도와 건물의 다양성을 조화시키기는 쉽지 않지만, 이런 시도를 멈춰서는 안 된다. 앞으로 살펴볼 것처럼, 반反도시적인 계획과 구획 설정은 사실상 이런 시도를 가로막는다.

인기 있는 고밀 도시 지역의 경우, 건물들이 상당한 다양성을 보인다——때로는 다양성이 엄청나다. 그리니치빌리지가 대표적인 경우이다. 이곳 사람들은 건물이 규격화되지 않은 가운데 에이커당 125에서 200개 이상의 주거 밀도에서 살고 있다. 단독주택, 플랫식 공동주택, 연립주택, 온갖 종류의 소형 아파트와 플랫식 주택에서부터 각기 다른 연령과 규모의 고층 아파트에 이르기까지 온갖 종류의 주거가 혼합된 가운데 이런 평균 밀도가 얻어진다.

그리니치빌리지가 높은 밀도와 다양성을 조화시킬 수 있는 이유는 주거 전용 부지(순 주거부지)의 많은 부분이 건물로 덮여 있기 때문이다. 공지나 건물이 없는 땅은 상대적으로 적다. 대부분 지역은 주거용지의 건폐율이 평균 60에서 80퍼센트 정도이며, 건물이 차지하지 않은 나머지 40에서 20퍼센트는 마당, 정원 등이다. 상당히 높은 건폐율이다. 이 정도 건폐율이면 **땅**을 무척 효율적으로 이용하는 것이어서 건물에는 상당한 정도의 '비효율성'이 허용된다. 대부분의 건물은 매우 효율적으로 채워 넣을 필요가 없지만, 설사 그렇게 한다 하더라도 높은 평균 밀도를 얻을 수 있다.

이제 주거용지의 15에서 25퍼센트에만 건물을 짓고 나머지 75에서 85퍼센트는 그대로 내버려 둔다고 가정해 보자. 넓은 공지 때문에 도시 생활에서 통제하기가 무척 어렵고 지나치게 많은 빈 공간과 문젯거리를 양산하는 주택단지들은 대부분 이 정도의 수치를 갖고 있다. 공지가 더 많아지면 건물 공간은 눈에 띄게 작아진다. 공지가 40퍼센트에서 80퍼센트로 두 배로 늘어난다면, 건물을 지을 수 있는 땅의 규모는 3분의 2가 줄어든다! 건물을 지을 수 있는 땅이 60퍼센트가 아니라 20퍼센트에 불과하게 되는 것이다.

이렇게 많은 땅을 공터로 남겨 두면, 주거를 채워 넣는 면에서 보자면 땅 자체가 '비효율적으로' 이용되는 것이다. 20에서 25퍼센트의 땅에만 건물을 지을 수 있다면, 꽉 끼는 구속복을 입히는 셈이다. 주거 밀도가 무척 낮거나 아니면 건물을 수용할 수 있는 부지에 주거를 매우 효율적으로 채워 넣어야 한다. 이런 조건이라면 높은 밀도와 다양성을 조화시키는 게 불가능하다. 고층 아파트, 아니 종종 초고층 아파트만이 불가피한 해법이 된다.

맨해튼의 스타이버슨트타운 단지는 주거 밀도가 에이커당 125인데, 이것은 그리니치빌리지에 비하면 낮은 편에 속한다. 그러나 건폐율이 25퍼센트(75퍼센트는 여전히 공지이다)에 불과한 스타이버슨트타운에서 이처럼 많은 주거를 수용하기 위해서는, 사실상 일률적인 대규모 고층 아파트를 줄줄이 세우는 식으로 주거를 엄격하게 규격화해야 한다. 좀더 상상력이 많은 건축가와 계획가라면 건물들을 다르게 배치했을 수도 있지만 표면상의 차이만이 있을 뿐이다. 이와 같은 밀도의 낮은 건폐율에서는 수학적 불가능성 때문에 아무리 천재적인 재능이 있어도 진정한 실질적인 다양성을 도입할 수가 없다.

건축가이자 주택단지 전문가인 헨리 휘트니Henry Whitney는 연방 정부에서 보조하는 거의 모든 재개발과 공공주택에 요구되는 낮은 건폐율을 이용해서 고층 건물과 저층 건물을 혼합하는 이론적으로 가능한 조합을 여럿 만들어 낸 바 있다. 휘트니 씨는 부지를 아무리 잘게 나눈다 해도 최소한의 상징적인 주거를 제외한 모든 것을 규격화하지 않고는 낮은 도시 밀도(에이커당 40주거 정도)를 극복하는 게 물리적으로 불가능하다는 사실을 발견했다——**건폐율을 높이지 않는다면**, 즉 공지를 줄이지 않는다면 말이다. 건폐율이 낮은 경우에 에이커당 100주거는 상징적인 다양성조차도 낳지 못한다——그렇지만 부적절한 '어중간한' 밀도를 피하려면 이 정도의 밀도가 가능한 최소치이다.

낮은 건폐율——지역적 구획 설정에서부터 연방 정부의 인허가에 이르기까지 어떤 수단에 의해 부과되든 간에——과 건물의 다양성, 그리고 생명력 있는 도시 밀도는 따라서 서로 양립할 수 없는 조건들이다. 건폐율이 낮은 경우, 도시의 다양성을 창출하는 데 이바지할 만큼 밀도가 높으면, 그것은 자동적으로 너무 높게 되어 다양성을 **허용**하지 않는다. 이 문제는 어찌할 도리가 없는 모순이다.

그렇지만 건폐율이 높다고 가정하면, 한 동네를 규격화의 희생양으로 만들지 않은 채 밀도를 과연 얼마나 높일 수 있을까? 이것은 상당 부분 예전부터 어떤 다양한 변이가 얼마나 많이 동네에 이미 존재하는지 여부에 달려 있다. 과거부터 존재해 온 다양한 변이를 토대로 하여 현재의 새로운 변이가(그리고 결국은 미래의 변이도) 덧붙여진다. 과거부터 이미 3층짜리 주택이나 5층짜리 공동주택으로 규격화된 근린에, 지금 와서 새로운 유형의 건물을 추가함으로써 밀도를 높인다고 해서 폭넓은 변이를 만들어 낼 수는 없다. 최악의 경우는 과거로부터 물려받은 기초가 아예 없는 공지이다.

서로 다른 유형의 주거나 그 건물들이 **어느 한 시기에** 추가되리라고 기대하기는 쉽지 않다. 그런 식의 생각은 순진한 소망일 뿐이다. 건물에는 유행이 존재한다. 유행의 이면에는 경제적·기술적 이유들이 있으며, 유행은 **어느 한 시기에** 도시 주거 건축에서 진짜로 다른 가능성들을 거의 배제한다.

밀도가 지나치게 낮은 지구의 경우, 각기 다른, 서로 떨어진 지점들에 동시에 새로운 건물을 지음으로써만 밀도를 높이고 변이를 증가시킬 수 있다. 다시 말해, 갑작스러운 지각변동을 일으키고 그 뒤 수십 년 동안 손을 놓고 있는 것보다는 서서히 밀도를 높여야 한다—신축 건물 역시 이런 목표를 위해 추가해야 한다. 점차 꾸준히 밀도를 높이는 과정 자체가 다양성을 증대하는 결과로 이어질 수 있으며, 따라서 규격화 없는 초고밀도를 창출할 수 있다.

규격화 없이 초고밀도를 이룰 수 있는 방법은 물론 건폐율이 무척 높은 경우에도 결국은 땅에 의해 제한된다. 에이커당 평균 275주거로 고밀도인 보스턴의 노스엔드에는 상당히 다양한 변이가 존재하지만, 이런 훌륭한 배합은 일부 건물 뒤편 땅까지 상당 부분 잠식하는 건폐율을 대가로 해서 얻어졌다. 과거에 작은 블록 안의 뒤뜰과 안뜰의 두번째 층으로 지나치게 많은 건물이 생겨났다. 사실 이런 내부 건물들은 밀도에 비교적 작은 부분만을 더한다. 규모가 작고 대부분 저층이기 때문이다. 그리고 이런 건물들이 모든 경우에 잘못된 존재인 것은 아니다. 이따금 보이는 기이한 건물은 매력적이다. 문제는 이런 건물이 지나치게 많다는 점이다. 이 지구에—노스엔드에 부족한 다양한 시설인—고층 아파트 몇 개를 추가하면 지구 밀도를 낮추지 않고서도 블록들 내부의 공지를 다소 늘릴 수 있다. 이와 동시에 지구 주거 시설의 다양성도 줄어들기는커녕 늘어날 것이다. 그러나 도시의 낮은 건폐율이라는 허위 때문에 고층 건물을 고집해야 한다면 이런 결과를 얻을 수 없다.

철저한 규격화 없이 에이커당 275주거인 노스엔드보다 밀도를 더 높이기는 아마 불가능할 것이다. 대부분의 지구—각기 다른 건물들이 오래전부터 독특하게 존재해 온 노스엔드와는 사정이 다르다—에서 규격화를 강요하는 최종적인 위험 지점은 이에 비해 상당히 낮을 게 분명하다. 대략 에이커당 200주거 언저리가 될 것이다.

이제 여기에 거리를 집어넣어 보자.

높은 건폐율은, 비록 고밀도 지역에서 다양성을 위해 필요하기는 하지만, 70퍼센트에 육박하는 경우에는 참을 수 없는 지경에 다다른다. 그 땅에 촘촘한 가로를 배열하지 않는다면 참을 수 없게 된다. 높은 건폐율과 결합된 긴 블록은 숨을 막히게 만든다. 촘촘한 가로는 건물들 사이의 통로이기 때문에 가로에서 벗어난 곳의 높은 건폐율을 보충해 준다.

도시 지구에서 다양성을 창출하기 위해서는 어쨌든 촘촘한 가로가 필요하다. 따라서 높은 건폐율에 대한 부수물로서 촘촘한 가로의 중요성은 그 필요성을 강화할 뿐이다.

하지만 가로가 부족하지 않고 많으면 가로의 형태를 띤 공지가 더해진다는 것은 분명하다. 활기찬 장소에 공원을 추가하면 또 다른 형태의 공지를 추가하는 셈이 된다. 그리고 주거 지역에 비주거용 건물이 잘 섞여 있으면(주요 용도가 잘 혼합되어 있는 곳은 이런 식이다), 비슷한 효과가 얻어진다. 주거와 지구 주민의 총계가 그 정도로 줄어들기 때문이다.

이런 장치들의 조합──더 많은 가로, 활기찬 장소의 활기찬 공원, 한데 뒤섞인 다양한 비주거 용도, 주거 자체의 다양한 변이 등──은 구제불능의 높은 밀도와 건폐율과는 전혀 다른 효과를 창출한다. 그러나 이러한 조합은 또한 많은 양의 주거용 공지에 의해 '구제된' 높은 밀도와는 전혀 다른 효과를 창출한다. 이제까지 언급한 이런 다른 장치들이 높은 건폐율로부터의 '구제'를 훨씬 넘어서는 것을 제공하기 때문에 그 결과는 사뭇 다르다. 이 장치들 각각은 나름의 독특하고 긴요한 방식으로 한 지역의 다양성과 활력에 기여하며, 따라서 높은 밀도에서도 뭔가 건설적인 결과가 나타날 수 있다.

내가 지금 주장하는 것처럼 도시에는 높은 주거 밀도와 건폐율이 필요하다고 말하는 것은 전통적으로 식인 상어의 편을 드는 것보다도 저급하게 여겨진다.

그러나 에버니저 하워드가 런던의 빈민가를 지켜보면서 사람들을 구하기 위해서는 도시 생활을 포기해야 한다는 결론을 내린 시절 이래로 상황이 바뀌었다. 도시계획이나 주거개혁보다 덜 정체한 분야, 즉 의학·위생·역학疫學·영양·노동입법 같은 분야의 발전은 한때 고밀 도시 생활과 떼려야 뗄 수 없었던 위험하고 인간을 타락시키는 조건들에 심대한 변혁을 가져왔다.

한편 대도시 지역(중심 도시 및 교외와 위성 소도시)의 인구는 계속 증가하여 지금은 전체 인구 증가의 97퍼센트를 차지할 정도이다.

시카고 대학 인구연구소 소장인 필립 M. 하우저Philip M. Hauser 박사의 말에 따르면, "이런 경향은 계속될 것으로 보인다. 왜냐하면 이와 같은 인구의 응집은 우리 사회가 지금까지 고안해 낸 가장 효율적인 생산자와 소비자의 편성을 대표하기 때문이다. 우리의 표준대도시권지역 [Standard Metropolitan Areas ; 미국 관리예산국에서 행정구역과 일치되지 않는 대도시 광역권을 정의하기 위해 만들어 낸 개념. 표준대도시권통계지역 Standard Metropolitan Statistical Area 으로 이름이 바뀌었다가 현재는 대도시통계지역 Metropolitan Statistical Area 으로 불린다—옮긴이]의 규모와 밀도, 인구밀집은, 일부 도시계획가들의 반대에도 불구하고, 우리가 가진 가장 소중한 경제 자산이다."

하우저 박사는 1958년에서 1980년 사이에 미국 인구가 5,700만 명(1942~44년의 낮은 출산율로 하락한다고 가정할 경우)에서 9,900만 명

(1958년 수준보다 출산율이 10퍼센트 높아진다고 가정할 경우) 사이의 규모로 증가할 것이라고 지적한다. 출산율이 1958년 수준을 유지한다면, 8,600만 명이 증가할 것이다.

이렇게 증가한 인구는 사실상 모두 대도시 지역에 쏠릴 것이다. 물론 인구 증가의 상당 부분이 바로 대도시 자체에서 나오는 것이다. 대도시는 이제 오래전과 달리 사람들을 집어삼키는 곳이 아니기 때문이다. 대도시가 사람들의 공급자가 된 것이다.

이런 인구 증가는 교외, 반교외, 한산한 새로운 '어중간한' 지대─활력이 없는 '어중간한' 밀도의 한산한 도심에서부터 뻗어 있다─등에 조금씩 분산될 수 있다.

또는 대도시 지역의 이런 성장을 활용할 수 있고, 적어도 그 일부를 가지고 '어중간한' 밀도에서 절룩거리는 부적절한 도시 지구들을 개조하는 데 착수할 수 있다─(다양성을 창출하는 다른 조건들과 더불어) 이러한 인구의 집중이 특징과 활력을 갖춘 도시 생활을 떠받칠 수 있는 지점까지 이 지구들을 개조하는 일 말이다.

우리가 처한 난관은 이제 어떻게 하면 대도시 지역에 사람들을 빽빽하게 유지한 채 질병과 열악한 위생, 아동노동의 참화를 피할 수 있는가 하는 문제가 아니다. 이런 점들을 계속 고려하는 것은 시대착오적인 짓이다. 오늘날 우리가 처한 어려움은, 과연 어떻게 하면 대도시 지역에 사람들을 유지하며 무관심하고 무기력한 근린의 참화를 피할 수 있는가 하는 것이다.

대도시 지역 곳곳에 새로운 자급자족적인 소읍이나 소도시를 계획하려는 헛된 시도는 해법이 될 수 없다. 우리의 대도시 지역에는 이미 **한때** 비교적 그 자체로 완결적이고 자급자족적인 소읍이나 소도시였던 곳들이 무정형적으로 해체된 형태로 점점이 박혀 있다.

이곳들이 대도시 지역의 얽히고설킨 경제 안으로 편입되면서 업무, 유흥, 쇼핑의 장소들의 다양한 선택 가능성까지 휩쓸려 들어간다면, 사회·경제·문화적인 통합성과 상대적인 완결성은 사라지기 시작한다. 19세기의 고립된 소읍이나 소도시 생활과 결합된 20세기의 대도시 경제를 가질 수는 없는 노릇이다.

오늘날 우리는 대도시와 점점 증가하는 거대한 인구라는 사실과 직면해 있기 때문에 진정한 도시 생활을 현명하게 발전시키고 도시의 경제적 힘을 증대시키는 일에 맞닥뜨리고 있다. 미국인인 우리가 도시 경제 안에서 사는 도시 사람들이라는 사실을 부정하는 것은 어리석은 짓이다 — 그리고 그 과정에서 대도시 지역의 진정한 시골을 모두 잃어버리는 것도 어리석은 처사이다. 지난 10년 동안 하루에 약 1,200헥타르씩 이런 곳이 꾸준히 사라지고 있다.

그렇지만 이성이 이 세계를 지배하는 것은 아니며, 반드시 그럴 필요도 없다. 인구의 조밀한 집중 문제를 바라보는 근본적으로 다른 두 가지 방식이 없었다면, — 그리고 이 두 방식이 본질적으로 감정적이지 않았다면 — 현대 도시계획가들이 보스턴의 고밀 지역인 노스엔드 같은 건강한 지역이 밀도가 높기 때문에 **분명히** 슬럼가이거나 열악한 곳일 거라는 터무니없는 독단적 믿음을 받아들이지는 않았을 것이다.

대도시의 규모와 밀도로 집중된 사람들은 — 설사 그것이 필요하다 할지라도 — 자동적으로 악으로 여겨질 수 있다. 이런 건 흔한 가정이다. 인간은 소수일 때 매력적이고 다수일 때는 유해한 것이다. 이런 관점에 따르면, 여러 가지 방식으로 인구의 집중을 물리적으로 최소화해야 한다는 결론이 나온다. 가능한 한 사람의 숫자 자체를 줄여야 하고, 더 나아가 교외의 잔디밭과 소읍의 평온함이라는 환상을 목적으로 삼아야 하는 것이다. 또한 다수의 사람들이 빽빽하게 밀집해 있는 경우에 고유의 풍부한 다양성은 억누르고 감춰야 하며, 인구가 희박한 경우에 종종 나타나는 다루기 쉬운 빈약한 다양성이나 철저한 균일성으로 바꿔야 한다. 이런 혼란스러운 피조물들——한데 모인 지나치게 많은 사람들——은 분류를 해서 가능한 한 꼴사납지 않게 조용히 숨겨 두어야 한다. 현대식 계란생산 농장의 병아리들처럼 말이다.

다른 한편, 도시 규모와 밀도로 집중된 인구야말로 엄청난 활력의 원천이며, 작은 지리적 범위에 집중된 인구는 대단히 풍부한 차이와 가능성을 나타내고 이러한 차이는 독특하고 예측 불가능할 뿐만 아니라 바로 그런 이유로 더더욱 소중하기 때문에 바람직하다고 믿는 입장에서는 이런 인구 집중을 긍정적인 선으로 여길 수도 있다. 이런 관점에서 보자면, 도시에 엄청나게 많은 인구가 집중되어 있는 것은 솔직하게 받아들여야 하는 하나의 물리적 사실이다. 또한 이런 인구 집중을 하나의 자산으로 누려야 하고 사람들의 존재를 경축해야 마땅하다. 도시 생활을 북돋우는 데 필요한 곳에 인구의 집중을 늘리고, 더 나아가 거리의 활기찬 공중 생활을 추구하며 경제적·시각적으로 가능한 한 많은 다양성을 제공하고 장려함으로써 말이다.

사고방식은 그것이 아무리 객관적인 것을 목표로 삼는다 할지라도 그 근저에는 감정과 가치가 놓여 있다. 현대 도시계획과 주거개혁은 정서적으로 도시의 인구 집중을 꺼림칙한 것으로 여기는 태도에 기초하여 발전해 왔으며, 이런 부정적인 정서는 도시계획의 지적 활력을 죽이는 데 이바지하고 있다.

도시의 조밀한 인구 자체가 바람직하지 않다는 정서적인 가정에서는 도시 자체나 도시설계, 도시계획, 도시의 경제와 인구에 좋은 결과가 도출될 수 없다. 내가 보기에 도시의 인구 집중은 하나의 자산이다. 우리가 할 일은 도시 생활의 발전에 필요한 넉넉한 기회를 제공할 만큼 **조밀하고 다양하게** 집중된 도시 사람들의 도시 생활을 장려하는 것이다.

11장_다양성에 관한 몇 가지 신화

"용도 혼합은 보기 흉하다. 용도 혼합은 교통 혼잡을 야기하며 황폐화를 부르는 이용을 초래한다."

이런 것들이 도시로 하여금 다양성에 저항하게 만드는 몇 가지 걱정거리이다. 이런 믿음이 도시의 구획 조정에 이바지한다. 또 단조롭고 일률적이고 공허한 방식의 도시 재건축을 합리화하는 데 기여해 왔다. 이런 믿음은 또한 다양성이 성장하는 데 필요한 조건을 제공함으로써 자생적인 다양성을 의식적으로 장려할 수 있는 도시계획을 가로막는다.

도시에 얽히고설킨 각기 다른 용도의 혼합은 혼돈이 아니다. 오히려 이런 혼합은 고도로 발달한 복잡한 질서이다. 이 책에서 지금까지 말한 모든 내용은 이와 같이 뒤섞인 용도의 복잡한 질서가 어떻게 작동하는지를 보여 주는 데 초점을 맞추었다.

그러나 성공적인 도시 지구를 위해 건물과 이용, 풍경의 얽히고설킨 혼합이 필요하다 하더라도, 다양성은 또한 전통적인 도시계획의 전승과 문헌에서 말하는 것처럼 단점과 추함, 용도의 상충과 혼잡을 가져오지 않는가?

이런 단점에 관한 추정은 다양성이 지나치게 많은 곳을 직접 관찰한 결과가 아니라 다양성이 지나치게 적은 실패한 도시 지구들의 이미지에서 끌어온 것이다. 이런 추정은 추레하고 영세한 업체 몇 개가 띄엄띄엄 있는 황량하고 초라한 주거 지역의 모습을 상기시킨다. 또 고물상이나 중고차 매장 같은 값싼 토지 이용의 모습을 상기시킨다. 또한 끊임없이 무질서하게 뻗쳐 있는 겉모습만 화려한 상가의 풍경을 상기시킨다. 그렇지만 이 가운데 어떤 조건도 번성하는 도시의 다양성을 나타내지 않는다. 이런 모습은 오히려 풍부한 다양성이 자라나는 데 실패했거나 시간이 흐르면서 소멸해 버린 도시 근린에 드리워진 노쇠화를 나타낸다. 도시에 휩쓸려 들어갔지만, 성공적인 도시 지구들처럼 스스로 성장하여 경제적으로 작동하는 데 실패한 반교외 지역에서 일어난 일이 바로 이런 결과이다.

주요 용도의 혼합, 촘촘한 가로, 건축 연수와 간접비용이 다양한 건물들, 이용자의 조밀한 집중 등의 결합으로 촉진되는 번성하는 도시의 다양성은 도시계획의 사이비과학계에서 전통적으로 가정하는 것과 달리 이른바 '다양성의 단점'을 수반하지 않는다. 이제 그 이유를 밝히고, 또 심각하게 받아들여질 경우에 모든 환상이 그러하듯이, 이런 단점이 현실을 다루는 데 걸림돌이 되는 환상인 이유를 보여 주고자 한다.

첫째로 다양성이 보기 흉하다는 믿음을 생각해 보자. 분명 어떤 것이든 서투르게 이루어지면 보기 흉하다. 그러나 이런 믿음에는 다른 무언가가 함축되어 있다. 이런 믿음은 도시 용도의 다양성 자체가 겉으로 보기에 혼란스럽다고 가정한다. 또한 용도의 균일성을 특징으로 하는 장소가 더 보기 좋거나 또는 어쨌든 쾌적하고 질서정연하게 미적으로 처리하기 쉽다고 가정한다.

그러나 실제 세계에서 용도의 균일성이나 유사성은 무척 당혹스러운 미적 문제를 제기한다.

만약 용도의 동일성이 노골적으로 드러난다면, 그 모습은 단조로울 것이다. 표면적으로 보자면, 이런 단조로움은 비록 아무리 지루해 보일지라도 일종의 질서로 생각할 수도 있다. 그러나 미적 관점에서 보자면, 단조로움은 또한 심대한 무질서를, 방향성이 전무한 무질서를 수반한다. 단조로움과 동일성의 반복을 특징으로 하는 장소에서는 아무리 돌아다녀도 돌아다니는 것 같지가 않다. 북쪽과 남쪽이 똑같거나 동쪽과 서쪽이 똑같다. 때로는 대규모 단지 안에 서 있으면 동서남북이 모두 똑같다. 방향을 잃지 않으려면 각기 다른 방향이 다르게 보여야 한다—그것도 많이 달라 보여야 한다. 완전히 똑같은 풍경에는 이런 자연스러운 방향이나 이동의 표시가 없거나 기껏해야 희미하게 보일 뿐이며, 따라서 무척 혼란스럽다. 이것은 일종의 혼돈이다.

일부 단지 계획가들이나 대다수 판에 박힌 사고방식을 지닌 부동산 개발업자들 말고는 누구나 이런 식의 단조로움에 대해 지나치게 답답해서 이상으로 추구할 수는 없다고 여긴다.

그 대신 실제로 용도가 균일적인 곳에서 우리는 종종 건물들 사이에 의도적으로 구별과 차이를 고안해 낸 것을 볼 수 있다. 그러나 이렇게 고안된 차이 또한 미적인 곤란을 낳는다. 건물과 그 배치에서 고유한 차이—진짜 다른 용도에서 기인하는 차이—가 없기 때문에 이런 고안은 단지 다르게 **보이기** 위한 바람을 나타낼 뿐이다.

일찍이 1952년에 『건축포럼』의 편집장 더글러스 해스켈Douglas Haskell은 이런 현상이 좀더 노골적으로 표현된 것을 '구기 건축'[googie architecture ; 1950년대부터 60년대 초까지 미국에서 선풍적으로 유행한, 우주 시대를 연상시키는 과장된 첨단 건축 스타일. '구기'는 이런 스타일의 시초가 된 커피숍의 이름이다—옮긴이]이라는 용어로 훌륭하게 설명했다. 그 뒤부터 도로변에 기다랗게 늘어선 균일적이고 규격화된 업체들에서 구기 건축이 꽃을 피우는 모습을 볼 수 있었다. 핫도그 모양의 핫도그 노점이나 아이스크림 모양을 한 아이스크림 노점 같이 말이다. 이러한 것은 사실상 동일하지만 자기과시를 통해 비슷하게 생긴 가게들 가운데서 독특하고 다르게 보이려고 애를 쓰는 분명한 예이다. 해스켈 씨는 복잡한 건축에서도 (특별하지 **않으면서도**) 특별하게 보이려는 이와 같은 충동이 작용한다고 지적했다——지붕, 계단, 색채, 표시 등을 이상하게 꾸미는 것이다.

최근 해스켈 씨는 이른바 품위 있는 시설에서도 비슷한 자기과시의 징후들이 나타나고 있음을 목격한 바 있다.

사실이 그렇다. 업무용 건물과 쇼핑센터, 시민센터, 공항터미널 등에서 이런 징후들이 나타나고 있는 것이다. 컬럼비아 대학 건축학과의 유진 래스킨Eugene Raskin 교수는 『컬럼비아 대학 포럼』Columbia University Forum 1960년 여름호에 실린 「다양성의 본성에 관하여」"On the Nature of Variety"라는 글에서 이와 같은 현상에 대해 언급했다. 건축의 진정한 다양성은 다른 색채나 재질을 사용하는 데 있는 게 아니라고 래스킨은 지적했다.

[건축의 진정한 다양성이] 대조적인 형태를 사용하는 데 있을까? 대형 쇼핑센터 한곳(뉴욕 웨스트체스터Westchester 카운티에 있는 크로스카운티Cross County 쇼핑센터가 언뜻 떠오르지만 어떤 곳이든 상관없다)을 가 보면 알게 될 것이다. 석판, 탑, 원형 구조물, 공중 계단 등이 곳곳에 산재해 있지만, 그 결과는 지옥의 고문과도 같은 끔찍한 동일성이다. 각기 다른 도구를 이용해 몸을 찌르지만 아픈 것은 똑같다.……

모든(또는 사실상 모든) 사람이 소득 활동에 종사하는 업무 지역이나 모든 사람이 가정생활에 깊이 몰두하는 주거 지역, 또는 현금과 상품의 교환만을 위한 쇼핑 지역을 건설한다면 — 요컨대 인간 활동의 패턴 가운데 한 가지 요소만을 포괄하는 곳을 건설한다면, 건축이 설득력 있는 — 즉 인간의 다양성이라는 기정사실을 납득시키는 — 다양성을 달성하기란 불가능하다. 설계가가 제도용 연필이 부러질 정도로 색채와 재질, 형태 등을 다르게 할 수도 있지만, 이런 노력은 예술은 결코 거짓말을 하지 못하는 매체라는 사실을 다시 한 번 확인시켜 줄 뿐이다.

한 가로나 근린에서 용도의 균일성이 확대될수록 차이를 나타내는 나머지 방식에서 달라지고픈 유혹은 더 커진다. 로스앤젤레스의 윌셔불르바드Wilshire Boulevard는 단조롭기 짝이 없는 업무용 건물이 몇 킬로미터 이어진 곳에 겉모습만 억지로 차이를 만들어 놓은 거대한 사례의 하나다.

그러나 로스앤젤레스만 이런 경치를 보여 주는 것은 아니다. 로스앤젤레스의 이런 모습을 경멸하는 샌프란시스코 역시 체계적으로 정리된 쇼핑센터와 주택단지로 이루어진 새로운 교외의 모습은 별반 다르지 않다. 한때 많은 비평가들이 미국에서 가장 아름다운 대로로 손꼽았던 클리블랜드의 유클리드애비뉴Euclid Avenue(그때만 해도 아름답고 넓은 부지에 크고 좋은 집들이 늘어선 교외의 대로였다)는 이제『건축포럼』에서 리처드 A. 밀러Richard A. Miller에 의해 가장 추하고 무질서한 도시 가로라는 통렬한 비난을 받고 있다. 유클리드애비뉴는 철저한 도시 용도로 전환되는 과정에서 균일화된 가로가 되었다. 업무용 건물이 죽 늘어선 가운데 노골적이지만 피상적인 차이들이 혼란을 이루고 있는 것이다.

용도의 균일성은 피할 수 없는 미적 딜레마를 제기한다. 균일성은 원래대로 균일적으로 보여야 하는가, 즉 있는 그대로 단조로워야 하는가? 아니면 균일적으로 보이지 않도록 노력해야 하는가, 즉 무의미하고 혼란스럽더라도 눈길을 끄는 차이를 만들어 내야 하는가? 이것은 도시의 외관에서 균일적인 교외의 미학적 구획 설정이라는 오래되고 익숙한 문제이다. 외양상의 일치를 요구하도록 교외의 구획을 설정해야 하는가, 아니면 동일성을 방지하도록 구획을 설정해야 하는가? 동일성을 방지하려면 설계에 들어맞지 않는 것을 막기 위해 어디에 선을 그어야 하는가?

도시 지역의 용도가 기능적으로 동질적인 경우에는 언제나 도시에 미적 딜레마를 안겨 주는데, 이것은 교외보다 더 집약적인 형태로 나타난다. 도시의 전체 풍경에서 건물이 훨씬 더 지배적이기 때문이다. 이것은 도시의 우스꽝스러운 딜레마이며 우아한 해결책은 전혀 없다.

다른 한편 용도의 다양성은 흔히 불충분하게 다뤄지기는 하지만 내용의 진정한 차이를 나타낼 수 있는 훌륭한 가능성을 제공한다. 따라서 이런 차이는 가짜 장식이나 자기과시, 애써 꾸민 새로움 등이 없이도 흥미롭고 자극적인 차이가 될 수 있다.

뉴욕 40번가와 59번가 사이의 5번로에는 크고 작은 상점과 은행 건물, 업무용 건물, 교회, 공공기관 등이 무척 다양하게 자리 잡고 있다. 이 거리의 건축은 용도상의 이런 차이를 나타내며, 건물의 연수와 기술과 역사적 양식의 차이 등으로 인해 차이가 생겨난다. 그러나 5번로는 무질서하거나 파편적이거나 파열된 것처럼 보이지 않는다.* 5번로의 건축상의 대조와 차이는 주로 내용의 차이에서 기인한다. 자연스럽게 눈에 보이는 대

---

* 유일하게 눈에 거슬리는 무질서한 요소는 42번가의 동북쪽 모퉁이에 있는 일군의 광고판이다. 이 광고판들은 아마 선의의 결과물일 것이다. 이 글을 쓰는 지금 광고판에서는 가족끼리 기도하고, 만일의 경우에 대비해 저축을 하고, 청소년 비행을 막자고 지나가는 행인들에게 헛되이 훈계하고 있기 때문이다. 광고판의 개혁 효과는 의문스럽다. 반면 도서관에서부터 5번로까지 경관을 파괴하는 효과는 의문의 여지가 없다.

조와 차이이다. 모든 건물이 놀랍도록 잘 어울려 단조롭지 않다.

뉴욕 파크애비뉴의 새로운 업무 거리는 5번로에 비해 내용 면에서 훨씬 규격화되어 있다. 파크애비뉴는 그 자체로 현대 디자인의 걸작인 몇몇 건물*을 비롯한 신축 업무용 건물이 있다는 장점이 있다. 그런데 용도의 균일성이나 건물 연수의 균일성이 파크애비뉴에 심미적인 면에서 도움이 될까? 오히려 파크애비뉴의 업무 블록들은 외관상 끔찍할 정도로 무질서하며, 5번로에 비해 훨씬 더 혼란스럽고 제멋대로인 건축의 전체적인 효과에 휘둘려 심지어 지루하기까지 하다.

주거 용도를 포함하면서 성공을 거두는 도시 다양성의 사례는 많이 있다. 필라델피아의 리튼하우스스퀘어 지역과 샌프란시스코의 텔레그래프힐, 보스턴 노스엔드 일부 지역 등이 그 예이다. 주거용 건물이 짧은 가로 블록 정도를 차지하고 모여 있어서 곧바로 반복되지 않는 한, 이런 집합은 단조로움의 장막을 드리우지 않으면서 서로 비슷하거나 심지어 똑같을 수도 있다. 이런 경우에 우리는 이 집합을 하나의 단위로 보며, 인접한 곳의 용도나 주거 유형이 무엇이든 간에 내용과 외양에서 그것과는 다른 것으로 본다.

때로 용도의 다양성은 건물 연수의 다양성과 결합하면서 지나치게 긴 블록에서 단조로움의 저주를 몰아낼 수도 있다——이번에도 역시 자기과시가 필요치 않다. 실체적인 차이가 존재하기 때문이다. 품위 있으면서도 흥미로워서 걷고 싶은 거리로 유명한 뉴욕 5번로와 6번로 사이의 11번가는 이런 종류의 다양성의 예이다. 11번가 남쪽 편에는 동쪽에서 서쪽으

---

* 레버하우스(Lever House), 시그램(Seagram), 펩시콜라, 유니언카바이드(Union Carbide) 등이 대표적이다.

로 차례대로 14층짜리 아파트, 교회, 3층짜리 주택 7채, 5층짜리 주택 한 채, 4층짜리 주택 13채, 9층짜리 아파트, 1층에 식당 겸 술집이 있는 4층짜리 주택 5채, 5층짜리 아파트, 작은 묘지, 1층에 식당이 있는 6층짜리 아파트가 있다. 북쪽 편 역시 서쪽 방향으로 차례대로 교회, 4층짜리 주택과 그 안의 유아원, 9층짜리 아파트, 5층짜리 주택 3채, 6층짜리 아파트, 8층짜리 아파트, 4층짜리 주택 5채, 6층짜리 호텔, 5층짜리 아파트 2채, 건축 연수가 무척 다른 또 다른 5층짜리 아파트, 9층짜리 아파트, 1층에 도서관이 있고 안마당이 훤히 보이는 뉴스쿨의 신축 건물, 4층짜리 주택, 1층이 식당인 5층짜리 아파트, 초라하고 저렴해 보이는 1층짜리 세탁소, 1층에 편의점이 있는 3층짜리 아파트가 있다. 거의 모두 주거용 건물이지만 사이사이에 다른 열 가지 용도가 끼어 있다. 순수한 주거용 건물 자체도 수많은 각기 다른 시기의 기술과 취향, 각기 다른 양식과 생활비를 아우른다. 이 건물들은 평범하기 짝이 없는 수수한 차이들을 거의 환상적으로 나열해 보여 준다. 1층의 높이도 서로 다르고, 입구와 인도에서 들어가는 통로도 각기 다르다. 이런 차이는 건물들이 실제로 종류와 연수가 다르다는 사실에서 기인한다. 그 효과는 차분하며 또한 자기를 내세우지 않는다.

    11번가의 건물들보다 훨씬 근본적인—더욱 근본적인 고유한 차이에 기반을 두기 때문에 더 근본적인—유형의 건물들이 뒤섞인 곳에서는 자기과시를 비롯한 가짜 장식이 없이도 더욱 흥미로운 시각적 효과가 생겨날 수 있고 실제로도 그렇다. 도시의 랜드마크와 중심점—우리에게는 더 많은 랜드마크와 중심점이 필요하다—은 대부분 주변 환경과 근본적으로 다르고 따라서 본질적으로 특별하게 보이며 고유한 차이의 극적 효과와 대조를 부각시키기에 적절히 위치한 용도의 대조에서 기인한다. 피츠가 기념비적이거나 웅대한 건축물을 가려내어 비슷한 다른 건물과 함께 '영광의 정원'으로 집어넣는 대신 도시의 모체 안에 둘 것을 주장하면서 한 말도 이런 것이었다(7장을 보라).

도시 혼합물을 이루는 초라한 요소들에 고유한 근본적인 차이 또한 미적으로 경멸해서는 안 된다. 이런 건물들 또한 강요된 피상성 없이도 대조와 이동과 방향의 즐거움을 전달할 수 있다. 주거와 뒤섞인 채 모습을 드러내는 작업장, 공장 건물, 생선을 사러 갈 때마다 재미를 주는 어시장 바로 옆에 있는 미술관, 아일랜드 출신 신참 이민자들이 일자리를 수소문하러 오는 떠들썩한 술집과 평화롭게 대조를 이루며 공존하는 거드름 피우는 고급 식료품 상점 등이 그 예이다.

래스킨이 탁월하게 지적한 것처럼, 도시 건축 풍경의 진정한 차이는 **"인간의 얽히고설킨 행동 유형"**을 나타낸다.

이 유형은 각기 다른 이유와 목표를 가진 채 서로 다른 일을 하는 사람들로 가득 차 있으며, 건축은 이런 차이를 반영하고 표현한다—차이는 형식만이 아니라 내용의 하나이다. 인간인 우리로서는 인간이야말로 가장 우리의 관심을 끄는 존재이다. 문학이나 연극과 마찬가지로 건축에서도 인간 환경에 활력과 색채를 제공하는 것은 다양한 사람들의 풍부한 존재이다.……

단조로움의 위험을 감안하면……도시 구획법에서 가장 심각한 오류는 이 법이 지역 전체를 단일한 용도에 할애**하도록 한다**는 사실에 있다.

시각적 질서를 추구하기 위해 도시는 세 가지 대안 가운데 선택할 수 있는데, 두 가지는 가망이 없고 하나는 희망적이다. 우선 균일적으로 보이는 균일한 지역을 추구하면서 황량하고 혼란스러운 결과를 얻을 수 있다. 또 균일적으로 보이지 않으려는 균일한 지역을 추구하면서 천박하고 정직하지 않은 결과를 얻을 수 있다. 아니면 대단히 다양한 지역을 추구할 수 있다. 이 경우에 실제적인 차이가 나타나기 때문에 최악의 경우에는 흥미롭기만 할 뿐이고 최선의 경우에는 쾌적한 결과를 얻을 수 있다.

시각적인 측면에서 도시의 다양성을 어떻게 조화시켜야 하는가, 어떻게 다양성이 하나의 질서임을 시각적으로 보여 주면서도 그 자유를 존중해야 하는가는 도시들이 직면한 중요한 미적 문제이다. 여기에 관해서는 18장에서 다루도록 하겠다. 일단 내가 말하고자 하는 요점은 이런 것이다. 도시의 다양성이 본래 보기 흉한 것은 아니다. 다양성이 흉하다는 것은 가장 어리석은 오해에 불과하다. 하지만 도시 다양성의 부족은 본래 황량하거나 천박하게 혼란스럽다.

* * *

다양성이 교통 혼잡을 야기한다는 것은 사실일까? 교통 혼잡은 자동차 때문이지, 사람 때문에 일어나는 것이 아니다.

사람들이 조밀하게 집중되지 않고 드문드문 살거나 다양한 이용이 자주 이뤄지지 않는 곳이면 어디서나 특정한 흡인력이 교통 혼잡을 야기한다. 병원이나 쇼핑센터, 영화관 같은 장소는 교통 집중을 유발한다―그리고 더 나아가 그 장소에 오고가는 경로를 따라 교통 혼잡을 유발한다. 이런 장소를 이용해야 하거나 이용하기를 원하는 사람은 자동차를 이용할 수밖에 없다. 이런 환경에서는 초등학교조차도 교통 혼잡을 일으킬 수 있다. 아이들을 학교에 데려다 주어야 하기 때문이다. 폭넓은 다양성이 집중되어 있지 않으면 사람들은 어떤 일이든 간에 자동차를 이용해야 한다. 도로와 주차장에 필요한 공간은 모든 것을 한층 더 멀리 분산시키며 따라서 더 많은 자동차의 이용을 낳는다.

인구가 드문드문 퍼져 있는 곳에서는 그럭저럭 견딜 만하다. 그러나 인구가 많거나 끊임없이 이어지는 곳에서는 다른 모든 가치와 편리한 점들을 파괴하는 참을 수 없는 상황이 된다.

조밀하고 다양한 도시 지역에서 사람들은 여전히 걸어 다닌다. 반면 교외나 대부분의 회색 지역에서는 걸어 다니는 게 현실적으로 불가능하다. 한 지역에서 다양성이 더욱 집약적이고 촘촘하게 모여 있을수록 더 많은 사람들이 걸어 다닌다. 활기차고 다양한 지역에서는 외부에서 자동차나 대중교통을 타고 온 사람들도 막상 그곳에 도착해서는 걸어서 다닌다.

도시의 다양성이 황폐한 이용을 초래한다는데 과연 정말 그럴까? 한 지역에 모든 (또는 거의 모든) 종류의 용도를 허용하면 파괴적인 결과가 나타날까? 이 점에 관해 생각해 보려면 각기 다른 몇 가지의 용도를 검토해 볼 필요가 있다──그 중 일부는 해로우며, 또 일부는 전통적으로 해롭다고 여겨져 왔지만 해롭지 않다.

고물상으로 대표되는 파괴적인 용도의 한 부류는 지구의 전반적인 편의나 매력, 인구의 집중 등에 아무 기여도 하지 않는다. 이런 용도는 아무 대가도 없이 터무니없는 규모의 땅을 필요로 한다──게다가 심미적인 관용도 요구한다. 중고차 매장이 이 부류에 속한다. 버려진 건물이나 거의 사용되지 않는 건물들 역시 마찬가지이다.

아마 (이런 대상의 소유주를 제외하고) 대부분의 사람들이 이 부류의 용도가 황폐화를 야기한다는 점에 동의할 것이다.

그러나 이런 이유로 고물상이나 여타 유사한 용도가 도시의 다양성에 수반되는 위협이라는 결론이 나오는 건 아니다. 성공적인 도시 지구들에는 고물상이 전혀 없지만, 이런 사실이 이 지구들이 성공을 거둔 **이유**는 아니다. 이 도시 지구들이 성공을 거두었기 **때문에** 고물상이 없는 것이다.

고물상이나 중고차 매장 같이 활기를 떨어뜨리고 공간을 차지하는, 경제성이 낮은 용도는 **이미** 농사를 짓지 않는 실패한 장소에서 잡초처럼 자란다. 이런 용도는 왕래하는 행인의 집중도가 낮고, 주변에 사람을 끌어당기는 장소가 거의 없으며, 공간을 둘러싼 고가의 경쟁이 전무한 장소에서 싹을 틔운다. 회색 지역이나 쇠락한 도심의 가장자리 같이 다양성과 활력의 불꽃이 수그러든 곳이 이런 용도의 자연스러운 본거지가 된다. 주택단지 상점가에 대한 제한이 모두 해제되고 이런 이용도가 낮은 활기 잃은 장소가 자기에게 맞는 자연스러운 경제적 수준을 깨닫게 되면, 대부분의 경우에 다름 아닌 고물상과 중고차 매장들이 그곳에서 싹을 틔운다.

고물상으로 대표되는 문제는 '황폐화 퇴치론자'Blight Fighters들이 들여다보지 못하는 깊은 곳에 있다. "치워 버려! 그런 건 여기 있으면 안 돼!"라고 외쳐 봐야 아무 성과도 얻지 못한다. 문제는 활기 넘치는 토지 이용이 당연히 수익성도 좋게끔 만드는 경제 환경을 지구에 조성하는 것이다. 이런 여건이 되지 않으면 고물상이 땅을 이용하는 게 당연하다. 어쨌든 **어떤 용도로든** 이용을 하는 것이기 때문이다. 다른 용도가 성공을 거두기는 쉽지 않다. 공원이나 학교 운동장 같은 공적 용도 역시 마찬가지이다. 사람들을 끌어당기는 매력과 주변의 활력에 의존하는 다른 용도들에도 불리한 경제 환경에서 공적 용도는 당연히 큰 실패를 겪게 마련이다. 요컨대 고물상으로 상징되는 문제는 다양성을 두려워하거나 억압하는 게 아니라 다양성이 꽃을 피울 수 있는 비옥한 경제 환경을 촉진시키고 조성함으로써 해결된다.

두번째 부류의 용도는 전통적으로 도시계획가와 구획 설계가들이 주거 지역에 섞여 들어가면 특히 해롭다고 여기는 것이다. 술집, 극장, 병원, 사무실, 공장 등이 대표적이다. 이 부류는 그 자체가 해롭지는 않다. 이 용도들을 엄격하게 통제해야 한다는 주장은 활기찬 도시 지구에 그것이 미치는 효과가 아니라 교외와 황량하고 본래 위험한 회색 지역에 미치는 효과에서 기인한다. 회색 지역에 드문드문 박혀 있는 비주거 용도는 이로운 점은 별로 없고 해를 끼칠 수 있다. 회색 지역은 낯선 사람들을 다룰 준비가 되어 있지 않기—또는 낯선 사람들에 대해 무방비 상태이기—때문이다. 그러나 이런 단점 역시 황량하고 어두운 지역에서 다양성이 지나치게 미약한 탓이다.

다양성이 풍부한 활기찬 도시 지구에서는 이런 용도들이 해를 끼치지 않는다. 이 용도들은 안전과 사람들의 접촉, 교차이용 등에 직접 기여하기 위해서든, 아니면 이런 직접적인 효과를 발휘하는 다른 다양성을 지원하기 위해서든 적극적으로 필요하다.

공장 용도는 또 다른 걱정거리를 시사한다. 굴뚝에서 내뿜는 연기와 대기 중에 날리는 분진이 그것이다. 물론 굴뚝 연기와 분진은 해로운 것이지만, 그렇다고 해서 도시에 집약된 제조업(대부분은 그런 불쾌한 부산물을 전혀 만들어 내지 않는다)이나 기타 공장 용도를 주거에서 분리해야 한다는 결론이 도출되지는 않는다. 사실 구획 설계나 토지 분류를 통해 어쨌든 연기나 분진에 맞서 싸워야 한다는 통념은 우스꽝스럽기 짝이 없다. 공중의 대기는 구획의 경계 따위는 아랑곳하지 않는다. 연기나 매연 자체를 겨냥하는 규제가 차라리 적절할 것이다.

과거에 도시계획가와 구획 설계가들 사이에서는 아교 공장이 토지 이용에 관한 의견을 심사하는 일종의 가늠자였다. "당신 동네에 아교 공장이 있어도 괜찮겠습니까?"라는 질문 한마디면 상대방은 꼼짝도 하지 못했다. 왜 하필 아교 공장인지는 모르겠지만, 당시만 해도 아교란 죽은 말이나 오래된 생선을 떠올리는 것이었다. 따라서 깔끔한 사람들을 오싹하게 만들어 아무 생각도 하지 못하게 하려고 아교 공장을 거론했을 것이다. 예전에 우리 동네 근처에 아교 공장이 있었다. 예쁘장한 작은 벽돌 건물이었는데 블록에서 제일 깨끗해 보였다.

최근에 아교 공장 자리에 다른 혐오시설이 생겼다. '장의사'는 근린에 대한 엄격한 용도 통제가 없는 경우에 슬며시 자리를 잡는 혐오시설의 대표적인 예로 손꼽힌다. 그러나 장의사, 또는 요즘 도시에서 많이 쓰는 말인 장례식장은 아무 해도 끼치지 않는 듯 보인다. 쇠퇴하는 교외 가로라면 모르겠지만, 활력이 넘치는 다양한 도시 근린에서는 관의 모습이 죽음을 상기시키지는 않을 것이다. 이상한 일이지만, 엄격한 용도 통제를 주장하는 사람들은 도시에서 죽음에 대해 그렇게 단호하게 반대를 하면서도 도시에서 생명이 생겨나는 데에도 마찬가지로 극구 반대하는 것 같다.

매력과 흥미, 경제적 가치의 면에서 자생적으로 향상되고 있는 그리니치빌리지의 한 블록에는 또한 오래전부터 이 글을 쓰는 지금까지 장례식장이 자리를 잡고 있다. 장례식장이 있다는 점이 못마땅한가? 이 거리에 있는 연립주택에 돈을 들여 새 단장을 한 가족들이나, 그곳에 지점을 개설하거나 새로 꾸미는 데 돈을 투자해 온 사업가들이나, 집세가 비싼 신축 아파트를 짓는 건설업자나 여태까지 전혀 거리끼지 않은 게 분명하다.*

---

*이 블록은 우연히도 항상 지역에서 살기 좋은 거리라고 말하는 곳이며, 또 실제로나 겉모습으로나 주거가 가장 우세한 용도이다. 하지만 이 글을 쓰는 지금 이 블록의 주택들 사이에 다른 어떤 게 끼어 있는지 한번 생각해 보라. 앞에 말한 장례식장 말고 부동산 한 곳, 세탁소 두 곳, 골동품점 한 곳, 저축은행 한 곳, 병원 세 곳, 교회 겸 유대교 회당 한 곳, 교회 겸 유대교 회당 바로 뒤에 소극장 한 곳, 미장원 한 곳, 보컬연습실 한 곳, 식당 다섯 곳, 그리고 학교에서부터 수공업 공장, 재활센터에 이르기까지 어떤 것이든 될 수 있지만 정체가 불분명한 건물 한 채가 있다.

백 년 전에 보스턴의 도시 개혁가들이 시내 교회에 있는 오래된 작은 묘지들을 없애야 한다고 주장했을 때, 죽음이 도시 생활에서 눈에 띄지 않거나 말해선 안 될 부분이라는 이상한 생각을 둘러싸고 논쟁이 벌어졌다. 토머스 브리지먼Thomas Bridgman이라는 보스턴 시민은 이렇게 말했다. "망자의 묘지가 어떤 영향을 미친다고 한다면, 그것은 덕과 종교의 편에 서 있다.…… 묘지의 목소리는 어리석음과 죄악에 대한 영원한 질책이다."

도시에 장례식장이 있는 경우에 해악이 야기된다는 주장의 실마리 가운데 내가 찾을 수 있는 내용은 리처드 넬슨Richard Nelson의 『소매업 입지의 선택』*The Selection of Retail Locations*에 담겨 있다. 넬슨은 장례식장을 찾는 사람들이 외출한 김에 쇼핑을 하는 일이 좀처럼 없다는 사실을 통계적으로 입증한다. 따라서 소매업체가 장례식장 옆에 위치할 경우에 특별한 이점은 전혀 없다.

뉴욕의 이스트할렘 같은 대도시의 저소득층 동네에서 장례식장은 긍정적이고 건설적인 힘으로 기능할 수 있으며 실제로도 종종 그러하다. 장례식장이 있으려면 장의업자가 있어야 하기 때문이다. 이런 동네에서 장의업자는 약사나 변호사, 치과의사나 목사처럼 존엄과 야망, 식견 같은 특질을 대표하는 사람이다. 장의업자는 대개 널리 알려진 공적 인물로서 지역 시민사회에서 적극적인 역할을 한다. 결국 정치에 발을 들여놓는 일도 다반사이다.

정통 도시계획이 대개 그렇듯이, 이런저런 용도가 해를 끼친다는 가정은 누구 하나 다음과 같은 질문을 던지지도 않은 채 받아들여져 왔다. "왜 그것이 해로운가? 그것은 과연 얼마나 해로우며 이 해악은 무엇인가?" 내가 보기에는 합법적인 (그리고 몇몇 불법적인) 경제적 용도 가운데 풍요로운 다양성의 부족만큼이나 도시 지구에 해를 끼칠 수 있는 것은 없는 듯싶다. 어떤 형태의 도시 황폐화도 '활기 없는 극심한 황폐함'만큼 파괴적인 것은 없다.

이 점을 말했으니 이제 마지막 부류의 용도, 즉 위치를 통제하지 않으면 풍요롭고 다양한 도시 지구에 해를 끼치는 부류의 용도에 관해 설명할 차례이다. 이런 용도는 다섯 손가락에 꼽을 수 있다. 주차장, 대형 트럭 차고, 주유소, 대형 옥외 광고판,* 그리고 그 자체가 해롭지는 않지만 **어떤 거리에서는** 그 규모가 맞지 않아 해를 끼치는 업체 등이 그것이다.

이런 다섯 가지의 문제 있는 용도는 모두 (고물상과는 달리) 활기차고 다양한 지역에 자리를 잡을 만큼 충분한 수익을 올리기 쉽고, 실제로도 이런 지역을 찾는다. 그러나 동시에 이런 용도는 대개 거리를 황폐화하는 주범 노릇을 한다. 시각적인 면에서 이 용도들은 거리에 무질서를 초래하며, 그 효과가 너무나도 지배적인 탓에 거리의 용도나 외관에서 이에 대항하는 질서의 감각이 큰 효과를 거두기는 쉽지 않다—때로는 아예 불가능하다.

이런 문제 있는 용도 중 앞의 네 가지가 미치는 시각적 효과는 쉽게 눈에 보이고 사람들은 종종 그에 관해 생각한다. 이 네 가지는 용도의 **종류** 때문에 그 자체가 문제가 된다.

그러나 문제 있는 용도 중 다섯번째는 좀 다르다. 이 경우에 문제가 되는 것은 용도의 **종류**가 아니라 **규모**이다. 어떤 거리에서는 한 용도가 거리 전면을 압도적으로 차지하고 있는 경우에 시각적으로 거리를 파괴하고 황폐화한다. 반면 같은 **종류**의 용도가 소규모일 때는 아무 해도 끼치지

---

* 대개 그렇지만 언제나 해당되는 것은 아니다. 만약 타임스스퀘어에 대형 옥외 광고판이 없다면 어떻겠는가?

11장_다양성에 관한 몇 가지 신화 315

않는 하나의 자산 역할을 한다.

예컨대, 도시의 많은 '주거' 가로에는 주택뿐만 아니라 온갖 종류의 상업 및 제조업 용도가 자리하고 있으며, 이런 용도들은 자신이 차지하는 거리 전면이 전형적인 주택이 차지하는 것보다 넓지 않은 이상 거리에 잘 어울릴 수 있으며 실제로도 그렇다. 비유적인 의미뿐만 아니라 말 그대로도 이 용도들은 들어맞는다. 거리는 다양하면서도 일관되고 기본적인 질서가 유지되는 시각적 특징을 띤다.

그러나 바로 이런 거리에서 한 용도가 돌연히 대규모로 거리의 전면을 차지하면 거리를 폭파시킬 듯이 ── 거리를 산산이 조각낼 것처럼 ── 보이게 된다.

이런 문제는 도시 구획에서 통상적으로 말하는 의미의 용도와는 아무 관계도 없다. 가령 식당이나 간이식당, 식품점, 가구점, 인쇄소 등은 이런 거리에 잘 어울린다. 그러나 같은 **종류**의 용도라도 **규모**가 달라지면── 가령, 대형 카페테리아, 슈퍼마켓, 대형 목제품 공장이나 인쇄소 등 ──시각적인 황폐화를 (그리고 때로는 청각적인 황폐화도) 불러올 수 있다.

이런 거리에서 다양성을 완전히 허용하는 경우 초래될 수 있는 황폐화를 막기 위해 통제가 필요하다. 그러나 용도의 종류에 대한 통제는 필요치 않다. 한 용도에 허용되는 거리 전면의 규모에 대한 통제가 필요하다.

이런 점은 너무나도 명백하고 만연한 도시 문제여서 흔히 도시 구획 설정 이론의 관심사 가운데 그 해법도 당연히 있으리라고 생각한다. 그러나 도시 구획 설정 이론에서는 이 문제의 존재 자체도 제대로 인식되지 않은 실정이다. 이 글을 쓰는 지금, 뉴욕 시 도시계획위원회에서는 새롭고 혁신적이고 최신식인 포괄적 구획정비 해법에 관한 공청회를 열고 있다. 위원회에서는 관련 단체와 개인들을 초청해서 무엇보다도 가로를 대상으로 한 구획 분류안을 연구하고, 바람직한 방향으로 분류를 재설정하는 권고안을 내놓고 있다. 현재 무척 세심하고 주의 깊게 차별화된 수십 개의 용도 분류가 존재한다——그런데 이 모두는 다양한 도시 지구에서 나타나는 실제 용도 문제와는 별 관련이 없다.

이러한 구획정비 해법의 근거가 되는 이론 자체——단지 세부적인 내용이 아니라——가 철저한 검토와 재고가 필요하다면, 과연 무엇을 권고할 수 있을까? 이런 유감스러운 상황 때문에 가령 그리니치빌리지의 시민조직들에서는 우스꽝스러운 전략 회의가 수도 없이 열리곤 한다. 많은 사람들의 사랑을 받는 인기 있는 주거 지역 거리에는 소규모 시설들이 곳곳에 뒤섞여 있다. 이런 시설들은 대개 기존 주거 구획 설정에서 면제되어 존재하거나 구획 설정을 위반한 것이다. 누구나 이런 시설들의 존재를 마음에 들어 하며, 그것들이 바람직한지를 둘러싸고 논쟁이 벌어지는 일은 전혀 없다. 오히려 새로운 구획 설계에서 어떤 식의 분류가 실제 생활의 요구와 가장 충돌이 적을 것인가 하는 문제를 둘러싸고 논쟁이 벌어진다. 제안된 각각의 분류의 단점은 대단히 많다. 이런 거리들을 상업 지역으로 분류하는 데 반대하는 주장은 자산이 되는 소규모 용도가 생길 수 있지만, 또한 규모에 상관없이 상업 용도가 허용될 것이라는 점을 근거로 든다. 가령 상업 지역으로 분류되면 대형 슈퍼마켓이 허용될 텐데, 주민들은 대형 슈퍼마켓이 이런 거리에 폭발적인 영향을 미치고 주거용 거리의 성격에도 파괴적인 작용을 할 것이라고 대단히 우려한다——실제로도 그렇다. 주거 지역으로 그냥 놔두면 과거에 그랬던 것처럼 소규모 시설들이 구획 설정을 위반하면서 슬며시 들어올 수 있다. 한편, 주거 지역으로 분류하는 데 반대하는 주장은 누군가 그 분류를 곧이곧대로 받아들일 수도 있고, 또 '구획 설정에 따르지 않는' 소규모 용도를 가로막는 구획 설정이 강행될 수도 있다는 것이다! 자기 동네의 이익을 진정으로 고민하는 정직한 시민들은 어떤 규제가 가장 건설적인 회피 수단을 제공할지에 관해 냉정하게 궁리할 것이다.

제기되는 딜레마는 시급하고 현실적이다. 예컨대 그리니치빌리지의 한 거리는 최근에 표준이의제기위원회[Board of Standards and Appeals; 뉴욕 시의 구획 설정 같은 토지 이용 규제에 대해 이의제기를 할 수 있도록 설치한 독립 위원회—옮긴이]에 제기된 한 사건 때문에 바로 이런 문제에 직면하게 되었다. 한때 소매를 주로 하던 이 거리의 빵집 하나가 가게를 키워 상당한 규모의 도매상이 되었고, 한층 더 확장하기 위해 (바로 옆의 대규모 세탁소 자리를 인수하려고) 구획 지정에서 예외 신청을 한 것이었다. 오래전부터 '주거' 지역으로 설정되어 있던 이 거리는 최근 환경이 개선되고 있었고, 자기 거리에 대한 자부심과 관심을 키워 나가던 건물주와 집주인들은 대부분 이 예외 요청에 반대해서 싸우기로 뜻을 모았다. 그러나 결과는 그들의 패배였다. 놀라울 것도 없는 것이, 그들의 주장이 뚜렷하지 않았기 때문이다. 이 싸움의 지도자들 가운데 일부는 지상층에 소규모 비주거 용도가 있는 부동산의 소유주이거나 그런 건물에 살고 있었기 때문에 그들 자신이 '주거' 구획 설정과 실제로나 마음속으로나 마찰을 빚고 있었다—상대적으로 규모가 큰 빵집과 사정은 마찬가지였던 셈이다. 그렇지만 증가일로에 있는 거리의 수많은 소규모 비주거 용도는 이 거리가 주거지로서 매력과 가치가 높아지는 데 큰 역할을 한다. 이런 용도들은 굴러들어온 복이며, 거리에 사는 사람들 역시 이 사실을 안다. 이것들 덕분에 거리가 흥미롭고 안전하기 때문이다. 부동산, 소규모 출판사, 서점, 식당, 표구사, 가구점, 오래된 포스터와 판화를 파는 가게, 과자가게, 커피점, 세탁소, 식품점 두 곳, 소규모 실험극장 등이 그것이다.

나는 빵집의 예외 신청에 반대하는 싸움을 이끄는 한 지도자——이 사람은 거리의 개조된 주거용 건물의 소유주이기도 하다——에게 거리에 있는 모든 '비주거' 용도를 점차적으로 없애거나 빵집이 확장하게 놔두는 것 가운데 어느 쪽이 그의 주거용 건물의 가치에 더 큰 피해를 미치느냐고 물어보았다. 그는 당연히 첫번째가 더 파괴적일 거라고 대답하면서 한마디 덧붙였다. "이런 식으로 꿍꿍이가 있는 선택을 강요하는 건 불합리하다고요!"

그건 불합리하다. 전통적인 용도별 구획 이론에서 보자면 이런 거리는 당혹스러운 문제이자 이례적인 경우이다. 이런 거리는 상업 구획 설정의 면에서도 당혹스러운 문제이다. 도시 상업 구획 설정이 점점 '진보적'으로 바뀜에 따라(즉 교외의 조건을 모방함에 따라) '근거리 편의점'과 '지구 차원의 쇼핑' 등을 구별하는 게 강조되는 추세이다. 뉴욕의 최신 결정 역시 이 모든 것을 갖추고 있다. 그런데 빵집이 있는 이와 같은 거리는 과연 어떻게 분류할까? 이 거리는 가장 순수한 형태의 근거리 편의시설(세탁소나 과자가게 등)과 지구 차원의 사람을 끌어당기는 시설(가구점, 표구사, 커피점 등)과 도시 차원의 사람을 끌어당기는 시설(극장, 미술관, 포스터 가게 등)을 두루 갖추고 있다. 이런 혼합은 독특한 모습이지만, 이 거리로 대표되는 분류되지 않은 다양성의 패턴은 전혀 독특한 게 아니다. 활력과 경이로 가득 찬 활기차고 다양한 도시 지역은 모두 교외 상업 지역과는 다른 세계 속에 존재하는 것이다.

모든 도시 가로를 거리 전면의 규모별로 구획을 설정할 필요는 전혀 없다. 대다수의 가로는, 특히 주거 용도든 다른 용도든, 아니면 둘 다의 용도든 간에, 규모가 크거나 폭이 넓은 건물이 많은 경우에는, 넓은 거리 전면을 차지하는 업체를 포용하고 작은 업체들과 잘 뒤섞으면서도 금방이라도 폭발하거나 해체될 것처럼 보이지 않으며 또한 한 용도가 기능적으로 압도하지도 않는다. 5번로는 이와 같이 크고 작은 규모가 뒤섞여 있다. 그러나 규모별 구획 설정이 필요한 도시 가로는 그 필요성이 시급하다. 가로 자체를 위해서가 아니라 일관된 성격을 지닌 가로의 존재가 도시의 풍경 자체에 다양성을 더해 주기 때문이다.

래스킨은 다양성에 관해 쓴 글에서 도시 구획 설정의 가장 큰 결함은 단조로움을 **용인**한다는 점이라고 지적했다. 내 생각도 마찬가지이다. 아마 그 다음으로 큰 결함은 중요하게 고려해야 하는 용도의 **규모**를 무시하거나 용도의 규모와 **종류**를 혼동한다는 점일 것이다. 그 결과 한편으로는 거리가 시각적으로 (때로는 기능적으로도) 해체되거나 또는 용도의 규모나 경험적인 효과에 관계없이 용도의 종류를 분류하고 분리하려는 무차별적인 시도가 나타난다. 그리하여 일부 장소에서는 불행하게도 다양성의 제한된 한 표현이 아니라 다양성 자체가 불필요하게 억압된다.

확실히 다양성이 꽃을 피우는 도시 지역은 낯설고 예측할 수 없는 용도들과 독특한 풍경을 싹트게 한다. 그러나 이것은 다양성의 단점이 아니다. 이런 점이야말로 다양성의 요체이며 일부분이다. 이런 일들이 벌어져야 한다는 것은 도시의 임무 가운데 하나이다.

하버드 대학 신학교수 폴 틸리히Paul J. Tillich는 다음과 같이 지적한다.

대도시는 그 본성상 여행을 통해서나 경험할 수 있는 것들, 즉 낯선 경험을 제공한다. 낯선 경험은 질문을 낳고 익숙한 전통의 토대를 허물기 때문에, 이성을 고양시켜 궁극적인 의미를 추구하게 만든다.…… 신민들이 낯선 경험을 하지 못하도록 막는 전체주의적인 권력의 시도야말로 이런 사실을 잘 보여 주는 증거이다.…… 대도시는 조각조각 분할되고, 그 각각은 관찰되고 정화되고 균질화된다. 낯선 경험의 수수께끼와 사람들의 비판적 이성 모두 도시에서 제거된다.

이런 생각은 도시를 감상하고 향유하는 사람들에는 익숙한 것이다. 비록 대개 더 가볍게 표현되기는 하지만 말이다.『뉴욕의 명소와 즐길 거리』의 저자인 케이트 사이먼의 다음과 같은 말도 뜻하는 바가 별반 다르지 않다. "아이들을 그랜트Grant's 식당에 데리고 가면……다른 곳에서는 결코 볼 수 없고 따라서 절대 잊지 못하게 될 사람들을 접하게 될 것이다."

진기하고 색다른 것들에 대한 발견을 강조하는 인기 있는 도시 안내 책자의 존재 자체가 틸리히 교수가 한 말의 요체를 여실히 보여 주는 예이다. 도시는 모든 사람에 의해 만들어지기 때문에, 그리고 모든 사람에 의해 만들어질 때만이 모든 이에게 뭔가를 제공할 수 있다.

3부 쇠퇴와 재생의 힘

12장_다양성의 자기파괴

이제까지 내가 관찰한 바와 결론을 요약하자면 다음과 같다. 미국의 도시에는 얽히고설키게 뒤섞인 채 상호 지원하는 온갖 종류의 다양성이 필요하다. 도시 생활이 버젓하게 건설적으로 작동하려면, 그리고 도시 사람들이 사회와 문명을 유지하려면(나아가 발전시키려면) 이런 다양성이 필요하다. 공공기관과 유사 공공기관은 도시의 다양성을 구성하는 데 이바지하는 기획들——가령, 공원, 박물관, 학교, 대부분의 강당, 병원, 일부 사무실, 일부 주거 등——을 일부 책임져야 한다. 그렇지만 도시 다양성은 대부분 크게 다른 생각과 목적을 가진 믿을 수 없이 많은 각기 다른 사람들과 민간 조직들이 공공기능의 공적인 틀 바깥에서 계획하고 고안하면서 만들어 내는 것이다. 도시계획과 설계의 주된 책임은——공공정책과 기능으로 할 수 있는 한——이런 광범위한 비공식적 계획과 구상과 기회들이 공적 기획들의 번창과 더불어 꽃을 피우기에 적합한 장소로 도시를 발전시켜야 한다. 도시 지구는 만약 주요 용도들이 잘 혼합되고 가로가 촘촘하며, 다양한 연령대의 건물이 골고루 뒤섞여 있고 사람들이 조밀하게 집중되어 있다면, 다양성이 스스로 생겨나고 잠재력을 만개하기에 경제·사회적으로 적합한 장소가 될 것이다.

쇠퇴와 재생에 관한 이 장들에서는 어떤 한 지역이 다양성을 창출하는 데 필요한 네 가지 조건 가운데 하나 이상이 결여되어 마비되지 않는다 할지라도 도시에서 다양성과 활력의 증대에 좋은 쪽으로든 나쁜 쪽으로든 영향을 미치는 힘들에 관해 고찰해 보고자 한다.

다양성에 나쁜 영향을 미치는 힘은 다음과 같다. 도시에서 눈에 띄게 성공을 거둔 다양성이 스스로 파괴되는 경향. 도시의 규모가 큰 단일 요소들(대부분은 필요하거나 바람직한 것이다)이 다양성을 약화시키는 경향. 인구의 불안정성이 다양성의 증대를 방해하는 경향. 공공 및 민간 자본이 발전과 변화를 좌지우지하는 경향.

이 힘들은 확실히 서로 관계를 맺고 있다. 도시 변화의 모든 요인들은 서로 관련되어 있다. 그렇다 하더라도 각각의 힘을 따로 살펴볼 수 있고 또 그렇게 하는 게 유용하다. 이런 힘들을 인식하고 이해하는 것은 그것에 대항하고——더 나아가——그것들을 건설적인 힘으로 전환시키기 위함이다. 이 힘들은 다양성의 증대 자체에 영향을 미칠 뿐만 아니라 때로는 다양성을 창출하는 데 필요한 기본 조건들을 도입하는 난이도에도 영향을 미친다. 활력을 창출하기 위한 가장 훌륭한 계획조차도 만약 이 힘들을 무시한다면 두 걸음 내딛을 때마다 한 걸음씩 뒤로 처질 것이다.

이런 강력한 힘 가운데 첫번째는 도시에서 눈에 띄게 성공을 거둔 다양성이 스스로 파괴되는 경향이다——이것은 순전히 성공을 거둔 결과이다. 이 장에서는 다른 효과와 더불어 도심으로 하여금 계속해서 중심부를 이동하고 움직이게 만드는 힘인 다양성의 자기파괴에 관해 논의할 것이다. 이것은 한물간 지구들을 만들어 내며 수많은 도심의 정체와 쇠퇴를 유발하는 힘이다.

다양성의 자기파괴는 활력의 작은 마디인 가로나 가로들의 집합에서, 또는 지구 전체에서 일어날 수 있다. 마지막의 경우가 가장 심각하다.

자기파괴가 어떤 형태를 띠든 간에 대체로 다음과 같은 일이 벌어진다. 도시의 어떤 장소에서 다양한 용도의 혼합이 눈에 띄게 인기를 얻고 전체적으로 성공을 거둔다. 번창하면서 사람들을 끌어당기는 다양성에 기초한 이 장소의 성공 때문에 이곳의 공간을 둘러싸고 열띤 경쟁이 전개된다. 그 자리를 차지하는 것은 경제적인 최신 유행이다.

공간을 둘러싼 경쟁의 승자는 한데 어울려 성공을 만들어 낸 수많은 용도 가운데 극히 일부분일 뿐이다. 이곳에서 가장 수익성이 좋은 것으로 대두된 한두 가지의 용도는 그것이 무엇이든 간에 계속 나타날 것이고 수익성이 떨어지는 다른 용도들을 밀어내고 압도할 것이다. 수많은 사람들이 편의와 흥미에 이끌리거나 활기와 자극에 매력을 느껴 이 지역에서 살거나 일하려고 할 것이고, 경쟁의 승자들은 또다시 극히 일부분의 이용자층을 형성할 것이다. 많은 사람들이 진입하려고 하므로 이곳에 진입하거나 머무르는 사람들은 비용에 의해 자체적으로 분류될 것이다.

거리의 경우에는 소매 수익률에 기초한 경쟁이 영향을 미칠 공산이 가장 크다. 그리고 거리의 집합이나 지구 전체의 경우에는 업무 공간이나 주거 공간의 매력에 기초한 경쟁이 영향을 미칠 공산이 가장 크다.

그리하여 이런 과정을 통해 마침내 한두 가지의 지배적인 용도가 승자로 대두된다. 그러나 이것은 공허한 승리일 뿐이다. 경제적 상호 지원과 사회적 상호 지원이라는 가장 복잡하고 성공적인 유기체가 이 과정에서 파괴되기 때문이다.

이 시점부터 경쟁에서 승자로 대두된 용도 이외의 목적으로 이 장소를 이용하는 사람들은 점차 이곳에서 등을 돌리게 된다―다른 목적들은 이제 더는 그곳에 없기 때문이다. 시각적으로나 기능적으로나 이 장소는 더욱 단조로워진다. 사람들이 시간대별로 충분히 고르게 이용하지 않는 데 따르는 모든 경제적인 단점이 나타나기 쉽다. 바로 이런 이유 때문에 맨해튼 도심이 경영진 사무실이 위치하기에 점점 적합하지 않게 된 것처럼, 지배적인 용도에 어울리는 장소의 적합성조차 점차 줄어들 것이다. 한때 성공을 거두고 열띤 경쟁의 대상이 되었던 장소가 시간이 흐르면서 쇠퇴하고 주변으로 밀려난다.

미국의 도시들에서는 이런 과정을 이미 겪고 빈사 상태에 빠져 있는 많은 거리를 볼 수 있다. 현재 이 과정을 통과하고 있는 다른 거리들이 분투하는 모습도 볼 수 있다. 내가 사는 동네에서 이런 거리로는 그리니치빌리지의 주요한 상점가인 8번가를 꼽을 수 있다. 35년 전만 해도 이곳은 별 특징이 없는 거리였다. 그런데 이 거리의 주요한 부동산 소유주인 찰스 에이브럼스Charles Abrams(공교롭게도 또한 이례적으로 깨인 시각을 가진 도시계획 및 주거 전문가이다)가 그때만 해도 보기 힘든 영화관과 작은 나이트클럽을 거리에 지었다. (스크린을 보기 편한 좁다란 객석과 커피라운지, 친밀한 분위기 등은 그 이후 다른 극장에서도 크게 유행했다.) 이 업체들은 큰 인기를 끌었다. 극장과 나이트클럽은 저녁시간과 주말에 거리에 더 많은 사람들을 끌어들이면서 낮 시간에 지나가는 사람들을 보충했고, 그리하여 각종 편의점과 특별한 상점들이 늘어나도록 자극하는 데 일조했다. 그리고 이 상점들은 밤낮으로 훨씬 더 많은 사람들을 끌어들이기 시작했다. 앞에서 언급한 것처럼, 이와 같은 2교대 거리는 식당이 자리하기에 경제적으로 안성맞춤인 곳이다. 8번가의 역사는 이런 점을 뒷받침하기 시작했다. 거리에는 온갖 종류의 식당들이 흥미롭게 생겨났다.

8번가에 자리한 모든 업체들 가운데 공교롭게도, 식당들이 단위 면적당 가장 많은 돈을 벌어들이게 되었다. 당연한 결과로 8번가에는 점점 더 많은 식당이 생겨났다. 한편 5번로와 접한 모퉁이에 다양하게 자리 잡고 있던 클럽, 화랑, 소규모 사무실 등이 밀려나고 무미건조하고 일률적인 값비싼 임대료의 아파트들이 들어섰다. 이 거리의 역사에서 유일하게 색다른 요소는 에이브럼스 자신이었다. 눈앞에서 벌어지는 변화의 함의에 대해 깊이 생각해 보려 하지 않거나 성공을 앞에 두고 굳이 걱정을 할 이유가 없었던 대부분의 부동산 소유주들과 달리, 에이브럼스는 서점, 화랑, 클럽, 장인, 독특한 상점 등이 밀려나는 모습을 당혹스럽게 바라보았다. 그는 새로운 사업 구상이 다른 거리에서 개업을 하고 8번가에서는 점점 그 수가 줄어드는 것을 보았다. 이런 움직임 가운데 일부는 다른 거리에 활기와 다양성을 불어넣는 데 도움이 되는 것을 볼 수 있었지만, 다른 한편으로는 8번가가 서서히 그러나 꾸준하게 다양성을 잃어 가는 모습을 볼 수 있었다. 에이브럼스는 이 과정이 논리적인 경로를 계속 따라간다면 8번가가 결국은 한때의 인기를 뒤로한 채 영락하게 될 것임을 깨달았다. 그리하여 에이브럼스는 거리의 요충지에 자리한 자기 소유의 부동산을 식당이 아닌 다른 업종을 하는 사람들에게 의도적으로 임대하고 있다. 그러나 때로는 이런 임차인을 찾는 일이 쉽지 않다. 임차인이라면 당연히 현재와 같은 식당의 높은 수익능력을 합리적으로 고려해야 하기 때문이다. 이런 현실은 가능성을 협소하게 만든다―순전히 상업적인 가능성조차도. 요컨대, 8번가의 다양성과 장기적인 성공에 대한 최악의 잠재적 위협은 눈에 띄는 성공으로 인해 풀려난 힘이다.

인근에 있는 다른 거리인 3번가는 훨씬 앞서 비록 업종은 다르지만 비슷한 문제를 겪고 있다. 이 거리의 몇 블록 구간은 여행객이 무척 북적이는 곳이 되었다. 처음에 여행객들을 끌어당긴 자유분방한 분위기의 커피점과 동네 술집, 그리고 드문드문 끼어 있는 나이트클럽 등은 모두 이탈리아인들과 예술가들이 모여 사는 안정되고 오래된 지구의 흥미로운 동네 상점들 및 주거 공간과 뒤섞여 있었다. 15년 전의 비율로 보자면, 밤 시간에 거리를 찾는 사람들은 혼합된 이 지역을 이루는 건설적인 일부분이었다. 그들이 일조하는 전반적인 활기는 주거 지역의 매력의 일부였을 뿐만 아니라 방문자들에게도 매력이 되었다. 오늘날에는 야간업소들이 거리를 압도하며 또한 지역의 삶 자체를 압도한다. 야간업소들은 이방인을 다루고 보호하는 데 뛰어난 지구에 지나치게 많은 이방인을 몰아넣고 있는데, 그 때문에 일반적인 도시 사회가 자연스럽게 다루기에는 너무 무책임한 분위기가 생겨난다. 도시에서 단일 용도가 불균형적으로 중복되고 확대되면 언제나 그러하듯이, 가장 수익성이 좋은 용도가 여기저기 중복되면서 그것이 가진 매력의 토대가 허물어지고 있다.

우리는 가로나 가로 근린을 기능적 용도——유흥, 업무, 주거, 쇼핑 등등——로 분리해서 생각하는 데 익숙하다. 사실이 그렇기는 하나 단지 성공을 유지하는 경우에 어느 정도로만 그럴 뿐이다. 예를 들어 의류 쇼핑 같은 이차적 다양성의 수익성이 무척 높아진 탓에 의류 쇼핑이 거의 배타적인 용도가 된 거리는 다른 이차적 목적을 염두에 두고 찾는 사람들이 점차 흥미를 잃고 발길을 끊음에 따라 쇠퇴한다. 만약 이런 거리에 긴 블록이 있으면 얽히고설킨 교차이용의 잠재적 기반을 한층 쇠퇴시키며, 따라서 이용자들이 가려내지고 그 결과로 정체가 더욱 두드러지게 된다. 또 이런 거리가——업무 같은——하나의 주요 용도로 분류되는 지구에 속한다면, 자생적으로 개선될 여지는 거의 없다.

다양성의 자기파괴는 길게 뻗은 거리뿐만 아니라 눈에 띄게 성공적인 소규모 활동의 중심점에서도 볼 수 있다. 그 과정은 동일하다. 예를 들어, 필라델피아의 체스트넛스트리트와 브로드스트리트^{Broad Street}가 만나는 교차로를 보라. 이곳은 몇 년 전만 해도 쇼핑을 비롯한 체스트넛스트리트의 다양한 활동이 정점을 이루는 곳이었다. 이 교차로의 모퉁이 자리는 부동산 업자들이 '100퍼센트 입지'라고 부르는 곳이었다. 탐나는 자리였다. 모퉁이 중 한 곳은 은행이 차지하고 있었다. 다른 은행 세 개가 역시 100퍼센트 입지임이 분명한 나머지 세 모퉁이에 입점했다. 그 순간부터 이곳은 이제 더는 100퍼센트 입지가 아니었다. 오늘날 교차로는 체스트넛스트리트에서 꽉 막힌 장벽이 되었으며, 혼란스럽기까지 하던 다양한 활동들은 밀려나고 있다.

이 은행들은 시골에 집을 지으려고 1에이커의 땅을 산, 내가 아는 한 가족과 똑같은 실수를 범한 셈이었다. 집을 지을 돈이 부족했던 가족은 여러 해 동안 그곳을 정기적으로 찾아가서 가장 매력적인 땅인 둥근 언덕 위에서 소풍을 즐겼다. 가족은 언제나 그렇듯이 그곳에서도 자기들의 모습을 드러내길 좋아했기 때문에 마침내 집을 지을 때도 언덕 위에 터를 잡았다. 그런데 이내 언덕은 사라져 버렸다. 웬일인지 가족은 자기들이 그 위에 집을 짓는 순간 아끼던 언덕이 사라지리라는 것을 미처 알지 못했다.

거리는 (특히 블록이 짧은 경우에는) 때로 성공적인 용도가 많이 중복되어도 헤치고 나아갈 수 있고, 또는 한동안 쇠퇴하고 정체한 뒤에 자생적으로 새로워질 수 있다. 주변을 둘러싼 지구에 다양성이 강력하고 활기차게 혼합되어 있을 때는—특히 일차적 다양성의 기반이 강력하게 자리 잡고 있을 때는—이런 탈피가 가능하다.

그렇지만 가로 근린 전체나 지구 전체에서 가장 수익성이 좋거나 두드러진 용도가 지나치게 중복되기 시작하면 문제는 훨씬 더 심각해진다.

여러 도시의 도심에서 이와 같이 끔찍한 가려내기의 놀라운 증거를 볼 수 있다. 보스턴 도심에서 역사적으로 계승된 중심부들은 고고학의 수

많은 지층들처럼 가려내진 용도들이 층층이 화석처럼 쌓여 있다. 각각의 지층이 일차적인 혼합이 결여되고 정체된 채로. 보스턴도시계획위원회 Boston Planning Board는 도심 용도를 분석하면서 색깔별로 지도를 그렸다— 관리 및 금융 업무, 행정, 쇼핑, 유흥 등을 각각 다른 색으로 표시한 것이다. 정체된 지역은 사실상 모두 한결같은 일련의 한 색깔의 부분으로 지도상에 나타난다. 다른 한편 백베이Back Bay와 퍼블릭가든Public Gardens 모퉁이가 만나는 도심의 한쪽 끝에는 빨간 줄무늬와 노란 줄무늬로 지정된 다른 종류의 범례로 표시된 지도 부분이 있다. 이 부분은 특정 용도에 따라 지도를 그리기에 너무 복잡하며, 따라서 '뒤섞여 있음'을 나타내는 데 적절한 범례로 표시되었다. 이곳은 현재 보스턴 도심에서 자생적으로 변화하고 성장하면서 살아 있는 도시처럼 움직이는 유일한 지역이다.

보스턴의 경우와 같은 가려내진 도심 근린의 연속에 대해 사람들은 보통 막연하게 도심 중심부가 이동하면서 남은 곳이라고 생각한다. 중심부가 다른 곳으로 옮겨 간 결과로 여겨지는 것이다. 그러나 실상은 그렇지 않다. 이와 같은 지나친 중복의 덩어리들이 바로 중심부가 옮겨 가는 **원인**인 것이다. 성공의 중복은 다양성을 밀어낸다. 새로운 구상이 상당한 자금을 가지고 출발을 하거나 곧바로 성공을 거두지 못한다면(이런 경우는 드물다), 차선의 입지에 자리를 잡는다. 그에 따라 차선이 일류가 되고 당분간은 번창하지만, 결국 이 또한 자기 자신의 가장 큰 성공의 중복에 의해 파괴된다.

뉴욕에서는 일찍이 1880년대에 당시의 시 구절에서 도심의 가려내기가 기념되고 있었다.

8번가 아래쪽에서는 남자들이 돈을 번다

8번가 위쪽에서는 여자들이 돈을 쓴다

이것이 이 대도시에서 통용되는 법

8번가 위쪽과 8번가 아래쪽에서

윌라 캐더Willa Cather는 『철천지원수』*My Mortal Enemy*에서 다양성의 중심이 될 전환기를 맞이한 매디슨스퀘어에 관해 쓰면서 이렇게 묘사했다. "매디슨스퀘어는 당시 갈림길에 서 있었다. 남쪽으로는 상점들이 있고 북쪽으로는 주택들이 자리한 채 반은 상업적이고 반은 사교적인 이중인격을 갖고 있었다."

윌라 캐더는 눈에 띄는 성공을 거둔 중심부가 정점에 달하고 균형 상태를 이루는 경우에 언제나 특징적인 혼합의 특성과 '이중인격'을 지적한다. 그러나 혼합은 '갈림길'을 나타내지 않는다. 혼합은 길들의 합류와 뒤섞임이다.

한때 누렸던 것에 비하면 초라하게 밀려난 상업과 대규모 업무용 건물이 있는 한물간 음울한 지구인 매디슨스퀘어는 전성기에는 옛 매디슨스퀘어가든Madison Square Garden(지금은 업무용 건물이 그 자리에 들어섰다)이 있는 곳으로 유명했다. 그 이래로 뉴욕에는 이와 같이 세련되고 매혹적이며 사람을 끌어당기는 회관이 전무하다. 다양한 혼합을 이루어 사람을 끌어당기는 값비싼 중심부에 대규모 회관이 없기 때문이다.

매디슨스퀘어가 결국 가려내지고 긴 쇠퇴에 빠져든 것은 물론 고립된 사건은 아니었다. 성공적인 용도 혼합에 대해 수많은 경제적 압력이 축적되면서 이루어진 더 큰 움직임의 일부였다. 공간을 둘러싼 이런 경쟁의 압력은 매디슨스퀘어보다 더 큰 규모로 도심 중심 전역에서 계속해서 다양성을 흐트러뜨렸고 도심 위쪽 끝단에 다양성을 내팽개쳤다. 그 결과로 도심 자체가 이동하면서 버려진 지구들이 남게 되었다.

도심이 옮겨 가면 대개 과도한 중복의 덩어리들과 더불어 아무것도 아닌 고립된 지역들, 즉 새롭게 집중된 다양성의 결합이 무시하거나 피해 가는 장소들이 남는다. 이런 고립된 지역이나 이면도로는 그때부터 아무 것도 아닌 곳이 되기 십상이다. 바로 붙어 있는 가려내진 덩어리들은 고른 시간대에 사람들을 끌어들이지 못하기 때문이다. 공간은 있지만 그것을 이용하도록 자극하는 매개는 아무것도 없다.

과도한 중복에 의한 지구 다양성의 자기파괴는 분명 영국에서도 벌어진다. 미국의 도심을 움직이는 것과 같은 동일한 힘 때문이다. 영국의 정기간행물인 『도시계획학회보』 *Journal of the Town Planning Institute*는 1959년 1월호에서 센트럴런던[Central London; 시티City, 웨스트엔드West End, 사우스뱅크South Bank 등 런던 중심부를 지칭하는 관용적인 표현—옮긴이]의 도시계획 문제에 관한 기사에서 다음과 같이 말한다.

여러 해 전부터 시티[은행과 금융 업무의 중심지]에서 다양성이 사라지고 있다. 낮 시간에 붐비는 인구는 5천 명의 밤 인구와 대조를 이룬다. 시티에서 벌어지는 일이 웨스트엔드에서도 벌어지고 있다. 웨스트엔드에 사무실이 있는 많은 사람들은 고객과 손님들을 위해 호텔, 클럽, 레스토랑 등의 시설이 있고 직원들을 위해서는 상점과 공원 등이 있다고 주장한다. 이 과정이 계속되면 이런 이점 자체가 사라질 테고 웨스트엔드는 업무용 블록만 이어진 황량한 바다가 될 것이다.

미국 도시들에는 눈에 띄게 성공한 주거지구가 극히 드물다. 대다수 도시 주거지구는 우선 풍부한 다양성을 창출하는 데 필요한 네 가지 기본

조건을 전혀 갖추고 있지 않다. 따라서 눈에 띄는 성공에 뒤따르는 자기파괴의 사례는 도심에서 더 흔하다. 그러나 눈에 띄게 사람들을 끌어당기고 다양성과 활기를 창출하는 데 성공을 거둔 상대적으로 적은 도시 주거지구 역시 결국 도심과 마찬가지로 자기파괴의 힘에 굴복하게 된다. 이 경우에 많은 사람들이 그곳에 살기를 원하기 때문에 가장 돈을 많이 낼 수 있는 사람들을 위한 건물을 지어야 수익성이 좋아진다. 그러나 결국 그런 건물이 지나치게 많아져서 황폐화를 야기한다. 이런 사람들은 대개 아이가 없다. 그리고 이 사람들은 오늘날 단순히 가장 많은 돈을 낼 수 있는 이들이 아니라 가장 작은 공간에 대해 가장 많은 돈을 낼 수 있거나 내게 될 이들이다. 다른 모든 구조와 인구를 희생시키면서 이처럼 한정된 수익성 좋은 인구층의 수용만 증가한다. 가족이 밀려나고, 다양한 풍경이 밀려나고, 건물 신축 비용을 분담할 수 없는 업체들이 밀려난다. 그리니치빌리지와 요크빌, 맨해튼의 미드타운인 이스트사이드 등의 대부분에서 현재 이 과정이 매우 급속하게 진행되고 있다. 과도하게 중복된 용도는 도심 중심부에 똑같이 과도하게 중복된 용도와는 종류가 다르지만, 그 과정은 동일하고 이런 과정이 벌어지는 이유도 동일하며 궁극적인 결과도 동일하다. 둥근 언덕에 새로 살게 된 사람들은 거주하는 행동을 통해 사람들의 사랑을 받고 사람들을 끌어당기던 둥근 언덕을 파괴한다.

지금까지 서술한 과정은 한 시기에 작은 지역에서만 일어난다. 눈에 띄는 성공의 결과이기 때문이다. 그렇지만 이 과정의 파괴력은 어느 한 시기의 지리적 범위가 암시하는 것보다 더 크고 심각하다. 이 과정이 눈에 띄는 성공을 거둔 장소에서 일어난다는 사실 자체 때문에 우리 도시들은 눈에 띄는 성공에 한층 더 의지하기가 어렵다.

게다가 눈에 띄는 성공이 쇠퇴하는 방식 자체 때문에 이 과정은 도시에 두 배로 파괴적인 결과를 야기한다. 새로운 건물의 건축과 용도들의 편협한 증가는 한 장소의 상호 지원을 파괴하는 동시에 사실상 다른 장소에서 그 용도들을 박탈한다. 다른 장소에서는 이 용도들이 다양성과 상호 지원을 감소시키기는커녕 오히려 다양성을 **추가**하고 상호 지원을 강화할 텐데 말이다.

몇 가지 이유 때문에 은행과 보험회사, 일류 기업 등은 계속해서 이런 식으로 가장 탐욕스러운 이중의 파괴자 역할을 한다. 은행이나 보험회사들이 몰려 있는 곳을 보면, 흔히 다양성의 중심이 밀려난 곳, 즉 활기찬 둥근 언덕이 평평하게 깎인 곳을 발견하게 된다. 이미 한창때를 지난 곳이나 그렇게 되어 가는 곳을 보게 되는 것이다. 내 생각에는 이런 기묘한 환경은 두 가지 사실에 기인하는 것 같다. 은행이나 보험회사 같은 기관들은 보수적이다. 도시 입지의 선택에 적용되는 경우에 보수주의는 성공이 이미 기정사실인 곳에 투자함을 의미한다. 투자가 성공을 파괴할 수도 있음을 보기 위해서는 이미 성취된 것을 가장 중시하는—그리고 성공 잠재력이 있는 장소에 미혹되거나 또는 같은 도시에서 어떤 곳은 성공을 거두고 어떤 곳은 실패하는지를 이해하지 못하는 까닭에 성공 잠재력이 있는 장소에 대해 불안해하는—이들로서는 감당하기 어려운 먼 미래를 내다보아야 한다. 둘째로 이런 기관들은 돈이 있기 때문에 자신이 원하는 공간을 차지하기 위해 대부분의 경쟁자를 밀어낼 수 있다. 둥근 언덕에 자리를 잡으려는 바람과 그럴 수 있는 능력은 이와 같이 은행과 보험회사에서, 그리고 은행과 보험회사에서 금방이라도 돈을 빌릴 수 있는 일류 기업에서 가장 효율적으로 결합된다. 여느 도시 활동의 경우에 대개 그렇듯이, 서로 매우 가까이 있다는 편의가 어느 정도는 중요하다. 그러나 이런 강력한 기관들이 다양성의 성공적인 결합을 어김없이 깡그리 밀어내는 것은 이런 이유만으로는 설명하기 힘들다. 한 장소가 (다른 용도를 희생시키는) 업무 용도의 과도한 중복 때문에 정체를 겪고 있다면, 업무 용도 가운데 성공한 것들은 언제라도 이제 매력을 잃은 편의의 둥지를 떠나게 마련이다.

그렇지만 각기 다른 도시 용도들 가운데 특정한 용도를 범죄자로 결정하는 것은 그것이 아무리 눈에 띄는 범죄자일지라도 오해를 야기할 뿐이다. 다른 많은 용도들 역시 동일한 경제적 압력을 가하며 똑같이 공허한 승리로 끝을 맺는다.

내가 보기에는 이 문제는 도시 자체의 영양실조라는 관점에서 접근하는 것이 좀더 유익할 것이다.

첫째, 다양성의 자기파괴는 실패가 아니라 성공에 의해 야기된다는 사실을 이해해야 한다.

둘째, 이 과정은 성공 자체로 귀결되고 성공에 필수 불가결한 작용을 한 바로 그 경제적 과정의 연속이라는 사실을 이해해야 한다. 도시 지역에서 다양성이 증대하는 것은 경제적 기회와 흡인력 때문이다. 다양성이 증대되는 과정 중에 경쟁하는 공간 이용자들이 밀려난다. 도시의 다양성은 모두 다른 일부 조직을 희생시키면서 적어도 일부분이라도 증대한다. 이렇게 증대하는 기간에는 하나밖에 없는 용도조차도 밀려날 수 있다. 점유한 땅에 대해 경제적으로 낮은 수익을 제공하기 때문이다. 만약 이런 하나밖에 없는 용도가 고물상이나 중고차 매장이나 버려진 건물이라면, 사람들은 이렇게 밀려나는 것이 이롭다고 생각한다. 그리고 **실제로도** 이롭다. 증대하는 시기에는 새로운 다양성의 대부분이 하나밖에 없는 부가가치가 낮은 조직뿐만 아니라 기존의 중복된 용도까지도 희생시키면서 나타난다. 다양성이 더해지는 것과 동시에 동일성이 감해진다. 공간을 둘러싼 이와 같은 경제적 경쟁의 결과는 다양성의 순純증가이다.

일정한 시점에서는 다양성의 증대가 지나치게 진행되어 새로운 다양성이 더해지면 기존의 다양성과 경쟁하게 된다. 이와 상대적으로 동일성은 거의 또는 전혀 감해지지 않는다. 활동과 다양성의 중심이 정점에 다다랐을 때가 이런 경우다. 더해지는 요소가 진짜로 다른 것이라면(필라델피아 거리 모퉁이의 첫번째 은행의 경우처럼) 다양성의 순손실은 전혀 없다.

그리하여 한동안은 건전하고 이로운 기능을 하다가 결정적인 시점에서 스스로 변화하지 못하여 기능불량이 되는 과정이 나타난다. 언뜻 피드백 오류가 연상된다.

기계의 한 작용이나 일련의 작용의 최종 결과 가운데 하나가 다음 작용을 수정하거나 인도하는 신호인 컴퓨터와 자동기계가 발달함에 따라 전자 피드백 개념이 익숙하게 되었다. 오늘날의 사람들은 전자가 아니라 화학에 의해 조절되는 이와 비슷한 피드백 과정이 세포의 일부 작용도 조정하는 것으로 믿는다. 『뉴욕타임스』의 한 기사는 이를 다음과 같이 설명한다.

세포의 주위에 있는 최종 결과의 존재는 최종 결과를 만들어 내는 장치의 속도를 저하시키거나 멈추게 한다. [위스콘신 의과대학의] 밴 R. 포터 Van. R. Potter 박사는 이런 세포 작용의 형식을 '지적인' 것이라고 특징지었다. 이와 대조적으로 성질이 바뀌거나 돌연변이를 일으킨 세포는 피드백 조절 없이 자기에게 필요하지도 않은 물질을 계속 만들어 낸다는 점에서 '바보'와 같다.

마지막 문장은 다양성의 성공이 자기 자신을 파괴하는 도시 지역의 행태에 관한 적절한 설명이라고 할 수 있다.

성공적인 도시 지역이 비범하고 복잡한 경제·사회 질서에도 불구하고 이런 방식에서는 불완전하다고 생각한다면 어떨까? 우리 인간은 도시의 성공을 창출하면서 경이로운 것들을 만들어 냈지만 피드백은 고려하지 않았다. 이렇게 빠진 부분을 보충하기 위해 우리가 도시에 대해 할 수 있는 일은 무엇일까?

* * *

우리가 도시에 자동적으로 완벽하게 기능하는 진짜 피드백 시스템과 맞먹는 어떤 것을 제공할 수 있는지는 의심스럽다. 그러나 불완전한 대체물들을 가지고 많은 성과를 만들어 낼 수는 있다.

문제는 한 장소에 지나치게 중복되는 것을 막고, 그것들이 과도한 중복이 아니라 건전한 추가가 되는 다른 장소로 유도하는 것이다. 이런 다른 장소는 좀 떨어진 곳일 수도 있고 또는 무척 가까운 곳일 수도 있다. 그렇지만 어떤 경우든 간에 임의로 결정할 수는 없다. 해당 용도가 성공을 유지할 수 있는 가능성이 높은──스스로 파괴될 운명인 장소에서보다 가능성이 높은──장소**여야만 하는** 것이다.

다음과 같은 세 가지 수단을 결합함으로써 이런 유도를 장려할 수 있다. 다양성을 위한 구획 정비, 견고한 공공건물, 경쟁적인 유도 등이 그것이다. 이 수단들 각각에 대해 간략하게 설명하도록 하겠다.

다양성을 위한 구획 정비는 일치를 위한 통상적인 구획 정비와는 다르게 생각해야 하지만, 다른 모든 경우처럼 이 경우의 구획 정비 역시 억압적이다. 다양성을 위한 구획 정비의 한 형태는 일부 도시 지구에서 이미 익숙하다. 역사적으로 소중한 가치가 있는 건물의 파괴를 억제하는 것이 그것이다. 이미 주변 환경과 다른 이 건물들이 그런 차이를 유지하도록 구획이 정비된다. 1959년에 그리니치빌리지의 시민단체들은 자기 지역에 대해 이 구상을 약간 발전시킨 안을 제안했고, 시 당국에서 이를 받아들였다. 일부 거리에서는 건물 고도 제한이 크게 강화되었다. 영향을 받는 대부분의 거리에는 이미 새로운 고도 제한을 초과하는 수많은 건물이 있다. 이것은 불합리성의 증거가 아니라 새로운 제한이 요청되는 이유이다. 남아 있는 저층 건물들이 더 가치가 높은 고층 건물들의 과도한 중복에 의해 추가로 밀려나지 않도록 하기 위해서 말이다. 이번에도 역시, 매우 제한된 방식으로, 그리고 상대적으로 극히 일부분의 거리에서나마 동일성이 구획에서 배제되었다──또는 실제로 차이가 구획 안으로 들어왔다.

의도적인 다양성을 위한 구획 정비의 목표는 현재 상태와 용도를 그대로 고정시키려는 게 아니다. 그렇게 되면 죽음과도 같을 것이다. 문제는 진행되는 변화나 교체가 한 종류에 의해 압도되지 않도록 하는 것이다. 대체로 이것은 많은 건물이 지나치게 빠른 속도로 교체되는 것을 억제함을 뜻한다. 눈에 띄게 성공적인 장소가 필요로 하는 다양성을 위한 구획 정비의 특정한 계획이나 몇 가지 계획의 특정한 조합은 그 장소 자체나 그곳을 위협하는 자기파괴의 특정한 형태와는 다를 공산이 크다. 그렇지만 원칙적으로 볼 때, 건물 연수와 규모를 직접적으로 겨냥하는 구획 정비가 논리적인 수단이다. 시설 유형의 다양성은 대체로 용도와 인구의 다양성 속에 반영되기 때문이다. 가령 많이 중복된 고층 사무실이나 아파트에 둘러싸인 공원의 경우에는 특히 남쪽 면을 따라 저층 건물을 위한 구획으로 정비함으로써 한 번에 두 가지 유용한 목적을 달성하는 게 당연하다. 겨울철 공원에 햇빛이 충분히 비추게 하고, 주변 용도의 다양성을 간접적으로 적어도 어느 정도는 보호하는 것이다.

이 모든 다양성을 위한 구획 정비는——가장 수익성이 높은 용도의 지나친 중복을 방지하는 것을 목표로 삼기 때문에——세금 조정을 동반할 필요가 있다. 당장이라도 높은 수익을 올릴 수 있는 용도로 전환하는 것을 막는 경우에, 해당 토지에 부과되는 세금에 이런 사실을 반영해야 한다. (고도나 용적, 역사적·미적 가치의 제한 등 어떤 수단을 통하든 간에) 부동산 개발에 상한선을 두고 이렇게 묶인 부동산에 대한 평가액이 수익성 높게 개발된 인근의 관계없는 부동산의 가치를 반영하도록 하는 것은 비현실적이다. 사실 이웃한 건물의 수익성 증가를 이유로 도시 부동산의 평가액을 높이는 것이야말로 오늘날 과도한 중복을 강요하는 강력한 수단이다. 중복을 방지하는 것을 공공연하게 표방하는 통제에도 불구하고 이런 압력은 계속해서 과도한 중복을 강요할 것이다. 모든 용지의 단기적인 세금 잠재력을 극단적으로 착취하는 것은 도시의 조세 기반을 향상시키는 길이 결코 아니다. 이런 방법은 지역 전체의 장기적인 세금 잠재력을 갉아먹는다. 도시의 조세 기반을 향상시키는 길은 성공적인 지역의 면적을 넓히는 것이다. 도시의 튼튼한 조세 기반은 도시가 지닌 강한 자력의 부산물이며, 그것에 필요한 요소 가운데 하나는——성공을 유지하는 것이 목표라고 한다면——지역의 조세 수입의 일정한 액수를, 다양성을 정착시키고 다양성의 자기파괴를 방지하기 위해 촘촘하고 신중하게 계산하여 다양화하는 것이다.

무절제한 용도의 중복을 방지하기 위해 가능한 두번째 수단은 이른바 견고한 공공건물이다. 견고한 공공건물이라 함은 공공기관과 준공공기관이 찰스 에이브럼스가 8번가의 자기 소유 부동산에 대해 개인적으로 취한 정책과 유사한 정책을 채택하는 것을 의미한다. 에이브럼스는 다른 종류의 용도를 구하려고 애씀으로써 자기 소유 부동산에 식당이 지나치게 중복되지 않도록 맞선다. 공공기관과 준공공기관은 무엇보다도 우선 (이웃한 건물과 중복되지 않도록) 다양성을 효과적으로 높일 수 있는 곳에 자체의 건물과 시설을 세워야 한다. 그리고 이런 건물과 시설들은 (입지를 잘 잡았다면 자신들 역시 보탬이 된) 주변의 성공으로 인해 부동산의 가치가 아무리 높아지더라도, 또 주변의 성공적인 용도를 따라 하기 위해 건물을 높은 값에 임대하거나 매입하겠다는 제안이 들어오더라도 자신의 용도를 견고하게 지켜야 한다. 이런 것이야말로 지자체의 성공에 대해 계몽된 이해관계를 갖고 있는 지자체와 기관들이 작은 것을 버리고 큰 것을 얻는 정책이다—다양성을 위한 구획 정비 수단을 집행하기 위해 작은 것을 버리고 큰 것을 얻는 정책과 유사하다. 무척 값비싼 부지에 자리한 뉴욕 공립도서관은 가까이에 있는 수익성 높은 용도들보다 이 지역에 더 많은 기여를 한다—시각적으로나 기능적으로나 무척 다르기 때문이다. 카네기홀의 개인 소유주가 건물을 매각하여 이 건물이 인접한 용도와 똑같이 쓰일 위기에 처하자 시민들이 뉴욕 시 정부에 압력을 가해 시 정부에서 한 공공기관에 자금을 대출해 주어 카네기홀을 매입하도록 하고 그 결과 카네기홀이 콘서트홀 겸 강당으로 유지되었을 때, 이 근린지역에서 주요 용도의 효과적인 혼합이 비로소 확고하게 자리를 잡았다. 요컨대, 공공기관과 공공성을 추구하는 기관들은 주위를 둘러싼 돈의 힘이 자신들을 밀어 버리려 할 때 주변의 **다른** 용도들 사이에서 견고하게 자리를 지킴으로써 다양성을 유지하는 데 큰 역할을 할 수 있다.

    다양성을 위한 구획 정비와 견고한 공공건물이라는 이 두 수단 모두 다양성의 자기파괴를 막는 방어적인 조치이다. 이를테면 일종의 방풍림으로서 경제적 압력의 돌풍을 막을 수는 있지만 오래 지속되는 폭풍에 맞서서 튼튼하게 버티기는 쉽지 않다. 어떤 형태의 구획 정비나 공공건물 정책, 세금 사정 정책이든 간에 그것이 아무리 계몽된 것이라 할지라도 강력한 경제적 압력 앞에서는 결국 굴복하고 만다. 여태까지 그래 왔고 앞으로도 그러할 것이다.

그러므로 방어적인 수단과 더불어 또 다른 수단이 반드시 필요하다. 경쟁적인 유도가 그것이다.

미국 사람들은 도시를 싫어한다는 믿음이 널리 퍼져 있다. 미국인들이 실패한 도시를 싫어할 수는 있지만, 현실을 보건대, 확실히 성공적이고 활기찬 도시 지역을 싫어하지는 않는다. 오히려 많은 사람들이 이런 장소를 이용하기를 원하고, 또 많은 사람들이 거기서 일하거나 살거나 그런 곳을 방문하기를 원하기 때문에 도시의 자기파괴가 일어난다. 우리는 다양성의 성공적인 조합을 돈으로 죽이면서 '친절로 사람 죽이기'를 자행하고 있는 것인지도 모른다.

요컨대 활기차고 다양한 도시 지역에 대한 수요가 너무 커서 공급이 따라가지를 못하는 실정이다.

눈에 띄게 성공적인 도시 지역이 자기파괴의 힘에 맞서 버티려면—그리고 자기파괴에 대한 방어가 성가신 만큼 효과를 발휘하려면—다양하고 활기차며 경제적으로 생명력이 있는 도시 지역의 공급 자체가 늘어나야 한다. 그리고 이와 더불어 우리는 다시 도시 다양성을 위해 경제적으로 필요한 네 가지 조건을 갖춘 도시 가로와 지구를 **더 많이** 공급해야 한다는 기본적인 요구로 돌아가게 된다.

분명 어느 때든 간에 가장 많은 다양성이 흘러넘치고, 가장 인기가 많으며, 그 순간에 수익성이 가장 높은 용도의 중복에 의해 파괴될 유혹이 가장 큰 지역은 언제나 있게 마련이다. 그러나 다른 지역이 기회와 중요도의 면에서 뒤떨어지지 않고 또 다른 곳이 성공을 거둔다면, 이런 지역들이 가장 인기 있는 곳에 대한 경쟁적인 유도를 제공할 수 있다. 이 지역들의 견인력은 가장 인기 있는 지구들에 도입된 중복을 가로막는 장애물——경쟁적인 유도에 필요한 부속물이다——에 의해 강화될 것이다. 그러나 다소 떨어지는 수준이더라도 경쟁적인 견인력을 가져야 할 것이다.

이제 경쟁하는 지역들이 피드백 신호에 대한 도시의 대용물을 필요로 할 만큼 충분히 성공을 거둔다면, 과도한 중복에 대한 방어를 요청하고 구해야 한다.

한 도시 지역이 '백치' 세포처럼 기능하기 시작하는 시점을 포착하기는 어렵지 않다. 눈에 띄게 성공적인 도시 지구를 잘 아는 사람이라면 이런 질적 전환이 언제 진행되는지를 안다. 점점 사라지기 시작하는 시설을 이용하거나 그 시설을 만족스럽게 바라보는 사람들은 애착심을 가진 지역의 다양성과 중요성이 언제 몰락해 가는지를 온전히 안다. 이런 사람들은 언제 일부 집단의 사람들이 밀려나고 인구의 다양성이 줄어드는지를 온전히 안다——그 사람들 자신이 밀려날 때는 더욱 그렇다. 이 사람들은 심지어 제안되거나 임박한 물리적 변화를 일상의 생활과 풍경의 변화에 투영해 봄으로써 이런 결과 가운데 많은 것들이 현실화되기 이전에 미리 그 모습을 알 수 있다. 이를 주제로 한 어느 지구의 토론회에 참석한 사람들은 굼뜬 지도와 통계가 불행한 결과에 관해 너무 늦게 말해 주기 전에 이미 다양성의 자기파괴의 현실과 결과 모두를 보여 준다.

눈에 띄는 성공의 자기파괴라는 이런 문제는 본질적으로 활기차고 다양한 도시 가로와 지구의 공급과 수요 사이에 더욱 건전한 관계를 맺는 문제이다.

13장_경계 공백지대의 저주

도시의 대규모 단일 용도들은 서로 공통된 특징을 갖고 있다. 단일 용도들은 경계를 이루며, 도시의 경계는 대개 파괴적인 이웃을 만들어 낸다.

경계 ─ 단일 대규모 또는 길게 뻗은 용도의 땅의 둘레 ─ 는 '평범한' 도시 지역의 가장자리를 이룬다. 종종 경계는 수동적인 사물이나 그저 무미건조한 가장자리로 여겨진다. 그렇지만 경계는 능동적인 영향력을 행사한다.

철로는 경계의 고전적인 사례이다. 워낙에 고전적인 사례인지라 오래전부터 사회적 경계를 상징하기에 이르렀다 ─ '철로 반대편'은 '다른 계층'을 의미한다(덧붙이자면 이 말은 대도시보다는 소읍과 관련된 함의를 지닌다). 여기서 우리는 경계에 의해 분리된 지역의 사회적 함의가 아니라 경계가 인접한 도시 환경에 미치는 물리적·기능적 영향에 관심을 기울일 것이다.

철로의 경우에 한쪽에 있는 지구가 다른 쪽에 있는 지구보다 형편이 좋을 수도 있고 나쁠 수도 있다. 그러나 물리적으로 최악의 장소는 대개 어느 쪽이든 간에 철로 바로 옆에 자리한 지역이다. 활기차고 다양한 성장이 이루어지고, 오래되거나 낡은 건물이 새로운 건물로 바뀌는 일은 어떤 것이든 간에 이 지역을 넘어선 안쪽에서, 즉 철로에서 떨어진 곳에서 일어나기 십상이다. 미국의 도시들에서 철로 옆에서 흔히 눈에 띄는 값싸고 쇠퇴한 지역은 철로나 측선 자체를 직접 실제로 이용하는 건물을 제외하고 지역 안에 있는 모든 것에 영향을 미치는 듯하다. 이상한 일이다. 쇠퇴와 붕괴의 요소들을 살펴보면, 이런 쇠퇴 지역에서 한때 사람들이 신축 건물, 아니 심지어는 야심적인 대규모 건물을 세우기에 적당하다고 생각했음을 흔히 볼 수 있기 때문이다.

철로변 지역이 황폐화하기 쉬운 것을 두고 흔히 사람들은 소음과 증기기관차 시절의 검은 매연, 그리고 철로가 대체로 바람직한 환경이 아니라는 사실을 들어 설명해 왔다. 그렇지만 내가 보기에 이런 단점은 원인의 일부일 뿐이며 어쩌면 사소한 부분일지도 모른다. 이런 단점들은 처음에 왜 발전을 가로막지 않았을까?

게다가 우리는 도시 부둣가를 따라 똑같은 종류의 황폐화가 진행되는 것을 볼 수 있다. 대개 철로변보다 부둣가가 황폐화가 더욱 심각하다. 그러나 부둣가는 그 자체가 시끄럽거나 더럽거나 불쾌한 환경은 아니다.

또한 대도시의 대학 캠퍼스나 '도시 미화' 시민센터, 대형 병원, 그리고 심지어 대규모 공원 등을 둘러싼 근린 지역이 이례적으로 황폐화되는 일이 얼마나 많으며, 물리적인 쇠퇴에 빠지지 않더라도 정체에 빠지는 일—쇠퇴의 선행 조건이다—이 얼마나 많은지, 이상한 일이다.

그러나 전통적인 도시계획과 토지이용 이론이 옳다면, 또 조용하고 깨끗한 환경이 흔히 생각하는 것처럼 많은 긍정적인 효과를 발휘한다면, 이런 실망스러운 지역은 경제적으로 눈에 띄게 성공을 거두어야 하고 사회적으로 활력이 넘쳐야 마땅하다.

철로, 부둣가, 캠퍼스, 고속화도로, 대규모 주차장, 대규모 공원 등은 비록 여러 면에서 서로 다르지만 공통점도 많이 있다——죽어 가거나 쇠퇴하는 환경 속에서 존재하려는 경향이 있다는 점에서 말이다. 그리고 말 그대로 매력적인——즉 사람을 끌어당기는——도시 지역을 살펴보면, 대규모 단일 용도가 바로 인접한 곳에서는 이런 운 좋은 지역을 좀처럼 찾아볼 수 없음을 깨닫게 된다.

도시가 이웃하는 경계의 근본적인 문제는 이것이 대다수 도시 가로 이용자들에게 막다른 골목 역할을 할 공산이 크다는 점이다. 대부분의 사람들에게, 대부분의 시간대에 경계는 장벽을 나타낸다.

그 결과, 경계에 접한 거리는 일반적인 이용의 종착지이다. 또 '통상적인' 도시 지역에서 사람들의 줄이 끝나는 곳인 이 거리를 단일 용도의 경계를 형성하는 지역 안의 사람들이 거의 또는 전혀 이용하지 않는다면, 이곳은 이용자가 거의 없는 죽은 장소가 되기 십상이다. 이런 죽은 듯한 분위기는 계속해서 영향을 미칠 수 있다. 인접한 경계 거리를 이용하는 사람이 거의 없기 때문에, 이웃한 거리들 역시 (그리고 어떤 경우에는 나란히 뻗어 있는 거리도) 이용자가 적다. 경계 방향으로 **가는 길에** 들르는 사람이 거의 없기 때문에 이 거리들에는 우연히 돌아다니는 사람들의 흐름이 없다. 따라서 이 이웃한 거리들이 텅 비고 그 때문에 사람들이 꺼리게 되면, 이 거리들과 이웃한 거리들 역시 이용하는 사람이 적어지게 된다. 사람을 <u>끄</u>는 힘이 강한 지역에서 많은 사람들이 이용하는 힘이 반작용을 할 때까지 계속 이런 도미노 효과가 나타난다.

따라서 경계는 인접한 곳에서 이용의 공백지대를 형성하는 경향이 있다. 또는 다른 식으로 말하자면, 경계는 도시의 이용을 한 장소에서 대규모로 과도하게 단순화함으로써 사람들이 인접한 지역에서 하는 이용까지 단순화하는 경향이 있으며, 이런 이용의 단순화는——각기 다른 목적으로 서로 다른 목적지로 향하는 이용자가 줄어드는 것을 의미하는데—스스로 덩치를 키운다. 단순화된 지역이 사업의 불모지대가 될수록 이용자는 더욱 적어지고 지역은 더욱 불모화된다. 일종의 파괴 과정, 또는 황폐화 과정이 시작된다.

이것은 심각한 문제이다. 왜냐하면 말 그대로 각기 다른 목적 때문에 거리에 나온 사람들이 계속 섞여 있어야 거리가 안전하게 유지되기 때문이다. 이러한 사람들의 혼합이야말로 이차적인 다양성을 조성하는 유일한 장치이다. 또 이런 혼합은 파편화되고 자기고립된 동네나 침체 지역에 지구를 형성하도록 장려하는 유일한 장치이다.

각기 다른 도시 용도에 대한 추상적이거나 간접적인 지원은 (혹시 다른 상황에서라면 도움이 될지도 모르겠지만) 이런 목표에는 도움이 되지 않는다.

때로는 황폐화 과정의 시각적인 증거가 마치 도표처럼 생생한 경우도 있다. 뉴욕 로워이스트사이드의 일부 지역이 그 대표적인 예인데, 밤에 특히 두드러진다. 대규모 저소득층 주택단지의 어둡고 텅 빈 부지의 경계에 있는 거리들 역시 어둡고 사람이 없다. 단지 주민이 운영하는 몇 곳을 제외하고는 대부분의 상점이 문을 닫았고, 많은 거리가 이용자 없이 텅 비어 있다. 단지 경계선에서 바깥쪽으로 걸음을 내딛어 보면 거리를 하나씩 지날 때마다 약간씩 활기가 눈에 띄고 조금씩 밝아지지만, 경제 활동과 사람들의 움직임이 점점 늘어나는 것을 뚜렷하게 보려면 거리를 여러 개 지나야 한다. 그런데 해마다 공백지대가 조금씩 더 잠식해 들어가는 것 같다. 이런 경계 사이에 답답하게 갇힌 동네나 거리는 완전히 죽어 버릴 수도 있다.

때로는 신문 기사를 통해 이런 황폐화 과정의 생생한 사례를 접하게 된다—가령 1960년 2월에 일어난 어느 사건에 대한 『뉴욕포스트』의 설명을 보라.

> 월요일 밤에 174번가 164 E.번지에 있는 코언Cohen's 정육점에서 일어난 살인 사건은 고립된 사건이 아니라 이 거리에서 잇따라 일어난 빈집털이와 노상강도 사건의 정점이었다. …… 어느 식료품점 주인의 말에 따르면, 2년 전쯤 거리를 가로지르는 크로스브롱크스 고속화도로Cross-Bronx Expressway 공사가 시작된 이래 이 지역이 고통을 받고 있다고 한다. …… 전에는 9시에서 10시까지 문을 열던 가게들이 이제는 7시면 문을 닫는다. 어두워지고 나서 감히 집밖으로 나오는 쇼핑객이 거의 없기 때문에 상점 주인들 역시 일거리가 줄어들어 밤늦게까지 문을 열 필요성을 느끼지 못한다. …… 살인 사건에 가장 큰 영향을 받은 이는 밤 10시까지 문을 여는 인근의 약국 주인이다. "무서워서 죽을 지경입니다." 약국 주인의 말이다. "그 시간까지 문을 여는 가게는 우리 집뿐이니까요."

때로는 신문 광고에 놀라운 매물—신형 동파이프 배관을 포함하여 최근에 개조된 방 10개짜리 벽돌 주택이 12,000달러에 나온다—목록이 실리고 주소를 통해 그 위치—대규모 주택단지와 고속화도로의 경계 사이—를 알게 될 때 이런 공백지대의 형성을 추론할 수 있다.

때로는 그 주된 결과로 보도의 불안전이 거리에서 거리로 점차 확산된다. 뉴욕의 모닝사이드하이츠에는 한쪽은 대학 캠퍼스와 접하고 다른 한쪽은 기다란 부둣가 공원과 접한 좁고 길쭉한 모양의 동네가 한 곳 있다. 또한 몇몇 시설들이 사이에 끼어들어 장벽을 형성하면서 동네를 가로막고 있다. 동네 어디를 가든 간에 금방 경계가 나타난다. 수십 년 동안의 경험에 비춰 볼 때, 밤 시간에 이런 경계선 가운데 사람들이 가장 피하는 곳은 공원과 접한 곳이다. 그러나 점차 그리고 거의 알아차릴 수 없을 정도로, 불안하다는 공통된 생각이 점점 더 이 지역에 영향을 미치고 있으며, 오늘날에는 밤에 혼자 축구를 하는 사람 이상의 사람들이 있는 곳은 한 거리의 한쪽 면뿐이다. 브로드웨이의 연장선인 이 한 면만 있는 거리는 대규모 캠퍼스의 죽은 듯 황폐한 경계선 건너편에 있다. 그런데 이 거리조차도 또 다른 경계선에 의해 가로막힌 곳에서 동네의 깊숙이까지 죽은 듯 조용해진다.

그러나 어쨌든 간에 대부분의 경우에 경계 공백지대에 어떤 극적인 면은 전혀 없다. 오히려 그저 활력이 없어 보이고 그런 상황이 쉽게 당연하게 받아들여지는 것이다. 존 치버John Cheever의 소설 『왑샷 가문 연대기』 The Wapshot Chronicle* 를 보면 공백지대에 관한 훌륭한 묘사가 나온다. "공원 북쪽에서 황폐해 보이는 동네에 들어선다. 박해를 받았다기보다 단지 인기가 없어서 그렇게 된 것 같다. 여드름이나 독한 입 냄새 때문에 그렇게 된 것처럼. 동네의 안색도 나쁘다. 아무런 색깔이 없고, 틈이 나 있으며, 이곳저곳이 특징이 없다."

경계선을 이용하는 사람이 드문 정확한 이유는 다양하다.

일부 경계선은 그곳을 지나는 일이 일방통행이 되기 때문에 이용하는 사람이 적다. 주택단지가 이런 경우이다. 단지에 사는 사람들은 경계선을 왕래한다(눈에 띌 만큼 많은 수의 움직임은 대개 단지의 한쪽 면이나 기껏해야 두 면을 이용한다). 이웃한 사람들은 대부분 경계선의 자기 쪽 면만을 이용하며 이 선을 막다른 골목처럼 여긴다.

---

* 존 치버, 『왑샷 가문 연대기』, 김승욱 옮김, 민음사, 2008.

일부 경계선은 양쪽 모두의 교차이용을 가로막는다. 광활한 철로나 고속화도로, 장벽 역할을 하는 강 등이 대표적인 예이다.

일부 경계선은 양쪽 방향에서 교차이용이 이뤄지지만, 감지할 수 있는 규모는 낮 시간에 국한되거나 연중 일정한 시기에는 이용도가 크게 떨어진다. 대규모 공원이 대표적인 예이다.

또 다른 경계선은 그것을 이루는 대규모 단일 요소가 넓은 주변 지역에 비해 토지 이용 집약도가 낮기 때문에 이용하는 사람이 적다. 대규모 부지에 지어진 시민센터가 대표적인 예이다. 이 글을 쓰는 지금, 뉴욕 시 도시계획위원회는 브루클린에 산업단지를 만들려고 노력 중인데, 이 단지가 100에이커로 이루어지며 약 3,000명의 노동자를 고용하는 업체들을 수용할 것이라고 발표한 바 있다. 에이커당 노동자 30명은 도시 토지 이용에서는 무척 집약도가 낮고, 100에이커는 무척 넓은 주변 지역을 만들어 내기 때문에 이 계획이 실행되면 단지의 경계선에는 그곳을 이용하는 사람이 적을 것이다.

원인이 무엇이든 간에 공통된 결과는 규모가 넓거나 길게 뻗은 주변 지역을 이용하는 사람이 희박하다는 것이다.

도시설계가들에게 경계 공백지대는 당혹스러운 현상이다. 도시의 활력과 다양성을 진심으로 소중히 여기고, 활기 없는 고요와 특징 없이 불규칙하게 뻗은 모습을 혐오하는 이들에게는 더욱 그러하다. 때로 도시설계가들은 경계선이 집중도를 높이고, 중세 도시의 성벽이 그랬던 것처럼 도시에 선명하고 뚜렷한 형태를 부여하는 적절한 수단이라고 논한다. 그럴듯한 생각이다. 일부 경계선은 의심할 나위 없이 도시 지역을 하나로 모음으로써 집약시키는 데 이바지하기 때문이다. 샌프란시스코와 맨해튼의 강과 바다의 장벽은 둘 다 이런 효과를 낳는다.

그렇지만 커다란 경계선이 도시의 집약도를 높일 때도, 이런 경우에 흔히 그렇듯이, 경계 지역 자체는 이런 집약도에 턱없이 미치지 못한다.

도시의 모든 땅을 두 가지 유형으로 구분해 보면, 이런 '이상한' 행태를 이해하는 데 도움이 된다. 일반적인 땅이라 이름 붙일 수 있는 첫번째 유형은 사람들이 걸어서 이용하는 용도로 사용된다. 사람들이 한곳에서 다른 곳으로 가는 길에 자유롭게 스스로 택해서 이용하는 땅이다. 거리와 대부분의 소규모 공원이 여기에 포함되며, 거리처럼 자유롭게 사용되는 경우에는 건물의 로비도 포함된다.

특별한 땅이라 이름 붙일 수 있는 두번째 유형은 도보로 이동하는 사람들이 통행로로 흔히 이용하지 않는다. 이 땅에 의지할 수도 있고 아닐 수도 있다. 공공 소유일 수도 있고 아닐 수도 있다. 또 사람들에게 물리적으로 접근 가능할 수도 있고 아닐 수도 있다. 이런 것은 중요하지 않다. 중요한 것은 사람들이 그곳을 통해서가 아니라 그 주변이나 그곳을 따라 걷는다는 사실이다.

일반 보행자들에 관한 한 당분간은 이 특별한 땅을 일종의 장애물로 생각하도록 하자. 일반 보행자들에게 막힌 곳이기 때문이든, 아니면 보행자들이 관심을 가질 만한 게 없기 때문이든 간에, 이 땅은 지리적인 장애물이다.

이런 식으로 보면, 도시의 모든 특별한 땅은 일반적인 땅의 이용을 막는 방해물이다.

그러나 다른 면에서 보자면, 이 특별한 땅은 일반적인 땅의 이용에 큰 기여를 한다. 사람들에게 기여를 하는 것이다. 특별한 땅은 사람들이 이동하는 데 필요한 모든 것을 제공한다. 집이나 직장에서 사람들을 수용하거나 다른 목적으로 사람들을 끌어당김으로써 사람들에게 무엇이든 제공하는 것이다. 만약 도시에 건물이 하나도 없다면, 도시 가로를 이용할 필요가 없을 것이다.

그리하여 두 종류의 땅 모두 도시의 순환에 기여한다. 그러나 양자의 관계에는 언제나 일정한 긴장이 존재한다. 특별한 땅의 두 가지 역할—일반적인 땅의 이용에 공헌하는 역할과 그것을 방해하는 역할—사이에는 항상 인력과 척력이 존재한다.

이것은 도심 상인들이 오래전부터 잘 알고 있는 원리이며, 상인들의 말로 설명하는 것이 가장 쉽다. 어느 곳에서든 도심 거리에 중요한 '활기 없는 장소'가 등장하면, 그곳을 이용하는 보행자 규모와 그 지점의 도시 이용도는 줄어들게 된다. 때로는 그런 감소가 경제적으로 무척 심각해서 활기 없는 장소의 한쪽이나 다른 쪽에서 사업이 쇠퇴한다. 이런 활기 없는 장소는 실제로 비어 있을 수도 있고, 또는 이용자가 적은 기념탑 같은 곳이나 주차장, 아니면 오후 세 시가 지나면 활기가 뚝 끊기는 은행가일 수도 있다. 구체적으로 어떤 곳이든 간에, 활기 없는 장소가 일반적인 땅에 대해 지리적 장애물로서 하는 역할이 일반적인 땅에 대해 이용자들의 공헌자로서 하는 역할을 압도한다. 양자 사이의 긴장이 느슨해진다.

일반적인 땅은 특별한 땅의 활기 없는 장소가 미치는 효과의 대부분을 흡수하고 줄일 수 있다—이런 장소가 물리적으로 규모가 작은 경우에는 더욱 그렇다. 특별한 땅과 일반적인 땅이 서로 주고받는 교환의 강도에 다양한 변화가 필요하다. 거리와 지구의 다양성을 위해서는 규모가 작은 조용한 장소들에서 시작해서 점점 분주한 장소들이 많아지는 것이 필요하기 때문이다.

그렇지만 특별한 땅이 커다란 장애물이 되면, 두 종류의 땅 사이의 긴장이 완전히 느슨해져서 정상적으로 그 긴장을 줄이거나 상쇄할 수 없다.

특별한 땅은 일반적인 땅에서 물리적 장애물로서(또는 선택에 따른 이용의 차단선으로서) 얼마만큼을 가져가는가? 또 이용자들의 집중 속에 일반적인 땅에 얼마만큼을 돌려주는가? 이런 질문에 대한 빈약한 답은 대체로 일반적인 땅에 공백지대가 생겼음을 의미한다. 문제는 왜 이용이 집중되어도 깔끔하고 뚜렷한 경계선에 부합하지 못할 정도로 제멋대로인가 하는 것이 아니다. 오히려 문제는 왜 우리가 그렇게 될 만큼 제멋대로인 이용의 집중을 기대하는가 하는 것이다.

경계선은 이웃한 일반적인 땅에 이런 공백지대를 만들어 내기 (그리하여 다양성이나 사회적 활기가 자라나기에는 비정상적으로 빈약한 장소로 만들기) 쉬울 뿐만 아니라 도시를 여러 조각으로 분할한다. '평범한' 도시의 근린들은 경계선에 의해 반대편과 갈라진다. 이런 점에서 경계선은 소규모 공원과 정반대의 방식으로 작용한다. 인기 있는 소규모 공원은 각기 다른 방향에 있는 동네를 하나로 결합하며 여러 동네의 사람들을 한데 뒤섞는다. 경계선은 또한 도시 가로와 정반대의 방식으로 작용한다. 도시 가로 역시 보통 양쪽의 땅과 용도를 하나로 결합하고 이용자들을 한데 뒤섞기 때문이다. 또한 경계선은 인상적이지만 규모가 작은 용도들과 정반대의 방식으로 작용한다――그렇지만 이런 용도들과 일부 공통점도 있기는 하다. 가령 기차역은 철로와 다른 방식으로 주변 환경과 상호작용을 하며, 단일 관청 건물은 대규모 시민센터와는 다른 방식으로 주변 동네와 상호작용을 한다.

이와 같은 경계선의 갈라놓기 효과 또는 도시분할 효과 자체는 그 자체가 항상 유해한 것은 아니다. 경계선에 의해 갈라진 각각의 지역이 하나의 강력한 도시 지구를 형성할 만큼 규모가 크고 용도와 이용자의 잠재적 기반이 충분히 다양하고 크다면, 분리 효과가 별다른 피해를 미치지 않을 것이다. 실제로 분리 효과는 사람들이 방향을 가늠하고, 머릿속에 도시의 지도를 갖추고, 한 지구를 하나의 장소로 이해하는 데 도움이 되는 수단으로서 긍정적인 역할을 할 수도 있다.

경계선이 (5장에서 설명한 것처럼) 지구를 양분하거나 파편화한 나머지 분리된 동네가 허약하게 산산조각 나고 하위도시 규모의 지구가 기능적으로 존재하지 못하게 되면 문제가 발생한다. 간선도로나 공공기관, 주택단지, 캠퍼스, 산업단지, 또는 다른 어떤 특별한 땅의 대규모 용도에 의해서든 간에 경계선이 빈번하게 생기면, 이런 식으로 도시가 갈가리 찢어질 수 있다.

경계선의 단점을 이해하면, 요즘 흔히 범하는 것처럼, 쓸모없는 경계선 구축이 도시의 발전된 질서 형태를 표상한다는 그릇된 인식 아래 불필요한 경계선을 만들어 내는 잘못을 범하지 않게 된다.

그렇다고 해서 도시를 경계선으로 나누고 주변에 공백지대를 만드는 경향이 있는 모든 기관이나 시설을 도시 생활의 적으로 여겨야 한다는 결론이 나오는 것은 아니다. 정반대로 이런 기관이나 시설의 대다수는 분명 도시에 가장 중요하고 바람직한 것들이다. 대도시에는 대학과 대형 병원, 대도시의 즐길 거리를 두루 갖춘 대규모 공원 등이 필요하다. 도시에는 철로가 필요하며, 경제적 이점이나 편의를 위해 부둣가를 이용할 수도 있다. 또 도시에는 (특히 트럭 운송을 위해) 어느 정도의 고속화도로가 필요하다.

중요한 것은 이와 같은 시설을 필요 없다고 치부하거나 그 가치를 최소화하는 게 아니다. 그보다 중요한 것은 이런 시설들이 장단점을 갖고 있음을 인식하는 것이다.

만약 이런 시설들의 파괴적인 효과를 상쇄할 수 있다면, 이 시설들 자체가 더 나은 기능을 할 것이다. 쇠퇴하는 것은 제쳐두고라도 주변이 황량하고 공허해지는 것은 이 시설들 대부분에게나 시설을 이용하는 사람들에게나 축복할 일이 전혀 아니다.

* * *

내가 보기에 바로잡아야 할 가장 간단한 사례는 논리적으로 볼 때 주변에 훨씬 더 많은 이용을 장려할 수 있는 경계선들이다.

예를 들어 뉴욕 시의 센트럴파크를 생각해 보라. 동쪽 편을 따라 공원 주변이나 바로 안쪽에 (주로 낮 시간의) 집약적인 이용의 사례가 몇 가지 있다——동물원, 메트로폴리탄미술관Metropolitan Museum of Art, 모형보트 연못 등이 그것이다. 공원 서쪽 편은 기묘하게도 주변이 안쪽을 잠식한다. 이런 잠식은 특히 밤에 이루어지고 이용자들 스스로 만들어 낸 것으로 유명하다. 공원으로 들어가는 횡단보도인 이곳은 개를 데리고 저녁 산책을 나온 사람들이 이용하는 길이 되었고, 다른 산책자들과 안전하게 공원에 들어가고 싶어하는 사람들 역시 이용하게 되었다.

그렇지만 공원 주변——특히 서쪽 편——에는 텅 빈 길이 넓게 뻗어 있고, 이런 공간은 많은 경계선을 따라 좋지 않은 공백 효과를 발휘한다. 한편 공원 깊숙이에는——자체의 성격 때문이 아니라 위치 때문에——낮 시간에만 이용할 수 있는 것들로 가득하다. 그 시설을 이용하는 사람들 대다수가 접근하기도 어렵다. 체스의 집(황량한 차고처럼 생겼다)이 한 예이다. 회전목마 역시 마찬가지이다. 한겨울에는 오후 네 시 반만 되어도 경비원들이 사람들의 안전을 위해 출입을 막는다. 게다가 이 시설들은 음산하고 흉한 건축 구조는 제쳐두고라도 공원 깊숙이 자리한 위치 때문에 우울한 분위기를 풍긴다. 근사한 회전목마를 죽은 듯 우울하게 보이게 만드는 것은 대단한 업적이지만 이런 업적이 센트럴파크에서 이뤄지는 것은 문제가 있다.

이와 같은 공원 용도들은 대규모 공원의 경계선에 자리해야 하며, 경계를 이루는 거리와 공원 사이의 연결고리로 설계되어야 한다. 이 시설들은 거리의 세계와 동시에 반대편에 있는 공원의 세계에도 속할 수 있고, 이런 이중생활이 매력적일 수도 있다. 이 시설들은 공원을 차단하는 테두리(끔찍한 모습이다)가 아니라 사람을 끌어당기는 집약적인 경계 활동의 장소로 간주되어야 한다. 밤 시간에 이 시설들을 이용하도록 장려해야 한다. 시설의 규모가 클 필요는 없다. 규모가 무척 큰 공원의 주변 지점마다 각각 독특한 구조로 지은 체스와 체커용 정자 식 건물 서너 곳을 배치해두는 것이 규모가 네 배 큰 체스 및 체커용 건물을 하나 두는 것보다 훨씬 중요하다.

공원의 공백지대와 맞서는 것은 거리 반대편——도시 쪽——에 달려 있기도 하다. 대규모 도시 공원에 의심쩍은 용도를 도입하자는 제안이 어디선가 항상 들려온다. 상업화의 압력은 언제나 존재한다. 뉴욕에서 많은 논쟁을 불러일으켰던, 센트럴파크에 새로운 카페를 지어서 기증한다는 문제 같은 일부 제안은 당혹스럽다. 이것은 상징적인 동시에 말 그대로도 아슬아슬한 경계에 걸친 경우이다. 이런 반¥상업적이거나 상업적인 용도의 대부분은 오가는 사람들의 교차이용(과 교차감시)을 극적으로 보여 주고 강화하기 위해 의도적으로 공원 경계선의 도시 쪽에 배치되어 있다. 이 용도들은 대개 공원 쪽의 경계 용도와 협력 관계 속에서 작동해야 한다. 공원 경계에 **바로** 접한 공원 스케이트장과, 길 건너편 도시 쪽에 있어서 스케이트 타는 사람들이 음식물을 사고 구경꾼들은 칸막이가 되어 있거나 뻥 뚫린 테라스에 앉아 스케이트 타는 모습을 구경할 수 있는 카페가 대표적인 예일 것이다. 이 경우에도 역시 스케이트장과 카페를 밤늦게까지 이용하지 못할 이유는 전혀 없다. 큰 공원에서 자전거를 타는 것은 즐거운 일이지만, 자전거 대여는 도시 쪽 경계선에서 끝나게 마련이다.

요컨대 중요한 문제는 경계선의 사례를 찾아내고 새로운 사례를 만들어 내면서 도시를 도시로, 공원을 공원으로 유지시키는 한편 양자 사이의 협력 관계를 뚜렷하고 활기차며 빈번하게 만드는 일일 것이다.

매사추세츠 공과대학의 도시계획학 부교수이자 『도시의 이미지』^{The} $_{Image\ of\ the\ City}$*의 저자인 케빈 린치$^{Kevin\ Lynch}$는 다른 문제와 관련하여 여기서 필요한 원칙을 명쾌하게 밝힌 바 있다. "시각이나 동작을 통한 관통이 일정하게 허용된다면 ─ 이를테면 양편에 있는 지역과 어느 정도 깊숙이 구조화되어 있다면 ─ 경계는 압도적인 장벽 이상이 될 수도 있다. 이 경우에 경계는 장벽이라기보다는 이음매, 즉 두 지역을 하나로 봉합하는 교환선이 된다."

린치의 말은 경계와 관련된 시각적·심미적 문제에 관한 것인데, 경계선이 야기하는 많은 기능적 문제에도 이와 동일한 원칙이 정확하게 적용된다.

대학교의 경우, 만약 일반인들을 위한 용도를 주변 경계선의 전략적인 지점에 배치한다면, 또 주변 경계선에 일반인의 시각과 관심에 적합한 요소들을 ─ 숨기는 대신 ─ 배치하고 풍경을 개방한다면, 적어도 캠퍼스의 일부를 장벽이 아닌 이음매로 만들 수 있다. 뉴욕의 사회연구를 위한 뉴스쿨$^{New\ School\ for\ Social\ Research}$은 매우 작은 규모로 ─ 학교 자체가 비교적 작기 때문이다 ─ 도서관이 있는 신축 건물을 통해 이런 결과를 이루

---

*케빈 린치, 『도시환경디자인』, 한영호 옮김, 광문각, 2003.

었다. 도서관은 거리와 학교의 작은 '캠퍼스'—매력적인 안뜰이다—를 잇는 연결고리이다. 도서관과 전망이 모두 시각적으로 열려 있고 극적인 모습이며, 거리에 활기와 즐거움을 준다. 내가 아는 한, 도시에 있는 대규모 대학들은 자기의 독특한 시설에 대해 생각하거나 상상력을 발휘하지 않는다. 대학들은 으레 전원 속에 은둔한 장소를 자처하며 도시에 이식된 자신의 위치를 향수에 젖어 부인하거나 업무용 건물인 것처럼 행세한다. (물론 실상은 둘 다 아니다.)

부둣가 역시 오늘날 통상적으로 보이는 모습보다 훨씬 더 이음매처럼 작용할 수 있다. 쇠락한 부둣가의 공백지대를 구해 내는 통상적인 방식은 그곳에 공원을 만드는 것인데, 이번에는 공원이 경계 영역이 되어—예상한 것처럼 대개 섬뜩할 정도로 이용하는 사람이 없다—공백지대 효과를 내륙으로 확산시킨다. 처음에 문제가 시작된 곳, 즉 해안선에서 문제를 파악하여 바닷가를 이음매로 만드는 것을 목표로 삼는 게 적절한 처사이다. 끝없이 뻗은 길을 내기 위해 흥밋거리가 많은 부둣가의 업무용도를 평범한 전망에서 차단하고, 그로써 바다 자체를 지상의 도시 전망에서 차단해서는 안 된다. 이런 길에는 작업하는 모습이나 배가 지나가는 모습을 힐끗 보거나 관찰하도록 계산된 작은 공공광장을 곳곳에 만들어야 한다. 내가 사는 곳 근처에는 오래된 탁 트인 선창이 있는데, 사방 몇 마일 안에 유일한 선창인 이곳 옆에는 위생국의 거대한 소각로와 평저선 계류장이 있다. 이 선창에서 사람들은 뱀장어 낚시나 일광욕, 연날리기, 자동차 수리, 피크닉, 아이스크림이나 핫도그 노점 등을 하거나 자전거를 타고, 지나가는 배에 손을 흔들고, 이런저런 참견을 한다. (공원관리국 관할 지역이 아니기 때문에 누구나 어떤 일이든 할 수 있다.) 더운 여름밤이나 나른한 한여름의 일요일에 이보다 더 좋은 곳은 찾기가 쉽지 않다. 이따금 청소차가 대기하고 있던 폐기물 평저선에 쓰레기를 쏟아부을 때면 철커덩하는 기계음과 첨벙하고 쏟아지는 소리가 대기를 가득 메운다. 아름다운 광경은 아니지만 선창에서 볼 만한 구경거리이다. 모든 사람이 눈을 떼지 못한다. 작업 중인 부두를 통과하는 경우에 볼 만한 게 전혀 없는 곳으로 분리되기보다는 어느 쪽에서든 작업(하역이나 도킹)이 진행되는 곳으로 향할 필요가 있다. 가능한 곳에서 배에 올라 보고 직접 타고, 낚시와 수영 등을 하는 것은 모두 바다와 육지 사이에 가로놓인 경계를 장벽이 아니라 이음매로 만드는 데 도움이 된다.

일부 경계선을 이음매로 바꾸려는 것은 부질없는 노력이다. 고속화도로와 입체교차로가 대표적인 예이다. 게다가 대규모 공원이나 캠퍼스, 부둣가의 경우에도 일부 주변에서만 장벽 효과를 제대로 극복할 수 있다.

내가 보기에 이러한 경우들에서 공백지대에 맞서 싸우는 유일한 방법은 가까이에 있는 이례적으로 강력한 대항세력의 힘을 빌리는 것이다. 즉 경계선 근처에 높은 (그리고 다양한) 인구 집중이 의도적으로 이루어져야 하고, 경계선 가까이에 있는 블록들, 특히 짧고 잠재적인 거리 이용이 극히 유동적이어야 하며, 주요 용도의 혼합이 풍부해야 한다. 또 다양한 연수의 건물이 섞여 있어야 한다. 이러하다고 해서 경계선 바로 옆에 많은 이용자가 집중되지는 않겠지만 경계선을 좁은 지역에 국한시키는 데는 도움이 된다. 뉴욕 센트럴파크 근처 동쪽에 있는 매디슨애비뉴의 대부분은 공원의 경계 공백지대에 대한 대항세력으로 작용한다. 서쪽에는 이와 같은 가까운 대항세력이 전혀 없다. 남쪽에서는 공원 건너편의 보도까지 대항세력이 작용한다. 그리니치빌리지에서는 대항세력이 부둣가 공백지대를 점차 밀어내고 있다. 블록이 무척 짧아서——어떤 곳은 48미터 정도이다——활기가 쉽게 이어질 수 있기 때문이다.

필요한 도시 경계선의 부작용을 막기 위해 대항세력을 활용한다 함은 다음과 같은 것을 의미한다. 가급적 많은 도시 요소들을 활용해서 활기차고 혼합된 지역을 구축하고, 가급적 적은 요소들을 활용해서 경계선을 불필요하게 구성해야 하는 것이다.

주거──보조금을 받든 안 받든──, 주요 회관, 강당, 지자체 청사, 대부분의 학교와 도시 생산시설, 모든 도시 상업이 얽히고설킨 도시 구조의 본질적인 요소로서 혼합된 환경에서 서로 어울려 기능한다. 이런 요소들을 혼합에서 빼내서 대규모 단일 용도의 형태로 분리하게 되면, 결국 불필요한 경계선이 되어 버릴 뿐만 아니라, 도시 혼합물의 다른 요소들로부터 제외됨으로써 대항세력을 창출할 수 있는 재료를 잃게 된다.

보행자 거리 계획안이 **만약** 본질적으로 미약하고 파편화된 보호지역 주위에 차량의 운행과 주차를 위한 대규모 경계선을 만들어 낸다면, 이 계획안은 **문제를 해결하기보다 더 많은 문제를 만들어 낼 수 있다.** 그렇지만 최근 유행하는 도심 쇼핑가와 재개발 지역의 '중심가'에 관한 도시계획 구상은 이런 식이다. 도시 자체가 어떻게 움직이는지를 이해하지 않은 채 도시 교통계획과 간선도로 체계를 고안하는 데 따르는 위험 가운데 하나는 이런 것이다. 이런 계획은 의도가 아무리 좋더라도 끝없는 경계 공백지대와 이용의 불연속성을 낳을 수 있으며, 이런 결과는 곳곳에서 쓸데없는 커다란 피해를 끼칠 것이다.

14장_탈슬럼화와 슬럼화

슬럼과 거기 사는 사람들은 외견상 끝이 없는, 서로 강화하는 문제들의 희생자(이자 그 문제들을 영구화하는 주체)이다. 슬럼은 악순환처럼 작동한다. 시간이 흐르면서 이 악순환은 도시의 기능 전체를 집어삼킨다. 슬럼의 확산은 어느 때보다도 많은 공공 자금을 요구한다——단지 공적 지원을 통한 개선이나 현상 유지를 위한 것만이 아니라 계속 확대되는 퇴보에 대처하기 위해 말이다. 수요가 커질수록 필요한 자금은 점점 줄어든다.

현재 미국의 도시 재개발 관련 법률은 슬럼과 슬럼 주민들을 곧바로 일소하고, 그 대신 더 많은 조세 수입을 안겨 주거나 상대적으로 저렴한 공공시설로 유순한 주민들을 유인하기 위해 고안된 주택단지를 세움으로써 악순환의 이런 특정 고리를 끊으려는 시도이다. 이런 방식은 성공을 거두지 못한다. 이 방식은 기껏해야 슬럼을 한곳에서 다른 곳으로 옮기면서 더 많은 고통과 붕괴를 초래할 뿐이다. 최악의 경우에는 건설적이고 호전되는 공동체가 존재하기 때문에 파괴보다는 격려가 필요한 동네를 파괴해 버린다.

슬럼으로 전락하는 동네들에서 이루어지는 '황폐화 퇴치'와 '보존' 캠페인이 그렇듯이, 슬럼 이동 역시 실패로 돌아간다. 증상만을 건드리는 식으로 문제의 원인을 극복하려 하기 때문이다. 때로는 슬럼 이동론자들을 사로잡는 증상들 자체가 현재나 미래의 불행을 가리키는 중요한 지표라기보다는 예전에 겪은 문제의 자취인 경우도 있다.

슬럼과 슬럼 주민에 대한 전통적인 도시계획의 접근법은 철저히 온정주의적이다. 온정주의자들의 문제점은 불가능할 정도로 심대한 변화를 원하며 그런 변화를 위해 불가능할 정도로 피상적인 수단을 택한다는 것이다. 슬럼을 극복하기 위해서는 우선 슬럼 주민들을 자기 자신의 이해관계를 이해하고 그에 따라 행동할 능력이 있는 사람들——사실이 그러하다——로 간주해야 한다. 슬럼 자체에 존재하며 실제 도시에서 명백하게 작동하는 재생을 위한 힘들을 식별하고 존중하며 그에 입각해서 계획을 세울 필요가 있다. 이런 방식은 사람들에게 더 나은 삶을 후원하려고 애쓰는 것과 거리가 멀며, 오늘날 흔히 쓰이는 방식과도 거리가 멀다.

확실히 악순환은 따라잡기가 쉽지 않다. 원인과 결과가 무척 복잡한 방식으로 서로 연결을 거듭하기 때문에 인과관계가 혼란스럽게 된다.

그렇지만 하나의 중요한 구체적인 연결고리가 존재한다. 이 연결고리가 끊어지면 (이 고리를 끊는 것은 단순히 더 나은 주거를 공급하는 문제가 아니다) 슬럼은 자생적으로 탈슬럼화한다.

영속적인 슬럼의 핵심 연결고리는 지나치게 많은 사람들이 지나치게 빨리 빠져나간다——동시에 많은 이들이 탈출을 꿈꾼다——는 점이다. 슬럼이나 슬럼 생활을 극복하려는 다른 노력이 최소한 효과를 발휘하려면 우선 이 고리를 끊어야 한다. 노스엔드나 시카고의 백오브더야즈, 샌프란시스코의 노스비치, 또는 지금 내가 사는 예전의 슬럼 같은 곳에서는 실제로 과거에 이런 고리를 끊었고 지금까지 그 상태를 유지하고 있다. 미국의 도시 슬럼 가운데 극히 일부만이 이 고리를 끊을 수 있었다면, 희망의 근거로서는 회의적으로 볼 수밖에 없다. 이곳들이 변종일 수 있는 것이다. 더욱 중요한 곳은 탈슬럼화가 시작되고 사람들의 인정을 받지 못하면서 진행되다가 흔히 저지되거나 파괴되는 수많은 슬럼 동네들이다. 탈슬럼화가 꽤 많이 진행되었던 뉴욕 이스트할렘의 일부 지역은 처음에 필요한 돈을 구하지 못해서 저지되었다. 그러다가 이 때문에 탈슬럼화 과정이 느려지지만 그럼에도 슬럼 상태로 퇴행하지는 않은 경우에 이런 동네의 대부분이 완전히 파괴되었다—슬럼 문제에 대해 거의 병적인 과시가 되어버린 주택단지로 대체되었던 것이다. 탈슬럼화가 시작되었던 로워이스트사이드의 많은 지역이 파괴되고 있다. 내가 사는 동네는 최근인 1950년대 초반에 주민들이 시청에 맞서서 싸울 능력이 있었던 덕분에—그리고 이 지역이 돈 있는 새로운 주민들을 끌어들이고 있다(탈슬럼화된 상태를 보여주는 이런 징후는 사람들의 이목을 끌지 않으면서 이루어진 건설적인 변화들 가운데 극히 일부였다)는 증거를 공무원들에게 내밀어서 당혹스럽게 만든 덕분에—파국적인 정리를 면했다.*

펜실베이니아 대학의 사회학자인 허버트 갠스Herbert Gans는 미국도시계획가협회American Institute of Planners의 1959년 2월호 회보에서, 인정받지 못한 탈슬럼화하는 슬럼—보스턴의 웨스트엔드—이 파괴되기 직전의 모습을 침착하면서도 통렬하게 묘사한 바 있다. 갠스는 웨스트엔드가 비록 공식적으로는 '슬럼'으로 간주되지만, 정확히 말하자면 "임대료가 낮은 안정된 지역"이 맞는 설명이라고 지적한다. "사회적 환경의 성격 때문에 여러 문제와 병리 현상을 낳는다고 입증될 수 있는" 지역이 슬럼의 정

---

* 1961년 현재 시 당국은 우리 동네를 텅 빈 유사 교외로 '부활'시키기 위한 권한과 연방 자금을 얻기 위해 다시 노력 중이다. 물론 우리 동네는 이런 시도에 맞서 격렬하게 싸우고 있다.

의라면, 웨스트엔드는 슬럼이 아니라고 갠스는 말한다. 갠스는 자기 지구에 대한 주민들의 대단한 애착과 고도로 발달한 비공식적인 사회적 통제, 그리고 많은 주민들이 아파트 내부를 현대화하거나 개선했다는 사실 등에 관해 말한다——이 모든 것은 탈슬럼화하는 슬럼의 전형적 특징이다.

탈슬럼화는 역설적으로 슬럼 인구의 상당 부분을 슬럼 내부에 그대로 보존할 수 있는지 여부에 달려 있다. 슬럼에 사는 상당수의 주민과 상인들이 바로 그곳에서 생활 계획을 세우고 실행해 나가는 것을 바람직하고 현실적이라고 여기는지, 또는 사실상 모두가 다른 곳으로 옮겨 가야 하는지가 관건인 것이다.

시간이 흘러도 사회적으로나 경제적으로 개선의 징후가 전혀 보이지 않거나 약간 개선되다가 퇴보하는 슬럼들에 대해서는 '영구적인 슬럼'이라는 명칭을 사용할 것이다. 그렇지만 슬럼인 동네에 도시 다양성을 창출하는 조건들을 도입할 수 있고, 탈슬럼화의 징후들이 좌절되지 않고 장려된다면, 어떤 슬럼도 영구적일 이유는 전혀 없다고 나는 생각한다.

영구적인 슬럼이 탈슬럼화를 위해 충분한 수의 주민을 잡아 두지 못하는 무능은 슬럼 자체가 시작되기 전에 시작된 특징이다. 슬럼이 형성되면서 도시의 건강한 조직을 악의적으로 밀어낸다는 허구가 존재한다. 얼토당토않은 말이다.

가시적인 황폐화가 나타나기 오래전부터 존재하는 초기 슬럼의 첫번째 징후는 정체와 황량함이다. 황량한 동네는 정력적이고 야심이 있으며 부유한 시민들에게 불가피하게 버림을 받으며, 쉽게 떠날 수 있는 젊은 사람들에게도 버림을 받는다. 이런 동네에 자발적으로 들어오는 새로운 주민은 거의 없다. 게다가 이처럼 기존 주민 가운데 일부가 떠나고 새로운 피가 유입되지 않는다는 점 말고도, 이런 동네는 결국 빈민이 아닌 주민들이 갑자기 한꺼번에 이탈하는 일을 겪기가 쉽다. 이런 일이 벌어지는 이유는 앞에서 이미 언급한 바 있다. 도시 생활을 위해 실행 불가능한 '활기 없는 극심한 황폐함'을 되풀이할 필요는 전혀 없기 때문이다.

요즘에는 초기에 슬럼이 형성될 가능성을 제공하는 빈민이 아닌 주민들의 대대적인 이탈을 또 다른 슬럼(특히 흑인 슬럼가일 때)과의 근접성이나 소수 흑인 가구의 존재 탓으로 돌리곤 한다. 과거에 슬럼 형성을 이탈리아계나 유대계, 아일랜드계 가구와의 근접성이나 그런 가구의 존재 탓으로 돌렸던 것처럼 말이다. 때로는 주거 노후화나 아니면 놀이터의 부족이나 공장과의 근접성 같은 모호하고 일반적인 단점 탓으로 돌리기도 한다.

그렇지만 이 모든 요소들은 실체가 뚜렷하지 않다. 시카고에서는 호숫가의 풍치 지구에서 한두 블록 안쪽으로 들어온 곳에, 소수 인종 주거지에서 한참 떨어져서 푸른 잎이 우거지고 섬뜩할 정도로 조용하며 거대한 몸집을 뽐내는 건물들로 이루어진 동네를 볼 수 있다. 그런데 이런 동네에 말 그대로 사람들이 떠난 표시가 곳곳에 있다. '임대', '셋집 있음', '빈 집 있음', '장단기 셋방 있음', '셋방 쓰실 분', '잠자는 방', '가구 완비 방 있음', '가구 없는 방 쓰실 분', '아파트 임대' 등등. 유색인 시민들의 주거지가 지독하게 과밀하고 또 터무니없이 비싼 도시에서 이 건물들은 들어와서 살 사람을 찾지 못하고 있다. 이 건물들은 백인에게만 임대하거나 매도하기 때문에 임자를 찾기가 쉽지 않다—선택권이 무척 많은 백인들은 군이 이곳에서 살려고 하지 않기 때문이다. 이런 특별한 난국의 수혜자는 적어도 당분간은, 도시로 올라오는 시골사람들이다. 경제적 선택의 여지가 협소하고 도시 생활에 아직 익숙하지 않은 시골사람들 말이다. 그러나 시골사람들이 수혜자라고 하기도 민망하다. 도시 생활에 적절하지 않은 탓에 결국 시골사람들보다 좀더 세련되고 능력 있는 주민들을 밀어낸 황량하고 위험한 동네를 물려받은 것이니 말이다.

때로는 한 동네의 주민들을 밀어내려는 의도적인 음모가 이루어지기도 한다──부동산 중개인들이 공포에 질린 백인들에게 헐값에 주택을 사서 만성적인 주택 부족에 시달리는 유색인종에게 터무니없는 값에 팔아넘겨서 폭리를 취하는 것이다. 그러나 이런 사기조차도 이미 정체하고 활력이 떨어지는 동네에서만 통한다. (때로는 이런 사기 때문에 거꾸로 동네가 더 잘 유지된다. 기존에 있던 백인들보다 전반적으로 더 능력이 있고 경제적으로 유능한 유색인 주민들이 들어오기 때문이다. 그러나 착취의 경제학은 때로 그 대신 한산하고 무관심한 동네를 소동이 끊이지 않는 과밀한 동네로 바꿔 놓는다.)

실패한 도시 지역을 물려받을 슬럼 거주자나 가난한 이주민들이 없다면, 선택권이 있는 사람들이 버리고 떠난 활기 없는 동네의 문제는 여전할 것이고 어쩌면 더 많은 문제를 일으킬지도 모른다. 정체된 동네에 있는 '안전하고 깨끗한 훌륭한' 집에 살던 사람들이 아직 도시에 파묻히지 않았다는 점 말고는 사실상 별로 다르지 않은 새로운 동네로 이사를 가면서 빈집이 속속 생겨나는 필라델피아의 일부 지역에서 이런 상황이 목격된다.

오늘날 어디서 새로운 슬럼이 자생적으로 형성되고 있는지, 그리고 전형적으로 슬럼이 형성되는 거리가 얼마나 황량하고 어둡고 다양성이 없는지를 알기는 어렵지 않다. 바로 지금 이런 과정이 벌어지고 있기 때문이다. 깨닫기 어려운 점──과거의 문제이기 때문에──은 활기찬 도시 생활의 부족이 슬럼의 본래적인 특징이라는 사실이다. 슬럼에 관한 고전적인 개혁 성향의 문헌들은 우리에게 이 점을 말해 주지 않는다. 이런 문헌들──링컨 스티븐스Lincoln Steffens의 『자서전』Autobiography이 **대표적인** 사례이다──은 이미 초기의 황량함을 극복한 (하지만 그 와중에 다른 문제들이 생겨난) 슬럼들에 초점을 맞추었다. 사람들이 북적이는 번잡한 슬럼이 시간 속의 순간에 고정되었고, 지금의 모습처럼 과거에도 그러했을 것이라는 무척 잘못된 함의가 덧붙여졌다──그리고 철저하게 쓸어버리지 않는다면 지금과 같은 모습이 미래에도 계속될 것이라는 함의도.

지금 내가 살고 있는 탈슬럼화된 예전의 슬럼은 20세기 초반 무렵에 바로 이처럼 번잡한 곳이었고 허드슨 더스터스$^{Hudson\ Dusters}$라는 이름의 지역 갱단은 도시 전역에서 악명이 높았지만, 이 동네가 처음부터 그렇게 번잡한 가운데 슬럼이 된 것은 아니었다. 거리에서 몇 블록 아래쪽에 있는 성공회 교회의 역사는 이 경우에 거의 한 세기 전인 슬럼 형성의 이야기를 전해 준다. 이 동네는 원래 농가와 마을 거리, 여름 별장 등이 모여 있는 곳이었는데 반교외를 거쳐 급속하게 성장하는 도시에 잠식되었다. 흑인과 유럽 출신 이민자들이 동네를 둘러쌌다. 물리적으로나 사회적으로나 동네는 흑인과 이민자를 감당할 태세가 되어 있지 않았다──오늘날의 반교외가 그런 것처럼 말이다.

처음에는 이 조용한 주거 지역──오래된 사진에서 볼 수 있는 것처럼 아름다운 곳이었다──에서 많은 신자 가족들이 무작위로 떠나기 시작했다. 남아 있던 신자 가족들도 결국은 겁에 질려 집단적으로 동네를 떠나 버렸다. 교회 건물은 트리니티 교회$^{Trinity\ Church}$에 양도되었는데, 트리니티 교회는 이 반교외 지역을 물려받기 위해서 몰려든 빈민들을 관리하기 위한 예배당으로 이 건물을 인수했다. 예전 신도들은 멀리 주택 지구에 교회를 다시 세웠고, 그 동네에 믿기 힘들 정도로 황량한, 조용한 주거지역을 새로 만들어 냈다. 이 동네는 지금 할렘의 한 부분이다. 이렇게 방황하는 사람들이 어디에 다음 예비슬럼^{preslum}을 세웠는지는 기록을 아무리 찾아

봐도 알 수 없다.

지난 수십 년 동안 슬럼이 형성되는 이유와 그 과정은 놀랍게도 거의 변하지 않았다. 새로운 것은 교외 개발에 대한 정부보증 담보 대출과 자동차가 등장하기 전의 시절 ─ 당시에는 선택의 여지가 있는 가구가 도시 생활에 불가피하게 수반되는 정상적인 상태(이를테면 낯선 사람의 존재)를 보이면서도 이런 상태를 자산으로 전환할 수 있는 자연스러운 수단은 전혀 보이지 않는 동네를 떠나는 게 현실적이지 않은 일이었다 ─ 에 비해 사람들이 부적절한 동네를 더욱 신속하게 저버릴 수 있고, 슬럼이 더 멀리 성글게 확산될 수 있고 실제로 확산된다는 사실이다.

슬럼이 처음에 형성될 때는 인구가 급격하게 늘어날 수 있다. 그렇지만 이런 인구 증가는 인기의 징후가 아니다. 오히려 이것은 주거가 점점 과밀해짐을 의미한다. 이런 일이 벌어지는 것은 선택권이 없는 사람들이 빈곤이나 차별 때문에 과밀로 내몰려 인기 없는 지역으로 몰려들기 때문이다.

주거 단위의 밀도 자체는 높아질 수도 있고 낮아질 수도 있다. 예전의 슬럼에서는 공동주택 건설 때문에 대체로 주거 단위 밀도가 높아졌다. 그러나 주거 밀도의 상승은 일반적으로 과밀을 낮추지 않았다. 그 대신 전체 인구가 크게 늘어났고, 높은 주거 밀도에 과밀이 겹쳐졌다.

일단 슬럼이 형성되면 슬럼화를 야기한 이주의 패턴이 계속되기 쉽다. 예비슬럼 이주의 경우와 마찬가지로 두 종류의 이동이 일어난다. 사실 무척 소소한 이득을 얻는 사람들을 비롯하여 성공한 사람들은 계속해서 빠져나간다. 그러나 전체 인구가 소소한 이득을 얻기 시작함에 따라 주기적으로 대대적인 이주가 일어나기 쉽다. 두 가지 이동 모두 파괴적이지만 후자가 전자에 비해 더 파괴적으로 보인다.

인구 불안정의 한 징후인 과밀은 계속된다. 과밀이 계속되는 것은 과밀한 사람들이 계속 머물기 때문이 아니라 그들이 떠나기 때문이다. 과밀해야 할 경제적 필요성을 극복한 사람들이 동네 안의 자기들의 땅을 개선하는 대신 대대적으로 빠져나간다. 그리고 경제적 선택의 여지가 없는 사람들이 그 자리를 재빨리 채운다. 당연히 건물들은, 이런 상황 속에서 이례적으로 빠르게 노후화된다.

영구적인 슬럼의 주민들은 이런 식으로 끊임없이 바뀐다. 때로는 경제적 이탈과 이입이 인종 차원의 변화를 수반하기 때문에 이런 변화가 주목할 만한 것으로 여겨지기도 한다. 그러나 모든 영구적인 슬럼에서 이동이 일어나며, 인종적인 항상성을 유지하는 곳에서도 마찬가지이다. 가령 뉴욕의 할렘 중부 같은 대도시의 흑인 슬럼가는 오랜 기간 동안 흑인 슬럼으로 유지될 수 있지만, 거대하고 선택적인 인구 회전을 겪는다.

끊임없는 주민 이탈은 물론 채워야 할 빈 주택만을 남기는 것이 아니다. 그런 이탈은 공동체를 영속적인 미발달 단계에 남겨 두거나 무기력한 유아단계로 끊임없이 퇴행하게 만든다. 건물의 연수는 공동체의 연수를 가리키는 지표가 되지 못한다. 공동체는 사람들의 연속성에 의해 형성되는 것이기 때문이다.

이런 점에서 영구적인 슬럼은 언제나 전진하기보다는 퇴보하며, 이런 상황 때문에 대부분의 다른 문제들이 더욱 악화된다. 대대적인 주민 교체가 일어난 몇몇 극적인 경우에 바야흐로 다시 시작되는 것은 공동체라기보다는 정글인 듯 보인다. 물밀듯 밀려드는 새로운 사람들이 뭔가를 함께 시작할 공통점이 거의 없고, 가장 무자비하고 가혹한 사람들이 분위기를 주도하기 시작할 때면 이런 일이 생긴다. 이 정글이 싫은 사람들 ─분명 거의 모든 이가 그럴 것이다. 이런 곳에서는 주민 교체가 엄청나기 때문이다——은 능력껏 빠져나가거나 빠져나갈 꿈을 꿀 수밖에 없다. 하지만 이처럼 외견상 치유 불가능한 환경에서도 사람들을 잡아 둘 수만 있으면 서서히 개선이 시작된다. 뉴욕에 이런 거리가 한곳 있는데, 충분한 수의 사람들을 잡아 두기가 무척 어렵다.

영구적인 슬럼의 퇴보는 무계획적인 슬럼에서와 마찬가지로 계획된 슬럼에서도 벌어진다. 주된 차이는 계획된 슬럼에서는 영구적인 과밀이 징후 가운데 하나가 아니라는 점이다. 주거 거주자의 수가 규제되기 때문이다. 해리슨 솔즈베리는 청소년 비행에 관해 『뉴욕타임스』에 쓴 일련의 논설에서 저소득층 주택단지에서 작동하는 악순환의 핵심적인 고리를 설명한 바 있다.

…… 유감스럽지만 많은 경우에…… 슬럼들이 새로운 벽돌과 철골 속에 가로막힌다. 이 차갑고 새로운 벽 뒤편에 참혹한 궁핍이 가둬지고 있다. 하나의 사회악을 해결하려고 노력하는 선의의 과정에서 공동체는 다른 악을 더욱 확대하고 새로운 악을 창출하는 데 성공했다. 임대료가 싼 주택단지 입주는 기본적으로 소득 수준에 따라 좌우된다. …… 종교나 피부색이 아니라 소득이나 소득의 부족이라는 날카로운 칼날에 의해 차별이 부과된다. 이것이 공동체의 사회적 구조에 어떤 영향을 미치는지 눈으로 보고 평가해야 한다. 능력 있고 성장하는 가구들은 끊임없이 내몰린다. …… 흡입구에서는 경제·사회적 수준이 점점 더 떨어지는 경향이 있다. …… 사회악을 만들어 내며 끝없는 외부의 지원을 요구하는 인간 집합소가 형성된다.

이런 계획된 슬럼을 짓는 사람들은 "공동체가 형성될 시간이 흐름에 따라" 슬럼이 확실히 개선될 것이라는 믿음을 버리지 않는다. 그러나 계획되지 않은 영구적인 슬럼의 경우와 마찬가지로 여기서 시간은, 건설자가 되기는커녕 영원한 파괴자 역할을 한다. 그러므로 쉽게 예상할 수 있는 것처럼, 솔즈베리가 설명한 것과 같은 가둬진 슬럼의 최악의 사례는 거의 언제나 저소득층 주택단지이다. 영구적인 슬럼이 가장 오랫동안 영구적인 퇴보를 거듭해 온 곳 말이다.

그렇지만 이런 패턴에 불길한 변화가 나타나기 시작했다. 계획된 슬럼의 이동이 늘어나고 새로운 주택단지로 '이주하는' 사람들의 비율이 늘어남에 따라, 이 새로운 주택단지들에서 이따금 오래된 주택단지나 오래되고 영구적인 계획되지 않은 슬럼에 전형적인 음침함과 낙담이 나타나기 시작한 것이다——이미 한창 때에 파괴와 해체의 부침을 겪었던 것처럼 말이다. 아마 대다수 주민들이 이미 그런 경험을 가지고 살아 왔고, 물론 감정적인 생각으로 받아들였기 때문일 것이다. 유니언 사회복지관의 엘런 루리 부인은 새로운 주택단지의 상태를 설명하면서 다음과 같이 말한다.

단지 세입자들[예전에 살던 집이 도시 재건축을 위해 수용되면서 공공주택에 자리를 잡게 된 가구]을 방문할 때마다 쉽게 관찰할 수 있는 한 가지가 있다. 대규모 주택단지 운영에서 관리소 측이 겪는 난관과 마찬가지로 어려운 일이 있는데, 원래 불행했던 상당수의 사람들이 강제 철거 조치의 이유를 충분히 이해하지 못하면서 주택국에 대해 분노를 느끼고 낯선 새로운 환경에서 외롭고 불안하다고 생각하는 것이다——이런 가구들 때문에 단지 관리가 한층 더 어려운 일이 되는 게 분명하다.

슬럼을 이동시키든 아니면 가둬 두든 슬럼 영속화의 핵심 연결고리―너무 많은 사람들이 너무 빨리 떠나는 경향(또는 필연성)―를 끊지는 못한다. 이 두 수단 모두 영구적인 퇴보의 과정을 악화하고 강화할 뿐이다. 오직 탈슬럼화만이 미국 도시의 슬럼을 극복할 수 있으며 이제까지 극복해 왔다. 탈슬럼화가 존재하지 않는다면 만들어 내야 할 것이다. 그렇지만 탈슬럼화가 존재하고 또 작동하고 있으므로 우리가 할 일은 더 많은 곳에서 더 빠르게 탈슬럼화가 일어나도록 돕는 것이다.

탈슬럼화의 토대는 도시의 공중생활과 보도의 안전을 충분히 향유할 수 있는 활기찬 슬럼이다. 한편 최악의 토대는 슬럼을 파괴하기는커녕 오히려 만들어 내는 황량한 장소이다.

슬럼 거주자들이 경제적으로 그럴 필요가 없게 된 뒤에도 자기 선택에 따라 슬럼에 머무는 이유는 자기 삶에 대한 가장 개인적인 만족과 관련이 있다. 도시계획가와 설계가가 직접 손을 뻗쳐 조작할 수 없는―조작하기를 원하지도 않는―영역의 문제인 것이다. 이런 선택은 슬럼 거주자들이 다른 사람들에 대해 갖는 개인적인 애착과 자신이 동네에 속해 있다는 믿음, 그리고 자기 삶에서 무엇이 소중하고 무엇이 덜 중요한가에 관한 가치관념 등과 많은 관계가 있다.

그렇지만 간접적으로 보자면, 머무르려는 소망은 분명 동네의 물리적 요소들의 영향을 받는다. 소중히 여기는 본거지의 '안전'이란 어느 정도는 말 그대로 물리적 두려움을 느끼지 않아도 되는 안전이다. 거리가 텅 빈 무서운 슬럼들과 안전하지 않은 슬럼은 저절로 탈슬럼화되지 않는다. 더 나아가 탈슬럼화하는 슬럼에 머무르며 동네 안에서 운명을 개척하는 사람들은 종종 자기가 사는 거리 동네에 대한 강렬한 애착을 고백한다. 동네는 그들 삶의 커다란 부분이다. 이 사람들은 자기 동네를 세상에서 유일무이하며 다른 것과 바꿀 수 없고, 결점이 있긴 하지만 너무나도 소중한 것으로 여기는 듯하다. 이 점에서 그들은 옳다. 활기찬 도시 거리 동네를 이루는 수많은 관계와 공적 인물들은 언제나 독특하고 복잡하며 쉽게 복제할 수 없는 원본의 가치를 가지기 때문이다. 이미 탈슬럼화되거나 현재 탈슬럼화되고 있는 동네는 복잡한 곳이며, 전형적인 슬럼이 형성되는 단순하고 물리적으로 정형화된 장소들과는 무척 다르다.

그렇다고 해서 풍부한 다양성을 획득하고 흥미롭고 편리한 생활을 충분히 누리는 슬럼이 모두 자동적으로 탈슬럼화한다는 말은 아니다. 일부는 그래도 탈슬럼화하지 않는다—또는 흔히 그렇듯이 당분간 탈슬럼화하기 시작하지만 결국은 이 과정이 실행 불가능해진다. 필요한 변화를 가로막는 수많은 장애물(대부분 경제적인 장애물)이 존재하기 때문이다. 결국 이 장소는 퇴보하거나 파괴된다.

어쨌든 탈슬럼화를 자극할 만큼 슬럼에 대한 애착이 강한 곳의 경우에 탈슬럼화 이전에 이런 애착이 생겨난다. 사람들이 자기 선택에 따라 머무르려 한다면, 그전부터 이미 애착을 갖고 있었던 게 분명하다. 나중은 너무 늦은 것이다.

사람들이 자기 선택에 따라 머무르는 초기 징후 가운데 하나는 대개 빈 집의 증가나 주거 밀도의 감소를 수반하지 않는 인구 감소이다. 요컨대 더 적은 사람들이 주어진 수의 주거를 차지하는 것이다. 역설적이게도 이런 인구 감소는 인기의 징표이다. 이것은 예전에 과밀했던 주민들이 과밀에서 벗어날 수 있는 경제적 능력이 생겨도 자기 동네를 떠나 새로운 과밀의 물결로 향하는 대신 그 자리를 지키고 있음을 뜻한다.

물론 인구 감소는 또한 동네를 등지고 떠난 사람들이 있음을 나타내며, 앞으로 살펴보겠지만 이런 사실 역시 중요하다. 그러나 여기서 주목해야 할 중요한 요소는 자기 선택에 따라 남은 사람들이 떠나는 사람들이 살던 집을 상당한 규모로 차지하고 있다는 점이다.

공교롭게도 아일랜드계가 몰려 사는 슬럼인, 내가 사는 동네에서는 일찍이 1920년부터 탈슬럼화가 시작되었는데, 당시 인구조사 표준지역인 우리 동네의 인구는 1910년(인구가 정점에 달한 때였다)의 6,500명에서 5,000명으로 줄어든 상태였다. 대공황기에 가족들이 다시 북적거림에 따라 인구가 약간 증가했지만, 1940년에 이르러 2,500명으로 감소했고 1950년까지 그 정도 수준을 유지했다. 이 시기 동안 이 인구조사 표준지역에서는 건물 해체가 거의 없었고 개조만 일부 이루어졌다. 그동안 아파트가 비는 경우도 거의 없었으며, 1910년 시절에 살던 사람들과 그 자손들이 인구의 대부분을 차지했다. 슬럼 인구가 정점에 달했던 때의 절반 이하로 감소한 것은 주거용 토지의 주거 단위 밀도가 높은 동네에서 이루어진 일정한 과밀 해소였다. 이런 감소는 또한 남은 사람들을 특징짓는 소득과 선택의 증가를 간접적으로 나타냈다.

그리니치빌리지의 모든 탈슬럼화되는 동네에서도 이와 비슷한 인구 감소가 일어났다. 한때 믿을 수 없을 정도로 과밀했던, 이탈리아계 슬럼가인 사우스빌리지의 공동주택 지역의 한 인구조사 표준지역의 경우를 보자면, 1910년에 19,000명에 육박했던 인구가 1920년에 약 12,000명으로 감소했다가 대공황기에 거의 15,000명으로 다시 증가했고, 번영과 더불어 9,500명 수준으로 감소해서 그 상태가 유지되었다.

우리 동네와 마찬가지로, 이와 같은 탈슬럼화 인구 감소는 옛 슬럼 인구가 새롭게 등장한 다른 중간계급 인구에 의해 대체되었음을 나타내는 게 아니었다. 인구 감소는 원래 살던 주민들의 상당수가 중간계급으로 이동했음을 의미했다. 주거 단위의 수가 무척 안정된 수준을 유지했기 때문에 과밀 해소의 사례로 든 이 두 표준지역 모두에서 아동 인구 감소율은 전체 인구 감소율에 비해 약간 적었다. 인구 대부분이 동네를 지키는 원주민이었다.*

보스턴 노스엔드에서 진행되고 있는 과밀 해소는 그리니치빌리지의 탈슬럼화에서 벌어지고 있는 인구 감소에 필적한다.

과밀 해소가 이미 진행되었거나 진행되고 있는지, 그리고 인구 감소가 동네를 가장 잘 아는 사람들에게 그 동네가 인기가 있다는 징표인지를 알려면, 인구 감소와 함께 빈집이 뚜렷하게 늘어나는지 여부를 알아야 한다. 가령 로워이스트사이드의 일부 지역(물론 전부는 아니다)의 경우에 1930년대에 나타난 인구 감소의 일부만이 과밀 해소에 기인하는 것이었다. 인구가 감소하면서 또한 빈집의 수도 많아졌다. 이런 빈집을 다시 채운 것은 예상대로 과밀한 인구였다. 선택의 여지가 있는 사람들은 이미 그곳을 버리고 떠난 것이었다.

충분한 수의 사람들이 자기 선택에 따라 슬럼에 머무르기 시작하면, 몇몇 다른 중요한 일들도 벌어지기 시작한다.

신뢰의 실천과 증가를 통해, 그리고 결국 (훨씬 많은 시간이 걸리는 일이지만) 편협성을 극복함으로써 공동체 자체가 능력과 힘을 얻는다. 이 문제들은 근린을 논의한 5장에서 다룬 바 있다.

여기서 나는, 벌어지는 세번째 변화——결국 편협성이 줄어들면서 수

---

*언제나 중간계급이나 고소득층 지역으로서 슬럼이 된 적이 없었던 그리니치빌리지의 인구조사 표준지역의 경우, 같은 기간에 인구가 감소하지 않았다. 감소할 만큼 과밀한 수치였던 적이 없기 때문이다. 이런 인구조사 표준지역들에서는 주거 단위——주로 아파트——자체의 증가 덕분에 대체로 인구가 증가하고 있으며 일부 경우에는 증가폭이 매우 크다. 그렇지만 이 지역들에서는 아동 인구가 **항상 낮은 수준**을 유지하며 전체 인구 증가에 비례해서 늘어나지 않는다.

반되는 변화——를 강조하고자 한다. 이 변화란 주민들 내부의 자기다양성이 점점 커지는 것이다. 탈슬럼화하는 슬럼에 남아 있는 사람들의 경제 및 교육 수준의 향상 정도는 다양하다. 다수는 그럭저럭 향상되고, 일부는 상당히 향상되며, 또 일부는 사실상 전혀 향상되지 않는다. 각기 다른 기술과 관심, 활동과 동네 바깥에 대한 지식은 다양하고 시간이 흐르면서 더욱 달라진다.

오늘날 시 관리들은 "중산층을 다시 끌어오자"고 입을 모으고 있다. 마치 도시를 떠나 전원주택과 바비큐 틀을 장만하여 까다로워지기 전까지는 아무도 중산층에 속하지 않는 것처럼 말이다. 분명 도시에서 중산층 인구가 줄어드는 것은 사실이다. 그렇지만 도시는 중산층을 "다시 끌어올" 필요가 없으며, 인공재배처럼 중산층을 조심스럽게 보호한다. 도시는 중산층을 길러낸다. 그러나 자라나는 중산층을 붙잡아 두는 것, 즉 자기다양화된 인구의 형태로 안정을 유지하는 힘으로서 중산층을 붙잡아 두는 것은 중산층이 되기 전의 있는 그대로의 도시 사람들을 소중하고 간직할 만한 존재로 여김을 의미한다.

탈슬럼화하는 슬럼에서는 여전히 가장 가난한 사람들조차도 탈슬럼화 과정의 수혜자가 된다——그리하여 이 사람들은 또한 도시를 수혜자로 만든다. 우리 동네의 경우, 원래대로라면 영구적인 슬럼 주민이 되었을 사람들, 즉 슬럼 원주민 가운데 가장 불운하거나 성공에 대한 욕심이 없는 사람들이 다행히 그런 운명을 피하고 있다. 게다가 밑바닥에 있는 이 사람들은 비록 어떤 기준에서 보더라도 성공했다고 보기는 힘들지만, 자기가 사는 거리 동네에서는 대부분 성공한 사람들이다. 이 사람들은 일상적인 공중생활의 그물망을 이루는 무척 중요한 일부분이다. 이 사람들이 많은 시간을 할애해서 거리를 바라보고 관리하는 덕분에 우리 같은 나머지 사람들은 편하게 살 수 있다.

 이따금 가난하거나 무지한 이민자들이 탈슬럼화 중이거나 탈슬럼화된 슬럼으로 새롭게 들어오는 일이 흔하게 일어난다. 이 책 서론에서 거론한 보스턴의 은행가는 노스엔드가 "여전히 일부 이민자들을 받아들이고 있다"는 이유로 비웃어 댔다. 우리 동네 역시 마찬가지이다. 이런 사실 역시 탈슬럼화가 가져다주는 편의 가운데 하나이다. 사람들이 미처 소화할 수 없을 정도로 물밀듯이 오는 게 아니라, 문명화된 방식으로 이방인을 수용하고 다룰 수 있는 동네로 서서히 들어와서 동화되는 것이다. 이민자들——우리 동네의 경우는 우연히도 푸에르토리코인이 대다수인데, 이 사람들은 조만간 도시가 놓치고 싶지 않은 버젓한 중산층이 될 것이다——은 이민자로서 부딪히는 여러 문제들을 피할 수는 없지만, 적어도 영구적인 슬럼이 안겨 주는 시련과 사기저하는 피할 수 있다. 이민자들은 거리의 공중생활에 빠르게 동화되며, 활기차고 유능하게 자기의 목표를 부여잡는다. 바로 이 사람들이 만약 영구적인 슬럼을 물려받는 소란스러운 대중의 일부라면 공동체 안에서 하는 것처럼 행동할 리가 없으며 오랫동안 안정된 자리를 지키지도 않을 것이다.

 탈슬럼화의 다른 수혜자는 선택권이 있는 새로운 주민들이다. 이 사람들은 도시 생활에 적합한 살 곳을 도시에서 찾을 수 있다.

 두 종류의 새로운 주민 모두 탈슬럼화 중이거나 탈슬럼화된 동네의 인구 다양성에 보탬이 된다. 그러나 이러한 인구 다양성 증대에 없어서는 안 될 기초는 예전 슬럼 인구 자체의 자기다양화와 안정화이다.

 탈슬럼화 과정이 시작될 때는, 슬럼에서 가장 눈에 띄게 성공한 주민들——또는 가장 크게 성공하거나 야심이 있는 아들딸들——은 거의 머무르려 하지 않는다. 탈슬럼화는 그럭저럭 향상되는 사람들과 더불어, 그리고 개인적인 성취보다 인간적인 애착이 더 큰 사람들과 더불어 시작된다. 시간이 흘러 동네가 개선되면 그대로 남아 있는 사람들의 성공이나 야망의 발판이 뚜렷하게 높아질 수 있다.

내가 보기에는 가장 성공한 사람이나 대담한 사람들이 슬럼에서 빠져나가는 것도 탈슬럼화에 독특하게 기여하는 것 같다. 떠나는 사람들 가운데 일부는 대다수 슬럼 인구의 끔찍한 문제 중 하나, 즉 차별이라는 오명을 극복하는 것이기 때문이다.

오늘날 가장 격렬하게 작용하는 차별은 물론 흑인에 대한 차별이다. 그러나 흑인 차별은 우리나라의 모든 주요 슬럼 주민들이 어느 정도는 맞서 싸워야 하는 불의이다.

게토는 그곳이 게토라는 바로 그 사실 때문에 대부분의 용기 있는 사람들, 특히 포기를 모르는 젊은이들이 자발적으로 머무르려 하지 않는 장소가 된다. 객관적으로 볼 때 물리적인 시설이나 사회적인 환경이 아무리 좋다 하더라도 이것은 엄연한 사실이다. 이런 사람들이 머물러야 할 수도 있다. 그러면서 게토 내의 다양성을 상당히 증대시킬 수도 있다. 그러나 게토를 받아들이고 기꺼이 애착심을 갖는 것과는 거리가 멀다. 내 생각에 게토 주민 가운데 많은 이들이 체념하거나 패배주의에 빠지지 않는 것은 다행이다. 만약 지배민족의 심리에 빠지기 쉬운 경향을 갖고서도 쉽게 살아갈 수 있다면, 하나의 사회로서 우리는 훨씬 더 많은 걱정거리를 안게 될 것이다. 그러나 설사 그렇다 하더라도 사실 우리의 게토에는 용기 있는 사람들이 살고 있고, 그들은 게토를 좋아하지 않는다.

성공을 거둔 게토의 아들딸들이 게토 바깥에서 차별을 상당히 무너뜨리면 예전 동네는 커다란 짐을 덜게 된다. 그렇게 되면 그곳에 머무르는 게 이제 더는 열등하다는 징표가 아니게 된다. 진짜 선택의 징표가 될 수 있는 것이다. 가령 노스엔드의 어느 젊은 정육점 주인은 이제 그곳에 살더라도 사람이 '격이 떨어지지' 않는다고 내게 조심스럽게 설명해 주었다. 정육점 주인은 자기 얘기를 입증하기 위해 나를 가게 문 앞으로 데리고 가더니 블록 아래쪽에 있는 3층짜리 연립주택을 가리키면서 거기 사는 집이 얼마 전에 (저축해 둔 돈 가운데!) 2만 달러를 들여 건물을 현대적으로 개조했다고 말해 주었다. 그러고는 한마디 덧붙였다. "그 사람은 어디서든 살 수 있어요. 당장 오늘이라도 내키기만 하면 최고급 교외로 이사 갈 수도 있다고요. 그런데 여기 살고 싶어 하죠. 당신도 알다시피 여기 그냥 사는 사람들은 굳이 여기 안 살아도 돼요. 좋아서 사는 거죠."

슬럼 외부의 주거 차별의 사실상의 붕괴와 슬럼 내부의 덜 극적인 자기다양화는 동시에 진행된다. 흑인들의 경우에 오늘날 미국에서 이 과정이 사실상 중단되고 대체로 발달이 저지된 단계에 들어섰다면,—내가 보기에는 그럴 리 만무하며, 이는 참으로 용납할 수 없는 생각이다—흑인 슬럼들은 다른 인종이나 여러 인종이 혼합된 인구에 의해 형성된 슬럼에서 입증된 방식으로 효과적으로 탈슬럼화할 수 없을 것이다. 이 경우에 우리의 도시들에 미치는 피해는 우리가 걱정하는 것보다 최소한일 수 있다. 탈슬럼화는 다른 종류의 활기와 다른 형태의 경제·사회적 변화의 부산물이기 때문이다.

한 지역이 탈슬럼화하면, 한때 그곳이 얼마나 열악했는지, 그리고 이 지역과 거기 사는 주민들 모두 얼마나 어쩔 도리가 없다고 여겨졌는지를 쉽게 잊어버린다. 내가 사는 지역이 한때 이처럼 완전히 가치가 없는 동네로 여겨졌었다. 흑인 슬럼 또한 탈슬럼화할 수 없다고 생각할 이유가 전혀 없으며, 만약 작동 중인 과정을 제대로 이해하고 돕는다면 오래된 슬럼들보다 더 빠르게 탈슬럼화할 수 있다. 다른 슬럼들의 경우와 마찬가지로,

슬럼 외부의 차별의 극복과 슬럼 내부의 탈슬럼화가 동시에 진행되어야 한다. 어느 한 쪽도 다른 쪽이 달성되기를 기다릴 수 없다. 외부의 차별 완화는 어떤 것이든 간에 내부의 탈슬럼화를 도울 수 있다. 내부의 탈슬럼화는 외부를 돕는다. 양쪽은 함께 진행된다.

탈슬럼화에 필요한 고유한 자원 ─주민들의 향상과 자기다양화─ 은 백인만큼이나 유색인도 명백히 갖고 있다. 슬럼에 살거나 거쳐 간 유색인들도 마찬가지이다. 어떻게 보면 유색인들이 이런 자원을 더욱 두드러지게 갖고 있는 게 분명하다. 유색인은 그들의 탈출을 막는 압도적인 장애물을 극복하면서 곤경에서 벗어나기 때문이다. 사실 유색인 주민들의 처지가 향상되고 자기다양성이 증대되며 활기 때문에 게토에 안주할 수 없다는 바로 그 사실 때문에 우리의 도심 지역은 이미 감당할 수 있는 것보다 훨씬 많은 흑인 중산층을 잃었다.

내가 보기에 도심 지역은 흑인 중산층이 형성되는 속도만큼 빠르게 계속해서 그들을 잃게 될 것이다. 그곳에 남겠다는 선택이 유색인에게 게토의 시민권과 지위를 수용하는 것을 의미하지 않게 될 때까지는 말이다. 요컨대, 탈슬럼화는 적어도 ─간접적으로뿐만 아니라─ 직접적으로 차별을 배제해야 한다. 여기서 나는 독자들에게 2장 마지막 부분에서 거리 이용과 거리 생활이라는 도시의 특징과 주거 차별 극복의 가능성 사이의 관계를 끌어낸 요지를 반복하지는 않겠지만, 상기시키고 싶다.

미국인들은 스스로 신속하게 변화를 받아들인다고 많은 말을 하지만, 내가 보기에는 지적 변화는 그만큼 빠르지 않은 것 같다. 세대가 바뀌어도 슬럼에 살지 않는 사람들은 슬럼과 슬럼 주민들에 대해 변함없이 어리석은 편견을 갖고 있다. 비관론자들은 항상 현재 슬럼에 떼거리로 모여 있는 주민들에게 뭔가 열등한 점이 있으며, 이전에 살던 이민자들과 그들을 구별하는 극단적인 차이를 지적할 수 있다고 생각하는 듯하다. 한편 낙관론자들은 주거 및 토지 이용을 개혁하고 사회복지사의 수를 충분히 늘리는 것으로 해결할 수 없는 슬럼의 문제는 전혀 없다고 생각하는 것 같다. 둘 다 지나친 단순화이며 어느 쪽이 더 어리석은지 우열을 가리기가 쉽지 않다.

* * *

인구의 자기다양화는 상업 및 문화 업체의 다양화에 반영된다. 소득의 다양화만으로도 가능한 상업적 다양화의 범위에 차이를 만들어 내는데, 흔히 가장 사소한 방식으로 이루어진다.

예를 들어, 인접한 동네 대부분에서 사람들이 떠나고 새로운 저소득층 주택단지가 지어지는 동안에도 자리를 지킨 뉴욕의 어느 구두수선공의 경우를 생각해 보라. 오랫동안 희망을 갖고 새로운 고객을 기다려 온 지금, 구두수선공은 이곳에서의 장사를 접으려고 한다. 그의 설명을 들어 보자.

"나는 질 좋고 튼튼한 안전화, 작업용으로 신을 만한 신발을 고쳐 주곤 했습니다. 그런데 새로 이사 온 사람들은 노동자들조차도 **모두** 너무 가난해요. 그 사람들 신발은 너무 싸구려고 조잡해서 금방 떨어진다고요. 그러면 나한테 가지고 오죠—봐요. 이런 신발은 고칠 수가 없어요. 내가 뭘 해줄 수 있나요—다시 만들어 줄까요? 그게 가능하더라도 그 사람들은 비용을 치를 수가 없어요. 여기서는 이제 내가 아무 쓸모가 없다고요." 예전의 동네 역시 무척 가난한 지역으로 낙인 찍혔겠지만, 그래도 그럭저럭 벌이가 있는 사람들이 있었다. 모두 극빈자들만 모인 곳은 아니었다.

과밀 해소와 더불어 대폭적인 인구 감소가 진행되는 탈슬럼화하는 슬럼에서는 이와 동시에 직접적으로 관련된 소득의 다양성 증대가 동반된다——그리고 때로는 다른 동네나 다른 지구로부터 방문객과 교차이용이 상당히 증가하기도 한다. 이런 상황에서 벌어지는 대대적인 인구 감소(물론 이런 감소는 급격하기보다는 점진적으로 일어난다)는 상업의 몰락으로 귀결되지 않는다. 오히려 탈슬럼화하는 슬럼에서는 업체의 범위가 늘어나고 융성한다.

한결같이 가난한 사람들만 있으면, 진정으로 풍부하고 흥미로운 다양성을 만들어 내는 데 무척 집중된 밀도가 필요하다——물론 다양성을 만들어 내는 다른 세 가지 기본 조건도 결합되어야 한다. 오래된 슬럼 가운데 일부가 매우 높은 주거 밀도에다가 엄청난 과밀까지 겹친 덕분에 다양성이 높은 것처럼 말이다.

성공적인 탈슬럼화란 충분한 수의 사람들이 슬럼에 대해 애착을 가져서 거기 머무르기를 원해야 함을 의미하며, 또한 그 사람들이 머무르는 게 현실적으로 가능해야 함을 의미한다. 많은 탈슬럼화하는 슬럼이 비현실성이라는 암초에 걸려 있다. 비현실성은 대체로 환경 개선과 건물 신축 및 상점 유치가 가장 시급히 필요할 때 그것을 위한 자금을 끌어들이기 힘들다는 점과 관련이 있다. 또 비현실성은 시간이 흐름에 따라 탈슬럼화하는 슬럼에서 많은 세부적인 변화를 이루기가 어렵다는 점과 관련이 있다. 이 문제에 관해서는 다음 두 장에서 다루도록 하겠다.

이런 미묘한 (그러나 강력한) 방해는 제쳐두고라도 오늘날 탈슬럼화는 종종 궁극적인 방해에 의해 저지된다——파괴가 그것이다.

슬럼이 스스로 과밀에서 벗어난다는 바로 그 사실 때문에 이 슬럼은 전체적이거나 부분적인 도시 '재개발' 철거를 위한 최적의 장소가 된다.

이주 문제는 끔찍할 정도로 과밀한 영구적인 슬럼 문제와 비교하면 무척 간단해 보인다.

또 이 지역이 비교적 건강한 사회를 갖고 있기 때문에 고소득층 인구를 위해 철거하고 재개발할 유혹을 느끼게 된다. '중산층을 다시 끌어오기에' 적당한 장소인 것처럼 보인다. 영구적인 슬럼과 달리 마치 이 지역의 대지에는 어떤 신비로운 문명의 가치가 자리하고 있거나 옮겨오기라고 할 것처럼 이곳은 "재개발의 적기에 다다랐다"고 평가된다. 활기차고 안정되었으며 임대료가 낮은 보스턴 웨스트엔드의 철거에 관해 설명하면서 갠스는 재개발에 여념이 없는 다른 대도시들에도 적용되는 의견을 내놓았다. "한편, 주택들이 더 오래되고 노후화되어 심지어 해롭기까지 한 다른 지역들은 재개발 우선순위에서 밀려나 있다. 잠재적인 개발업자들이나 다른 강력한 이익집단이 이해관계가 없기 때문이다."

도시계획가나 건축가, 정부 관리들이 받는 교육 가운데 그 어떤 것도 탈슬럼화하는 슬럼들을 파괴하려는 이런 유혹과 모순되지 않는다. 이 사람들을 전문가로 만들어 주는 모든 교육은 오히려 이런 유혹을 강화한다. 성공적으로 탈슬럼화하는 슬럼은 ─불가피하게─ '빛나는 전원도시'의 이상에 극명하게 배치되는 구획, 이용, 건폐율, 혼합, 활동 등을 나타내기 때문이다. 그렇지 않다면 아마도 탈슬럼화하는 것이 결코 불가능했을 것이다.

탈슬럼화하는 슬럼은 특히 또 다른 측면에서 취약하다. 누구도 이곳을 통해 부자가 되지 않는다. 도시에서 큰 돈벌이가 되는 두 가지는 성공적이지 못한 영구적인 슬럼과 임대료가 높거나 비용이 높은 지역이다. 탈슬럼화하는 동네는 이제 예전과 달리 어수룩한 이민자들을 등치는 데 여념이 없는 슬럼 지주들에게 과도한 이익을 내주지 않으며, 또 영구적인 슬럼과 달리 경찰이나 마약, 비행이나 보호비 명목의 갈취가 난무하는 지역이 아니다. 다른 한편, 이곳은 다양성의 자기파괴와 관련된 높은 토지 및 건물 가격을 제공하지도 않는다. 단지 대부분 수수한 형편의 사람들에게 활기차고 적당한 살 곳을 제공하며 많은 소규모 업체 주인들에게 평범한 생계수단을 제공할 뿐이다.

따라서 탈슬럼화하는 동네의 철거에 반대하는 사람들은—특히 이 동네가 아직 선택의 여지가 있는 새로운 주민들을 끌어들이기 시작하지 않았다면—거기서 장사를 하거나 살고 있는 이들뿐이다. 이 사람들이 자기 동네가 살기 좋은 곳이며 점점 좋아지고 있다고 이해력이 없는 전문가들에게 설명을 해주려고 애를 써도, 아무도 귀 기울이지 않는다. 모든 도시에서 이런 항의는 더 많은 조세 수입과 진보를 가로막는 협소한 시각을 가진 사람들의 아우성에 불과한 것으로 무시당한다.

탈슬럼화에서 이루어지는 과정들은, 대도시 경제는 만약 그것이 제대로 작동한다면 끊임없이 많은 가난한 사람들을 중산층으로, 많은 문맹자를 숙련기술자로(또는 심지어 식자층으로), 많은 초보 이민자를 유능한 시민으로 변화시킨다는 사실에 달려 있다.

보스턴의 경우, 노스엔드 바깥의 몇몇 사람들은 이 지구가 개선된 것을 두고 "노스엔드 사람들이 대부분 시칠리아인"이라는 상황 때문에 일어난 독특하고 기묘한 일이라고 내게 설명해 주었다. 내가 어린 소녀였을 때, 사람들은 시칠리아에서 온 사람들과 그 후손들은 그들이 시칠리아인이기 때문에 슬럼 주민이 되었다고 믿었다. 노스엔드의 탈슬럼화와 자기다양화는 시칠리아와는 아무 관계가 없다. 그보다는 대도시 경제의 활력과 이런 활기찬 경제가 만들어 내는 선택 및 기회(좋은 것도 있고 나쁜 것도 있다)와 관계가 있는 것이다.

대도시에서는 이런 활기와 그 효과——태곳적의 농부의 삶과는 무척 다르다——가 너무나도 뚜렷하고 당연시되기 때문에 오늘날의 도시계획이 이런 활기와 효과를 두드러진 주된 현실로 받아들이지 않는 이유가 궁금할 뿐이다. 또한 도시계획이 도시 인구의 자생적인 자기다양화를 존중하지도 않고 그에 대한 대비도 하지 않는 이유도 궁금하다. 또 도시설계가들이 자기다양화의 이러한 힘을 인정하지 않고 그것을 표현하는 미적인 문제에 관심을 기울이지 않는 이유도.

내가 보기에 이런 식의 기묘한 지적 무관심의 기원은 '전원도시'라는 난센스로까지 거슬러 올라간다. 도시계획과 설계의 많은 암묵적인 가정들이 그러한 것처럼 말이다. 에버니저 하워드의 '전원도시' 구상은 거의 봉건 시대의 것처럼 보일 것이다. 하워드는 산업 노동계급 구성원들이 그들의 계급에, 아니 심지어 계급 내의 동일한 일자리에 그대로 머무를 것이고, 농업 노동자들은 농업에 계속 종사할 것이며, (주요한 적인) 사업가들은 자신의 유토피아에서 거의 중요한 세력으로 존재하지 않을 것이고, 도시계획가들은 버릇없이 퇴짜만 놓는 식견 없는 이들의 방해를 받지 않은 채 자신들의 고상하고 훌륭한 작업에 전념할 수 있을 것이라고 생각한 것 같다.

하워드——와 그 뒤를 이은 더 헌신적인 추종자들(미국의 '탈집중론자'들과 '지역계획가'들)——를 그렇게 심하게 뒤흔든 것은 19세기의 새로운 산업 및 대도시 사회의 유동성과 그로 인한 권력과 사람, 돈의 심대한 이동이었다. 하워드는 권력과 사람, 그리고 돈의 이용과 증식을 관리가 쉬운 정적인 방식으로 고정시키고 싶어 했다. 사실 하워드가 원한 방식은 이미 시대에 뒤떨어진 것이었다. "어떻게 하면 시골을 떠나 표류하는 사람들을 막을 것인가가 오늘날의 주된 문제 가운데 하나이다." 하워드의 말이다. "막노동자를 그 땅에 복원할 수는 있지만, 영국 농촌에 어떻게 농촌 산업을 복원할 것인가?"

하워드는 어디선지도 모르게 끊임없이 튀어나오는 것 같은 새로운 도시 상인들과 여타 사업가들을 능가하고자 했다. 어떻게 하면 독점적인 집단 계획의 엄격한 지휘 체계 이외에 그들이 사업을 벌일 수 있는 여지를 남겨놓지 않을 수 있는가——이것이야말로 하워드가 '전원도시'를 고안하면서 몰두한 주된 질문 가운데 하나였다. 하워드는 산업화와 결합된 도시화에 내재한 원기왕성한 힘들을 두려워하고 거부했다. 그는 슬럼 생활을 극복하는 데서 그 힘들에 어떤 역할도 부여하지 않았다.

이타주의적인 도시계획 전문가들로 이루어진 새로운 귀족정치가 (중요한 모든 면을) 지배하는 정적인 사회의 복원은 현대 미국의 슬럼 일소, 슬럼 이동, 슬럼 유폐와 거리가 먼 전망처럼 보일 수도 있다. 그러나 이런 반봉건적인 목표들에서 끌어낸 도시계획은 한 번도 재평가를 받지 않았다. 그리고 20세기의 실제 도시들을 다루는 데 적용되고 있다. 이런 사실은 탈슬럼화하는 미국 도시의 슬럼들이, 계획을 무릅쓰고 탈슬럼화하고 도시계획의 이상을 거스르는 이유 중 하나이다.

전통적인 도시계획은 자체의 내적인 일관성을 위해 슬럼 주민들보다 소득이 높은 사람들이 '슬럼'에 살고 있다는 당혹스러운 사실에 대한 환상을 만들어 낸다. 이런 사람들은 압박할 필요가 있는 타성의 희생양으로 그려진다. (황송하게도 이렇게 낙인 찍힌 사람들이 직접 언급한 내용은 너무 상스러워서 소개되지 않는다.) 이런 환상에 따르면, 슬럼 일소는 비록 이 사람들이 항의한다 할지라도 개선을 강요함으로써 은혜를 베푸는 것이다. 여기서 개선이란 그들과 같은 가격표가 붙은 집단을 찾아내서 그 대열에 합류하도록 하는 것을 의미한다.

따라서 전통적인 도시계획과 재건축이라는 흐릿한 빛 속에서는 탈슬럼화와 그에 수반되는 자기다양화——아마도 이것이야말로 원기왕성한 미국의 대도시 경제에 고유한 가장 큰 재생의 힘일 것이다——는 단지 사회적 무질서와 경제적 혼란을 나타낼 뿐이며, 그런 식의 대접을 받는다.

15장_점진적인 돈과 격변을 일으키는 돈

이제까지 나는 거의 전적으로 도시에 **내재한**, 성공을 위해 작동하는 특질에 대해서만 논의했다. 비유를 하자면, 좋은 수확을 얻는 데 필요한 흙, 물, 기계, 종자, 비료 등의 측면에서만 농사를 논의했지 그런 것들을 얻는 재정적인 수단에 관해서는 아무 말도 하지 않았다.

농사에 필요한 물품들을 사는 데 소용되는 재정적인 수단과 방법이 왜 그렇게 중요한지를 알려면, 우선 농작물 재배에 필요한 물품들 자체가 무척 중요한 이유와 그것들의 성격을 이해해야 할 것이다. 이것을 이해하지 못한다면 어떻게 믿을 만한 물 공급의 재원을 마련할 것인가라는 문제를 도외시한 채 그 대신 훨씬 더 정교한 울타리 비용을 조달하는 방법에만 몰두할 수도 있다. 또는 물이 어쨌든 중요하다는 점은 알지만 우리에게 필요한 물을 끌어올 수 있는 원천에 관해서는 거의 알지 못한다면, 있는 돈을 기우제에 소비해 버리고 정작 파이프 살 돈은 없게 될 수도 있다.

돈에는 한계가 있다. 내재적인 성공의 조건이 결여되어 있거나 돈을 아무리 써도 그런 조건을 창출하지 못하는 도시에서는 돈이 소용이 없다. 게다가 만약 돈을 써서 내재적인 성공에 필요한 조건을 파괴한다면 결국 해를 끼칠 뿐이다. 다른 한편, 필요한 조건을 제공하는 데 도움이 된다면 돈은 도시의 내재적인 성공을 구축하는 데 기여할 수 있다. 사실 돈은 절대 필요하다.

이런 이유들 때문에 돈은 도시의 쇠퇴나 도시의 재생 모두에 작용하는 강력한 힘이다. 그러나 무엇보다 중요한 것은 단순한 돈의 가용성 여부보다는 어떻게 가용할 수 있는가, 무엇을 위해 가용하는가 하는 점임을 이해해야 한다.

주요한 세 종류의 돈이 도시의 주거 및 상업 자산에서 일어나는 대부분의 변화의 자금이 되고 변화를 모양 짓는다. 돈이 매우 강력한 **도구**이기 때문이다——이 돈이 움직이는 대로 우리의 도시들도 움직인다.

이 세 종류의 돈 가운데 첫번째이자 가장 중요한 것은 전통적인 비정부 대출기관들이 제공하는 신용대부이다. 이 기관들 중에 가장 중요한 것들을 저당 담보물의 규모 순서대로 보면 저축대부조합, 생명보험회사, 민간 은행, 상호저축은행 등이다. 여기에 다양한 범주의 소규모 저당 대부업체들이 추가된다——그 중 연금 pension funds 같은 일부는 빠르게 성장하고 있다. 도시에서 벌어지는 건축, 리모델링, 개조, 대체, 확장 가운데 노른자위는 이런 종류의 돈으로 이루어진다(도시 바깥의 교외의 경우도 마찬가지이다).

두번째 종류의 돈은 세금이나 차입 능력을 통해 정부가 제공하는 돈이다. 전통적으로 정부의 책임인 도시 건축(학교, 고속도로 등)을 제외하고, 주거와 영업용 부동산 역시 어떤 경우에는 이 돈이 재원이 된다. 그 돈이 부분적인 재정 지원이나 다른 대출에 대한 보증을 위해 쓰일 수 있다는 사실은 더욱 많은 것을 모양 짓고 영향을 준다. 민간 재원으로 하는 재개발과 정비 계획의 경제성을 높이기 위한 연방 정부와 시 정부의 부지 정리 보조금이 이 돈의 용도 가운데 하나이다. 연방, 주, 시 정부가 비용 부담을 떠맡는 주택단지의 경우도 마찬가지이다. 게다가 연방주택청Federal Housing Administration에서 승인한 계획 기준에 따라 담보 대출이 보증되는 개발의 경우에, 연방 정부는 전통적인 대부업체들이 융자하는 주택 담보 가치의 90퍼센트를 보증할 것이다——심지어는 대부업체로부터 보증된 저당권을 매입할 것이다.

세번째 종류의 돈은 이를테면 어두운 투자의 세계, 즉 현금과 신용의 지하세계에서 나온다. 이 돈이 궁극적으로 어디에서 나오는지는 감춰져 있으며, 돈이 따라가는 경로는 구불구불 복잡하다. 이 돈은 최소 20퍼센트부터 시장이 감당할 수 있는 정도까지 높아지는 이율(어떤 경우에는 이율과 수수료, 할인 비용까지 포함하여 80퍼센트에 달하기도 한다)로 대출된다. 많은 일자리에서 그렇지만——그 중 몇몇 일자리는 사실 건설적이고 유용하다——이 돈은 평범한 건물을 슬럼 건물로 뒤바꿔서 부당한 폭리를 취하는 자금 역할로 유명하다. 이 돈과 주택 담보 대출 시장의 관계는 고리대금업자의 돈과 사금융의 관계와 같다.

이 세 종류의 돈 모두 중요한 점에서 각기 다르게 작용한다. 각각 도시 자산의 변화에 이바지하는 재원으로 자신의 역할을 한다.

이 돈들의 차이——특히 어두운 세계의 돈과 합법적인 민간 및 정부 돈 사이의 도덕적인 차이——를 유념하면서 세 종류의 돈의 행태가 한 가지 면에서는 유사하다는 점을 지적하고자 한다. 요컨대 이 돈은 도시에서 급격한 변화를 만들어 낸다. 점진적인 변화를 만들어 내는 돈은 상대적으로 적다.

격변을 일으키는 돈은 집중된 형태로 한 지역에 쇄도하면서 격렬한 변화를 만들어 낸다. 이런 행태의 이면에서 격변이 없는 지역에는 상대적으로 거의 이런 돈이 투입되지 않는다.

비유적으로 말하자면, 대부분의 도시 가로와 지구에 미치는 영향에 관한 한, 이 세 종류의 돈은 관개시설처럼 생명의 물줄기를 끌어다 주어 꾸준하고 계속적인 성장을 북돋우는 역할을 하지 않는다. 그 대신 인간이 손쓸 수 없는 심술궂은 날씨처럼 행동한다—타는 듯한 가뭄이나 거세게 땅을 침식하는 홍수를 만들어 내는 것이다.

물론 이것은 도시를 키워 내는 건설적인 방식이 전혀 아니다. 발판이 견고한 도시 건축은 지속적이고 점진적인 변화를 만들어 내면서 복잡한 다양성을 쌓아 올린다. 다양성의 성장 자체는 효과적인 이용의 결합을 점점 확립하기 위해 서로 의존하는 변화들에 의해 생겨난다. 탈슬럼화는—현재 진행되는 지지부진한 속도를 높여야 하지만—확고하면서도 점진적인 변화의 과정이다. 새로움이 가신 뒤에도 내구력을 유지하며, 거리의 자유를 보호하고 시민들의 자율적 관리를 떠받치는 모든 도시 건축은 그 지역이 환경에 적응하고, 변화를 따라잡고, 흥미를 유지하고, 편의를 유지하는 능력을 요구하며, 이것은 다시 점진적이고 꾸준하며 촘촘한 수많은 변화를 요구한다.

도시의 가로와 지구를 순조롭게 기능하는 상태(이는 주로 다양성을 창출하는 조건을 제공하는 것을 의미한다)로 만들고 유지하는 데 시급히 착수해야 함은 아무리 강조해도 지나치지 않다. 한편 이 일은 어느 곳에서든 결코 끝나지 않았으며 끝이 없는 과업이다.

지금 있는 것을 이용하고 의지하며 보완하는 데 필요한 종류의 돈은 점진적인 돈이다. 그러나 이런 긴요한 수단이 부족하다.

이것은 전혀 불가피한 상황이 아니다. 오히려 우리를 이런 상황으로 이끄는 데는 (어느 정도의 표류와 더불어) 상당한 선의의 책략이 필요했다. 홈즈Oliver Wendell Holmes, Jr.가 말한 것처럼, '불가피한' 것은 오직 엄청난 노력을 통해서만 초래된다. 도시에서 격변을 일으키는 돈의 사용의 경우에도 마찬가지이다. 한 가지 분명한 지표로서, 만약 격변과도 같은 전면적인 재개발에 투자할 것을 촉구하는 연설과 소책자들을 하나로 묶는다면, 적어도 이 책 분량의 50배에 달할 것이다. 그렇지만 이 모든 선전과 그 이면에서 이뤄진 엄청난 자료 수집과 입법 활동에도 불구하고, 이런 형태의 도시 투자는 무척 성가신 일이어서 많은 경우에 돈의 이용을 자극하고 보상하기보다는 오히려 마비시키고 불이익을 주는 데 기여한다. 이런 유형의 격변에 대한 투자를 다시 시도하고 자극하려면 훨씬 더 큰 인센티브를 끊임없이 고안해야 한다. 미국 상공회의소 소장 아서 H. 모틀리Arthur H. Motley는 1960년 말에 열린 어느 재개발 관련 회의에서 이렇게 말했다. "연방 자금을 사용하는 일부 도시들이 재건축을 하지 않은 채 너무 많은 땅을 획득한 결과 연방주택금융청Federal Housing and Home Finance Agency은 잡초인 두드러기쑥만 키우게 되었다."

모틀리의 가차 없는 현실 진단은 "도전"이나 "건강하고 아름다운 도시에 대한 사업가의 이해관계" 같은 상투적인 말들과 "이 분야에 대한 미래 투자의 열쇠는 수익"이라는 점잔 빼는 언급이 난무하게 마련인 이런 회의의 정신과는 어울리지 않는 것이었다.

담보 대출과 건축 비용 이용의 이면에는 분명 수익에 대한 관심이 자리 잡고 있다──대부분의 경우 이는 정당한 수익에 대한 정당한 관심이다. 그러나 아울러 이 돈의 이용 이면에는 도시 자체에 대한 더 추상적인 사고가 자리 잡고 있으며, 이런 사고야말로 도시에서 돈을 가지고 하는 일을 결정하는 강력한 요소다. 공원 설계가나 구획 설계가와 마찬가지로 담보 대부업자도 이데올로기나 법률의 공백상태에서 움직이는 게 아니다.

돈이 부족한 사태와 그것의 효과부터 이야기를 시작해 보도록 하자.

담보 대출의 부족이야말로 그런 일만 없으면 필연적으로 일어나지 않을 도시 쇠퇴의 원인이 되기 때문이다.

하버드 법과대학의 찰스 M. 하 교수는 주택 건설 투자를 위한 연방정부 차원의 유인책을 분석하면서 이렇게 말한다. "과세 권력이 파괴의 권력이라면…… 신용 당국은 파괴의 권력일 뿐만 아니라 창조와 전환의 권력이기도 하다."

신용 당국이나 신용 경영진이 소유하는 파괴의 권력은 소극적이다. 신용을 보류하는 힘인 것이다.

이런 행동이 도시 근린에 미치는 효과를 이해하려면 우선 몇 가지 기적을 살펴보는 게 좋겠다──이러한 쇠퇴의 힘을 극복하는 데 기적이 필요함을 이해하기 위해서 말이다.

보스턴의 노스엔드는 기적적인 탈출을 여실히 보여 준다.

사실상 건물 신축이 전혀 이루어지지 않은 시기인 대공황과 전쟁 이후, 노스엔드는 전통적인 대출기관들에 의해 담보 대출 지역으로 블랙리스트에 올랐다. 미국의 대출 시스템에서는 거의 오스트레일리아의 태즈메이니아^{Tasmania}만큼이나 신축이나 확장, 개조 등에 필요한 신용 대출을 받지 못하게 된 것이다.

대공황 때부터 블랙리스트에 오른 시기까지 30년 동안 이 지구에서 이루어진 최대 규모의 전통적인 담보 대출은 3,000달러였고, 이런 정도도 드문 일이었다. 아마 대부분의 풍요로운 교외는 그런 조건 아래서 이와 같은 시기를 버티기 힘들 것이다. 물질적인 개선이 이루어진다면 그게 오히려 기적일 것이다.

노스엔드는 유달리 운이 좋은 조건 덕분에 이런 기적을 이룰 수 있었다. 지역 주민과 상인 및 그들의 친척과 친구 가운데 공교롭게도 건설업에 종사하는 사람들——석수, 전기기술자, 목수, 공사청부업자 등——이 많이 있다. 이 사람들은 노스엔드의 건물들을 현대화하고 개조하는 데 경우에 따라 무상으로 일을 해주기도 하고 물물교환 식으로 일을 하기도 한다. 비용은 대부분 재료비이고, 저축해 놓은 돈에서 현금으로 지불하는 게 가능하다. 노스엔드에서는 개선비용을 지출해서 충분한 보상을 받을 수 있다고 예상하는 상인이나 건물주가 **우선** 돈을 갖고 있어야 한다.

요컨대 노스엔드는 은행 제도가 존재하기 전에 작동했던 물물교환과 축장蓄藏 같은 원시적인 방식으로 되돌아갔다. 이런 방식이 탈슬럼화를 계속하고 공동체를 살릴 수 있는 주어진 조건이었다.

그렇지만 여느 살아 있는 도시 근린과 마찬가지로 노스엔드가 점차 필요로 하는 건물 신축 비용까지 이런 식으로 조달할 수는 없다.

현재 상태로 보면, 노스엔드는 재정비나 재개발 같은 격변을 감수해야만 건물 신축이 가능하다——이런 격변은 복잡한 동네를 파괴하고, 사람들을 흐트러뜨리고, 상인들을 쫓아낼 것이다.* 또한 현재 노스엔드에서 낡은 건물들을 꾸준하고 지속적으로 개선하고 대체하는 데 필요한 돈의 규모와 비교하면 막대한 돈이 소요될 것이다.

시카고의 백오브더야즈는 사망 증명서가 봉인된 것처럼 보인 뒤에도 살아남아 개선되었다. 다른 종류의 특별한 자원 덕분이었다. 내가 아는 한 백오브더야즈는 신용 블랙리스트라는 흔한 문제에 정면으로 맞서서 직접적인 수단으로 문제를 극복한 유일한 도시 지구이다. 어떻게 이렇게 극복

---

* 이와 같은 격변의 첫 단계가 이미 계획을 통해 역사적 건물 주변의 대규모 철거안이라는 형태로 준비중이다. 보스턴——또는 적어도 그 전통의 수호자들——은 오늘날 여행객과 학생들이 미국식 자유의 의미를 받아들이면서도 그것과 아무 관련성이 없는 노스엔드를 보고 혼란스러워 할 것을 유감스럽게 생각한다.

할 수 있었는지를 알려면 이 지구의 역사를 조금 이해할 필요가 있다.

백오브더야즈는 한때 악명 높은 슬럼가였다. 위대한 현실 폭로자이자 개혁운동가인 업튼 싱클레어Upton Sinclair가 소설 『정글』*을 통해 도시 생활과 인간 착취의 밑바닥을 보여 주고자 했을 때, 그가 배경으로 선택한 곳이 바로 백오브더야즈와 그곳과 가까이 붙어 있는 도축장이었다. 이 지구 출신으로 다른 곳에서 일자리를 구하는 사람들은 1930년대까지만 해도 백오브더야즈 주민이라는 이유로 불이익을 당하지 않으려고 주소를 거짓으로 둘러댔다. 물리적으로 볼 때, 최근인 1953년까지도 비바람에 시달린 건물들이 뒤범벅된 이 지구는 완전히 불도저로 밀어 버려야 한다고 전통적으로 믿어지는 지역의 고전적인 사례였다.

1930년대에 이 지구의 가장들은 주로 도축장에서 일했고, 당시 이 지구와 주민들은 정육 공장에서 노동조합을 결성하는 데 깊숙이 관여하게 되었다. 새롭게 등장한 전투적 기풍을 기반으로 삼아, 그리고 이를 계기로 생겨난 기회, 즉 과거에 지구를 갈가리 갈라 놓았던 오래된 민족 간의 적대를 없애 버릴 수 있는 기회를 잡기로 결심한 많은 유능한 사람들이 지역 조직을 통한 실험에 착수했다.** 백오브더야즈평의회Back-of-the-Yards Council라는 이름의 이 조직은 "우리 민중 스스로 우리의 운명을 개척해 나갈 것이다"라는 과감한 슬로건을 채택했다. 평의회는 정부와 거의 똑같은 기능을 수행하게 되었다. 평의회는 통상적인 시민 협회에 비해 더욱 포괄적이

---

* 업튼 싱클레어, 『정글』, 채광석 옮김, 페이퍼로드, 2009.
** 버나드 J. 샤일(Bernard J. Sheil) 주교, 사회학자이자 범죄학자인 솔 D. 앨린스키(Saul D. Alinsky), 당시 근린공원 관리자였던 조지프 B. 미건(Joseph B. Meegan) 등이 대표적인 지도자들이었다. 앨린스키는 『급진파를 위한 기상나팔』(Reveille for Radicals)이라는 저서에서 조직화의 이론과 방법을 설명한 바 있다.

고 공식적인 조직과 더불어, 독자적으로 공공 서비스를 수행하고 지방정부에 자신의 의지를 행사하는 훨씬 큰 권한을 갖고 있다. 평의회의 정책은 소규모 조직과 거리 동네에서 선출된 200명의 대의원으로 구성된 일종의 입법 기관에서 정해진다. 시청으로부터 지구에 필요한 시정 서비스와 각종 시설, 규제, 규제 면제 등을 얻어내는 지구의 힘은 시카고 전역에서 상당한 경외의 대상이다. 요컨대 백오브더야즈는 가볍거나 경솔하게 싸움에 덤벼드는 정치 단체의 일부분이 결코 아니며, 이런 사실이야말로 우리의 논의에서 중요한 의미를 갖는다.

평의회가 설립되고부터 1950년대 초반까지의 시기에 지구 주민들과 그 자녀들은 다른 종류의 진보도 이루었다. 많은 이들이 숙련 생산직이나 화이트칼라, 전문직 등으로 진출했다. 이 단계에 이르면 '불가피하게' 소득에 따라 분류되는 교외를 향해 사람들이 대규모로 이사를 가고, 선택의 여지가 없는 사람들이 이 버려진 지구에 대대적으로 밀려드는 현상이 나타났어야 할 것이다. 영구적인 슬럼으로 퇴보하는 것이다.

그렇지만 탈슬럼화하는 도시 동네의 사람들이 대체로 그렇듯이, 이 지구의 사람들은 그대로 머물기를 원했다. (이런 동네들이 이미 과밀이 해소되고 탈슬럼화되고 있는 것은 바로 이 때문이다.) 기존의 기관들, 특히 교회는 사람들이 머물기를 원했다.

그렇지만 이와 동시에 수천 명의 주민들은 또한 과밀 해소와 소규모의 개량이나 신규 설비 공급을 넘어서 주거를 개선하기를 원했다. 사람들은 이제 더는 슬럼 주민이 아니었고, 또 그런 삶을 원치 않았다.

이 두 욕구——머무르려는 욕구와 개선하려는 욕구——는 양립할 수 없었다. 아무도 개선을 위한 대출을 받을 수 없었기 때문이다. 노스엔드와 마찬가지로 백오브더야즈도 담보 대출 블랙리스트에 올라 있었다.

그러나 이 지역의 경우에는 문제를 다룰 수 있는 조직이 존재했다. 평의회에서 조사한 결과, 지구 내의 업체, 주민, 기관이 시카고의 30개 가량 되는 저축대부조합과 저축은행에 예금을 갖고 있었다. 지구 사람들은 대출기관들이 계속해서 지구를 블랙리스트에 올려놓을 경우에 예금주들——개인뿐만 아니라 기관과 업체까지——이 예금을 모두 인출하기로 뜻을 모았다.

1953년 7월 2일, 평의회 조사에서 밝혀진 은행과 저축대부조합 대표들이 회의에 초청을 받았다. 지구의 담보 대출 문제가 안건에 올라 우호적으로 논의되었다. 평의회 대변인들은 지구 내의 예금주 수와……예금 규모에 관해……그리고 시민들의 저축 예금을 가지고 하는 투자가 도시에서 이용 가능한 경우가 너무 적은 이유를 이해하기 어렵다는 점에 관해…… 지구 내의 문제에 대한 확고한 관심에 관해…… 대중의 이해가 얼마나 소중한지에 관해 정중하게 언급했다.

회의가 끝나기 전에 금융기관 대표자 몇 명은 도움을 주겠다고 약속했다——대출 요청에 관해 긍정적으로 고려해 보겠다는 것이었다. 같은 날, 평의회는 신축 주택 49채를 지을 부지를 교섭하기 시작했다. 얼마 뒤 9만 달러를 대출받은 덕분에 가장 지저분하게 늘어서 있던 슬럼 아파트들에 내부 배관을 비롯한 현대식 설비가 갖춰졌다. 3년 안에 5천 채 가량의 주택이 집주인에 의해 개조되었고, 그 뒤에 개조된 주택의 수는 너무 많아서 제대로 집계조차 되지 않는다. 1959년에는 몇몇 소형 아파트가 지어지기 시작했다. 평의회와 지구 사람들은 주거 개선에 은행들이 관심을 갖고 협조해 준 데 대해 감사의 뜻을 표한다. 그리고 은행들은 이 지역이 건전한 투자의 적지라고 감탄의 말을 한다. 지구 밖으로 쫓겨나거나 '이주'한 사람은 아무도 없었다. 철거된 업체도 하나도 없었다. 요컨대——어느 곳에서나 결국 그렇듯이 ─신용의 필요성이 결정적인 시점에 이르러서도 탈슬럼화 과정이 계속되고 있다.

도시 지역에 대한 신용 블랙리스트 지정은 개인과는 관계가 없다. 블랙리스트는 주민이나 상인 개인이 아니라 그들의 동네를 대상으로 작용한다. 가령 뉴욕 이스트할렘의 블랙리스트에 오른 지구에서 가게를 하는 내가 아는 어느 상인은 순조롭게 운영되는 가게를 확장하고 현대화하는 데 필요한 15,000달러를 대출받지 못한 반면, 롱아일랜드에 집을 짓기 위한 3만 달러는 어렵지 않게 조달했다. 이와 마찬가지로 노스엔드에 사는 사람이 교외 개발 지역에 주택 구입을 한다면 그 사람이 단지 살아 있고 벽돌공이나 경리사원, 볼트제조공 등의 직업을 갖고 있기만 하면 30년에 걸쳐 갚을 금액을 현재 금리로 쉽게 빌릴 수 있다. 그러나 노스엔드에 그대로 붙어 있는 한 그 사람이나 이웃 사람, 하물며 그들의 건물주조차도 신용 대출을 한 푼도 받을 수 없다.

터무니없고 해롭기만 한 일이지만, 화를 내기 전에 도시 지역을 블랙리스트에 올리는 은행을 비롯한 전통적인 대출기관들 역시 단지 도시계획의 전통적인 교훈을 진지하게 받아들인 것뿐임을 생각해 보는 게 좋겠다. 대출기관들이 특별히 악랄한 게 아니다. 신용 블랙리스트 지도는 그 개념이나 대부분의 결과에서 시 당국의 슬럼 일소 지도와 일치한다. 그리고 시 당국의 슬럼 일소 지도는 신뢰할 수 있는 목적 ─이런 목적 가운데 하나는 사실 대출기관들에게 그곳에 투자하지 말라고 경고하는 것이다─에 사용되는 신뢰할 수 있는 계획으로 간주된다.

때로는 도시계획가들이 대출기관보다 앞서고, 때로는 반대로 대출기관들이 앞지른다. 양자 모두 자신들이 무슨 일을 하는지 알고 있다. '빛나는 전원도시 미화' 계획에 관해 많이 배웠기 때문이다. 이 두 장치─블랙리스트 지도와 슬럼 일소 지도——는 1940년대 초반에 거의 동시에 흔히 사용되기 시작했다. 대출기관들의 경우에는 대공황 시기에 주택 압류 건수가 많았고 따라서 향후에 대출 위험도가 높은 곳으로 간주되는 지역의 지도가 그 출발점이었다. 그렇지만 이런 기준은 뒷전으로 밀려났다. (기준 자체가 혼란스러운 것이었다. 뉴욕의 그랜드센트럴Grand Central 업무지구는 미국에서 최악의 압류 기록을 가진 곳 중에 하나였다. 그렇다고 해서 이곳이 향후에 투자를 자제해야 할 위험 지역이었을까?) 현대의 기준은 이런저런 곳이 이미 슬럼가이거나 슬럼가로 전락할 처지라는 대출기관들의 결정이다. 이런 곳의 미래는 따라서 정통 도시계획의 처방에 의거하여 예측된다. 쇠퇴하다가 결국은 철거되는 것이다.

따라서 대출기관들은 신용의 파괴력을 행사하는 선택을 하면서 자신들의 행동이 불가피하다는 전제에 입각해서 행동하며, 이런 불가피성의 측면에서 볼 때 신중할 수밖에 없다. 대출기관들이 예언을 하는 셈이다.

대개 이런 예언은 사실로 증명된다. 가령 광범위한 재개발 계획이 널리 공표된 뉴잉글랜드의 어느 도시(이번에는 보스턴이 아니다)의 경우를 검토해 보자. 재개발 담당자들은 활동의 기초로서 쇠퇴가 이미 많이 진행되어 완전히 철거할 필요가 있는 지역을 보여 주는 지도를 준비했다. 지도가 작성된 뒤, 도시계획가들은 이 지도가 앞서 시 은행가들이 대출이 절대 불가한 지역을 지정한 오래전에 만든 지도들과 정확히 일치한다는 사실을 발견했다. 이 장소들이 가망 없는 슬럼이 될 것이라고 한 은행가들의 예언은 정확히 들어맞았다. 두 지도는 단지 한 가지 사소한 점에서만 일치하지 않았다. 이곳은 도시계획가들의 지도에서 완전한 철거가 아니라 요소별 철거를 규정한 경우였다. 이 한 사례에서 소규모 상업지구를 포함하여 블랙리스트에 오른 지역은 너무 쇠락해서 제한적으로 보존하기도 힘든 것 같지는 않았다. 지역에는 독자적인 신용 원천이 있었다. 오래전부터 이어져 내려오는 가족이 운영하는 작은 은행이 그것으로, 블랙리스트에 오른 지역 안에서 대출을 해주는 진기한 곳이었다.

이 지역의 경우와 같은 사업 확장, 혁신, 유지 등의 자금은 거기서 나온 것이었다. 가령 동네에서 두드러지게 눈에 띄는 상업 시설──시 전역에서 손님을 끌어모으는 레스토랑──이 훌륭한 설비를 들이고 필요한 만큼 가게를 확장·일신할 수 있었던 신용의 원천이 바로 이 은행이었다.

신용 블랙리스트 지도는 슬럼 일소 지도와 마찬가지로 정확한 예언이다. 둘 다 자기충족적인 예언이기 때문이다. 노스엔드와 백오브더야즈의 경우 블랙리스트 지도는 잘못된 예언이었다. 그러나 이 장소들이 자신에게 내려진 판결을 피할 수 있는 기적 같은 능력을 보여 주지 않았다면, 아무도 그 예언이 잠재력에 대한 그릇된 평가였음을 알지 못했을 것이다.

활력 있는 다른 도시 근린들도 종종 사형선고에 저항하는 모습을 보여 준다. 내가 사는 동네가 12년 동안 그런 모습을 보여 줬다(도시계획가들이 슬럼 일소 지도를 가지고 앞장을 서고 대출기관들이 그 뒤를 따른 경우였다). 이스트할렘 몇몇 거리는 1942년 이래 블랙리스트에 오른 상황에서도 가족과 친척들이 이리저리 서로 돈을 빌려 주며 꿋꿋이 견디고 있다.*

얼마나 많은 도시 지구가 블랙리스트에 의해 파괴되었는지는 딱히 말하기 힘들다. 커다란 잠재력이 있는──적어도 그리니치빌리지만큼

---

* 1960년, 이 거리 중 한곳의 자산 소유자들이 이스트할렘에서 18년 만에 처음으로 전통적인 주택 담보 대출 비슷한 것을 받았다. 시의회 의원이자 민주당 뉴욕카운티협의회의 유력 인사인 존 J. 멀리(John J. Merli)의 소개를 통한 것이었다. 멀리 씨 본인이 처음에 필요한 재료를 구입할 돈을 빌려 주었고, 노스엔드 방식의 노동 물물교환과 노동 기부를 주선했다. 그 일이 끝난 뒤에는 해당 부동산 소유주들에게 은행 대출을 얻어 주었다. 이 사람들은 은행 대출금을 가지고 멀리 씨가 재료비로 빌려 준 돈을 갚을 수 있었다.

의 잠재력이 있는——지역인 뉴욕의 로워이스트사이드는 블랙리스트 때문에 사형선고를 받았다. 현재 공식적으로 "중산층을 다시 끌어오기" 위해 엄청난 액수의 공적 재개발 자금이 소요되고 있는 필라델피아의 소사이어티힐 지구는 지난 몇 해 동안 많은 중산층이 자발적으로 선택한 곳이다——단지 그곳에 집을 사거나 개조하는 데 필요한 대출을 받지 못해서 선택하지 않았던 것이다.

한 동네가 일정한 형태의 특별한 자원과 더불어 특별한 활력을 갖고 있지 않다면, 전통적인 돈의 부족은 가차 없이 노후화를 강요한다.

최악의 경우는 본질적으로 잘못된 점이 많은 이미 정체한 동네들이다. 어쨌든 기존 주민들이 떠나고 있는 이런 지역들은 흔히 특별한 형태의 투자 격변을 겪는다. 전통적인 신용 대출의 블랙리스트에 오르고 잠깐 뒤에 이곳은 어두운 투자의 세계에서 오는 돈의 진공 상태에 빠져들 수 있다. 쏟아져 들어오는 이 돈은 이제 다른 구매자가 없고——앞으로도 없을 것이다——현 소유주나 입주자가 사실상 큰 애착을 갖지 않는 부동산을 사들인다. 곧이어 건물들은 가장 착취적인 슬럼으로 신속하게 뒤바뀐다. 전통적인 돈이 남기고 떠난 틈을 어두운 세계의 격변의 돈이 채우고 있다.

이런 과정은 대부분의 대도시에서 벌어지며, 이에 관해 별다른 연구도 이루어지지 않은 채 당연시되는 듯하다. 경제학자이자 도시계획가인 체스터 A. 랩킨 Chester A. Rapkin 박사가 급격하게 노후화된 뉴욕 웨스트사이드의 어느 지역에 관해 쓴 연구보고서는 이런 몇 안 되는 연구 가운데 하나이다. 랩킨은 보고서에서 전통적인 공급원에서 돈을 빌려 주지 않아 돈 부족 사태가 야기되고, 그 대신 고금리의 부도덕한 돈이 나타나며, 결국 부동산 소유자들이 착취적인 구매자들에게 자산을 매각하는 것 말고는 변화를 만들어 낼 수가 없는 현실을 설명한다. 『뉴욕타임스』는 이 보고서를 의뢰한 뉴욕 시 도시계획위원회 위원장인 제임스 펠트James Felt의 말을 인용하여 깔끔하면서도 공정하게 그 내용을 요약했다.

펠트는 보고서가 20개 블록으로 이루어진 지역의 신축이 거의 완전히 종결된 것을 폭로했다고 말했다. 펠트의 말에 따르면, 보고서는 또한 부동산에 대한 은행을 비롯한 여러 기관의 담보 대출 흐름이 중단되고, 부동산이 새로운 유형의 투자자에게 넘어가고, 부재지주가 늘어나고, 지역의 주택 세입자의 상당수가 셋방살이로 전락했음을 보여 주었다.

도시의 쇠퇴에서 흔히 그렇듯이, 세 가지 종류의 격변을 일으키는 돈 모두가 이런 붕괴에 관여하고 있다. 우선 모든 전통적인 돈이 빠져나가고, 어두운 세계의 돈에 의해 황폐화가 진행되며, 도시계획위원회에서는 이 지역을 재개발 철거를 위해 정부 자금을 급격하게 사용해야 할 후보지로 선택한다. 이 마지막 단계는 전통적인 돈이 재개발 단지 건설과 지역 개조에 다시 급격하게 쏟아져 들어오는 것을 가능케 만든다. 이 세 종류의 각기 다른 돈은 급격하게 쏟아져 들어올 길을 서로 잘 준비해 주기 때문에, 다른 형태의 도시 질서를 크게 파괴하지 않는다면 사람들은 이 과정을 고도로 발달한 질서의 형태로서 경탄스럽게 바라볼 것이다. '음모'를 뜻하지 않는 것이다. 터무니없기는 하지만 전통적인 도시계획의 신념을 따르는 사람들의 논리적인 결론일 뿐이다.

그렇지만 주목할 만한 사실 ─ 이자 곤경에 빠진 많은 도시 근린의 힘과 자력을 강력하게 입증하는 증거 ─ 은 이런 동네들이 금융권에서 내리는 사망선고에 강력하게 저항한다는 것이다. 이런 사실은 1950년대에 뉴욕 시에서 공동주택 건물에 중앙난방을 설치하도록 하는 새로운 입법이 제정된 뒤에 드러났다. 건물주들은 임대료 인상이나 세금 경감을 통해 개선비용을 보상받을 것이었다. 그런데 이런 조정은 특별한 방해물이 전혀 없을 것으로 예상되었던 곳들에서 예기치 않은 장애물에 맞닥뜨렸다. 세입자들이 임대료 인상을 감당할 수 있는, 사회적으로 안정된 채 잘 버티고 있는 지역에서 말이다. 이 작업에 필요한 돈을 (20퍼센트 미만의 금리로) 구할 수 없었던 것이다.

1959년 12월, 이 법을 위반한 죄로 법정에 끌려온 한 건물주가 겪은 곤란을 신문들이 앞다퉈 보도했다. 그도 그럴 것이 그 주인공이 연방하원 의원인 앨프리드 E. 샌탄젤로Alfred E. Santangelo였던 것이다. 샌탄젤로는 조사 뒤에 중앙난방 장치를 설치했다고 밝히면서 자기 가족 소유의 건물 여섯 채에 각각 15,000달러, 즉 모두 합쳐 90,000달러가 소요되었다고 설명했다. "저당권을 5년 연장하고 개인 신용 대출을 받는 식으로 해서 은행들로부터 겨우 23,000달러를 대출받을 수 있었다. 나머지는 가족들 돈으로 메워야 했다."

블랙리스트에 오른 지역의 대출 요청이 통상적으로 어떤 대접을 받는지를 감안하면, 샌탄젤로는 은행과 관계를 무척 잘 처리한 셈이다. 뉴욕에서 발행되는 신문들에는 이따금 이런 문제에 관한 독자 편지가 실리곤 한다. 1959년 초에 건물주협회의 어느 변호사는 다음과 같은 독자 편지를 보냈다.

특히 도시에서 열악한 지역으로 낙인찍힌 경우에 은행과 보험회사들이 공동주택 건물주에게 신용 대출이나 담보 대출을 잘 해주지 않는다는 것은 잘 알려진 사실이다. 만기가 된 담보 대출을 갱신해 주지 않는 탓에 건물주들은 종종 어쩔 수 없이 단기 대출에 20퍼센트에 달하는 이자[이 정도면 그나마 양반이다)를 붙이는 사채업자에게 손을 벌려야 한다. …… 중앙난방 설비 이상을 하고 싶어 하는 건물주들이 있다. 이 사람들은 방을 확장하고 주방에 새로운 설비를 들여놓고, 적절한 배선을 설치하는 등 아파트를 현대화할 계획이다. ……그런데 자금 조달의 문이 닫힌 상황에서 건물주들이 시에 도움을 요청하고 있지만 아무런 도움도 받지 못했다. …… 이 문제에 도움을 줄 수 있는 기관은 하나도 없다.

공동주택이든 역사적 가치가 높은 오래된 연립주택이든, 아니면 순전히 상업적인 부동산이든 간에, 블랙리스트에 오른 지역에서는 사실 건물 유형이 별로 중요하지 않다. 개인이 블랙리스트에 오르는 게 아닌 것처럼, 건물이 블랙리스트에 오르는 게 아니다. 지역 자체가 블랙리스트의 대상인 것이다.

1959년에 뉴욕 시는 신축 건물이 전혀 생기지 않으면서도 다른 한편으로는 물리적으로 전혀 가망 없는 곳은 아니라고 판단되어 사회적으로 보존할 가치가 충분한 맨해튼의 동네들을 보존하는 소규모 실험 프로그램에 착수했다. 그러나 유감스럽게도 대출기관들은 이미 이 동네들을 가망 없는 곳으로 판단한 상태였다. **단지 건축 규정 위반을 바로잡기 위해서도** 시 당국은 이 동네의 부동산 소유주들을 위한 공적 대출기금 1,500만 달러를 마련하는 주 입법이 필요하다는 사실을 깨달았다. 점진적인 변화에 필요한 돈을 구하기가 너무 어려워서 최소한의 목표를 달성하는 데 필요한 조금의 돈이라도 공급하기 위해 새로운 대출기관을 설립해야 했다. 법안이 적절하지 않게 만들어진 탓에 이 글을 쓰는 지금 기금은 거의 이용할 수 없다. 또 워낙에 기금이 적어서 어쨌든 도시에 대해 별다른 의미를 갖지 못한다.

이미 지적한 것처럼, 블랙리스트에 오른 지역이 전통적인 대출기관들에게서 다시 돈을 빌릴 수 있는 것은 이 돈이 홍수의 형태로 들어오고, 따라서 '빛나는 전원도시'와 유사하게 소득과 용도를 가려내는 데 이용될 때이다.

맨해튼 자치구청장은 민간 자금을 끌어들인 할렘의 '빛나는 도시' 프로젝트를 공개하면서 그 의미를 대단히 강조했다. "프로젝트 스폰서들이 민간 자금을 끌어들임으로써 할렘의 주택 신축에 대한 대규모 투자를 막아 온 은행들의 장벽을 무너뜨렸기" 때문이었다.

그렇지만 재개발 프로젝트에 쏟아붓는 홍수 같은 돈이 아닌 할렘에 대한 다른 투자에 대해서는 이 장벽이 무너지지 않았다.

또한 연방 정부가 교외 개발이나 새로운 '빛나는 전원도시' 프로젝트에 대해 하는 것처럼 담보 대출을 아낌없이 보증하면, 블랙리스트에 오른 지역에도 전통적인 신용이 다시 등장할 것이다. 그러나 연방 정부는 승인된 계획에 따른 재개발 지역을 제외하고는 건물 신축이나 개조를 장려할 만큼 충분한 담보 대출 보증을 하지 않는다. 여기서 승인된 계획이라 함은 기존 건물들조차 이 지역을 '빛나는 전원도시'의 근사치로 만드는 데 일조해야 한다는 것이다. 대개 이런 재개발 계획은——저밀도 지역에서도——원주민의 2분의 1에서 3분의 2 정도를 다른 곳으로 이주시킨다. 이번에도 역시 홍수 같은 격변의 재원으로 돈이 사용된다. 이 돈은 도시의 다양성을 높이기는커녕 그것을 없애 버리는 데 사용된다. '지점 철거' 재개발 지구에 대한 조정에 관여하는 어느 공무원에게 왜 흩어져 있는 상업 시설을 (장려하는 대신) 뿌리째 뽑아야 하는지, 그리고 왜 교외 생활을 모방해서 독점적인 쇼핑센터에 몰아넣어야 하는지 물었을 때, 공무원은 우선 그게 적절한 계획이기 때문이라고 대답했다. 그러고는 한마디 덧붙였다. "문제는 어쨌든 이론적인 겁니다. 그렇게 혼합된 용도를 가지고는 연방주택청의 대출 승인을 받을 수가 없습니다." 그의 말이 맞다. 오늘날 도시 생활에 적합한 도시 지구를 길러 낼 수 있는 돈은 거의 찾아보기 힘들며, 정부는 종종 이런 상황을 장려하고 강요한다. 따라서 이에 대해서는 우리 자신 말고 달리 비난할 사람이 없다.

블랙리스트에 오른 지구가 구할 수 있는 또 다른 형태의 상당한 돈이 있다. 공공 주택단지 자금이 그것이다. '쌈짓돈 프로젝트'라는 말들이 많지만, 여기서 쌈지는 폴 버니언[Paul Bunyan ; 미국 민화에 등장하는 거인 나무꾼—옮긴이]의 주머니이다. 이 돈 역시 거의 언제나 홍수 같은 형태로 쏟아져 들어오며 항상 주민들을 가려내고 가격표를 붙이는 형태로 들어온다.

이스트할렘은——로워이스트사이드와 마찬가지로——이런 돈이 홍수처럼 밀려들어 오고 있다. 일찍이 1942년에 이스트할렘은 적어도 노스엔드만큼은 탈슬럼화의 가능성이 충분해 보였다. 5년 전인 1937년만 해도 시에서 지원한 이 지역에 대한 객관적인 연구를 통해 희망과 개선의 여지가 많이 보인 까닭에 이스트할렘은 뉴욕의 이탈리아계 문화의 중심지로 설정되었다. 이 지구에는 수천 명의 상인들이 안정 속에 성공을 구가하는 장사를 하고 있었고, 많은 경우에 2세나 3세가 가게를 물려받아 운영하고 있었다. 또 수백 개의 문화·사교 단체가 있었다. 이곳은 (몇몇 좋은 주택과 상당히 많은 수의 탈슬럼화하는 주택과 더불어) 낡고 초라한 주택이 많은 지역이었지만, 또한 풍부한 활력 때문에 수많은 사람들을 붙잡아 두는 동네였다. 이 지구에는 또 뉴욕에서 가장 큰 푸에르토리코인 공동체가 있었다. 푸에르토리코계 동네는 사는 집은 볼품없지만 이미 지도자로 부상하고 있는 이민 1세대 사람들이 많았다. 또한 푸에르토리코인들의 문화·사회·사업 기관들이 엄청나게 많았다.

    1942년에 대출기관들이 이스트할렘을 논외로 치부한 뒤, 이 지구에도 역시 기적이 거의 일어나지 않았다. 트라이버러Triborough 다리 아래쪽에 있는 한 지역은 이 모든 장애물에도 불구하고 계속해서 탈슬럼화하고 복구되었다. 사람들을 한곳에 몰아넣는 거대한 슬럼인 와그너하우스Wagner Houses를 건설하기 위해 주민들을 쫓아내야 했던 주택국의 현장 관리자들은 상당히 많은 개선이 이뤄진 동네를 철거해야 한다는 사실에 놀라면서 의아해했다. 이스트할렘을 구원할 만큼 세상의 이목을 끈 기적은 전혀 일어나지 않았다. 재개발 계획을 실행하기 위해 (시 당국의 계획에 의해 이 계획안이 직접적으로 무효화되지 않는 곳에서도) 많은 사람들이 결국 떠나야 했다. 주거환경 개선의 길이 막히고 어두운 세계의 돈이 구석구석 쏟아져 들어와 난장판이 되었음에도 불구하고 떠나지 않고 남은 사람들은 비상조치와 끈기로 버텼다.

    이스트할렘은 사실상 우리나라의 정상적인 국가와는 경제적으로 동떨어진 가난한 후진국이라는 선고를 받은 것 같았다. 10만 명이 넘는 사람들과 수천 개의 상점이 있는 지역에서 은행 지점들이 모두 문을 닫았다. 상인들은 그날 번 돈을 예금하려면 지역 바깥으로 나가야 했다. 지구 학교들에서는 학교 예금계정 체계도 없어져 버렸다.

    결국 부자 나라가 관대하게 가난한 후진국에 대규모 원조를 제공하는 것처럼, 주택단지 관리자와 도시계획가들이 사는 멀리 떨어진 대륙에서 전문가들이 내린 결정에 따라 이 지구에도 '대외' 원조가 대량으로 쏟아부어졌다. 주민들을 새 집에 살게 하는 데 원조가 쇄도했다—3억 달러 상당의 액수였다. 더 많은 원조가 퍼부어질수록 이스트할렘은 점점 더 소요와 분란에 빠져들었고, 또 더더욱 가난한 후진국처럼 변해 갔다. 공교롭게도 주택 신축 예정 부지에 자리해 있다는 이유로 1,300개 이상의 상점이 철거되었고, 상점 소유주의 5분의 4가 파산했다. 500개 이상의 비상업적인 '길거리에 면한' 시설 역시 철거되었다. 그때까지 버텨 오던 탈슬럼화된 인구 전체가 "더 좋은 삶을 위해" 쫓겨나 흩어져 버렸다.

이스트할렘에서는 이제까지 돈 부족 문제가 거의 없었다. 돈 가뭄 뒤에는 홍수처럼 쏟아져 들어왔다. 공공주택 기금에서 이스트할렘에 퍼부어진 돈만 해도 에드셀[Edsel; 포드 자동차에서 1958년부터 60년까지 출시한 승용차의 이름으로 실패작의 대명사이다—옮긴이]이 날린 돈에 맞먹는 규모이다. 에드셀 같은 실수의 경우에는 어느 시점에 다다르면 지출을 재평가하고 중단한다. 그러나 오늘날 이스트할렘 시민들은 돈의 수문을 관리하는 사람들이 제대로 평가도 하지 않은 채 저지르는 실수가 되풀이되지 않도록 돈의 유입을 막기 위해 싸워야 한다. 부디 국내에서 지출하는 원조보다는 현명하게 해외 원조를 지출하기를 바랄 뿐이다.

점진적인 돈의 부족은 이미 본질적으로 도시 생활에 적합하며 따라서 급속하게 개선될 잠재력이 큰 도시 지구를 황폐하게 만든다. 또한 점진적인 돈이 부족하다는 것은 다양성을 만들어 내는 조건 중 하나 또는 그 이상이 결여되어 있으며, 정상적인 변화와 낡은 구조물의 수리에 필요한 돈뿐만 아니라 이런 조건을 보충하는 데에도 도움이 필요한 지구에 희망이 전혀 없음을 의미한다.

점진적인 변화에 사용될 수 있는 전통적인 원천에서 나오는 돈은 어디에 있는 걸까? 다른 어느 곳으로 가는 걸까?

그 가운데 일부는 재개발과 재정비라는 계획된 격변으로 들어가며, 더 많은 돈이 다양성의 자기파괴와 도시의 두드러진 성공의 황폐화로 들어간다.

사실 도시에는 많은 돈이 들어가지 않고 그 대신 교외로 향한다.

하Charles M. Haar가 말한 것처럼, 신용 당국은 파괴의 권력일 뿐만 아니라 창조와 전환의 권력이기도 하다. 하의 말은 특히 정부 신용 당국에 관한, 그리고 그 당국이 도시 건축보다 교외 건축을 장려하는 점에 관한 것이었다.

미국 도시들에서 거대한 교외가 무질서하게 새로 뻗어나가는 스프롤 현상은 우연히 초래된 것이 아니다──도시와 교외 사이의 자연스러운 선택이라는 신화에 의한 것은 더더욱 아니다. 끝없는 교외 스프롤 현상이 현실화된 것은 (그리고 많은 가구에게 사실상 강제된 것은) 1930년대만 해도 미국에 없었던 뭔가가 생겨났기 때문이다. 특별히 교외 주택 건설을 장려하기 위해 만들어진 전국적인 담보 대출 시장이 그것이다. 담보 대출에 대해 정부가 확실히 보증을 해주기 때문에 가령 뉴헤이븐New Haven에 있는 은행이 서던캘리포니아Southern California의 교외 주택의 담보권을 매점할 수 있으며 그렇게 하고 있다. 시카고의 은행이 한 주에 인디애나폴리스의 교외 주택의 담보권을 매점하는 동안 인디애나폴리스의 은행이 다음 주에 애틀랜타나 버팔로Buffalo의 교외 주택에 대한 담보권을 매점한다. 요즘은 이런 담보권을 정부가 반드시 보증할 필요도 없다. 이런 담보권들은 보증에 의해 일상적으로 수용되는 계획과 건축이 보증 없이 반복되는 것일 수도 있다.

전국적인 담보 대출 시장은 돈에 대한 수요를 멀리 떨어진 돈의 공급과 신속하고 민감하게 결합시키는 데 뚜렷한 이점이 있다. 그러나 특히 한 종류의 성장에만 크게 몰릴 경우에는 단점도 생기게 마련이다.

백오브더야즈 사람들이 깨달은 것처럼, 도시가 만들어 내고 도시가 필요로 하는 저축과 도시 건축 투자 사이에는 전혀 관계가 없기 십상이다.

이 관계가 너무 먼 탓에 1959년에 브루클린의 저축은행 중 한곳이 대출의 70퍼센트가 은행과 가까운 곳을 대상으로 이루어졌다고 발표하자 『뉴욕 타임스』는 이 사실을 중요한 뉴스로 보고, 경제면에 크게 다뤘다. '가까운 곳'이라는 표현은 어느 정도 탄력적인 정의이다. 결국 이 70퍼센트는 브루클린 바깥에서, 즉 롱아일랜드에 있는 새로운 교외 스프롤 지역이 거대하고 난삽하게 뒤섞인 나소 카운티에 사용되었음이 드러났다. 한편 브루클린의 대부분 지역은 여전히 블랙리스트 선고를 받은 상태이다.

도시 사람들이 교외 건축의 재원을 조달한다. 분명 놀라운 생산력과 효율을 지닌 장소인 도시의 역사적인 임무 가운데 하나는 교외 이주의 재원을 조달하는 것이다.

그러나 무엇이든 도가 지나칠 수 있다.

분명 지난 30년 동안 도시 건축 재원의 원천에는 몇 가지 변화가 있었다. 과거에 비해 돈 대출과 지출이 더욱 제도화되고 있다. 가령 1920년대에 돈을 빌려 주던 개인들에 해당하는 사람들은 오늘날 그 돈을 소득세와 생명보험에 집어넣기 십상이며, 그 돈이 도시 건축에 지출되거나 대출되는 한 그것은 정부나 생명보험 회사에 의해 이루어진다. 블랙리스트에 오른 동네에서 대출을 해준 뉴잉글랜드의 이상한 은행 같은 소규모 지역 은행들은 대공황과 그 뒤의 인수 합병의 물결 속에서 사라졌다.

그렇다면 오늘날의 제도화된 돈은 이제 단지 격변의 방식으로만 사용될 수 있다는 말일까? 거대한 돈의 관료제는 덩치가 너무 커서 건물들, 즉 덩치가 큰 차용인들로 이루어진 도시에서만 거대하고 급격한 변화를 일으킬 수 있는 걸까? 한쪽 얼굴로는 백과사전 구입과 휴가여행에 대해 친절하게 소매 신용을 해줄 수 있는 시스템이 다른 쪽 얼굴로는 도매 부지에 대해서만 신용 대출을 해줄 수 있단 말인가?

이러한 도시 건설 자금이 그렇게 움직이는 것은 자체의 내적인 필연성이나 힘 때문이 아니다. 그렇게 격변을 일으키는 방식으로 움직이는 것은 우리 사회가 바로 그런 것을 요구하기 때문이다. 우리는 이런 방식이 우리에게 좋을 것이라고 생각했고 그것을 실현시켰다. 이제 우리는 그것을 마치 하느님이나 체제가 정한 것처럼 받아들인다.

우리가 요구하고 공공연하게 용인해 온 것의 관점에서 우리 도시의 모양을 결정짓는 세 가지 종류의 돈을 살펴보도록 하자――가장 중요한, 전통적인 정부 바깥의 신용 원천에서 시작해 보자.

막대한 액수의 돈을 **그것을 절실하게 필요로 하는 도시 지구를 희생시키면서** 인구가 희박한 교외의 성장으로 돌린다는 생각은 담보 대출기관들이 창안한 것이 아니었다(비록 이제는 교외 건설업자들과 더불어 이 기관들도 이런 방식에 기득권을 갖게 되긴 했지만). 이런 구상이나 방식이나 우리의 신용 체계 안에서 논리적으로 생겨난 게 아니었다. 이런 구상은 고상한 사회사상가들과 더불어 시작되었다. 교외의 성장을 자극하기 위한 연방 주택청의 방식이 완성된 1930년대에 이르면, 사실상 정부의 모든 현명한 사람들은――좌우파를 막론하고――비록 그 방식에서는 서로 달랐을지 몰라도 목표에는 찬성하고 있었다. 그보다 몇 년 전에 허버트 후버Herbert Hoover는 백악관 주택 문제 회의를 처음 열면서 도시를 도덕적으로 열등하다고 보며 소박한 오두막과 소읍과 초원의 도덕적 가치를 찬미하는 이들의 주장에 대한 반론을 펼쳤다. 정치적으로 반대편에 있던 인물로 뉴딜의 그린벨트 시범 교외를 관장하는 연방 정부 책임자였던 렉스포드 G. 터그웰Rexford G. Tugwell은 다음과 같이 설명했다. "내 구상은 단지 인구가 밀집된 중심 바깥으로 나가서 값싼 땅을 골라 공동체를 건설하고 사람들을 끌어들이자는 것입니다. 그리고 도시로 다시 돌아가 슬럼을 모두 철거하고 공원을 만들어야 합니다."

　이리저리 뻗은 교외를 건설하고 이와 동시에 정통 도시계획에서 슬럼으로 낙인찍은 도시의 모든 지역을 아사시키기 위해 격변을 일으키는 방식으로 돈을 사용하는 것이 우리의 현인들이 우리를 위해 바란 것이었다. 그들은 이런 목표를 이루기 위해 이런저런 방식으로 많은 노력을 쏟아부었고, 결국 우리는 그런 결과를 얻었다.

　사회적 차원에서 재개발과 재정비 프로젝트를 위해 격변을 일으키는 민간 신용을 의도적으로 후원하는 것은 훨씬 더 명백하다. 우선 사회는 순전히 급격한 민간 투자를 유도하기 위해 부지 정리 보조금을 이런 격변에 투입한다. 사회는 또한 민간 투자가 **특별히** 사이비 도시의 형태를 창출하고 도시의 다양성에 대항하도록 만드는 데 사용되도록 감독한다. 또 사회는 재정비 담보 대출 보증이라는 유인책을 통해 한발 더 나아가지만, 이렇게 보증되는 창조가 투자의 수명이 다할 때까지 사람이 관리할 수 있을 만큼 정적일 것을 요구한다. 미래의 점진적인 변화는 불법화된다.

　이런 격변에 대한 사회의 지원은 당연시된다. 대중이 도시 재건축에 기여하는 것이기 때문이다.

　대중은 도시에서 이처럼 급격한 민간 투자 이용을 지원하는 것이 민간 투자의 다양한 여러 형태 가운데 하나를 선택하고 강요하는 것임을 잘 이해하지 못한다.

　이를 이해하려면 부지 정리나 지점 정리에 대한 공적 보조금이 유일한 보조금이 전혀 아님을 알아야 한다. 이 계획에는 비자발적인 보조금도 무척 많이 들어간다.

　재개발이나 재정비를 위한 부지를 확보하는 경우에 그것은 오로지 정부의 권한인 토지 수용권을 통해 확보된다. 게다가 실제로 확보하지 못한 부동산 지역에서 재개발 계획을 받아들일 것을 강요하기 위해 토지 수용권을 행사하겠다는 위협이 동원된다.

공적 사용에 필요한 부동산을 확보하는 수단으로서 오래전부터 유용하게 행사되어 온 토지 수용권이 이제는 재개발 관련법에 따라 사적 이용과 사적 이윤을 위한 부동산 취득으로까지 확대된다. 과거에는 둘 사이의 구별이 재개발과 재정비 관련법의 합헌성을 가늠하는 잣대였다. 연방대법원은 사적 기업가와 소유주 사이에서 — 입법부라는 매개를 통해 — 그런 종류의 선택을 할 수 있는 권한이 사회에게 있다고 선언했다. 사회는 입법부의 판단에 따라 공익을 위한 목표를 달성하는 수단으로서 한쪽을 위해 다른 한쪽의 자산을 수용할 수 있는 것이었다.

토지 수용권의 이런 행사는 주택단지 부지의 집합을 물리적으로 가능하게 만드는 것 이상의 역할을 한다. 비자발적인 보조금을 수반하는 탓에 그런 집합을 경제적으로도 가능케 만드는 것이다. 경영 전문가인 앤서니 J. 패누치Anthony J. Panuch는 뉴욕 시의 주거와 재개발의 난맥상에 관해 시장에게 제출한 1960년의 보고서에서 비자발적인 보조금 문제에 관해 잘 설명한 바 있다.

토지 수용권 행사가 상가 임차인에게 미치는 직접적인 결과는 격렬하고, 흔히 파괴적이다. 정부가 부동산을 수용하는 경우에 정부가 소유주로부터 **빼앗는** 것이 아니라 스스로 **취득하는** 것에 대해서만 대가를 지불하는 것이 요구된다.

정부는 사업이 **아니라** 건물과 대지에 대해서만 수용 선고를 한다. 건물과 대지에 대해서만 값을 치르면 될 뿐이다. 소유주는 자기 사업이나 영업권의 손실에 대해서는 아무것도 받지 못하며 또한 계약이 만료되지 않은 임대에 대해서도 받지 못한다. 임대란 보통 수용 선고를 받는 즉시 소유주와 임차인 사이의 임대차 계약이 자동적으로 소멸되며 임차인에게 아무런 보상도 주어지지 않는다고 규정하고 있기 때문이다.

임차인은 전 재산과 투자금 전부를 빼앗기면서도 사실상 아무 보상도 받지 못한다.

보고서는 계속해서 실례를 들어 설명한다.

어느 약사는 40,000달러가 넘는 돈을 주고 약국을 구입했다. 몇 년 뒤 약국이 자리한 건물이 정부에 의해 수용되었다. 결국 약사가 받은 보상금 액수는 시설물에 대한 3,000달러가 전부였는데 그나마도 동산 저당을 갚는 데 쓰였다. 따라서 약사의 투자금 전부는 완전히 사라져 버렸다.

이것은 주택 건설이나 재정비 부지를 둘러싸고 흔히 접할 수 있는 슬픈 이야기이며, 부지 상인들이 재개발 계획에 대해 필사적으로 저항하는 이유 가운데 하나이다. 상인들은 자기가 낸 세금의 일부가 아니라 생계를 가지고, 자식들 대학 등록금과 미래에 대한 희망에 쏟아부은 과거의 세월을 가지고―사실상 그들이 가진 모든 것을 바쳐서―이 계획에 보조금을 제공하는 셈이다.

패누치 보고서는 계속해서 수많은 독자 편지와 공청회에 참석한 시민들, 신문 사설 등이 이미 자신들의 언어로 제안한 내용을 제시한다. "공동체 전체가 공동체 진보의 비용을 부담해야 하며, 공동체 진보의 불행한 희생자에게 이 비용을 강요해서는 안 된다."

공동체 전체는 아직 그 비용 전체를 부담하지 않고 있으며 앞으로도 결코 부담하지 않을 것이다. 재개발 관리들과 주택 공급 전문가들은 그런 제안을 접하면 얼굴이 사색이 된다. 비용 전체를 부담해야 한다면 재개발과 주택단지를 위한 공공 보조금이 너무 커질 것이다. 현재로서는 사적 이윤을 위한 재개발이 이데올로기적으로나 재정적으로나 정당화된다. 공공 보조금을 투자하더라도 조만간 주거환경 개선의 결과로부터 얻는 세금 증가의 형태로 되돌아올 것이라는 이유에서이다. 이 계획을 가능케 하는 비자발적인 보조금이 공적 비용으로 포함된다면, 확대된 공적 비용은 예상되는 조세 수입과 아무런 관계도 없을 것이다.

공공주택은 주거 단위당 17,000달러라는 현재 비용으로 유지된다. 비자발적인 보조금이 공적 비용으로 흡수된다면, 이 주거의 비용은 정치적으로 비현실적인 수준까지 치솟을 것이다. 이 두 계획 모두, 즉 대대적인 철거를 동반하는 '재정비' 사업과 공공 주택단지 모두 본질적으로 도시를 재건하는 파괴적인 방식이며, 소요되는 전체적인 비용과 비교해 볼 때 도시의 가치에 기여하는 바가 극히 적다. 현재로서는 비용의 많은 부분이 비자발적인 희생자들에게 전가되고 공식적으로 포함되지 않기 때문에 사회가 이런 현실로부터 보호된다. 그러나 비용은 존재한다. 도시를 탈바꿈시키는 한 형태로서 주택단지 건설은 경제적으로나 사회적으로나 도리에 맞지 않는다.

어느 생명보험 회사나 노동조합의 연기금이 가격표가 붙은 인구를 위한 일률적인 주택단지나 재정비 계획에 홍수 같은 돈을 쏟아붓는다면, 그것은 어쨌든 20세기의 투자기금에 필요한 행동이 아니다. 오히려 사회가 구체적으로 요구하는 행동, 그리고 무척 이례적이고 무자비한 사회적 힘을 행사함으로써만 가능하게 만든 행동을 하는 것이다.

다양성의 자기파괴를 위해 전통적인 신용을 급격하게 사용하는 경우에는 상황이 다르다. 이런 경우에 홍수 효과가 일어나는 것은 신용의 대량 도매가 아니라 한 시기에 한 지역에 집중된 수많은 개별 거래의 총계에서 기인한다. 사회는 두드러진 성공을 거둔 도시를 의도적으로 파괴하려는 자극을 가한 적이 없다. 그러나 또한 사회는 도시를 파괴하는 이런 형태의 돈의 홍수를 가로막거나 다른 곳으로 돌리려는 노력도 하지 않았다.

민간 투자는 도시의 모양을 만들지만, 사회의 관념(과 법률)이 민간 투자의 모양을 만든다. 우리가 바라는 상이 먼저고, 그 다음에 그런 상을 만들어 내기 위해 장치가 개조된다. 금융 장치가 반(反)도시적인 상을 만들어 내도록 개조된 것은 사회, 즉 우리 자신이 그것이 우리에게 좋을 것이라고 생각했기 때문이다. 만약 우리가 계속해서 소소한 개선과 변화를 이룰 수 있는 활기차고 다양한 도시가 바람직하다고 생각한다면, 그에 맞게 금융 장치를 개조하게 될 것이다.

도시 재건에 공공 자금을 홍수처럼 쏟아붓는 경우에 그저 현실이 그렇기 때문에 돈이 이렇게 사용된다고 생각할 만한 이유가 사적 신용의 경우만큼도 없다. 공공 주택 자금은 점진적이고 꾸준한 가로와 지구의 개선을 위해서 쓰이기보다 오히려 급격하게 사용된다. 우리가 슬럼 거주자들에게 격변이 좋을 것이라고—그리고 나머지 다른 사람들에게는 살기 좋은 도시 생활의 모범이 될 것이라고—생각하기 때문이다.

조세 자금과 공적 신용을 슬럼을 이동시키고 가둬 두는 게 아니라 탈슬럼화를 가속화하는 데 사용하지 못할 고유한 이유는 전혀 없다. 오늘날 사용되는 것과 완전히 다른 방식으로 주거를 보조하는 게 가능하다. 이 문제에 관해서는 다음 장에서 다루도록 하겠다.

또한 공공 건축물을 따로 가려내서 시민센터 및 문화센터를 완전히 새로 건설해야 할 고유한 이유도 전혀 없다. 공공건물 역시 점진적인 변화의 요소로서 지어지고 배치되어 살아 있는 도시라는 모체를 보완하고 활기를 불어넣을 수 있다. 우리가 이와 다른 방식으로 하는 까닭은 단지 그것이 옳다고 생각하기 때문이다.

어두운 세계의 돈은 사회적으로 통제하기가 어렵지만 적어도 그 돈이 급격한 효과를 발휘하는 것을 막기 위해 많은 일을 할 수는 있다. 지역을 블랙리스트에 올리게 되면 착취적인 돈이 급격하게 사용될 수 있는 기회가 놀랍게 많아진다. 이 정도에서 문제는 착취적인 돈 자체가 아니라 (사회적으로 장려되는) 전통적인 투자의 보류이다.

정부 돈의 급격한 사용은 또한 부작용으로 어두운 세계에서 나오는 돈에 엄청난 기회를 제공한다. 그 이유를 이해하려면, 슬럼가의 지주들은 패누치 보고서의 약국 주인과는 달리 토지 수용권의 포괄적인 행사를 통하여 상당한 이익을 얻는다는 사실을 알아야 한다.

토지 수용권에 따라 건물을 매입할 때, 보상금(매입가격)을 결정하는 데 통례적으로 세 가지 요인이 고려된다. 자산 평가 가치, 건물의 대체 가치, **건물의** 현재 수익능력(건물 내에서 이루어지는 사업의 수익능력과는 구별된다)이 그것이다.

건물이 더 많이 이용될수록 그 수익능력이 더 크며, 따라서 소유주가 더 많은 보상을 받는다. 따라서 슬럼가 건물주에게 이런 수용 선고 매각은 무척 유리해서 일부 지주들은 이미 수용 선고를 받은 지역의 건물을 매입해서 과밀하게 만들고 집세를 올리는 사업을 한다. 중간에 벌어들이는 수익을 위해서가 아니라 공공 당국에 건물을 매각할 때 얻는 수익을 위해서 말이다. 이런 사기 행위를 막기 위해 일부 도시는 수용 선고가 승인된 당일에 수용 선고를 받은 부지에 있는 자산의 소유권을 공공 당국에 자동적으로 이전시키는—매입 가격에 대한 협상과 자산 평가는 나중의 일로 남겨 둔 채 — '신속수용'quick-take 법안을 통과시킨 바 있다.*

개발되는 건물이 어디에 있든 간에 소유주들은 슬럼 일소를 통해 부를 얻는다. 건물 소유주들은 수용 보상금을 가지고 새로운 지역에 전보다 더 많은 자산을 매입할 수 있으며 흔히 그렇게 한다. 그리고 이 새로운 지역을 슬럼으로 바꾸려고 한다. 후에 새로운 슬럼이 수용 선고를 받으면, 이런 투자자가 재산과 소유권을 증식시키기에는 그만큼 유리하다. 뉴욕에서는 이와 같은 일부 투자자들이 새로운 지역으로 돈을 가져갈 뿐만 아니라 예전 세입자들까지 데리고 감으로써 시가 '이주' 문제를 해결하는 데 힘을 보탠다. 슬럼 이동은 자체의 효율성을 갖고 있다. 자금을 자체적으로 조달하는 것이다.

다시 말하지만, 새로운 슬럼을 만들어 내기 위해 어두운 세계의 돈을 급격하게 사용하는 것은 어두운 세계의 돈 자체만을 수반하는 문제는 아니다. 어느 정도 그것은 (사회적으로 장려되는) 슬럼 이동으로부터 생겨나는 문제이다.

마지막으로, 어두운 세계의 돈의 급격한 사용은 패누치 보고서에서 설명한 것처럼 조세를 통해 더 잘 통제할 수 있다.

뉴욕 시 주택국에서 아무리 법을 집행하고 주택 개조에 세금을 경감해

---

* 물론 이런 법률의 취지는 중간에 소유권이 변동되어 시에서 예상한 것보다 비용이 높아지는 것을 막기 위함이다. 신속수용 법안은 이 점에서는 성공을 거두었지만 일종의 부작용으로, 정당한 부지 소유주에게 훨씬 더 큰 고통을 부과한다. 가령 보스턴의 웨스트엔드에서는 자기 건물을 사용하는 건물주들이 신속수용 법안에 의해 절망에 빠졌다. 수용 선고가 내려진 날부터 세입자들은 임대료를 전 소유주가 아닌 시에 내기 시작했으며, 소유주들 또한 시에 임대료를 지불해야 했다. 이런 일이 몇 달씩 — 어떤 경우에는 1년 가까이 — 계속되는 동안 건물의 전 소유주는 자기 돈을 받지 못한 데다가 무엇을 받을지도 알지 못해서 떠날 수 없었다. 결국 전 소유주는 거의 아무것도 받지 못하게 된다.

주더라도, **조세를 통해 슬럼에서 이익을 얻지 못한다면** 슬럼이 형성되는 속도를 따라잡지는 못할 것이다. 연방소득세의 구조와 감가상각, 그리고 슬럼의 지주들에게 슬럼 소유를 무척 수익성이 좋은 투기로 만들어 주는 자산 매각 소득 조항들을 압도하기 위해서는 [수익에 근거한 조세가 필요하다] ……

주거에 대한 수요가 대단히 높고 따라서 상황이 허락하는 정도로 집세가 높은 인구 밀집 지역의 슬럼 소유주는 자산을 유지할 필요가 없다. 이 소유주는 매년 연간 감가상각 충당금을 자기 주머니에 챙기며, 자기 슬럼 자산의 장부 가격을 0으로 내린 뒤 **높은 임대료 총액을 자본으로 산입한** 가격으로 자산을 매각한다. 매각을 마무리한 뒤 소유주는 장부 가격과 매매가 사이의 차액에 대해 25퍼센트의 자본소득세를 지불한다. 그러고는 또 다른 슬럼 자산을 취득하고 다시 똑같은 과정을 되풀이한다. [슬럼 자산 소유주들의 소득 신고에 대한 국세청의 집중 조사를 통해] 감가상각 충당금을 부적절하게 설정하여 부당 이득을 얻은 결과에 대한 미납 세금 액수와 과태료가 결정된다.

냉소적인 사람들 ─ 또는 적어도 내가 이야기해 본 냉소적인 사람들 ─ 은 요즘은 도시에서 착취적인 돈에 대해 그런 부정 수입이 무척 쉽게 이뤄진다고 생각한다. 투자의 어두운 세계가 강력한 이해관계를 대변하며 입법부나 행정부 배후에서 무척 센 입김을 발휘하기 때문이다. 나로서는 이것이 사실인지 알 도리가 없다. 그렇지만 우리 모두의 무관심이 이런 상황과 어느 정도 관계가 있다고 생각할 수밖에 없다. 오늘날 일부 주택 공급 전문가들은 어두운 세계가 도시 재건축의 부산물로서 수익을 얻는 것에 대해 그럴듯한 합리적 이유를 갖다 댄다. 그들은 이렇게 말한다.

"사회가 슬럼을 만들어 내며, 따라서 슬럼을 일소하는 데 필요한 대가를 사회가 치르는 것은 당연하다." 그렇지만 이런 식으로 말하는 것은 사회의 돈을 받는 것이 누구인가, 그 돈은 결국 어디로 가는가 하는 문제를 회피하는 처사이다. 한편 어쨌든 오래된 슬럼 건물들을 일소함으로써 슬럼 문제가 해결되고 있다는 편리한 생각으로 무관심을 부추기기도 한다. 하지만 이것은 말도 안 되는 소리이다.

도시의 쇠퇴를 교통이나……이민자들……중산층의 변덕 등의 탓으로 돌리기는 무척 쉽다. 그렇지만 도시가 쇠퇴하는 것은 더 복잡하고 깊은 이유 때문이다. 그 근저에는 우리가 바란다고 생각하는 것, 그리고 도시가 어떻게 움직이는지에 관한 우리의 무지가 자리 잡고 있다. 도시 건설에 돈이 사용되는—또는 돈의 사용이 보류되는—형태야말로 오늘날 도시의 쇠퇴를 낳는 강력한 도구이다. 돈이 사용되는 형태를 재생의 도구로—폭력적인 급격한 변화의 도구에서 지속적이고 점진적이며 복잡하고 부드러운 변화의 도구로—바꾸어야 한다.

4 부 다른

전술

16장_주거 보조

지금까지 설명한 대부분의 목표, 즉 슬럼의 탈슬럼화, 다양성 촉진, 활기찬 거리 조성 같은 목표들은 오늘날 도시계획의 목표로 인식되지 않는다. 따라서 도시계획가들과 도시계획을 실행하는 기관들은 그러한 목표를 실행하기 위한 전략이나 전술을 갖고 있지 않다.

그런데 도시계획에 도시처럼 기능할 수 있는 도시를 건설하기 위한 전술은 부족한 반면, 다른 전술은 많다. 하나같이 광기 같은 전략을 수행하는 것을 목표로 하는 전술들이다. 그런데 불행히도 이런 전술은 효과적이다.

이하에서는 도시계획 분야에서 이미 잘 알려진 몇 가지 주제를 다룰 것이다. 주거 보조, 교통, 도시 시각디자인, 분석 방법 등이 그것이다. 이것들은 모두 전통적인 현대 도시계획에서 목표로 삼는 문제며 따라서 전술이 존재한다——전술이 너무 많고 또 확고하게 굳어져 있어 그 목표가 의문시되는 경우 대개 **또 다른 전술이 마련한 조건에 의해** 정당화된다(이를테면 '연방 정부의 대출 보증을 받으려면 이것을 해야 한다'는 식이다). 우리는 우리가 만든 전술의 포로가 되어 그 이면에 놓인 전략을 보지 않는다.

우선 주거 보조 전술에서 논의를 시작하는 것이 좋겠다. 지난 수십 년 동안 가난한 사람들에게 주택단지를 공급하기 위해 고안되고 선전된 이 전술이 다른 목적을 위한 도시계획 전술들에 깊은 영향을 미쳤기 때문이다. "공공주택은 완전히 실패로 돌아갔는가?" 주거 전문가 찰스 에이브럼스는 공공주택이 목적에 비해 구상이 잘못되었으며 도시 재정비 철거와 결합되면서 '어리석은 결과'를 낳았다고 혹평을 한 뒤 이렇게 물었다.

에이브럼스는 이어 대답한다.

> 아니다. 공공주택은 많은 사실을 입증했다. …… 공공주택은 대규모 황폐화 지역을 다시 짜 맞추고 계획하고 건설할 수 있음을 입증했다. 또 대규모 도시 개선에 대한 공공의 수용을 낳았고 거기에 필요한 법적 토대를 확립했다. 공공주택은 또한 …… 주택 채권이 최고신용등급 투자이고, 공적인 주거 공급이 정부의 임무이며, 공무원의 뇌물 수수가 없이도 주택 당국이 움직일 수 있음을 보여 주었다. 이 모든 것은 전혀 작은 성과가 아니다.

이 모든 것은 정말로 전혀 작은 성과가 아니다. 대규모 철거, 슬럼 이동, 슬럼 가두기, 주택단지 계획, 소득 분류, 용도 분류 등의 도구가 도시계획에서 주로 쓰는 전술과 이미지로 고정된 탓에 도시 재건축을 담당하는 사람들뿐만 아니라 평범한 대다수 시민들 역시 이런 수단을 동원하지 않는 도시 재건축을 생각하려고 해도 아무것도 떠올리지 못한다. 이런 장애를 극복하려면 온갖 망상의 근원이 되는 원초적인 오해를 이해해야 한다.

내 친구 하나는 열여덟 살 때까지도 아기가 엄마 배꼽에서 나온다고 믿고 있었다. 어린아이일 적에 이런 생각을 갖게 된 친구는 그때부터 무슨 말을 듣든 원래 갖고 있던 잘못된 생각에 맞게끔 고치고 윤색했다. 워낙

똑똑하고 영리했기 때문이다. 따라서 더 많은 것을 알게 될수록 자기 생각을 떠받치는 증거도 더 많아지는 것 같았다. 친구는 가장 보편적이고 창의적이며 괴로운 인간의 재능을 기상천외하게 발휘하고 있었다. 친구는 자기 생각이 반박될 때마다 새로운 합리화를 만들어 냈고, 따라서 곁에서 변죽을 울리는 식으로는 친구의 오해를 무너뜨릴 수 없었다. 망상으로 쌓아 올린 지적 구조물을 무너뜨리려면 배꼽의 해부학적 구조부터 이야기를 시작해야 했다. 친구 가족들이 배꼽의 특징과 쓰임새에 관한 단순한 오해를 이런 식으로 일소하자 친구는 곧바로 더욱 현명하고 듬직한 또 다른 인간의 재능을 발휘했다. 친구는 복잡하게 얽혀 있던 오해를 손쉽게 깨끗이 걷어 버렸고 결국 생물학 교사가 되었다(그리고 애들도 많이 낳았다).

주택단지 보조라는 통념을 둘러싸고 생겨난 도시의 작동에 관한 복잡한 혼란은 이제 우리의 마음속에만 있는 것이 아니다. 도시에 적용되는 입법, 금융, 건축, 분석 수단들에도 복잡한 혼란이 존재한다.

우리의 도시에는 공공의 양심상(내 생각에는 무척 정당한 것이다) 사람들이 마땅히 가져야 한다고 생각하는 양질의 주거의 값을 치를 수 없는 가난한 사람들이 존재한다. 게다가 많은 도시에서는 주거의 공급 자체가 너무 적어서 과밀 없이는 인구를 수용하지 못하며, 추가로 필요한 주거의 양이 그 주거의 값을 치를 사람들의 직접적인 능력과 반드시 일치하지 않는다. 이런 이유 때문에 적어도 도시 주거의 일정한 비율에 대해서는 보조가 필요하다.

이런 이유들은 주거 보조가 필요한 단순하고 간단한 이유처럼 보인다. 또한 이 이유들은 재정적으로나 물리적으로나 보조를 적용하는 방식에 관해 많은 여지를 남긴다.

그러나 도시에서 주거를 보조하는 이유가 무엇인가, 라는 질문에 대해 겉으로 보기에는 간단하지만 약간 다른 대답을 함으로써 이 이유들이 얼마나 복잡하게 얽히고 경직될 수 있(었)는지를 살펴보도록 하자.

우리가 오래전에 받아들인 대답은 다음과 같다. 주거 보조가 필요한 이유는 사기업에 의해 주택을 공급받을 수 없는 사람들에게 집을 공급하기 위해서이다.

그리고 계속되는 답에 따르면, 어쨌든 주거 보조가 필요한 한, 보조를 받은 주거는 좋은 주거와 계획의 원칙을 구현하고 실물로 입증해야 한다.

이런 끔찍한 대답은 끔찍한 결과를 낳는다. 언어 의미의 왜곡은 **사기업에 의해 주택을 공급받을 수 없는 사람들**, 따라서 다른 누군가에 의해 주택을 공급받아야 하는 사람들을 우리 앞에 갑자기 들이민다. 그러나 실제 세계에서 이 사람들은 죄수나 항해 중인 선원, 정신병자 등의 경우처럼 주거 수요 자체가 독특해서 사기업의 통상적인 분야나 능력 바깥에 있는 사람들이 아니다. 사기업은 거의 모든 사람의 완전히 평범한 주거 수요를 충족시켜 줄 수 있다. 이 사람들의 경우에 독특한 점은 단지 **그들이 값을 치를 수 없다**는 사실뿐이다.

그런데 "사기업에 의해 주택을 공급받을 수 없는 사람들"이 눈 깜짝할 사이에 하나의 통계 ― 소득 ― 에 기초하여 죄수 같이 특별한 주거 요건을 가진 통계 집단으로 뒤바뀌고 있다. 남은 답변을 수행하기 위해 이 통계 집단은 유토피아론자들이 이리저리 갖고 노는 특별한 기니피그 집단이 된다.

설령 유토피아론자들이 도시에서 사회적으로 의미 있는 계획을 갖고 있었다 할지라도, 한 인구 집단을 소득에 따라 분리해서 독자적인 공동체 계획을 가진 동네에 격리시키는 것은 잘못된 처사이다. 카스트 제도가 성스러운 질서의 일부라고 가르치지 않는 사회에서 '분리되었으나 평등

하다'는 것은 문제만 일으킬 뿐이다. 열등한 형태에 의해 분리가 강요되는 경우에는 '분리되었으나 더 좋다'는 것은 그 자체가 모순이다.

이 사람들이 사기업이나 통상적인 지주가 아닌 다른 누군가에 의해 주택을 공급받아야 한다는 보조의 통념 자체가 비정상적인 것이었다. 농장이나 항공사에 대해 정부가 보조를 하고 지주 지위나 소유권, 경영권을 인수하는 경우는 없다. 대개 정부는 공공 자금의 보조를 받는 박물관의 운영권을 인수하지 않는다. 또 오늘날 흔히 정부 보조에 의해서만 건설할 수 있는 지역 자선병원의 소유권이나 경영권을 인수하지도 않는다.*

공공주택은 자본주의 및 이제까지 발전되어 온 정부 제휴의 논리적으로 유사한 다른 형태들과 동떨어져 있다. 공공주택은 정부가 보조금에 기여한다는 **바로 그 이유** 때문에 시설을 인수해야 한다는 믿음을 구체화한다.

국민의 다른 생활과 관련하여 정부를 공공주택의 지주 겸 소유주로 삼는 이데올로기가 없기 때문에 우리는 이런 문제에 어떻게 대처할지 전혀 알지 못한다. 이 장소들을 건설하고 운영하는 관료 조직은——변덕스러운 주인들, 즉 납세자들이 입주자들의 주택 관리나 품행, 친절한 수준 등을 흠잡으면서 관리들을 탓하지나 않을까 하고 항상 두려워하는데——어떤 면에서는 참을 수 없을 정도로 오만하고 또 어떤 면에서는 말도 못하게 소심하다.

정부 자신이 지주이기 때문에 개인 지주들과 잠재적으로 경쟁 상태

---

*미국 공공보건국(Public Health Service)의 훌륭한 관리로서 연방 차원의 병원 건설 지원 프로그램을 개발하고 오랫동안 관리했던 고(故) 마셜 섀퍼(Marshall Shaffer)는 뭔가를 기억하기 위해 책상 서랍에 쪽지 하나를 붙여 놓고 이따금씩 쳐다보곤 했다. 쪽지에는 이렇게 쓰여 있었다. "바보라도 남이 옷을 입혀 주는 것보다 자기 혼자 입는 게 더 낫다."

에 있으며, 불공정 경쟁이 되지 않도록 하기 위해서는 카르텔 협정이 필요하다. 사람들이 자기가 버는 돈에 따라 한 카르텔의 지역에서 다른 지역으로 옮겨지기 때문에 주민들 자신이 카르텔을 형성해야 한다.

이 사람들이 "사기업에 의해 주택을 공급받지 못하는" 이들이라는 답은 도시에게도 역시 엄청난 재앙을 가져온다. 눈 깜짝할 사이에 유기체로서의 도시가 사라져 버렸다. 이론상 도시는 이처럼 분류된 통계 집단을 이식하는 장소들의 정적인 집합이 된다. 처음부터 개념 자체가 문제의 성격과 맞지 않고, 당사자들의 분명한 경제적 요구와 맞지 않고, 도시의 요구 및 기능과 맞지 않고, 경제 체제의 다른 부분과 맞지 않았으며, 심지어는 전통적으로 발전해 온 집의 의미와도 맞지 않았다. 이런 개념에 대해 해줄 수 있는 가장 좋은 말은 그것을 통해 성공을 거두지 못한 물리적·사회적 계획이론을 실험할 수 있는 기회를 얻을 수 있다는 것이다.

주거비용을 감당하지 못하는 사람들에게 어떻게 보조를 제공할 것인가 하는 문제는 결국은 사람들이 지불할 수 있는 액수와 주거비용 사이의 차이를 어떻게 메울 것인가 하는 문제이다. 주거는 개인 소유주나 지주가 제공할 수 있고, 차액을 소유주에게 메워 줄 수 있다—보조금 지불의 형식을 통해 직접적으로 하든, 아니면 임차인에게 임대료 보조를 하는 형식으로 간접적으로 하든 간에 말이다. 오래된 건물이든, 새 건물이든, 개조된 건물이든 간에 주거 보조를 도입할 수 있는 전술은 무한히 많다.

여기서 나는 한 가지 방법을 제안하고자 한다—그것이 유일하게 합리적인 방법이기 때문이 아니라 오늘날 도시 개선에서 가장 어려운 문제들을 해결하는 데 도움이 될 수 있는 방법이기 때문이다. 특히 이것은 급격하지 않고 점진적인 신축을 도입하고, 규격화의 형태가 아닌 근린 다양성의 요소로서의 신축을 도입하고, 블랙리스트에 오른 지구에 민간 신축을 끌어들이며, 슬럼의 신속한 탈슬럼화에 도움을 주는 수단이다. 앞으로 살펴보겠지만, 이것은 또한 주거로서의 기본적인 유용성과 더불어 다른 문제들을 해결하는 데 나름의 기여를 할 수 있다.

내가 제안하는 이 방법은 임대료 보증 방법이라고 이름 붙일 수 있다. 이것이 적용되는 물리적 단위는 주택단지가 아니라 개별 건물이 될 것이다—도시 가로에 있는 새 건물과 오래된 건물들 말이다. 이렇게 임대료가 보증되는 건물들은 근린의 종류와 부시의 규모, 그리고 평균적인 주거의 규모와 종류에 영향을 미치는 다른 모든 고려사항에 따라 종류와 규모가 다양할 것이다.

낡은 건물을 대체하거나 주거 공급을 확대하기 위해 이런 건물이 필요한 동네에 개인 소유주들이 건물을 짓도록 유도하기 위해서는 관련 정부 기관, 즉 내가 주택보조국 Office of Dwelling Subsidies이라 이름 붙인 기관이 건축주에게 두 종류의 보증을 해주어야 한다.

첫째, 주택보조국이 건축주에게 건축에 필요한 자금 확보를 보증한다. 건축주가 전통적인 대출기관에서 대출을 받을 수 있다면 주택보조국이 저당을 보증한다. 만약 그런 대출을 받을 수 없으면 주택보조국이 직접 돈을 빌려 준다—전통적인 대출기관들이 협력하여 도시 지역을 신용 블랙리스트에 올리기 때문에 필요한, 그리고 전통적인 대출기관에서 담보 보증에 대해 적정한 낮은 이율로 이 프로그램을 위한 대출을 얻을 수 없는 정도만큼만 필요한 안전장치이다.

둘째, 주택보조국이 건축주에게(또는 이후 건물을 매입한 소유주에게) 경제적으로 유지 가능한 건물의 주거 임대료를 보증한다. 자금 조달을 가능케 하고 입주자가 있는 모든 아파트에 대해 확실한 임대 소득을 보증하는 대가로 주택보조국은 소유주에게 다음을 요구한다. ①지정된 동네에,

때로는 지정된 지점에 건물을 지어야 한다. ②대부분의 경우에 지정된 지역이나 지정된 건물군 안에 있는 신청자 가운데 입주자를 선택해야 한다. 대개 가까운 지역일 테지만 어떤 경우에는 그렇지 않을 수도 있다. 조만간 이런 조건이 왜 유용한지 살펴보겠지만, 우선 세번째이자 마지막으로 주택보조국의 기능을 언급할 필요가 있다.

집주인이 신청자들 가운데 세입자를 선택하고 **나면** 주택보조국이 선택된 세입자의 소득을 조사한다. 주택보조국은 세입자의 소득과 세입자가 지정된 지역이나 건물에서 이주한다는 사실 이외에 다른 어떤 사실에 대해서도 조사할 권한이 없다. 집주인-세입자의 각종 의무관계나 경찰의 권한, 사회복지 등의 관련된 문제를 다루는 법률 및 담당 기관이 있으며, 주택보조국 자신이 이런 기능을 떠맡을 이유는 전혀 없다. 이것은 인간 영혼을 다목적용으로 고양시키기 위한 모호하고 무익하며 굴욕적인 거래가 아니다. 당당한 사업 같은 주거 임대 거래일 뿐 그 이상도 이하도 아니다.

적어도 이런 프로그램의 초기에는 값싼 임대료(자기 몫의 비용)도 낼 수 없는 세입자들이 신청자의 대다수이거나 전부일 것이다. 주택보조국이 그 차액을 메워 준다. 가계의 규모를 고려하는 이러한 소득 조사는 소득세 신고와 마찬가지로 연례적으로 이루어질 것이다. 이미 공공주택에서 이런 개념이 사용되고 있으며(전혀 관계없는 문제들에 관한 쓸데없는 관심과 소문이 수반되는 경우가 허다하다) 다른 많은 목적으로도 이런 개념을 무척 많이 사용한다. 가령 대학들은 장학금을 필요에 따라 할당하면서 이런 기법을 사용한다.

가구의 소득이 증가하면 임대료 부담 비율이 늘어나고 보조금 비율이 줄어들 것이다. 가구가 값싼 임대료를 전부 낼 수 있는 시점에 다다르면—특별한 변동이 없는 한—주택보조국의 소관에서 벗어난다. 이런 가구나 개인은 저렴한 임대료를 내면서 그 주거에서 계속 살 수 있다.

세입자들의 재정 상황이 개선되면서 이와 같은 임대료 보증 건물이 세입자들을 성공적으로 붙잡아 둘수록, 더 많은 건물과 다른 가구들이 임대료 보조를 받게 될 것이다. 이 프로그램이 인구의 안정성과 그에 따른 다양성을 촉진하는 정도는 주어진 규모의 임대료 보조에 대해 건축 프로그램이 확대될 수 있는 정도 및 속도와 직접 결부될 것이다. 건축 프로그램은 선택의 여지가 점점 커지는 사람들의 요구와, 사람들이 스스로 선택해서 머무를 수 있도록 매력적이고 안전하며 흥미로운 동네를 건설해야 한다는 원칙에 부응해야 한다. 이런 점에서 성공을 거두지 못하는 한 그런 실패 때문에 건축 프로그램의 확대가 자동적으로 방해를 받을 것이다. 확대는 (공공주택의 확대와 달리) 개인 건축업자나 집주인들에게 전혀 위협이 되지 않는다. 개인 건축업자나 집주인들은 이런 확대의 직접적인 소유주이기 때문이다. 또한 이런 확대가 민간 대출기관들에게 위협이 되지도 않는다. 이 기관들의 기능이 대체되는 것은 기관들이 자본비용 조달 과정에 참여하기를 원하지 않을 경우에 한해서이기 때문이다.

소유주에 대한 연간 임대료의 보증은 담보 대출의 상환기간을 넘어서까지 연장된다. 보증 기간은 30년에서 50년까지 다양한데, 이렇게 다양한 것이 바람직하다. 다양한 종류의 건물을 장려하는 한 요소가 될 수 있고, 또 임대료가 보증되는 건물을 철거하거나 완전히 다른 용도로 전환할 수 있는 건물 연수에도 변화를 도입할 수 있기 때문이다. 확실히 시간이 흐름에 따라 한 지구의 신축 건물의 점진적인 연속성은 이런저런 수단을 통해 건물들의 수명이나 원래의 용도에 종지부를 찍을 수 있는 시간에 궁극적인 변화를 가져오게 된다.

값싼 임대료의 정의에는 고정 감가상각비와 채무 상환 비용, 유지 및 운영비도 포함되는데, 이런 비용들은 구매력(고정 임대 비용이나 보험 등의 재산 소유 비용에 대해 고려되는 공통된 조건), 수익률 또는 수익관리율, 부동산 세금 등의 변화에 맞게 조정되어야 한다. 여기에 관해서는 이 장의 뒷부분에서 다시 이야기하도록 하겠다.

도시의 건축 자금을 고갈시키는 불균형을 바로잡는 첫걸음으로서 소유주에게 현재 교외 개발에 대해 연방주택청이 보증하는 대출에서 요구되는 것보다 약간 낮은 수준의 지분을 투자하도록 요구할 수도 있다.

결국 임대료 보증 주택과 관련된 보조의 대부분은 건물의 자본 비용에 대한 보조금이 된다——공공주택에 대한 보조금 사용과 마찬가지인 것이다. 그렇지만 전술적으로 보자면 이 과정은 공공주택에서 사용되는 방식과 정반대이다.

공공주택에서는 건물의 자본 비용을 정부가 직접 부담한다. 지역 주택 당국은 건설비를 메우기 위해 장기 채권을 발행한다. 이런 채권의 변제는 연방 정부의 보조금(어떤 경우에는 주 정부의 보조금)으로 충당한다. 저소득층 세입자들이 내는 임대료는 지역 관리비, 운영비, 유지보수비 등에 국한된다——그런데 공교롭게도 공공주택에서는 이 모든 비용이 무척 비싸다. 공공주택 세입자들은 유사 이래 어떤 임차인보다도 더 많은 임대료를 등사지와 회의 시간과 파괴 행위 수리비용에 대해 지불한다. 공공주택에서는 자본 비용을 직접 보조하고 방정식에서 빼는 장치를 통해 임대료를 보조한다.

한편 임대료 보증 시스템 아래서는 자본 비용이 임대료 방정식에 그대로 보전된다. 자본 감가상각이 임대료에 포함되며, 임대료 보조가 필요한 한 자본 비용이 자동적으로 보조를 받는다. 어느 쪽이든, 즉 직접적으로든 임대료를 통해서든 자본 비용이 지불되어야 한다. 임대료 보조를 통해 자본 비용을 보조하는 방식의 이점은 다음과 같다. 자본 보조를 세입자들에게 적용하는 데서 훨씬 더 유연하게 할 수 있다. 그리고 자본 보조가 임차 사실 자체에 엄격하게 부과된 고정 요소일 때 해야 하는 것처럼 소득 수준에 따라 사람들을 분류하는 데 이용될 필요가 없다.

오늘날 보조를 받는 건축에서 소득에 따라 사람들을 분리하는 또 다른 고정 요소를 임대료 보증 건축 시스템을 통해 제거할 수 있다. 이것은 부동산세 경감이나 세금 철폐의 문제이다. 공공 소유 아래서는 대부분의 저소득층 주택단지가 부동산세를 전혀 내지 않는다. 많은 중산층 주택단지도 임대료——조합식 아파트의 경우에는 재산 소유 비용——를 낮추기 위해 세금 경감이나 유예를 받는다. 이런 것들은 모두 일종의 보조금이며, 따라서 세입자에 대해——적어도 입주 시점에서——소득 제한을 요구한다. 주거비용의 일부로 부동산세를 충분히 낼 수 있는 사람들이 다른 납세자들에게 부담을 주면서 뻔뻔스럽게 무임승차를 하는 일이 없도록 하기 위해서 말이다.

임대료 보증 시스템에서는 부동산세가 임대료에 포함될 수 있고 또 포함되어야 한다. 자본 비용의 경우처럼 가계나 개인에게 부동산세를 보조해 주는 정도가 건물에 엄격하게 고정된 요소는 아니지만, 임대 비용의 자가 부담을 감당할 수 있는 세입자의 (다양한) 능력에 따라 다양하게 적용된다.

오늘날 거의 모든 공공주택 보조가 그렇듯 연방 보조금을 통해 임대료 보조가 이뤄져야 하기 때문에 사실상 연방 정부가 주거에서 나오는 지자체의 부동산세 기금에 간접적이지만 상당한 기여를 하게 된다. 그러나 이번에도 역시 차이는 주로 보조금을 사용하는 전술 가운데 하나다. 현재 연방 정부는 주거 보조금을 가지고 통상적인 도시 운영 비용인 많은 시설과 작업을 직·간접적으로 매입하고 있는데, 이런 것들은 주택단지 구상에서 요구하는 물리적·재정적인 공식에 맞게끔 형태가 변형된다. 가령 연방 정부의 보조금은 주택단지 '구역'과 공공 회의실, 오락실, 병원 등의 자본 비용을 충당한다. 연방 정부의 보조금은 간접적으로—전체 비용의 대부분을 치르는 식으로—주거 당국의 경찰과 사회복지사 등의 비용을 충당한다. 만약 보조금에서 이런 비용이 제외되고—이런 비용은 이제 결과와 무관하기 때문이다—부동산세가 포함된다면, 도시가 시급하게 필요로 하는 것들, 즉 외부인 사절 주택단지 '구역' 대신 적절한 위치에 자리한 **공공** 근린공원, 주택 당국의 경찰 대신 일반 경찰, 주택 당국의 유지관리 검사원 대신 건축법 위반 조사원 등의 비용을 감당할 수 있을 것이다.

주거 단위의 방 개수에 관한 몇 가지 요건(똑같은 규모의 주거가 너무 많이 생기지 않도록 하기 위함이다)을 제외하면, 주택보조국은 자체의 설계 기준이나 건축 기준을 강요할 책임이나 권한을 가져서는 안 된다. 물리적 기준과 규정의 적용은 도시 자체의 법규와 규정에서 구체적으로 정한 것이어야 하며, 따라서 임대료 보증 주거 역시 동일한 장소에 있는 보조를 받지 않는 건물과 똑같은 적용을 받는다. 안전, 위생, 문화 시설, 가로 설계 등의 주거 기준을 개선하거나 변경하는 게 공공 정책이라면, 이런 공공 정책은—임의로 선별된 실험용 사람들을 위해서가 아니라—공공을 위해 표현되어야 한다.

임대료 보증 건물의 소유주가 지상층이나 지하층에 상업이나 기타 비주거 용도를 두기를 원한다면, 이 공간에 해당하는 비용만큼을 임대료 보증이나 재원 확보 보증에서 제외하면 된다. 건물주가 쓰는 비용과 이런 건전한 사업에서 얻는 소득이 주택보조국과의 조정에 더해질 것이다.

이런 식으로 보조를 하는 건축은 대규모 부지 매입과 철거를 수반하지 않기 때문에 대부분의 경우에 임대료 보증 주거를 위한 부지를 얻기 위해 토지 수용권을 행사할 필요가 거의 없다. 보조 후보지로 지정된 근린 내의 부지 매각은 대체로 개인의 건축에 속하기 때문에 누가 어떤 가격에 팔려고 하는가에 기초하여 정상적으로 이뤄질 수 있다. 물론 부지의 가격을 흡수해야 하겠지만, 이런 시스템을 적용하면 현재 보조에 필요하다고 생각하는 대규모 용지 정리 비용을 없앨 수 있음을 유념하도록 하자.

토지 수용권을 행사하는 경우에, 상가 임차인이 다른 사람의 계획을 위한 자멸적이고 비자발적인 보조에 자기 돈을 걸 것이라고 기대하기 힘든 사적인 매각의 경우에 하는 것처럼, 현실적인 비용 전부를 매입 가격에 포함시켜야 한다 ─ 임대 계약 기간이 남은 상가의 가치나 상가 이전에 드는 현실적인 비용 전부 말이다.*

부당한 비자발적인 보조금을 강제하는 대신 비용을 지불하는 까닭은 불필요하게 도시의 다양성을 짓밟아 버리는 사태를 피하기 위함이다. 비용을 지불해야 한다면 한편으로는 현실적으로 상가들이 다른 곳에 다시 자리를 잡고 생명력을 유지할 수 있으며(같은 동네에서 옮기는 것이 가장 바람직하다), 다른 한편으로는 철거된 건물들 가운데 자동적으로 선별이 이루어질 것이다. 오늘날의 도시 재건축에서는 더 가치 있는 상가가 남도록 만드는 이런 식의 선별이 전혀 이루어지지 않으며, 따라서 도시의 경제적 자산을 터무니없이 낭비할 뿐이다. 임대료 보증 주거의 중요한 취지는 기존에 존재하는 성공이나 성공의 잠재력에 기초하여 새로운 주거를 건

---

*도시 당국이 도시계획 때문에 부당한 희생자들이 생겨나면 결국 정치적인 문제가 생길 것임을 아는 경우에, 토지 수용을 통한 매입에 이런 정책을 이미 적용하는 경우가 가끔 있다. 그리하여 뉴욕 시는 상수원으로 물에 잠길 뉴욕 주 북부의 토지를 매입하는 과정에서 주 정부가 이전하는 상가들에게 영업권 매입까지 포함하여 공정한 가격을 모두 지불하도록 하는 입법을 확보했다.

설한다는 것이다.

　또한 이 방식은 대규모 철거나 재건축을 수반하지 않기 때문에 수많은 건축주와 소유주가 이 계획에 참여할 수 있다. 다양하고 활기차고 끊임없이 변하는 우리의 대도시가 한 줌도 안 되는 당국자들과 거대 건설업자들에게 재건축을 의존해야 한다면, 그것이야말로 우스꽝스러운 일 아닌가. 임대료 보증 건물을 여러 채 소유한 이들 역시 원한다면—마치 자신도 세입자인 것처럼—그 건물에 들어가 살 수 있어야 하고, 건물주가 같은 건물에 사는 경우에 으레 그렇듯이 이렇게 하는 것이 여러 모로 유익하다. 건물주의 입주를 필요조건으로 삼아서는 안 되지만, 이와 같이 건축 계획에 대한 참여를 장려하거나 또는 더 현실적으로 건축업자가 이런 소유주에게 건물을 매각하는 것을 막지 않는 식으로 장려할 수는 있다.

　우리에게 이와 같은 임대료 보증 건축 전술이 있다면 어떻게 활용할 수 있을까?

　앞에서 건물주에게 임대료 보증을 해주는 대가로 두 가지 조건을 요구해야 한다고 언급한 바 있다. 지정된 동네, 혹은 지정된 지점에 건물을 지어야 하고, 대부분의 경우에 일정한 지역이나 거리, 또는 지정된 건물군 안에 현재 거주하는 신청자 가운데서 입주자를 선택해야 한다는 것이다.

　건축주에게 이런 간단한 두 개의 조건을 부과하면, 구체적인 장소의 구체적인 문제에 따라 각기 다른 여러 가지 결과를 달성할 수 있다. 가령 현재 블랙리스트에 올라 주택난이 심각한 지역에 건물 신축을 자극할 수도 있으며, 동시에 그 동네에 이미 사는 사람들을 그대로 살게 하면서 신축을 진행할 수 있다. 필요한 경우에 한 근린의 총 주거 단위 수를 의도적으로 늘리는 한편 동시에 인근 오래된 건물들의 과밀을 해소할 수도 있다(결국 이런 건물에 대한 법정 거주 비율을 현실적으로 적용 가능한 수준으로 맞출 수 있다). 지금 사는 집의 부지가 다른 용도로 전환되거나 건물 자체가 노후해서 철거해야 하는 사람들을 한 동네에 그대로 살게 할 수 있다.

주요 용도의 한 요소로서 주거를 도입하거나 유력한 비율로 늘릴 수 있다──업무 같은 도시 혼합의 다른 주요 요소에 대한 보완으로서 이런 주요 용도가 필요한 경우에. 거리가 새롭게 조성되면서 예전에는 지나치게 길었던 블록이 분할되어 새로운 거리에 생긴 틈새를 메우는 데도 도움이 된다. 한 지역에 존재하는 건물의 연수와 유형의 기본적인 다양성에 새로운 건물을 더할 수 있다. 주거 밀도가 지나치게 높은 예외적인 지역에서는 주거 단위 밀도를 떨어뜨릴 수 있다. 그것도 대규모 인구 이동 같은 격변을 치르지 않고 충분히 천천히 떨어뜨릴 수 있다.

마지막으로, 다양한 소득 수준의 인구 상태를 유지하고 시간이 흐를수록 다양성을 더욱 높이면서 이런 일들을 할 수 있다.

이 모두가 인구의 안정성과 다양성을 높이기 위한 수단이다──일부는 한 동네에 그대로 머물기를 원하는 사람들이 머물 수 있도록 돕는 직접적인 방식으로 기여하고, 또 일부는 사람들이 스스로 선택해서 머무를 수 있는 활기차고 안전하며, 흥미롭고 다양한 거리와 지구를 만드는 데 조력하는 간접적인 방식으로 (한 도시의 각기 다른 여러 용도 가운데 **한** 용도의 **한** 부분이 자기 몫을 할 수 있는 한) 기여한다.

아울러 이런 프로그램은 어떤 한 장소에 점진적인 돈과 점진적인 변화를 도입하는 것이기 때문에 선택권이 있는 사람들이 들어오거나 보조금과 관련 없는 건물이 들어서는 것을 가로막지 않는다. (이런 상태가 다양성의 자기파괴에까지 이르지 않고 멈추길 바랄 뿐이다.) 또한 오로지 교통 같은 편의 때문에 이사 오는 다른 사람들이 동네에 들어오는 것을 막지도 않는다. 동네에는 아무 때든 안정적인 이주를 위해 일부러 비워 놓은 다른 건물들이 많이 있으며 입주자가 어디 출신인지를 따지지 않기 때문이다.

한 지역에 있는 건물들이 아무리 오래된 것이더라도, 또 결국 건물을 모두 또는 거의 모두 교체해야 한다 할지라도, 이 과정이 단번에 이루어져서는 안 된다.* 지나치게 급속하게 건물을 교체하면 도시의 다양성에 경제적인 악영향을 미치고 주택단지 건물의 규격화되고 변형된 효과를 초래할 뿐만 아니라, 시간이 흐르면서 자발적인 선택에 따라 남는 사람들——새로운 건물뿐만 아니라 오래된 건물에도 사는 사람들, 그리고 건물 신축이나 개조에 대해 나름의 생각을 가진 사람들——을 가급적 많이 묶어 둔다는 목표에도 부정적인 영향을 미친다.

물론 임대료 보증과 신축 건물 자금 조달 보증 시스템에서 부패나 부정행위가 벌어질 가능성은 작지 않다. 그렇지만 마음만 먹으면 부패, 부정,

---

*여기 쥐에 관한 이야기가 하나 있다. 쥐는 새로운 주택을 지으면 없어지고 오래된 주택을 그냥 놔두면 계속 있는 기본적인 해악 가운데 하나이다. 그러나 쥐는 그런 걸 알지 못한다. 쥐를 완전히 박멸하지 않는 한, 쥐가 들끓는 오래된 건물을 철거하면 쥐들은 다른 주거 지역으로 옮겨 갈 뿐이다. 이 글을 쓰는 지금, 뉴욕 로워이스트사이드가 겪는 심각한 문제 중 하나는 거대한 조합식 주택단지인 수어드하우스(Seward Houses) 신축 예정 부지의 철거된 건물들에서 쥐를 비롯한 해로운 동물들이 유입되는 것이다. 세인트루이스 도심의 대규모 지역이 철거되었을 때는 집을 잃은 쥐들이 사방 몇 평방킬로미터에 걸친 건물들로 퍼져 나갔다. 신축 건물에서 쥐를 완전히 박멸하지 않는 한, 쥐들이 다시 돌아올 게 분명하다. 대부분의 도시에서는 건물을 철거할 때 쥐를 박멸할 것을 법으로 규정하고 있다. 뉴욕의 경우에 1960년 현재 부패한 건물주가 부패한 쥐 박멸업자에게 가짜 쥐 박멸 증명서의 대가로 지불하는 돈이 보통 5달러이다. 주택국 같은 공공당국이 어떤 식으로 법률을 회피하는지는 알지 못하지만, 당국이 법을 회피한다는 걸 알려면 철거가 진행 중인 현장에 가서 저녁 무렵에 쥐들이 벌이는 무시무시한 축제와 대이동의 광경을 보기만 하면 된다. 신축 건물이 쥐를 없애 주지는 않는다. 쥐를 없애는 것은 사람들뿐이다. 신축 건물이나 낡은 건물이나 쥐를 없애는 것은 그렇게 어렵지 않다. 우리가 사는 건물에는 한때 쥐가, 그것도 큰 쥐들이 우글거렸었다. 건물에서 쥐를 비롯한 해로운 동물을 철저하게 없애는 데 1년에 48달러가 들었다. 그 일을 하는 것은 살아 있는 사람이다. 건물이 쥐를 없앤다는 통념은 단순한 망상보다도 더 나쁘다. 쥐를 박멸하지 않는 구실이 되기 때문이다. ("조만간 쥐가 우글거리는 이 건물을 없앨 겁니다.") 우리는 신축 건물에 지나치게 많은 것을 기대하는 반면, 우리 자신에게는 거의 기대를 하지 않는다.

사기 등을 충분히 억제할 수 있다. (그런 일이 가능한 나라에 살고 있다는 사실이 얼마나 다행인가.) 이보다 어려운 일은 시스템 자체가 무효화되지 않도록 막는 것이다.

주거 보조의 구체적인 전술이 어떻든 간에, 시간이 흐름에 따라 실제 세계의 요구로부터 계속 멀어지면서 점점 판에 박히고 경직된 결과를 낳게 될 것은 분명하다. 처음에는 어떤 상상력이든 힘을 발휘하지만 그 뒤부터는 어쩔 수 없이 수그러들게 된다. 다른 한편 부패 ─ 돈을 노리는 부패든, 권력을 노리는 부패든 ─ 는 엄격한 관료주의와는 그 성격이 다르다. 가지고 놀 대상이 계속 있는 한 부패는 점점 더 창의성을 띠어 간다.

무효화와 부패 모두에 맞서려면 적어도 8년이나 10년마다 새로운 주거 보조 방식을 실험해 보거나 계속 유지해도 될 만큼 잘 작동하는 기존 방식에 몇 가지 변형을 가해 보아야 한다. 심지어 때때로 이 새로운 일을 할 완전히 새로운 기관을 설립하고 기존 기관은 서서히 사라지도록 해야 한다. 어쨌든 특정한 장소에서 분명해지는 특정한 요구들에 대한 전술을 항상 검토하는 게 필요하다. "이 장치가 **여기서** 필요로 하는 일에 맞을까? 맞지 않는다면 어떻게 할까?" 하는 질문을 항상 할 필요가 있다. 계획적·주기적으로 보조 전술에 변화를 주면, 미리 예상할 수는 없지만 시간이 흐르면서 뚜렷하게 드러날 새로운 요구를 충족시킬 가능성이 높아진다. 이런 발언은 이 책에서 내가 제시한 처방의 한계를 넌지시 보여 주는 일종의 경고이다. 나는 이 처방이 지금의 현실에서 유의미하다고 생각하며, 우선 여기에서 시작할 수밖에 없다. 그러나 우리의 도시가 상당한 개선을 겪고 활력이 크게 증가한 뒤에도 이 처방이 최선일 수는 없으며 차선도 되지 못할 수도 있다. 또한 우리의 도시를 지금처럼 서투르게 다룬다면 이 처방은 의미를 잃을 것이며, 우리가 여전히 의지하고 그에 입각해서 도시를 구축할 수 있는 건설적인 형태의 행태와 힘을 잃게 될 것이다.

격변 대신에 유연하고 점진적인 변화에 기초를 두기만 한다면, 오늘날에도 보조 방식을 여러 가지로 변형하는 게 가능하다. 가령 볼티모어의 담보 대출 은행가이자 여러 도시 재개발과 재건축 노력을 이끈 도시 지도자인 제임스 라우즈James Rouse는 결국 세입자가 소유권을 갖도록 만드는 변형된 방식을 제안한 바 있다――이것은 연립주택이 지배적인 주거 양식인 곳에서 가장 합리적인 구상이다.

> 공공주택은 그 자체가 목적은 아니다. 우리의 도시를 살기에 알맞은 곳으로 만들기 위한 하나의 수단으로서 정당화될 수 있을 뿐이다. 어떤 종류의 공공주택이 좋을까? …… 세입자가 내는 임대료는 소득 증가와 함께 높아져야 하고, 소득이 많다고 해서 세입자가 퇴거를 당해서는 안 된다. 임대료 인상이 담보 대출 채무 상환 금액 수준까지 이르면 그 자산은 장부 가격으로 세입자에게 양도하고, 임대료를 담보 대출 상환으로 전환해야 한다. 이런 프로그램은 해당 개인뿐만 아니라 그의 집까지도 다시 자유시장의 흐름으로 합류시키는 결과를 낳을 것이다. 이렇게 하면 공공주택 게토가 형성되는 것을 방지하고, 현재 공공주택 프로그램을 둘러싸고 있는 거대한 보호 장치를 제거할 수 있다. ……

뉴욕의 건축가 찰스 플랫Charles Platt은 오래전부터 신축 주거 보조와 인근의 오래된 건물을 결합하여 과밀을 해소하는 도구로 활용하고 이를 통해 한번에 두 가지를 개선하는 방안을 주창하고 있다. 펜실베이니아 대학 도시계획학과 교수인 윌리엄 휘튼William Wheaton은 공공주택 순환 공급 구상과 이런 공공주택이 한 공동체 안에서 다양한 민간 주택과 구별되지 않는다는 사실을 설득력 있게 주장하고 있다. 또 캘리포니아의 건축가인 버넌 드 마스Vernon De Mars는 민간이 건설하고 소유하는 시스템을 제안한 바 있는데, 이것은 내가 임대료 보증 시스템이라고 부르는 것과 무척 흡사하다. 이 시스템 역시 누구나 입주 자격이 있고 정부 주택기관 또한 보조금을 받는 세입자를 입주시킬 수 있기 때문이다.

뉴욕 지역계획협회의 도시계획가인 스탠리 탱클Stanley Tankel은 다음과 같은 질문을 던진 바 있다.

슬럼 자체가 훌륭한 주택 정책의 요소들을 일부 갖고 있는지 알아보고 싶다는 생각이 드는 것은 왜일까? 슬럼에 사는 가족들이 소득이 올라간다고 해서 반드시 이사를 가는 것은 아니고, 온정주의적인 관리 정책으로도 슬럼의 독립성이 질식되지 않으며, 마지막으로 (놀랍게도!) 슬럼 주민들 역시 다른 동네 사람들과 마찬가지로 자기 동네에서 내쫓기는 걸 싫어한다는 사실이 …… 갑자기 드러나고 있다.

다음 단계에는 대단히 겸손해야 할 것이다. 흔히 대규모 건축 프로젝트와 거대한 사회적 성취를 혼동하기 쉽기 때문이다. 우리는 공동체를 만들어 낸다는 것이 사람이 상상할 수 있는 범위를 넘어서는 일임을 인정해야 할 것이다. 지금 있는 공동체를 소중히 아끼는 법을 배워야 한다. 쉽게 얻을 수 있는 게 아니기 때문이다. "건물은 고치되 사람들은 남겨 두라." "동네 밖으로 이주시키는 건 안 된다."——공공주택이 인기를 얻으려면 이런 구호가 외쳐져야 한다.

공공주택을 유심히 지켜본 사실상 모든 사람들이 결국은 입주자 소득 제한이 파괴적인 결과를 낳는다고 비난하고 이런 제한을 폐지할 것을 주장하고 있다.* 내가 제안한 임대료 보증 주거에는 나만의 독창적인 구상은 하나도 없다. 나는 단지 여러 사람들이 내놓은 구상들을 하나의 시스템으로 결합했을 뿐이다. 이런 구상들은 왜 아직 공공주택 개념에 통합되지 않고 있을까?

그 답은 질문 안에 이미 들어 있다. 이 구상들이 활용되지 않는 이유는 그것들이 대개 주택단지 개념 자체나 아니면 보조를 통해 건설된 주거의 공적 소유 개념에 **통합**되어야 하는 몇 가지 교정책으로 구상되고 제안되기 때문이다. 공공주택에 관한 이런 기본적인 구상 둘 다 우리 사회에서 살기 좋은 도시를 건설하는 데 전혀 들어맞지 않는다. 이런 구상을 달성하기 위해 만들어진 전술들——슬럼 제한, 소득 분류, 규격화——은 인간적인 면에서나 도시의 경제적 요구의 면에서는 나쁘지만, 주택단지 건설이나 관료적 소유와 관리를 위해서는 논리적으로 타당하고 훌륭한 전술이다. 사실 이런 목적을 위한 다른 전술들은 논리적으로 타당하지 않고 억지스러운 탓에 이 전술들을 **통합**하려는 시도는 홍보 책자의 잉크가 채 마르기도 전에 사라져 버린다.

우리에게는 주거 보조를 위한 새로운 전술이 필요하지만, 기존의 전술을 손보고 만지작거려야 하기 때문이 아니다. 새로운 전술이 필요한 이유는 지금과는 다른 도시 건설의 목표, 그리고 슬럼을 극복하고 예전에 슬럼이었던 곳에 다양한 주민들을 유지하기 위한 새로운 전략이 필요하기 때문이다. 이런 다른 목표와 새로운 전략은 거기에 적합한 완전히 다른 전술을 필요로 한다.

---

* 이런 구상의 대다수는 '황량한 벽에 부딪힌 공공주택'(The Dreary Deadlock of Public Housing)이라는 심포지엄에서 발표되었다. 심포지엄 내용은 1957년 6월 『건축포럼』에 발표되었다.

17장_도시의 잠식, 또는 자동차의 소모

오늘날 도시를 소중히 여기는 사람들은 누구나 자동차에 대해 고심한다.
 교통 간선은 주차장, 주유소, 드라이브인 시설 등과 더불어 도시를 파괴하는 강력하고 끈질긴 도구다. 도시 가로는 간선도로를 수용하기 위해 산만하고 불규칙한 조각들로 분할되며, 따라서 걸어 다니는 사람들에게는 종잡을 수 없는 텅 빈 거리가 되어 버린다. 촘촘하게 얽힌 복잡한 모습과 빽빽하게 짜인 상호 지원의 경이로운 존재인 도심 시내와 동네들이 아무 생각 없이 해체된다. 랜드마크들이 허무하게 사라지거나 도시 생활에서 차지하는 맥락에서 분리된 나머지 아무 의미가 없는 시시한 존재가 되어 버린다. 도시의 성격이 점점 흐릿해져서 결국은 모든 곳이 서로 비슷해지고 이 모든 장소가 모여서 '아무 특징이 없는 시시한 도시'^{Noplace}를 이루게 된다. 그리고 가장 실패한 지역에서는 홀로 기능할 수 없는 용도들— 쇼핑몰이나 주거, 공공회합 장소나 업무 중심지—이 서로 단절된다.
 그러나 우리는 너무 자동차만 비난한다.
 자동차가 아예 발명되지 않았거나, 아니면 우리가 자동차를 외면한 채 그 대신 효율적이고 편리하며 빠르고 안락한, 기계화된 대량 운송수단을 이용한다면 과연 어떨까? 분명 엄청난 수의 자동차를 아껴서 더 나은 용도에 쓸 수 있을 것이다. 그러나 그렇지 않을 수도 있다.

왜냐하면 우리는 또한 주택단지의 이미지를 비롯한 전통적인 도시계획의 반反도시적 이상에 따라 도시를 재건축하고 확대하고 재조직화해 왔기 때문이다.

아마 바로 몇 줄 앞에서 자동차 탓으로 돌린 것과 본질적으로 동일한 결과를 얻게 될 것이다. 이런 결과는 단어 하나하나까지 똑같이 반복될 수 있다. 도시 가로는 산만하고 불규칙한 조각들로 분할되며, 따라서 걸어 다니는 사람에게는 종잡을 수 없는 텅 빈 거리가 될 것이다. 촘촘하게 얽힌 복잡한 모습과 빽빽하게 짜인 상호 지원의 경이로운 존재인 도심 시내와 동네들은 순식간에 해체될 것이다. 랜드마크들은 허무하게 사라지거나 도시 생활에서 차지하는 맥락에서 분리된 채 아무 의미가 없는 시시한 존재가 되어 버릴 것이다. 도시의 성격이 점점 흐릿해져서 결국은 모든 곳이 서로 비슷해지고, 이 모든 장소가 모여서 '아무 특징이 없는 시시한 도시'를 이루게 될 것이다. 그리고 가장 실패한 지역에서는······.

그러면 자동차를 발명하거나 방치 상태에서 구해 내야 할 것이다. 이런 불편한 도시에서 사람들이 살거나 일하려면, 텅 빈 거리와 위험과 철저한 획일화를 피하기 위해 자동차가 필요할 수밖에 없다.

자동차가 도시에 가하는 파괴 가운데 얼마나 많은 부분이 실제로 수송과 교통 수요에 대한 반응인지, 그리고 얼마나 많은 부분이 도시의 다른 수요와 용도, 기능에 대한 완전한 무시 때문인지는 의문이다. 도시 재건축 전문가들이 재개발 이외의 훌륭한 도시 조직의 원칙을 전혀 모르는 탓에 재개발 프로젝트 대신에 무엇을 해야 할지 생각해 볼 때면 백지 상태에 직면하는 것처럼, 도로계획가와 교통공학자, 또 도시 재건축 전문가까지도 각종 교통 문제를 즉흥적으로 해결하고 장래에 자동차가 증가하는 데 대비한 예측을 적용하는 것 말고 현실적으로 무엇을 할 수 있는지를 생각하려고 하면 백지 상태에 맞닥뜨린다. 그 대신 무엇을 할 것인가, 왜 그렇게 해야 하는가와 관련하여 다른 대안이 혼란스럽고 불투명한 상태라면 책임감 있고 현실적인 사람들로서는——설사 자신들이 하는 일의 결과가 불안스러울지라도——부적합한 전술을 포기하기가 어렵다.

편리한 교통과 통신은 가장 달성하기 어려운 목표인 것만은 아니다. 기본적으로 필요한 것이기도 하다. 도시의 요체는 선택의 다양성이다. 그런데 손쉽게 이동하지 못한다면 선택의 다양성을 활용할 수 없다. 또 교차 이용을 통해 선택의 다양성을 자극할 수 없다면 그런 다양성이 아예 존재하지 않을 것이다. 나아가 도시의 경제적 토대는 거래이다. 심지어 도시에 제조업이 생겨나는 이유도 도시에서 물건을 제조하기가 더 쉬워서가 아니라 거래와 관련된 이점이 있기 때문이다. 사고, 서비스, 기술, 인력, 그리고 물론 상품의 거래를 위해서는 효율적이고 유동적인 교통과 통신이 필요하다.

그러나 선택의 다양성과 도시의 집약적인 거래는 또한 거대한 인구의 집중 및 얽히고설킨 용도의 혼합과 촘촘하게 짜인 길에도 의존한다.

어떻게 하면 교통과 관련된 촘촘하게 집중된 토지 이용을 파괴하지 않고서도 도시 교통을 제공할 수 있을까?——문제는 바로 이것이다. 또는 다른 식으로 말하자면, 어떻게 하면 관련된 교통을 파괴하지 않고서도 촘촘하게 집중된 도시의 토지 이용을 제공할 수 있을까?

오늘날에는 자동차의 흐름에 너무나도 부적합한 도시 가로가 말과 마차가 다니던 시절의 낡은 유산이라는 신화가 존재한다. 당시의 교통에는 적합했을지 몰라도 현대에는 맞지 않는다는 것이다.

참으로 얼토당토않은 말이다. 분명 18세기와 19세기 도시의 가로는 걸어 다니는 사람들의 이용과 인접한 혼합된 용도들의 상호 지원에 적합하게 되어 있었다. 그러나 말과 마차의 교통에는 무척 부적합했고, 이 때문에 여러 면에서 도보 교통에도 적합하지 않았다.

이 장 뒷부분에서 부연 설명할 텍사스 주 포트워스Fort Worth의 자동차 없는 도심 거리 계획을 고안한 빅터 그루언Victor Gruen은 계획안을 설명하기 위해 일련의 슬라이드를 준비했다. 그루언은 자동차로 꽉 막힌 익숙한 거리의 모습 바로 다음에 놀라운 광경을 보여 주었다. 바로 앞 사진 못지않게 말과 탈것으로 꽉 막힌 포트워스의 옛날 사진이었다.

영국의 건축가였던 고故 H. B. 크레스웰H. B. Creswell이 젊은 시절에 영국의 『건축평론』 1958년 12월호에 쓴 글에는 말과 마차가 다니던 시절에 인구가 집중된 대도시의 거리 생활이 어땠는지에 관한 묘사가 나온다.

그 시절의 스트랜드Strand가는 ……그야말로 사람들의 맥박을 뛰게 만드는 런던의 심장부였다. 미로처럼 얽힌 뒷골목과 막다른 골목으로 둘러싸인 스트랜드 가에는 창가에 입맛을 돋우는 요리를 여봐란듯이 내놓은 레스토랑들, 선술집과 무허가 술집과 굴 요릿집과 햄·정육 전문점, 온갖 실용품이나 진기한 물건을 줄줄이 늘어놓고 파는 소규모 상점들이 어깨를 맞대고 수많은 극장들 사이의 공간을 가득 메우고 있었다. …… 하지만 그놈의 진흙[완곡어법으로 말똥을 가리킨다]이라니! 소음은 또 어떻고! 게다가 냄새까지! 이 모든 흠이 말들이 남긴 흔적이었다. ……

런던을 가득 메운 바퀴 달린 탈것들──시티[City; 런던의 발상지이자 중심지─옮긴이]의 일부 지역은 이따금 아예 옴짝달싹도 못할 지경이었다──은 모두 말에 의존했다. 4륜 짐마차lorry, 대형 짐마차wagon, 승합마차bus, 2인승 2륜 마차hansom, '그라울러'[growler; 구식 4륜 마차─옮긴이], 4륜 대형 마차coach와 4륜 자가용 마차carriage 및 온갖 종류의 자가용 마차가 말에 붙어 있었다. 메러디스[영국의 시인·소설가인 조지 메러디스 (George Meredith, 1828~1909)를 가리키는 듯하다—옮긴이]는 런던으로 진입하는 철로변의 "승합마차 승차장 근처에만 가면 냄새가 나곤 했다"고 말한다. 그러나 코가 먼저 런던에 왔다는 즐거운 흥분을 전하는 이 특유의 향기는 마구간 냄새였다. 보통 3층이나 4층인 마구간에는 지그재그로 올라가는 경사로가 있었다. 마구간에서 나오는 퇴비 덕분에 런던 전역의 상하층 중간계급 가정의 응접실을 아름답게 꾸미는 가는 줄무늬 세공을 한 주철 샹들리에는 언제나 죽은 파리로 뒤덮였고, 늦여름에는 구름 같은 파리 떼가 윙윙거렸다.

더욱 뚜렷한 말들의 흔적은 빨간색 재킷을 입은 무수한 무리의 소년들이 아무리 솔과 냄비를 들고 바퀴와 발굽 사이를 분주하게 피해 다니며 포도 가장자리에 있는 철통에 말똥을 담아 넣어도 넘쳐나는 진흙이었다. 이런 '완두 수프' 거품은 때로는 연석 위로 찰랑거릴 정도로 웅덩이를 이루었고, 때로는 바퀴축 윤활유나 왕겨가 뒤섞인 흙먼지와 함께 도로 표면을 뒤덮어 보행자들을 환장하게 만들었다. 첫번째 경우에는 빠르게 달리는 2인승 2륜 마차나 1두 2륜 마차gig에서 '완두 수프'가 튀어서—사람들의 바지나 치맛자락에 걸리지 않으면—포도 너머까지 날아갈 정도였고, 결국 스트랜드 가에 있는 모든 건물들에는 정면에 이렇게 묻은 진흙이 45센티미터 높이까지 새로운 회반죽 기초를 이루었다. 이런 '완두 수프' 상태 때문에 바퀴를 단 '진흙 청소 마차'가 등장했는데, 청소 마차마다 아이슬란드 바다에나 어울릴 법한 무릎 위까지 오는 긴 장화와 뺨까지 옷깃을 여민 방수포 옷에 목덜미 뒤쪽까지 가리는 폭풍우용 방수모를 쓴 진흙 푸는 사람 둘이 따라다녔다. 인정사정 볼 것 없이 튀는 진흙 이런! 걸어 다니는 사람은 이제 눈에 진흙이 튄다! 바퀴축 윤활유 문제는 말을 동력으로 한 빗질로 해결했는데, 한밤중에 돌아다니는 사람들은 소방 호스로 찌꺼기를 닦아 내는 모습을 볼 수 있었다. ……

그리고 진흙 다음으로 역시 말 때문에 생기는 문제인 소음이 런던 중심가의 생활에서 힘찬 맥박처럼 밀어닥쳤다. 상상을 초월하는 소음이었다. 런던의 평범한 거리는 하나같이 '화강암' 포석이 한 무더기씩 깔려 있었고, …… 징을 박은 텁수룩한 말발굽이 무수하게 바닥을 때리는 소리, 막대기로 쇠 울타리를 긁고 지나가는 것처럼 바퀴가 한 무더기의 포석을 긁고 다음 무더기로 넘어가면서 나는 귀를 멍하게 할 정도로 듣기 싫은 북소리, 가볍든 무겁든 간에, 이처럼 혹사를 당하는 마차에서 나는 삐걱거리고 철컹거리고 쨍그렁거리고 덜커덕거리는 소리, 체인 장치에서 나는 거슬리는 소리와 다른 모든 있을 법한 장치에서 나는 쩔렁거리는 소리나 쨍그렁거리는 소리, 거기다가 뭔가를 바라거나 자기 의사를 전하기 위해 하느님의 피조물이 내는 새된 소리와 울부짖는 소리까지—이 모든 소리가 …… 상상을 초월하는 소음을 만들어 냈다. 자잘한 시끄러운 소리가 아니었다. 일종의 무한대의 소음이었다. ……

이것이 바로 에버니저 하워드 시절의 런던이었고, 따라서 하워드가 도시의 거리가 인간에게 적합하지 않다고 본 것도 놀랄 일은 아니다.

1920년대에 르 코르뷔지에는 소읍 규모인 하워드의 '전원도시'를 공원과 마천루와 고속화도로 수준으로 확대한 구상을 계획하면서 자신이 새로운 시대를 위해, 그리고 새로운 교통 체계를 위해 구상을 하고 있다고 우쭐해했다. 그런데 실상은 그런 게 아니었다. 새로운 시대의 경우에, 르 코르뷔지에는 피상적인 유행을 따라 옛날의 소박한 삶에 대한 향수 어린

열망에 대한 반응이자 19세기의 말들(과 전염병)의 도시에 대한 반응이기도 한 개혁을 수용했을 뿐이었다. 새로운 교통 체계의 경우에도 역시 피상적이었을 뿐이다. 르 코르뷔지에는 자신의 '빛나는 도시' 계획에 고속화도로와 교통을 자수처럼 장식했다(그의 접근법에 대한 공정한 단어 선택이라고 생각한다). 고속화도로와 교통의 양은 분명 그의 설계 감각은 만족시켰지만, 그보다 훨씬 많은 막대한 자동차 대수와, 공지에 의해 분리된, 반복되는 수직적인 인구의 집중에 실제로 필요한 도로와 주차장 등의 시설 규모와는 아무 관계가 없는 것이었다. 공원의 마천루에 관한 르 코르뷔지에의 구상은 현실 세계에서는 주차장의 마천루로 전락할 수밖에 없다. 또 아무리 주차장을 많이 지어도 충분할 수 없다.

오늘날 도시와 자동차 사이의 관계는 간단히 말해, 역사가 때로 진보를 희롱하는 농담과도 같다. 자동차가 일상적인 교통수단으로서 발달하는 주기는 교외화된 반反도시라는 이상이 건축, 사회학, 입법, 재정 등의 면에서 발달된 주기와 정확하게 일치한다.

그러나 자동차가 본래 도시를 파괴한다고 보기는 힘들다. 19세기의 거리가 말과 마차의 교통에 적합하고 매력적이었다는 동화 같은 이야기로 자신을 속이는 것을 그만둔다면, 내연기관이 그것이 등장할 당시 도시의 집중을 경감시키는 동시에 도시를 해악에서 구해 내는 훌륭한 도구였다는 사실을 알게 될 것이다.

자동차 엔진은 말보다 조용하고 깨끗할 뿐만 아니라, 더욱 중요하게는, 말에 비해 더 적은 수의 엔진으로도 주어진 양의 일을 할 수 있다. 기계화된 탈것의 힘과 말보다 더 빠른 속도 덕분에 거대한 인구의 집중과 동시에 사람과 재화의 효율적인 이동이 가능할 수 있다. 세기 전환기에 이르면, 이미 오래전에 철도가 집중과 이동을 조화시키는 훌륭한 도구임을 보여 준 바 있었다. 트럭을 비롯한 자동차는 철도가 가지 못하는 장소와 철도가 할 수 없는 일에 대해, 오래전부터 골칫거리였던 도시의 교통 혼잡을 줄일 수 있는 또 다른 수단을 제공했다.

우리는 말 십여 마리 대신에 자동차 한 대를 사용하기는커녕 사실상 말 한 마리를 자동차 대여섯 대로 바꿈으로써 도시 거리를 더욱 혼잡하게 만들었다. 지나치게 많은 자동차는 게으르고 굼뜨게 움직일 수밖에 없다. 이처럼 효율이 낮은 결과로서, 강력하고 신속한 교통수단은 단지 그 수가 많다는 이유 때문에 말보다 크게 빠르게 움직이지 못한다.

트럭은 대체로 도시에서 자동차에 기대할 수 있었던 일을 대부분 해낸다. 트럭은 마차로 나르거나 사람이 지고 나르는 것에 비해 훨씬 더 많은 일을 한다. 그러나 승객용 차량은 그렇지 않기 때문에 이런 혼잡으로 인해 트럭의 효율성은 크게 줄어든다.

오늘날 이런 잠재적인 동맹자, 즉 자동차와 도시 사이의 전쟁 때문에 절망하는 사람들은 이런 난국을 자동차와 보행자 사이의 전쟁으로 보기 쉽다.

일정한 장소를 보행자용으로 지정하고 다른 일정한 장소를 차량용으로 지정하는 것이 해법이라는 생각이 요즘 유행이다. 만약 우리가 정말로 원한다면 결국 그렇게 분리를 할 수도 있다. 그러나 어쨌든 이런 계획은 도시를 이용하는 자동차의 절대적인 숫자가 크게 감소할 것을 **전제**로 할 때만 실제로 가능하다. 그렇지 않으면, 필요한 주차장과 차고, 보행자 보호 구역 주변의 접근 차로 등이 터무니없이 높은 비율을 차지해서 도시를 구하는 게 아니라 해체하는 시설이 되고 만다.

보행자 계획 가운데 가장 유명한 것은 포트워스 도심을 위한 그루언 계획이다. 빅터 그루언 사Victor Gruen Associates의 건축가와 도시계획가들은 약 1평방마일[2.6평방킬로미터] 넓이의 지역을 원형 도로로 둘러싸고 그 안에 각각 자동차 1만 대를 수용하는 거대한 타원형 주차장 여섯 개를 수용할 것을 제안했다. 도심 지역 깊숙이 있는 원형 도로에서 각 주차장으로 진입하도록 되어 있었다. 지역의 나머지 부분에는 자동차 진입을 통제하고 다용도 도심으로 집약적으로 개발할 예정이었다. 이 계획은 포트워스에서 정치적 반대에 부딪혔지만, 90여 개의 도시에서 이를 모방한 계획이 제안되었고 몇몇 곳에서는 실제로 시도되고 있다. 유감스러운 일이지만, 계획을 모방한 사람들은 원래 계획이 하나로 맞물린 연속된 전체의 형태로서 도시라고 할 만한 포트워스 전역을 대상으로 하며 이런 점에서 의미가 있다는 두드러진 사실을 무시한다. 이 정도로 원래 계획은 분리보다는 집중의 수단이었고, 단순함보다는 복잡함을 확대했다. 모방 계획들의 경우에는 하나같이 교외 쇼핑몰을 본뜬 쇼핑가 몇 개를 고립적으로 만들고 그 주위를 주차장과 접근로 같은 활기 없는 경계로 에워싸는 보잘것없는 소심한 설계로 변질되었다.

관목 심기나 벤치 설치보다 훨씬 더 어려운 문제에 직면하지 않는다면, 이것이 할 수 있는 모든 일이다―그리고 실제로 포트워스에 대해 계획할 수 있는 모든 것이다. 그 문제란 어떻게 하면 도시를 이용하는 자동차의 절대적인 숫자를 급격하게 줄일 수 있는가 하는 것이다.

그루언의 포트워스 계획의 경우에, 비록 이 도시가 다른 대도시에 비해 비교적 작고 소박하며, 또 자동차를 위한 계획안이 거대하고 정교하긴 했지만, 자동차 대수의 급격한 감소를 전제로 삼아야 했다. 그루언의 계획 가운데에는 도심과 전체 도시 및 교외를 연결하고 현재 대중교통을 이용하는 사람들보다 훨씬 높은 비율의 도심 이용자를 흡수하는 간선버스 서비스 계획안도 들어 있었다. 이런 계획안과 전제가 없었다면, 원형 도로 계획은 쓸데없는 소망으로 가득한 르 코르뷔지에의 전통에 속하는 비현실적인 장식물이 되거나 아니면—현실적인 난관에 부딪혀서—사실상 도심 전체를 주차장으로 전환하고 원형 도로를 접근에 부적절한 것으로 만드는 결과로 이어졌을 것이다. 분명 주차장이 확장되면서 엄청나게 확대된 지역이 그 혜택을 받겠지만, 도보로 이용할 수 있는 집중되고 집약적인 지구의 실용성은 사라져 버렸을 것이다. 그렇게 되면 이 계획은 의의를 잃을 수밖에 없다.

교통 혼잡이 심한 도심 가로를 위해 구상된 다른 변형된 교통 분리 계획들은 그루언 계획처럼 수평적인 분리가 아니라 수직적인 분리를 담고 있다. 보행자가 자동차 도로 위로 다니거나 자동차가 보행자 위로 다니거나 하는 것이다. 그러나 보행자들을 쫓아낸다고 해서 자동차들에게 더 많은 공간이 생겨나는 것은 아니다. 보행자를 끌어들이는—교통 혼잡의 원인이자 교통 분리의 이유인—자동차들에게 필요한 규모의 차도를 제공하는 것은 그에 상응하는 보행자 수준의 규모를 보행자의 편의를 말살하는 정도로까지 확장함을 의미한다. 이런 계획들 또한 자동차나 보행자에게 실용적이기 위해서는 자동차의 절대적인 숫자를 급격하게 줄여야 하며 그 대신 대중교통에 훨씬 더 의존해야 한다.

그리고 보행자 계획 이면에는 또 다른 난관이 존재한다. 보행자의 가로 이용의 결과물이자 역으로 더 많은 보행자의 가로 이용을 낳는 대부분의 도시 업체는 그 자체가 서비스나 제품의 공급, 운송 등을 위해 편리하게 차량을 이용할 수 있어야 하는 것이다.

만약 차량과 보행자의 통행이 완벽하게 분리된다면, 두 가지 대안 중 하나를 수용해야 한다.

첫번째 대안은 이런 업체가 없는 거리를 보행자 보호 구역으로 만드는 것이다. 이것은 당연히 말도 안 된다. 실제 세계에서 이런 말도 안 되는 해법을 쉽게 발견할 수 있는데, 예상 가능한 것처럼, 이 보호 구역은 찾는 사람이 없다. 보행자들은 업체가 있는 차량 거리로 간다. 이런 식의 뿌리 깊은 모순이 웅대한 '내일의 도시' 계획을 괴롭힌다.

다른 대안은 보행자 보호 구역과 분리된 차량 전용 공간을 설계하는 것이다.

그루언의 포트워스 계획안은 지하층을 통해 접근할 수 있는 호텔 택시 서비스와 트럭을 위한 지하 터널 시스템을 통해 차량 전용 문제를 해결했다.

이 계획안은 또한 오래전에 뉴욕의 건축가 사이먼 브레인즈Simon Breines가 뉴욕의 보행자 중심 미드타운 계획안에서 제시한 방법인 '우체국' 시스템의 최신판을 하나의 변형으로 제안했다. '우체국' 시스템이란 한 지구 안에서 모든 화물과 기타 배송 물품을 중심적으로 분류하는 것을 의미한다. 발송된 편지가 우체국에서 분류되고 배포되는 것처럼, **온갖** 원천에서 각각의 종착지로 향하는 **온갖** 종류의 분류된 물품이 한데 모이고 합리적으로 배포된다. 이 경우에 중요한 것은 트럭 배송의 횟수를 크게 줄이는 것이다. 횟수가 줄어든 배송(과 특송)은 보행자가 많지 않은 야간에 할 수 있다. 트럭 운송에 관한 한, 자동차-보행자 분리는 주로 공간보다는 시간의 분리가 된다. 물품 취급 단계가 늘어나기 때문에 상당한 비용이 수반된다.

집약적으로 이용되는 도심 지역을 제외하면, 보행자와 자동차의 철저한 분리에 수반되는 복잡한 서비스가 정당화되기는 쉽지 않아 보인다.

어쨌든 간에 이런 철저한 분리가 대단한 장점이 있는지는 의심스럽다. 도시 가로에서 벌어지는 보행자와 자동차 사이의 갈등은 주로 자동차 대수가 압도적으로 많다는 사실에 기인한다. 보행자의 최소한의 요구를 제외한 모든 요구가 자동차 때문에 꾸준히 희생되고 있는 것이다. 참을 수 없을 정도인 자동차 지배의 문제는 오로지 자동차와 관련된 문제인 것만은 아니다. 지나치게 많은 수의 말들도 이와 비슷한 갈등을 야기했다. 암스테르담이나 뉴델리의 러시아워를 겪어 본 사람들은 엄청나게 많은 자전거가 보행자와 끔찍하게 뒤섞인다고 말들을 한다.

여건이 허락할 때마다 나는 사람들이 보행자 거리를 어떻게 이용하는지 지켜보고 있다. 사람들은 한가운데로 나와서 마침내 도로의 왕이 되는 데에 대해 의기양양해하지 않는다. 사람들은 그저 가장자리에 머무른다. 도심 쇼핑가 두 곳의 차량 통행을 차단하는 실험을 한 바 있는(물론 물품 배송이 곤란한 문제였다) 보스턴에서는 차도는 거의 텅 비고 비좁은 보도는 무척 혼잡한 진풍경을 볼 수 있었다. 대륙 반대편에 있는 디즈니랜드의 모형 메인스트리트Main Street에서도 똑같은 현상이 벌어진다. 디즈니랜드 타운의 차도에 다니는 차량은 띄엄띄엄 운행하는 흥밋거리 전차 한 대와 마차뿐이다. 그렇지만 방문객들은 거리 한가운데를 따라 걷기보다는 보도를 이용한다. 사람들이 차도로 걷는 모습을 본 유일한 순간은 공교롭게도 차량이나 퍼레이드 행렬이 지나갈 때였다. 사람들은 이내 차도의 행렬에 **합류했다**.

보스턴이나 디즈니랜드에서 보이는 이런 억제는 우리 모두 연석을 넘어서면 안 된다고 제약받아 왔다는 사실에 어느 정도 기인할 것이다. 차도와 보도를 똑같이 포장하면 아마 더 많은 보행자가 차도 공간을 이용할 것이다. 확실히 보도가 넓은 곳에서는 (심지어 보스턴에서도) 사람들은 디즈니랜드나 보스턴 시내의 협소한 보도에서처럼 우스꽝스러울 정도로 몰려다니지 않는다.

그렇지만 이것은 분명 해답의 일부분일 뿐이다. '가로'가 넓지만 연석이 없이 완전히 보행자용인 교외 쇼핑센터에서도 사람들은 흥미로운 구경거리가 의도적으로 '가로' 한가운데에 배치되어 있는 경우를 제외하고는 가장자리로만 다닌다. 띄엄띄엄이나마 차로 폭 전체를 사람들로 채우기 위해서는 엄청나게 많은 수의 보행자가 필요하다. 보행자들이 이런 식으로 차도를 이용하는 유일한 때는 월스트리트나 보스턴 금융 지구의 퇴근 시간이나 뉴욕 5번로의 부활절 퍼레이드 같이 이례적으로 보행자가 쏟아져 나오는 경우이다. 통상적인 상황이라면 사람들은 대개 길 가장자리로 끌린다. 그쪽이 더 흥미롭기 때문이다. 사람들은 걸어 다니면서 구경에 몰두한다―진열창을 들여다보고, 건물들을 보고, 서로를 보는 것이다.

그렇지만 보스턴이나 디즈니랜드, 쇼핑센터 등의 보행자 거리의 사람들은 한 가지 점에서 차량이 많은 통상적인 도시 거리의 사람들과 다르게 행동한다. 이 예외가 중요하다. 사람들은 한쪽에서 반대쪽으로 자유롭게 건너가며, 연석에 방해받지 않고 이런 자유를 거리낌 없이 구가하는 것 같다. 이런 모습을 보고 또 사람들이―심지어는 생명의 위협을 무릅쓰고도―가능하기만 하면 슬쩍 무단횡단을 하는 것을 보면서 나는 보행자 거리의 가장 큰 미덕이 차가 전혀 없다는 사실이 아니라 차량의 흐름에 압도되고 지배받지 않으며 건너기가 쉽다는 사실이라고 생각하게 되었다.

어린 아이들의 경우에도 중요한 것은 자동차를 격리하는 게 아니라 차의 지배력을 줄이고 차에 의한 인도의 놀이공간의 잠식에 맞서는 것이다. 물론 가장 이상적인 것은 어린이들이 노는 도시 거리에서 자동차를 완전히 없애는 것이다. 그러나 이것이 보도의 다른 실용적인 목적과 더불어 감독의 기능까지 없애는 것을 의미한다면 더 많은 문젯거리가 생기게 된다. 때로 이런 계획은 또 자동적으로 소멸해 버린다. 신시내티의 주택단지가 한 예이다. 이 단지의 집들은 앞으로는 잔디밭과 보도로 된 보행자 구역에 면해 있고, 뒤로는 자동차와 배송을 위한 뒷골목이 있다. 일상적 왕래는 모두 주택과 뒷골목 사이에서 이뤄지며, 따라서 기능적으로 볼 때 주택의 뒤편이 오히려 정면이 된다. 물론 어린이들도 모두 뒷골목에서 논다.

활기는 활기를 끌어당긴다. 보행자 분리가 일종의 추상적인 미화로 이루어지고 이런 미화 작업을 위해 여러 형태의 생활과 활동의 편의가 무시되거나 억압된다면, 아무도 그 진가를 누리지 못한다.

도시의 교통 문제를 보행자 대^對 자동차라는 지나치게 단순한 면에서 생각하고, 양자의 분리만을 주요한 목표로 삼아 집착한다면 잘못된 방향에서 문제에 접근하는 셈이 된다. 도시에서 보행자에 대한 고려는 도시의 다양성과 활기, 이용의 집중 등에 대한 고려와 밀접하게 연결된다. 도시의 다양성이 없다면, 대규모 도회지에 사는 사람들은 아마 도보보다는 자동차가 더 편할 것이다. 골치 아픈 도시 교통보다 다루기 힘든 도시의 공백이 더 나은 것은 결코 아니다.

도시 교통의 다른 모든 곤란한 문제들과 마찬가지로 보행자에 대한 고려 이면에 놓인 문제는 어떻게 하면 자동차의 절대적인 숫자를 줄이고, 남은 자동차가 더 효율적으로 열심히 일하도록 할 수 있는가 하는 것이다. 개인용 자동차에 대한 지나친 의존과 도시의 이용 집중은 양립 불가능하다. 어느 한쪽이 양보해야만 한다. 실제 세계에서는 결국 한쪽이 양보한다. 어느 쪽의 압력이 승리를 거두느냐에 따라 둘 중 하나의 과정이 벌어진다. 자동차가 도시를 잠식하거나 아니면 도시가 자동차를 약화시키거나.

도시 교통 정책에 대한 찬반 논리를 이해하려면 이 두 과정의 성격과 그 함의를 알아야 한다. 우리는 또한 도시의 교통이 **자기 자신에게** 압력을 가한다는 점을 인식해야 한다. 자동차는 공간과 편의를 놓고 서로 경쟁한다. 또한 공간과 편의를 둘러싸고 다른 용도들과도 경쟁한다.

자동차의 도시 잠식은 설명이 필요 없을 정도로 익숙한 일련의 사태를 수반한다. 잠식 과정은 쥐가 갉아먹는 것처럼 진행된다. 처음에는 조금씩 갉아먹지만 결국은 뭉텅 먹어 버린다. 차량 혼잡 때문에 한쪽에서는 가로를 확장하고, 다른 쪽에서는 가로를 직선화하며, 넓은 대로를 일방통행로로 전환하고, 원활한 차량 흐름을 위해 시차 신호 체계를 설치하고, 수용량이 한계에 달한 다리는 이층으로 바꾸고, 직선으로 관통하는 고속화도로를 만들고, 마지막으로 사방에 고속화 간선도로망을 깐다. 끝없이 늘어나는 자동차를 수용하기 위해 점점 더 많은 땅이 주차장으로 바뀐다.

이 과정에서 어떤 한 단계도 그 자체로는 결정적이지 않다. 그러나 각 단계들이 누적되면 그 효과는 엄청나다. 그리고 각 단계는, 비록 그 자체로는 결정적이지 않지만, 전체적인 변화에 자기 몫을 더한다는 점뿐만 아니라 사실상 그 과정을 가속화한다는 점에서도 중요한 의미를 갖는다. 자동차의 도시 잠식은 따라서 이른바 '양성 피드백'positive feedback의 한 예이다. 양성 피드백의 경우에 작용이 반작용을 낳고, 그 반작용은 다시 첫번째 작용을 유발한 조건을 강화한다. 그 결과 첫번째 작용이 반복될 필요성이 강화되며, 다시 같은 과정이 무한하게 되풀이된다. 습관성 중독에 빠지는 것과 같다.

빅터 그루언은 1955년에 포트워스 계획과 관련하여 이런 양성 피드백 교통 과정에 관한 인상적인 설명을 제시했다. 그루언은 자기 앞에 놓인 문제의 규모를 이해하기 위해 우선 예상되는 인구 규모와 상거래 지역에 기초하여 현재 미발전되고 정체된—그렇지만 교통은 혼잡한—포트워스 도심이 1970년에 이르면 어느 정도의 잠재적 업무 규모를 갖게 될지 계산하는 데 착수했다. 그리고 이런 경제 활동 규모를 노동자와 쇼핑객 및 기타 목적의 방문자 등의 이용자 수로 환산했다. 그러고는 현재 포트워스의 도심 이용자와 자동차 비율을 이용하여 잠재적인 미래 이용자를 자동차 대수로 환산했다. 또 어느 주어진 시간에 거리에 있을 수 있는 이 자동차들을 수용하는 데 필요한 가로의 공간을 계산했다.

결론적으로 필요한 도로 노면의 수치는 놀라운 규모였다. 주차장을 포함하지 않고도 약 150헥타르에 달했던 것이다. 현재 미개발된 도심의 도로 면적이 약 45헥타르임과 비교해 보라.

그러나 그루언이 150헥타르를 계산해 내자마자 그 수치는 이미 낡고 너무 작은 규모가 되어 버렸다. 그만한 도로 공간을 확보하려면 도심이 엄청난 규모로 물리적으로 확장되어야 할 것이다. 주어진 경제적 용도의 양은 그에 따라 상대적으로 드문드문 펼쳐질 것이다. 결국 사람들은 각기 다른 요소들을 이용하기 위해서 걷기보다는 자동차에 더욱 의존해야 한다. 그러면 또 훨씬 더 많은 도로 공간이 필요하게 된다. 그렇지 않으면 교통 혼잡이 끔찍할 수밖에 없기 때문이다. 각기 다른 용도가 이렇게 상대적으로 서로 멀리 떨어져 있게 되면 주차 공간 자체도 배로 늘어나야 한다. 각기 다른 시간대에 사람들을 끌어들이는 용도들이 동일한 시설을 시차를 두고 이용할 수 있을 만큼 충분히 집약적이지 않을 것이기 때문이다.* 결국 도심을 훨씬 더 듬성듬성하고 넓게 확장해야 하고, 그러면 또 더 많은 자동차가 필요하게 되며 도시 내의 절대적인 이동 거리도 늘어나게 된다. 이 과정에서 처음부터 대중교통은 이용자 입장에서나 운영자 입장에서나

---

* 의도적으로 띄엄띄엄 이용하도록 계획된 도심에서는 이미 이런 식의 낭비가 흔히 벌어진다. 그리하여 도심 가장자리에 완충제처럼 자리한 피츠버그의 새로운 시민센터는 도심 업무 지역에 있는 것과 똑같이 밤에는 텅 비는 주차장 시설을 제공해야 한다. 공원 및 상점과 마찬가지로 주차장이나 차도 같은 도시 시설이 서로 지원하기 위해서는 빽빽하게 붙어 있어야 한다.

효율성을 완전히 상실하게 된다. 요컨대 통일성 있는 도심은 사라져 버리고, 해당 도시의 인구와 경제를 감안할 때 이론적으로 가능한 도시 기반시설과 다양성, 선택의 기회 등을 만들어 내지 못하는 거대하고 듬성듬성한 얼룩만이 남게 된다.

여기서 그루언이 지적한 것처럼, 도시에서 자동차에 더 많은 공간이 할애될수록 자동차 이용에 대한 수요도 더 커지며 따라서 자동차를 위한 더 많은 공간이 필요하게 된다.

실제 세계에서 도로 면적이 갑자기 45헥타르에서 150헥타르로 늘어나지는 않으며, 따라서 자동차를 서서히 조금씩 더 수용한다는 것이 어떤 의미를 갖는지 헤아리기는 쉽지 않다. 그러나 그 속도가 빠르든 느리든 간에 양성 피드백은 작동중이다. 속도가 빠르든 느리든 간에, 자동차의 접근성 확대는 불가피하게 대중교통의 편의와 효율성의 저하, 그리고 도시 이용 밀도의 저하와 분산을 수반하며, 결국 자동차의 필요성은 더욱 커지게 된다.

자동차의 접근성 확대와 이용자 집중도의 저하라는 역설적인 현상이 가장 극단적으로 나타나는 곳은 로스앤젤레스이며, 디트로이트의 경우도 그에 못지않다. 그러나 소수의 이용자만이 도로 교통량 증가의 혜택을 보는 잠식 과정의 초기 단계에 있는 도시에서 이런 역설적인 결합은 그만큼 가치 없다. 맨해튼이 적절한 예이다. 자동차 혼잡을 완화하기 위해 맨해튼에서 택한 방식은 남북으로 뻗은 넓은 대로를 일방통행으로 만들어 차량의 속도를 높이는 것이다. 물론 버스 역시 다른 자동차와 마찬가지로 대로에서 양방향으로 움직이는 대신 한 대로에서는 북쪽으로, 다른 대로에서는 남쪽으로 다녀야 한다. 결국 버스 이용자들로서는 종종 목적지를 가기 위해 원래보다 두 블록을 더 걸어야 한다.

당연한 일이지만, 뉴욕에서 대로가 일방통행으로 바뀌면 버스 이용자 수가 감소한다. 원래 버스를 타던 이 사람들은 어디로 갈까? 아무도 알지 못하지만, 버스 회사의 이론에 따르면 일부 승객들은 선택의 기로에 놓이게 된다. 회사 간부들의 생각으로는, 일부 승객들은 계속 버스를 이용할지 아니면 자가용을 이용할지 선택의 기로에 서게 된다. 또 외부에서 맨해튼 지구로 들어오는 다른 승객들은 계속 이 지구를 이용할지 선택을 해야 한다. 도심에 들어오지 않는 다른 선택을 할 수도 있다. 어떤 선택을 하든 간에, 이 사람들의 마음이 바뀔 정도로 편의의 차이가 커졌다는 것은 명백하다. 분명한 것은 교통량 증가가 은연중에 대중교통에 부정적인 효과를 미치면서 자동차 수의 증가를 야기한다는 사실이다. 교통량 증가는 또한 해당 대로에 있는 횡단보도들의 대기 시간을 늘림으로써 보행자의 편의를 감소시킨다.

1948~56년 사이의 8년 동안 맨해튼은 이런저런 구실을 들면서 매일 외부로부터 진입하는 차량 대수를 36퍼센트 늘렸다. 그렇더라도 이는 외부로부터 오는 맨해튼 이용자의 소수에 불과하다. 83퍼센트가 대중교통을 이용하기 때문이다. 같은 기간에 외부로부터 오는 대중교통 승객은 12퍼센트 감소하여 하루에 375,000명의 '결손'이 발생했다. 자동차의 도시 접근성이 증대되면 **언제나** 대중교통 서비스의 감소가 뒤따른다. 운송 승객의 감소폭은 항상 자가용 이용자의 증가폭보다 크다. 한 지구에 대한 자동차 접근성이 커지면 항상 해당 지구에 대한 사람들의 전체적인 교차 이용이 감소하는데, 이것은 도시에 심각한 문제가 된다. 도시에서 교통이 하는 커다란 일 가운데 하나가 교차이용을 가능하게 하고 장려하는 것이기 때문이다.

이와 같은 결과—접근성 증대와 집중도 감소—에 일부 사람들은 당혹스러워 한다. 이용 집중도 감소에 대한 표준적인 처방은—대개 우선 자동차 주차를 용이하게 만드는 식으로—자동차의 접근성을 더욱 증가시키려고 노력하는 것이다. 그리하여, 맨해튼의 또 다른 예를 들자면, 백화점으로 인한 교통 혼잡에 대한 완화책으로서 교통국장이 열렬하게 주창하는 처방 가운데 하나가 시 소유의 주차장을 잇달아 짓는 것이다. 맨해튼 섬 미드타운의 경우에는 수백 개의 소규모 상점이 있는 10여 개의 블록이 이런 완화책에 의해 잠식될 것이다.*

이런 식으로 잠식이 진행되면 잠식된 지구를 이용할 이유가 조금씩 줄어들며, 또한 동시에 그래도 이 지구를 계속 이용해야 하는 사람들에게 지구는 활기와 편의를 잃고 집약성과 안전성도 잃게 된다. 한 지역이 더욱 집중되고 도시적 성격이 강할수록, 잠식 과정에서 생겨나는 보잘것없는 혜택과 사라지는 중요한 것들이 더욱 극명하게 대비된다.

만약 도시의 자동차 통행이 일정한 고정된 수요량을 나타낸다면, 그것을 제공하는 조치는 만족스러운 반응을 낳게 될 것이다. 적어도 어떤 문제는 해결될 것이다. 그러나 완화책과 더불어 자동차에 대한 수요가 확대되기 때문에 문제의 해결은 계속 멀어질 뿐이다.

그렇다 하더라도 적어도 이론적인 해결 지점은 있어야 한다—접근

---

* 교통국장이 주차장 부지로 전환할 것을 주장하는 한곳—백화점과 다리 하단 사이에 있는 '논리적으로' 주차장으로 알맞은 곳이다—에서 내가 세어 본 바로는 상점 129개소가 있었다. 그 중에는 도시 전역에서 손님들이 찾아오는 진기한 양념가게 몇 곳과 화랑 두어 곳, 애완견 미용실 몇 곳, 무척 훌륭한 식당 두어 곳, 교회 한 곳, 그리고 최근에 개조한 오래된 주택을 비롯한 수많은 주거용 건물이 있었다. 업체들 중 일부는 수용되고, 거리 반대편에 있는 업체들은 주차장에 면하게 될 것이다. 남은 업체들은 활기를 떨어뜨리는 거대한 주차장에 면해서 상호 지원의 연결망에서 떨어져 나갈 것이고 결국 활기를 잃게 될 것이다. 이 글을 쓰는 지금, 계획위원회는 교통국장의 주차장 계획안에 반대하고 있다. 자동차 장려 정책이 다른 가치들에 파괴적인 효과를 미칠 것이라는 타당한 이유에서 반대하고 있는 것이다.

성 확대와 이용의 집중성 저하가 평형이나 균형을 이루는 지점 말이다. 이 지점에서, 이동과 주차 공간에 대해 만족하지 못하는 자동차가 더 이상 압력을 가해서는 안 된다는 점에서 교통 문제가 해결되어야 한다. 점진적인 잠식과 더불어 도시의 여러 지역에 대한 교통의 압력이 점점 균등화되어야 하고, 스프롤 현상이 계속되어 이런 균등화된 압력을 충족시켜야 한다. 한 도시가 충분히 균일하고 드문드문하게 퍼진다면, 어떤 식으로든 교통 문제에 손을 대야 한다. 이런 평형 상태만이 도시 잠식 같은 양성 피드백 과정에 대한 유일한 해법이다.

아직 어떤 미국 도시도 이런 균형점에 도달하지 않았다. 잠식당하고 있는 대도시의 실제 사례들은 아직 압력이 계속 커지는 단계를 보여 줄 뿐이다. 로스앤젤레스가 균형점에 접근하고 있는 것처럼 보일 수도 있다. 로스앤젤레스 내 이동의 95퍼센트가 자가용에 의해 이루어지기 때문이다. 그렇다 하더라도 아직 압력이 충분히 균등화되지는 않았다. 로스앤젤레스의 잠식되고 단조로운 도심으로 들어오는 이용자의 66퍼센트가 여전히 대중교통을 이용하기 때문이다. 1960년 운송 노동자 파업으로 로스앤젤레스에 평소보다 자동차가 많아졌을 때 찍은 항공사진들을 보면 간선도로와 도로 모두 엉금엉금 기어 다니는 자동차들로 빼곡하게 차 있었고, 부족한 주차 공간을 놓고 운전자들 간에 주먹다짐이 벌어졌다는 언론 보도가 잇따랐다. 한때 미국에서 가장 훌륭하다고 여겨졌던(일부 전문가들은 이렇게 말한다) 로스앤젤레스의 운송 체계는 이제 느리고 불편한 대중교통의 흔적만이 남아 있지만, 분명 지금도 간선도로와 주차장에 자리가 전혀 없는 이용자 집단이 남아 있다. 게다가 주차장에 대한 압력은 여전히 높아지고 있다. 몇 년 전만 해도 아파트 하나당 주차 공간 두 개면 '도시'로 돌아가는 사람들에게 충분하다고 여겨졌다. 오늘날에는 신축 아파트의 경우에 가구당 주차 공간을 세 개씩 제공한다. 남편에게 하나, 부인에게 하나, 그리고 다른 가족이나 손님용으로 하나씩 제공하는 것이다. 차 없이는 담배 한 갑 사기 힘든 도시에서, 그 이하의 수로는 충분하지 않다. 그리고 가구당 주차 공간이 세 개인 곳에서도 한 집에서 파티라도 열면 혼잡하기가 이루 말할 수 없다. 또한 보통의 일상적인 상황에서 움직이는 자동차에 대한 압력도 줄어들지 않았다. 해리슨 솔즈베리가 『뉴욕타임스』에서 쓴 것처럼,

> 로스앤젤레스 간선도로를 따라 운전하다 보면 몇 번이고 사고 때문에 방해를 받는다. 이 문제가 너무나도 고질적이어서 공학자들은 간선도로를 막고 있는 사고 차량을 헬리콥터로 치우자고 제안할 정도이다. 사실 1900년 당시 마차로 로스앤젤레스를 관통하는 속도가 오늘날 오후 다섯 시에 자동차로 가는 속도와 거의 똑같다.

균형점은 그것이 어디에 있든 간에 교통 정체보다 훨씬 더 심각한 문제들이 생겨나는 곳 너머에 있다. 균형점은 거리의 보행자가 다른 사람들로부터 안전한 지점 너머에 있다. 또 일상적인 도시 공중 생활 지점 너머에 있다. 투자와 생산성 사이에 조금이라도 관계가 있는 점 훨씬 너머에 있다. 다시 솔즈베리의 말을 인용하자면,

> 문제는 점점 더 많은 공간이 자동차에게 할당될수록 황금알을 낳는 거위가 질식된다는 점이다. 거대한 지역이 과세 명단에서 빠져나가고 생산적인 경제 활동에 부적합한 곳이 되어 버린다. 끝없이 늘어나는 간선도로 비용을 부담할 수 있는 지역사회의 능력은 점점 줄어든다. …… 이와 동

시에 교통의 움직임은 점점 더 불규칙해진다. ······고무타이어를 단 마귀로부터 구해 달라는 괴로운 외침소리가 가장 많이 들리는 곳은 다름 아닌 로스앤젤레스이다. 스모그를 유발하는 탄화수소 방출을 방지하는 장치를 부착하지 않은 신차 생산을 금지하겠다고 위협하는 곳 역시 로스앤젤레스이다. ······진지한 관리들이 체제가 인간의 삶에 필요한 요소들—땅, 공기, 물—을 고갈시키고 있다고 말하는 곳은 다름 아닌 로스앤젤레스이다.

로스앤젤레스는 이런 문제들을 조장하려고 계획하지 않았고, 간선도로에 잠식당하고 있는 뉴욕과 보스턴, 필라델피아와 피츠버그 역시 간선도로로 도시를 조각조각 잠식당하려고 계획을 세우지 않는다. 겉으로 보기에 논리적인 단계가 하나하나씩 취해지고 있는데, 각 단계는 그 자체로는 그럴듯하고 옹호할 만하다. 그런데 이상하게도 이용하고 돌아다니기 쉽지 않고 오히려 산만하고 성가시며 시간과 비용을 잡아먹고 교차이용을 가로막는 형태의 도시가 되어 버린다. 업무상 다른 도시를 많이 방문하는 뉴욕의 어느 제조업자는 일정한 곳을 방문해서 일을 끝내려면 샌프란시스코나 뉴욕에 비해 로스앤젤레스에서는 두 배나 많은 시간이 걸린다고 내게 말하곤 한다. 로스앤젤레스의 어느 컨설팅 회사 지점장은 동일한 범위와 횟수의 접촉을 하는 데 시카고보다 두 배 많은 직원이 필요하다고 내게 말한다.

그러나 비록 잠식이 아무것도 해결하지 못하고 커다란 비효율성을 낳긴 하지만, 딱 잘라서 잠식을 멈출 수 있는 분명한 시점이란 존재하지 않는다. 처음에는 언뜻 보기에 무해하고 소규모로 시작하는 이 과정이 진행됨에 따라, 그것을 멈추거나 역전시키기는 점점 더 어려워지며 적어도 겉으로 보기에는 그냥 놔두는 게 더 현실적인 것처럼 생각되기 때문이다.

잠식의 전술은 비록 도시를 파괴하고 또 아무것도 해결하지 못하지만, 그렇다고 해서 이 전술이 도시 교통의 모든 성가신 문제와 점점 비실용적이고 비용만 높아지는 문제의 유일한 원인은 아니다. 잠식당하지 않은 도시 지구도 많은 경우가 조밀하지 않고 드문드문하고 자가용 없이는 이용하기가 쉽지 않은데, 이런 사정은 옛날에도 마찬가지였다—자동차가 등장하기 전에도 말이다.

우리 모두는 교외에서 자동차가 무척 필요하다는 생각에 익숙하다. 교외에 사는 부인들이 볼일을 보러 다니는 거리가 남편이 통근하는 거리보다 더 긴 경우가 흔하다. 주차장이 중복되는 일도 흔하다. 학교, 슈퍼마켓, 교회, 쇼핑센터, 병원, 영화관, 모든 주택에 각각 주차장이 있어야 하는데, 이렇게 중복된 주차장들은 대부분 시간에 텅 비어 있다. 교외는 적어도 계속 교외로 남아 있는 한 이런 식의 토지 낭비와 높은 자가용 이용률을 견딜 수 있다. 집중이 부족하기 때문이다. (바로 여기에 포착하기 어려운 균형점이 있는 것 같다. 그러나 교외에서도 혼재된 곳에 업무가 도입되는 순간 균형이 사라져 버린다.)

도시의 다양성—충분히 높은 밀도를 비롯한—이 부족한 곳이라면 도시에서도 이와 똑같이 자동차의 필요성이 커진다. 어디를 가나 자동차가 있어야 하고 그만큼 주차장도 곳곳에 중복되어야 하는 것이다. "우리 집에서는 내가 출퇴근하는 사람이지요." 내 친구인 코스트리츠키 부인의 말이다. 코스트리츠키네 집은 볼티모어 시내에 있는데, 코스트리츠키 씨의 직장에서 가깝다. 그런데 그의 부인은 아이들을 학교에 데려다 주고, 빵 한 개나 수프 한 캔, 시든 양상추 한 통 이상 되는 모든 쇼핑을 하고, 도서관을 이용하고, 전시회를 보고, 모임에 참석하기 위해서는 자동차를 이용해서 '통근'을 해야 한다. 그리고 이미 교외에 나가 사는 여느 엄마들처럼, 시내에 사는 이 엄마도 아이들 옷을 사려면 교외의 쇼핑센터로 차를 몰고 가야 한다. 집 가까이에는 그런 가게가 없을 뿐만 아니라 이제 시내 상점들은 아동복을 종류별로 두루 갖춰 놓을 만큼 수요가 많지도 않다. 어두워지면 자동차 없이 돌아다니기가 위험하다. 게다가 이 지구는 조밀하지 않아서 지구 내에서나 도시 다른 지역에서나 웬만한 대중교통도 이용하기가 힘들다. 자동차가 있거나 없거나 간에 계속 이럴 것이다.

이런 도시 지구들은 항상 자동차를 이용해야 한다는 점에서 교외나 마찬가지이다. 그러나 다른 한편 교외와 달리 인구가 무척 집중되어 있어서 필요한 자동차와 주차장을 모두 수용할 수 없다. '어중간한' 밀도——도시치고는 너무 낮고, 교외치고는 너무 높은——는 다른 경제적·사회적 목적에 대해서와 마찬가지로 교통에도 실용적이지 않다.

오늘날 이런 지구들이 겪는 공통된 운명은 어쨌든 선택의 여지가 있는 사람들에게 버림받는다는 것이다. 극빈층이 이런 지구를 물려받으면, 교통과 이용이 실용적이지 못해도 심각한 교통 문제가 야기되지 않을 수도 있다. 주민들이 문제를 일으킬 만큼 많은 자동차를 살 여력이 없을 것이기 때문이다. 능력이 생기면 그 동네를 떠나게 마련이다.

그러나 이런 지구를 의도적으로 "중산층에게 되돌려주기 위해 재개발"하거나 아직 저버리지 않은 주민들을 붙잡아 두기 위해 보존 대상으로 삼는 경우에, 차량을 수용할 수 있는 도로와 주차장을 확장할 필요성이 무엇보다도 우선적인 관심사로 대두된다. 그 결과 가뜩이나 활기 없고 조밀하지 못한 상황이 더욱 악화된다.

'활기 없는 극심한 황폐함'은 교통 혼잡의 동반자이다.

계획적인 것이든 무계획적인 것이든 간에, 활기 없는 지역이 더 넓어질

수록 활기찬 지구에 대한 교통의 압력이 더욱 심해지게 마련이다. 어느 도시에서 자기가 사는 활기 없는 지역을 이용하거나 거기서 나오기 위해 자동차를 **이용해야만 하는** 사람들이 차가 필요없고 오히려 성가시며, 운전하는 사람에게 해롭기까지 함에도 목적지까지 차를 몰고 가는 것은 단지 그들이 변덕스럽기 때문만은 아니다.

'활기 없는 극심한 황폐함'을 보이는 지역들에는 다양성을 만들어 내기 위해 부족한 것들을 무엇이든지 공급할 필요가 있다. 교통과 관계없이 기본적으로 이런 것이 필요하다. 그러나 엄청난 수의 자동차를 수용하기 위한 시설이 첫번째 고려사항이 되면 이런 목표를 추진하는 게 불가능해지고 도시의 다른 용도들은 나머지를 이용할 수밖에 없다. 자동차에 의한 잠식 전략은 따라서 이미 존재하는 도시의 집중성만 파괴하는 것이 아니다. 이 전략은 필요한 곳에 집약적인 이용을 새로 추가하는 노력과도 충돌한다.

도시의 다양한 용도와 이해관계는 잠식 과정을 끊임없이 방해한다. 대부분의 도시에서처럼 잠식이 서서히 일어나는 한 가지 이유는 이미 다른 목적으로 사용되고 있는 많은 땅을 사들이는 비용이 엄청나다는 점이다. 그러나 비용 이외의 다른 수많은 요소들이 도로 교통의 무제한적인 흐름에 마찰을 일으킨다. 가령 보행자들이 길을 건널 수 있는 많은 모퉁이들이 마찰을 일으킨다.

더 많은 자동차를 수용하려는 압력과 다른 많은 용도들이 가하는 압력 사이에 벌어지는 갈등을 극명하게 보여 주는 사례를 보려면, 가로 확장이나 도시 간선도로 노선, 다리 접근로, 공원 관통 도로, 일방통행 전환, 공영 주차장 신축 등이나 또는 공청회가 필요한 당국의 이런저런 잠식 계획안에 관해 가까운 곳에서 열리는 공청회에 가 보면 된다.

이런 행사들에서는 잠식 옹호론자들의 시각과는 다른 시각이 제출된다. 자기 동네나 소유 부동산이 영향을 받게 되는 시민들은 대개 이 계획에 맞서 싸우기 위해 나타나는데, 때로는 발언과 민원을 통해서만이 아니라 시위와 피켓을 가지고도 항의를 한다.* 시민들은 때로 내가 언급한 것과 별반 다르지 않은 잠식에 반대하는 일반적인 주장을 인용한다. 솔즈베리나 그루언, 또는 윌프레드 오언Wilfred Owen의 『자동차 시대의 도시』Cities in the Motor Age나 루이스 멈퍼드의 균형 잡히고 다양한 교통에 관한 주장을 거론하면서 말이다.

그렇지만 도시의 미래는 무엇인가에 관한 일반론과 철학이 시민들의 주장의 알맹이는 아니며, 이런 견해가 가장 열렬하고 설득력 있는 요지를 이루는 것도 아니다.

시민들이 정말로 비판하는 것은 자기 집과 동네 거리, 자기 사업과 공동체가 파괴될 것이라는 **구체적인** 사실이다. 종종 지역의 하급 선출직 관리들이 시위에 합류하기도 한다. 그렇게 하지 않으면 다음에 낙선할 게 뻔하기 때문이다.

도시계획가, 교통국장, 주요 선출직 관리, 기타 지방자치 단체의 상층에 있는 사람들은 이런 식의 과정을 예상한다. 그들은 이런 시위대에 관해 모든 것을 알고 있다. 의도는 좋은 사람들이지만, 으레 그렇듯이 이런 문제에 관한 전문성은 전혀 없으며, 편협한 이해관계를 갖고 있고, '큰 그림'을 볼 줄 모른다는 것이다.

그러나 이 시민들의 말은 귀 기울여 들을 만하다.

---

* 필라델피아 계획위원회 위원장 에드먼드 베이컨(Edmund Bacon)은 자신이 추진하는 간선도로에 반대하는 시민들이 '베이컨을 튀겨 버리자'라는 피켓을 들고 나타났다고 내게 말해 주었다.

지역에 미치는 구체적이고 특정한 효과에 관한 시민들의 추론이 갖는 바로 그 구체성과 직접성이야말로 교통에 의한 파괴로부터 도시를 구해 내는 열쇠라고 나는 생각한다. 이 점에 관해서는 조만간 다시 이야기할 것이다. 또한 이것은 아주 분명한 이유 때문에 도시의 수많은 사람들에게 잠식이 인기가 없다는 사실을 상기시키는 것이기도 하다.

시위와 공청회의 필요성, 수많은 잠식에 필요한 직접적인 비용 등이 모두 도시가 잠식 과정에 가하는 일정한 형태의 마찰을 나타내지만, 잠식 과정의 역전을 나타내지는 않는다. 기껏해야 교착상태에 처해 있음을 보여 줄 뿐이다.

그렇지만 교통에 대한 다른 압력들의 승리가 자동차 교통량을 **감소시키는** 정도까지 한 단계 더 나아간다면, 도시에 의한 자동차의 소모의 사례가 생기게 된다.

도시에 의한 자동차의 소모는 오늘날 거의 언제나 우연히 일어나는 현상이다. 소모는 잠식과 달리 누군가 의도적으로 계획하는 경우가 드물며, 정책으로 인정받거나 실천되지도 않는다. 그렇다 하더라도 소모는 일어난다.

이런 소모는 대부분 단명하고 만다. 가령 그리니치빌리지의 좁은 가로가 몇 개 교차하는 곳에 오프브로드웨이 극장이 문을 열었을 때, 막간이나 공연이 끝난 뒤 그곳에 이용자가 집중되면서 교통이 방해를 받았다. 인도가 무척 좁은 탓에 관객들은 차도를 야외 로비처럼 이용했고, 차가 와도 천천히 비켜 주었다. 뉴욕 매디슨스퀘어가든에서 밤에 행사가 끝난 뒤 사람들이 몰려나올 때에도 훨씬 더 넓은 차도가 사람들로 막히는 모습을 볼 수 있다. 군중의 압력이 대단한 탓에 자동차의 권리 따위는 무시된다. 사람들은 신호등에 따라 자동차가 진행하는 것도 존중하지 않는다. 여러 블록에 걸쳐 교통이 중단되고 뒷걸음질을 한다. 둘 중 어떤 경우든 간에 선택의 기로에 선 운전자가 다음번에는 차를 가지고 나오지 않겠다고 생각하면, 비록 단명에 그칠지라도 소모가 작동하게 된다.

도시에 의한 자동차의 소모가 이루어지는 또 다른 흔한 형태는 트럭 통행이 상당히 많은 뉴욕 시의 의류 지구에서 나타난다. 이 트럭들은 도로 공간을 놓고 경쟁하느라 비효율적으로 움직인다. 트럭의 수가 너무 많아서 다른 자동차들의 통행도 비효율적일 수밖에 없다. 자가용을 이용하는 사람들은 의류 지구를 피해 다니게 된다. 선택의 기로에 선 사람들이 차 대신 걷거나 지하철을 이용하기로 결심하면 소모가 작동하게 된다. 사실 택시나 자가용으로 의류 지구에 들어가는 게 너무 어려워진 탓에 원래 맨해튼 도심의 조용한 이면 지역에 있던 맨해튼의 섬유회사 대부분이 최근 몇 년간 의류 지구 근처로 이주하고 있다. 걸어서 구매자를 만날 수 있는 거리로 오는 것이다. 이런 이동은 도시 토지 이용의 집중과 집약도를 높이는 한편 자동차 이용은 줄이며, 자동차의 **필요성**이 줄어드는 정도로까지 소모가 진행되는 사례이다.

도시에 의한 자동차의 소모는 의도적으로 이루어지는 일이 무척 드물기 때문에 최근 사례를 찾기가 쉽지 않다. (보행자의 이용을 위해 가로를 차단하는 것은 거의 언제나 자동차에 대한 보상 조치를 동반하기 때문에 소모라기보다는 교통 정비에 가깝다.) 그렇지만 1958년에 시작된 뉴욕 워싱턴 스퀘어파크의 자동차 통행 차단은 좋은 예로서 검토해 볼 만하다.

약 2.8헥타르 규모인 워싱턴스퀘어파크는 5번로의 남쪽 끝의 경계가 된다. 그렇지만 1958년까지만 해도 5번로 남북 방향 교통이 계속되었다. 원래 공원 안의 차도였던 도로 시설은 5번로가 끝나는 지점과 공원 아래쪽의 다른 남북간 도로 사이로 공원을 통과하는 교통로였다.

물론 시간이 흐르면서 점점 이 공원 순환도로를 이용하는 교통량이 많아졌고, 이런 현상은 공원을 계속 자주 이용하는 다른 사람들에게는 언제나 성가신 문제였다. 일찍이 1930년대에 로버트 모지스는 공원관리국장으로서 이 도로를 없애려고 했다. 그러나 모지스의 계획은 공원 측면을 잘라내서 협소한 주변 도로를 확장하는 식으로—단순한 보상을 훨씬 뛰어넘는—보상을 해주는 것이었고, 결국 공원은 대규모 고속화 간선도로로 에워싸이게 될 처지에 놓였다. 지역 사람들이 '욕실용 매트 계획'(그만큼 공원이 좁아질 것이라는 의미의 이름이었다)이라고 이름 붙인 이 계획안은 결국 반대에 부딪혀 좌절되었다. 교착상태에 처한 것이다.

그러다가 1950년대 중반에 모지스 씨가 잠식을 위한 새로운 계획을 들고 나왔다. 이 계획에는 맨해튼 미드타운 및 거대하게 펼쳐진 '빛나는 도시'와 모지스 씨가 공원 남쪽에 추진하고 있던 간선도로 사이의 고속화 다차선 순환도로로서, 공원 중심부를 관통하는 대규모 저상 간선도로가 포함되어 있었다.

처음에 지역 시민들은 대부분 저상 간선도로 계획에 반대했고, 교착상태 이상의 뭔가를 기대하지는 않았다. 그러나 셜리 헤이즈Shirley Hayes 부인과 이디스 라이언스Edith Lyons 부인이라는 대담한 두 여성은 인습적인 사고로부터 자유로웠다. 두 사람은 자동차 교통을 줄이고 그 대신 어린이들의 놀이, 산책, 법석떨기 같은 도시의 일부 용도를 향상시키는 것을 계획하는 놀라운 지적 일보를 내딛었다. 그들은 기존 도로를 철거하자고, 즉 공원에 모든 차량 통행을 차단하자고 주장했다—또한 동시에 공원 주변 도로를 확장해서도 **안 된다**고 주장했다. 요컨대 두 사람은 아무 보상 없이 차도를 폐쇄하자고 제안했다.

두 사람의 구상은 인기를 얻었다. 공원을 이용하는 사람이라면 누구나 그것의 장점을 분명하게 인식할 수 있었다. 게다가 지역사회의 이론가들도 이번에는 교착상태를 선택할 여지가 없음을 분명히 깨닫기 시작했다. 모지스의 '빛나는 도시'와 '다운타운 간선도로'Downtown Expressway 계획안의 다른 부분이 결국 개발되면, 공원을 관통하는 도로에 간선도로 규모에 맞먹는 자동차가 다니기 시작할 것이기 때문이었다. 예전 도로가 비록 성가신 것이기는 해도 수용량에 한참 못 미치는 자동차가 이용하고 있었고, 제안된 미래의 간선도로에서 부담할 교통량을 감당하게 된다면 그건 완전히 다른 종류의 참을 수 없는 문제임이 드러났다.

지역사회의 다수 여론은 수세적인 입장에 머무르는 대신 공세를 취하기 시작했다.

시 관리들은 도로를 폐쇄――아마 미친 짓이라고 생각하는 것 같았다――하는 경우에 가능한 단 하나의 대안은 공원 주변 가로를 확장하는 것뿐이며, 만약 그렇지 않으면 엄청난 혼잡 상태가 초래될 것이라고 주장했다. 계획위원회는 공청회를 거친 뒤에 도로 폐쇄안을 기각했고, 그 대신 위원들이 공원을 관통하는 '최소한의 도로'라고 이름붙인 내용을 승인했다. 지역사회가 원하는 대로 어리석은 일을 밀어붙인다면 시민들 스스로 후회하게 될 것이라는 이유에서였다. 공원 관통 도로를 폐쇄하면 공원을 둘러싼 가로에 차가 넘쳐나게 될 것이라고 위원들은 말했다. 교통국장은 인근 가로에 매년 수백만 대의 차가 늘어날 것이라고 예측했다. 모지스 씨는 지역사회가 하고 싶은 대로 한다면 이내 시민들이 돌아서서 자신에게 도로를 다시 개통하고 간선도로를 건설해 달라고 요청할 것이라고 예상했다. 다만 자신들 스스로 초래한 혼란의 대가를 치르고 교훈을 얻게 되리라는 것이었다.

공원을 돌아가야 하는 자동차들에 대해 보상하는 규정이 만들어지지

않는다면 이 모든 극단적인 예측들이 실현될 공산이 크다는 식이었다. 그렇지만 어떤 대안적인 조정이 이루어지기 전에 —심지어 공원 주변 기존 도로의 교통 속도를 높이기 위한 조정조차 하기 전에— 지역사회는 갑작스럽게 거친 정치적 압력을 가함으로써 공원 도로를 폐쇄시켰다. 처음에는 시험적으로 폐쇄했다가 나중에는 완전히 폐쇄했다.

공원 주변의 교통량이 증가할 것이라는 온갖 예측들은 하나도 들어맞지 않았다. 이 예측들이 들어맞지 않았던 까닭은, 가뜩이나 협소하고, 신호등이 무수하게 많고, 주차된 차량들로 어지럽고, 제멋대로 무단횡단하는 사람들로 어수선하고, 뚫고 나가기 힘든 모퉁이가 너무 많은 주변 가로가 이미 자동차들에게는 최악의 느린 길이 되어 있었기 때문이다. 폐쇄되는 공원을 관통하는 도로가 남북을 가로지르는 최선의 경로였다.

도로 폐쇄 이후 공원 주변에서 이뤄진 교통량 조사를 보면 전혀 증가하지 않았다. 대부분의 통계는 오히려 교통량이 약간 감소했음을 보여 준다. 5번로 아래쪽에서는 교통량이 눈에 띄게 감소했다. 분명 교통량의 상당 규모가 단순히 통과하는 교통이었을 것이다. 도로 폐쇄라는 장애물은 새로운 교통 혼잡을 초래하기는커녕 예전의 혼잡을 다소 감소시키는 결과를 낳았다.

그렇다면 교통국장이 말한 연간 수백만 대의 자동차는 어디로 간 걸까? —이 점이야말로 가장 흥미롭고 중요한 문제이다. 이 자동차들은 그 대신 다른 어느 곳으로 눈에 띄게 간 것이 아니다. 5번로 동쪽과 서쪽의 직통 도로들과 5번로와 나란히 있는 도로는 우회하는 차량들로 넘쳐날 것으로 예상되었지만 교통량이 크게 늘어난 것 같지 않았다. 적어도 전체 교통량 증감을 민감하게 반영하는 요소인 버스의 운행시간이 아무 변화도 없었다. 버스 운전자들도 뚜렷한 차이를 감지하지 못했다. (필요한 규모를 계산하고 출발지-종착지 조사 연구를 수행할 수단을 지닌 교통국장은 사라진 자동차들이 어디로 갔는지에 대해서는 도무지 관심이 없는 것 같았다. 이 문제에 관해 이야기하고 싶어 하지 않는다.)

일방통행로로 바뀌면서 사라진 버스 승객들처럼, 이 자동차들—또는 **일부** 자동차들—은 흔적도 없이 사라져 버렸다. 버스 승객들이 사라진 것과 마찬가지로 자동차가 사라진 것도 하등 신비롭거나 예상할 수 없는 일은 아니다. 도시에 어떤 절대적으로 불변하는 수의 대중교통 이용자가 존재하지 않는 것처럼, 절대적이고 불변하는 수의 자가용 이용자가 있는 것도 아니기 때문이다. 대중교통이나 자가용의 이용자 수는 여러 가지 이동 수단의 속도와 편의의 차이에 따라 다양하게 변화한다.

자동차의 소모는 환경을 자동차에게 **불편하게** 만드는 식으로 작동한다. 꾸준하고 점진적인 과정(요즘은 이런 게 존재하지 않는다)인 소모는 도시에서 자가용을 이용하는 사람의 수를 꾸준하게 줄일 것이다. 다양성을 자극하고 도시의 이용을 집약적으로 만드는 측면에서 적절하게 실행된다면, 소모는 사동차의 필요성을 줄이는 동시에 자동차의 편의성도 감소시킬 것이다. 잠식이 자동차의 필요성을 높이는 동시에 자동차의 편의성도 증가시키는 것과 반대로 말이다.

꿈의 도시의 세계와는 사뭇 다른 실제 세계에서는 도시에 의한 자동차의 소모만이 아마도 차량의 절대적인 수를 감소시킬 수 있는 유일한 수단일 것이다. 오로지 소모만이 대중교통 개선을 자극하고 도시 이용의 집약성과 활기를 동시에 촉진시키고 제공할 수 있는 유일한 현실적인 수단일 것이다. 그렇지만 도시에 의한 자동차의 소모 전략을 독단적이거나 금지하는 방식 위주로 해서는 안 된다. 이런 정책으로는 갑자기 극적인 성과를 얻을 수도 없다. 누적 효과는 혁명적이어야 할 테지만, 사태를 계속 움직이게 하는 것을 목표로 삼는 전략이 대개 그렇듯이 진화의 형태로 수행되어야 한다.

도시에 의한 자동차의 소모 전략에는 어떤 종류의 전술이 적합할까? 문제는 도시 **내의** 자동차의 소모가 아니라 도시에 **의한** 자동차의 소모라는 점을 이해한다면 많은 전술이 금방 명백해진다. 공교롭게도 자동차 교통 수요와 경쟁 관계에 있는 다른 필수적이고 바람직한 도시 용도들에 기회를 제공하는 전술이 적합하다.

가령 상점의 옥외 진열에서부터 어린이들의 놀이에 이르기까지 인기 있는 거리에서 사람들이 시도하는 보도 이용의 편의 제공 문제를 생각해 보라. 이렇게 이용하려면 보도가 넓어야 한다. 게다가 일부 인도에는 나무를 두 줄로 심으면 근사할 것이다. 소모 전술 전문가라면 많은 사람들이 다양하게 이용하는 인도를 찾아보고 도시 생활의 부가물로서 이런 인도를 확장하고 개선하려고 노력할 것이다. 그러면 차도는 자동적으로 줄어들 것이다.

우리의 도시들이 다양성을 만들어 내는 네 가지 기본 조건을 의식적으로 촉진하는 법을 배운다면, 흥미롭고 인기 있는 거리들이 끝없이 늘어날 것이다. 이런 거리들을 이용하는 사람들이 많아져서 인도를 확장할 필요가 생기면 곧바로 확장을 해야 마땅하다.

여기에 필요한 돈은 어디에서 마련해야 할까? 현재 인도를 좁히는 데 잘못 사용되는 바로 그 돈을 쓰면 된다.[*]

---

[*] 맨해튼 한곳에서만도 1955~58년에 453곳의 차도 노면을 확장했고, 구청장은 이것이 단지 시작에 불과하다고 공표했다. 현명한 소모 프로그램이라면 인도 축소를 배제하고, ─다른 무엇보다도─4년의 시기 동안 적어도 453개 가로의 인도를 확장하며, 이것을 단지 시작이라고 여길 것이다.

이미 뚜렷한 다른 용도를 위해 차도를 물리적으로 축소하는 여러 가지 변형이 존재한다. 학교나 일부 극장, 상점가 등 다중이 집약적으로 이용하는 곳에는 차도를 일부 침범하는 옥외 로비가 생길 수 있는데, 그 결과 소모의 유용성이 일회적이지 않고 영구적으로 이어진다. 소규모 공원은 차도를 가로지름으로써 막다른 길을 만들어 낼 수 있다. 이런 막다른 길은 어느 방향에서든 자동차가 접근할 수 있다. 그러나 긴급한 경우를 제외하면 사람들 사이로 차가 지나가지는 못한다. 워싱턴스퀘어의 경우처럼, 충분히 많은 사람들이 공원을 이용하게 되면 공원 도로를 자연스럽게 폐쇄할 수 있다.

차도 공간에 대한 이런저런 형태의 침범 말고도, 어쨌든 다양성을 만들어 내는 데 필요한 조치로 블록을 짧게 만들면 (따라서 건널목이 많아지면) 교통의 흐름이 방해를 받는다.

시각적 질서에 관한 다음 장에서 도시 생활에 확실히 유익하면서 또한 동시에 자동차 통행량을 감소시키는 전술에 관한 더욱 구체적인 제안을 할 것이다. 도시에서 자동차를 줄이는 동시에 편의와 집약성과 즐거움을 더할 수 있는 수단은 무수히 많다. 오늘날 우리는 때로 후회하면서도 ㅡ편리한 횡단보도 같이 순전히 기능적으로 필요한 것들은 말할 것도 없이ㅡ대부분의 편리한 시설을 자동적으로 배제해 버린다. 이런 시설들이 만족을 모르는 자동차의 탐욕스러운 요구와 충돌하기 때문이다. 이런 충돌은 현실이다. 인위적으로 전술을 만들어 낼 필요가 전혀 없다.

또 사람들이 원하지 않는 곳에 그런 개선을 억지로 안겨 줄 필요도 전혀 없다. 상당한 수의 사람들이 그런 변화를 원하고 향유하게 될 가로와 지구가 그런 혜택을 입어야 한다. 사람들이 전혀 지지하지 않을 가로나 지구가 아니라 말이다.

활기차고 다양한 도시 지구와 이 지구를 이용하는 차량의 절대적인 수의 감소 사이의 관계는 무척 긴밀하고 유기적이기 때문에, 심각한 문제가 있는 경우가 아니라면, 활기차고 흥미로운 도시 지구를 건설하고 자동차 교통에 미치는 부수 효과──소모의 자동적인 효과──는 거의 무시하는 식으로 훌륭한 소모 전략을 세울 수 있다.

소모는 일정한 선별과 더불어 이루어져야 한다. 이 장 앞부분에서 언급한 것처럼, 교통은 **자기 자신에게** 압력을 가한다. 자동차들은 다른 용도들과 경쟁할 뿐만 아니라 자기들끼리도 경쟁한다. 다른 용도들과 교통이 서로에게 적응하고 조정되면서 잠식이나 소모 과정을 만들어 내는 것처럼, 자동차들은 서로의 존재에 적응하고 조정된다. 가령 도시에서 트럭의 비효율성은 대부분 트럭이 무수히 많은 자동차들의 경쟁에 적응한 결과이다. 비효율성이 너무 커지면, 해당 업체들은 사업장을 옮기거나 문을 닫는데, 이런 현상은 도시의 잠식과 밀도 감소의 또 다른 측면이다. 앞에서 이미 자동차들 사이에 편의성이 차이가 나는 사례를 제시한 바 있다. 대로 한 곳을 일방통행으로 만들면 자가용과 버스에 각기 다른 효과가 미치는 것이다. 자가용에 유리한 것이 버스에는 불리한 조건이 된다.

대다수 가로에서 무차별적인 자동차의 소모는 자가용만큼이나 트럭과 버스에도 지장을 줄 수 있다.

트럭과 버스는 그 자체가 도시의 집약성과 집중을 나타내는 중요한 존재이다. 바로 뒤에서 언급하겠지만, 트럭과 버스의 효율성을 장려하면 부수효과로 자가용의 소모를 더욱 촉진시키는 결과를 낳는다.

이 같은 나의 생각은 뉴헤이븐의 교통국장 윌리엄 맥그래스^{William} ^{McGrath}를 통해 익힌 것이다. 맥그래스는 자동차를 선별적으로 장려하고 억제하기 위해 의도적으로 활용할 수 있는 여러 가지 익숙한 교통 기법을 구상한 바 있다. 이런 일을 시도한다는 생각 자체가 탁월하다. 맥그래스는 뉴헤이븐의 계획가들과 4년 동안 일하면서 점점 이런 생각이 떠올랐다고 말한다. 이 시기에 맥그래스는 학교에서 배운 대로 더 많은 자동차가 달리고 주차하며 도로를 최대한 활용하기 위한 기법이 도시 가로를 다루는 가장 편파적인 방법임을 깨달았다.

맥그래스의 목표 가운데 하나는 대중교통의 효율성을 높이는 것이다. 오늘날 뉴헤이븐에서 대중교통이란 버스를 의미한다. 이 목적을 달성하기 위해서는 시내로 진입하고 관통하는 버스들이 속도가 빨라져야 한다. 맥그래스의 말로는 교통신호를 시차제로 하기보다 간격을 짧게 조정하면 확실히 버스의 속도를 빠르게 할 수 있다고 한다. 어쨌든 버스는 모퉁이 버스 정류소에 정차해야 하기 때문에 신호 간격이 짧아져도 오히려 간격이 길 때보다 버스 운행이 방해를 덜 받는다. 시차제를 적용하지 않고 신호 간격만 짧게 하면 자가용 교통을 억제하고 속도를 저하시킨다. 따라서 이 거리들을 이용하는 자가용은 점차 줄어들 것이다. 그러면 버스 운행이 방해를 덜 받고 더욱 빨라질 것이다.

맥그래스는 이용자가 많은 도심에서 필요한 곳에 보행자 가로를 만드는 현실적인 방도는 자동차의 가로 이용을 혼란스럽게 만들어서 —대개 신호 체계를 혼란스럽게 만들면 된다— "한두 번 와 본 뒤에는 머리에 구멍이 난 운전자나 다시 이 길로 오게끔" 할 정도가 되게 하고 또한 주정차를 금지시키는 것이라고 생각한다. 이런 가로가 다른 차는 거의 이용하지 않고 거기에 배달을 하는 트럭들만 오가는 정도가 되면, 사람들에게 별다른 거부감을 주지 않고, 또 많은 교통량과 주차장을 다른 가로에 전가하는 식으로 보상을 할 필요도 없이 보행자 가로를 공식화할 수 있다. 사람들의 습관을 바꾸는 변화는 이미 소모를 통해 흡수된 상태일 것이다.

이론적으로 보면, 도시 간선도로는 항상 다른 가로의 자동차 통행량을 줄이고 도시 가로의 교통을 감소시키는 수단으로 제시된다. 그러나 현실 세계에서 이런 가정은 오직 간선도로 이용량이 최대 수용능력을 한참 밑도는 경우에만 실현된다. 이렇게 증가된 차량의 흐름이 결국 간선도로를 벗어나서 어디로 향하는가는 전혀 고려되지 않는다. 도시 내부의 간선도로는 우회로로커녕 흔히 쓰레기장처럼 차를 쏟아붓는 곳으로 기능한다. 예를 들어, 모지스 씨가 제안한 맨해튼 도심 간선도로 계획 ─ 워싱턴 스퀘어에 영향을 미치는 바로 그 계획 ─ 은 항상 이스트 강의 다리들과 허드슨 강의 터널들을 연결하여 도시 밖으로 차량을 신속하게 빠져나가게 하는 가장 빠른 길로 선전된다. 그렇지만 실제 계획에는 도시로 진입하는 스파게티 접시 모양의 입체교차로가 들어 있다. 간선도로는 쓰레기장처럼 꽉 막히게 될 것이고, 이런 식으로 도심으로 향하는 교통에 편의를 제공함으로써 도시를 우회하는 교통을 촉진하기는커녕 질식시키기 쉬울 것이다.

맥그래스는 간선도로가 정말로 도시 가로의 부담을 덜어 주기 위한 것이라면 완전한 효과를 낼 수 있도록 고려해야 한다고 생각한다. 우선 이론상 자동차를 줄이기 위한 것인 도시 가로를 통해 갈 수 있는 주차장을 늘려서는 안 된다. 또한 자동차 운전자들이 입체교차로를 통해 이론상 교통량이 줄어드는 가로를 통과하는 일이 없어야 한다. 맥그래스는 다음과 같이 정리한다. 간선도로가 막힐 때 대안으로 이용될 수 있는 가로는 적절하게 위치한 막다른 길에 의해 보호되어야 한다. 이런 막다른 길은 지역 차원의 가로 이용을 저해하지 않으며 다만 간선도로나 고속화도로와 연계하여 가로를 이용하려는 운전자들을 철저하게 막을 것이다. 이런 장치가 있으면 간선도로는 우회로로만 기능할 수 있다.

조밀한 도시로 이어지는 일부 입체교차로는 트럭과 버스만 이용할 수 있다.

선별에 관한 맥그래스의 기본적인 구상을 확장시키면 도시를 운행하는 트럭에 많은 도움을 줄 수 있다. 트럭은 도시에서 무척 중요하다. 트럭은 서비스를 의미하며, 또 일자리를 의미한다. 현재 몇몇 도시 가로에서는 거꾸로 트럭을 선별하는 교통 전술을 이미 실행하고 있다. 가령 뉴욕의 5번로와 파크애비뉴는 배달용을 제외한 트럭의 통행이 금지되어 있다.

일부 가로에서는 이런 방식이 합리적인 정책이지만, 자동차 소모 전략하에서는 같은 전술을 다른 가로에 거꾸로 적용할 수 있다. 따라서 가로가 협소하거나 병목처럼 좁아져서 어떤 차량이 가로를 이용할 수 있는지 선택을 해야 할 정도인 곳에서는 트럭에 우선권을 부여하고 다른 자동차는 승객 운송이나 배달을 **하는 경우**에만 통행을 허용할 수 있다.

한편 다차선 간선도로나 넓은 대로에서 가장 빠른 차선을 트럭 전용으로 바꿀 수도 있다. 의도적으로 트럭을 배제하기 위해 도시에서 가장 조밀한 지역을 따라 고속화 간선도로를 설계하고 장거리 트럭 운송에 대해서도 협소한 가로를 이용하도록 강요하는 뉴욕 시의 경솔한 정책을 뒤집기만 하면 된다.

선별적인 소모에서 선호하는 트럭은 상당한 정도로 자체적인 분류를 거치게 될 것이다. 장거리 차량은 주로 신속한 간선도로를 이용할 것이고, 협소하거나 병목 모양의 가로는 대부분 배달 차량이 이용할 것이다.

자동차의 소모가 꾸준히 선별적으로 이루어진 도시 가로에서는 차도를 이용하는 전체 차량 중 트럭이 차지하는 비율이 현재보다 훨씬 높을 것이라고 기대할 수 있다. 트럭의 수가 더 많아지는 게 아니라 자가용의 수가 적어지는 것이다. 자가용의 소모가 더욱 효율적으로 이루어질수록, 어디에나 보이던 트럭이 줄어들게 될 것이다. 지금처럼 멈춰 서서 헛되이 시간을 보내지 않을 것이기 때문이다. 게다가 출퇴근용이 아니라 **업무용으로** 사용되는 트럭은 피크 시간대에 몰려나오는 대신 일과시간 전체에 고르게 이용된다.

택시와 자가용의 경우에 주차장 부족은 택시에게 유리하게 작용한다. 이런 방식 역시 일종의 교통 선별로 유용할 수 있다. 택시는 자가용이 하는 일보다 훨씬 많은 일을 하기 때문이다. 미국을 방문한 흐루시초프는 이런 효율성의 차이를 대번에 이해했다. 샌프란시스코의 교통을 지켜본 뒤, 흐루시초프는 시장에게 이런 낭비에 대해 놀랍다는 말을 했고, 자기가 본 모습에 대해 생각한 게 분명했다. 귀국하는 길에 블라디보스토크에 들렀을 때 소련 도시에 자가용보다 택시를 장려하는 정책을 추진하겠다고 발표했기 때문이다.

자동차 사이의 경쟁이 치열한 곳에서는 어디서든지 성공적인 소모 전략의 일부가 되어야 하는 선별은 그러나 그 자체로는 별 의미가 없다. 선별은 도시에 있는 자동차의 절대적인 수를 줄이는 폭넓은 전략의 일부로서만 중요할 뿐이다.

소모의 적절한 전술과 원칙을 고려할 때는 잠식 과정을 달리 볼 필요가 있다. 자동차에 의한 도시의 잠식은, 그 효과는 전혀 감탄할 만한 게 없지만, 일부 작동 원리는 대단히 감탄할 만한 점이 있다. 그만큼 효율적인 것이라면 배울 점이 있으며 그런 관점에서 존중하고 연구할 가치가 있다.

잠식이 필요로 하고 만들어 내는 변화는 언제나 서서히 이루어진다—거의 잠복성이라고 이름 붙일 만하다. 도시의 전반적인 생활의 관점에서 보자면, 이 과정에서 가장 격렬한 단계조차도 점진적인 변화일 뿐이다. **그러므로 각각의 변화는 그것이 일어날 때마다 서서히 흡수된다.** 각각의 잠식적인 변화는 사람들이 도시에서 돌아다닐 때 흔히 따르는 습관의 변화와 사람들이 도시를 이용하는 방식의 변화를 요구하지만, 모든 사람이 자신의 습관을 즉시 바꿀 필요는 없으며 또한 (쫓겨나는 사람을 제외하면) 어떤 사람도 너무 많은 습관을 한꺼번에 바꿀 필요는 없다.

자동차의 소모 역시 도시를 이용하는 습관의 변화와 조정을 필요로 한다. 그렇지만 잠식의 경우와 마찬가지로 너무 많은 습관을 한꺼번에 교란시켜서는 안 된다.

점진적이고 단계적인 소모의 바람직함은 대중교통의 발달과 관계가 있다. 현재 대중교통은 약해지고 있지만, 잠재적인 기술 개선이 부족한 때문이 아니다. 많은 창의적인 기술이 망각 속에 파묻혀 있다. 도시 잠식의 시대에 기술 개발이 별 의미가 없고, 기술 개발에 필요한 자금이나 믿음도 없기 때문이다. 설령 자동차 소모 전술을 통해 이용이 증가하면서 대중교통이 자극을 받는다 할지라도 갑자기 혁신적인 개선이 이루어지거나 착수될 것이라고 기대하는 것은 현실적이지 못하다. 20세기 대중교통의 발달은 (우리가 결코 누려 보지 못한 것인데) 이용자의 증가와 뚜렷한 증가 예상의 결과물이어야 한다. 대중교통의 쇠퇴가 이용자 감소와 예상된 감소의 결과였던 것처럼 말이다.

도시를 서서히 먹어 치우는 점진적인 잠식적 변화는 제우스의 올림포스 산 계획이나 종합 기본계획 같이 미리 모든 것을 고려한 것이 아니다. 만약 철저하게 계획된 것이라면 지금처럼 효과적이지 못할 것이다. 이런 변화는 대개 직접적이고 현실적인 문제에 대한 직접적이고 현실적인 대응으로 생겨난다. 따라서 하나하나의 움직임이 모두 중요하다. 쓸데없는 제스처는 거의 없다. 자동차의 소모의 경우에 바로 이런 낙관적 관점이 최대한의 결과를 낳을 것이며 도시의 효용과 개선의 면에서도 최선의 결과로 이어질 것이다. 교통 흐름과 도시의 다른 용도 사이에 충돌이 벌어지는 곳에, 그리고 이런 종류의 새로운 충돌이 생겨날 때 소모 전술이 적용되어야 한다.

마지막으로, 도시 잠식자들은 언제나 긍정적인 방식으로 해결되어야 하는 문제에 접근한다. 슬럼 일소 같은 부수 **목표**를 위해 고속도로를 이용하자는, 대개 추상적으로 순화된 차원의 논의가 일부 존재한다. 그러나 실제 세계에서 어느 누구도 다른 어떤 것을 제거한다는 부정적인 **목표**를 가진 고속도로를 장려하거나 지지하지 않는다. 편의와 속도, 접근성 등의 증대나 증대 가능성이 목표로 제시된다.

소모 또한 긍정적인 면에서, 즉 긍정적이고 이해하기 쉬우며 사람들이 바라는 개선을 제공하는 수단으로서 작용해야 한다. 구체적이고 현실적인 도시의 다양한 이해관계에 호소해야 하는 것이다. 이런 접근이 바람직한 까닭은 그것이 더 설득력이 있고 정치적인 도구여서가(물론 그렇기는 하다) 아니라 구체적인 장소에서 도시의 다양성과 활력, 가동성을 높인다는 현실적이고 긍정적인 목표를 추구해야 하기 때문이다.

만약에 일차적인 목표로 제거에 집중한다면, 즉 아이들이 "차야, 차야, 저리 가라"라고 말하는 것처럼 자동차를 부정적으로 금지하고 벌금을 물린다면, 이런 정책은 실패할 게 뻔할 뿐만 아니라 마땅히 실패해야 한다. 도시의 공백보다는 오히려 교통 혼잡이 나으며, 사람들은 뭔가를 가져가면서 아무것도 주지 않는 계획은 당연히 의심한다는 사실을 유념해야 한다.

자동차에 의한 도시의 잠식을 막는 데 실패한다면 어떻게 될까? 제대로 움직이는 활기찬 도시를 촉진시키려는 시도가, 거기에 필요한 실질적인 단계가 잠식이 요구하는 실질적인 단계와 충돌하는 탓에 무위로 돌아간다면 어떻게 될까?

모든 사물에는 밝은 미래가 있는 법.

이런 경우에 미국인들은 삶의 목적은 무엇인가라는, 수천 년 동안 인간을 괴롭혀 온 수수께끼를 고민할 필요가 없을 것이다. 미국인에게 그 답은 뚜렷하고 확실하며 어떤 현실적인 목표에도 불구하고 분명하다. 삶의 목적은 자동차를 생산하고 소비하는 것이다.

제너럴모터스 경영진에게 자동차의 생산과 소비가 당연히 삶의 목적으로 보이거나 경제적·정서적으로 자동차의 추구에 깊이 몰두하는 다른 사람들에게도 그렇게 보이는 것은 어렵지 않게 이해할 수 있다. 만약 그들이 그렇게 생각한다면 철학과 일상적인 의무를 이토록 놀랍게 일치시키는 데 대해 비난하기보다 오히려 칭찬해야 마땅하다. 그렇지만 자동차의 생산과 소비가 왜 이 나라의 삶의 목적이 되어야 하는지는 이해하기 쉽지 않다.

마찬가지로, 1920년대에 젊은이였던 사람들이 자동차 시대에 걸맞은 그럴듯한 약속을 담은 간선도로 중심의 '빛나는 도시'의 전망에 매혹된 것도 이해할 만하다. 적어도 당시에 그것은 새로운 구상이었다.

가령 뉴욕의 로버트 모지스와 같은 세대의 사람들의 경우에 한참 견해를 키워 나가고 사고를 형성하던 시절에 이런 전망은 급진적이고 흥분되는 것이었다. 어떤 사람들은 과거의 지적 흥분에 집착하는 경향이 있다. 마치 젊어서 미인이었던 여자가 나이가 들어서도 흥분으로 가득했던 젊은 시절의 패션과 헤어스타일에 집착하는 것처럼 말이다.

그러나 이와 같은 일종의 정신적 발달장애가 어째서 다음 세대의 도시계획가와 설계가에게도 고스란히 전달되어야 하는지는 이해하기 쉽지 않다. 오늘날의 젊은이들, 즉 지금 미래의 경력을 위해 훈련을 받고 있는 사람들이 **'현대적'인 사고를 가져야 한다는 이유에서** 실행 불가능할 뿐만 아니라 아버지 세대가 어린이였을 때 이래로 어떤 중요한 의미도 새로 덧붙여지지 않은 도시와 교통에 관한 개념을 받아들여야 한다고 생각한다면 그야말로 오산이다.

18장_시각적 질서 : 그 한계와 가능성

우리가 다루는 도시는 가장 복잡하고 집약된 생명체나 마찬가지이다. 사정이 이러하기 때문에 도시에 대해 할 수 있는 일에는 기본적으로 미적인 한계가 존재한다. **도시는 예술 작품이 될 수 없다.**

삶의 다른 영역과 마찬가지로 도시의 질서 속에서도 우리에게 삶을 설명해 주고, 의미를 보여 주고, 우리 각자가 구현하는 삶과 우리 바깥의 삶 사이의 관계를 해명하기 위해 예술이 필요하다. 아마 예술이 가장 필요한 이유는 우리의 인간성을 재확인하기 위함일 것이다. 그러나 비록 예술과 삶이 서로 얽혀 있다 할지라도 둘이 동일한 것은 아니다. 도시 설계 노력들이 그토록 실망스러운 것은 예술과 생활을 혼동하는 데에도 어느 정도 책임이 있다. 더 나은 설계 전략과 전술에 도달하려면 이런 혼동을 명쾌하게 정리하는 게 중요하다.

예술은 그 나름의 독특한 질서 형식을 지니며, 그 형식은 무척 엄격하다. 예술가들은 어떤 매체를 사용하든 간에 수많은 생활 재료 가운데 **선택을 하며** 이렇게 선택한 것들을 예술가의 통제 아래 놓인 작품으로 조직한다. 분명 예술가는 작품(즉 자신이 만드는 재료 선택)의 요구가 자신을 통제한다는 느낌을 갖는다. 이런 과정이 어느 정도 기적적으로 이뤄지는 결과가—즉 선택, 조직, 통제가 자체 안에서 일치된 결과가—예술이 될 수 있다. 그러나 이 과정의 본질은 생활로부터 절제되고 매우 차별적인 선택이 이뤄진다는 점이다. 생활이 모든 것을 포괄하고 말 그대로 끝없이 얽히고설킨 것과 달리 예술은 자의적이고 상징적이며 추상적이다. 이런 특징이야말로 예술의 가치이고, 그 나름의 질서와 응집의 원천이다.

도시 또는 심지어 도시 근린에 대해 마치 질서를 부여해서 절제된 예술 작품으로 바꿀 수 있는 건축의 문제로 접근하는 것은 생활을 예술로 대체하려는 오류를 범하는 처사이다.

예술과 생활에 대한 이런 심각한 혼동의 결과물은 생활도 아니고 예술도 아니다. 그런 결과물은 박제일 뿐이다. 박제품도 제자리에 있다면 유용하고 멋진 공예품일 수 있다. 하지만 죽은 도시에 박제용 솜을 채워 넣어 표본으로 진열한다는 건 말도 안 되는 짓이다.

자기가 다루는 대상에 대한 존중을 잃고 진실에서 점점 멀어지는 예술의 시도가 대개 그렇듯이, 주요 실행자들의 수중에 놓인 이런 도시 박제 기술은 계속해서 더욱 까다롭고 별스러워진다. 다른 식으로는 발전할 수 없기 때문이다.

이 모든 것이 생활을 죽이는 (동시에 예술을 죽이는) 예술의 오용이다. 그 결과는 생활을 풍요롭게 하기는커녕 빈곤하게 만든다.

분명 예술의 창조가 우리 사회에서 흔히 보이는 것처럼 그렇게 개인주의적인 과정이 되지 않을 수도 있다.

이런 상황에서는 언뜻 보기에 일반적인, 사실상 익명의 합의를 통해 예술의 창조가 이루어질 수 있다. 가령 닫힌 사회나 기술적으로 발전이 저지된 사회, 또는 정체된 사회에서는 심각한 궁핍이나 전통과 관습이 모든 사람에게 목적과 재료를 절제—재료들이 그것을 조직하는 사람에게 요구하는 바에 관한 합의에 따른 절제이다——하여 선택하고 그에 따라 만들어지는 형식에 대해서 절제된 통제를 하도록 강요할 수 있다. 이런 사회들은 마을을 만들 수 있고 어쩌면 그 나름의 도시도 만들 수도 있다. 아마 우리 눈에는 그 도시의 물리적 완전성이 예술 작품처럼 보일 것이다.

그러나 우리의 경우는 이와 다르다. 우리에게 이런 사회들은 숙고해 볼 만한 흥미로운 점이 있을지도 모른다. 또 이 사회들이 조화롭게 움직이는 모습을 감탄하거나 일종의 향수에 젖어 바라보며 왜 우리는 그렇게 할 수 없는지 궁금해할지도 모른다.

우리 사회는 그렇게 될 수 없다. 이런 사회들의 경우에 가능성의 한계와 개인에 대한 구속이 일상생활의 소재로 예술 작품을 만들어 내는 데 사용되는 재료와 개념을 훨씬 넘어서 확대된다. 이런 한계와 구속은 (지적인 기회를 비롯한) 모든 기회의 영역과 사람들 사이의 관계에까지 확대된다. 우리는 아마 이런 한계와 구속을 불필요하고 참을 수 없으며 무의미하고 거추장스럽다고 느낄 것이다. 우리가 비록 일치된 모습을 보인다고 해도, 합의를 통해 조화로운 예술가들의 사회를 이루기에는 너무 모험적이고 이것저것 따지며, 또 이기적이고 경쟁적이다. 게다가 우리는 그런 사회를 이루는 것을 가로막는 바로 그 특성들을 높이 평가한다. 또한 전통을 구현하거나 조화로운 합의를 표현하(고 고정시키)는 것이 도시를 건설적으로 이용하는 방법도 아니고 도시를 소중하게 여기는 이유도 아니다.

'자연 그대로의' 원시인의 고귀함과 소박함을 높이 평가하는 18세기의 낭만주의를 물려받으면서 도시화된 사회를 거부한 19세기의 유토피아론자들은 조화로운 합의에 의한 예술 작품이라고 할 수 있는 소박한 환경이라는 관념에 매혹되었다. 이런 상태로 돌아가는 것이야말로 유토피아적 개혁 전통에 포함된 희망 가운데 하나였다.

이런 무익한(그리고 무척 반동적인) 희망이 '전원도시' 계획 운동의 유토피아주의도 물들였고, 적어도 이데올로기적으로는 권위주의적 계획에 의해 강요되고 고정되는 조화와 질서라는 이 운동의 주요한 주제를 어루만져 주었다.

'전원도시' 계획 이론이 '빛나는 도시'나 '도시 미화' 계획에 오염되지 않고 순수함을 유지하는 동안에는 합의에 의해 예술이 형성되는 궁극적이고 소박한 환경에 대한 희망—아니 오히려 그런 희망의 유령 같은 흔적—이 항상 곁에 붙어 있었다. 따라서 1930년대에 이르러서도 루이스 멈퍼드는 『도시의 문화』에서 구상하는 계획 공동체에서 바구니 짜기나 도자기 만들기, 철공 작업 같은 일에 중요성을 부여했다. 사실 이런 전통이 없는 상황에서는 당혹스러울 수밖에 없다. 1950년대에도 미국에서 으뜸가는 '빛나는 도시' 계획가인 클래런스 스타인은 미국건축가협회로부터 건축의 발전에 이바지한 공로로 금메달을 받을 무렵에 자신이 구상하는 이상적인 공동체에서 조화로운 합의에 의해 적절하게 만들어 낼 수 있는 대상을 찾고 있었다. 스타인은 물론 시민들이 자기 힘으로 보육원을 지어도 된다고 말했다. 그러나 보육원에 관한 양보를 논외로 한다면, 스타인의 메시지의 요지는 어느 공동체의 완벽한 물리적 환경과 그것을 구성하는 배치를 단지 건축가가 전적이고 절대적으로, 어느 누구의 제지도 받지 않고 통제해야 한다는 것이었다.

물론 이런 구상은 '빛나는 도시'나 '도시 미화'의 가정과 전혀 다르지 않다. 이런 가정들은 언제나 사회 개혁에 관한 숭배라기보다는 주로 건축 설계에 관한 숭배였다.

근대 도시계획은 간접적으로는 유토피아주의 전통을 통해, 직접적으로는 예술을 부과한다는 현실주의적인 교의를 통해 처음부터 도시를 절제된 예술 작품으로 전환시킨다는 어울리지 않는 목표를 떠안았다.

주택단지 계획가들이 소득별로 분류된 주택단지 이외에 다른 대안을 궁리하려고 하면 백지 상태에 맞닥뜨리고, 또 간선도로 계획가들이 자동차 수용 능력을 확대하는 것 말고 다른 대안을 고안하려면 백지 상태에 직면하는 것처럼, 과감히 도시설계에 도전하는 건축가들은 생활의 질서를 전혀 다른 예술의 질서로 대체하는 것 말고 다른 식으로 도시에 시각적 질서를 창조하려고 하면 흔히 백지 상태에 맞닥뜨린다. 다른 식으로는 할 수 있는 게 별로 없다. 그들은 다른 전술을 개발할 수 없다. 도시에 도움이 되는 설계 전략을 갖고 있지 못하기 때문이다.

도시설계가들은 생활을 예술로 대체하려고 시도하기보다는 예술과 생활 모두를 고상하게 만드는 전략으로 돌아가야 한다. 생활을 조명하고 명료하게 하며 생활의 의미와 질서를 우리에게 설명해 주는 전략 말이다——이 경우에는 도시의 질서를 조명하고 해명하고 설명하는 데 도움이 되는 전략으로 돌아가야 한다.

우리는 도시의 질서에 관한 천진한 거짓말을 끊임없이 듣고, 사실상 훈계를 받으며, 중복이 질서를 나타낸다고 설득을 당한다. 몇 가지 형태를 파악하여 그것들에 조직화된 규칙을 부여하고 질서의 이름으로 이 규칙을 포장하는 것은 세상에서 제일 손쉬운 일이다. 그렇지만 이 세상에서 단순히 조직화된 규칙과 기능적 질서의 중요한 체계가 일치하는 경우는 드물다.

기능적 질서의 복잡한 체계를 혼동이 아닌 질서로 보려면 이해력이 필요하다. 가을에 나무에서 떨어지는 낙엽, 비행기 엔진 내부, 해부된 토끼의 내장, 신문사의 지역기사 편집부…… 이 모든 것은 이해하지 않고 보면 그저 혼돈일 뿐이다. 질서의 체계로 이해할 때만 실제로 다르게 **보인다**.

대부분의 사람들은 도시를 실제로 이용하고 따라서 도시를 겪어 보기 때문에 이미 도시의 질서를 이해하고 음미할 수 있는 훌륭한 토대를 갖고 있다. 우리가 도시의 질서를 파악하는 데서 겪는 몇 가지 곤란과 유쾌하지 않은 혼란스러운 효과의 대부분은 기능적 질서를 뒷받침하는 시각적 보강이 충분하지 못한 탓이며, 더 나아가 불필요한 시각적 모순이 많기 때문이다.

그렇지만 모든 것을 명쾌하게 해명해 주는 어떤 극적인 핵심 요소를 찾으려고 하는 것은 쓸데없는 짓이다. 사실 도시의 어떤 단일한 요소도 중심 요소나 열쇠가 될 수 없다. 혼합 자체가 중심 요소이며 그런 혼합의 상호 지원이 질서인 것이다.

도시 구조의 '골격'을 뚜렷하고 손쉽게 보여 주는 설계 장치(요즘은 흔히 간선도로와 산책로를 선호한다)를 찾으려는 도시설계가와 계획가들의 노력은 근본적으로 잘못된 것이다. 도시는 포유동물의 뼈대나 강철골조 건물처럼, 또는 심지어 벌집이나 산호처럼 조립할 수 있는 게 아니다. 도시의 **구조** 자체가 용도들의 혼합을 구성하며, 다양성을 만들어 내는 조건들을 다룰 때 우리는 그 구조의 비밀에 가장 가까이 다가간다.

그 자체가 하나의 구조적 체계인 도시는 다른 종류의 유기체나 물건이 아니라 자체의 관점에서 직접 볼 때 가장 잘 이해할 수 있다. 그렇지만 파악하기 쉽지 않은 짧막한 비유가 도움이 된다면, 아마 최선의 비유는 어둠 속에 펼쳐진 넓은 들판을 상상해 보는 게 좋을 것이다. 들판에는 여기저기 불이 타고 있다. 어떤 불은 크고 어떤 불은 작다. 어떤 불은 멀리 떨어져 있고, 어떤 불은 가까이에 점점이 붙어 있다. 어떤 불은 밝게 빛나고 어떤 불은 서서히 꺼져 간다. 크든 작든 간에 각각의 불은 주변의 암흑에 빛을 퍼뜨리며, 이런 식으로 하나의 공간을 만들어 낸다. 그러나 이 공간과 공간의 모양은 불에서 나오는 빛이 그것을 만들어 내는 정도만큼만 존재할 뿐이다.

빛에 의해 공간에 새겨지는 것 말고 암흑 자체는 모양이나 형태가 없다. 빛들 사이에서 암흑이 깊고 모호하고 형태가 없어지는 곳에서 그 암흑에 형태나 구조를 부여하는 유일한 길은 암흑 속에 새로 불을 붙이거나 가까운 곳에 있는 불을 더 키우는 것뿐이다.

오로지 용도의 복잡성과 활기만이 도시를 이루는 부분들에 적절한 구조와 형태를 부여한다. 케빈 린치는 그의 저서 『도시의 이미지』에서 '사라진' 지역 현상을 언급한다. 어떤 장소들은 그가 인터뷰한 사람들이 완전히 무시하고 그가 상기시키지 않으면 실제로 알지 못한다는 것이다. 이 '사라진' 장소들의 위치가 그처럼 잊어버리기 쉬운 것도 아니고 때로는 사람들이 실제로나 상상 속에서나 방금 그곳을 가로질러 왔는데도 말이다.*

용도와 활기라는 불이 도시 안에서 퍼져 나가지 못한다면 어느 곳이든 암흑 속의 장소가 된다. 도시의 형태와 구조가 없는 장소가 되어 버리는 것이다. 이처럼 중요한 불빛이 없다면, 그 장소를 고정시킬 '뼈대'나 '골격', '세포'를 아무리 찾아도 그것을 도시 형태로 바꿀 수 없다.

장소의 윤곽을 명확히 하는 불빛이라는 이런 은유의 공간을 현실에서 만들어 내는 것은 다양한 도시의 용도와 이용자들이 서로 촘촘하고 활기찬 지원을 제공하는 지역들이다.

---

* 린치 교수는 간선도로와 관련하여 이와 비슷한 현상에 관해 말한다. "보스턴의 경우와 마찬가지로, [로스앤젤레스의] 피실험자들 역시 고속 간선도로와 나머지 도시 구조 사이의 관계를 머릿속에 그려 보는 데 어려움을 겪었다. 사람들은 상상 속에서 마치 할리우드 간선도로(Hollywood Freeway)가 존재하지 않는 것처럼 거기를 가로질러 걷기도 했다. 고속 간선도로가 중심 지구의 시각적 경계를 정하는 최선의 방법이 아닐 수도 있다."

도시설계가 도울 수 있는 것은 바로 이런 본질적인 질서이다. 이런 활력 있는 지역들의 놀라운 기능적 질서를 뚜렷하게 할 필요가 있다. 도시에 이런 지역이 더 많이 생기고 회색 지역이나 어두운 지역이 줄어들수록 이런 질서가 명료해질 필요와 기회가 더 많아질 것이다.

이런 질서, 즉 이런 복잡한 생활을 명료하게 하기 위해 어떤 일을 하든 간에 그것은 주로 강조와 암시라는 전술을 통해 이루어져야 한다.

암시—전체를 부분으로 나타내는 것—는 예술이 소통하는 주된 수단이다. 예술이 흔히 무척 경제적으로 많은 것을 말해 줄 수 있는 것은 이 때문이다. 우리가 이런 암시와 상징의 커뮤니케이션을 이해하는 한 가지 이유는 우리 모두가 삶과 세계를 바라보는 방식도 어느 정도는 이런 식이기 때문이다. 우리는 끊임없이 우리 감각을 가로지르는 모든 사물들 가운데 적절하고 일치된다고 여기는 것들을 체계적으로 선별한다. 우리는 어느 순간에 우리가 바라는 목적에 맞지 않는 인상들은 무시하거나 부차적인 지각으로 밀어 넣어 버린다—이런 부적절한 인상들이 너무 강력해서 무시하지 못하는 경우를 제외하고는. 우리는 심지어 목적하는 바에 따라 우리가 받아들이고 체계화하는 선택 자체를 바꾸기도 한다. 이 정도로 우리 모두는 예술가이다.

이런 예술의 속성과 우리의 지각 방식의 속성이야말로 도시설계의 실천이 의지하고 이용할 수 있는 특징이다.

도시설계가들이 도시의 시각적 질서를 통합하기 위해 시각의 모든 장을 엄밀하게 통제할 필요는 없다. 예술이 단조롭게 엄밀한 경우는 흔치 않으며, 만약 그렇다면 그것은 서투른 작품이다. 도시에서 엄밀한 시각적 통제는 흔히 책임 설계자를 제외한 모든 사람에게 지루한 모습일 뿐이며, 때로는 작업이 끝난 뒤 설계자들에게도 지루하게 보인다. 이와 같은 시각적 통제는 다른 누구에게도 발견이나 조직화나 흥미의 여지를 남기지 않는다.

우리에게 필요한 전술은 사람들로 하여금 눈에 보이는 것을 가지고 혼돈이 아니라 질서와 의미를 스스로 만들도록 도와주는 암시이다.

가로는 도시에서 중요한 시각적 풍경이다.

그렇지만 많은 가로가 우리의 눈에 심각하고 혼란스러운 모순을 안겨 준다. 가로의 전경은 온갖 종류의 세부적인 모습과 활동을 보여 준다. 가로는 이런 모습이 집약적인 삶이며 각기 다른 많은 것들이 이 구성 속으로 들어옴을 시각적으로 선언한다(이런 선언은 도시의 질서를 이해하는 데 무척 유용하다). 가로가 우리에게 이런 선언을 하는 것은 단지 우리가 수많은 활동을 보기 때문만이 아니라, 각기 다른 유형의 건물과 간판, 가로에 면한 상점을 비롯한 업체와 기관들 속에서 활동과 다양성의 죽은 증거를 보기 때문이다. 그렇지만 이런 가로가 멀리까지 계속 이어지면서 전경의 집약성과 복잡성이 끝없는 무정형의 반복으로 축소되다가 마침내 원거리의 완전한 익명성으로 소멸되어 버리면, 우리는 또한 분명하게 무한성을 말하는 시각적 선언을 접하게 된다.

인간의 경험이라는 면에서 보자면, 대단한 집약성과 무한성이라는 서로 다른 말을 하는 이 두 선언을, 지각할 수 있는 전체로 결합하기는 쉽지 않다.

이처럼 상충하는 인상들의 두 조합 가운데 어느 한쪽이 우위를 차지해야 한다. 보는 사람 입장에서는 다른 인상들의 조합을 억제하기 위해 싸우거나 노력해야 한다. 어떤 식으로든 간에 혼란과 무질서를 지각하지 않기란 어렵다. 전경이 더욱 활기차고 다양할수록(즉 다양성의 내재적인 질서가 더욱 훌륭할수록), 두 선언의 모순이 더욱 첨예해지고 따라서 혼란스러워질 수 있다. 많은 가로가 이런 충돌을 나타낸다면, 가로가 한 지구나 도시 전체에 이런 양가적인 인상을 부여한다면, 전반적인 효과는 혼란스러울 수밖에 없다.

물론 이런 가로를 보는 방식에는 두 가지가 있다. 어떤 사람이 반복과 무한을 함축하는 원거리 시야를 우위에 둔다면, 거기에 담긴 근거리의 풍경과 집약성은 불필요하고 거슬리게 보인다. 건축 교육을 받은 많은 이들이 이런 식으로 도시 가로를 보는데, 이런 관점이야말로 건축 교육을 받은 이들이 도시의 다양성과 자유와 생활의 물리적 증거에 대해 초조함과 심지어 경멸을 나타내는 이유 중 하나이다.

다른 한편, 전경의 시야가 우위를 차지하면, 무한한 거리로 사라지는 끝없는 반복과 연속이 불필요하고 거슬리며 몰지각한 요소가 된다. 보통 사람들은 대부분 이런 식으로 도시 가로를 바라본다. 멀리 떨어져서 가로를 보는 게 아니라 가로에 존재하는 것들을 이용하는 게 목적인 사람의 시각이 이런 것이기 때문이다. 이런 식으로 가로를 보는 사람은 친밀한 광경으로부터 적어도 최소한의 질서를 인식하지만, 가능하면 머릿속에서 지워 버리고 싶은 먼 거리를 유감스러운 혼란 상태로 여기는 대가를 치러야 한다.

이런 대부분의 가로—와 이런 가로가 대부분을 차지하는 지구—에 시각적 질서의 가능성이라도 부여하려면, 강력한 시각적 인상들의 이런 기본적인 모순을 해결해야 한다. 미국을 방문한 유럽 사람들이 격자 모양의 가로 체계 때문에 미국 도시들이 추하게 보인다고 흔히 말하는 것은 이런 연유에서일 것이다.

도시의 기능적 질서는 집약성과 다양성을 필요로 한다. 집약성과 다양성의 증거를 가로에서 제거하는 것은 도시에 필요한 기능적 질서를 파괴하는 대가를 치를 때만 가능하다. 하지만 다른 한편으로 도시의 질서는 무한성의 인상을 필요로 하지 않는다. 기능적 질서를 해치지 않은 채 이런 인상을 최소화할 수 있다. 사실 그렇게 함으로써 집약성이라는 정말로 중요한 속성이 강화된다.

그러므로 (전부는 아닐지라도) 많은 도시 가로가 시각적 장애물을 필요로 한다. 무한한 거리의 시야를 차단하는 동시에 경계선과 독자성을 암시함으로써 집약적인 가로 이용을 시각적으로 강화하고 공표하는 장애물들 말이다.

가로 패턴이 불규칙한 도시의 오래된 지역들은 흔히 이런 역할을 한다. 그렇지만 이해하기 어려운 가로 체계라는 단점이 있다. 이런 곳에서 사람들은 쉽게 길을 잃고 머릿속에 지도를 그려 두는 데 어려움을 겪는다.

많은 장점이 있는, 기본적인 가로 패턴이 격자형 윤곽인 곳에서는 도시 경관에 시각적 불규칙성과 장애물을 도입하는 두 가지 주요한 방식이 있다.

첫번째 수단은 격자 윤곽의 가로가 서로 너무 멀리 떨어져 있는 곳에 가로를 추가하는 것이다. 다양성을 만들어 내는 데 도움이 되는 기능적 목적에 필요한 곳에 가로를 추가하는 것으로 맨해튼의 웨스트사이드가 대표적인 예이다.

이런 새로운 가로가 경제적으로 추가되면서 잠재적인 경로에 있는 건물들 가운데 가장 소중하고 훌륭하고 다양한 것들을 보호하기 위해 상당한 관심과 신중을 쏟고 또한 다양한 연수의 건물이 뒤섞이도록 기존 건물의 옆면이나 뒷면을 가능한 한 가로 전면으로 통합시킨다면, 이 새로운 가로가 엄청나게 길어 보이지는 않을 것이다. 이런 가로들에는 구부러진 곳이 있을 테고 때로는 상당한 직선 구간도 있을 것이다. 원래 규모가 큰 블록이었던 곳을 작은 두 블록으로 분할하는 직선 가로조차도 여러 블록으로 무한하게 뻗어 나가는 연속된 직선을 형성하지는 않을 것이다. 이렇게 갈라진 가로 조각들이 직각으로 가로를 교차하면서 만나는 T자 모양의 접점이 분명히 있다. 도시의 다양성에 대한 통상적인 배려와 존중, 그리고 이와 더불어 이 경우에 불규칙성이 그 자체로 이점이 된다는 인식이 결합되면, 새롭게 추가되는 가로를 위한 다양한 잠재적인 대안의 경로 가운데 최선의 경로를 결정할 수 있다. 물질적인 파괴를 최소한으로 하면서 동시에 최대한의 시각적 성과를 얻어야 한다. 이 두 목표는 상충하지 않는다.

격자 체계가 지배적인 가운데 부차적으로 불규칙성이 있으면 이해하기 어렵지 않다. 격자 가로 사이에 이런 식으로 추가되는 가로들은 격자와의 관계를 인정하는 이름을 붙일 수도 있다.

쉽게 이해되는 기본적인 격자 체계와, 격자가 도시의 순조로운 기능을 방해할 만큼 지나치게 넓은 곳에 의도적으로 배치하는 불규칙한 가로의 결합은 미국이 도시 설계 전술에 이바지하는 가장 뚜렷하고 소중한 공헌이 될 수 있다.

불규칙성과 시각적 장애물이 부족한 곳에 이를 도입하는 두번째 방법은 격자형 가로 자체를 대상으로 하는 것이다.

샌프란시스코는 격자 가로 패턴에 자연스러운 시각적 장애물이 많이 있는 도시이다. 샌프란시스코의 가로는 대체로 2차원 계획에 따른 규칙적인 격자형 배열이다. 3차원 지형으로 보자면 이 가로들은 시각적 장애물의 걸작이라고 할 수 있다. 갑자기 나타나는 수많은 언덕들은 가까운 풍경과 원경을 갈라놓는다. 오르막 가로를 바라보든 비탈진 가로를 내려다보든 마찬가지이다. 이런 배치는 격자 체계의 명료성을 해치지 않고서도 친밀하고 가까운 가로 경관을 부각시킨다.

이런 지형이 없는 도시는 자연적인 수단에 의한 이와 같은 행복한 우연을 재현할 수 없다. 그렇지만 이런 도시도 체계와 이동의 명료성을 해치지 않은 채 직선적이고 규칙적인 가로 패턴에 시각적 장애물을 도입할 수 있다. 가로 위로 두 건물을 연결하는 육교는 때로 이런 기능을 한다. 건물 자체가 가로 사이의 다리 역할을 하는 경우도 마찬가지이다. 직선으로 뻗은 가로를 가로지르는 위치의 지상에 대규모 건물(공적인 중요성이 있는 건물이면 더 좋다)을 특별히 배치할 수도 있다. 뉴욕의 그랜드센트럴 역이 좋은 예이다.*

직선으로 뻗은 '끝없는' 가로에 장애물을 둘 수도 있고, 장애물을 형성하는 광장을 따라 가로 자체가 분할될 수도 있다. 건물이 이런 광장을 차지할 수도 있다. 직선 가로에서 차량 통행을 실제로 막을 수 있는 경우에, 보도에서 보도까지 소규모 공원을 설치할 수 있다. 이런 곳에서는 작은 숲이나 소규모 공원 구조물(아마 상쾌할 것이다)을 통해 시각적 장애물이나 전환을 제공하게 된다.

다른 경우에는 직선 가로 너머로 시각적 전환을 확장할 필요는 없지만, 규칙적인 건물 윤곽선에 살짝 변형을 가하기 위해 돌출시킨 건물이나 건물군의 형태를 만들 수 있다. 보도는 이런 건물 아래로 지나간다. 또 다른 형태의 변형은 가로 한편에 있는 광장인데, 이 광장은 뒤에 있는 건물을 시각적 장애물로 두드러지게 만든다.

---

* 그랜드센트럴 역은 또한 양쪽 끝이 T자형인 새로 만들어진 가로, 즉 밴더빌트애비뉴(Vanderbilt Avenue)의 사례도 제공한다. 밴더빌트애비뉴의 북쪽 T자형 교차로에는 훌륭한 신축건물인 유니언카바이드 사(社)가 있는데, 이 건물은 사실상 보도를 이어 준다. 한편 밴더빌트애비뉴와 매디슨애비뉴 사이의 짧은 블록들은 도시에서 짧은 블록이 자연스럽게 갖는 활기와 보행 편의의 생생한 사례이다.

가로 이용의 집약성에 대한 이 모든 시각적 강조가 다소 위압적이거나 심지어 비인간적이라고 생각할 수도 있다. 그러나 그렇지 않다. 실제로 어떤 지구의 가로에 시각적인 장애물이 많다고 해서 사람들을 위협하거나 압도하지 않는다. 오히려 이런 지구가 '편리하고' 또 이해하기 쉬운 곳으로 특징지어지기 쉽다. 어쨌든 여기서 인정하고 강조하는 것, 더 나아가 이해하기 쉬운, 밀접한 측면을 강조하는 것은 다름 아닌 인간 생활의 집약성이다. 대개 압도적이고 비인간적이며 이해할 수 없는 것처럼 보이는 것은 도시의 무한성과 반복이다.

그렇지만 가로의 시각적 장애물의 활용에는 함정이 있을 수 있다.

우선, 가로의 집약성과 세부적인 풍경에 시각적인 이야기가 전혀 존재하지 않는 곳에서 시각적 장애물을 이용하는 것은 별 의미가 없다. 한 가로가 사실상 한 종류의 용도의 긴 반복에 불과하고 활동도 거의 없다면, 시각적 장애물은 기존의 질서 형태를 분명하게 보여 주지 않는다. 사실상 (도시의 집약성의 측면에서) 아무것도 없는 것을 시각적으로 둘러싼다고 해도 겉치레 디자인 이상이 되기는 힘들다. 시각적인 장애물과 경관은 그 자체로는 도시의 활력과 집약성, 그리고 그 부수물인 안전과 흥미, 우연한 공중 생활, 경제적 기회 등을 **가져다주지** 않는다. 다양성을 만들어 내는 네 가지 기본적인 조건만이 그런 것을 가져다준다.

둘째, 모든 도시 가로가 시각적 장애물을 가질 필요는 없고 어떤 경우에는 오히려 그 자체가 지루해질 것이다. 어쨌든 대도시는 넓은 장소이며, 이따금 이런 사실을 인정하거나 언급한다고 해서 나쁠 것은 전혀 없다. (예컨대 샌프란시스코에 있는 언덕들의 또 다른 장점은 언덕에서 보는 전망이 바로 이러하다는 것이며, 인접한 가로의 전망으로부터 거리를 떼어놓으면서 동시에 이런 넓은 전망을 제공한다.) 이따금 나타나는 무한성이나 먼 곳에서 가로가 초점을 형성하며 끝나는 곳 등은 다양성을 제공한다. 강이나 바다, 대학 캠퍼스나 대규모 스포츠 경기장 같은 경계선과 만나는 일부 가로는 시각적 장애물 없이 내버려 두어야 한다. 경계선에서 끝나는 모든 가로가 이런 사실을 드러낼 필요는 없지만, 무엇이 다른지를 멀리서라도 힐끗 보여 주고 어디쯤이 경계선인지에 관한 무심한 메시지를 전달하기 위해서 일부는 드러내야 한다. 방향을 가리키는 일종의 실마리 역할을 해야 하는 것이다. 린치는 도시의 '이미지화 가능성'imageablity에 관한 연구를 위해 인터뷰한 사람들에게 이런 실마리가 무척 중요하다는 사실을 우연찮게 발견했다.

셋째, 가로의 시각적 장애물은 기능적인 측면에서 막다른 길이 아니라 '모퉁이'여야 한다. 보행자의 통행을 물리적으로 차단하는 것은 특히 도시에서 파괴적인 영향을 미친다. 시각적 장애물을 둘러가거나 통과하는 길이 항상 있어야 한다. 이 길은 사람이 찾아갈 만큼 뚜렷해야 하고, 새로운 가로의 전경을 눈앞에 펼쳐 놓아야 한다. 지금은 고인이 된 건축가 엘리엘 사리넨Eliel Saarinen은 설계된 장애물의 이와 같은 눈길을 사로잡는 특성을 간결하게 정리한 바 있다. 사리넨은 자신의 설계 작업의 대전제를 설명하면서 이렇게 말했다. "언제나 전망에 끝이 있어야 하며, 이 끝이 최종적이어서는 안 된다."

넷째, 시각적 장애물은 어느 정도는 규칙에 대한 예외라는 사실 때문에 힘을 얻는다. 똑같은 종류가 지나치게 많으면 스스로 소멸될 수 있다. 가령 가로의 한쪽 편을 따라 광장이 여러 개가 있다면, 이 가로는 하나의 가로로서 시각적으로 해체되며 물론 기능적으로도 죽어 버린다. 지하 아케이드 같은 변형도 예외적인 게 아니라서 여럿이 있게 되면, 가로를 협소하게 만들 뿐이고 오히려 폐소공포증을 유발할 수 있다.

다섯째, 가로의 시각적 장애물은 자연스럽게 눈길을 끄는 것이며, 그 자체의 특징은 전체 경관의 인상과 많은 관계가 있다. 만약 시각적 장애물이 진부하거나 공허하거나 혼란스럽기만 하다면, 차라리 없는 게 낫다. 이런 곳에서는 주유소나 수많은 간판, 또는 텅 빈 버려진 건물 등이 그 크기와 전혀 비례하지 않는 장막을 드리운다. 가로의 시각적 장애물이 아름답기라도 하면 다행이겠지만, 도시에서 너무 진지하게 아름다움을 추구하면 대개 결국은 화려한 허세로 끝나는 것 같다. 아름다움은 원하는 대로 우리 주변에 존재하는 게 아니지만, 우리는 시각적 장애물이 꼴사납지 않고 흥미로워야 한다고 요구할 수는 있다.

랜드마크는 그 이름에서도 알 수 있듯이 방향을 가늠하는 중요한 단서이다. 그러나 도시의 훌륭한 랜드마크는 또한 도시의 질서를 명료화하는 다른 두 가지 기능도 수행한다. 첫째, 랜드마크는 도시의 다양성을 부각시킨다(그리고 그 품격을 높인다). 랜드마크는 자신은 이웃한 것들과 다르며, 다르기 때문에 중요하다는 사실을 환기시킴으로써 이런 기능을 한다. 자신에 관한 이런 공공연한 발언에는 도시의 구성과 질서에 관한 암묵적인 발언이 담겨 있다. 둘째, 몇몇 경우에 랜드마크는 기능적인 사실에서 중요하지만 이런 사실을 시각적으로 인정받고 품격을 높일 필요가 있는 도시 지역을 우리 눈에 중요하게 부각시킬 수 있다.

이런 다른 기능들을 이해하면 왜 수많은 상이한 용도가 도시에서 차지하는 맥락에 따라 랜드마크로 바람직하고 유용한지를 이해할 수 있다.

우선 다양성을 부각시키고 품격을 높이는 랜드마크의 역할에 대해 생각해 보자. 랜드마크가 랜드마크일 수 있는 하나의 이유는 물론 그것이 돋보이는 지점에 있기 때문이다. 그러나 또한 랜드마크는 그 자체가 하나의 사물로서 구별될 필요가 있으며, 우리가 지금 관심을 갖는 것은 바로 이런 점이다.

　도시의 랜드마크가 모두 건물인 것은 아니다. 그렇지만 건물은 도시의 주요한 랜드마크이며, 이런 건물이 제대로 기능하도록 좌우하는 원리는 또한 기념 건조물이나 화려한 분수 같은 다른 종류의 랜드마크에도 대부분 그대로 적용된다.

　11장에서 논의한 것처럼, 건물의 겉모습의 확실한 구별은 용도의 구별에서 나오는 것이다. 한 모체에 있는 동일한 건물은 그 맥락에서 용도가 구별되는 경우에 물리적으로 구별될 수 있지만, 그 용도가 예외가 아닌 규칙인 다른 환경에서는 구별할 수 없다. 랜드마크의 특이성은 해당 랜드마크와 이웃한 환경 사이의 상호관계에 상당히 의존한다.

　뉴욕의 경우에 월스트리트 꼭대기에 위치한 트리니티 교회는 유명하면서도 눈에 띄는 랜드마크이다. 그러나 트리니티 교회가 만약 여러 교회 건물이 모여 있는 중 하나에 불과하거나 또는 교회가 아닌 다른 상징적 모양의 건물들 가운데 하나라면, 도시 디자인의 요소로서는 비교적 밋밋한 건물일 것이다. 주변 환경 속에서 전혀 밋밋하지 않은 트리니티 교회의 물리적인 독특성은 어느 정도는 훌륭한 랜드마크 입지 ─T자형 교차로와 솟아오른 언덕─에 자리하고 있는 덕분이지만, 업무용 건물들로 뒤덮인 배경에서 교회의 기능적인 특성에 힘입은 바도 크다. 이런 차별성이 너무나도 압도적이기 때문에 트리니티 교회는 비록 이웃한 건물들에 비해 훨씬 규모가 작아도 가로 경관에서 충분히 정점 역할을 한다. 이런 배경에 이 정도 크기(또는 다른 어떤 크기)의 업무용 건물이 이렇게 유리한 지점에 있다 하더라도, 그 건물은 이런 기능을 수행하지 못하며 이 정도의 시각적 질서를 전달해 주지도 못한다. 물론 이렇게 별다른 노력을 기울이지 않고 '자연스럽게' 적절한 역할을 하지도 못한다.

마찬가지로, 5번로와 42번가가 만나는 상업 중심지에 자리한 뉴욕 공립도서관 건물은 훌륭한 랜드마크 역할을 하지만, 가령 샌프란시스코나 피츠버그, 필라델피아 등의 공립도서관들은 사정이 다르다. 이 도서관들은 기능이나 — 당연히 — 외양상으로 충분한 대조를 이루지 못하는 건물들 사이에 자리잡고 있다는 단점이 있는 것이다.

앞서 7장에서 주요 용도의 혼합의 필요성을 다루면서 중요한 공공건물을 문화센터나 시민센터 같은 계획단지에 모아 놓는 대신 평범한 도시의 곳곳에 배치하는 것의 기능적 가치에 관해 논의한 바 있다. 이런 계획단지가 야기하는 주요 용도의 기능상의 불편함과 경제적인 낭비 외에도 이와 같은 화려한 섬에 모여 있는 건물들은 랜드마크로도 제대로 이용되지 못한다. 이 건물들은 하나씩 떼어놓고 봤을 때는 도시 다양성을 부각시키는 무척 효과적인 인상과 상징이 될 수 있지만, 한데 모여 있으면 서로의 존재를 희미하게 만든다. 우리에게는 더 많은 크고 작은 도시 랜드마크가 절실하게 필요하기 때문에 이런 문제는 매우 심각하다.

때로는 어떤 건물을 단순히 이웃한 건물들보다 크게 만들거나 차별화된 스타일을 부여함으로써 건물에 랜드마크의 특징을 부여하려는 시도를 하기도 한다. 그렇지만 이런 건물의 용도가 이웃한 건물과 크게 다르지 않다면, 대부분 희미하게 보일 뿐이다 — 원한다면 한번 실험해 보라. 또 이런 건물은 용도의 다양성을 명료화하고 그 품격을 높이는 추가적인 기능도 하지 못한다. 사실 이런 건물은, 도시의 질서에서 중요한 것은 규모나 외관의 차이에 불과하다고 우리에게 말하려고 애를 쓴다. 진정한 건축의 걸작 같은 보기 드문 경우를 제외한다면, 스타일이나 규모가 전부라는 이런 발언은 그렇게 둔감하지 않은 도시 이용자들로부터 그에 걸맞은 애정과 관심을 받는다.

그렇지만 차별화를 위해 규모에 의존하는 일부 건물이 **멀리 떨어진 곳에 있는** 사람들에게 방향 지시와 시각적 흥미라는 훌륭한 랜드마크 기능을 제공한다는 사실은 주목해야 한다. 뉴욕의 엠파이어스테이트 빌딩과 거대한 조명 시계가 달린 콘솔리데이티드에디슨타워Consolidated Edison Tower가 대표적인 예이다. 가까운 거리에서 이 건물들을 보는 사람들에게는 이웃한 건물들과 큰 차이가 없는 이 건물들이 랜드마크로서 중요하지 않다. 윌리엄 펜William Penn의 동상이 세워진 탑이 얹혀 있는 필라델피아 시청은 멀리서부터 훌륭한 랜드마크 역할을 한다. 그리고 도시의 친밀한 모체 안에 있는 피상적이지 않은 진정한 차이 역시 가까운 곳에서 훌륭한 랜드마크를 이룬다. 멀리 떨어진 랜드마크의 경우에 때로는 규모가 도움이 될 수 있다. 친밀한 랜드마크의 경우에는 용도의 구별과 차이의 중요성에 관한 공표가 본질적인 요소이다.

이런 원리는 소규모 랜드마크에도 적용된다. 초등학교도 주변 환경에서 특수한 용도이고 시각적으로 두드러져 보이기만 하면 국지적인 랜드마크가 될 수 있다. 주변 환경 속에서 특별하기만 하다면 상이한 많은 용도가 랜드마크 역할을 할 수 있다. 가령 워싱턴 주 스포케인Spokane 출신 사람들은 그곳에서 물리적으로 구별되고 사랑받는 랜드마크가 대븐포트Davenport 호텔이라고 말한다. 여느 호텔이 그렇듯이, 이 호텔 역시 도시 공중생활과 회합의 독특한 중심지 역할도 한다. 주거 중심인 곳에서 잘 보이는 업무 장소는 랜드마크가 될 수 있고, 실제로도 대개 그렇다.

활동의 초점이 되는 중심지이거나 간혹 하는 말로 결절점인 일부 야외 장소는 랜드마크와 무척 흡사한 기능을 하며, 랜드마크 건물의 경우와 마찬가지로 용도의 차별성을 통해 질서를 명료화하는 역할로 많은 힘을 얻는다. 뉴욕 록펠러센터의 광장이 이런 장소이다. 근처의 지상에 있는 도시 이용자들에게 이 광장은 그 뒤에 높이 솟은 구조물이나 광장을 에워싸는 다른 고층 건물들보다 훨씬 더 뚜렷한 '랜드마크'이다.

이제 랜드마크가 도시의 질서를 명료화하기 위해 할 수 있는 두번째 추가 기능을 생각해 보자. 실제로 기능적으로 중요한 장소가 중요한 곳이라는 사실을 분명하게 시각적으로 언명할 수 있는 능력이 그것이다.

도시에서는 많은 사람들이 오가는 경로들이 집중적으로 모이는 활동의 중심지가 경제적으로나 사회적으로나 중요한 장소이다. 때로는 이런 곳이 도시 전체의 삶에서 중요하며, 때로는 특정한 지구나 동네에 중요한 의미를 갖는다. 그러나 이런 중심지가 실제적 기능에 걸맞은 시각적 차별성이나 중요성을 갖지 못할 수도 있다. 이런 경우에 이용자는 모순적이고 혼란스러운 정보를 받는 셈이다. 활동의 광경과 토지 이용의 집약성은 '중요성'을 역설한다. 그런데 시각적 정점이나 위엄 있는 대상의 부재는 '중요하지 않음'을 말한다.

대다수 도시의 활동 중심지에서 상업이 압도적인 탓에 이런 장소에서 효과적인 랜드마크는 대개 공공연하게 비상업적일 필요가 있다.

사람들은 활동 중심지에 생겨나는 랜드마크에 깊은 애착을 갖게 되는데, 이런 점에서 도시 질서에 관한 사람들의 본능은 무척 정확하다. 그리니치빌리지의 옛 제퍼슨마켓 법원청사 건물은 지금은 방치된 상태인데, 이곳에서 가장 분주한 지역에 면한 눈에 띄는 위치를 차지하고 있다. 정교한 빅토리아풍 양식인 이 건물이 건축학적으로 훌륭한지 꼴사나운지를 놓고서는 여론이 크게 갈린다. 그렇지만 **심지어 이 건물을 건물로서 좋아하지 않는 사람들 사이에서도** 건물을 철거하지 않고 다른 용도로 사용해야 한다는 점에는 거의 만장일치에 가까운 합의가 존재한다. 이 지역 출신 시민들뿐만 아니라 그들의 지휘 아래 작업하는 건축학도들도 엄청난 시간을 할애해서 건물 내부 장식과 상태, 유지 가능성 등에 관해 자세한 연구를 하고 있다. 기존의 시민단체들이 건물을 구하는 일에 시간과 노력과 압력을 쏟아부었고, 시계탑의 대형 시계를 수리하고 재작동하기 위한 돈을 모으는 새로운 단체도 생겼다! 건축적·경제적 실용성을 보여 준 바 있는 공립도서관 시스템에서 현재 시 당국에 이 건물을 주요 도서관 지점의 하나로 용도 전환하기 위한 자금 요청을 해 놓고 있다.[1961년에 뉴욕 시장이 건물을 보존하고 공립도서관으로 활용하겠다고 발표했고, 1965년에 개보수를 시작하여 1967년에 도서관 지점이 개관했다. 현재까지도 고딕 양식의 눈에 띄는 도서관으로 많은 사람이 이용한다고 한다—옮긴이]

주변에 있는 대부분의 부지처럼 상업이나 주거용으로 이용되면 누군가에게 금방 큰돈을 벌게 해주고 시에는 추가로 조세 수입을 안겨 줄 수 있는 중심부의 한 독특한 건물을 놓고서 왜 이런 소동이 벌어지는 걸까?

기능적으로 보면, 다양성의 자기파괴를 막기 위해 우연히도 도서관 같은 차별적인 용도가 이곳에 필요한 것일 수도 있다. 그렇지만 이런 기능적 필요를 인식하거나 바로 이런 건물이 다양성을 떠받치는 데 도움이 된다는 점을 의식하는 사람은 거의 없다. 오히려 이 랜드마크가 없어지고 대신 이미 주변에 존재하는 용도들이 더 생기면 분주한 동네 전체가 **시각적으로** 중심점을 잃게 될 것이라는—즉 질서가 명료화되기는커녕 흐려질 것이라는—강력한 대중적 합의가 존재하는 듯하다.

별 고유한 의미가 없는 랜드마크가 활동의 중심지에 있어도 이용자들의 만족에 기여하는 것 같다. 가령 세인트루이스에는 쇠퇴하는 회색지대에 둘러싸인 허술한 상업 중심지 한가운데에 커다란 콘크리트 기둥이 서 있다. 기둥은 한때 급수탑으로 쓰였었다. 오래전 물탱크가 철거되었을 때, 지역 시민들이 기둥을 보존하도록 시청을 설득했고, 직접 나서서 수리까지 했다. 기둥 덕분에 여전히 이 지구는 '워터타워'Watertower라는 이름으로 불리며, 또 약간이나마 차별성을 얻고 있다. 아마 기둥이 없었더라면 사람들이 이 지구를 알아보지도 못했을 것이다.

앞에서 언급한 모든 사례들의 경우처럼, 도시 질서를 명료화하는 랜드마크는 이웃한 건물들 한가운데에 서 있을 때 제대로 역할을 한다. 전반적인 풍경에서 차단되거나 고립되면, 도시의 차이에 관한 중요한 사실——즉 이런 차이들이 서로를 지탱한다는 사실——을 설명하고 시각적으로 강화하기는커녕 오히려 그 사실을 거스른다. 이런 사실 역시 암시를 통해 말할 필요가 있다.

가로의 시각적 장애물을 설명하면서 이미 언급한 것처럼, 이목을 끄는 구조물은 그것이 차지하는 물리적 공간의 규모와 전혀 상관없이 도시의 외양에서 중요한 의미를 갖는다.

일부 이목을 끄는 구조물은 정확히 **어디에** 위치해 있는가보다는 단지 그것의 **정체** 때문에 이목을 끈다. 가령 색다른 건물이나 서로 다른 건물들의 작은 무리는 공원을 가로지르는 넓은 시야에서 눈길을 사로잡는다. 이런 식의 이목을 끄는 구조물을 의도적으로 새롭게 만들거나 관리하려고 하는 것은 필요하지도 않고 바람직하지도 않은 것 같다. 다양성이 만들어지는 곳, 다양한 연수와 유형의 건물이 뒤섞여 있는 곳, 많은 사람들의 계획과 취향이 모두 기회를 얻고 환영받는 곳에서는 이런 종류의 이목을 끄는 구조물이 항상 나타나며, 이런 구조물은 주로 도시 디자인을 목표로 하면서 의도적으로 계획하는 것보다 더 놀랍고 다양하고 흥미롭다. 사실이 허구보다 더 기묘한 법이다.

그렇지만 다른 이목을 끄는 구조물은 **다름 아닌 위치** 때문에 이목을 끌며, 이런 것들은 도시 설계의 일부로 고려할 필요가 있다. 무엇보다도 이것들은 하나의 장소로서 눈길을 끄는 곳이어야 한다——이를테면 가로의 시각적 장애물이 그런 경우이다. 둘째, 이 장소들은 어느 정도 중요성이 있어야 한다. 눈에 잘 띄는 이런 장소는 많지 않고 예외적이다. 가로의 풍경을 이루는 수십 개의 건물과 장소 가운데 한두 개에 불과한 것이다. 따라서 이렇게 자연스럽게 눈길을 끄는 장소들에 시각적 강조를 부여하기 위해 평균화의 법칙이나 운에만 의존할 수는 없다. 흔히 이미 있는 건물에 페인트칠만 좋은 색으로 바꾸면 되기도 한다(간판을 줄이는 것도 좋은 방법이다). 때로는 이런 장소들에 새로운 건물이나 새로운 용도가 필요하기도 하다——심지어는 랜드마크가 필요한 경우도 있다. 불가피하게 이목을 끄는 구조물이 되는 상대적으로 극히 드문 장소들에 주의를 기울임으로써 암시를 통해 전체 풍경에 많은 특징과 흥미와 강조를 부여할 수 있다. 그것도 최소한의 설계 조직화와 최대한 경제적인 수단과 전술을 통해서 말이다.

도시 디자인 관리 문제를 조사하기 위해 뉴욕의 계획가와 건축가들이 만든 위원회에서 펴낸 소책자인 『계획과 지역사회의 외관』*Planning and Community Appearance*은 이런 장소들의 중요성과 이런 장소들을 의미 있게 만드는 것의 중요성을 잘 지적하고 있다. 위원회가 주로 권고한 내용은 지역사회에서 중요한 시각적 장소들을 확인하고, **이런 소규모 장소들을 지정해서 예외적인 대우를 해야 한다**는 것이었다. 위원회의 보고서에 따르면, 이런 눈길을 끄는 장소들을 전반적인 도시 구획 설정과 계획에 포함시키는 것은 별 효과를 보지 못한다.* 몇 안 되는 이 장소들의 입지만으로도 거

---

* 뉴욕 지역계획협회에서 구할 수 있는 이 소책자에서는 또한 이런 접근에 필요한 입법, 규제, 조세 관련 내용을 논의하며, 따라서 도시의 시각적 질서에 진지한 관심이 있는 사람에게는 소중한 자료이다.

기 있는 건물들에 특별하고 예외적인 중요성을 부여하며, 이런 사실을 무시한다면 가장 구체적인 현실을 무시하는 셈이 된다.

눈길을 끄는 훌륭한 구조물이 없거나 그런 구조물이 있더라도 다른 종류의 설계상의 도움을 받을 필요가 있는 도시 가로가 일부 있다. 이런 가로는 그 모든 다양성에도 불구하고 가로가 하나의 통일체임을 암시하기 위한 통합적 장치를 필요로 한다.

앞서 11장에서 주거와 상업이 혼합된 가로에서 조화롭지 못한 대규모 용도 때문에 가로가 시각적으로 파열되거나 해체되는 것을 막는 데 적합한 전술을 언급한 바 있다. 앞에서 설명한 것처럼, 이런 가로에서 시각적 통일성에 적합한 전술은 단일 업체가 차지하는 가로 전면의 길이에 제한을 가하는 것이다.

가로 통합 전술의 또 다른 종류로서 우리는 강력하면서도 눈에 띄지 않는 디자인 요소가 많은 자질구레한 우연한 풍경을 질서정연한 방식으로 한데 묶을 수 있다는 원칙을 활용할 수 있다. 이런 종류의 통일은 특히 많은 사람들이 이용하고 보는 눈이 많으며 실제로 다양한 용도는 없지만 많은 자질구레한 풍경을 담고 있는 가로—가령 거의 전적으로 상업 용도인 가로—에서 유용할 수 있다.

이와 같은 가장 단순한 장치 중 하나가 직선 가로에 통일성을 부여하는 가로수인데, 멀리서 보면 간격이 눈에 띄지 않고 가까이서 보면 연속성을 느낄 수 있도록 촘촘히 심은 가로수가 적당하다. 포장 도로는 통일성을 부여하는 구조물로서 가능성이 있다. 선명하고 단순한 패턴의 포장 보도 말이다. 선명한 색상의 차일도 마찬가지이다.

이런 종류의 도움을 필요로 하는 거리는 그 자체가 문제이며 아마 나름의 해결책을 필요로 할 것이다.* 통일성 장치에는 고유한 함정이 있다. 통일성을 부여하는 구조물이 힘을 발휘하는 이유 중 하나는 그것이 어떤 장소에서 특별하다는 점이다.

어떻게 보면 하늘 자체가 거의 모든 풍경을 하나로 묶지만, 그런 편재성 때문에 대부분의 경관에 시각적 통일성을 부여하는 장치로서는 효율적이지 않다. 통일성을 부여하는 장치는 전체성과 질서에 대한 시각적 암시만을 제공할 뿐이다. 이런 암시를 이용해서 눈에 보이는 풍경을 통일적으로 조직하는 일은 대부분 보는 사람의 몫이다. 다른 면에서는 공통점이 없는 장소와 풍경들에서 동일한 통일성 장치를 보는 사람은 이내 무의식적으로 그 장치를 무시하게 된다.

도시의 시각적 질서를 손에 넣기 위한 이 모든 다양한 전술은 도시의 잡동사니들과 관계가 있다—가능한 한 연속적이고 분리되지 않는 도시 이용 구조로 결합되는 잡동사니들 말이다. 그러나 잡동사니에 대한 강조가 가장 중요하다. 도시란 바로 이런 것, 즉 서로를 보완하고 지탱해 주는 잡동사니이기 때문이다.

길게 쭉 뻗은 간선도로나 아프리카 원주민들의 섬뜩할 정도로 아름다운 울타리를 친 벌집 모양의 오두막과 비교하면, 아마 이 모든 것이 무척 진부해 보일지도 모른다. 그러나 우리의 도시를 표현하는 과정에서 표현해야만 하는 것을 깔보아서는 안 된다. 도시의 얽히고설킨 질서—무수히 많은 사람들이 무수히 많은 계획을 세우고 실행할 수 있는 자유의 표

---

* 영국 도시와 소읍, 시골의 설계에 관한 주목할 만한 두 책, 즉 고든 컬른(Gordon Cullen)과 이언 네언(Ian Nairn)이 쓴 『분노』(Outrage)와 『반격』(Counter Attack)은 다양한 종류의 통일성을 부여하는 구조물들—이런저런 시각적 장애물과 랜드마크 등등—이 미치는 효과를 생생하게 묘사하고 설명한다.

시——는 여러모로 대단히 경이적인 현상이다. 이와 같은 상호 의존하는 여러 용도들의 생생한 집합체, 이런 자유와 이런 삶을 있는 그대로 이해할 수 있도록 만드는 일을 주저해서는 안 되며, 우리가 알지 못한다는 사실을 항상 의식해야 한다.

19장_계획단지 구조하기

계획단지의 배후에 있는 부적절한 사고들 가운데 하나는, 계획단지가 평범한 도시에서 분리하여 따로 떼어 놓은 단지라는 통념 그 자체이다. 계획단지를 **그대로 놓고서** 그것을 구조하거나 개선하려고 생각하는 것은 이런 근본적인 잘못을 되풀이하는 데 지나지 않는다. 이 단지, 즉 도시라는 섬유조직에 붙어 있는 조각을 다시 짜 넣는 것이 목표가 되어야 마땅하다――그리고 그 과정에서 주변의 조직을 강화하는 것도 목표로 삼아야 한다.

단지를 도시 안에 다시 짜 넣는 것은 위험하고 활기 없는 단지 자체에 생명력을 불어넣는 데만 필요한 게 아니다. 지구 계획이라는 더 커다란 일을 위해서도 필요하다. 단지와 그 경계 공백지대에 의해 물리적으로 단절되고 지나치게 작은 근린들이 고립되면서 사회·경제적으로 불리한 입장에 놓이게 된 도시 지구는 사실 충분히 응집력 있고 규모가 큰 하나의 지구가 될 수 없다.

지구와 다시 결합시켜야 하는 단지 자체와 경계 지역을 소생시키기 위한 기본적인 원칙은 활력이 떨어지는 도시 지역을 돕기 위한 원칙과 동일하다. 계획가들은 다양성을 만들어 내는 데 필요한 조건 가운데 어떤 것이 없는지를 진단해야 한다—주요 용도의 혼합이 부족한지, 블록이 지나치게 크지는 않은지, 다양한 연수와 유형의 건물이 제대로 혼재되어 있는지, 충분히 많은 사람들이 집중되어 있는지 등을 진단해야 한다. 그런 뒤에 이런 조건 가운데 부족한 것을—대개 점진적이고 편의적으로—최선을 다해 공급해야 한다.

주택단지의 경우에 기본적인 문제는 계획되지 않은 활력 없는 회색지대와 도심에 흡수된 예전 교외 지역에서 나타나는 문제와 무척 흡사할 수 있다. 한편 문화센터나 시민센터 같은 비주거 단지의 경우에는 기본적인 문제가 다양성의 자기파괴를 겪는 예전의 도심 지역에서 나타나는 문제와 무척 흡사할 수 있다.

그렇지만 계획단지와 그 경계선은 다양성을 만들어 내는 데 필요한 조건들의 공급을 막는 특별한 종류의 장애물(때로는 탈슬럼화 과정을 가로막는 특별한 종류의 장애물)을 나타내기 때문에, 이 단지들을 구조하는 데는 몇 가지 특별한 전술이 필요하다.

오늘날 가장 시급하게 구조할 필요가 있는 단지는 저소득층 주택단지이다. 이 단지들의 실패는 수많은 사람들, 특히 어린이들의 일상적인 삶에 커다란 영향을 미친다.

게다가 이 저소득층 주택단지들은 그 자체가 무척 위험하고, 풍기가 문란하고 또 불안하기 때문에 많은 경우에 인근 지역까지도 어느 정도 문명화된 생활을 유지하기 힘들게 만든다.

연방 정부와 주 정부에서 재원을 조달한 주택단지에는 이제까지 막대한 투자가 이루어졌다. 비록 처음부터 구상이 잘못되었다 할지라도 이런 지출을 없었던 일로 치부하는 것은 미국 같은 부자 나라에게도 부담이 된다. 투자 자체를 구조하기 위해서는 이 단지들을 원래 의도한 것처럼 인간 생활과 도시에 유용한 자산으로 바꾸어야 한다.*

이런 단지들은 여느 슬럼과 마찬가지로 탈슬럼화할 필요가 있다. 이 말은 무엇보다도 자발적인 **선택**을 통해 주민들을 붙잡아 둘 수 있어야 한다는 의미이다. 그러려면 단지가 안전하고 도시 생활에 편리해야 한다. 또 무엇보다도 곳곳의 공적 인물과 활기차고 보는 눈이 많으며 이용자가 끊이지 않는 공공 공간, 아이들을 편하고 자연스럽게 감독할 수 있는 분위기와 도시에서 흔히 볼 수 있는 외부 사람들의 교차이용 등이 있어야 한다. 요컨대, 이 단지들이 도시의 구조에 다시 합류하는 과정에서 스스로 건강한 도시 구조의 특징을 띠어야 한다.

이 문제를 지적으로 이해하는 가장 쉬운 방법은 우선 주변 도로와 면한 단지 지상층이 사실상 깨끗하고 텅 빈 백지 상태라고 상상해 보는 것이다. 그 위에 떠 있는 아파트는 계단과 엘리베이터를 통해서만 지상과 연결된다. 이런 백지 상태에서는 모든 종류의 일을 할 수 있다.

실제 세계에서는 물론 이런 이론적인 백지 상태가 언제나 그처럼 깨끗하지 않을 것이다. 때로는 지상층에 엘리베이터와 계단 말고 다른 고정된 특별한 장소가 존재한다. 어떤 단지에는 지상층에 학교나 사회복지관

---

* 구조에 관한 가장 어리석은 생각은 처음의 실패를 그대로 복제한 건물을 짓고 사람들을 처음의 실패작에서 값비싼 복제 건물로 이주시키자는 구상이다. 처음의 실패를 이런 식으로 구조할 수 있다는 것이다! 그렇지만 오늘날 우리 도시들은 바로 이러한 슬럼 이동과 슬럼 복제 단계에 다다르고 있다. 가령 버펄로에는 1954년에 연방 정부 자금으로 지은 단테플레이스(Dante Place)라는 이름의 저소득층 주택단지가 있다. 단테플레이스는 순식간에 곪아 터지는 종기 같은 곳이 되어 버렸다. 시 주택국장의 말을 빌리자면, 이곳은 "인접한 부지의 개발을 가로막는 장애물이 되었다." 다음과 같은 해법이 나왔다. 도시의 다른 지역에 단테플레이스와 흡사한 새로운 주택단지를 세우고 단테플레이스를 구조하기 위해, 즉 이곳을 중산층 주택단지로 전환하기 위해 주민들을 새로운 단지로 이주시킬 예정이다. 1959년 11월, 뉴욕 주 주택청장은 실수를 바로잡는다면서 오히려 실수를 되풀이하는 이런 과정을 두고 "다른 주택 당국들에게 모범이 될 만한" 발전이라고 치켜세웠다.

이나 교회가 있다. 간혹 가능하면 보존해야 하는 커다란 나무들이 있는 경우도 있고, 드물기는 하지만 독특하고 제대로 기능해서 그대로 두어야 하는 야외 공간이 있는 경우도 있다.

이런 식으로 생각하면, 새로운 단지 ─ 와 특히 1950년 이후 지어진 대부분의 단지 ─ 의 지면은 자동적으로 오래된 단지보다 훨씬 깨끗한 지상층을 갖게 된다. 시간이 흐름이 따라 주택단지 설계가 텅 빈 공간에 높은 고층 건물을 툭 던져 놓는 식으로 판에 박힌 문제가 되어 버렸기 때문이다.

이런 백지 상태에 새로운 가로를 설계해야 한다. 텅 빈 '공원'을 관통하는 '산책로'가 아니라 건물과 새로운 용도를 수용하는 진짜 가로 말이다. 이 가로들은 작은 블록들 사이에 배치되어야 한다. 소규모 공원 역시 포함되어야 하고 스포츠나 놀이 지역도 있어야 하지만, 사람들이 붐비는 새로운 가로가 안전을 강화하고 매력을 보증하는 장소에 적절한 양만 있으면 된다.

이런 새로운 가로의 배치는 물리적 조건에 관한 두 가지 주요한 고려의 영향을 받을 것이다. 첫째, 새로운 가로는 단지 경계선 너머의 가로와 연결되어야 한다. 주된 목적이 이 장소를 주변과 연결하는 것이기 때문이다. (여기서 중요한 문제 하나는 단지 쪽 경계 가로의 재설계와 용도 추가가 될 것이다.) 둘째, 새로운 가로는 또한 단지 내부의 몇몇 고정된 특별한 장소와 연결되어야 한다. 단지 부지 위에 떠 있어서 엘리베이터와 계단을 통해서만 연결되는 것으로 생각한 아파트 건물을 가로에 면한 건물로 바꾸고 지상층을 가로에 면한 용도로 재설계하고 통합할 수 있다. 또는 아파트 건물이 가로에서 '보이지 않는다면' 가로에 면한 새로운 건물들 사이의 가로에서 짧은 거리를 걷거나 뛰어서 그 건물의 접근로에 다다를 수 있다.

어쨌든 기존의 고층 건물들은 새로운 가로와 새로운 건물, 새로운 도시 위 이곳저곳에 우뚝 서서 내려다볼 것이다.

물론 도시 환경과 불변의 고정된 특별한 장소에 연결되는 동시에 규칙적인 직선으로 이루어진 그 단지의 격자형 패턴을 이루는 가로를 설계하는 것은 불가능할 것이다. 너무 긴 블록을 가르는 새로운 가로의 경우와 마찬가지로, 이 가로 역시 구부러진 곳과 울퉁불퉁한 곳, T자형 교차로 등이 생겨날 것이다. 바로 앞 장에서 말한 것처럼 이런 게 많을수록 좋다.

어떠한 종류의 새로운 가로의 용도와 가로에 면한 건물이 있을 수 있을까?

주거와 다른 용도를 도입하는 것이 전반적인 목표가 되어야 한다. 충분한 용도 혼합이 부족한 점이야말로 활기 없고 위험하고 불편하기 짝이 없는 원인 가운데 하나이기 때문이다. 이와 같은 상이한 용도가 가로에 면한 새로운 건물 전체를 차지할 수도 있고, 아니면 1층이나 지하층만 차지할 수도 있다. 업무 용도라면 거의 어떤 종류든 무척 소중하다. 특히 단지의 예전 경계 바깥에서 많은 교차이용을 끌어들일 수 있다면 야간 용도와 일반적인 상업 또한 중요하다.

이와 같은 다양성을 얻기란 말보다 실행이 어렵다. 단지의 새로운 가로에 있는 건물들은 다양한 연수가 섞여 있는 게 아니라 사실상 모두 신축 건물이기 때문에 심각한 경제적 부담을 안을 것이기 때문이다. 이런 점은 참으로 불리한 조건이다. 이런 불리한 조건을 이상적으로 극복하는 방법은 전혀 없다—우리가 물려받는 단지에 존재하는 조건 가운데 하나일 뿐이다. 그렇지만 그것을 최소화하는 방법은 몇 가지 있다.

가장 유망한 한 가지 방법은 손수레를 이용하기 때문에 건물이 필요 없는 노점상에게 어느 정도 의존하는 것이다. 이 방법은 지금은 사라진 경비가 낮은 예전의 상점 공간을 어느 정도 경제적으로 대체하는 것이다.

　노점상을 배려한 의도적인 가로 배치는 활기와 매력, 흥미로 가득할 수 있으며, 저렴한 물건 덕분에 교차이용을 자극하는 훌륭한 기제가 된다. 게다가 쾌적한 풍경을 만들어 낼 수도 있다. 필라델피아의 건축가 로버트 게디스Robert Geddes는 도시의 상점가 재개발 안을 위해 흥미로운 노점상 지역을 설계한 바 있다. 문제의 가로에서 노점상 지역은 작은 공공건물 건너편에 자리한 일종의 시장 광장이 된다. 광장 쪽 가로는 인접한 상점과 아파트 건물이 양쪽을 에워싸지만 뒤편에는 에워싸는 것이 전혀 없다(광장은 블록과 인접한 주차장 쪽으로 반쯤 뚫려 있다). 게디스는 일종의 배경막으로 업무 시간 이후에 수레를 보관하는 용도의 매력적이면서도 경제적인 차고를 설계했다.

　가로에 면한 수레 보관용 차고는 광장 설계에서와 마찬가지로 단지의 직선 가로에서도 충분히 활용될 수 있다.

　야외 노점은 T자형 교차로나 가로가 굽은 곳에서도 훌륭하게 눈길을 끄는 존재가 될 것이다. 눈길을 끄는 가로 부지에 해당하는 곳은 전체 풍경에 특징적인 인상을 주는 것과 많은 관련이 있음이 생각날 것이다. 단지 구조에서 어려운 시각적인 문제 중 하나는 이런 장소들을 충분히 활기차고 도시적으로 보이게 만드는 일이 될 것이다. 극복해야 할 황량함과 시각적인 반복이 많기 때문이다.

　신축 건물이 지나치게 많은 불리한 조건을 부분적으로 극복하는 또 다른 방법은 임대료 보증 주거 장치에 의존하는 것이다. 16장에서 설명한 것처럼, 여느 도시 가로와 마찬가지로 단지 가로에도 이런 건물을 배치할 수 있다. 그렇지만 연립주택이나 이층 복층아파트(복층아파트 두 개, 즉 총 4층 건물이 된다)로 한정할 수도 있다. 구시가에 늘어선 고급 석조건물들이 보통 한 번에 한두 개의 건물이나 한두 개의 층씩 여러 종류의 서로 다른 도시 용도나 결합된 용도로 전환될 수 있음이 드러난 것처럼, 기본적으로 비슷한 이런 작은 건물들 역시 본질적으로 유연성이 있다. 이 건물들은 애초부터 용도 전환 후보지가 될 것이다.

일종의 공공서비스로 뉴욕의 유니언 사회복지관을 위해 공공 주택단지 설계를 위한 수많은 구상을 내놓은 '퍼킨스&윌'Perkins & Will, '시카고 앤드 화이트 플레인즈'Chicago and White Plains 건축사무소는 또 다른 가능성을 만들어 내고 있다. '퍼킨스&윌'에서 내놓은 설계안 가운데는 개방된 '지하실'을 형성하는 기둥 위에 4층짜리 플랫식 공동주택을 세우는 것도 있었다. 이 지하실은 지상층이거나 지면에서 1.2미터 낮은 정도이다. 이 설계의 목적 중 하나는 상점이나 기타 용도의 공간을 저렴하게 둘러막을 수 있게끔 하는 것이었다. 반지하층 때문에 플랫식 주택은 전층이 아니라 반 층만 지면 위에 있다. 이런 배치는 경제적인 면 외에도 가로에 변화를 주는 훌륭한 역할을 한다. 길에서 몇 계단만 내려가면 되는 지하층의 상점이나 작업장이 대개 인기 있고 매력적이기 때문이다.

또 다른 가능성은 가로에 면한 건물 일부를 값싼 임시 구조물로 세우는 것이다(물론 그렇다고 해서 보기 흉한 건물을 세우자는 말은 아니다). 경제적으로 제일 어려운 단계에서는 경비를 낮게 유지하고 장래에 경제적 성공이 보장될 때 건물을 다시 세우기 위함이다. 하지만 이것은 다른 방법들보다 유망하지 못하다. 건물을 5년이나 10년을 충분히 버티게 지으려면 사실 훨씬 더 오래 버티도록 지어야 하기 때문이다. 건물에 자동 노후화 기능을 부여하여 상당한 절약을 하기는 쉽지 않다.

고층 건물로 된 모든 주택단지는 특히 어린이들을 감독하는 데 불리하며, 아무리 구조 작업을 하더라도 통상적인 도시 보도에 면한 플랫형 공동주택이나 단독주택, 공동주택 창문에서 아이들을 감독하는 것처럼 고층 아파트에서 아이들을 감독하기는 여전히 불가능할 것이다. 어느 시간대에나 모든 공공장소의 지상층에 어른들이 돌아다녀야 하고, 공공질서와 법에 민감하게 마련인 소규모 상인들과 공적 인물들이 곳곳에 있어야 하고, 감시 효과가 가장 뚜렷한 건물 3, 4층에서 사람들이 항상 거리를 내다보도록 거리가 흥미롭고 활기차야 하는 것은 바로 이 때문이다.

주택단지 계획이 지닌 망상 가운데 하나는 단지가 도시 토지경제학의 일반적인 작용에서 벗어날 수 있다고 하는 통념이다. 물론 보조금과 수용권을 활용하면 도시 상업과 기타 용도에 유리한 경제 환경을 조성하는 데 걸림돌이 되는 **재정** 결핍을 피할 수 있다. 그렇지만 재정 문제를 피해 나가는 것과 기본적인 경제적 기능을 회피하는 것은 전혀 다른 문제이다. 단지 부지는 물론 도시 지리를 구성하는 다른 조각들처럼 집약적인 이용에 의존하며, 이런 집약성을 얻기 위해서는 그에 걸맞은 경제적 환경이 있어야 한다. 이런 경제적 환경이 얼마나 좋은가는 예전 단지 부지 내의 새로운 배열과 새로운 용도 혼합에, 그리고 단지 인구의 점진적인 탈슬럼화와 자기다양화에 좌우된다. 그러나 이는 또한 주변 지역이 얼마나 많은 다양성과 교차이용을 만들어 내는가에 좌우된다.

예전 단지를 포함한 지역 전체가 활기를 얻고 개선되고 탈슬럼화된다면, 예전 단지 부지의 비주거 용도는 결국 좋은 수익을 올릴 수 있게 된다. 그러나 이 부지는 처음 시작할 때 많은 불리한 조건이 있고 또 처음에 필요한 것이 많기 때문에 구조를 위한 상당한 공적 자금이 필요할 것이다. 시간과 상상력의 막대한 투자가 필요한 부지 재계획과 설계 자체를 위해 돈이 필요할 것이다. 이번에는 기계적으로 계획과 설계를 하거나 어떤 일을 왜 하는지 알지도 못하는 사람들의 손에 맡길 수 없기 때문이다. 또 가로와 기타 공공 공간을 건설하는 데도 돈이 필요하며, 적어도 일부 신축 건물에 보조금을 지급할 돈도 필요할 것이다.

기존의 주거 자체의 소유권이 여전히 주택 당국에 있든 없든 간에, 한데 뒤섞인 주거를 포함하여 새로운 가로와 새로운 용도는 이 기관들의 자산과 책임이 될 수 없다. 민간 건물 소유주와 경쟁하는 것이 정치적으로 불가능하기 때문이다(그런 경쟁은 현명하지도 않다). 또한 주택 당국에 오래된 장원을 자유도시로 탈바꿈시키는 책임을 부여해서도 안 된다. 주택 당국은 결코 이런 책임을 질 수가 없다. 이 땅은 주택 당국을 위해 정부 권한으로 수용되었다. 이 땅은 정부 권한에 의해 주택 당국으로부터 수용되어 재계획되고 건축용 부지로 매각되거나 장기 임대될 수 있다. 물론 일부는 공원관리국이나 가로관리국 같은 적절한 도시 기관의 관할이 되어야 한다.

앞에서 시사한 것과 같은 지상층의 물리적·경제적 개선 외에도 공공주택을 구조하려면 다른 변화도 필요하다.

통상적인 저소득층 주거용 고층 건물의 복도는 악몽에 등장하는 복도와 흡사하다. 오싹한 조명에 비좁고 냄새나고 복잡하다. 함정 속에 들어온 것 같은데, 사실 그렇다. 복도로 이어지는 엘리베이터 역시 마찬가지이다. "어디로 갈 수 있지? 주택단지는 안 돼! 애들이 있잖아. 어린 딸도 있고"라고 사람들이 거듭해서 말할 때 염두에 두는 것이 바로 이 함정이다.

어린이들이 주택단지 엘리베이터에 오줌을 눈다는 사실에 관해 많은 이들이 글을 쓴 바 있다. 냄새가 나고 기계를 부식시키는 이런 행동은 분명한 문제이다. 그러나 이 행동은 스스로 조작하는 단지의 엘리베이터를 오용하는 행동 가운데 아마 가장 악의 없는 짓일 것이다. 사람들이 엘리베이터 안에서 당연히 느끼게 되는 공포야말로 더 심각한 문제이다.

내가 보건대 이 문제, 그리고 이와 관련된 복도 문제에 대한 유일한 해결책은 엘리베이터 도우미를 두는 것이다. 다른 무엇, 즉 지상층의 경비원이나 문지기, 어떤 형태의 '세입자 교육'도 이 건물을 충분히 안전하게 해주거나 단지 내부와 외부 양쪽의 약탈자들로부터 보호해 주지 못한다.

이 해결책 역시 돈이 필요하지만, 한 단지에 4,000만 달러에 달하는 구조에 소요되는 엄청난 투자에 비할 바가 못 된다. 온갖 일상적 사건사고와 더불어 신문에 대서특필될 정도로 끔찍한 엘리베이터 범죄가 일어난 맨해튼 어퍼웨스트사이드의 신축 단지 프레드릭더글러스하우스 Frederick Douglass Houses에 투입된 공적 투자가 공교롭게도 4,000만 달러였다.

권좌에서 물러난 독재자가 비슷한 위험을 지닌 비슷한 주택단지를 대규모로 남겨 놓은 베네수엘라 카라카스에서는 엘리베이터와 복도 안전을 개선하는 실험이 도움이 되고 있다고 한다. 풀타임이나 파트타임으로 일을 할 수 있는 여성 세입자들을 아침 여섯 시부터 엘리베이터 운행이 중단되는 새벽 한 시까지 정규 엘리베이터 도우미로 고용하는 것이다. 베네수엘라에서 상당한 업적을 쌓은 미국인 도시계획 컨설턴트인 칼 파이스 Carl Feiss는 엘리베이터 도우미들이 공적 인물 노릇을 하게 되면서 건물이 더 안전해지고 전반적인 의사소통과 사교적인 분위기가 좋아졌다고 내게 말해 주었다.

큰 애들이 어린애들을 상대로 돈을 뺏고 성희롱을 하는 게 엘리베이터에서 일어나는 주요 사건인 낮 시간에는 우리의 단지에서도 여성 세입자를 도우미로 활용하면 좋을 것이다. 성인들에 의한 폭행, 강탈, 강도 등의 위험이 높아지는 밤 시간에는 남자가 도우미를 하는 게 좋을 것 같다. 야간에 엘리베이터 운행을 중단하는 게 효과적인지도 의심스럽다. 첫째, 이런 단지의 세입자들은 많은 경우에 야간 직종에 종사하며, 둘째, 다른 사람들에게 적용되는 것과는 다른 수많은 자의적인 규칙들이 이미 단지를 갈라놓고 주민들의 분노와 원망을 키우고 있기 때문이다.*

공공주택 단지가 탈슬럼화를 하려면 선택의 여지가 많아졌을 때 자발적인 선택에 따라 사람들을 잡아 둘 수 있어야 하며(즉 선택권이 생기기 전에 이미 기꺼이 애착을 가져야 한다), 이를 위해서는 이미 언급한 것과 같은 구조가 내외적으로 필요하다. 그렇지만 여기에 더해 사람들이 물론 자기 선택에 따라 머무를 수 있어야 한다. 최고 소득 한계를 포기해야 한다는 뜻이다. 한계를 높이는 것으로는 충분하지 않다. 주거와 소득수준의 연동 자체를 포기해야 하는 것이다. 이런 연동이 남아 있는 한 성공을 거두거나 운이 좋은 사람들은 모두 빠져나갈 뿐만 아니라 나머지 사람들은 일시적으로 머무는 신세거나 '실패자'라고 심리적으로 낙인찍힐 것이다.

소득의 증가에 발맞춰 임대료도 올라야 한다. 앞에서 설명한 임대료 보증 시스템 안의 경우처럼 경제적으로 수지가 맞는 수준까지 말이다. 이런 경제적인 임대료 수치에는 자본 비용을 임대료 방정식에 맞추기 위해 미리 평가된 할부 상환과 채무 이자 상환이 포함되어야 한다.

내가 내놓은 제안 가운데 하나, 아니 두 가지를 쓰더라도 다목적 구조자로서 효과를 미치지 못할 것이다. 세 가지 모두——주변 도시와 어울

---

* 요즘은 자발적인 선택에 따라 저소득층 주택단지에 들어오는 사람이 상대적으로 적다. 오히려 '도시재개발'이나 간선도로 건설 때문에 예전 동네에서 쫓겨난 경우가 많으며, 특히 유색인인 탓에 주거 차별을 당하는 사람들은 달리 선택의 여지가 없다. 철거민 가운데 약 20퍼센트만이 공공주택에 입주한다(필라델피아, 시카고, 뉴욕 등 수치가 발표된 곳의 통계이다). 공공주택에 입주하지 않는 사람들 가운데 대부분은 입주 자격이 있지만 다른 탈출구를 찾을 수 있기 때문에 입주하지 않는 이들이다. 뉴욕 시 주택 담당 관리는 방 세 개짜리 공공주택 아파트 입주 자격이 있는 철거민 16가구를 거론하면서 어느 정도 선택권이 있는 이런 운 좋은 사람들의 완고한 태도를 괘씸하게 설명했다. "그 사람들은 퇴거 통지서를 쥐고서도 한 사람도 공공주택에 들어가려 하질 않는다."

리고 뒤섞일 수 있는 지상층 개조, 건물 내부 안전 강화, 최고 소득 한계 철폐—가 필요하다. 당연히 영구적인 슬럼의 사기 저하와 퇴행 과정이 최소한의 피해를 가한 단지일수록 가장 신속한 긍정적인 결과를 기대할 수 있다.

중산층 주택단지는 저소득층 주택단지만큼 시급한 구조 문제가 아니지만, 어떤 면에서 보면 더 당혹스럽다.

저소득층 단지 세입자들과 달리, 중산층 단지 세입자들은 다른 사람들과 구별되는 섬으로 분리되기를 선호하는 것처럼 보인다. 확실하지는 않지만 내가 받은 인상에 따르면, 중산층 단지가 오래되면 자기와 계급이 다른 사람들과 접촉하기를 두려워하는 사람들의 비율이 높아지는(또는 적어도 뚜렷해지는) 경향이 있는 것 같다. 계급별로 분리 편성된 주택단지를 택한 사람들에게 이런 경향이 얼마나 본질적인지, 그리고 '구역'에서 사는 것 자체가 이런 정서를 어느 정도나 장려하고 조성하는지 나는 알지 못한다. 여러 중산층 단지에 사는 내 지인들은 단지 내부나 엘리베이터에서 소란스러운 사건—증거가 있든 없든 간에 이런 사건은 언제나 외부인의 소행으로 여겨진다—이 나면서 이웃들이 단지 경계 밖의 도시에 대해 반감이 커지는 것을 보았다고 내게 말하곤 한다. 현실적인 위험 때문에 '구역' 심리가 확산되고 굳어지는 현상—또는 이미 어떤 종류든 간에 외국인 혐오증에 사로잡힌 많은 사람들이 한곳에 집중되는 현상—은 대도시의 심각한 문제이다.

주택단지 경계 안에 살면서 경계 너머의 도시에 대해 낯설고 매우 위험하다고 느끼는 사람들은 지구의 경계 공백지대를 제거하는 일이나 심지어 이 공백지대를 도시 지구의 구조에 다시 편입시키기 위한 재계획을 허용하는 일에도 큰 도움이 되지 못할 것이다.

외국인 혐오증을 나타내는 주택단지가 포함된 지구라 하더라도 이런 불리한 조건에도 불구하고 계속해서 최대한 개선될 수도 있다. 이런 단지 바깥의 가로가 안전과 다양성과 활력, 그리고 인구 안정성 증대의 촉매 역할을 할 수 있다면, 그리고 동시에 단지 경계선 내부의 공백으로 인한 내재적인 위험이 단지 주민들과 보험회사, 노동조합, 협동조합, 그리고 단지의 소유주인 민간 기업가들이 수용할 수 있는 방식으로 개선된다면, 아마 머지않아 단지를 살아 있는 도시에 결합시킬 수 있을 것이다. 하지만 주변의 지구가 점점 정형화되고 위험한 단지들로 전환될수록 확실히 이런 희망도 점점 줄어든다.

문화센터나 시민센터 같은 비주거 단지는 몇몇 경우에 도시 구조에 다시 결합시키기 위한 지상층 재계획 전술을 채택할 수 있을 것이다. 가장 유망한 경우는 자신의 존재로 인한 완충물과 경계 공백지대만 약간 있고 이를 보완할 수 있는 집약적인 이용도가 높은, 도심 가장자리에 자리한 문화센터나 시민센터이다. 피츠버그의 새로운 시민센터의 한쪽은 적어도 현재 완충 역할을 하는 도심에 다시 결합될 것 같다. 샌프란시스코 시민센터의 일부도 새로운 가로와 새로운 용도가 더해진 가운데 도시에 다시 결합될 것이다.

시민센터, 특히 강당이나 공회당 같은 건물이 포함되어 상대적으로 짧은 시간에 많은 사람이 집중되는 시민센터의 주된 문제는 다른 낮 시간대에 적어도 비슷한 수준의 사람들을 끌어모을 수 있는 다른 주요 용도를 찾기가 쉽지 않다는 점이다. 이처럼 결합된 집약적 이용이 지원할 수 있는 이차적인 다양성의 범위와 규모를 위한 공간이 어딘가에 있어야 한다. 그리고 물론 광범위한 이차적 다양성을 담아내기에는 불충분한 오래된 건물들의 문제가 존재한다. 요컨대, 문제는 시민센터와 문화센터를 구성하는 많은 요소들이 집약적인 도심이나 중심적 용도의 요소로서만 의미를 가지며, 이런 단지들이 섬처럼 고립되는 경우에 이렇게 기능하도록 만들려는 노력은 산을 무함마드 쪽으로 옮기려는 노력을 의미한다는 것이다[프랜시스 베이컨의 『에세이』에 나오는 일화 속에서 예언자 무함마드는 산을 자기 쪽으로 불러오겠다고 사람들을 모은 뒤, 아무리 불러도 산이 오지 않자 자기가 산을 향해 걸어간다. 서구에서 "산이 무함마드에게 오지 않는다면 (무함마드가 산으로 가야 한다)"는 일종의 속담은 불가피한 현실을 인정해야 한다는 의미이다—옮긴이].

대부분의 경우에 재통합을 다루는 좀더 현실적인 방도는 시간 간격을 두고 이 단지들을 해체하는 것을 목표로 삼는 것이다. 기회와 여건이 된다면 해체가 이루어질 수 있다. 기회를 엿보자는 것이다. 가령 필라델피아에서는 시내의 브로드스트리트Broad Street 역과 펜실베이니아 철도 철로 제방이 철거되고 그 자리에 업무-교통-호텔 복합단지인 펜센터Penn Center 건립이 계획되었을 때 이런 기회가 찾아왔다. 이용하는 사람이 전혀 없는 문화센터 대로에 끼어 있던 필라델피아 자유도서관Philadelphia Free Library은 당시 대대적인 개조가 필요했다. 도서관 관리들은 이 오래된 건물을 개조하느니 차라리 도서관을 문화센터에서 없애고 펜센터 계획의 일부로 도심으로 옮기는 게 낫다는 점을 시 당국에 설득하기 위해 오랫동안 애를 썼다. 분명 시 정부의 책임자 가운데는 중심적인 문화시설을—도심을 위해서나 문화시설 자체의 활력을 위해서나—이런 식으로 다시 도심에 집어넣는 것이 필요하다고 생각하는 이가 없었다.

문화센터와 시민센터의 섬을 이루는 구성요소들이 분해되어 기회가 되는 대로 하나둘씩 섬을 떠나면, 그 자리에 완전히 다른 용도가 들어올 수 있다—비슷하기보다는 다르면서 또한 그런 차이 때문에 해당 계획단지에 남아 있는 용도들을 보완할 수 있는 것이면 금상첨화일 것이다.

필라델피아는 낡은 도서관의 실수를 남겨 두면서도 적어도 또 다른 실수를 쌓아 올리는 일은 피했다——이번에는 문화센터가 저절로 활력을 만들어 낸다는 환상에 빠지지 않을 만큼 경험을 쌓았기 때문이다. 몇 년 전에 도심에 있는 음악아카데미Academy of Music를 개조해야 했을 때, 이곳을 문화센터 부지로 옮기자는 생각을 진지하게 받아들인 사람은 거의 아무도 없었다. 결국 원래 있던 도심에 그냥 남았다. 볼티모어는 고립되고 방치되다시피 한 시민문화센터에 대해 몇 년 전부터 이런저런 계획을 세우다가 도심에 다시 짓기로 결정했다. 이 시설이 도심에 필요한 일차적인 용도이자 랜드마크로서 중요한 역할을 할 수 있기 때문이다.

이것은 물론 분류된 어떤 종류의 단지든 간에, 그것이 실제로 건설될 때까지 구조하는 최선의 방도이다. 한번 곰곰이 생각해 보라.

20장_지구의 관리와 계획

대도시에서 열리는 공청회는 실망스러운 동시에 고무적인, 진기한 자리가 되기 십상이다. 내가 잘 아는 공청회는 뉴욕 시의 주요 관리체인 예산위원회에서 결정을 요하는 조치들에 대해 시청에서 격주 목요일마다 여는 것이다. 정부 안팎의 누군가가 사전에 밀고 당기면서 끼워 넣은 문제들이 그날의 공청회 일정표에 오르게 된다.

    자기 의견을 말하고 싶은 시민들은 시장과 다섯 명의 구청장, 감사관, 시의회 의장 앞에서 발언을 한다. 시장을 비롯한 사람들은 일반인을 위한 흰색 등받이 좌석으로 가득 찬 널찍한 방의 한쪽 끝에 자리한 높다란 반원형 의석에 앉아 있다. 선출직, 임명직 공무원들 역시 일반인석에 자리를 잡고 논쟁적인 문제에 관해 찬반 의견을 밝힌다. 때로는 조용하고 신속하게 회의가 진행된다. 그러나 회의 중에 소동이 일어나고 하루 종일도 모자라 밤늦게까지 계속되는 일도 종종 있다. 도시 생활의 모든 부분, 이런저런 근린과 지구의 문제, 남다른 개성의 행렬, 이 모든 것이 이 방에서 활기를 띤다. 예산위원회 위원들은 귀를 기울이다가 불쑥 끼어들기도 하고, 때로는 즉석에서 판결을 언도하기도 한다. 마치 중세 시절에 영주가 장원에서 재판소를 여는 것처럼 말이다.

나는 이런 공청회의 열렬하고 확고한 지지자로서 마치 중독자처럼 틈만 나면 예산위원회 공청회에 참석하는 사람이 되었고, 다른 지구가 소리 높여 문제를 제기하거나 다른 동네가 대의명분을 호소할 때면 여기저기 관여하는 습관을 버릴 수가 없다. 어떤 의미에서 보자면, 공청회 전체가 분통이 터지는 일이다. 사실 그렇게 많은 문제들이 일어날 수는 없다. 시 정부 각 부서나 자유롭게 개입할 수 있는 당국의 선의의 관리들이 자신들이 세우는 각종 계획에 큰 영향을 받는 가로나 지구에 관해 자세히 알고 신경을 쓴다면 말이다— 또는 최소한 그 장소의 시민들이 자신들의 삶에서 무엇을 왜 소중히 여기는지를 안다면 말이다. 도시계획가를 비롯한 이른바 전문가들이 최소한 도시가 어떻게 움직이는지를 이해하고 이런 작동을 존중한다면 그렇게 많은 갈등이 일어날 리가 없다. 또 다른 쟁점은 유권자들을 분노하게 만들지만 책임을 규명하거나 개선을 추구할 효과적인 장소를 찾지 못하는 문제들, 즉 정실주의나 거래, 자의적인 행정조치 등과 관련된다. 또 전부는 아니더라도 많은 경우에 하루 벌이를 손해 보거나 아이들을 어디에 맡기거나 아니면 데리고 와서 보채는 아이를 몇 시간이고 무릎에 앉혀 놓는 수백 명의 사람들이 골탕을 먹고 만다. 이미 공청회 전에 모든 결정이 이루어졌기 때문이다.*

이 모든 것보다 훨씬 더 실망스러운 것은 이내 누구나 문제가 모든 사람의 통제 밖에 있다는 사실을 느끼게 된다는 점이다. 이 문제들의 곁가지

---

* 그리하여 전 맨해튼 구청장이자 현 시의원인 스탠리 M. 아이작스(Stanley M. Isaacs)는 『뉴욕타임스』에 보낸 헌장 개정에 관한 서한에서 다음과 같이 말한다. "그 사람들은 공청회를 여는가? 물론이다. 그렇지만 이미 경험이 있는 우리는 그것이 무엇을 의미하는지 안다. 이 공청회는 요즘 예산위원회에서 정기적으로 개최하는 공청회와 비슷할 것임. 우선 집행위원회부터 여는 것이다."[공청회 전날인 수요일마다 집행위원회가 개최된다.] "모든 것이 결정되고 나서야 귀를 막은 채 예의를 모두 갖추고 일반 대중의 말을 듣는 것이다."

는 너무 복잡하며, 너무 많은 각기 다른 종류의 문제와 요구, 서비스가 주어진 한 장소에 맞물려 있다──아메바처럼 뻗어 나간 지방 정부의 분리된 행정 제국들이 멀찍이서 일방적으로 하나씩 공격을 하는 경우에 힘을 보태거나 손을 대는 것은 고사하고 이해하기에도 너무나 많다. 장님이 코끼리를 더듬는 격이다. 이런 공청회에서는 무력감과 그 동반자 격인 부질없다는 느낌이 너무나도 뚜렷해진다.

하지만 다른 한편으로는 공청회라는 절차가 고무적인 역할을 하기도 한다. 수많은 시민들이 난국에 대처하면서 보여 주는 풍부한 활력과 진지함과 판단력 때문이다. 가난한 이들, 차별받는 이들, 못 배운 이들 등 평범하기 짝이 없는 사람들이 순간적으로 내면에 위대한 기질을 가진 이들로 모습을 드러낸다. 빈정대는 말이 아니다. 사람들은 삶을 통해 직접 알게 된 일들에 관해 종종 유창하게 지혜의 말을 들려준다. 지역적이지만 결코 편협하지 않은 관심사에 대해 열정적으로 이야기를 한다. 물론 어리석은 이야기나 사실과 다른 말도 나오고, 뻔뻔스럽거나 듣기 좋은 자기 본위의 말도 나온다. 이런 발언들이 어떤 효과를 낳는지를 보는 것도 좋은 경험이다. 내가 보기에 우리 같은 청중이 속는 경우는 거의 없다. 분명 우리는 우리의 반응을 통해 이런 소감을 이해하고 평가한다. 도시 사람들 가운데는 생활과 책임, 관심에 관한 경험이 풍부하다. 냉소가 있는 반면 신념 또한 존재하며, 물론 가장 중요한 것은 바로 이 신념이다.

높은 의석에 앉아 있는 여덟 명의 통치자들(우리는 정부 관습대로 이 사람들을 국민의 종복이라고 부를 수 없다. 종복이라면 마땅히 주인의 문제에 관해 더 잘 알아야 하기 때문이다), 이 통치자들 또한 딱한 괴짜들이 아니다. 내가 보기에 공청회에 참석한 우리 대부분은, 코끼리를 더듬는 장님들인 전문가들의 과도한 단순화에서 우리를 보호해 달라고 설득할 수 있는 희미한 기회(좀처럼 가지지 못하는 기회이다)나마 갖게 된 사실에 감사한다. 우리는 최선을 다해서 우리의 통치자들을 감시하고 연구한다. 그들의 정력, 지혜, 인내심, 인간적 반응은 대체로 믿을 만하다. 더 나은 이들을 찾는다고 해서 크게 개선될 것이라고 기대할 근거는 별로 없는 듯하다. 그들은 어떤 한 사람의 심부름을 온 아이들이 아니다. 슈퍼맨의 심부름을 온 사람들인 것이다.

문제는 그들이 그들을 지원하고, 조언을 해주고, 그들에게 정보를 알려 주고, 인도해 주고, 압력을 가하는 시대착오적인 조직 구조를 가지고 거대도시의 내밀한 속까지 다루려 한다는 점이다. 이런 상황을 낳은 어떤 악행이 있는 것은 아니며, 심지어 책임을 전가하는 악행도 존재하지 않는다. 악행이라고 부를 만한 것이 있다면 우리 사회가 벅찬 역사적 변화를 따라잡는 데 실패했다는, 충분히 이해할 만한 사실일 것이다.

이 경우와 관련된 역사적 변화는 대도시의 규모가 거대하게 커졌다는 것뿐만 아니라 대도시의 지방 정부들이 수행하는——주거, 복지, 보건, 교육, 관리계획 등의——책임 역시 거대하게 증대되었다는 것이다. 뉴욕만 유난히 이런 심대한 환경 변화에 대해 행정과 계획 구조의 적절한 기능적 변화로 대처하지 못하는 것은 아니다. 미국의 모든 대도시는 비슷한 궁지에 몰려 있다.

인간사가 실제로 새로운 복잡한 단계에 도달했을 때, 할 수 있는 유일한 일은 이 새로운 단계에서 현상을 유지하는 수단을 고안하는 것이다. 루이스 멈퍼드가 말한 이른바 '해체'unbuilding가 바로 그 대안이다. 한 사회가 그 토대에 의존하는 복잡성을 더는 유지할 수 없을 때 겪게 되는 운명인 것이다.

무자비하고 과도하게 단순한 사이비 도시계획과 사이비 도시설계는 일종의 도시 '해체'이다. 그러나 비록 실제로 도시 '해체'를 찬미하는 반동적인 이론들에 의해 만들어지고 신성시된다고 해도 오늘날 이런 식의 계획이 실행되고 영향을 미치는 것은 이론에만 의존하지 않는다. 도시 행정조직이 도시의 성장과 복잡성에 맞게 진화하지 못함에 따라 미처 알지 못하는 사이에 서서히 도시계획을 비롯한 행정 관리들——이 사람들 역시 슈퍼맨의 심부름을 하는 이들이다——에게 도시 '해체'가 파괴적이지만 실용적인 필연성이 되고 있다. 활력 있고 독특하며, 복잡하게 맞물린 세부적인 도시의 무한성을 이해하고 다루고 평가할 힘을 잃은 행정체계는 도시의 온갖 종류의 물리적 요구(사회적·경제적 요구는 말할 것도 없다)에 대해 틀에 박히고 무자비하고 낭비적이고 과도하게 단순한 해법을 고안할 **수밖에 없다.**

만약 도시의 활력을 계획하는 것을 목표로 한다면, 도시계획이 처음에 어떤 목표를 겨냥해야 하는지 생각해 보라.

활력을 위한 계획은 대도시 각 지구 곳곳의 용도와 사람들의 다양성의 범위와 양을 최대한 자극하고 촉진시켜야 한다. 이것이야말로 도시의 경제적 힘과 사회적 활력과 매력의 토대를 형성한다. 이를 위해서 도시계획가들은 특정한 장소에서 다양성을 만들어 내는 데 부족한 것이 무엇인지를 구체적으로 진단하고, 그것들이 최대한 공급될 수 있도록 조력하는 것을 목표로 삼아야 한다.

활력을 위한 계획은 거리 동네의 연속적인 네트워크를 장려해야 한다. 이런 곳에서는 이용자와 비공식 소유자들이 도시의 공공장소를 안전하게 유지하고, 낯선 이들을 위협이 아니라 오히려 자산으로 삼으며, 공공장소에서 사람들이 아이들에게 일상적으로 주의를 기울이도록 하는 데서 가장 중요한 역할을 한다.

활력을 위한 계획은 경계 공백지대의 파괴적 존재에 맞서 싸워야 하며, 사람들로 하여금 대도시 생활에 불가피한 힘들고 현실적인 문제에 대처할 수 있는 안팎의 접촉이 풍부하고 다양하며 충분히 넓은 도시 지구와 일체감을 가질 수 있도록 도와주어야 한다.

활력을 위한 계획은 누가 됐든 간에 원래 살던 주민 가운데 많은 수가 시간이 흐를수록 자신의 선택에 따라 남도록 설득하는 것을 목표로 하는 조건을 창출함으로써 슬럼의 탈슬럼화를 겨냥해야 한다. 이렇게 하면 사람들의 다양성이 꾸준히 증대되고 예전 주민과 그들에게 동화되는 새로운 주민들 모두에게 공동체가 연속성을 가질 것이다.

활력을 위한 계획은 한편으로는 파괴의 기회를 가로막고 다른 한편으로는 더 많은 도시 지역이 다른 사람들의 계획에 유리한 경제 환경을 가지도록 자극함으로써 다양성의 자기파괴와 격변을 위한 돈의 사용을 건설적인 힘으로 전환시켜야 한다.

활력을 위한 계획은 도시의 시각적 질서를 명료화하는 것을 목표로 삼아야 하며, 기능적 질서를 방해하거나 부정하는 게 아니라 장려하고 계발함으로써 그런 목표를 이루어야 한다.

분명 이런 목표는 여기서 말한 것처럼 그렇게 거창한 것이 아니다. 서로 연관되어 있기 때문이다. 다른 목표를 동시에(그리고 어느 정도 자동적으로) 추구하지 않는다면 어떤 한 가지도 효과적으로 추구할 수 없다. 그렇지만 만약 문제를 진단하고, 전술을 고안하고, 행동을 권고하고, 행동을 실행하는 책임이 있는 이들이 자기가 무엇을 하는지 알지 못한다면 이런 목표들은 추구할 수 없다. 책임 있는 사람들은 일반적인 방식이 아니라 자기가 다루는 도시의 구체적이고 독특한 장소의 측면에서 자신이 무엇을 하는지를 알아야 한다. 이렇게 알아야 하는 것들은 대부분 바로 그 장소에 살거나 그곳을 이용하는 사람들에게서만 배울 수 있다. 다른 사람들은 제대로 알지 못하기 때문이다.

이런 식의 계획을 위해서는 여러 분야의 행정가들이 구체적인 **서비스**와 **기법**을 이해하는 것으로는 충분하지 않다. 구체적인 **장소**들을 철저하게 이해해야 하는 것이다.

대도시를 하나의 전체로서, 또는 지구들 전체의 집합으로서 이해하면서 건설적인 행동을 인도하고 무의식중에 쓸데없이 파괴적인 행동을 하는 것을 피하는 데 필요한 세세한 내용을 아는 건 오로지 슈퍼맨뿐이다.

오늘날 많은 도시 전문가들 사이에는 이미 계획가를 비롯한 행정가들의 이해와 통제를 벗어난 도시 문제가 관련된 영역이나 수반된 문제들을 한층 더 넓혀서 '폭넓게' 다루는 경우에만 해결될 수 있다는 믿음이 널리 퍼져 있다. 이런 식으로 지적 무력감에서 도피하는 것이다. 어떤 이는 비꼬듯이 이렇게 말했다. "지역이란 우리가 해법을 찾지 못하는 문제를 가진 최후의 곳보다 좀더 안전하게 넓은 영역이다."

오늘날 대도시의 정부는 더 큰 업무를 다루기 위해 매우 신중하게 확장하고 개조한 소도시 정부와 별반 다르지 않다. 이런 변화는 이상한 결과를, 궁극적으로는 파괴적인 결과를 낳고 있다. 대도시는 소도시에서 제기되는 문제와는 본질적으로 다른 기능적 문제를 제기하기 때문이다.

물론 유사성도 있다. 여느 정주지와 마찬가지로 대도시 역시 관리해야 하는 영역과 그를 위해 관리해야 하는 다양한 서비스가 있다. 그리고 대부분의 소규모 정주지와 마찬가지로, 대도시에서도 이런 서비스를 수직적으로 조직하는 것이 논리적으로나 현실적으로 당연하다. 즉 각 서비스마다 독자적인 기관이 있다. 가령 시 차원의 공원국, 보건국, 교통국, 주택국, 병원국, 수도국, 가로국, 면허국, 경찰국, 위생국 등등이 있다. 때로 새로운 서비스가 추가되기도 한다——대기오염국, 재개발 담당기관, 대중교통 담당국 등이 그것이다.

그렇지만 대도시에서 이 기관들이 해야 하는 일이 무척 많기 때문에 시간이 흐름에 따라 가장 전통적인 기관조차도 그 내부에 수많은 분과를 만들어야 한다.

이런 분과의 대다수는 그 자체가 수직적이다. 이 기관들은 책임의 분할에 따라 내적으로 나뉘는데, 이번에도 역시 각 분할은 도시 전체에 적용된다. 따라서 가령 공원국에는 최고 지휘부 아래 삼림 관리, 유지보수, 놀이터 설계, 레크리에이션 프로그램 등을 각각 책임지는 경계선이 생기기 쉽다. 주택국에는 부지 선정과 설계, 유지관리, 사회복지, 입주자 선별 등을 각각 책임지는 경계선이 있으며, 각 경계선은 그 자체가 하나의 복잡한 기관으로서 한데 모여 최고 지휘부를 구성한다. 교육위원회, 복지국, 계획위원회 등도 마찬가지이다.

이와 같은 수직적인 책임 분할 외에도 많은 행정기관에는 수평적인 분할도 존재한다. 행정기관들은 정보 수집이나 실행을 위해, 또는 둘 다를 위해 **지역별** 구획으로도 나뉜다. 따라서 예컨대 경찰 관할구역, 보건 지구, 복지 지구, 소규모 행정을 담당하는 학군 및 공원 지구 등등이 존재한다. 뉴욕의 경우에는 5개 자치구청장이 주로 가로(교통 제외)와 다양한 토목 서비스 등 몇몇 서비스를 전적으로 책임진다.

이런 수많은 내부적 책임 분할 각각은 그것이 수직적이든 수평적이든 간에 그 자체로는 합리적이다. 이를테면 진공 상태에서는 합리적이다. 그러나 대도시라는 현실에 그것들을 모아 놓으면 그 합은 혼돈이 된다.

소도시에서는 서비스의 내적 분할이 어떤 식으로 이루어지든 간에 그 결과가 본질적으로 다르다. 예컨대 인구가 165,000명밖에 되지 않는 뉴헤이븐 같은 도시를 생각해 보자. 이 정도 규모의 소도시에서는 한 행정 기관의 수장과 직원들이 전혀 다른 기관의 수장 및 직원들과 원하기만 하면 언제든지 쉽게 소통하고 협의할 수 있다. (물론 소통하고 협의할 만한 좋은 구상이 있는지 여부는 별개의 문제이다.)

더욱 중요한 사실은, 소도시 규모에서는 행정기관 수장과 직원들이 동시에 두 가지 문제에 정통한 전문가일 수 있다는 점이다. 자기 책임 분야에서 전문가이면서 동시에 뉴헤이븐 자체에 관한 전문가일 수 있는 것이다. 행정가(나 다른 누군가)가 한 장소를 알게 되고 제대로 이해하는 유일한 길은 일부분은 시간을 들여 직접 정보를 얻고 관찰을 하는 것이고, 또 나머지는 정부 안팎에 있는 다른 사람들이 그 장소에 관해 아는 바를 배우는 것이다. 이런 정보 중 일부는 지도나 표로 작성할 수 있지만, 나머지는 그렇게 할 수 없다. 보통의 지능을 가진 사람이 뉴헤이븐을 이해하는 것은 이 모든 수단을 결합함으로써 가능하다. 명석한 사람에게나 모자라는 사람에게나 한 장소를 샅샅이 이해하는 다른 방법은 전혀 없다.

요컨대 하나의 행정 구조로서 뉴헤이븐은 그 규모의 한 요소로서 자체적으로 성립된 상대적인 응집성을 갖고 있다.

행정의 관점에서 뉴헤이븐 같은 장소의 상대적인 응집성은 당연한 것으로 여겨진다. 행정의 효율성을 비롯한 실행의 측면을 개선하는 길이 있을 수 있지만, 그런 개선의 방법이 뉴헤이븐에 8분의 1의 공원국과 6과 4분의 1의 보건 지구, 3분의 1의 복지 지구, 13분의 1의 도시계획 담당 직원, 2분의 1의 학군, 두번째 학군의 3분의 1, 세번째 학군의 9분의 2, 2와 2분의 1의 경찰국, 교통 감독관의 시찰 1회 등을 두루 갖추는 것이라는 망상을 가진 사람은 없다.

만약 이와 같이 편성된다면, 인구가 165,000명에 불과한 뉴헤이븐조차도 책임 있는 사람이 이해할 수 없는 장소가 될 것이다. 어떤 이들은 이 도시의 일부만을 볼 것이고, 다른 사람들은 전체를 보지만 피상적으로만, 즉 일관되고 커다란 전체가 아닌 상대적인 일부만 볼 것이다. 이런 편성에서는 계획을 비롯한 도시의 서비스 역시 효율적이거나 건전하게 관리될 수 없다.

그러나 대도시 안에서 정보를 수집하고 서비스를 관리하고 장소를 위한 계획을 세우는 방식은 바로 이런 것이다. 당연히 거의 모든 사람이 해결하기를 원하며 해결할 수 있는 문제들은 모든 사람의 이해와 통제에서 벗어나 있다.

뉴헤이븐을 예로 들어 윤곽을 그려 본 가상적인 분류를 인구가 150만에서 800만에 달하는 도시에 적용하도록 10배나 50배로 곱해 보라(이해하고 다뤄야 하는 고유한 복잡성이 인구와 함께 산술적이 아니라 기하급수적으로 증대한다는 점을 유념하라). 그리고 지역에 어지럽게 조각이 널린 무질서 상태에서 각기 다른 책임을 분류하여 거대한 부문별 관료 제국으로 결합해 보라.

조정, 회의, 연락 등의 미로처럼 얽힌 망이 무질서하게 무작위로 분류된 제국을 서로 느슨하게 연결시켜 준다. 이 미로는 무척 복잡하게 얽혀 있기 때문에 믿을 만하고 민감한 부서 간 이해의 통로나 특정한 장소에 관해 공동으로 축적한 정보의 통로, 또는 일처리를 위한 행동의 통로로 기능하는 것은 고사하고 뚜렷하게 윤곽을 잡고 개방된 상태를 유지하기도 쉽지 않다. 이 미로에서는 시민과 관리 모두 끝없이 헤매기 십상이다. 지나는 곳마다 지쳐서 죽은 오래된 희망의 시체들로 덮여 있다.

그리하여 볼티모어에서는 내부 조언을 받는 유리한 위치에 있고 또 그릇되거나 불필요한 행동을 전혀 하지 않은 세련된 시민단체가 1년 내내

회의와 교섭, 일련의 문의와 승인에 참여했다——단지 가로 공원에 곰 조각상을 설치하는 인가를 받기 위해 말이다! 이런 미로 속에서는 원래 단순한 성과도 대단히 어려운 일이 된다. 어려운 성과는 불가능한 일이 된다.

뉴욕 시 소유 공동주택에서 화재가 일어나 여섯 명이 부상을 입었다는 1960년 8월 『뉴욕타임스』의 기사를 보라. 신문에 따르면, 이 공동주택은 "2월에 소방국에서 건물관리국에 전달한 보고서에서 화재 위험이 큰 건물이라고 명시되었었다". 건물관리국장은 시에서 소유권을 획득한 5월 16일 이후 시기를 포함하여 오래전부터 건물 조사관들이 이 건물에 들어가 보려고 노력했다고 자기 부서를 옹호하며 말했다. 신문기사는 다음과 같이 이어진다.

사실 건물관리국장의 말에 따르면, 부동산국[건물 소유주인 시 기관이다]은 7월 1일까지 건물관리국에 이 건물을 취득한 사실을 통보하지 않았다. 그리고 25일이 지난 뒤에도 시청 20층의 건물관리국에서 18층에 있는 [건물관리국 산하] 주택과까지도 통보가 전달되지 않았다. 7월 25일에 주택과에 통보 내용이 전달되자 주택과에서는 부동산국에 전화를 걸어 건물 조사를 위해 방문할 필요가 있다고 요청했다. 건물관리국장에 따르면, 처음에 부동산국은 자기들도 건물 열쇠가 없다고 말했다고 한다. 협의가 진행되었다.…… 화재가 발생한 토요일[8월 13일]에도 여전히 협의가 진행되고 있었다. 화재 소식을 듣지 못한 건물관리국의 어느 관리는 다음 주 월요일에 새롭게 협의를 시작했다.……

순전히 의사소통과 관련된 이런 어리석은 절차가 지나치게 성가시고 쓸데없고 지루해서 따르기가 어렵다면, 여기에 반론을 제기하는 것은 얼마나 더 성가시고 쓸데없고 지루할지 생각해 보라. 희망과 에너지와 창의력을 품고 이런 제국에 들어온 사람들은 (흔히 생각하듯이 일자리를 유지하기 위해서가 아니라) **자신**이 살아남기 위해서 거의 무관심해지고 체념해야 한다.

그리고 만약 유용한 정보 소통과 효과적인 행동 조정이 정부 내부에서부터 좌절된다면, 외부에서 이 문제를 다뤄야 하는 사람들에게는 얼마나 많은 좌절과 절망이 있을지 생각해 보라. 선출직 관리들에 대한 집단적인 정치적 압력을 조직하고 행사하는 것은 비록 어렵고 시간(과 많은 비용)이 소요되지만, 대도시 시민들은 흔히 이런 노력이야말로 훨씬 더 어렵고 시간이 소요되는 비선출직 관료기구의 절차를 우회하거나 단축하는 유일한 방법임을 알게 된다.*

현실적인 이해와 견해의 충돌을 둘러싸고 싸워서 해결하기 위해서는 항상 정치적 행동과 압력이 필요하며, 이는 자치 사회에서는 당연한 일이다. 오늘날 우리가 깨닫듯이, 모든 대도시에서 단 하나의 문제나 한 장소의 요구를 다루는 데 반드시 필요한 몇 가지 상이한 서비스에 적합한 전문가들을 한데 모으고 관여시키는 데에만도 대단한 노력이 필요하다는

---

* 특수 이익집단은 때로 평범한 시민들로 하여금 선출직 관리를 통해 행정가에게 집단적 힘을 행사하게 만드는 것과 비슷한 좌절감을 극복하기 위해 '세력가'를 영입하기도 한다. 그리하여 뉴욕에서 도시 재개발을 둘러싸고 터진 스캔들의 한 측면은 연방 정부에서 보조하는 재개발 단지의 여섯 개 주관사들이 [민주당 지도자 카마인 G. 드세이피오(Camine G. DeSapio)의 언론 담당 수석보좌관인] 시드니 S. 배런(Sydney S. Baron)에게 돈을 준 것과 관련이 있었다.『뉴욕포스트』에 따르면, 주관사 중 한곳은 이렇게 설명했다. "우리가 배런을 그의 영향력 말고 다른 이유 때문에 영입했다고 말한다면 이상할 것이다. 우리는 보건국, 소방국, 경찰국 등의 국장과 만나기 위해 몇 달을 기다리지만, 배런은 전화 한 통이면 곧바로 뭔가 조치를 얻어 낸다." 신문기사는 다음과 같이 이어진다. "배런은 자신이 '시 기관과 일처리를 신속하게 하기' 위해 고용되었다는 사실을 단호하게 부인했다. '나는 보건국 및 소방국과 두 차례의 회의만 주선했을 뿐이다.'"

것은 또 다른 문제이다. 그리고——뉴욕 시 계획위원회의 표현을 빌리자면——이와 같은 "연락의 공식화를 위한 조정"이 마침내 조정되고 공식화된다 하더라도, 무지한 전문가들끼리의 회의가 되기 십상이라는 사실은 더욱 우스운 일이다. 대도시의 근린이 얼마나 복잡한지는 단편적인 책임을 가진 전문가들에게 동네에 관해 설명하려고 노력할 때에야 깨닫게 된다. 베개로 입을 막고 밥을 먹는 꼴이다.

대도시의 시민들은 정부에 충분히 적극적인 관심을 기울이지 않는다고 끊임없이 비난을 받는다. 그렇지만 오히려 계속해서 관심을 기울이려 노력하는 것이 놀라운 일이다.

『뉴욕타임스』의 해리슨 솔즈베리 기자는 청소년 비행에 관한 예리한 기사에서 정보와 행정, 책임과 권한의 극심한 파편화로 인해 세워진, 개선을 가로막는 부동의 장애물을 거듭해서 거론한다. "진짜 정글은 관리들의 사무실에 있다." 솔즈베리는 청소년 비행을 연구하는 한 학생의 말을 인용한다. "갈등, 혼란, 권한 중복이야말로 우리 시대의 풍토이다."

사람들은 흔히 이런 방해와 무력증이 의도적인 것이거나 적어도 도시 행정의 여러 불쾌한 속성의 부산물이라고 여기는 듯하다. 시민들이 도시 제국의 미로에서 느끼는 좌절감에 관해 말할 때마다 '위선', '관료적인 질시', '현 체제의 기득권', '그들의 관심 밖' 같은 말들이 절망적인 설명 속에 등장한다. 물론 이런 불쾌한 특질이 발견될 수 있지만——이런 요구에 직면해서 엄청난 노력을 기울여도 극히 적은 성과만을 얻는 환경에서 이런 특질은 더욱 번창한다——개인적인 악이나 비열함 때문에 이런 혼란이 조성되는 것은 아니다. 성인군자라도 이런 시스템을 제대로 운영할 수는 없는 노릇이다.

행정 구조 자체가 잘못된 것이다. **이미 단순한 개조로 기능할 수 있는**

시점을 넘어서 개조되었기 때문이다. 인간사는 흔히 이런 식으로 전개된다. 복잡성의 증대 수준이 일정한 시점에 이르면 현실적인 발명이 필요하다.

도시들은 이와 같은 행정의 파편화 문제를 해결하기 위한 발명에 상당한 노력을 기울이고 있다──계획위원회를 고안한 것이다.

도시행정 이론에 따르면, 계획위원회는 거대한 행정 조정자이다. 계획위원회는 미국 도시의 정부에서 새롭게 부각된 중요한 특징이며, 대부분의 계획위원회는 기존의 도시 행정부문들이 도시의 물리적 변화에 수반되는 다양한 계획을 조정하지 못한다는 명백한 사실에 대한 직접적인 대응으로 지난 25년 사이에 설치된 것이다.

계획위원회의 발명은 그것이 극복하고자 한 바로 그 결함을 고스란히 반복하거나 어떤 면에서는 더욱 확대했다는 점에서 실패작이었다.

다른 관료 제국들과 마찬가지로, 계획위원회 역시 기본적으로 수직적으로 분산된 책임을 지닌 수직적인 방식으로 조직되어 있으며, 때로는 최고 지휘부 아래 결합된 채 요구와 편의에 따라 이곳저곳에(예컨대 재개발 지구나 보존 지역에) 임의적인 수평적 부문으로 나뉜다. 이런 구조 아래서는 계획위원회를 포함한 어느 누구도 일반적이거나 파편화된 방식으로밖에 달리 도시의 장소들을 이해할 수 없다.

게다가 다른 도시 기관들에서 세우는 물리적 계획을 조정하는 역할을 하는 계획위원회는 주로 다른 기관의 공무원들이 무엇을 할지를 잠정적으로나마 판단한 **뒤에야** 이런저런 계획안을 다룬다. 수십 곳의 출처에서 이런 안들이 계획위원회의 시야로 들어오며, 계획위원회는 **그 뒤에야** 이 안들이 각각에 비추어, 그리고 계획위원회 자체의 정보와 구상, 시각에 비추어 합당한지를 살펴본다. 그러나 지식과 정보를 조정하는 데 중요한 시간은 특정한 장소의 특정한 서비스를 위한 잠정 계획안이 구상되거나 전술이 실행되는 시간 이전과 그 사이이다.

당연히 이와 같은 비현실적인 시스템 아래서는 조정자들이 다른 이들을 위한 경우는 차치하고라도 자기들 스스로도 조정을 할 수 없다. 필라델피아의 계획위원회는 미국에서 가장 훌륭한 것으로 정평이 높은데, 여러 면을 고려하면 실제로도 아마 그럴 것이다. 그러나 필라델피아의 계획위원회가 소중히 여기는 미적 창조물인 그린웨이Greenway '산책로'*의 물리적 외관이 왜 애초에 계획가들이 묘사한 것과 다른지를 추적하다 보면, 가로국Department of Street이 이런 구상을 전혀 알지 못했고 따라서 적절한 포장 도로를 제공하지 않았으며, 공원국이나 주택국, 재개발업자 등도 이런 구상을 알지 못했고 따라서 추상적인 공지空地를 제대로 처리하지 않고, 가로 부속품과 관련된 많은 시 부서들도 이 구상을 알지 못했다──그리고 무엇보다도 시민들이 이런 구상을 알지 못했다. 이 모든 세부 사항이 무척이나 지루하고 실망스럽기 때문에 작년에 그린 전망의 조각들을 끌어모으려고 무익하게 노력하면서 미로를 헤매는 것보다는 오히려 다른 장소에 '이상적'인 전망을 새로 창조하는 게 더 바람직하다. 그러나 탈슬럼화, 안전, 도시 질서 명료화, 다양성을 위한 경제적 환경 개선 같은 정말로 힘든 계획 문제들을 다루는 데 필요한 조정에 비하면, 이런 것들은 본질적으로 단순한 문제다.

이런 상황 속에서 계획위원회는 도시의 복잡한 세부에 필요한 무한성을 파악하고 조정하는 효과적인 도구가 아니라 오히려 도시를 '해체'하고 지나치게 단순화하는 파괴적인 도구가 된다. 지금 상태로는 어쩔 도리가 없다. 계획위원회 직원들은 아무리 노력한다 할지라도 다른 일을 할 만

---

* 물론 이 길을 산책하는 사람은 없다.

큼 도시의 장소들에 관해 충분히 알지 못한다. 계획에 관한 이 사람들의 이데올로기가 '빛나는 전원도시 미화'의 관점에서 **도시계획으로** 바뀐다 할지라도, 그들은 도시계획을 할 수 없다. 그들에게는 여기에 필요한 자세하고 다면적인 정보를 모으고 파악하는 수단조차 없다. 계획위원회의 구조가 대도시를 이해하는 데 부적합하고 또 다른 부서들도 이와 동일한 구조적 부적합성을 갖고 있기 때문이다.

여기 도시에서 정보와 행동의 조정에 관한 흥미로운 점이 한 가지 있는데, 이것이야말로 가장 어려운 문제이다. 여기서 필요한 주요한 조정은 국지적인 장소들 내의 각기 다른 서비스 간의 조정으로 귀착된다. 이것은 가장 어려우면서도 동시에 가장 필요한 조정이다. 수직적으로 분류된 책임의 경계선 사이의 조정은 이와 비교하면 단순하고 또 중요성도 덜하다. 그러나 수직적인 조정은 행정 구조 때문에 가장 쉬우며, 장소 조정이 불가능한 다른 모든 종류의 조정은 더욱 어렵다.

지적인 측면에서는 도시행정 이론에서 장소 조정의 중요성을 제대로 인정하거나 인식하지 못한다. 여기서도 역시 계획위원회 자체가 중요한 관건이다. 계획가들은 흔히 자신이 도시 전체를 거시적으로 다루며 자신들이 "전체상을 파악"하기 때문에 대단한 가치를 갖는다고 생각한다. 그러나 그들이 도시 '전체'를 다루는 데 필요하다는 통념은 대개 망상에 불과하다. 고속도로 계획(아무도 이와 관련된 장소들을 이해하지 못하기 때문에 형편없이 이루어진다)을 제외하면, 그리고 잠정 예산안에서 제시된 주요한 개선 지출 총액을 합리화하고 할당하는 순전히 예산과 관련된 책임을 제외하면, 사실 도시 계획위원회와 그 직원들이 하는 일이 대도시를 완전한 유기체로 다루는 경우는 거의 없다.

사실 거의 모든 도시계획은 해야 하는 일의 성격 때문에 특정한 가로나 근린, 지구의 이곳저곳에서 하는 비교적 규모가 작은 구체적인 행위와 관계된다. 계획이 제대로 되는지를 알려면—즉 무엇을 해야 하는지를 알려면—동일한 범주의 자잘한 구조물 가운데 얼마나 많은 것들이 다른 장소로 가는지, 그리고 그곳에서 어떤 역할을 하는지를 아는 것보다는 구체적인 장소를 아는 것이 더욱 중요하다. 창조적이거나 조정적, 예언적인 계획에서는 다른 어떤 전문적 능력도 장소에 대한 지식을 대체할 수 없다.

따라서 필요한 것은 일반화된 상층의 조정을 위한 장치가 아니라 요구가 가장 시급한 곳, 즉 구체적인 독특한 장소에서 조정을 할 수 있는 장치이다.

요컨대 대도시는 행정지구로 나뉘어야 한다. 이런 행정지구는 시 정부의 수평적인 분할이 될 것이지만, 임의적인 수평화와 달리 자치정부 전체에 공히 존재할 것이다. 행정지구는 대부분의 시 기관 내에 만들어진 일차적이고 기본적인 분과들을 대표할 것이다.

최고위 국장 아래에 있는 기관의 주요 관리들은 지구 행정관이 되어야 한다. 각 지구 행정관은 담당 지구 내 자기 부서의 서비스의 모든 측면을 감독할 것이다. 그 아래에서 일하는 직원들은 지역에 행정관의 서비스를 공급하는 역할을 한다. 지구의 생활이나 계획에 직접적으로 작용하는 각 부서—교통, 복지, 교육, 경찰, 공원, 법규 준수, 보건, 주거 보조, 소방, 구획 설정, 계획—에 동일한 지구 경계가 공통적으로 적용된다.

행정관의 서비스뿐만 아니라 이 지구도 각 지구 행정관의 구체적인 관심사가 된다. 이런 이중의 지식은 보통의 명석한 지식인에게는 부담스러운 것이 아니다—특히 지구에 다른 각도에서 동일한 장소를 바라보고 그 장소를 하나의 장소로서 이해하고 봉사하는 책임이 있는 다른 사람들이 있을 때는 더욱 그러하다.

이런 행정지구는 현실을 새로운 장치 아래 파편화하기보다는 현실에 부응해야 할 것이다. 행정지구는 5장에서 설명한 것처럼 현재 사회·정치적 '생물'처럼 기능하는—또는 그렇게 기능할 잠재력이 있는—지구와 일치해야 한다.

이와 같은 통치의 지식과 행동의 틀이 있으면, 시 차원의 많은 자발적인 공공서비스 기관들 역시 지구 행정에 맞게끔 스스로 변화할 것이라고 기대할 수 있다.

이미 지적한 것처럼, 수평적인 자치행정이라는 구상은 새로운 것이 아니다. 많은 도시 행정에서 이미 의존하는 임의적이고 조정되지 않은 수평화 속에 전례가 있다. 또한 오늘날 흔히 볼 수 있는 재개발 지구나 보존지구 지정에도 전례가 있다. 뉴욕 시가 몇몇 장소에서 근린을 보존하려는 노력을 시작했을 때, 이 프로그램을 담당한 행정가들은 적어도 건축국, 소방국, 경찰국, 보건국, 위생국 등으로부터 특히 이 **장소**를 책임지는 직원들을 제공받는 특별하고 예외적인 조정을 하지 않으면 유용한 결과를 전혀 얻을 수 없음을 곧바로 깨달았다. 극히 단순한 문제를 약간 개선하는 정도만 협의하는 데도 이런 조정이 필요했다. 시 당국은 이와 같은 방식의 조화로운 수평화를 "근린을 위한 서비스 백화점"이라고 설명하는데, 시 자체와 관련된 시민들도 공히 이런 조정을 보존 지역으로 선포된 근린이 받는 주된 혜택의 하나로 인정하고 있다!

수평적 행정과 책임에 관한 가장 뚜렷한 전례 가운데 하나인 대도시의 사회복지관은 현실에서 유리된 수직적인 서비스들의 집합체가 아니라 언제나 일정한 지역을 주된 관심사로 삼아 조직되어 있다. 바로 이런 점 때문에 사회복지관은 무척 효율적이고, 직원들이 대개 자기 일과 마찬가지로 한 지역을 철저하게 알고 있으며, 사회복지관에서 제공하는 서비스는 대체로 쇠퇴하지도 않고 서로 엇갈리지도 않는다. 대도시의 서로 다른 사회복지관들은 대부분——기금을 모으고, 인력을 모집하고, 아이디어를 교환하고, 입법 압력을 가하는 등의——일을 상당한 정도로 함께 하며, 이런 점에서 수평적인 조직 이상이라고 할 수 있다. 사회복지관은 사실 수평적인 동시에 수직적이지만, 원래 조정이 가장 어려운 곳에서 구조적으로 가장 쉬워진다.

또한 미국 도시들에 대한 행정지구 구상 역시 새로운 것이 아니다. 시민단체들이 여러 차례 제안한 바 있다——뉴욕에서는 1947년에 시민연합Citizens' Union이라는 유능하고 정보에 밝은 단체가 이런 구상을 제안했다. 시민연합은 경험적인 도시 지구에 기초하여 실제로 실행 가능한 행정지구의 지도를 작성하기까지 했다. 시민연합이 작성한 지구 지도는 지금까지도 가장 이해하기 쉽고 논리적인 뉴욕 시 지도로 남아 있다.

그렇지만 대도시 지구 행정에 대한 제안은 대체로 무익한 지적 여정을 헤매기 십상이며, 이런 이유 때문에 아무 효과도 발휘하지 못한다. 가령 간혹 정부에 대한 공식화된 '자문'기관으로 행정지구가 구상되기도 한다. 그러나 실제 세계에서 권한과 책임이 없는 자문기관은 지구 행정에 아무 소용도 없을 뿐이다. 이런 자문기관은 모든 사람의 시간을 빼앗기만 할 뿐, 세밀하게 분할된 관료 제국의 미궁을 헤쳐 나가는 데는 결코 성공하지 못한다. 또 때로 이를테면 계획 같은 단일한 '주요' 서비스의 측면에서 행정지구가 구상되기도 하는데, 이것 또한 중요한 어떤 문제를 해결하는 데는 무력함이 드러난다. 행정지구가 정부기관으로 유용하게 작동하기 위해서는 다면적인 정부 활동을 망라해야 하기 때문이다. 그리고 때로는 이 구상이 지역 '시민센터'를 건설한다는 목표로 전환되기도 한다. 그 결과 행정지구의 중요성이 도시에 새로운 종류의 장식적인 계획단지를 공급하는 피상적인 목표와 뒤섞인다. 물론 지구 행정 사무실은 해당 지구 안에 자리해야 하며, 서로 가까이 있어야 한다. 그렇지만 이런 배치의 장점은 가시적이거나 뚜렷하게 인상적인 것은 아니다. 지구 행정에서 가장 중요한 가시적 표현은 사람들이 우선 "연락을 공식화하기 위한 조정"을 하지 않고서도 서로 이야기를 하는 모습일 것이다.

자치 정부 구조의 한 형태로서의 지구 행정은 오늘날 존재하는 소도시 행정 구조의 변형태보다 본질적으로 더 복잡하다. 도시 행정은 더 단순하게 **기능하기** 위해 기본적인 구조가 더욱 복잡할 필요가 있다. 역설적이게도 현재의 구조는 기본적으로 지나치게 단순하다.

대도시의 지구 행정이 갖는 수직적인 연계를 망각한 채 '순수'하거나 교조적일 수 없음을 이해해야 한다. 도시는 아무리 규모가 크더라도 여전히 도시이며, 그것을 구성하는 장소와 부분들의 상호의존도는 대단히 크다. 도시는 소읍들의 집합체가 아니며, 만약 그런 집합체라면 하나의 도시로서 파괴되고 말 것이다.

정부를 순수히게 수평적인 행정으로 교조적으로 재조직하는 것은 현재의 혼란 상태와 마찬가지로 치명적인 단순성과 무질서한 기능 장애로 귀결될 것이다. 이와 다른 이유로 조세와 전반적인 기금 할당을 도시 기능에 집중시키는 것은 비현실적인 처사이다. 게다가 도시의 일부 기능은 지구 행정 자체를 초월한다. 지구의 내밀하고 복잡한 세부에 관한 지식은 대개 이런 도시 운영과 무관하며, 이와 관련된 지식은 해당 장소를 이해하는 지구 행정관들을 통해 필요한 정보를 수집함으로써 쉽고 신속하게 얻을 수 있다. 상수도 공급, 대기오염 단속, 노사분쟁 중재, 박물관·동물원·교도소 운영 등이 대표적인 예이다. 일부 부서 내에서도 몇몇 서비스는 다른 것과 달리 지구의 기능으로 어울리지 않는다. 가령 면허국에서 택시 면허

관련 업무를 지구의 기능으로 이전하는 것은 어리석은 일일 테지만, 중고차 거래상, 유흥업소, 노점상, 열쇠제조공, 직업소개소 등을 비롯한 면허를 요하는 수많은 기능은 지구 조직 관할 아래 다뤄질 것이다.

아울러 일부 전문가들은 하나의 행정지구에서는 상시적으로 필요하지 않겠지만, 대도시에서는 언제나 제공할 수 있고 또 대도시에서 유용할 수 있다. 이런 사람들은 필요에 따라 할당받은 지구 행정관의 **밑에서** 한 서비스를 맡는 순회 기술자나 전문가로 일할 수 있다.

도시에 설치하는 지구 행정은 지구에 대한 지식과 관련된 모든 서비스를 이런 새로운 종류의 구조적 조직으로 전환하려고 노력해야 한다. 그렇지만 일부 서비스나 어떤 서비스의 일부에 대해서는 그것이 어떻게 작동하는지를 살펴보는 게 필요할 것이다. 다양한 조정이 이뤄질 수 있다. 이 시스템은 고정된 불변의 운영 계획을 미리 세워 둘 필요가 없다. 사실 이 시스템이 효력을 발휘하려면, 그리고 효력을 발휘한 뒤에 변경을 하려면, 지금과 같이 각종 서비스 때문에 조직을 마구잡이식으로 변형할 때 필요한 공식적인 권한 정도만 있으면 된다. 이 시스템을 실행하는 데 필요한 것은 대중적인 정부에 대한 확신을 지닌 강력한 시장 한 명이다.

요컨대 도시 차원의 수직적인 서비스 부서는 여전히 존재하면서 지구들 사이의 정보와 아이디어를 내부적으로 모을 것이다. 그러나 거의 모든 경우에, 다양한 서비스의 내부 조직들은 그들 사이의 관계와 장소와의 관계 두 측면 모두에서 고유한 기능적인 의미를 찾기 위해 합리화되고 서로 자동적으로 조화를 이룰 것이다. 계획의 경우 도시계획 서비스가 계속 존재할 테지만, 거의 모든 직원(가장 총명한 직원들이면 더욱 좋다)이 행정지구에서 탈집중화된 방식으로 도시를 위해 일할 것이다. 도시의 활력을 위한 계획을 파악하고 조정하고 실행할 수 있는 딱 맞는 규모로 말이다.

대도시의 행정지구는 곧바로 정치적 생물처럼 행동하기 시작할 것이다. 정보와 권고, 결정과 행동을 수행하는 실질적인 기관을 가질 것이기 때문이다. 이러한 점이야말로 이 시스템의 주된 장점 가운데 하나이다.

대도시의 시민들에게는 압력을 가하고 자신들의 의지와 지식을 알리고 존중받을 수 있는 지렛대가 필요하다. 행정지구는 필연적으로 이러한 지렛대 역할을 하게 된다. 오늘날 수직적인 시 정부의 미로 속에서 맞부딪히고 있는—또는 시민들이 전혀 알지 못하는 가운데 결정되는—갈등의 대부분은 이런 지구의 장으로 이전될 것이다. 자치를 창조적인 과정으로 보든 감독의 과정으로 보든 간에(물론 자치는 두 가지를 모두 포괄한다) 대도시의 자치를 위해서는 이러한 것이 필요하다. 대도시의 정부가 더 커지고 비인격화되고 이해하기 힘들게 될수록, 그리고 국지화된 쟁점과 요구와 문제들 전체 속에서 흐려질수록, 시민의 행동이나 감시는 약해지고 효력을 잃게 된다. 흔히 사람들에게 가장 직접적으로 중요한 국지적인 문제에 관한 자치가 거의 불가능하다고 여겨질 때, 시민들이 도시 차원의 거대한 문제들에 관해 책임감과 열정과 경험을 가지고 행동하리라고 기대하는 것은 쓸데없는 짓이다.

하나의 정치적 생물로서 행정지구는 지도자를 필요로 하며, 틀림없이 공식적으로든 비공식적으로든 지도자를 얻게 될 것이다. 이론상으로 가장 깔끔한 공식적인 방법은 시장에게 책임을 지는 부'시장'을 임명하는 것이다. 그렇지만 임명직 공무원은 **지도자**가 된다 하더라도 얼마 지나지 않아 선출직 공무원에 의해 약화된다. 시민 집단은 행정기관이 사태를 자신들처럼 보도록 하기 위해 될 수 있는 한 항상 선출직 공무원에게 압력을 행사할 것—또한 이 공무원이 약속을 이행하면 지지를 통해 그를 뒷받침할 것—이기 때문이다. 유권자들은 영향력을 행사하는 것 말고 다른 대안을 알고 있기 때문에 기회가 있는 곳에 자신들의 힘을 사용할 만큼 충분히 똑똑하다. 지구와 대략 일치하는 선거구에서 뽑힌 일부 선출직 공무원은 아무래도 그 기능상 일종의 지역 '시장' 노릇을 하게 된다. 오늘날 대도시 지구가 사회적·정치적으로 유효한 곳에서는 어디서나 이런 일이 벌어진다.*

행정지구의 적절한 규모는 어느 정도일까?

지리적 규모에서, 경험상 지구로서 효과적으로 기능하는 도시 지구는 구획 한 면의 길이가 2.4킬로미터를 넘는 경우가 드물며 대개 그보다 작다.

그렇지만 적어도 한 가지 인상적인 예외가 존재하는데, 이 사례는 의미심장하다. 시카고의 백오브더야즈 지구는 가로, 세로가 2.4킬로미터와 4.8킬로미터로서 다른 장소들과 비교해 볼 때 효과적인 지구의 최대 규모의 약 두 배에 달한다.

사실상 백오브더야즈는 이미 공식적이거나 이론상으로는 아니지만 실제로는 하나의 행정지구로서 기능한다. 백오브더야즈에서 가장 중요한 지방 정부는 일반적인 시 정부가 아니라 15장에서 간략하게 설명한 바 있

---

*이런 점에서 지역 '시장'은 시민들이 요구하는 바를 실행하는 과정에서의 접근성과 성공, 그리고 선거구의 규모라는 두 가지 요인의 결합으로 발전해 나가는 것처럼 보인다. 첫번째 요인 때문에 이런 '시장'의 공식적인 지위는 단일한 도시 안에서도 다를 수 있다. 그러나 두번째 요인 역시 중요하다. 따라서 비록 많은 도시에서 시의원이 지역 '시장'이 되기 쉽더라도, 뉴욕에서는 흔한 일이 아니다. 뉴욕의 경우에는 시의원의 선거구(약 30만 명의 유권자)가 이런 목적에 맞기에는 너무 거대하다. 그 대신 주 하원의원이 지역 '시장' 노릇을 한다. 주 하원의원은 뉴욕에서 가장 작은 선거구(약 11만 5천 명의 유권자)를 갖고 있다는 바로 그 이유 때문에 시 정부를 상대하는 역할을 요구받는다. 뉴욕 시의 훌륭한 주 하원의원들은 시민들을 위해 뉴욕 주를 상대하는 것보다 시 정부를 상대로 더 많은 일을 한다. 주 하원의원들은 이론적으로는 전혀 자신의 책임이 아님에도 불구하고 때로 이런 식으로 중요한 시 공무원 역할을 한다. 이런 상황은 지구의 정치적 임시변통의 소산이다.

는 백오브더야즈평의회이다. 정부의 공식 권한 아래서만 실행될 수 있는 각종 결정이 평의회에서 시 정부로 전달되며, 시 정부는 이를테면 대단히 적극적인 반응을 보인다. 게다가 대개 관례적으로 공식 정부에 의해 제공되는 일부 서비스를 평의회 자체가 제공하기도 한다.

백오브더야즈가 이렇게 이례적으로 규모가 클 수 있는 것은 비공식적으로나마 진정으로 정부 권한을 지닌 단위로 기능할 수 있기 때문이다. 요컨대 대개 그 토대를 거의 전적으로 내부의 교차이용에 의존하는 효율적인 지구의 정체성은, 여기서 견고한 정부 조직을 강화한다.

이러한 점은 주거가 주요 용도이지만 인구 밀도가 너무 낮아서 충분한 수의 인구와 통상적인 생명력 있는 지구를 조화시킬 수 없는 대도시 지역에서 중요한 의미를 갖는다. 시간이 흐름에 따라 이런 지역은 점차 도시 용도 집중 지역이 되어야 하며, 이와 같이 지리적 규모가 큰 단일 지역은 몇 개의 지구가 될 것이다. 그러나 한편으로 백오브더야즈의 사례가 내가 생각하는 것과 같은 의미를 갖는다면, 지구 행정을 통해 응집성을 도입하면 이와 같이 희박한 지역도 행정석으로만이 아니라 사회·정치적으로도 지구로서 충분히 기능할 수 있을 것이다.

도심이나 거대한 제조업 밀집지역을 제외하면, 주거가 언제나 도시 지구의 주요 용도 중 하나이다. 따라서 지구의 규모를 고려할 때 인구 규모가 중요하다. 앞서 도시 근린을 다룬 5장에서는 경험적으로 볼 때 쓸모 있는 지구를 도시 전체에 영향력을 행사할 수 있을 만큼 (인구 규모가) 크면서도 가로 근린이 사라지거나 무시되지 않을 정도로 작은 장소로 정의한 바 있다. 적정한 인구 규모는 보스턴이나 볼티모어 같은 도시에서는 3만 명 정도로 작을 수도 있고, 가장 큰 대도시에서는 최소 10만 명, 최대 20만 명까지 다양하다. 내가 보기에 3만 명은 효율적인 지구 행정을 위해서는 좀 모자라며, 5만 명이 현실적인 최저한도인 것 같다. 그렇지만 사회, 정치적 기관으로 여겨지는 한 지구에 대해서 최대 20만 명까지 행정에 유효하다. 그보다 규모가 커지면 전체적으로나 세부적으로나 파악할 수 있는 단위를 초과하기 때문이다.

오늘날의 대도시들은 기본적으로 인구조사에서 표준대도시권지역이라고 알려진 훨씬 더 큰 정주 단위의 일부가 되고 있다. 표준대도시권지역은 하나의 주요 도시(때로는 가령 뉴욕-뉴어크 표준대도시권지역이나 샌프란시스코-오클랜드 표준대도시권지역의 경우처럼 하나 이상이 포함된다)와 더불어 주요 도시의 정치적 경계선 바깥에 있지만 경제·사회적 범위 안에 들어 있는 연결된 소도시, 소규모 위성도시, 마을, 교외 등을 포함한다. 물론 표준대도시권지역의 규모는 지리적으로나 인구상으로나 지난 15년 동안 대단히 커지고 있다. 이런 현상은 일부분은 15장에서 설명한 것처럼 홍수 같은 돈이 도시 교외로 쏠리면서 도시를 고갈시키기 때문이고, 일부분은 대도시가 **도시**로서 제대로 기능하지 못하기 때문이며, 또 일부분은 이런 이유들 때문에 교외와 반교외가 성장하면서 예전에는 떨어져 있던 마을과 소도시를 집어삼키기 때문이다.

정부에 따라 분리된 대도시권 지역의 이와 같은 정주지들은 많은 문제, 특히 계획과 관련된 문제들을 공통으로 안고 있다. 대도시권 지역 —— 대도시가 아닌 —— 은 수질오염이나 주요 교통 문제, 주요 토지 황폐화와 오남용 극복이나 지하수, 황무지, 대규모 휴양지 등의 자원 보존과 관련하여 가장 의미가 큰 단위이다.

이와 같은 현실적이고 중요한 문제들이 존재하기 때문에, 그리고 이런 문제들을 행정적으로 처리하는 좋은 방법이 없기 때문에 이른바 '대도시권 정부'Metropolitan Government라는 개념이 개발되고 있다. '대도시권 정부' 아래, 정치적으로 분리된 지역들이 순수한 지역적 문제에서는 계속해서 나름의 정치적 정체성과 자율성을 가지면서도 광역 정부로 통합될 것이다. 이러한 광역 정부는 계획에 관한 광범위한 권한과 이런 계획을 실행할 수 있는 행정기관을 거느릴 것이다. 각 지역에서 거둬진 세금의 일부는 '대도시권 정부'로 귀속된다. 후배지가 아무 보상 없이 이용하는 주요 중심 도시 시설을 설치, 운영하는 대도시의 재정적 부담의 일부를 경감해 주기 위해서이다. 따라서 공통적인 대도시권 시설의 공동 계획과 공동 지원을 가로막는 장벽 구실을 하는 정치적 경계선은 극복되어야 한다는 결론이 나온다.

'대도시권 정부'는 많은 계획가들 사이에서만 인기 있는 구상이 아니다. 수많은 거물 기업가들도 이 구상에 매력을 느끼는 것 같다. 기업가들은 여러 연설에서 이것이야말로 '정부 사업'을 다루는 합리적인 방법이라고 설명한다. '대도시권 정부' 옹호론자들은 현재 대도시권 지역 계획이 얼마나 불가능한지를 보여 주는 표준적인 증거를 갖고 있다. 광역대도시권 지역의 정치적인 지도가 그 증거물이다. 중심부 근처에는 권역에 포함된 가장 큰 도시, 즉 대도시의 정부를 대표하는 눈에 띄게 크고 깔끔한 정치체제가 있다. 반면 그 바깥에는 서로 겹치고 중복되고 압박하는 소읍, 군郡, 소도시, 군구郡區 정부들이 뒤섞여 있을 뿐만 아니라 편의에 따라 설치된 온갖 특별 행정지구들까지 대도시와 겹쳐 있다.

예를 들어 시카고 대도시권지역에는 시카고 자체의 시정부 외에도 1천 개에 달하는 각기 다른 지방정부 단위가 연속되거나 겹쳐 있다. 1957년 현재, 174개 대도시권 지역에는 16,210개의 독립된 정부 단위가 혼재되어 있었다.

이런 현상은 흔히 '정부 조각보 이불'government crazy quilt이라는 적절한 이름으로 설명된다. 여기서 도출되는 교훈은 이와 같은 조각보 이불은 제대로 기능할 수 없다는 것이다. 이런 조각보 이불은 대도시권의 계획이나 실행을 위한 적절한 토대를 전혀 제공할 수 없다.

이따금 대도시권 지역에서 '대도시권 정부'가 유권자들에게 제시된다. 그러나 유권자들은 언제나 완강하게 거부한다.*

대도시권 지역의 많은 문제들에 대한 공동의 조정된 행동(과 재정적 지원)이 시급히 필요하고, 대도시권 지역 안의 각기 다른 정부 단위 사이에 국지적인 조정이 필요하다는 사실에도 불구하고, 유권자들의 선택이 맞다. 실제 세계에서 우리에게는 아직 대규모 대도시권 정부를 구성하고 업무를 계획할 수 있는 전략과 전술이 없기 때문이다.

현 상황을 설명하기 위한 지도들에는 기괴한 허구가 담겨 있다. 주요 대도시의 '통합' 정부를 나타내는 깔끔하고 깨끗한 존재는 물론 그 바깥에 존재하는 파편적인 정부들에 의해 이루어지는 것보다 훨씬 더 무모한 행정 조각보 이불이다.

유권자들은 현명하게도 비대화가 지역의 무력화와 무자비하고 지나치게 단순한 계획, 행정의 혼란 등을 의미하는 체제로의 통합을 거부한다 ── 지자체의 비대화는 오늘날 바로 이러한 것들을 의미할 뿐이기 때문이다. '정복자 같은' 계획가들에 의한 무력화가 어떻게 무계획보다 나은 것일까? 아무도 이해하거나 헤쳐 나가지 못하는 미궁 같은 행정의 비대화가 어떻게 조각보 이불 같은 군구 정부와 교외 정부보다 나은 것일까?

이미 우리에게는 거대한 대도시권 행정과 계획을 위한 새롭고 실행

---

*마이애미 대도시권 지역의 유권자들은 예외이다. 그렇지만 이곳에서도 주창자들은 '대도시권 정부'를 인정받기 위해 그 정부에 극히 적은 권한만을 부여했다. 그 결과 선출된 '대도시권 정부'는 제스처에 지나지 않았다.

가능한 전략과 전술을 필요로 하는 정부 단위가 존재한다. 대도시들 자체가 그것이다. 우선 대도시 **안에서** 실행 가능한 대도시권 행정을 배우고 활용해야 한다. 이 같은 행정의 활용을 가로막는 고정된 정치적 경계선이 없기 때문이다. 바로 이곳에서 지역과 자치 과정에 불필요한 폭력을 가하지 않고서도 거대한 공통의 문제를 해결하기 위한 방법들을 실험해야 한다.

대도시들이 이해 가능한 규모의 행정지구에 관하여 관리하고 조정하고 계획하는 법을 배울 수 있다면, 우리는 하나의 사회로서 광역 대도시권 지역의 정부와 행정이라는 조각보 이불을 다루는 능력도 향상시킬 수 있을 것이다. 오늘날 우리에게는 그런 능력이 없다. 우리는 거대한 대도시권 행정이나 계획을 다루는 경험이나 지혜를 갖고 있지 않다. 다만 소도시 정부의 경험을 끊임없이 부적절하게 적용하고 있을 뿐이다.

21장_도시 문제는 어떤 종류인가

다른 형태의 행위도 대개 그렇듯이, 사고 역시 나름의 전략과 전술을 갖는다. 단지 도시에 관해 생각하고 어딘가를 가기 위해서라도 알아야 될 중요한 것 하나는 도시가 제기하는 문제가 어떤 **종류**인가 하는 점이다. 모든 문제를 똑같은 방식으로 생각할 수는 없기 때문이다. 어떤 사고의 경로가 유용하고 진실을 만들어 내는 데 도움이 될 수 있는지는 우리가 한 주제에 관해 어떻게 생각하는 쪽을 선호하는지가 아니라 그 주제 자체의 고유한 성격에 달려 있다.

금세기의 많은 혁명적 변화 가운데 가장 심대한 것은 아마 우리가 세계를 탐구하는 데 이용할 수 있는 정신적 방법에서 일어난 변화일 것이다. 새로운 인공두뇌를 이야기하는 게 아니라 인간 두뇌 속으로 들어온 새로운 분석과 발견 방법을 말하는 것이다. 새로운 사고 전략 말이다. 새로운 사고 전략은 주로 과학의 방법으로 발달하고 있다. 그러나 이 전략이 나타내는 정신적 각성과 지적 대담성은 점차 다른 종류의 탐구에도 영향을 미치기 시작한다. 한때 분석할 수 없는 것처럼 보였던 수수께끼들이 공략의 대상이 되고 있다. 더 나아가 어떤 경우에는 수수께끼들의 성격 자체가 이제 과거와 같은 모습이 아니다.

사고 전략에서 일어난 이런 변화가 도시와 어떤 관계가 있는지를 이해하려면 과학적 사고의 역사에 관해 약간 이해하는 게 필요하다. 워런 위버Warren Weaver 박사가 록펠러재단의 자연과학·의학 담당 부회장직을 퇴임하면서『록펠러재단 1958년 연례보고서』*1958 Annual Report of the Rockefeller Foundation*에 기고한 과학과 복잡성에 관한 글에는 과학적 사고의 역사에 관한 훌륭한 개요와 해석이 담겨 있다. 위버 박사의 말이 도시에 관한 사고에 직접적인 연관성이 있기 때문에 다소 길게라도 이 글을 인용하도록 하겠다. 위버 박사의 언급은 완곡하게나마 사실상 도시계획의 지적 역사를 요약하고 있다.

위버 박사는 과학적 사고의 역사를 ①단순성의 문제(단순한 문제)를 다루는 능력 ②비유기적인 복잡성의 문제를 다루는 능력 ③유기적인 복잡성의 문제를 다루는 능력에 따라 세 가지 발전 단계로 구분한다.

단순한 문제는 작용이 서로 직접적으로 관련되는 두 요인을 포함하는 문제——변수가 둘이다——인데, 위버 박사의 말에 따르면, 이런 단순한 문제가 과학이 공략하는 법을 배운 첫번째 **종류**의 문제이다.

개략적으로 말하자면, 17, 18, 19세기가 자연과학이 '두-변수 문제'를 분석하는 법을 배운 시기를 이룬다고 할 수 있다. 이 300년 동안 과학은 하나의 양——가령 기압——이 주로 두번째 양——즉, 기체의 양——에 좌우되는 문제를 다루기 위한 실험과 분석 기법을 발전시켰다. 이런 문제들의 본질적인 특징은…… 두번째 양에 대한 의존도만을 고려하고 다른 요인들의 사소한 영향은 무시함으로써 첫번째 양의 작용을 충분히 정확하게 설명할 수 있다는 사실에 있다.

이런 '두-변수 문제'는 본질적으로 구조가 단순하며……단순성이야말로 과학의 이러한 발전 단계에서 필요한 조건이었다.

게다가 자연과학에서 이뤄진 거대한 진보는 바로 이와 같은 본질적으로 단순한 성격의 이론과 실험 덕분이었음이 밝혀졌다. ……1900년에 이르는 시기까지 빛, 소리, 열, 전기 등에 관한 이론의 토대를 닦은 것은 바로 이러한 '두-변수 과학'이었고,……그 결과로 전화, 라디오, 자동차, 비행기, 축음기, 영화, 터빈, 디젤엔진, 현대식 수력발전소 등이 생겨났다.

1900년 이후에야 자연과학에서 두번째 문제 분석 방법이 개발됐다.

풍부한 상상력을 지닌 몇몇 인물들은 두 변수나 기껏해야 서너 개의 변수가 포함된 문제들을 탐구하는 대신 다른 극단으로 나아갔다. "20억 개의 변수를 다룰 수 있는 분석 방법을 개발하자"라고 말하면서 말이다. 요컨대, 자연과학자들은 (종종 수학자들을 필두로 하여) 이른바 **비유기적인 복잡성의 문제**를 다룰 수 있는 확률 이론과 통계역학의 강력한 기법을 개발했다.……

이런 아이디어를 음미하려면 우선 단순한 사례를 생각해 보면 된다. 19세기의 고전적 역학은 당구대 위에서 이리저리 움직이는 당구공 하나의 움직임을 분석하고 예측하는 데 잘 맞았다. ……그런데 당구공이 두 개나 세 개만 되어도 움직임을 분석하는 데 놀라울 정도로 어려움이 커진다. ……그러나 포켓볼 경기에서처럼 한 번에 열 개나 열다섯 개의 공의 움직임을 분석하려고 하면, 문제는 제어 불가능해진다. 이론적인 곤란 때문이 아니라 실제로 이렇게 많은 변수를 구체적으로 자세히 다루는 일이 비현실적이기 때문이다.

그렇지만 수백만 개의 당구공이 어지럽게 오가는 거대한 당구대를 떠올려 보라. …… 대단히 놀랍게도 이제 문제가 더 쉬워진다. 통계역학 기법을 적용할 수 있기 때문이다. 물론 특정한 한 당구공의 세세한 궤적을 추적할 수는 없다. 그러나 다음과 같은 중요한 질문에는 꽤 정확하게 답할 수 있다. 평균적으로 초당 얼마나 많은 당구공이 주어진 길이의 가로대를 때릴까? 평균적으로 당구공 하나가 다른 당구공과 부딪히기 전에 얼마나 굴러갈까? ……

'비유기적'이라는 단어는 당구공이 많은 거대한 당구대에 적용된다. …… 당구공의 위치와 움직임이 난잡하게 흩어져 있기 때문이다. ……그러나 모든 개별 변수의 이와 같은 난잡하고 알 수 없는 작용에도 불구하고, 전체 시스템에는 일정한 질서를 가진 분석 가능한 평균적 속성이 있다.

광범위한 경험이 이와 같은 비유기적 복잡성에 해당한다. …… 비유기적 복잡성은 대규모 전화교환국의 경험에 무척 정확하게 적용된다. 평균적인 통화 빈도나 동일한 전화번호의 통화가 겹칠 확률 등을 예상하는 데 적용할 수 있는 것이다. 또한 생명보험 회사의 재정적 안정성도 비유기적 복잡성의 분석으로 가능하다. ……모든 물질을 구성하는 원자의 움직임과 우주를 구성하는 별들의 움직임 모두 이러한 새로운 기법의 범위에 포함된다. 형질 유전이라는 기본 법칙이 이 새로운 기법에 의해 분석된다. 모든 물리 체계의 기본적이고 불가피한 경향을 설명하는 열역학 법칙이 통계적 고려에서 파생된다. 현대 물리학의 전체 구조가……이런 통계 개념에 의존한다. 사실 증거의 문제 전체, 그리고 증거로부터 지식을 추론할 수 있는 방식이 현재 이와 동일한 사고에 의존하는 것으로 인정된다. ……우리는 또한 의사소통 이론과 정보 이론 역시 마찬가지로 통계적 사고에 기초하는 것임을 깨닫게 되었다. 따라서 지식 자체에 관한 모든 이론에 확률 개념이 필수적이라고 말할 수밖에 없다.

그렇지만 모든 문제를 이런 분석 방법으로 탐구할 수 있는 것은 결코 아니다. 위버 박사가 지적하는 것처럼, 생물학이나 의학 같은 생명과학은 예외이다. 생명과학 또한 발전을 이루었지만, 전체적으로 보면 아직 위버 박사가 분석 적용을 위한 예비 단계라 이름 붙인 단계에 머물러 있었다. 생명과학은 수집, 기술, 분류, 그리고 외견상 상관관계에 있는 효과에 대한 관찰 등과 관계되었다. 이런 준비 단계 중에 사람들이 배운 많은 유용한 것 가운데 하나가 생명과학은 단순성의 문제도, 비유기적인 복잡성의 문제도 아니라는 것이었다. 위버 박사의 말에 따르면, 생명과학은 본질적으로 또 다른 종류의 문제, 즉 1932년에 이르러서도 여전히 공략 방법이 매우 후진적인 문제를 제기했다.

이러한 간극을 설명하면서 위버 박사는 다음과 같이 말한다.

혹자는 과학적 방법론이 한 극단에서 다른 극단으로 나아가면서……거대한 중간 지역을 그대로 방치했다고 지나치게 단순화해 말하고 싶은 유혹을 느끼기도 한다. 게다가 이런 중간 지역의 중요성은 관련된 변수의 수가 적당하다는 사실 ─ 둘에 비하면 많지만 소금 한 줌의 원자 수에 비하면 적다 ─ 에 달려 있는 게 아니다. …… 단순한 변수의 수보다 훨씬 더 중요한 것은 이 변수들이 모두 서로 관계된다는 사실이다. …… 통계로 다룰 수 있는 비유기적 상황과 대조적으로 이런 문제들은 **유기체의 본질적인 특징을 보여 준다**. 따라서 우리는 이런 문제들을 유기적인 복잡성의 문제라고 부를 것이다.

달맞이꽃을 피게 만드는 것은 무엇인가? 왜 소금물로는 갈증을 채울 수 없는가?…… 생화학적으로 노화를 어떻게 설명하는가?……유전자는 무엇이며, 생명 유기체가 원래 가진 유전적 구성은 성체의 발전된 특성에서 어떻게 구현되는가?……

이 모든 것은 분명 복잡한 문제이다. 그러나 통계적 방법이 핵심 열쇠가 되는 비유기적인 복잡성의 문제는 아니다. 이 문제들은 모두 **서로 관련되어 하나의 유기적 통일체를 이루는 상당한 수의 요인들**을 동시에 다루는 문제인 것이다.

위버 박사의 말에 따르면, 생명과학이 바야흐로 유기적 복잡성을 다룰 효율적인 분석 방법을 개발하기 시작하던 1932년 무렵, 사람들은 만약 생명과학이 이런 문제들에서 의미심장한 진보를 이룰 수 있다면 "이 새로운 기법을 유용한 비유로라도 행동과학과 사회과학의 광대한 영역으로 확장시킬 기회가 생길 것"이라고 생각했다.

그로부터 4반세기가 흐른 지금, 생명과학은 실로 엄청난 찬란한 진보를 이루었다. 생명과학은 이례적으로 빠른 속도로 이제까지 감춰졌던 방대한 지식을 축적하고 있다. 또 생명과학은 무척 개선된 일군의 이론과 절차를 갖게 되었다—거대한 새로운 질문들을 열어젖히고 알아야 할 것이 무엇인지 이제 막 발걸음을 뗐음을 보여 주기에 충분한 것이다.

그러나 이런 진보는 생명과학이 유기적인 복잡성 문제로 인식되고, 이런 **종류**의 문제를 이해하는 데 적합한 방식으로 사고되고 공략되었기 때문에 가능한 일일 뿐이다.

최근 생명과학의 발전은 다른 유기적 복잡성의 문제들에 관해 무척 중요한 사실을 시사해 준다. 이런 **종류**의 문제들이 분석될 수 있음을 말해 주는 것이다—위버 박사의 표현대로 하자면, 이런 문제들을 "모호하고 불길한 방식으로 비합리적인 것"이라고 여기는 대신 충분히 이해될 수 있는 문제로 보아야 하는 것이다.

이제 이런 사실이 도시와 어떤 관계인지를 살펴보자.

도시 역시 생명과학과 마찬가지로 유기적 복잡성의 문제이다. 도시는 "대여섯 개, 심지어 수십 개의 양이 동시에 변화하며 **미묘하게 상호연결되어 있는 상황**"을 나타낸다. 또 생명과학과 마찬가지로, 도시는 **하나의** 유기적 복잡성의 문제——이것만 이해하면 다른 모든 것을 설명할 수 있는 문제——를 나타내지 않는다. 생명과학의 경우처럼, 도시는 이러한 수많은 문제들이나 단편들로 분석될 수 있으며, 이것들은 또한 서로 관련되어 있다. 변수는 많지만 난잡하지는 않다. 변수들은 "상호관련 속에서 유기적인 전체를 이룬다."

한 예로 도시 근린공원의 문제를 생각해 보라. 공원에 관한 어떤 단일한 요소도 요령부득이다. 다른 요소들이 어떤 작용을 하는지, 그리고 단일한 요소가 이에 대해 어떤 반작용을 하는지에 따라 수많은 결과가 나타날 수 있다. 얼마나 많은 사람이 공원을 이용하는지는, 일부분은 공원 자체의 설계에 달려 있다. 그러나 공원 설계가 공원 이용에 미치는 이런 부분적인 영향력조차도 다시 어떤 사람이 언제 공원을 이용하기 위해 찾는가에 달려 있으며, 이것은 다시 공원을 둘러싼 도시의 용도에 달려 있다. 나아가 도시의 용도가 공원에 미치는 이러한 영향력은 어느 정도는 각각의 용도가 서로 독자적으로 공원에 어떻게 영향을 미치는지의 문제일 뿐이다. 이 영향력은 또한 어느 정도는 각각의 용도가 서로 결합하여 공원에 어떻게 영향을 미치는지의 문제이다. 어떤 결합은 구성요소들 사이에 서로 영향을 미치는 정도를 자극하기 때문이다. 또한 공원 근처의 이러한 도시 용도들과 그것들의 결합은 다른 요소들, 즉 공원 자체가 주변 환경에서 공통되고 통합적인 용도로 존재하는지 여부를 비롯하여 다양한 연수의 건물의 혼합 정도나 인근 블록의 규모 등에도 좌우된다. 공원의 규모를 상당히 늘리거나 이용자들을 통합시키고 혼합시키는 대신 주변의 가로로부터 이용자들을 단절하고 분산시키는 방향으로 설계를 변경해 보라. 그러면 모든 것이 백지로 돌아갈 것이다. 공원 안에서나 그 주변에서나 영향력을 미치는 새로운 요인들이 작용하게 된다. 이런 것은 인구 대비 공지 비율이라는 단순한 문제와는 거리가 멀다. 그러나 이것이 더 단순한 문제였으면 하고 바라거나 단순하게 만들려고 노력해 봐야 아무 소용이 없다. 실제 세계에서 단순한 문제가 아니기 때문이다. 아무리 노력하든 간에 도시 공원은 유기적 복잡성의 문제처럼 **움직이며**, 원래 그런 것이다. 도시의 다른 부분이나 특징 역시 마찬가지이다. 수많은 요소들의 상관관계가 복잡하기는 하지만, 이 요소들이 서로 영향을 미치는 방식에는 우연적이거나 비합리적인 것은 아무것도 없다.

게다가 (흔히 그렇듯이) 어떤 면에서는 훌륭하게 기능하지만 다른 면에서는 정반대인 도시의 부분들을 유기적 복잡성의 문제들로 보지 않고서는 장점과 단점을 분석하거나 문제를 진단하거나 유용한 변화를 고려할 수조차 없다. 몇 가지 난순한 예를 들어 보자. 어떤 가로가 아이들을 감독하거나 허물없고 신뢰하는 공중생활을 만들어 내는 데는 훌륭하게 기능할 수 있지만, 다른 모든 문제를 해결하는 데는 심하게 무능할 수 있다. 효율적인 더 큰 공동체와 맞물리지 못하기 때문이다. 또 이런 공동체의 존재 여부는 다른 요인들의 조합에 좌우된다. 한편 어떤 가로는 원래 다양성을 만들어 내는 데 훌륭한 물리적 재료와 공공 공간의 일상적인 감시를 위한 탁월한 물리적 설계가 마련되어 있지만, 활기 없는 경계지대와 접해 있기 때문에 거기 사는 주민들조차 꺼리고 두려워할 정도로 활력이 없을 수 있다. 또 어떤 가로는 그 자체로는 활발한 기능의 토대가 적지만 훌륭하게 기능하고 활력 있는 지구와 지리적으로 무척 긴밀하게 결합된 환경 덕분에 매력을 유지하고 많은 이용과 충분한 기능을 누릴 수 있다. 우리는 더 쉽고 다목적적인 분석과 더 단순하고 마법적이며 다목적적인 처방을 바랄 수 있지만, 소망만으로 유기적 복잡성의 문제를 단순성의 문제로 바꿀 수는 없는 법이다. 아무리 현실을 회피하려고 하고 현실을 다른 식으로 바꾸려고 해도 소용없다.

왜 도시는 오래전부터 유기적 복잡성의 문제로 확인되고 이해되고 다뤄지지 않았을까? 생명과학에 관계된 사람들이 자신들이 다루는 어려운 문제가 유기적 복잡성의 문제임을 확인할 수 있었다면, 왜 전문적으로 도시에 관계된 사람들은 자신들이 가진 문제가 어떤 **종류**인지를 확인하지 않았을까?

도시에 관한 현대 사상의 역사는 불행하게도 생명과학에 관한 현대 사상의 역사와 매우 다르다. 전통적인 현대 도시계획 이론가들은 계속해서 도시를 단순성의 문제나 비유기적인 복잡성의 문제로 잘못 이해했고, 이런 식으로 분석하고 다루려고 노력했다. 자연과학에 대한 이러한 모방이 의식적인 것이 아니었음은 의문의 여지가 없다. 대부분의 사고의 배후에 있는 가정이 그렇듯이, 이런 모방 역시 당시의 지식계를 부유하던 전반적인 포자胞子의 축적에서 파생되었을 것이다. 그렇지만 내가 생각하기에는 대상이 되는 주제 자체, 즉 도시를 대단히 경시하지 않고서는 이러한 오용이 생기지 않았을 것이며 그런 식의 오용이 영속화되지 않았을 것이다. 이러한 오용이 우리의 앞길을 막고 있다. 이런 오용을 밝은 곳으로 끌어내서 적용 불가능한 사고 전략으로 인식하고 폐기해야 한다.

'전원도시' 계획이론은 19세기 말에 그 기원을 두고 있는데, 에버니저 하워드는 19세기의 자연과학자가 단순한 '두-변수 문제'를 분석하는 방식과 흡사하게 도시계획 문제를 다루었다. '전원도시' 계획 구상에서 두

가지 주요한 변수는 주거(또는 인구)의 양과 일자리의 수였다. 이 두 가지는 상대적으로 폐쇄된 시스템의 형태 안에서 단순하고 직접적으로 서로 관련되는 것으로 여겨졌다. 또 주거에는 마찬가지로 직접적이고 단순하며 상호의존적인 형태로 관련되는 보조적인 변수가 있었다. 놀이터, 공지, 학교, 시민센터, 표준화된 공급과 서비스 등이 그것이다. 도시 전체는 다시 직접적이고 단순한 도시-그린벨트의 관계 속에서 두 가지 변수 가운데 하나로 여겨진다. 이러한 것들이 하나의 질서의 시스템을 이루는 전부였다. 그리고 이와 같은 '두-변수 관계'의 단순한 기초 위에 도시 인구를 분산시키고 (희망사항이지만) 지역 계획을 달성하는 수단으로서 자족적인 소도시에 관한 이론 전체가 생겨났다.

고립된 소도시라는 이런 계획에 대해 어떤 말을 하든 간에, 대도시에서 이처럼 단순한 '두-변수 관계'의 체계를 발견할 수는 없다――절대 발견하지 못할 것이다. 소도시라도 대도시권에 둘러싸여 다양한 선택과 복잡한 교차이용에 직면하게 되면 곧바로 이런 체계를 찾아볼 수 없다. 그러나 사실이 이러함에도 계획이론은 대도시에 대해 이와 같은 **사고와 분석의 '두-변수 체계'**를 고집스럽게 적용하고 있다. 그리고 오늘날까지도 도시계획가와 주택설계가들은 대도시 근린을 한 변수(가령 공지)의 비율이 다른 변수(가령 인구)의 당면한 비율에 직접적이고 단순하게 의존하는 '두-변수 체계'식으로 만들거나 개조하려고 노력하면서 자신들이 다뤄야 할 문제의 **종류**에 관한 소중한 진실을 알고 있다고 믿는다.

물론 한편으로 계획가들이 도시가 당연히 단순성의 문제라고 가정하기는 했지만, 계획이론가들과 계획가들은 실제의 도시가 실은 그렇지 않다는 점을 보지 않을 수 없었다. 그러나 그들은 무관심한 사람들(또는 가볍게 보는 사람들)이 항상 유기적 복잡성의 문제를 바라본 전통적인 방식으로 이런 곤란을 해결했다. 위버 박사의 표현을 빌리자면, 이런 문제들은 "모호하고 불길한 방식으로 비합리적인 것"이었다.*

도시계획 이론은 1920년대 말 유럽을 출발점으로 하여 1930년대에 미국에서 자연과학에서 발달한 확률이론에 관한 새로운 사고를 흡수하기 시작했다. 계획가들은 도시가 비유기적인 복잡성의 문제인 것처럼, 즉 오로지 통계분석을 통해서만 이해할 수 있고 확률수학을 적용해야만 예측할 수 있으며 평균 집단으로 전환해야만 관리할 수 있는 것처럼, 이런 분석을 모방하고 적용하기 시작했다.

사실 이와 같이 도시를 따로 떨어진 서류철 서랍의 집합으로 이해하는 것은 '두-변수 전원도시'를 더욱 집중적이고 수직적으로 바꾼 르 코르뷔지에의 '빛나는 도시' 관점에 무척 잘 어울렸다. 르 코르뷔지에 자신은 통계분석에 관한 제스처 정도만 했지만, 그의 계획은 비유기적인 복잡성의 체계를 통계적으로 다시 정리하면 수학적으로 풀 수 있다고 가정했다. 르코르뷔지에가 공원에 세운 고층 건물들은 통계의 힘과 수학적 평균의 승리를 예술로 찬양하는 것이었다.

새로운 확률 기법과, 도시계획에서 이 기법을 이용하는 방식의 토대를 이루는, 문제의 **종류**에 대한 가정은 '두-변수 개혁 도시'의 기본적 사고를 대체하지 않았다. 오히려 이 새로운 사고가 추가되었다. 단순한 '두-변수 질서 체계'가 여전히 목표였다. 그러나 이제 이 체계가 기존의 비유기적인 복잡성의 체계로부터 훨씬 더 '합리적으로' 조직될 수 있었다. 요컨대, 새로운 확률과 통계의 방법은 도시의 문제를 바라보고 다루는 데 더 높은 '정확성'과 더 넓은 범위를 제공했고 전지전능한 관점을 가능케 했다.

---

* 다른 말로는 '혼란스러운 사건'이나 '응고된 혼란'이었다.

확률 기법 덕분에 기존의 목표——인접한 주거나 예정된 인구에 '적절하게' 연결되는 상점의 배치——가 실현 가능한 것처럼 보였다. 표준화된 쇼핑을 '과학적으로' 계획하기 위한 기법이 생겨났다. 그렇지만 스타인이나 바우어 같은 계획이론가들은 사전에 계획된 도시 내의 쇼핑센터는 독점이나 반독점이어야 하며 그렇지 않으면 통계로 예상을 할 수가 없고 따라서 도시는 계속해서 모호하고 불길한 비합리적인 방식으로 행동할 수밖에 없음을 일찍이 알고 있었다.

또한 확률 기법 덕분에 도시계획 때문에 이주하는 사람들의 주어진 양을 소득 집단이나 가구 규모에 따라 통계 분석을 할 수 있게 되었다. 통상적인 주거 회전율에 입각해서 이 수치를 확률통계와 결합시키고 차이를 정확하게 측정하기 위해서 말이다. 그리하여 이론상으로는 시민들의 대규모 이주가 가능하게 되었다. 통계 속의 시민들은 이제 가구를 제외한 어떤 단위의 구성요소도 아니었고, 모래알이나 전자, 당구공처럼 지적으로 다루는 대상이 될 수 있었다. 철거민의 수가 많을수록 더 쉽게 수학적 평균에 기초한 계획의 대상이 되었다. 이러한 기초에 입각하면 10년 안에 모든 슬럼을 일소하고 사람들을 다시 분류한다는 구상이 실제로 지적으로 쉽고 건전한 것이었으며, 20년 계획으로 하는 것 역시 더 어려운 일은 아니었다.

주택계획가와 계획가들은 현재 존재하는 도시가 비유기적 복잡성의 문제라는 명제의 논리적 결론을 추구함으로써——아무 표정 없이——어떤 구체적인 기능 장애든 간에 새로운 서류 서랍을 열어 채우는 식으로 바로잡을 수 있다는 사고에 다다랐다. 그리하여 다음과 같은 정당의 정책 선언이 등장했다. "1959년의 주택법을……보완해서……공공주택에 입주하기에는 소득이 높지만 민간 시장에서 번듯한 주거를 얻기에는 소득이 낮은 중간소득 가구를 위한 주택 공급 프로그램을 포함시켜야 한다."

또한 통계 및 확률 기법 덕분에 도시를 위한 거대하고 인상적인 계획 개요를 만들어 낼 수 있게 되었다——이런 개요는 팡파르를 받으면서 나와서 사실상 아무도 읽지 않고 조용히 망각 속으로 사라진다. 그도 그럴 것이 비유기적 복잡성의 체계를 위한 통계 기술을 기계적으로 적용하는 것 이상도 이하도 아니기 때문이다. 또한 통계적 도시를 위한 마스터플랜을 그리는 것도 가능해졌는데, 사람들은 이를 좀더 진지하게 받아들인다. 우리 모두 지도와 현실이 반드시 연결되며 만약 그렇지 않다면 현실을 변경해서 연결되게 만들 수 있다고 믿는 데 익숙해져 있기 때문이다.

이러한 기법 덕분에 사람들과 사람들의 소득, 지출, 주거 등을 기본적으로 비유기적 복잡성의 문제, 즉 범위와 평균을 계산해 내기만 하면 단순한 문제로 전환할 수 있는 문제로 간주하는 게 가능해졌을 뿐만 아니라 도시 교통, 산업, 공원, 심지어 문화시설까지도 단순한 문제로 전환할 수 있는 비유기적 복잡성의 문제로 간주할 수 있게 되었다.

나아가 훨씬 더 커다란 영역을 포괄하는 도시계획의 '조정된' 기획을 구상하는 것은 지적으로 전혀 불리하지 않았다. 인구뿐만 아니라 영역도 커질수록 전지전능한 시점에서 비유기적 복잡성의 문제를 더욱 합리적이고 용이하게 다룰 수 있었다. 이런 면에서 보면 "지구는 우리가 해법을 찾지 못하는 문제를 가진 지역보다 안전하게 더 넓은 지역이다"라는 이상한 언급은 그렇게 이상한 말이 아니다. 비유기적 복잡성에 관한 기본적인 사실을 천명한 말일 뿐이다. 대규모 보험사가 소규모 보험사에 비해 평균 위험도를 낮추는 데 유리하다는 말과 같은 것이다.

그렇지만 도시계획이 이처럼 자신이 다루는 문제의 성격 자체에 대한 깊은 오해 속에서 허우적대는 한편, 이런 오류를 벗어던지고 무척 신속하게 전진하고 있는 생명과학은 도시계획이 필요로 하는 일부 개념들을 제공하고 있다. 생명과학은 유기적 복잡성의 문제들을 인식하는 기본적인 전략을 제공할 뿐만 아니라 이런 **종류**의 문제를 분석하고 다루는 것에 관한 암시도 제공한다. 물론 이런 진전은 생명과학에서 일반적인 지식으로 확산되고 있다. 우리 시대의 지적 축적의 일부가 되고 있는 것이다. 그리하여 점점 더 많은 수의 사람들이 점차 도시를 유기적 복잡성의 문제로 여기기 시작했다——제대로 검토되지 않았지만 명백히 복잡하게 상호연결되었으며 확실히 이해 가능한 관계들로 가득한 유기체인 것이다. 이 책 역시 이런 사고를 보여 주는 하나의 선언이다.

이 시각은 아직 계획가들 사이에선 거의 통용되지 않으며, 계획 '전문가'들에 의해 확립되어 오랫동안 수용된 이론을 통해 가르침을 받은 사업가와 입법가들의 경우도 마찬가지다. 이 시각은 또한 계획학계에서도 눈에 띄게 통용되지 않는다(어쩌면 학계에서 가장 영향력이 미미할 것이다).

도시계획이라는 분야는 정체하고 있다. 이 분야는 북적거리기는 하지만 발전하지 않는다. 오늘날의 도시계획은 한 세대 전에 고안된 것에 비해 눈에 띌 만한 진보를 거의 이루지 못했다. 교통 분야에서는 지역 차원이든 지방 차원이든 1938년 뉴욕 세계박람회에서 제너럴모터스가 전시한 디오라마diorama에서 이미 제공되어 인기를 얻었던 것과 그 전에 르 코르뷔지에가 내놓은 것을 제외하면 아무것도 없다. 어떤 면에서는 명백하게 퇴보했다. 록펠러센터를 창백하게 모방한 오늘날의 건축물들은 25년 전에 지어진 원본만큼 훌륭하지 않다. 전통적인 도시계획 **자체의 기준**에서 보더라도 오늘날의 주택단지는 1930년대의 것들과 비교하여 향상된 것과는 거리가 멀고, 대부분 퇴보한 것이다.

도시계획가들, 그리고 그들에게서 배운 사업가, 대부업자, 입법가 등이 자신들이 다루는 것이 자연과학의 문제라는 검증되지 않은 가정을 고수하는 한, 도시계획의 발전을 기대하기란 어렵다. 지금처럼 정체할 뿐이다. 오늘날의 도시계획은 현실적이고 진보적인 사고라는 필요조건이 결여되어 있다. 쟁점이 되는 문제가 어떤 종류인지도 인식하지 못하는 것이다. 이런 상황에서는 금세 막다른 길에 부딪힐 수밖에 없다.

생명과학과 도시가 우연히 동일한 **종류**의 문제를 제기한다고 해서 이 둘이 **동일한** 문제는 아니다. 살아 있는 원형질의 조직과 살아 있는 사람과 사업체의 조직을 같은 현미경으로 볼 수는 없다.

그렇지만 둘 모두 단순성의 문제를 보는 데 적합한 육안이나 개략적인 시각, 또는 비유기적 복잡성의 문제를 보는 데 적합한 망원경의 시각이 아니라 현미경이나 세밀한 시각에 의존한다는 점에서 이 둘을 이해하기 위한 전술은 비슷하다.

생명과학에서는——예를 들면 효소 같은——특정한 요소나 양을 확인하고 그것과 다른 요소·양과의 복잡한 관계와 상호연결을 수고스럽게 학습함으로써 유기적인 복잡성을 다룬다. 이 모든 것은 (일반적이지 않은) 다른 특정한 요소나 양의 작용을 통해 관찰된다. 물론 '두-변수'와 '비유기적 복잡성' 분석 기법 역시 사용되지만 이것은 보조적인 전술일 뿐이다.

원칙적으로 이런 기법은 도시를 이해하고 도시에 기여하는 데 이용되어야 하는 것과 무척 흡사한 전술이다. 내가 생각하기에 도시를 이해하는 데서 가장 중요한 사고 습관은 다음과 같은 것이다.

1. 과정에 관해 생각하라.
2. 특수한 것에서 일반적인 것을 추론하는 식으로——그 반대가 아니라——귀납적으로 작업하라.

3. 매우 적은 양을 포함하는 '평균적이지 않은' 실마리를 찾아라. 이런 실마리는 더 크고 더 '평균적인' 양이 작용하는 방식을 보여 준다.

이 책을 여기까지 읽은 독자라면 이런 전술을 구구절절이 설명할 필요가 없을 것이다. 그렇지만 간단하게 요약하고 그 함의를 분명하게 지적하도록 하겠다.

왜 과정에 관해 생각해야 할까? 도시의 사물들은——건물, 가로, 공원, 지구, 랜드마크 등등 어떤 것이든 간에——그것이 자리한 환경과 맥락에 따라 무척 다른 효과를 미칠 수 있다. 따라서 가령 추상적으로 '주거'라고 고려하면, 도시 주거를 개선하는 데 관한 어떤 유용한 내용도 이해하거나 실천할 수 없다. 도시 주거는——기존의 것이든 장래의 것이든 간에——탈슬럼화, 슬럼화, 다양성의 창출, 다양성의 자기파괴 같은 **각기 다른 구체적인 과정에 항상 연루된 구체적이고 특수한 건물들이다.***

이 책에서는 도시와 그 구성요소들을 거의 전적으로 과정의 형태로 논의했다. 주제 자체가 그러한 것이기 때문이다. 도시에게 과정은 본질적인 것이다. 게다가 일단 도시의 과정에 관해 생각하게 되면 이 과정의 촉매들에 관해서도 생각**해야 하는데**, 이런 점 역시 중요하다.

도시에서 일어나는 과정은 전문가만이 이해할 수 있을 정도로 비밀스럽지 않다. 거의 누구나 이해할 수 있다. 많은 보통 사람들은 이미 그 과정을 이해하고 있다. 단지 이 과정에 이름을 붙이거나 이와 같은 통상적인 인과관계의 질서를 이해함으로써 원한다면 그것을 조작할 수 있다고 생

---

* 사정이 이러하기 때문에, 협소한 의미의 '주택'을 전문적으로 다루는 '주택계획가'들은 직업상 불합리한 존재이다. 이런 직업이 의미를 갖는 것은 '주택'이 그 자체로 중요한 일반적인 효과와 특질을 가진다고 가정되는 경우뿐이다. 그러나 실제로는 그렇지 않다.

각하지 않을 뿐이다.

　왜 귀납적으로 추론해야 할까? 반대로 일반화로부터 추론하면 결국 우스꽝스럽게 불합리한 결론에 다다르기 때문이다——(현실 세계의 모든 증거에도 불구하고) 자신을 전문가로 만들어 준 일반화에 따라 노스엔드는 마땅히 슬럼이어야 한다고 생각한 보스턴의 계획가처럼 말이다.

　이것은 명백한 함정이다. 이 계획가가 의존하는 일반화 자체가 터무니없는 것이기 때문이다. 그렇지만 귀납적인 추론은 도시에 실제로 관련되며 따라서 무의미하지 않은 힘과 과정을 확인하고 이해하고 건설적으로 활용하는 데 그만큼 중요하다. 이제까지 나 역시 이런 힘과 과정에 관해 상당한 일반론을 펼쳤지만, 이런 일반화를 이용해서 이런저런 장소에 있는 특수한 것들이 어떤 의도를 **지녀야 한다**고 틀에 박힌 선언을 해도 된다고 믿는 사람이 있어서는 안 된다. 현실 세계에 존재하는 도시의 과정은 기계적인 틀에 넣기에는 너무 복잡하며 추상물로 응용하기에는 너무 특수하다. 도시의 과정은 언제나 특수한 것들의 독특한 조합 사이의 상호작용으로 이루어지며, 특수한 것들에 대한 지식은 다른 무엇으로도 대체할 수 없다.

　이런 종류의 귀납적인 추론은 또 평범한 관심 있는 시민들이 참여할 수 있는 것이며, 또 이런 시민들은 계획가들보다 유리한 점이 있다. 대학에서 지나치게 잘 배우기만 한 보스턴의 계획가처럼, 계획가들은 **연역적인** 사고 속에서 훈련과 교육을 받아 왔다. 어쩌면 이런 잘못된 교육 때문에 계획가들이 종종 보통 사람들보다 특수한 문제를 존중하고 이해하는 지적 준비가 덜 되어 있는 듯 보인다. 이런 보통 사람들은 전문성이 없어도 한 동네에 애정이 있고 이 동네를 이용하는 데 익숙하며, 따라서 일반적이거나 추상적인 방식으로 동네를 사고하는 데 익숙하지 않다.

적은 양을 포함하는 '평균적이지 않은' 실마리를 찾아야 하는 이유는 뭘까? 종합적인 통계 연구는 물론 **때로** 이런저런 규모, 범위, 평균, 중앙값 등에 관한 유용한 추상적인 측정법이 될 수 있다. 때때로 수집되는 통계는 또한 이 수치들에 어떤 일이 생기고 있는지를 말해 줄 수 있다. 그렇지만 유기적 복잡성의 체계에서 이런 수량이 어떻게 작동하는지에 관해서는 거의 아무것도 말해 주지 않는다.

사물이 어떻게 움직이는지를 알려면 정확한 실마리가 필요하다. 가령 뉴욕 브루클린 도심에 관해 작성할 수 있는 모든 통계 연구는 도심이 안고 있는 문제와 그 원인에 관해 신문 광고의 다섯 줄짜리 문구만큼도 말해 주지 못한다. 서점 체인인 마보로Marboro에서 낸 이 광고는 서점 다섯 곳의 업무시간을 보여 준다. 그 중 세 곳(맨해튼 카네기홀 근처의 한 곳, 공립 도서관에서 가깝고 타임스스퀘어에서 멀지 않은 한 곳, 그리니치빌리지의 한 곳)은 자정까지 문을 연다. 5번로 및 59번가와 가까운 네번째 서점은 저녁 10시까지 문을 연다. 브루클린 도심에 있는 다섯번째 서점은 저녁 8시까지 문을 연다. 손님이 있는 시간까지 서점을 여는 관리 지침이 있는 것이다. 이 광고는 브루클린 도심이 저녁 8시면 활기를 잃는다는 사실을 말해 준다. 실제로도 그렇다. 어떤 조사도 브루클린 도심의 **움직임**에 관한, 작지만 구체적이고 무척 정확한 이 단서만큼 이곳의 구성과 요구와 관련된 내용을 우리에게 알려 주지 못한다(오늘날 이른바 '계획'으로 통용되는 통계 조사에서 내놓는 분별없는 기계적인 예측 역시 마찬가지이다).

도시에서 '평균적이지 않은' 것을 만들어 내려면 많은 양의 '평균적인 것'이 필요하다. 그러나 6장에서 다양성을 만들어 내는 것들에 관해 논의하면서 지적한 것처럼, ──사람이든, 용도·구조물·일자리·공원·가로 등 다른 어떤 것이든 간에── 양만 많다고 해서 반드시 도시의 풍부한 다양성을 창출하는 것은 아니다. 이런 많은 양은 활기 없고 에너지가 낮은 시스템 속에서 단지 자체를 유지하는 요소들로만 기능할 수 있으며, 그조차도 못할 수도 있다. 또는 상호작용하는 에너지가 높은 시스템을 이루면서 '평균적이지 않은 것'들을 부산물로 만들어 낼 수 있다.

훨씬 크고 더 '평균적인' 시각적 경관 속의 작은 요소인 눈길을 끄는 구조물의 경우처럼, '평균적이지 않은' 것은 물리적인 존재일 수 있다. 또 독특한 상점의 경우처럼 경제적인 존재이거나, 색다른 학교나 이상한 극장의 경우처럼 문화적인 존재일 수도 있다. 공적 인물이나 어슬렁거리는 장소, 또는 재정·직업·인종·문화적으로 평균과는 거리가 먼 주민이나 이용자의 경우처럼 사회적인 것일 수도 있다.

생명력 있는 도시에는 상대적으로 적은 '평균적이지 않은' 양이 절대적으로 필요하다. 그렇지만 여기서 이야기하는 맥락에서 보자면, '평균적이지 않은' 양은 또한 분석적인 수단으로서도, 즉 실마리로도 중요하다. 이것은 흔히 다양한 많은 양이 서로와의 결합 속에서 작용하거나 작용하지 못하는 방식을 알려 주는 유일한 지표이다. 거칠게 비유하자면, 원형질 조직 속의 극소량인 비타민을 생각하거나 목초 식물의 구성요소들을 추적할 수 있다. 이런 것들은 자신을 일부로 하는 조직의 적절한 기능에 필수적인 역할을 한다. 그렇지만 이것들의 유용성은 여기서 그치지 않는다. 자신을 일부로 하는 조직에서 **어떤 일**이 일어나는지에 관한 중요한 실마리를 제공할 수 있고 실제로도 그렇게 하기 때문이다.

또 어떤 시민이든 '평균적이지 않은' 실마리 — 또는 실마리의 부재 — 를 인식할 수 있다. 실제로 도시 거주자들은 대개 바로 이런 문제에 관한 대단한 비공식적인 전문가이다. 도시의 보통 사람들은 이처럼 비교적 적은 양의 중요성과 무척 조화를 이루는 '평균적이지 않은' 양을 인식하고 있다. 이 경우에도 역시 계획가들은 불리한 위치에 있다. 계획가들은 '평균적이지 않은' 양을 상대적으로 대수롭지 않은 것으로 여길 수밖에 없다. **통계상** 중요성이 크지 않기 때문이다. 계획가들은 가장 중요한 것을 경시하도록 훈련받고 있는 것이다.

이제 우리는 정통 개혁가들과 계획가들이 (우리들뿐만 아니라) 자신들까지 몰아넣고 있는 도시에 관한 지적 오해의 수렁 속으로 더 깊이 파고 들어가야 한다. 도시계획가들이 자신이 다루는 주제에 대해 보이는 심각한 경시와 '모호하고 불길한' 비합리성이나 도시의 혼란에 대한 빈약한 믿음의 이면에는 도시──와 인간──가 다른 자연과 맺는 관계에 대한 뿌리 깊은 오해가 자리 잡고 있다.

물론 인간은 회색곰이나 꿀벌, 고래나 사탕수수와 마찬가지로 자연의 일부이다. 인간의 도시는 프레리도그[마멋marmot의 일종─옮긴이]가 굴에 모여 살고 굴[石花]이 바위에 붙어사는 것만큼이나 자연의 한 형태의 산물을 이루는 자연스러운 것이다.

식물학자 에드거 앤더슨Edgar Anderson은 『경관』이라는 잡지에 자연의 한 형태로서의 도시에 관해 이따금 재치 있고 감각적인 글을 쓴 바 있다. "세계 도처에서 인간은 도시를 사랑하는 생물로 받아들여지고 있다"고 그는 말한다. 자연을 보는 것은 "시골에서와 마찬가지로 도시에서도 무척 쉽다. 인간을 자연의 일부로 받아들이기만 하면 된다. 호모사피엔스라는 종인 당신이야말로 이 종이 자연의 역사를 깊이 이해하는 데 가장 효과적인 길잡이임을 깨닫게 될 것을 유념하라."

18세기에는 진기하면서도 이해할 만한 일이 벌어졌다. 그때까지 유럽인들의 도시는 도시와 자연의 수많은 거친 양상을 조화시키면서 순조롭게 이어져 왔고, 그리하여 예전에는 드문 일이었던 것이 대중적으로 가능해졌다—자연을 감상화sentimentalization하거나 어쨌든 자연과의 전원적이거나 야만적인 관계를 감상화하게 된 것이다. 마리 앙투아네트가 젖 짜는 여인 역을 즐겼다는 일화는 이런 감상적인 사고의 한 면을 보여 준다. '고귀한 야만인'이라는 낭만적인 사고는 한결 어리석은 또 다른 면을 보여 준다. 18세기에 제퍼슨이 자유로운 장인과 직인들의 도시를 지적으로 거부하고 자족적인 농촌 자작농들의 이상적인 공화국을 꿈꾼 것도—자기 땅을 노예들에게 경작시킨 선량하고 위대한 인간으로서는 애처로운 꿈이었다—마찬가지이다.

실제 세계에서는 야만인(과 농민)이 가장 자유롭지 못한 사람들이다—전통에 묶이고 카스트 제도의 지배를 받으며, 미신에 구속되고 낯선 것에 대한 의심과 불길한 예감에 사로잡혀 있는 것이다. "도시의 공기가 자유롭게 한다"는 중세의 속담은 말 그대로 도시의 공기가 도망 농노를 자유롭게 했을 때 생긴 말이다. 기업도시, 대농장, 공장형 농장, 생계형 농장, 농촌 이주노동자 이동로, 광산촌, 단일계층 교외 등지에서 도망친 사람들에게 도시의 공기는 여전히 자유를 준다.

도시의 중재 덕분에 사람들이 '자연'을 자비롭고 품위를 부여하고 순수한 것으로 여기는 게 가능해졌으며, 그 연장선에서 '자연스러운 인간'('자연스럽다'가 어떤 의미인지는 선택하기 나름이다) 역시 그렇게 여길 수 있게 되었다. 이 모든 허구적인 순수성, 고귀함, 자비로움과 정반대로, 허구가 아닌 도시는 유해한 것들의 온상이자—명백한—자연의 적으로 여겨질 수 있었다. 그리고 일단 사람들이 자연을 아이들을 지키는 멋지고 커다란 세인트버나드 개처럼 보기 시작하면, 이 다정다감한 애완동물을 도시에도 들여오고 싶다는 바람만큼 자연스러운 게 또 있을까? 도시가 고귀하고 순수하고 자비로워질 수 있게 말이다.

자연을 감상화하는 데는 위험이 존재한다. 대부분의 감상적인 사고의 근저에는 스스로 인정하지 않지만 뿌리 깊은 경시가 자리 잡고 있다. 자연을 감상화하는 데 세계 최고인 미국인들이 또한 동시에 야생 농촌을 가장 경시하는 탐욕스러운 파괴자임은 우연이 아니다.

이런 정신분열적인 태도를 낳는 것은 자연에 대한 사랑도 아니고 존중도 아니다. 무미건조하고 규격화, 교외화된 자연의 그림자를 생색을 내면서 즐기고 싶다는 감상적인 욕망일 뿐이다—인간과 도시가 그 존재만으로도 자연의 정당한 일부이며, 잔디 깎기나 일광욕, 명상보다 훨씬 더 깊고 피할 수 없는 방식으로 자연에 포함되어 있음을 믿지 않는 것이다. 그리하여 매일 수천 헥타르가 넘는 시골 땅이 불도저로 파헤쳐져 포장이 깔리고, 자신들이 발견했다고 생각한 것을 죽인 교외 사람들의 차지가 되는 것이다. 허구화된 자연과 친밀해지고 도시의 '부자연스러움'을 피하기 위한 이런 국가적 노력 속에서 둘도 없는 유산인 1등급 농지(지구상에서 찾기 힘든 천연자원이다)가 고속도로나 슈퍼마켓 주차장을 위해 아무 생각 없이 무자비하게 희생되고 있다. 숲의 나무가 뿌리 뽑히고 개천과 강이 오염되고 대기 자체가 배기가스로 가득 차는 것처럼 말이다.

이런 식으로 우리가 만들어 내는 반교외화되거나 교외화된 혼란 속에 살게 될 후세 사람들은 이런 혼란을 경멸할 것이다. 희박하게 분산된 이런 교외 환경에는 정주지가 마땅히 가져야 할 고유한 활력이나 내구력, 유용성이 결여되어 있다. 가장 값비싼 극히 일부만이 한 세대 이상 사람들을 잡아 둘 수 있을 뿐이다.

그러고는 도시 회색지대와 마찬가지로 쇠퇴하기 시작한다. 사실 오늘날 도시 회색지대를 이루는 대부분 지역은 얼마 전까지도 '자연'에 가까운 분산된 곳들이었다. 가령 뉴저지 북부의 이미 황폐화되거나 급속도로 황폐화되고 있는 12,000헥타르의 주거 지역에 있는 건물들 가운데 절반이 40년도 채 되지 않았다. 아마 30년 뒤면 현재 대도시의 회색지대 문제를 무색하게 만들 정도로 거대한 황폐화와 쇠퇴의 새로운 문제가 축적되게 될 것이다. 또한 아무리 파괴적이더라도 이 문제는 우리가 의도하지 않거나 우연히 생기는 것이 아니다. 하나의 사회로서 우리가 의도하는 결과물인 것이다.

도시의 반명제로 간주되고 감상화되는 자연은 잔디와 신선한 공기 정도로 이루어지는 것처럼 가정되는데, 이런 우스운 경시는 애완동물의 형태로 공식적이고 공공연하게 보존되는 자연의 황폐화로 귀결된다.

한 예로, 뉴욕 시 북쪽 허드슨 강 상류의 크로튼포인트Croton Point에 있는 주립공원은 피크닉과 야구를 즐기면서 유유히 흐르는 (오염된) 허드슨 강을 바라보는 장소이다. 크로튼포인트는 지질학적으로 진기한 곳이(었)다. 폭 13미터 정도의 강변에는 빙하의 작용으로 퇴적된 청회색 점토가 강물의 흐름과 태양열의 작용과 결합하여 개 모양의 진흙 덩어리들이 만들어졌다. 자연의 조각품인 이 진흙 개들은 돌투성이 강변에 빽빽하게 자리를 잡고 굳어졌는데, 아슬아슬할 정도로 미묘하고 단순한 곡선 형태에서부터 동양의 호사스러움을 능가하는 환상적인 조합에 이르기까지 갖가지 진기한 모습을 보여 준다. 이곳은 전 세계에서 진흙 개를 볼 수 있는 몇 안 되는 장소이다.

행락객들, 지루한 표정으로 야구를 하는 사람들, 신난 어린이들과 나란히 뉴욕 시의 지질학과 학생들이 여러 세대에 걸쳐 보물찾기하듯이 진흙 개를 찾아다니면서 마음에 드는 걸 가져갔다. 그리고 언제나 그렇듯이 진흙과 강물, 태양은 끊임없이 하나도 똑같은 게 없는 이런저런 모양의 진흙 개를 만들어 냈다.

오래전에 지질학 교사에게 진흙 개에 관한 이야기를 들은 나는 해마다 이따금 시간을 내서 보물사냥을 다니곤 했다. 몇 년 전 여름에는 남편과 함께 아이들을 데리고 가서 진흙 개를 찾게 하고 어떻게 만들어지는지를 설명해 주려고 했다.

그러나 이미 자연을 개선하는 사람들이 지나가고 난 뒤였다. 좁다랗게 뻗은 독특한 강변을 이루는 진흙 비탈이 파괴되어 있었다. 그 자리에는 전원풍 옹벽이 세워지고 공원 잔디밭이 확장되어 있었다. (통계 수치상으로는 공원 규모가 늘어났다.) 새로 생긴 잔디밭을 이곳저곳 파 보자—누구라도 이런 신성모독을 저질렀을 것이다—불도저에 짓밟혀 깨진 진흙 개 조각들이 나왔다. 이곳에서 이루어지던 자연 과정이 영원히 멈춰 버렸음을 보여 주는 최후의 증거물이었다.

어느 누가 시간을 초월하는 경이보다 이런 활기 없는 교외화를 더 좋아할까? 어떤 공원 감독관이 이와 같은 야만적인 자연 파괴를 내버려 둘까? 너무나도 익숙한 사고방식이 작용하는 게 분명하다. 복잡하게 얽히고 설킨 독특한 질서가 존재하는 곳에서 무질서만을 보는 사고방식, 도시 가로의 삶에서 무질서만을 보고 그것을 밀어 버리고 규격화하고 교외화하고 싶어 안달을 하는 바로 그 사고방식 말이다.

이 두 가지 대응은 서로 연결되어 있다. 이런 단순한 사고방식은 도시를 사랑하는 생물들이 창조하거나 이용하는 도시를 존중하지 않는다. 이런 도시는 교외화된 도시의 부드러운 그림자가 아니기 때문이다. 자연의 다른 측면 역시 교외화된 자연의 부드러운 그림자가 아니기 때문에 존중받지 않는다. 자연의 감상화는 손대는 모든 것을 탈자연화한다.

대도시와 시골은 순조롭게 공존할 수 있다. 대도시는 근처에 진짜 시골을 필요로 한다. 그리고 시골은—인간의 관점에서 보자면—다양한 가능성과 생산성을 가진 대도시를 필요로 한다. 인간이 자연 세계를 저주하는 대신 그것을 감상하는 자리에 설 수 있기 때문이다.

인간다움은 그 자체가 어려우며, 따라서 모든 종류의 정주지(꿈의 도시를 제외하고)는 문제를 갖고 있다. 대도시는 많은 문제를 안고 있다. 많은 사람을 품고 있기 때문이다. 그러나 활력 있는 도시는 아무리 어려운 문제라도 맞서 싸울 수 있다. 활력 있는 도시는 환경 연쇄의 수동적인 희생자가 아니며, 자연을 해치는 악독한 적도 아니다.

활력 있는 도시는 자신이 처한 난관에 맞서 싸우는 데 필요한 것들을 이해하고 소통하고 고안하고 발명하는 놀라운 내적 능력을 갖고 있다. 이런 능력을 보여 주는 가장 두드러진 사례는 아마 대도시가 질병에 미치는 영향일 것이다.

도시는 한때 질병에 가장 무기력하게 유린되는 희생자였지만, 이제는 위대한 질병 정복자가 되었다. 외과술, 위생, 미생물학, 화학, 통신, 공중보건 대책, 대학 부속병원과 연구병원, 구급차 등 도시 안에 있는 사람들뿐 아니라 바깥의 사람들까지도 조기 사망premature mortality에 대한 끝없는 전쟁을 위해 의존하는 모든 장치는 기본적으로 대도시의 산물이며 대도시 없이는 상상조차 할 수 없는 것이다. 사회가 이와 같은 진보를 이룰 수 있도록 떠받치는 부의 잉여, 생산성, 인재의 빽빽한 결집 등이 모두 우리 사회가 도시로, 특히 밀집된 대도시로 조직화된 결과물이다.

더디게 움직이는 전원 환경이나 천진무구한 촌사람들——이런 환경이나 사람들이 존재한다면——에게서 사회의 병폐를 줄일 묘약을 찾는 것은 낭만적일지는 몰라도 시간낭비일 뿐이다. 실제 세계에서 농촌 마을 같은 동질적인 정주지가 오늘날 우리를 괴롭히는 커다란 문제들에 대한 하나의 답이라도 줄 수 있다고 생각하는 사람이 과연 있을까?

지루하고 활기 없는 도시가 자기파괴의 씨앗만을 품고 있는 것은 사실이다. 그러나 활기차고 다양하며 집약적인 도시는 자체의 재생의 씨앗을 품고 있으며, 도시 바깥의 문제와 요구까지 해결할 수 있는 에너지도 또한 갖고 있다.

옮긴이 후기

공장과 하수구에서는 매연과 수증기가 모락모락 피어오르고, 밤거리에서는 툭하면 패싸움이 벌어진다. 버려진 빈터에서는 날마다 성매매를 미끼로 한 퍽치기가 이루어지고, 급기야 한밤중의 술집에서는 집단 성폭행이 벌어진다. 영화 「브루클린으로 가는 마지막 비상구」의 무대가 된 1950년대 초반 뉴욕 브루클린의 황량하기 짝이 없는 풍경이다. 비약적인 경제 성장의 한편에서는 도심 공동화와 교통 혼잡, 우범지대화, 대규모 슬럼 형성 등 갖가지 도시 문제가 터져 나왔고, 주류 도시계획가들은 그 해결책으로 에버니저 하워드의 '전원도시' 같은 교외 주택단지와 르 코르뷔지에의 '빛나는 도시' 같은 고층 빌딩 숲을 내놓았다. 지저분한 도시의 구석구석을 모두 헐어 버리고 깔끔하게 재개발하는 것은 상식적으로 당연해 보이는 시대의 요구였고, 경제적 이해관계와도 맞아떨어졌다. 각종 종합 계획 지구, 저밀도 교외, 도심 지역 재개발, 공원 확충, 공지와 고속화도로 확대, 슬럼을 일소하는 공공주택 건설, 슈퍼블록을 기반으로 한 근대적인 근린 설계 등이 당시를 대표하는 표어였다.

그러나 제인 제이콥스는 생각이 달랐다. 제이콥스가 보기에 주류 도시계획은 도시에 오히려 해로운 반反도시, 계획과는 거리가 먼 반反도시계획이었다. 재개발을 통해 새롭게 건설된 공공주택 단지는 오히려 기존의 슬럼보다 범죄율이 더 높았고, 대규모로 지은 공원은 시민들의 휴식처가 되기는커녕 청소년 범죄의 근거지로 바뀌어 버렸다. 현실의 도시는 계획가의 책상 위에 놓인 도면과는 달랐던 것이다.

프리랜서 기자로 뉴욕 거리 구석구석을 돌아다니면서 예리한 눈으로 살펴본 제이콥스는 사람들이 도시에서 가장 필요로 하는 것은 안전과 활기와 다양성이라는 결론에 다다랐다. 도시, 그것도 대도시에 사는 사람은 누구나 자기 동네(또는 자기 집)를 나서는 순간 이방인이 된다. 도시에 모여 사는 사람들은 누구나 익명의 존재일 수밖에 없다. 그렇지만 도시 거리에서 낯선 사람들과 물결을 이루면서도 안전을 누려야 한다. 안전하고 활기 있는 도시나 도시 지구는 저절로 사람들을 불러 모으는 반면 위험하고 황량한 도시나 도시 지구는 순식간에 황폐화된다. 어떻게 하면 안전하고 살기 좋은 도시를 만들 수 있을까, 하는 것이 제이콥스가 이 두툼한 책에서 말하고자 하는 내용의 전부이다. 그리고 그 결론은 사실 도시의 거리를 찬찬히 들여다볼 마음만 있는 사람이라면 누구나 고개를 끄덕일 수 있는 당연한 내용이다.

도시는 온갖 사업과 소통이 이루어지는 가운데 사람들이 교류하고 접촉하는 공간이다. 인류는 문명을 이루면서부터 도시 생활을 시작했고, 현대인은 자의든 타의든 생의 대부분을 도시에서 보낸다. 그런데 이런 도시의 특성이 가장 적나라하게 드러나는 곳이 거리이다. 사람들이 접촉하는 기회만 가로막지 않으면, 이동을 방해하지 않는 선에서 접촉의 기회를 많이 배치하기만 하면 거리는 사람들로 넘쳐난다. 그리고 자연스럽게 걸어 다니는 사람들은 사생활과 익명성을 포기하지 않고도 서로에게 눈길을 주면서 서로의 안전을 지켜준다. 제이콥스에 따르면 치안을 강화한다고 저절로 안전이 확보되지는 않는다. 도시 속의 안전은 굉장히 복잡한 사회관계의 소산이며, 도시에 사는 모든 사람들이 그 존재만으로도 안전에 이바지할 수 있다. CCTV를 아무리 많이 설치해도 항상 많은 사람들이 거리를 오가고 상점 주인과 주민들이 별 생각 없이 거리에 눈길을 주는 것만 못하다.

그리고 이런 도시에 생명력을 부여하는 것은 다양한 인간 활동이다. 도시의 활력을 떠받치는 것은 다양성이고, 그 다양성은 업무 때문에 바쁜 걸음을 재촉하는 사람들, 눈요기를 하며 상점가를 거니는 사람들, 하릴없이 산책하는 커플, 동네 골목에서 뛰노는 아이들이 만들어 낸다. 도시 거리를 사람들로 채우는 것, 그것이야말로 안전하고 살기 좋은 도시를 만드는 지름길이라고 제이콥스는 힘주어 말한다. 사람들이 접촉을 하고 거리를 활보하게 하라. 도시가 하나의 생명체라면 가로, 즉 거리는 혈관이고 보행자는 혈액이다.

살아 숨 쉬는 도시를 만들기 위한 제이콥스의 제안 역시 주류 도시계획의 거창한 설계도와는 거리가 멀다. 첫째, 단일 용도 중심의 지구 계획 대신 다양한 용도가 자연스럽게 뒤섞이게 만들어야 한다. 이런저런 용무로 거리를 이용하는 사람들이야말로 도시의 다양성과 활기를 만들어 내는 주인공이다. 둘째, 슈퍼블록 대신 짧은 블록을 만들어야 한다. 지름길과 선택의 폭이 많은 짧은 블록은 그 자체가 걷고 싶은 거리를 이루며, 자주 나타나는 모퉁이는 그 자체가 도시의 다양한 모습을 이루고 사람들의 만남을 유도한다. 셋째, 오래된 건물과 신축 건물을 공존하게 만들어야 한다. 자동차를 가지고 이용하는 대형 업체만이 아니라 잠깐씩 걸어 다니며 눈요기도 하고, 다양한 사업 기회를 제공하는 작고 오래된 건물이 필요하다. 마지막으로 무조건 저밀도를 추구할 것이 아니라 적정한 인구의 집중을 유지해야 한다.

한국의 도시는 급속한 근대화를 거치면서 난개발에 몸살을 앓았다. 그리고 1980년대부터는 온통 재개발과 재건축에 분주했다. 자고 나면 아파트 단지가 하나씩 생겼고, 이름도 생소한 신도시가 우후죽순처럼 솟아났다. 몇 년 만에 어린 시절의 추억을 찾아 간 동네가 송두리째 사라지고 아파트단지로 뒤바뀐 모습에 황망하게 돌아선 경험은 도시 출신이라면 누구나 한 번씩 해보았을 것이다. 그 와중에 골목이 사라지고, 동네가 사라지고, 이웃이 사라졌다. 우리의 도시는 추억을 허락하지 않았다. 그 빈자리를 채운 것은 여기저기 급조된 랜드마크와 서둘러 복원된 역사 기념물들이다. 게다가 요즘 서울은 한창 '디자인 서울'을 내세우며 공원을 개조하고 가로를 정비하느라 분주하다. 물론 한국의 재개발은 순전히 경제 논리에 따른 것이다. 원주민이든 아니든 간에, 하루아침에 쫓겨날 신세가 된 세입자들을 제외하고는 모두들 동네를 깡그리 허물고 새로 짓는다는 재개발을 쌍수를 들어 환영한다. 그렇지만 걷고 싶은 도시, 더불어 사는 흥미롭고 안전한 도시를 원하지 않는 사람은 없을 것이다. 제이콥스는 잠시 짬을 내서 우리가 사는 도시의 거리와 동네를 둘러보라고 권유한다. 그리고 약간의 관찰력과 상상력만 있으면 누구든지 흥미진진한 도시를 만드는 데 힘을 보탤 수 있다고 조언한다.

이 책이 미국에서 처음 출간된 것이 1961년, 50년 전의 일이다. 그렇지만 아직 우리에게는 이 책의 교훈이 필요하다. 우리의 도시에는 동네가 필요하다.

2010년 3월

옮긴이 유강은

찾아보기

ㄱ

갠스(Herbert Gans) 364, 384
거대도시(Megalopolis) 28, 43
거번먼트센터(클리블랜드) 49
게디스(Sir Patrick Geddes) 39, 42
게토 193, 242, 379
『경관』 286, 576
골든게이트 공원(샌프란시스코) 133
공공 주택단지 56, 59, 70, 103, 105, 116, 425
공립도서관(뉴욕) 216, 241, 342, 505
공립도서관(필라델피아) 224
공생 97~99, 104, 112, 195
공적 인물 105~109
공중 생활 91~100, 105, 110~111, 124, 173, 249
공청회 415, 469, 529~530
교차이용 184, 187, 250, 255, 357, 552
구겐하임(Charles Guggenheim) 113, 116
구기 건축 302
구역(Turf) 76~77, 79, 184

그러머시 공원(뉴욕) 155
그루언(Victor Gruen) 448, 452~455, 459~461
그리니치빌리지 107, 177~180, 185, 192, 252, 264, 290, 318, 328, 340, 360
근린공원 132, 134, 140, 144
글레이저(Nathan Glazer) 40

ㄴ

『내일의 도시와 계획』 39
『내일의 전원도시』 39
네크로폴리스 → 사자의 도시
노스비치-텔레그래프힐(샌프란시스코) 109, 208, 275~277, 286
노스엔드(보스톤) 27, 58, 86, 120, 149, 185, 208, 255, 276, 280, 293, 306, 385
노스엔드연합 58
뉴욕 44, 57, 63, 67, 71, 76~78, 94, 106, 109, 114, 120, 133, 208, 231~233, 472, 506
뉴헤이븐(코네티컷) 410, 480, 537
니버(Reinhold Niebuhr) 163

ㄷ

『대도시의 해부』 203, 230
덴턴(John H. Denton) 273~274, 278
도시계획 38, 43, 46, 75, 125
　~이론　24~25, 28, 32~33, 97, 165, 174, 298, 567
　정통 ~　42, 68, 217~218, 255, 275, 314, 363, 387, 403, 413
도시 미화(City Beautiful)　48~49, 137, 236
도시의 다양성 208~210
　~의 조건 210~212, 225, 244
『도시의 문화』 39, 43, 491
도시의 안전 56, 62~69, 86, 116~119
『도시의 이미지』 358, 494
도시의 해악 38, 43
『도시환경디자인』 → 『도시의 이미지』
디트로이트 105, 210, 278, 461

ㄹ

라우즈(James Rouse) 441
라이첵(Jesse Reichek) 117
라파예트파크(디트로이트) 80
랑팡(Pierre Charles L'Enfant) 240~241
래스킨(Eugene Raskin) 303, 308, 320
래트클리프(Richard Ratcliff) 229
랜드마크 184, 307, 503
런던 11, 38, 201, 334, 448
레이크메도즈(시카고) 80
레치워스(영국) 40
렉싱턴애비뉴(뉴욕) 67
로스앤젤레스　57, 75, 111~112, 120, 135, 137, 146, 304, 461, 464~466

로워맨해튼 215~218, 220, 222, 237
로워이스트사이드(뉴욕)　64, 77, 106, 116, 139, 157, 179, 196, 348, 402, 439
록스베리 59, 277
록펠러센터 151, 250, 506
록펠러플라자 132, 251
루리(Ellen Lurie) 102, 372
루이빌(켄터키) 223, 243
르 코르뷔지에(Le Corbusier)　39, 44~48, 288, 450, 567
리튼하우스스퀘어(필라델피아)　132, 136, 138, 140, 149, 153, 173, 254, 276, 281, 286, 306
린치(Kevin Lynch) 358, 494, 502
링컨스퀘어(뉴욕) 49

ㅁ

매디슨스퀘어(뉴욕) 333
맨해튼　64, 117, 164, 172, 177, 214, 252, 461~463, 498
맬런스퀘어(피츠버그) 154
멈퍼드(Lewis Mumford) 39, 42, 44, 286, 491
메갈로폴리스 → 거대도시
모닝사이드하이츠(뉴욕)　24, 149~150, 164, 349
모지스(Robert Moses)　115, 133, 186, 473~474, 481, 486

ㅂ

바우어(Catherine Bauer)　39, 42, 44, 280~281, 568
반(反)도시 계획 8, 44, 290

배터리파크(뉴욕) 220
백오브더야즈(시카고) 185, 187~188, 195, 264, 363, 551
백오브더야즈평의회 396~398
밴더빌트애비뉴 500
버넌(Ramond Vernon) 203, 230
벤저민 프랭클린 파크웨이 49
보스턴 27, 29~30, 58~59, 86, 120, 234, 255, 314, 331~332, 364, 456
보즈웰(James Boswell) 201, 273
볼드윈힐즈빌리지(로스앤젤레스) 120
볼티모어 77, 120, 138, 164
브라이언트파크(뉴욕) 254
브로드웨이 63~64
브롱크스 209~210, 243
브롱크스 공원 133, 267
브루클린 71, 116, 170, 268~270, 276, 574
브루클린하이츠 276, 281, 286
블래댁하우스(뉴욕) 78
빛나는 도시(Radiant City) 44, 70, 80, 154, 451, 474
빛나는 전원도시 73, 77, 148~149, 406

ㅅ

사자의 도시(Nekropolis) 43
새라 딜라노 루스벨트 공원 114~115, 146, 152
샌프란시스코 107, 109, 133, 155, 208, 238, 275, 286, 304, 499, 501
세인트루이스 57, 113, 116, 133, 439, 508
센트럴파크 133, 158, 356, 360

소사이어티힐 263
슈퍼블록 27, 43, 46, 248, 255
스타이버슨트타운(뉴욕) 79~80, 262, 291
스타인(Clarence Stein) 39, 42, 491, 568
슬럼 27, 31, 362, 367, 442
시빅센터(샌프란시스코) 49
시빅센터(세인트루이스) 49
시카고 57, 73~74, 80, 185, 188
신시내티 457~458
11번가 306~307

ㅇ

아이작스(Reginald Isaacs) 167, 196
아일오브도그스(런던) 11
앨린스키(Saul D. Alinsky) 396
어퍼웨스트사이드(뉴욕) 78, 523
에이브럼스(Charles Abrams) 328~329, 425
엘름힐애비뉴(보스턴) 59
엡스타인(Jason Epstein) 221
오크리지(테네시) 79~80
와그너하우스(뉴욕) 408
요크빌 108, 194
용도의 혼합 202, 224~228, 300, 333
워싱턴스퀘어(뉴욕) 132, 136, 139, 151, 472, 478
워싱턴스퀘어(필라델피아) 136, 142
워싱턴하우스 59~60, 70
웰윈(영국) 40
위버(Warren Weaver) 558, 561~562
유클리드애비뉴(클리블랜드) 304
유토플레이스(볼티모어) 164

유티카애비뉴(브루클린) 75
이스트할렘 36~37, 90, 95, 104, 156, 175, 191, 314, 364, 401, 407
인큐베이터 효과 229~230, 269

ㅈ·ㅊ

저소득층 주택단지 22, 55, 75, 78, 102, 169, 227, 289, 371, 515~516
전원도시(Garden City) 39~42, 45, 120, 126, 279, 386, 491, 565~566
『정글』 396
조지타운(워싱턴 D. C.) 109, 239, 254
주거밀도 277
주택보조국 430~435
중산층 주택단지 22, 24, 75, 77, 78, 80, 99, 267, 525
채텀빌리지(피츠버그) 99~100, 120, 125

ㅋ·ㅌ

카나리워프 프로젝트 11
카네기홀(뉴욕) 231~233, 342
커크(William Kirk) 37, 169
콜리어스훅(뉴욕) 78, 109, 139, 157
클레이(Grady Clay) 223, 268
탈슬럼화 363, 365, 373, 392, 397
　그리니치빌리지의 ~ 375
　노스엔드의 ~ 363, 376, 394
　백오브더야즈의 ~ 363, 395
탈집중론자 42~45, 47, 386
탈집중화 229, 274
터그웰(Rexford G. Tugwell) 412~413
티라노폴리스 → 폭정도시

ㅍ

파크애비뉴(뉴욕) 67, 172, 233, 306
패누치(Anthony J. Panuch) 414
패누치 보고서 414~416, 418~419
퍼싱스퀘어(로스앤젤레스) 146
페더럴 힐(볼티모어) 138
페어마운트공원(필라델피아) 133
펜(William Penn) 135, 140
포트워스 448, 452, 459
『폭발하는 대도시』 170
폭정도시(Tyrannopolis) 43
프랭클린스퀘어 136, 145~146
플로렌스(P. Sargant Florence) 169, 203
피츠(Elbert Peets) 239~240, 307
피츠버그 99, 125, 154, 163, 235, 526
필라델피아 57, 116, 133, 135, 367, 527

ㅎ

하(Charles M. Harr) 39, 394, 410
하워드(Ebenezer Howard) 38~40, 42, 48, 166, 295, 386~387, 450, 565
하이드파크-켄우드(시카고) 73, 76, 263
해스켈(Douglas Haskell) 302~303
허드슨스트리트 81~87, 126, 177, 213
회색지대(gray belt) 69, 203, 243, 278, 283, 515, 578~579
회색 지역 69~74, 105, 311~312, 495

지은이 | 제인 제이콥스(Jane Jacobs)

1916년 5월 4일에 펜실베이니아 주 스크랜턴에서 태어났다. 아버지는 의사였고 어머니는 교편을 잡고 간호사로도 일했다. 고등학교를 마치고 1년 동안 『스크랜턴트리뷴』(Scranton Tribune)의 기자로 일하다가 뉴욕으로 간 제이콥스는 속기사로 몇몇 일자리를 전전했으며, 자신을 매료시킨 뉴욕의 여러 업무지구에 관해 자유기고가로 글을 썼다. 금속공학에서부터 외국인 독자를 위한 미국 지리에 이르기까지 여러 주제에 관한 수많은 저술 및 편집 일을 거친 뒤, 1952년에 『건축포럼』의 부편집장이 되었다. 도시 재건축 프로젝트에 관해 글을 쓰면서 이런 프로젝트가 안전하지도 흥미롭지도 생기 넘치지도 않으며, 또 일단 프로젝트가 건설되고 운영된다 할지라도 도시 경제에 유리하게 작용하지 않는다는 사실을 깨달으면서 점차 도시계획의 전통적인 믿음에 회의를 품게 되었다. 1956년에 하버드 대학에서 이런 취지로 강연을 했고, 뒤이어 잡지 『포천』에 「도심은 사람들을 위한 것」(Downtown Is for People)이라는 제목의 글을 기고했으며, 이 글은 다시 『미국 대도시의 죽음과 삶』으로 이어졌다. 1961년에 출간된 이 책은 도시 재개발과 도시의 미래를 둘러싼 논쟁에 항구적인 변화를 가져왔다.

로버트 모지스 및 연방 정부의 슬럼 일소 프로젝트와 결합된 도시계획에 대한 대규모 불도저 식 정부 개입에 반대한 제이콥스는 철저한 재개발을 제안하면서 배타적인 주거지구와 상업지구 대신 혼합 이용을 강조하고 기존 근린의 인간적 생명력에 의존했다. "생명력 있는 도시는 난관에 맞서 싸우는 데 필요한 이해와 소통, 고안과 발명의 놀라운 내적 능력을 갖고 있다. …… 생생하고 다양하고 강렬한 도시는 자체적인 재생을 위한 씨앗을 품고 있으며, 도시 바깥의 문제와 요구에 대처할 만한 활기도 갖고 있다." 제이콥스가 건축가나 도시계획가로서 경력이 전무한 탓에 비판을 받기도 했지만, 『미국 대도시의 죽음과 삶』은 출간과 동시에 당대에 가장 독창적이고 강력한 설득력을 지닌 책의 하나로 인정받았다. "우리 삶을 에워싼 여러 문제 중 가장 커다란 문제를 다룬 것 가운데 가장 신선하고 도발적이며 자극적이고 흥미로운 연구"(해리슨 솔즈베리)이며 "도시에 생명과 정신을 부여하는 위대한 연구"(윌리엄 H. 화이트)라는 찬사가 이어졌다.

건축가와 결혼한 제이콥스의 말에 따르면, 남편에게 건축 분야 저술가가 되기에 충분할 정도로 많은 것을 배웠다고 한다. 슬하에 아들 둘과 딸 하나를 두었다. 1968년에 가족과 함께 토론토로 이주한 뒤, 제이콥스는 개발과 관련된 문제에서 종종 활동가 역할을 떠맡았고 도시계획과 주거정책 개혁에 관한 충실한 조언자로 일하고 있다. 제이콥스는 득보다 실이 더 많다는 이유에서 대규모 고속화도로 건설에 반대하여 성공적으로 저지한 캠페인에서 지도자 역할을 했으며, 도심 근린 주거지역 전체를 해체하는 것을 막는 데 힘을 보탰다. 1974년에 캐나다로 귀화하여 지금은 캐나다 시민이다(2006년 4월 25일, 제인 제이콥스는 89세의 나이로 세상을 떠났다). 주요 저작으로는 『도시의 경제』(The Economy of Cities, 1969), 퀘벡의 주권 문제에 관해 고찰한 『분리주의의 문제』(The Question of Separatism, 1980), 세계경제에서 도시와 도시지역이 갖는 중요성에 관한 주요 연구서인 『도시와 국가의 부』(Cities and the Wealth of Nations, 1984), 그리고 최근의 저작인 『생존의 체계』(Systems of Survival, 1993) 등이 있다.

옮긴이 | 유강은(libromio@jinbo.net)

국제문제 전문 번역가. 옮긴 책으로 『팔레스타인 현대사』, 『The Left 1848~2000』, 『미국민중사 1, 2』, 『핀란드 역으로』, 『전쟁 대행 주식회사』, 『세계를 뒤흔든 공산당 선언』, 『세계를 뒤흔든 시민 불복종』, 『전쟁에 반대한다』, 『달리는 기차 위에 중립은 없다』, 『불평등 사회의 인간 존중』, 『보이지 않는 사람들』 등이 있다.